SAAB 9-3
Gör-det-själv-handbok

A K Legg AAE MIMI

(4615 - 336)

Modeller som behandlas
Kupé, kombikupé och cabriolet, inklusive specialmodeller

Bensin: 2,0-liters (1985 cc) och 2,3-liters (2290 cc), inkl. turbo
Turbodiesel: 2,2-liters (2171 cc)

Behandlar även cabrioletmodeller fram till augusti 2003
Behandlar INTE den nya Saab 9-3-serie som introducerades i september 2002 (Cabriolet september 2003)

© Haynes Group Limited 2007

En bok i **Haynes serie Gör-det-själv-handböcker.**

ISBN 978 0 85733 962 1

British Library Cataloguing in Publication Data
En katalogpost för denna bok finns att få från British Library.

Haynes Group Limited
Haynes North America, Inc
www.haynes.com

Innehåll

DIN SAAB 9-3

Reparationer vid vägkanten

Veckokontroller

Smörjmedel och vätskor

Däcktryck

UNDERHÅLL

Rutinunderhåll och service

Innehåll

REPARATIONER OCH UNDERHÅLL

Motor och tillhörande system

Växellåda

Bromsar och fjädring

Kaross och utrustning

REFERENSER

Att arbeta på din bil kan vara farligt. Den här sidan visar potentiella risker och faror och har som mål att göra dig uppmärksam på och medveten om vikten av säkerhet i ditt arbete.

Allmänna faror

Skållning

• Ta aldrig av kylarens eller expansionskärlets lock när motorn är het.
• Motorolja, automatväxellådsolja och styrservovätska kan också vara farligt varma om motorn just varit igång.

Brännskador

• Var försiktig så att du inte bränner dig på avgassystem och motor. Bromsskivor och -trummor kan också vara heta efter körning.

Lyftning av fordon

• Vid arbete nära eller under ett lyft fordon, använd alltid extra stöd i form av pallbockar eller använd ramper. *Arbeta aldrig under en bil som endast stöds av en domkraft.*

• När muttrar eller skruvar med högt åtdragningsmoment skall lossas eller dras, bör man lossa dem något innan bilen lyfts och göra den slutliga åtdragningen när bilens hjul åter står på marken.

Brand och brännskador

• Bränsle är mycket brandfarligt och bränsleångor är explosiva.
• Spill inte bränsle på en het motor.
• Rök inte och använd inte öppen låga i närheten av en bil under arbete. Undvik också gnistbildning (elektrisk eller från verktyg).
• Bensinångor är tyngre än luft och man bör därför inte arbeta med bränslesystemet med fordonet över en smörjgrop.
• En vanlig brandorsak är kortslutning i eller överbelastning av det elektriska systemet. Var försiktig vid reparationer eller ändringar.
• Ha alltid en brandsläckare till hands, av den typ som är lämplig för bränder i bränsle- och elsystem.

Elektriska stötar

• Högspänningen i tändsystemet kan vara farlig, i synnerhet för personer med hjärtbesvär eller pacemaker. Arbeta inte med eller i närheten av tändsystemet när motorn går, eller när tändningen är på.

• Nätspänning är också farlig. Se till att all nätansluten utrustning är jordad. Man bör skydda sig genom att använda jordfelsbrytare.

Giftiga gaser och ångor

• Avgaser är giftiga. De innehåller koloxid vilket kan vara ytterst farligt vid inandning. Låt aldrig motorn vara igång i ett trångt utrymme, t ex i ett garage, med stängda dörrar.

• Även bensin och vissa lösnings- och rengöringsmedel avger giftiga ångor.

Giftiga och irriterande ämnen

• Undvik hudkontakt med batterisyra, bränsle, smörjmedel och vätskor, speciellt frostskyddsvätska och bromsvätska. Sug aldrig upp dem med munnen. Om någon av dessa ämnen sväljs eller kommer in i ögonen, kontakta läkare.
• Långvarig kontakt med använd motorolja kan orsaka hudcancer. Bär alltid handskar eller använd en skyddande kräm. Byt oljeindränkta kläder och förvara inte oljiga trasor i fickorna.
• Luftkonditioneringens kylmedel omvandlas till giftig gas om den exponeras för öppen låga (inklusive cigaretter). Det kan också orsaka brännskador vid hudkontakt.

Asbest

• Asbestdamm kan ge upphov till cancer vid inandning, eller om man sväljer det. Asbest kan finnas i packningar och i kopplings- och bromsbelägg. Vid hantering av sådana detaljer är det säkrast att alltid behandla dem som om de innehöll asbest.

Speciella faror

Flourvätesyra

• Denna extremt frätande syra bildas när vissa typer av syntetiskt gummi i t ex O-ringar, tätningar och bränsleslangar utsätts för temperaturer över 400 °C. Gummit omvandlas till en sotig eller kladdig substans som innehåller syran. *När syran väl bildats är den farlig i flera år. Om den kommer i kontakt med huden kan det vara tvunget att amputera den utsatta kroppsdelen.*
• Vid arbete med ett fordon, eller delar från ett fordon, som varit utsatt för brand, bär alltid skyddshandskar och kassera dem på ett säkert sätt efteråt.

Batteriet

• Batterier innehåller svavelsyra som angriper kläder, ögon och hud. Var försiktig vid påfyllning eller transport av batteriet.
• Den vätgas som batteriet avger är mycket explosiv. Se till att inte orsaka gnistor eller använda öppen låga i närheten av batteriet. Var försiktig vid anslutning av batteriladdare eller startkablar.

Airbag/krockkudde

• Airbags kan orsaka skada om de utlöses av misstag. Var försiktig vid demontering av ratt och/eller instrumentbräda. Det kan finnas särskilda föreskrifter för förvaring av airbags.

Dieselinsprutning

• Insprutningspumpar för dieselmotorer arbetar med mycket högt tryck. Var försiktig vid arbeten på insprutningsmunstycken och bränsleledningar.

⚠️ *Varning: Exponera aldrig händer eller annan del av kroppen för insprutarstråle; bränslet kan tränga igenom huden med ödesdigra följder*

Kom ihåg...

ATT

• Använda skyddsglasögon vid arbete med borrmaskiner, slipmaskiner etc, samt vid arbete under bilen.

• Använda handskar eller skyddskräm för att skydda händerna.

• Om du arbetar ensam med bilen, se till att någon regelbundet kontrollerar att allt står väl till.

• Se till att inte löst sittande kläder eller långt hår kommer i vägen för rörliga delar.

• Ta av ringar, armbandsur etc innan du börjar arbeta på ett fordon - speciellt med elsystemet.

• Försäkra dig om att lyftanordningar och domkraft klarar av den tyngd de utsätts för.

ATT INTE

• Ensam försöka lyfta för tunga delar - ta hjälp av någon.

• Ha för bråttom eller ta osäkra genvägar.

• Använda dåliga verktyg eller verktyg som inte passar. De kan slinta och orsaka skador.

• Låta verktyg och delar ligga så att någon riskerar att snava över dem. Torka upp olje- och bränslespill omgående.

• Låta barn eller husdjur leka nära en bil under arbetets gång.

Saab 9-3 cabriolet

Saab 9-3 hade premiär våren 1998, då den ersatte 900-serien. Den är byggd på chassit från Opel Vectra och finns som 2-dörrars cabriolet, 3-dörrars kupé och 5-dörrars kombikupé. Bensinmotorer finns i både 2,0- och 2,3-litersversioner, med såväl som utan turbo, och dieselmotorn är en 2,2-liters turbo. Bensinmotorerna har två kedjedrivna överliggande kamaxlar (DOHC) med 16 ventiler som styrs av hydrauliska ventillyftare, samt en balansaxel. Dieselmotorn har en kedjedriven enkel överliggande kamaxel (SOHC) med 16 ventiler som styrs av hydrauliska ventillyftare.

Som standard är bilen försedd med servostyrning, låsningsfria bromsar, fjärrmanövrerat centrallås, fram- och sidokrockkuddar vid både förar- och passagerarsätet, elektriska fönsterhissar och speglar samt luftkonditionering. Som tillval finns elektrisk taklucka, elektriska framsäten, läderklädsel och CD-växlare.

Bilen finns med 5-växlad manuell växellåda eller 4-växlad automatväxellåda som är placerad till vänster om motorn.

Alla modeller är framhjulsdrivna och har individuella hjulupphängningar runt om, med fjäderben, gasfyllda stötdämpare och spiralfjädrar.

Det är relativt okomplicerat att underhålla och reparera en Saab 9-3 eftersom den är konstruerad för att ha så låga driftkostnader som möjligt och det är lätt att få tag på reservdelar.

Din handbok till Saab 9-3

Syftet med den här handboken är att hjälpa dig få så stor glädje av din bil som möjligt. Det kan göras på flera sätt. Med hjälp av handboken kan du avgöra vad som behöver åtgärdas på din bil (även om du väljer att låta en verkstad utföra arbetet). Den innehåller information om rutinunderhåll och service och ger logiska instruktioner steg för steg att följa när fel uppstår. Förhoppningsvis kommer dock handboken att vara till stor hjälp när du försöker klara av arbetet på egen hand. Vid enklare arbeten kan det till och med gå snabbare att åtgärda bilen själv än att boka tid på en verkstad och åka dit två gånger för att lämna och hämta bilen. Och kanske viktigast av allt, en hel del pengar kan sparas genom att man undviker de avgifter verkstäder tar ut för att kunna täcka arbetskraft och marginaler.

Handboken innehåller teckningar och beskrivningar som förklarar de olika komponenternas funktion och utformning. De olika åtgärderna illustreras med fotografier och beskrivs tydligt steg för steg.

Hänvisningar till "vänster" eller "höger" avser vänster eller höger för en person som sitter i förarsätet och tittar framåt.

Tack till...

Ett varmt tack till Draper Tools Limited, som stod för en del av verktygen, samt till alla på Sparkford som hjälpte till att producera den här boken.

Vi är mycket stolta över tillförlitligheten i den information som ges i den här boken, men biltillverkare gör ändringar i konstruktion och utformning under pågående tillverkning och talar inte alltid om det för oss. Författarna och förlaget kan inte ta på sig något ansvar för förluster, skador eller personskador till följd av felaktig eller ofullständig information i denna bok.

Demonstrationsbil

Den bil som använts vid förberedelserna av handboken och som syns på flera av fotografierna är en 2001 års Saab SE Cabriolet med 2,0-liters bensinmotor med turbo och automatväxellåda.

Saab 9-3 kombikupé

Följande sidor är tänkta att vara till hjälp vid hantering av vanligt förekommande problem. Mer detaljerad information om felsökning finns i slutet av boken, och beskrivningar av reparationer finns i bokens olika huvudkapitel.

Om bilen inte startar och startmotorn inte går runt

☐ Öppna motorhuven och kontrollera att batteripolerna är rena och sitter fast ordentligt.

☐ Slå på strålkastarna och försök starta motorn. Om strålkastarljuset försvagas mycket under startförsöket är batteriet troligen urladdat. Lös problemet genom att använda startkablar (se nästa sida) och en annan bil.

Om bilen inte startar trots att startmotorn går runt som vanligt

☐ Finns det bränsle i tanken?

☐ Finns det fukt i elsystemet under motorhuven? Slå av tändningen och torka bort synlig fukt med en torr trasa. Spraya någon fuktdrivande produkt (WD-40 eller liknande) på tändningens och bränslesystemets elektriska kontaktdon.

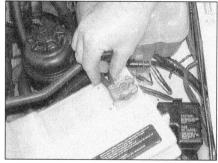

A Kontrollera att batterikablarna är ordentligt anslutna.

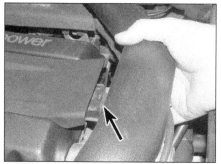

B Kontrollera att tändurladdningsmodulens kablage är väl monterat.

C Kontrollera att massluftflödesmätar-kablaget är väl monterat.

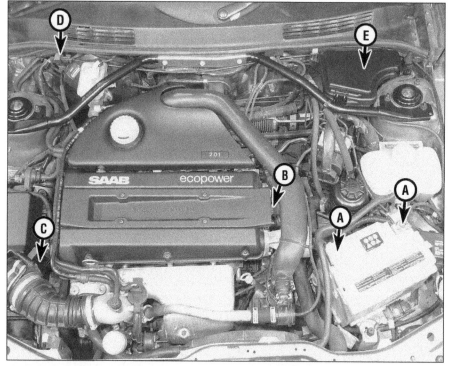

Kontrollera att alla elektriska anslutningar är säkra (med tändningen avstängd) och spraya dem med vattenavstötande medel av typen WD-40 om problemet misstänks bero på fukt.

D Kontrollera kabelhärvans multikontakter för säkerhets skull.

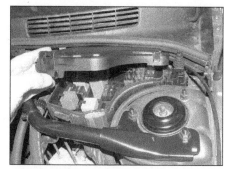

E Kontrollera att alla säkringar i motor-rummet är hela.

Starthjälp

Tänk på följande om bilen startas med ett laddningsbatteri:

✔ Se till att tändningen är avstängd innan laddningsbatteriet ansluts.

✔ Kontrollera att all elektrisk utrustning (ljus, värme, vindrutetorkare etc.) är avslagen.

✔ Följ säkerhetsanvisningarna på batteriet.

✔ Kontrollera att laddningsbatteriet har samma spänning som det urladdade batteriet i bilen.

✔ Om batteriet laddas med startkablar från en annan bil, får bilarna INTE VIDRÖRA varandra.

✔ Se till att växellådan är i neutralläge (eller i parkeringsläge vid automatväxellåda).

Start med startkablar löser ditt problem för stunden, men det är viktigt att ta reda på orsaken till att batteriet laddades ur. Det finns tre möjligheter:

1 Batteriet har laddats ur på grund av upprepade startförsök eller på grund av att strålkastarna lämnats påslagna.

2 Laddningssystemet fungerar inte som det ska (växelströmsgeneratorns drivrem är lös eller trasig, kablaget eller själva växelströmsgeneratorn är defekt).

3 Batteriet är defekt (elektrolytnivån är låg eller batteriet är utslitet).

1 Anslut den ena änden av den röda startkabeln till den positiva (+) polen på det urladdade batteriet.

2 Anslut den andra änden av den röda startkabeln till den positiva (+) polen på laddningsbatteriet.

3 Anslut den ena änden av den svarta startkabeln till den negativa (-) polen på laddningsbatteriet.

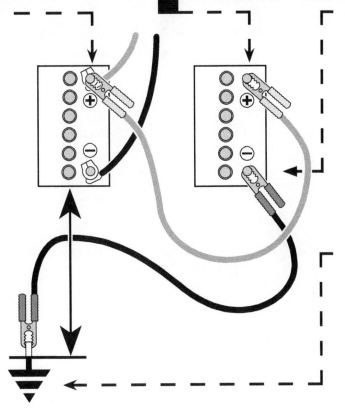

4 Anslut den andra änden på den svarta startkabeln till en lämplig metalldel (jord) på motorn till den bil som ska startas.

5 Se till att startkablarna inte kommer åt fläkten, drivremmarna eller andra rörliga delar i motorn.

6 Starta motorn med laddningsbatteriet och låt den gå på tomgång. Slå på strålkastarna, bakrutevärmen och värmefläktsmotorn. Koppla sedan loss startkablarna i motsatt ordning mot ditsättningen. Stäng av strålkastarna etc.

Hjulbyte

⚠️ *Varning: Byt aldrig hjul om du befinner dig i en situation där du riskerar att bli påkörd av ett annat fordon. Försök att stanna i en parkeringsficka eller på en mindre avtagsväg om du befinner dig på en väg med mycket trafik. Håll uppsikt över passerande trafik när du byter hjul – det är lätt att bli distraherad av arbetet med hjulbytet.*

Förberedelser

☐ Vid punktering, stanna så snart det är säkert för dig och dina medtrafikanter.

☐ Parkera om möjligt på plan mark där du inte hamnar i vägen för annan trafik.

☐ Använd varningsblinkers om det behövs.

☐ Använd en varningstriangel (obligatorisk utrustning) för att göra andra trafikanter uppmärksamma på bilens närvaro.

☐ Dra åt handbromsen och lägg i ettan eller backen (eller parkeringsläge på modeller med automatväxellåda).

☐ Blockera det hjul som är placerat diagonalt mot det hjul som ska tas bort – några stora stenar kan användas till detta.

☐ Använd en brädbit för att fördela tyngden under domkraften om marken är mjuk.

Hjulbyte

1 Reservhjul, domkraft och verktyg för demontering av hjul finns under en lucka i bagageutrymmet.

2 Skruva loss fästmuttern och lyft fram reservhjulet. Placera reservhjulet under bilen som en skyddsåtgärd om domkraften skulle ge vika. Observera att reservhjulet är av kompakttyp.

3 Dra loss navkapseln från hjulet innan du fäster det. Använd det medföljande plastverktyget för att ta bort kapseln från den låsbara hjulbulten (gäller aluminiumfälgar) innan du fäster specialadaptern.

4 Lossa alla hjulbultar ett halvt varv innan du hissar upp bilen.

5 Placera domkraften under de förstärkta stödpunkterna närmast det hjul som ska bytas (urfasningarna i karmunderstycket). Vrid handtaget tills domkraftens bas vidrör marken direkt under tröskeln. Hissa upp bilen tills hjulet är fritt från marken.

6 Om däcket är tömt på luft måste du hissa upp bilen tillräckligt högt för att reservdäcket ska gå fritt när det monteras. Skruva ur bultarna och ta bort hjulet från bilen. Placera det borttagna hjulet under bilen i stället för reservhjulet, som en skyddsåtgärd om domkraften skulle ge vika.

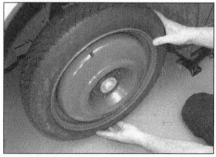

7 Montera reservhjulet, skruva i hjulbultarna och dra åt dem något med hjälp av fälgkorset.

8 Sänk ner bilen och dra åt bultarna ordentligt, i diagonal ordningsföljd. Observera att hjulbultarna ska dras åt till angivet moment så snart som möjligt.

Slutligen . . .

☐ Ta bort hjulblockeringen.

☐ Lägg tillbaka domkraften och verktygen i bilen.

☐ Kontrollera lufttrycket i det nymonterade däcket. Om det är lågt eller om du inte har en tryckmätare med dig, kör långsamt till närmaste bensinstation och kontrollera/justera trycket.

☐ Låt reparera det skadade däcket eller hjulet så snart som möjligt.

 Varning: Kör inte snabbare än 70 km/h med reservhjulet monterat – se din bilhandbok för ytterligare information.

Att hitta läckor

Pölar på garagegolvet (eller där bilen parkeras) eller våta fläckar i motorrummet tyder på läckor som man måste försöka hitta. Det är inte alltid så lätt att se var läckan är, särskilt inte om motorrummet är mycket smutsigt. Olja eller andra vätskor kan spridas av fartvinden under bilen och göra det svårt att avgöra var läckan egentligen finns.

⚠️ **Varning: De flesta oljor och andra vätskor i en bil är giftiga. Vid spill bör man tvätta huden och byta indränkta kläder så snart som möjligt**

HAYNES TiPS *Lukten kan vara till hjälp när det gäller att avgöra varifrån ett läckage kommer och vissa vätskor har en färg som är lätt att känna igen. Det är en bra idé att tvätta bilen ordentligt och ställa den över rent papper över natten för att lättare se var läckan finns. Tänk på att motorn ibland bara läcker när den är igång.*

Olja från sumpen

Motorolja kan läcka från avtappnings-pluggen . . .

Olja från oljefiltret

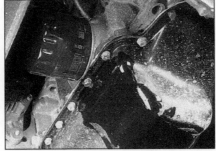

. . . eller från oljefiltrets packning.

Växellådsolja

Växellådsolja kan läcka från tätningarna i ändarna på drivaxlarna.

Frostskydd

Läckande frostskyddsvätska lämnar ofta kristallina avlagringar liknande dessa.

Bromsvätska

Läckage vid ett hjul är nästan alltid bromsvätska.

Servostyrningsvätska

Servostyrningsvätska kan läcka från styrväxeln eller dess anslutningar.

Bogsering

När ingenting annat hjälper kan du behöva bli bogserad hem – eller kanske är det du som får hjälpa någon annan med bogsering. Bogsering längre sträckor bör överlåtas till verkstäder eller bärgningsfirmor. Kortare sträckor går det utmärkt att låta en annan privatbil bogsera, men tänk på följande:

• Den främre bogseringsöglan sitter bakom grillen på höger sida av den främre stötfångaren. Kläm ihop de horisontella stagen för att ta bort grillen **(se bild)**.

• Den bakre bogseringsöglan sitter under bakvagnen **(se bild)**.

• Använd en riktig bogserlina – de är inte dyra. Fordonet som bogseras måste i vissa länder vara försett med en skylt med texten BOGSERING i bakrutan.

• Slå alltid på tändningen när bilen bogseras, så att rattlåset släpper och riktningsvisare och bromsljus fungerar.

• Fäst bogserlinan i de befintliga bogseringsöglorna och ingen annanstans. Den främre bogseringsöglan ingår i bilens verktygssats och skruvas fast i hålet i kryssrambalken. Använd fälgkorset för att dra fast öglan. Den bakre bogseringsöglan är fast monterad i mitten under den bakre stötfångaren.

• Lossa handbromsen och lägg växeln i friläge innan bogseringen börjar. Tänk på följande vid bogsering av modeller med automatväxel (undvik att bogsera bilen om du är tveksam, eftersom felaktig bogsering kan leda till skador på växellådan):

a) Bilen får endast bogseras framåt.

b) Växelväljaren måste vara i läget N.

c) Fordonet får bogseras i högst 30 km/h. Fordon med automatväxellåda ska inte bogseras längre än 80 km.

• Observera att du behöver trycka hårdare än vanligt på bromspedalen när du bromsar eftersom vakuumservon endast fungerar när motorn är igång.

• Eftersom inte heller servostyrningen fungerar, krävs mer kraft än vanligt även för att styra.

• Föraren av den bogserade bilen måste vara noga med att hålla bogserlinan spänd hela tiden för att undvika ryck.

• Försäkra er om att båda förarna känner till den planerade färdvägen innan ni startar.

• Bogsera aldrig längre sträcka än nödvändigt och håll lämplig hastighet (högsta tillåtna hastighet vid bogsering är 30 km/h). Kör försiktigt och sakta ner mjukt och långsamt före korsningar.

• Föraren av det bogserande fordonet måste öka hastigheten mycket försiktigt från stillastående och tänka på den bogserade bilens extra längd vid svängning i korsningar, rondeller etc.

Främre bogseringsögla

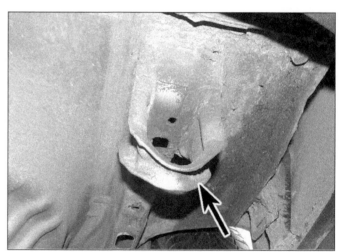

Bakre bogseringsögla

Inledning

Det finns ett antal mycket enkla kontroller som endast tar några minuter i anspråk, men som kan bespara dig mycket besvär och stora kostnader.

Dessa *veckokontroller* kräver inga större kunskaper eller specialverktyg, och den korta tid de tar att utföra kan visa sig vara väl använd:

☐ Att hålla ett öga på däckens skick och lufttryck förebygger inte bara att de slits ut i förtid utan kan också rädda liv.

☐ Många motorhaverier orsakas av elektriska problem. Batterirelaterade fel är särskilt vanliga och genom regelbundna kontroller kan de flesta av dessa förebyggas.

☐ Om det uppstår en läcka i bromssystemet kanske den upptäcks först när bromsarna slutar att fungera. Vid regelbundna kontroller av bromsvätskenivån uppmärksammas sådana fel i god tid.

☐ Om olje- eller kylvätskenivån blir för låg är det betydligt billigare att laga läckan direkt, än att bekosta dyra reparationer av de motorskador som annars kan uppstå.

Kontrollpunkter i motorrummet

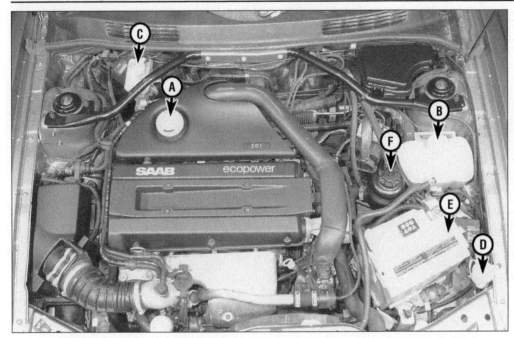

◄ Bensinmotorer

A *Påfyllningslock och oljemätsticka för motorolja*

B *Kylvätskebehållare (expansionskärl)*

C *Bromsvätskebehållare*

D *Spolarvätskebehållare*

E *Batteri*

F *Servostyrningens vätskebehållare*

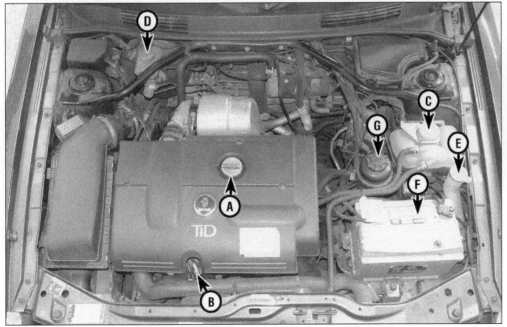

◄ Dieselmotorer

A *Motorns oljepåfyllningslock*

B *Mätsticka*

C *Kylvätskebehållare (expansionskärl)*

D *Bromsvätskebehållare*

E *Spolarvätskebehållare*

F *Batteri*

G *Servostyrningens vätskebehållare*

Motoroljenivå

Innan arbetet påbörjas
✔ Se till att bilen står på plan mark.
✔ Kontrollera oljenivån när motorn har arbetstemperatur och det har gått 2–5 minuter sedan den stängts av.

 HAYNES TiPS *Om oljenivån kontrolleras omedelbart efter det att bilen har körts, kommer en del av oljan att vara kvar i den övre delen av motorn. Detta ger felaktig avläsning på mätstickan.*

Korrekt oljetyp
Moderna motorer ställer höga krav på oljans kvalitet. Det är mycket viktigt att man använder en lämplig olja till sin bil (se *Smörjmedel och vätskor*).

Bilvård
● Om oljan behöver fyllas på ofta bör bilen kontrolleras med avseende på oljeläckor. Lägg ett rent papper under motorn över natten och se om det finns fläckar på det på morgonen. Finns det inga läckor kanske motorn bränner olja.
● Oljenivån ska alltid ligga någonstans mellan oljestickans övre och nedre markering (se bild 4). Om oljenivån är för låg kan motorn ta allvarlig skada. Oljetätningarna kan gå sönder om man fyller på för mycket olja.

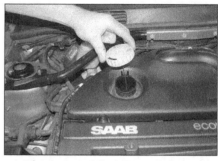

1 På bensinmodeller sitter mätstickan fast i oljepåfyllningslocket baktill och till höger i motorrummet (för exakt placering, se *Kontrollpunkter i motorrummet* på sidan 0•12). Skruva loss locket och dra ut oljemätstickan.

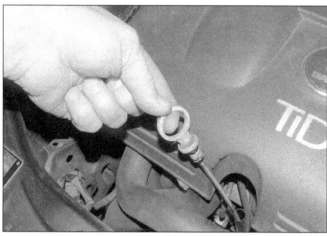

2 På dieselmodeller sitter mätstickan längst fram på motorn och oljepåfyllningslocket på ovansidan (för exakt placering, se *Kontrollpunkter i motorrummet* på sidan 0•12). Dra upp oljemätstickan.

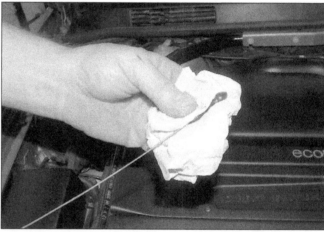

3 Torka av oljan från mätstickan med en ren trasa eller en bit papper. Stick ner den rena mätstickan i röret och dra åt påfyllningslocket (gäller bensinmodeller). Dra sedan upp stickan igen.

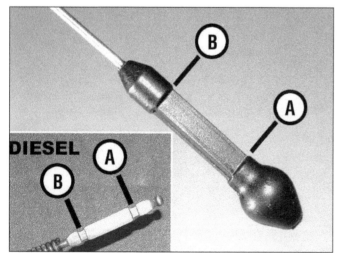

4 Kontrollera oljenivån på mätstickans ände. Den ska vara mellan det övre märket (B) och det nedre (A). Det skiljer ungefär en liter olja mellan minimi- och maximinivån.

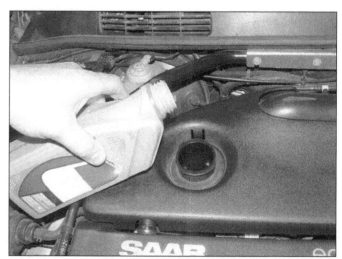

5 Oljan fylls på genom hålet i påfyllningsröret. Skruva loss och ta bort locket. Fyll på olja. En tratt hjälper till att minimera spillet. Fyll på oljan långsamt och gör täta nivåkontroller med mätstickan. Fyll inte på för mycket. Sätt sedan på locket igen.

Kylvätskenivå

Varning: Skruva aldrig av expansionskärlets lock när motorn är varm, eftersom det finns risk för brännskador. Låt inte behållare med kylvätska stå öppna eftersom vätskan är giftig.

Bilvård

● Ett slutet kylsystem ska inte behöva fyllas på regelbundet. Om kylvätskan behöver fyllas på ofta har bilen troligen en läcka i kylsystemet. Kontrollera kylaren samt alla slangar och fogytor och sök efter avlagringar eller fukt. Åtgärda eventuella problem.

● Det är viktigt att frostskyddsvätska används i kylsystemet året runt, inte bara under vintermånaderna. Fyll inte på med enbart vatten, då sänks koncentrationen av frostskyddsvätska.

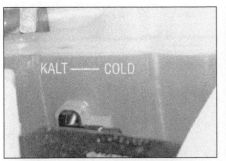

1 Kylvätskenivån varierar med motorns temperatur. När motorn är kall ska kylvätskans nivå ligga i nivå med eller något över markeringen KALT/COLD på sidan av tanken. När motorn är varm ökar nivån.

2 **Vänta med att fylla på kylvätska tills motorn är kall.** Skruva av locket till expansionskärlet långsamt så att eventuellt övertryck i kylsystemet först släpps ut, och ta sedan av locket helt.

3 Fyll på kylvätska genom att hälla en blandning av vatten och frostskyddsvätska i expansionskärlet. En tratt gör det enklare att undvika spill. Sätt tillbaka locket och dra åt ordentligt.

Broms- och kopplingsvätskenivå

Observera: *På modeller med manuell växellåda förser vätskebehållaren även kopplingens huvudcylinder med vätska.*

Innan arbetet påbörjas

✔ Se till att bilen står på plan mark.
✔ Renlighet är av stor betydelse vid arbeten på bromssystemet, så var noga med att torka rent kring bromsvätskebehållarens lock innan du fyller på. Använd endast ren bromsvätska.

Säkerheten främst!

● Om bromsvätskebehållaren måste fyllas på ofta har bilen fått en läcka i bromssystemet. Detta måste undersökas omedelbart. Observera att nivån sjunker naturligt när bromsbeläggen slits, men den får aldrig sjunka under MIN-markeringen.
● Vid en misstänkt läcka i systemet får bilen inte köras förrän bromssystemet har kontrollerats. Ta aldrig några risker med bromsarna.

Varning: Var försiktig vid hantering av bromsvätska eftersom den kan skada ögonen och bilens lack. Använd inte vätska ur kärl som har stått öppna en längre tid. Bromsvätska drar åt sig fuktighet från luften vilket kan försämra bromsegenskaperna avsevärt.

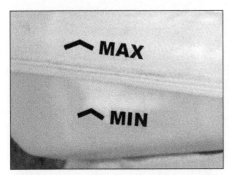

1 MIN- och MAX-markeringarna finns på framsidan av behållaren, som sitter baktill och till höger i motorrummet. Vätskenivån måste alltid hållas mellan dessa två markeringar.

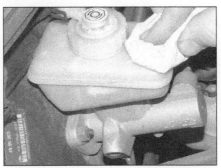

2 Om vätskebehållaren behöver fyllas på bör området runt påfyllningslocket först rengöras för att förhindra att hydraulsystemet förorenas. Skruva loss locket och lägg det på en trasa.

3 Fyll på vätska försiktigt. Var noga med att inte spilla på de omgivande komponenterna. Använd endast rekommenderad bromsvätska. Om olika typer blandas kan systemet skadas. När oljenivån är återställd, skruva på locket och torka bort eventuellt spill.

Däckens skick och lufttryck

Det är mycket viktigt att däcken är i bra skick och har korrekt lufttryck – däckhaverier är farliga i alla hastigheter.

Däckslitage påverkas av körstil – hårda inbromsningar och accelerationer eller snabb kurvtagning, samverkar till högt slitage. Generellt sett slits framdäcken ut snabbare än bakdäcken. Axelvis byte mellan fram och bak kan jämna ut slitaget, men om detta är för effektivt kan du komma att behöva byta alla fyra däcken samtidigt.

Ta bort spikar och stenar som bäddats in i mönstret innan dessa går igenom och orsakar punktering. Om borttagandet av en spik avslöjar en punktering, stick tillbaka spiken i hålet som markering, byt omedelbart hjul och låt reparera däcket (eller köp ett nytt).

Kontrollera regelbundet att däcken är fria från sprickor och blåsor, speciellt i sido-väggarna. Ta av hjulen med regelbundna mellanrum och rensa bort all smuts och lera från inte och yttre ytor. Kontrollera att inte fälgarna visar spår av rost, korrosion eller andra skador. Lättmetallfälgar skadas lätt av kontakt med trottoarkanter vid parkering, stålfälgar kan bucklas. En ny fälg är ofta det enda sättet att korrigera allvarliga skador.

Nya däck måste alltid balanseras vid monteringen, men det kan vara nödvändigt att balansera om dem i takt med slitage eller om balansvikterna på fälgkanten lossnar.

Obalanserade däck slits snabbare och de ökar även slitaget på fjädring och styrning. Obalans i hjulen märks normalt av vibrationer, speciellt vid vissa hastigheter, i regel kring 80 km/tim. Om dessa vibrationer bara känns i styrningen är det troligt att enbart framhjulen behöver balanseras. Om istället vibrationerna känns i hela bilen kan bakhjulen vara obalanserade. Hjulbalansering ska utföras av däckverkstad eller annan verkstad med lämplig utrustning.

1 Mönsterdjup - visuell kontroll

Originaldäcken har slitageklackar (B) som uppträder när mönsterdjupet slitits ned till ca 1,6 mm. Bandens lägen anges av trianglar på däcksidorna (A).

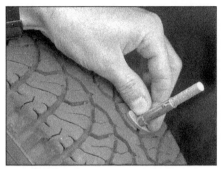

2 Mönsterdjup - manuell kontroll

Mönsterdjupet kan även avläsas med ett billigt verktyg kallat mönsterdjupsmätare.

3 Lufttryckskontroll

Kontrollera regelbundet lufttrycket däcken när dessa är kalla. Justera inte luft-trycket omedelbart efter det att bilen har körts, eftersom detta leder till felaktiga värden.

Däckslitage

Slitage på sidorna

Lågt däcktryck (slitage på båda sidorna)
Lågt däcktryck orsakar överhettning i däcket eftersom det ger efter för mycket, och slit-banan ligger inte rätt mot underlaget. Detta orsakar förlust av väggrepp och ökat slitage.
Kontrollera och justera däcktrycket
Felaktig cambervinkel (slitage på en sida)
Reparera eller byt ut fjädringsdetaljer
Hård kurvtagning
Sänk hastigheten!

Slitage i mitten

För högt däcktryck
För högt däcktryck orsakar snabbt slitage i mitten av däckmönstret, samt minskat väg-grepp, stötigare gång och fara för skador i korden.
Kontrollera och justera däcktrycket

Om du ibland måste ändra däcktrycket till högre tryck specificerade för max lastvikt eller ihållande hög hastighet, glöm inte att minska trycket efteråt.

Ojämnt slitage

Framdäcken kan slitas ojämnt som följd av felaktig hjulinställning. De flesta bilåterför-säljare och verkstäder kan kontrollera och justera hjulinställningen för en rimlig summa.
Felaktig camber- eller castervinkel
Reparera eller byt ut fjädringsdetaljer
Defekt fjädring
Reparera eller byt ut fjädringsdetaljer
Obalanserade hjul
Balansera hjulen
Felaktig toe-inställning
Justera framhjulsinställningen
Notera: *Den fransiga ytan i mönstret, ett typiskt tecken på toe-förslitning, kontrolleras bäst genom att man känner med handen över däcket.*

Spolarvätskenivå

● Spolarvätskekoncentrat rengör inte bara rutan, utan fungerar även som frostskydd så att spolarvätskan inte fryser under vintern, då den ibland behövs som mest. Fyll inte på med enbart vatten eftersom spolarvätskan då späds ut och kan frysa.

● Kontrollera att spolningen av vindruta och bakruta fungerar. Justera munstycket med en nål om det behövs. Rikta strålen mot en punkt något över mitten av den del av rutan som torkarbladet sveper över.

⚠ *Varning: Använd aldrig kylvätska i spolarsystemet. Det kan missfärga eller skada lacken.*

1 Spolarvätskebehållaren för vindrutans och eventuellt bakrutans spolarsystem är placerad i motorrummets främre vänstra hörn. Öppna locket när spolarvätskan ska fyllas på.

2 När behållaren fylls på bör spolarvätskekoncentrat tillsättas enligt rekommendationerna på flaskan.

Elsystem

✔ Kontrollera alla yttre lampor samt signalhornet. Se aktuella avsnitt i kapitel 12 för närmare information om någon av kretsarna inte fungerar.

✔ Se över alla tillgängliga kontaktdon, kablar och kabelklämmor så att de sitter ordentligt och inte är skavda eller skadade.

HAYNES TiPS *Om bromsljus och körriktningsvisare behöver kontrolleras när ingen medhjälpare finns till hands, backa upp mot en vägg eller garageport och slå på ljusen. Det reflekterade skenet visar om de fungerar eller inte.*

1 Om enstaka körriktningsvisare, stoppljus, bromsljus eller strålkastare inte fungerar beror det antagligen på en trasig glödlampa som behöver bytas ut. Se kapitel 12 för mer information. Om båda bromsljusen är sönder är det möjligt att kontakten är defekt (se kapitel 9).

2 Om mer än en blinker eller strålkastare inte fungerar har troligen en säkring gått eller ett fel uppstått i kretsen (se kapitel 12). Huvudsäkringarna sitter under en lucka på instrumentbrädan på förarsidan. Övriga säkringar och reläer är placerade till vänster i motorrummet.

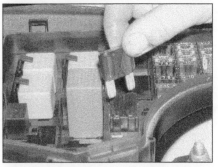

3 Byt säkring genom att först ta bort den trasiga säkringen – använd vid behov det tillhörande plastverktyget. Sätt i en ny säkring av samma strömstyrka (finns att köpa i biltillbehörsbutiker). Om säkringen löser ut upprepade gånger utför du felsökningsåtgärderna i kapitel 12.

Batteri

Varning: Läs säkerhetsföreskrifterna i "Säkerheten främst!" (i början av handboken) innan något arbete utförs på batteriet.

● Se till att batterihyllan är i gott skick och att klämman sitter ordentligt. Rost på plåten, hållaren och batteriet kan avlägsnas med en lösning av vatten och bikarbonat. Skölj noggrant alla rengjorda delar med vatten. Alla rostskadade metalldelar ska först målas med en zinkbaserad grundfärg och därefter lackeras.

● Kontrollera regelbundet (ungefär var tredje månad) batteriets skick enligt beskrivningen i kapitel 5A.

● Om batteriet är urladdat och du måste använda starthjälp för att starta bilen, se *Reparationer vid vägkanten.*

HAYNES TiPS *Korrosion på batteriet kan minimeras genom att lite vaselin stryks på batteriklämmorna och polerna när de dragits åt.*

1 Batteriet är placerat i motorrummets främre vänstra del. Batteriets utsida ska kontrolleras regelbundet med avseende på sprickor och andra skador.

2 Kontrollera att batteriklämmorna sitter ordentligt så att de elektriska anslutningarna fungerar. Det ska inte gå att rubba dem. Kontrollera även kablarna beträffande sprickor och skadade ledare.

3 Om synlig korrosion finns (vita porösa avlagringar), ta bort kablarna från batteripolerna och rengör dem med en liten stålborste. Sätt sedan tillbaka dem. I biltillbehörsbutiker kan man köpa ett särskilt verktyg för rengöring av batteripoler . . .

4 . . . och batteriets kabelklämmor.

Torkarblad

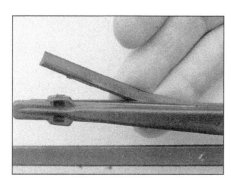

1 Kontrollera torkarbladens skick. Om de är spruckna eller ser slitna ut, eller om rutan inte torkas ordentligt, ska de bytas ut. För bästa resultat bör du byta torkarblad en gång per år.

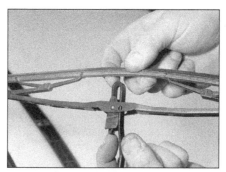

2 Ta bort ett torkarblad genom att lyfta upp armen helt från rutan tills det tar stopp. Rotera bladet 90° och kläm ihop låsklämman. Ta därefter bort torkarbladet från armen. När du monterar ett nytt blad, se till att bladet fäster ordentligt i armen och att det är korrekt riktat.

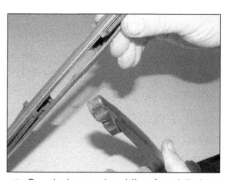

3 Om du har en kombikupémodell, kom ihåg att även kontrollera bakrutetorkaren. Torkarbladet är fastklämt på armen.

Smörjmedel och vätskor

Motor:

Bensin . . . . Saab Turbo motorolja eller motorolja med viskositet 5W-30, 0W-30 eller 5W-40 enligt specifikationerna API SG/SH/SJ och ACEA A2-96/A3-96, inklusive CCMC G4/G5

Diesel . . . . Saab Turbo motorolja eller motorolja med viskositet 0W-40 eller 5W-40 enligt specifikationerna ACEA B2-96/B3-96, API minst CD, inklusive CCMC PD2

Kylsystem . . . . Endast Saab original kylvätska/frostskyddsvätska

Manuell växellåda . . . . Saab syntetisk växellådsolja för manuell växellåda 400 108 247

Automatväxellåda . . . . Saab automatväxelolja (mineraloljebaserad) eller Dexron III ATF

Styrservons oljebehållare . . . . Saab servostyrningsvätska CHF 11S

Bromsvätskebehållare . . . . Hydraulvätska enligt DOT 4

Däcktryck (kallt)

Observera: *De angivna trycken gäller originaldäck och kan ändras om däck av andra fabrikat eller typer monteras. Hör med däcktillverkaren eller försäljningsstället vilka tryck som ska användas.*

Däckstorlek	Fram	Bak
185/65 R15	2,1 bar (30 psi)	2,1 bar (30 psi)
195/60 R15	2,2 bar (32 psi)	2,2 bar (32 psi)
205/50 R16	2,3 bar (33 psi)	2,3 bar (33 psi)
215/45 ZR17	2,2 bar (32 psi)	2,0 bar (29 psi)

Kapitel 1 Del A:
Rutinunderhåll och service – bensinmodeller

Innehåll

Svårighetsgrad

Enkelt, passar novisen med lite erfarenhet		**Ganska enkelt,** passar nybörjaren med viss erfarenhet		**Ganska svårt,** passar kompetent hemmamekaniker		**Svårt,** passar hemmamekaniker med erfarenhet		**Mycket svårt,** för professionell mekaniker	

Smörjmedel och vätskor
Se slutet av *Veckokontroller*

Volymer

Motorolja
Tömma ut och fylla på, med filterbyte	4,0 liter
Total torrmängd inklusive motoroljekylare	5,4 liter
Skillnad mellan oljemätstickans MAX- och MIN-markeringar	1,0 liter

Kylsystem	8,5 liter

Växellåda
Manuell (tömning och påfyllning)	1,9 liter
Automatisk:	
Dränering och påfyllning	3,3 liter
Torr (inklusive momentomvandlare och kylare)	7,2 liter

Bromssystem
Systemvolym:
Utom Viggen-modellerna	0,58 liter
Viggen-modellerna	1,08 liter

Bränsletank
Alla modeller	64,0 liter

Servostyrning
Systemvolym	1,0 liter

Kylsystem
Frostskyddsblandning*:
50 % frostskydd	Skydd ner till -37 °C
55 % frostskydd	Skydd ner till -45 °C

* Observera: *Kontrollera tillverkarens senaste rekommendationer.*

Tändsystem
Tändföljd: 1 – 3 – 4 – 2

Tändstift	Typ	Elektrodavstånd
B204i	NGK BCP 5EV	0,6 till 0,7 mm
B204E	NGK BCPR 7ES-11	1,0 till 1,1 mm
B204L	NGK BCPR 7ES-11	1,0 till 1,1 mm
B204R	NGK BCPR 7ES-11	1,0 till 1,1 mm
B205E	NGK BCPR 6ES-11	1,0 till 1,1 mm
B205L:		
MY 2000	NGK PFR 7H-10	0,9 till 1,0 mm
MY 2000 1/2-on	NGK PFR 6H-10	0,9 till 1,0 mm
B205R:		
MY 2000	NGK PFR 7H-10	0,9 till 1,0 mm
MY 2000 1/2-on	NGK PFR 6H-10	0,9 till 1,0 mm
B234i	NGK BCP 6EV	0,6 till 0,7 mm
B235R:		
Upp till MY 1999 1/2	NGK PFR 7H-10	1,0 till 1,1 mm
MY 1999 1/2-on	NGK PFR 6H-10	0,9 till 1,0 mm

Bromsar
Minsta tjocklek på främre bromsklossbelägg	5,0 mm vid service (varningssignal vid 3,0 mm)
Minsta tjocklek på bakre bromsklossbelägg	5,0 mm

Däcktryck
Se slutet av *Veckokontroller*

Åtdragningsmoment
	Nm
Automatväxel, avtappningsplugg	40
Motoroljesumpens avtappningsplugg	25
Manuell växellåda, avtappnings-, nivå- och påfyllningspluggar	50
Tändstift	27
Hjulbultar	110

Underhållsintervallen i denna handbok förutsätter att arbetet utförs av en hemmamekaniker och inte av en verkstad. De uppfyller tillverkarens minimikrav på underhållsintervall för bilar som körs dagligen. Om bilen alltid ska hållas i toppskick bör vissa moment utföras oftare. Vi rekommenderar regelbundet underhåll eftersom det höjer bilens effektivitet, prestanda och andrahandsvärde.

Om bilen körs på dammiga vägar, används till bärgning, körs mycket i kösituationer eller korta körsträckor, ska intervallen kortas av.

När bilen är ny ska den servas av en behörig märkesverkstad (eller annan verkstad som tillverkaren anser ha samma servicestandard) för att garantin ska gälla. Biltillverkaren kan avslå garantianspråk om kunden inte kan bevisa att service har utförts på det sätt och vid den tidpunkt som har angivits, och då endast med originaldelar eller med utrustning som garanterat håller samma standard.

Alla Saab-modeller har en servicedisplay (eller Saab Information Display – SID) på instrumentbrädan, där det anges när det är dags att serva bilen (TIME FOR SERVICE). Men Saab påpekar att "på grund av förhållandet mellan tid och körsträcka kan vissa villkor göra en årlig service mer lämplig".

Var 400:e km eller en gång i veckan

☐ Se *Veckokontroller*

Var 10 000:e km eller var sjätte månad

☐ Motorolja och filter – byte (avsnitt 3)

Efter de första 10 000 km och därefter var 20 000:e km eller var tolfte månad

Observera: *Intervallen på 20 000 km börjar vid 30 000 km, d.v.s. de infaller vid 30 000 km, 50 000 km, 70 000 km, 90 000 km etc.*

☐ Servicemätare – återställning (avsnitt 4)
☐ Slangar och vätska – läckagekontroll (avsnitt 5)
☐ Styrning och fjädring – kontroll (avsnitt 6)
☐ Framhjulets toe-in – kontroll och justering (avsnitt 7)
☐ Bakre bromsklossar, slitage - kontroll (avsnitt 8)
☐ Handbromskontroll och justering (avsnitt 9)
☐ Säkerhetsbälten – kontroll (avsnitt 10)
☐ Krockkuddar – kontroll (avsnitt 11)
☐ Strålkastarinställning – kontroll (avsnitt 12)
☐ Servostyrningsvätskenivå – kontroll (avsnitt 13)
☐ Landsvägsprov (avsnitt 14)

Var 30 000:e km eller var 18:e månad

Observera: *Intervallen på 30 000 km börjar vid 40 000 km, d.v.s. de infaller vid 40 000 km, 70 000 km, 100 000 km, 130 000 km etc.*

☐ Frostskyddsblandning – kontroll (avsnitt 15)
☐ Växellådans oljenivå – kontroll (avsnitt 16)
☐ Drivaxelleder och damasker – kontroll (avsnitt 17)
☐ Avgassystem – kontroll (avsnitt 18)
☐ Främre bromsklossar, slitage – kontroll (avsnitt 19)
☐ Gångjärn och lås – smörjning (avsnitt 20)
☐ Utjämningskammarens dräneringsslang – rengöring (avsnitt 21)
☐ Pollenfilter – byte (avsnitt 22)
☐ Drivrem – kontroll (avsnitt 23)

Var 40 000:e km eller vartannat år

Observera: *Serviceintervallen grundas på tid och antal körda kilometer. Service måste utföras var 40 000:e km, **eller** vartannat år, beroende på vilket som inträffar först.*

☐ Bromsvätska – byte (avsnitt 24)

Var 50 000:e km

Observera: *Intervallen på 50 000 km börjar vid 60 000 km, d.v.s. de infaller vid 60 000 km, 110 000 km, 160 000 km etc.*

☐ Tändstift – byte (avsnitt 25)
☐ Luftfilter – byte (avsnitt 26)

Var 80 000:e km

Observera: *Intervallen på 80 000 km börjar vid 90 000 km, d.v.s. de infaller vid 90 000 km, 170 000 km etc.*

☐ Automatväxelolja – byte (avsnitt 27)

Var 110 000:e km

Observera: *Intervallen på 110 000 km börjar vid 115 000 km, d.v.s. de infaller vid 115 000 km, 225 000 km etc.*

☐ Drivrem – byte (avsnitt 28)
☐ Bränslefilter – byte (avsnitt 29)

Vart tredje år

☐ Kylvätska – byte (avsnitt 30)

Bild av motorrummet för modell med 2,0-liters turbomotor

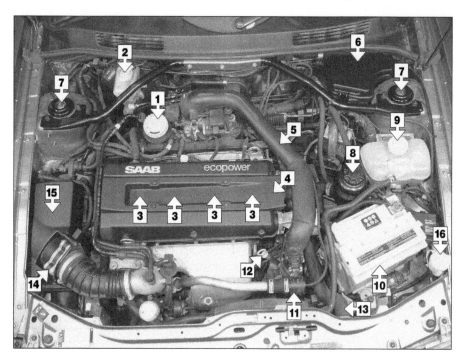

1 Påfyllningslock och oljemätsticka för motorolja
2 Bromsvätskebehållare
3 Tändstift (dolda)
4 Tändspole
5 Luftintag för turboaggregat
6 Säkringsdosa för motorrum
7 Främre fjäderbenets övre fäste
8 Behållare för servostyrningsvätska
9 Expansionskärl för kylvätska
10 Batteri
11 Bypassventil för turboaggregatskontroll
12 Mätsticka för automatväxelolja
13 Kylarens övre slang
14 Luftflödesmätare för bränsleinsprutningssystem
15 Luftfilter
16 Vindrutans spolarvätskebehållare, påfyllningslock

Bild av motorrummet för modell med 2,0-liters turbomotor

1 Dräneringsplugg för motorolja
2 Oljefilter
3 Växellådans dräneringsplugg
4 Främre avgasrör och ljuddämpare
5 Manuell växellåda
6 Framfjädring/motorns kryssrambalk
7 Avgassystemets fästen
8 Främre bromsok
9 Spolarvätskebehållare
10 Framfjädringens svängarm
11 Styrstagsändar
12 Framfjädringens nedre styrarm
13 Luftkonditioneringens kompressor
14 Kylare

Översikt över det bakre underredet på modell med 2,0-liters turbomotor

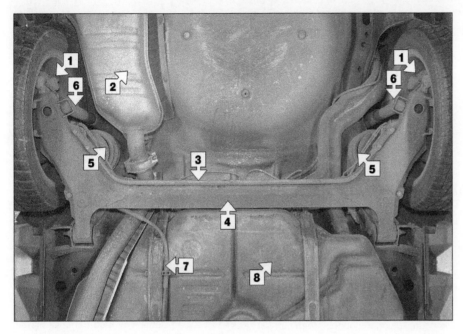

1 Bakre bromsok
2 Avgassystemets ljuddämpare
3 Bakfjädringens krängningshämmare
4 Bakfjädringens axelbalk
5 Bakfjädringens spiralfjäder
6 Bakfjädringens stötdämpare, nedre fäste
7 Handbromsvajer
8 Bränsletank

1 Allmän information

Syftet med det här kapitlet är att hjälpa hemmamekaniker att underhålla sina bilar för att dessa ska få så hög säkerhet, driftekonomi, livslängd och prestanda som möjligt.

Kapitlet innehåller ett underhållsschema samt avsnitt som i detalj behandlar posterna i schemat. Bland annat behandlas åtgärder som kontroller, justeringar och byte av delar. På de tillhörande bilderna av motorrummet och bottenplattan visas de olika delarnas placering.

Underhåll av bilen enligt schemat för tid/körsträcka och de följande avsnitten ger ett planerat underhållsprogram som bör resultera i att bilen fungerar tillförlitligt under lång tid. Underhållsprogrammet är heltäckande, så om man väljer att bara underhålla vissa delar, men inte andra, vid de angivna intervallen går det inte att garantera samma goda resultat.

Ofta kan eller bör flera åtgärder utföras samtidigt på bilen, antingen för att den åtgärd som ska utföras kräver det eller för att delarnas läge gör det praktiskt. Om bilen av någon anledning hissas upp kan t.ex. inspektion av avgassystemet utföras samtidigt som styrning och fjädring kontrolleras.

Det första steget i underhållsprogrammet består av förberedelser innan arbetet påbörjas. Läs igenom relevanta avsnitt, gör sedan upp en lista på vad som behöver göras och skaffa fram verktyg och delar. Om problem uppstår, rådfråga en specialist på reservdelar eller vänd dig till återförsäljarens serviceavdelning.

2 Rutinunderhåll

Om underhållsschemat följs noga från det att bilen är ny och om vätske- och oljenivåerna och de delar som är utsatta för stort slitage kontrolleras enligt denna handboks rekommendationer, hålls motorn i bra skick och behovet av extra arbete minimeras.

Ibland går motorn dåligt på grund av bristande underhåll. Risken för detta ökar om bilen är begagnad och inte har fått regelbunden service. I sådana fall kan extra arbeten behöva utföras, utöver det normala underhållet.

Om motorn misstänks vara sliten ger ett kompressionsprov (se kapitel 2A) värdefull information om de inre huvudkomponenternas skick. Ett kompressionsprov kan användas för att avgöra det kommande arbetets omfattning. Om provet avslöjar allvarligt inre slitage är det slöseri med tid och pengar att utföra underhåll på det sätt som beskrivs i detta kapitel om inte motorn först renoveras (kapitel 2C).

Följande åtgärder är de som oftast behövs för att förbättra effekten hos en motor som går dåligt:

I första hand

a) Rengör, kontrollera och testa batteriet (Veckokontroller och kapitel 5A).
b) Kontrollera alla motorrelaterade vätskor (Veckokontroller).
c) Kontrollera drivremmens skick och spänning (avsnitt 23).
d) Byt tändstiften (avsnitt 24).
e) Undersök fördelarlocket, rotorarmen och tändkablarna – efter tillämplighet (kapitel 5B).
f) Kontrollera luftfiltrets skick och byt vid behov (avsnitt 26).
g) Byt bränslefiltret (avsnitt 29).
h) Kontrollera att samtliga slangar är i gott skick och leta efter läckor (avsnitt 5).

Om ovanstående åtgärder inte har någon inverkan ska följande åtgärder utföras:

I andra hand

a) Kontrollera laddningssystemet (kapitel 5A).
b) Kontrollera tändsystemet (kapitel 5B).
c) Kontrollera bränslesystemet (kapitel 4A).
d) Byt fördelarlocket och rotorarmen – efter tillämplighet (kapitel 5B).
e) Byt tändkablarna – efter tillämplighet (kapitel 5B).

3.4 Skruva loss sumpens oljeavtappningsplugg

3.5a Låt den gamla oljan rinna ut . . .

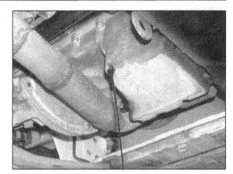

3.5b . . . och observera att du kan behöva flytta på behållaren när oljan börjar rinna långsammare

Var 10 000:e km eller var sjätte månad

3 Motorolja och filter – byte

1 Täta oljebyten är det bästa förebyggande underhåll en hemmamekaniker kan ge en motor, eftersom begagnad olja blir utspädd och förorenad med tiden, vilket medför att motorn slits ut i förtid.

2 Innan du börjar arbetet plockar du fram alla verktyg och allt material som behövs. Se även till att ha gott om rena trasor och tidningar till hands för att torka upp eventuellt spill. Helst ska motoroljan vara varm, eftersom den då rinner ut lättare och mer avlagrat slam följer med. Se dock till att inte vidröra avgassystemet eller andra heta delar vid arbete under bilen. Använd handskar för att undvika skållning och för att skydda huden mot irritationer och skadliga föroreningar i begagnad motorolja.

3 Dra åt handbromsen och ställ framvagnen på pallbockar (se Lyftning och stödpunkter).

4 Oljedräneringspluggen sitter framför sumpen. Lossa pluggen ungefär ett halvt varv. Ställ behållaren under dräneringspluggen och skruva ur pluggen helt. Ta vara på packningen (se bild).

5 Ge den gamla oljan tid att rinna ut, och observera att det kan bli nödvändigt att flytta behållaren när oljeflödet minskar (se bilder).

6 Torka av avtappningspluggen med en ren trasa när all olja runnit ut. Kontrollera att tätningsbrickan är i gott skick och byt ut den

HAYNES TiPS *Håll pluggen intryckt i sumpen medan den skruvas loss för hand de sista varven. Dra sedan snabbt bort avtappningspluggen så att oljan hamnar i kärlet och inte på din arm!*

om det behövs (se bild). Rengör området runt dräneringspluggens öppning och sätt tillbaka pluggen. Dra åt pluggen till angivet moment.

7 Placera behållaren på plats under oljefiltret, som sitter baktill på cylinderblocket. Du kommer åt oljefiltret underifrån bilen.

8 Lossa filtret med ett oljefilterverktyg om det behövs, och skruva sedan loss det för hand (se bilder). Töm det gamla oljefiltret i behållaren och kasta det.

9 Torka bort all olja, smuts och slam från filtrets tätningsyta på hållaren med en ren trasa.

10 Applicera ett tunt lager ren motorolja på det nya filtrets tätningsring och skruva det sedan på plats på motorn (se bilder). Dra åt filtret ordentligt, men endast för hand – använd **inte** något verktyg. Rengör filtret och sumpens avtappningsplugg.

11 Ta bort behållaren med gammal olja och verktygen under bilen. Sänk sedan ner bilen.

12 Ta bort oljepåfyllningslocket och dra ut oljemätstickan ur påfyllningsröret. Fyll på med rätt typ av motorolja (se Smörjmedel och vätskor). En oljekanna med pip eller en tratt kan hjälpa till att minska spillet. Börja med att hälla i halva den angivna mängden olja och vänta några minuter så att den hinner sjunka

3.6 Byt ut brickan till sumpens oljeavtappningsplugg om det behövs

3.8a Lossa oljefiltret med borttagningsverktyg . . .

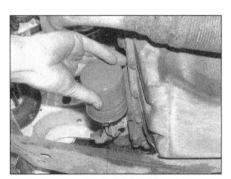

3.8b . . . och ta bort det från motorn

3.10a Stryk på ett tunt lager ren motorolja på det nya filtrets tätningsring . . .

3.10b . . . och skruva sedan fast det på motorn

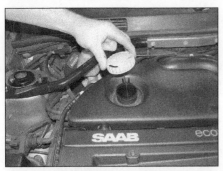

3.12a Ta bort oljepåfyllningslocket och dra ut oljemätstickan ur påfyllningsröret

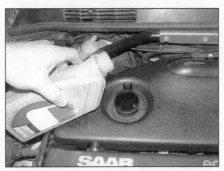

3.12b Fyll på med rätt sorts motorolja

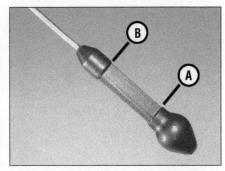

3.12c Nedre (A) och övre markering (B) på mätstickan för motorolja

ner i sumpen. Fortsätt fylla på små mängder i taget till dess att nivån når det nedre märket på mätstickan. Ytterligare 1,0 liter tar upp nivån till mätstickans övre märke. Sätt i mätstickan och sätt tillbaka påfyllningslocket **(se bilder)**.
13 Starta motorn och låt den gå några minuter. Leta efter läckor runt oljefiltrets tätning och sumpens dräneringsplugg. Observera att det kan ta ett par sekunder innan oljetryckslampan släcks sedan motorn startats första gången efter ett oljebyte. Detta beror på att oljan cirkulerar runt i kanalerna och det nya filtret innan trycket byggs upp.
14 Stäng av motorn och vänta ett par minuter på att oljan ska rinna tillbaka till sumpen. Kontrollera oljenivån igen när den nya oljan har cirkulerat och filtret är fullt. Fyll på mer olja om det behövs.
15 Ta hand om den använda motoroljan på ett säkert sätt i enlighet med rekommendationerna i *Allmänna reparationsanvisningar*.

Var 20 000:e km eller var tolfte månad

Observera: *Intervallen på 20 000 km börjar vid 30 000 km, d.v.s. de infaller vid 30 000 km, 50 000 km, 70 000 km, 100 000 km etc.*

4 Servicemätare – återställning

1 Det finns en servicemätare i Saabs informationsdisplay (SID) på instrumentbrädan. När det börjar bli dags för nästa service ger mätaren utslag. När bilen har servats nollställs servicemätaren för hand. **Observera:** *Mätaren återställs automatiskt när meddelandet visats 20 gånger. Du kan när som helst återställa visaren med Saabs diagnostikverktyg.*
2 Tryck ner och håll kvar "CLEAR"-knappen (längst till vänster) på SID-panelen i 8 sekunder och släpp den sedan **(se bild)**. Displayen ska visa "CLEARED" de första fyra sekunderna och sedan visa "SERVICE" de återstående fyra sekunderna. En ljudsignal hörs under tiden. Sedan är servicemätaren återställd.

5 Slangar och vätskor– läckagekontroll

Kylsystem

Varning: Läs säkerhetsinforma-tionen i "Säkerheten främst!" och kapitel 3 innan du modifierar någon av komponenterna i kylsystemet.
1 Kontrollera noggrant kylaren och kylvätske-slangarna i sin helhet. Byt ut alla slangar som är spruckna, svullna eller visar tecken på åldrande. Sprickor syns bättre om man klämmer på slangen. Var extra noga med slangklämmorna som håller fast slangarna vid kylsystemets komponenter. Slangklämmor som har dragits åt för hårt kan nypa åt och punktera slangarna, vilket leder till läckage i kylsystemet **(se bild)**.
2 Undersök alla delar av kylsystemet (slangar, fogytor etc.) och leta efter läckor. Om några läckor förekommer ska den trasiga komponenten eller dess packning bytas ut enligt beskrivningen i kapitel 3 **(se Haynes tips)**.

Bränslesystem

Varning: Läs säkerhetsinforma-tionen i "Säkerheten främst!" och kapitel 4A innan du modifierar någon av komponenterna i bränslesystemet.

H31047

4.2 Tryck in och håll ner CLEAR-knappen på SID-panelen i 8 sekunder och släpp den sedan

5.1 Kontrollera alla kylsystemsslangar och sök efter tecken på läckage

HAYNES TiPS

Kylvätskeläckage visar sig vanligen som vita eller frostskyddsfärgade, sköra avlagringar i området runt läckan.

5.7a Undersök området runt ventilkåpans fogyta och sök efter tecken på motoroljeläckage

5.7b Kontrollera i förekommande fall området runt tändningsfördelarens fästfläns

Servostyrningsoljans nivå

9 Undersök slangen mellan oljebehållaren och servostyrningspumpen samt returslangen från kuggstången till oljebehållaren. Kontrollera dessutom högtrycksmatningsslangen mellan pumpen och kuggstången **(se bild)**.

10 Undersök noga varje slang. Leta efter slitage som orsakats av korrosion och efter skador som orsakats av att slangarna släpat i marken eller av stenskott.

11 Var extra noga med veckade anslutningar och området runt de slangar som är fästa med justerbara skruvklämmor. Liksom automatväxelolja är servostyrningsolja tunn och ofta rödfärgad.

Luftkonditioneringens kylmedium

⚠️ *Varning: Läs säkerhetsinformationen i "Säkerheten främst!" och kapitel 3 vad gäller riskerna med att modifiera komponenter i luftkonditioneringssystemet.*

12 Luftkonditioneringssystemet är fyllt med flytande kylmedium som förvaras under högt tryck. Om luftkonditioneringssystemet öppnas och tryckutjämnas utan specialutrustning kommer kylmedlet omedelbart att förångas och blanda sig med luften. Om vätskan kommer i kontakt med hud kan den orsaka allvarliga förfrysningsskador. Dessutom innehåller kylmediet ämnen som är skadliga för miljön. Därför ska det inte släppas ut okontrollerat i atmosfären.

13 Misstänkt läckage i luftkonditioneringssystemet ska omedelbart överlåtas till en Saab-verkstad eller en luftkonditioneringsspecialist. Läckage yttrar sig genom att nivån på kylmedium i systemet sjunker stadigt.

14 Observera att vatten kan droppa från kondensatorns avtappningsrör under bilen omedelbart efter det att luftkonditioneringssystemet har använts. Detta är normalt och behöver inte åtgärdas.

Bromsvätska

⚠️ *Varning: Läs säkerhetsinformationen i "Säkerheten främst!" och kapitel 9 vad gäller riskerna med att hantera bromsvätska.*

3 Bränsleläckor kan vara svåra att hitta om inte läckaget är uppenbart och syns tydligt. Bränsle tenderar att förångas snabbt vid kontakt med luft, särskilt i ett varmt motorrum. Små droppar kan försvinna innan själva läckan hittas. Låt bilen stå över natten om du misstänker att det finns ett bränsleläckage i motorrummet och kallstarta sedan motorn med motorhuven öppen. Metallkomponenter krymper en aning vid kyla och gummitätningar och slangar stelnar, så eventuella läckor blir lättare att hitta när motorn värms upp från kallstart.

4 Kontrollera alla bränsleledningar vid anslutningarna till bränslefördelarskenan, bränsletrycksregulatorn och bränslefiltret. Undersök alla bränsleslangar av gummi efter hela deras längd med avseende på sprickor och skador. Leta efter läckor i de veckade skarvarna mellan gummislangarna och metalledningarna. Undersök anslutningarna mellan bränsleledningarna av metall och bränslefiltrets hus. Kontrollera även området runt bränsleinsprutarna och leta efter tecken på O-ringsläckage.

5 Lyft upp bilen på pallbockar för att kunna hitta läckor mellan bränsletanken och motorrummet (se *Lyftning och stödpunkter*). Undersök bensintanken och påfyllningsröret och leta efter hål, sprickor och andra skador. Anslutningen mellan påfyllningsröret och tanken är speciellt kritisk. Ibland läcker ett påfyllningsrör av gummi eller en slang beroende på att slangklämmorna är för löst åtdragna eller att gummit åldrats.

6 Undersök noga alla gummislangar och

metallrör som leder från tanken. Leta efter lösa anslutningar, åldrade slangar, veck på rör och andra skador. Var extra uppmärksam på ventilationsrör och slangar som ofta är lindade runt påfyllningsröret och kan bli igensatta eller böjda så att det blir svårt att tanka. Följ bränsletillförsel- och returledningarna till den främre delen av bilen och undersök noga om det finns tecken på skador eller rost. Byt ut skadade delar vid behov.

Motorolja

7 Undersök området kring kamaxelkåpan, topplocket, oljefiltret och sumpens fogytor. I förekommande fall kontrollerar du området runt tändningsfördelarens fästfläns **(se bilder)**. Tänk på att det med tiden är naturligt med en viss genomsippring i dessa områden. Sök efter tecken på allvarligt läckage som orsakats av fel på packningen. Motorolja som sipprar från botten på kamkedjekåpan eller balanshjulskåpan kan vara tecken på att vevaxelns eller växellådans ingående axels oljetätningar läcker. Om ett läckage påträffas, byt den defekta packningen eller tätningen enligt beskrivning i relevant kapitel i denna handbok.

Automatväxelolja

8 I förekommande fall söker du efter läckage vid slangarna till växellådans vätskekylare i motorrummets främre del. Leta efter slitage som orsakats av korrosion och efter skador som orsakats av att slangarna släpat i marken eller av stenskott. Automatväxelolja är en tunn, ofta rödfärgad olja.

15 Undersök området runt bromsrörens anslutningar vid huvudcylindern och leta efter tecken på läckage, enligt beskrivningen i kapitel 9. Undersök området runt vätskebehållarens nedre del och sök efter tecken på läckage på grund av dåliga tätningar **(se bild)**. Undersök även bromsrörens anslutningar vid den hydrauliska ABS-enheten.

16 Om uppenbar oljeförlust föreligger men inget läckage kan upptäckas i motorrummet ska bilen lyftas upp på pallbockar och bromsoken samt underredets bromsledningar kontrolleras (se *Lyftning och stödpunkter*). Oljeläckage från bromssystemet är ett allvarligt fel som kräver omedelbart åtgärdande.

17 Hydrauloljan till bromsarna/växellådan är giftig och har en vattnig konsistens. Ny hydraulolja är i det närmaste färglös, men den mörknar med ålder och användning.

5.9 Undersök styrservons vätskematnings- och returslangar avseende tecken på läckage

5.15 Kontrollera området runt bromsvätskebehållarens nedre del, sök efter tecken på läckage

Oidentifierat vätskeläckage

18 Om det finns tecken på att vätska av någon sort läcker från bilen, men det inte går att avgöra vilken sorts vätska det är eller varifrån den kommer, parkera bilen över natten och lägg en stor bit kartong under den. Om kartongbiten är placerad på någorlunda rätt ställe kommer även mycket små läckor att synas på den. Detta gör det lättare både att avgöra var läckan är placerad samt att identifiera den med hjälp av färgen. Tänk på att vissa läckage bara ger ifrån sig vätska när motorn är igång!

Vakuumslangar

19 Bromssystemet är hydraulstyrt men bromsservon förstärker kraften som används på bromspedalen med hjälp av det vakuum som motorn skapar i insugsgrenröret. Vakuumet leds till servon genom en bred slang. Läckor på slangen minskar bromsarnas effektivitet och kan även påverka motorn.
20 Några av komponenterna under motorhuven, särskilt avgaskontrollens komponenter, drivs av vakuum från insugsgrenröret via smala slangar. En läcka i vakuumslangen innebär att luft kommer in i slangen (i stället för att pumpas ut från den), vilket gör läckan mycket svår att upptäcka. Ett sätt är att använda en bit vakuumslang som ett slags stetoskop. Håll den ena änden mot (men inte i!) örat och den andra änden på olika ställen runt den misstänkta läckan. När slangens ände befinner sig direkt ovanför vakuumläckan hörs ett tydligt väsande ljud genom slangen. Motorn måste vara igång vid en sådan här undersökning, så var noga med att inte komma åt heta eller rörliga komponenter. Byt ut alla vakuumslangar som visar sig vara defekta.

6 Styrning och fjädring – kontroll

Framfjädring och styrning

1 Ställ framvagnen på pallbockar (se *Lyftning och stödpunkter*).
2 Inspektera spindelledernas dammskydd och styrväxelns damasker. De får inte vara skavda, spruckna eller ha andra defekter. Slitage på någon av dessa delar gör att smörjmedel läcker ut och att smuts och vatten kan komma in, vilket snabbt sliter ut kullederna eller styrväxeln.
3 Kontrollera servostyrningens oljeslangar och leta efter tecken på skavning och åldrande och undersök rör- och slutanslutningar avseende oljeläckage. Leta även efter läckor under tryck från styrväxelns gummidamask, vilket indikerar trasiga tätningar i styrväxeln.
4 Ta tag i hjulet upptill och nedtill och försök rucka på det **(se bild)**. Ett ytterst litet spel kan märkas, men om rörelsen är stor krävs en närmare undersökning för att fastställa

6.4 Kontrollera om det föreligger slitage i navlagren genom att ta tag i hjulet och försöka vicka på det

orsaken. Fortsätt rucka på hjulet medan en medhjälpare trycker på bromspedalen. Om spelet försvinner eller minskar markant är det troligen fråga om ett defekt hjullager. Om spelet finns kvar när bromsen är nedtryckt rör det sig om slitage i fjädringens leder eller fästen.
5 Fatta sedan tag i hjulet på sidorna och försök rucka på det igen. Märkbart spel beror antingen på slitage på hjullager eller på styrstagets leder. Om den yttre kulleden är sliten är det synliga spelet tydligt. Om den inre styrleden misstänks vara sliten kan detta kontrolleras genom att man placerar handen över kuggstångens gummidamask och tar tag om styrstaget. När hjulet ruckas kommer rörelsen att kännas vid den inre styrleden om den är sliten.
6 Leta efter glapp i fjädringsfästenas bussningar genom att bända mellan relevant komponent och dess fästpunkt med en stor skruvmejsel eller ett plattjärn. En viss rörelse är att vänta eftersom bussningarna är av gummi, men eventuellt större slitage visar sig tydligt. Kontrollera även de synliga gummibussningarnas skick och leta efter bristningar, sprickor eller föroreningar i gummit.
7 Ställ bilen på marken och låt en medhjälpare vrida ratten fram och tillbaka ungefär en åttondels varv åt vardera hållet. Det ska inte finnas något, eller bara ytterst lite, spel mellan rattens och hjulens rörelser. Om spelet är större ska de leder och fästen som beskrivs ovan kontrolleras noggrant. Undersök också rattstångens kardanknut avseende slitage och kontrollera kuggstångsstyrningens växelkugghjul.
8 Kontrollera att framfjädringens fästen sitter ordentligt.

Bakfjädring

9 Klossa framhjulen och ställ bakvagnen på pallbockar (se *Lyftning och stödpunkter*).
10 Kontrollera att de bakre hjullagren, bussningarna och fjäderbenet eller stötdämparens fästen (i förekommande fall) inte är slitna, med samma metod som för framvagnens fjädring.
11 Kontrollera att bakfjädringens fästen sitter ordentligt.

Stötdämpare

12 Leta efter tecken på oljeläckage runt stötdämpare eller från gummidamaskerna runt kolvstängerna. Om det finns spår av olja är stötdämparen defekt och ska bytas. **Observera:** *Stötdämpare ska alltid bytas parvis på samma axel.*
13 Stötdämparens effektivitet kan kontrolleras genom att bilen gungas i varje hörn. I normala fall ska bilen återta planläge och stanna efter en nedtryckning. Om den höjs och återvänder med en studs är troligen stötdämparen defekt. Undersök även om stötdämparens övre och nedre fästen visar tecken på slitage.

Löstagbar bogsertillsats

14 Rengör kopplingsstiftet och stryk lite fett på sätet. Kontrollera att tillsatsen enkelt kan monteras och låses korrekt på plats.

7 Framhjulets toe-in – kontroll och justering

Se kapitel 10, avsnitt 20, för mer information.

8 Bakre bromsklossar – kontroll

1 Kontrollera de bakre bromsklossarna genom att dra åt handbromsen och lossa framhjulsbultarna. Lyft sedan upp bakvagnen och stöd den på pallbockar (se *Lyftning och stödpunkter*). Ta bort bakhjulen.
2 Bromsklossens tjocklek kan snabbkontrolleras via inspektionshålet på bromsokets baksida. Mät tjockleken på bromskloss-beläggningen, inklusive stödplattan, med en stållinjal. Tjockleken får inte vara mindre än vad som anges i specifikationerna.
3 Genom bromsokets inspektionshål kan man grovt uppskatta hur bromsklossarna ser ut. Vid en ingående kontroll ska bromsklossarna demonteras och rengöras. Då kan även bromsokets funktion kontrolleras, och bromsskivans skick kan kontrolleras på båda sidorna.
4 Om belägget på någon kloss är slitet till angiven minimitjocklek eller tunnare *måste alla fyra klossarna bytas.* Se kapitel 9 för mer information.
5 Avsluta med att montera tillbaka hjulen och sänka ner bilen.

9 Handbroms – kontroll och justering

1 Klossa framhjulen, lyft upp bilens bakvagn med hjälp av en domkraft och stöd den på pallbockar (se *Lyftning och stödpunkter*).
2 Lägg ur handbromsspaken helt.
3 Dra handbromsen till det fjärde hacket och

kontrollera att båda bakhjulen är låsta när du försöker vrida dem för hand.
4 Vid behov av justering, se kapitel 9.
5 Sänk ner bilen.

10 Säkerhetsbälten – kontroll

1 Arbeta med ett säkerhetsbälte i taget, undersök bältesväven ordentligt och titta efter revor eller tecken på allvarlig fransning eller åldrande. Dra ut bältet så långt det går och undersök väven efter hela dess längd.
2 Spänn fast bilbältet och öppna det igen, kontrollera att bältesspännet sitter säkert och att det löser ut ordentligt när det ska. Kontrollera också att bältet rullas upp ordentligt när det släpps.
3 Kontrollera att infästningarna till säkerhetsbältena sitter säkert. De är åtkomliga inifrån bilen utan att klädsel eller andra detaljer behöver demonteras.
4 Kontrollera att bältespåminnaren fungerar.

11 Krockkuddar – kontroll

1 Följande arbete kan utföras av en hemmamekaniker, men om elektroniska problem uppdagas är det nödvändigt att uppsöka en Saab-verkstad som har den nödvändiga diagnostiska utrustningen för avläsning av felkoder i systemet.

13.1 Placering av styrservons vätskebehållare

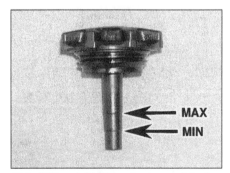

13.3 MIN- och MAX-markeringar på locket

2 Vrid tändningsnyckeln till körläge (tändningens varningslampa på) och kontrollera att varningslampan för SRS (Supplementary Restraint System) lyser i 3 till 4 sekunder. Efter fyra sekunder ska varningslampan slockna som ett tecken på att systemet är kontrollerat och fungerar som det ska.
3 Om varningslampan inte släcks, eller om den inte tänds, ska systemet kontrolleras av en Saab-verkstad.
4 Undersök rattens mittplatta och krockkuddemodulen på passagerarsidan och se om det finns yttre skador. Kontrollera även framsätenas utsida runt krockkuddarna. Kontakta en Saab-verkstad vid synliga skador.
5 I säkerhetssyfte, se till att inga lösa föremål finns i bilen som kan träffa krockkuddemodulerna om en olycka skulle inträffa.

12 Strålkastarinställning – kontroll

Se kapitel 12 för ytterligare information.

13 Servostyrningsvätskans nivå – kontroll

1 Styrservons vätskebehållare sitter till vänster i motorrummet, bakom batteriet **(se bild)**. Vätskenivån kontrollerar du när motorn står stilla.

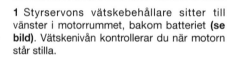

13.2 Skruva loss påfyllningslocket

13.4 Fylla på vätskenivån

2 Skruva loss påfyllningslocket från behållaren och torka bort alla olja från mätstickan med en ren trasa. Sätt tillbaka påfyllningslocket och ta sedan bort det igen. Observera vätskenivån på mätstickan **(se bild)**.
3 När motorn är kall ska vätskenivån vara mellan de övre MAX- och de nedre MIN-markeringarna på mätstickan. Om det endast finns ett märke ska nivån ligga mellan mätstickans nedre del och märket **(se bild)**.
4 Fyll på behållaren med angiven styrservoolja (fyll inte på för mycket), sätt sedan tillbaka locket och dra åt det **(se bild)**.

14 Landsvägsprov

Instrument och elektrisk utrustning

1 Kontrollera funktionen hos alla instrument och den elektriska utrustningen.
2 Kontrollera att instrumenten ger korrekta avläsningar och slå på all elektrisk utrustning i tur och ordning för att kontrollera att den fungerar korrekt. Kontrollera att värmen, luftkonditioneringen och den automatiska klimatanläggningen fungerar.

Styrning och fjädring

3 Kontrollera om bilen uppför sig normalt med avseende på styrning, fjädring, köregenskaper och vägkänsla.
4 Kör bilen och var uppmärksam på ovanliga vibrationer eller ljud.
5 Kontrollera att styrningen känns positiv, utan överdrivet "fladder" eller kärvningar, lyssna efter missljud från fjädringen vid kurvtagning eller gupp. Kontrollera att servostyrningen fungerar.

Drivaggregat

6 Kontrollera att motorn, kopplingen (manuell växellåda), växellådan och drivaxlarna fungerar. Kontrollera att visaren för turboladdningstryck går upp i det högre området vid kraftigt gaspådrag. Nålen kan korta ögonblick röra sig in på det röda området men om detta händer ofta, eller under längre perioder, kan det vara fel på turboladdningsmekanismen (se kapitel 4A).
7 Lyssna efter ovanliga ljud från motorn, kopplingen (manuell växellåda) och transmissionen.
8 Kontrollera att motorn går jämnt på tomgång och att den inte "tvekar" vid acceleration.
9 På modeller med manuell växellåda, kontrollera att kopplingen är mjuk och effektiv, att kraften tas upp mjukt och att pedalen rör sig korrekt. Lyssna även efter missljud när kopplingspedalen är nedtryckt. Kontrollera att alla växlar går i mjukt utan missljud, och att växelspaken går jämnt och inte känns onormalt inexakt eller hackig.
10 På modeller med automatväxellåda

kontrollerar du att alla växlingar är ryckfria, mjuka och fria från ökning av motorvarvet mellan växlar. Kontrollera att alla växelpositioner kan väljas när bilen står stilla. Om problem föreligger ska dessa tas om hand av en Saab-verkstad.

11 Kör bilen långsamt i en cirkel med fullt utslag på ratten och lyssna efter metalliska klick från framvagnen. Utför kontrollen åt båda hållen. Om du hör klickljud är det ett tecken på slitage i drivaxelknuten, se kapitel 8.

Bromssystem

12 Kontrollera att bilen inte drar åt ena hållet vid inbromsning, och att hjulen inte låser sig vid hård inbromsning.
13 Kontrollera att ratten inte vibrerar vid inbromsning.
14 Kontrollera att parkeringsbromsen fungerar ordentligt, utan för stort spel i spaken, och att den kan hålla bilen stilla i backe.
15 Testa bromsservot på följande sätt. Stäng

av motorn. Tryck ner bromspedalen fyra till fem gånger, så att vakuumet trycks ut. Starta sedan motorn samtidigt som du håller bromspedalen nedtryckt. När motorn startar ska pedalen ge efter märkbart medan vakuumet byggs upp. Låt motorn gå i minst två minuter och stäng sedan av den. Om pedalen nu trycks ner igen ska ett väsande ljud höras från servon. Efter 4–5 upprepningar bör inget pysande höras, och pedalen bör kännas betydligt hårdare.

Var 30 000:e km eller var 18:e månad

Observera: *Intervallen på 30 000 km börjar vid 40 000 km, d.v.s. de infaller vid 40 000 km, 70 000 km, 100 000 km, 130 000 km etc.*

15 Frostskyddsvätskans koncentration – kontroll

1 Kylsystemet ska fyllas med rekommenderad frost- och korrosionsskyddsvätska. Efter ett tag kan vätskekoncentrationen minska på grund av påfyllning (detta kan undvikas genom att man bara fyller på med kylmedieblandning av korrekt koncentration)

eller läckage. Om en läcka upptäcks måste den åtgärdas innan man fyller på mer kylvätska. Det exakta blandningsförhållandet mellan frostskyddsvätska och vatten beror på vädret. Blandningen bör innehålla minst 40 % och högst 70 % frostskyddsvätska. Läs blandningsdiagrammet på behållaren innan du fyller på med kylvätska. Du kan testa kylvätskan med en vattenprovare, som kan köpas hos de flesta biltillbehörsåterförsäljare. Använd frostskyddsvätska som motsvarar fordonstillverkarens specifikationer.
2 Ta bort locket från expansionskärlet. Motorn ska vara **kall**. Placera en trasa över locket om motorn är varm. Ta bort locket försiktigt, så att eventuellt tryck pyser ut.

3 Kylvätsketestare finns att köpa i tillbehörsbutiker. Töm ut lite kylvätska från expansionskärlet och kontrollera hur många plastbollar som flyter i testaren **(se bild)**. Oftast ska 2 eller 3 bollar flyta vid korrekt koncentration, men följ tillverkarens anvisningar.
4 Om koncentrationen är felaktig måste man antingen ta bort en del kylvätska och fylla på med kylmedium eller tappa ur den gamla kylvätskan och fylla på med ny av korrekt koncentration.

16 Växellådans oljenivå – kontroll

Manuell växellåda

Observera: *Saab anger inget intervall för kontroll av oljenivån på modeller med manuell växellåda, men vi rekommenderar att du kontrollerar oljan var 30 000:e km eller var artonde månad.*

1 Se till att bilen är parkerad på plant underlag. Rengör området runt nivåpluggen, som är placerad till vänster om differentialhuset bakpå växellådan, bakom vänster drivaxel. Du kommer åt pluggen från motorrummet, eller genom att klossa bakhjulen och dra åt handbromsen ordentligt. Lyft upp framvagnen och ställ den på pallbockar *(se Lyftning och stödpunkter),* men observera att bilen inte får luta när du ska utföra kontrollen.
2 Skruva loss pluggen med en lämplig insexnyckel eller ett sexkantigt borr och rengör den med en trasa **(se bild)**. Oljenivån ska nå upp till nivåhålets nederkant. En skvätt olja samlas bakom pluggen och rinner ut när den tas bort. Det här behöver **inte** nödvändigtvis betyda att nivån är korrekt. Kontrollera nivån ordentligt genom att vänta tills oljan sipprat klart och sedan använda en bit ren ståltråd, böjd i rät vinkel, som mätsticka.
3 Om olja behöver fyllas på, rengör ytan runt påfyllningspluggen, som är placerad ovanpå växelhuset. Lossa pluggen och torka ren den **(se bilder)**.

15.3 Använd en testare och sug ut lite av kylvätskan och kontrollera frostskyddsvätskans koncentration

16.2 Skruva loss växellådsoljans nivåplugg med en lämplig insexnyckel (se pil)

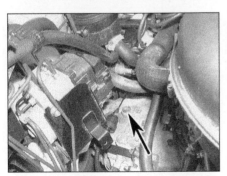

16.3a Växellådsoljans påfyllningsplugg (se pil) sitter ovanpå växellådshuset

16.3b Skruva loss pluggen med en lämplig insexnyckel

16.4 Fyll på växellådan

4 Fyll på olja tills ett stadigt sipprande av olja kommer från nivåhålet **(se bild)**. Använd **endast** syntetisk olja av god kvalitet och med den angivna graden. En tratt i påfyllningspluggens öppning gör det lättare att fylla på olja i växellådan utan att spilla.

5 När nivån är korrekt, montera och dra åt nivå- och påfyllningspluggarna till angivet åtdragningsmoment. Torka bort eventuellt spill.

Automatväxellåda

6 Kontrollera vätskenivån med mätstickan som sitter på växellådans framsida till vänster i motorutrymmet under batteriet.

7 Kör motorn på tomgång och lägg i "D" i ungefär 15 sekunder, lägg sedan i "R" och vänta ytterligare 15 sekunder. Gör om samma sak i läge P, och lämna motorn på tomgång.

16.8c Ta bort mätstickan på senare modeller

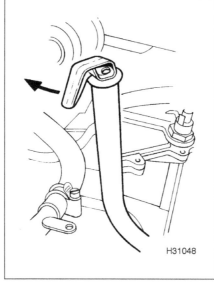

16.8a Lossa spärren (endast på äldre modeller) och dra ut mätstickan från röret.

8 Lossa spärren (endast på äldre modeller) och dra ut mätstickan ur röret. Torka bort all vätska från dess ände med en ren trasa eller en pappershandduk. Stick in den rena mätstickan i röret och dra ut den igen. Observera att vätskenivån på mätstickans ände – det finns två uppsättningar nivåmarkeringar, de nedre är för en vätsketemperatur på 20 °C och de övre är för en temperatur på 80 °C **(se bilder)**. Om motorn har en normal arbetstemperatur använder du de övre nivåmarkeringarna.

9 Om du behöver fylla på vätska, gör detta via oljestickans rör tills nivån är på mätstickans övre markering. **Observera:** Fyll aldrig på så mycket att oljenivån går över det övre märket. Använd en tratt med en finmaskig sil för att undvika att spill och att smuts kommer in i växellådan **(se bild)**. Observera att volymen mellan markeringarna MIN och MAX är 0,4 liter.

10 Efter påfyllning, ta en kort åktur med bilen så att den nya oljan kan fördelas i systemet, kontrollera oljan på nytt och fyll på vid behov.

11 Håll alltid nivån mellan de båda markeringarna på mätstickan. Om nivån tillåts sjunka

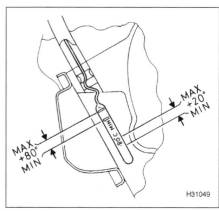

16.8b Observera de två uppsättningarna nivåmarkeringar på mätstickans ände (se texten för mer info)

under den nedre markeringen uppstår oljebrist som kan leda till allvarliga skador på växellådan.

17 Drivaxelleder och damasker – kontroll

1 Med bilens framvagn på pallbockar, vrid ratten till fullt utslag och snurra sedan långsamt på hjulet. Undersök de yttre drivknutarnas gummidamasker och kläm ihop damaskerna så att vecken öppnas **(se bild)**. Leta efter tecken på sprickor, delningar och åldrat gummi som kan släppa ut fett och släppa in vatten och smuts i drivknuten. Kontrollera även damaskernas klamrar vad gäller åtdragning och skick. Upprepa dessa kontroller på de inre drivknutarna. Om skador eller slitage påträffas bör damaskerna bytas enligt beskrivningen i kapitel 8.

2 Kontrollera samtidigt drivknutarnas skick genom att först hålla fast drivaxeln och sedan försöka snurra på hjulet. Upprepa kontrollen genom att hålla i den inre drivknuten och försöka rotera drivaxeln. Varje märkbar rörelse i drivknuten är ett tecken på slitage i drivknuten, slitage i drivaxelspårningen eller på att en av drivaxelns fästmuttrar är lös.

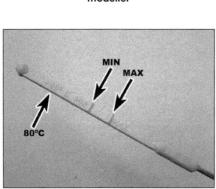

16.8d Mätstickans markering på senare modeller

16.9 Fylla på automatväxelolja

17.1 Kontrollera skicket på drivaxeldamaskerna

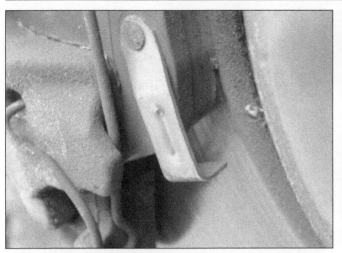

19.0 Varningssignalenhet på den yttre främre bromsklossen

19.2 Bromsklossens tjocklek kan mätas genom öppningen i det främre bromsoket

18 Avgassystem – kontroll

1 När motorn är kall undersöker du hela avgassystemet från motorn till avgasröret. Lyft upp bilen fram och bak om det behövs och ställ den säkert på pallbockar (se *Lyftning och stödpunkter*). Ta bort eventuella undre skyddskåpor, så att du kommer åt hela avgassystemet.
2 Kontrollera om avgasrör eller anslutningar visar tecken på läckage, allvarlig korrosion eller andra skador. Se till att alla fästbyglar och fästen är i gott skick och att relevanta muttrar och bultar är ordentligt åtdragna. Läckage i någon fog eller annan del visar sig vanligen som en sotfläck i närheten av läckan.
3 Skaller och andra missljud kan ofta härledas till avgassystemet, speciellt till dess fästen och gummiupphängningar. Försök att rubba rör och ljuddämpare. Om det går att få delarna att komma i kontakt med underredet eller fjädringen, bör systemet förses med nya fästen. Man kan också sära på fogarna (om det går) och vrida rören så att de kommer på tillräckligt stort avstånd.

19 Främre bromsklossar – kontroll

Observera: *Det sitter en akustisk slitagevarnare på den yttre bromsklossen, bestående av en metallbit som kommer i kontakt med bromsskivan när belägget är tunnare än 3,0 mm. Den här konstruktionen ger ifrån sig ett skrapande ljud som varnar föraren om att bromsklossarna är för slitna* **(se bild).**
1 Kontrollera de främre bromsklossarna genom att dra åt handbromsen och lossa framhjulsbultarna. Lyft sedan upp framvagnen

och stöd den på pallbockar (se *Lyftning och stödpunkter*). Ta bort framhjulen.
2 Bromsklossen tjocklek kan snabbt kontrolleras via inspektionsöppningen på bromsokets framsida **(se bild).** Mät tjockleken på bromsklossbeläggningen, exklusive stödplattan, med en stållinjal. Tjockleken får inte vara mindre än vad som anges i specifikationerna.
3 Tittar du genom okets inspektionshål ser du endast slitaget på den **inre** bromsklossen. Vid en ingående kontroll ska bromsklossarna demonteras och rengöras. Då kan även bromsokets funktion kontrolleras, och bromsskivans skick kan kontrolleras på båda sidorna.
4 Om belägget på någon kloss är slitet till angiven minimitjocklek eller tunnare *måste alla fyra klossarna bytas.* Se kapitel 9 för mer information.
5 Avsluta med att montera tillbaka hjulen och sänka ner bilen.

20 Gångjärn och lås – smörjning

1 Smörj alla gångjärn på motorhuven, dörrarna och bakluckan med en lätt maskinolja.

22.2 Lossa och ta bort pollenluftfiltret

2 Smörj försiktigt de två huvlåsen med fett.
3 Kontrollera noga att alla gångjärn, spärrar och lås fungerar och är säkra. Kontrollera att centrallåssystemet fungerar.
4 Kontrollera skick och funktion hos motorhuvens/bakluckans fjäderben, byt ut dem om de läcker eller inte förmår hålla motorhuven/bakluckan öppen.

21 Utjämningskammarens dräneringsslang – rengör

1 Längst bak i motorrummet tar du bort utjämningskammarens dräneringsslang och tar bort eventuellt skräp.
2 Sätt tillbaka dräneringsslangen och se till att den är ordentligt fäst.

22 Pollenfilter – byte

1 Ta bort vindrutetorkarmotorn och länksystemet enligt beskrivningen i kapitel 12.
2 Lossa och ta bort pollenfiltret **(se bild).**
3 Med delen borttagen, rengör utjämningskammarens dräneringsslangar och luftkonditioneringens dräneringsslangar.
4 Sätt dit det nya filtret i omvänd ordningsföljd mot borttagningen.

23 Drivrem – kontroll

1 På alla motorer används en enkel flerspårig drivrem för att överföra driften från vevaxelns remskiva till kylvätskepumpen, växelströmsgeneratorn, servostyrningspumpen och, på modeller utrustade med luftkonditionering, till kylkompressorn. Drivremmen styrs av en eller två

23.2a Ta bort den nedre delen av plastfodret under höger hjulhus för att komma åt vevaxelns remskiva

23.2b Ta bort luftrenaren och dess rör för att komma åt drivremmen

Observera: Det finns ingen central överföringsremskiva på senare modeller med luftkonditionering

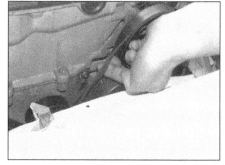

23.3 Undersök drivremmen, sök efter tecken på slitage eller skador

överföringsremskivor och spänns automatiskt av en fjäderförsedd spännarremskiva.

2 Dra åt handbromsen och lyft upp framvagnen på pallbockar för att lättare komma åt drivremmen (se *Lyftning och stödpunkter*). Ta bort det högra framhjulet, ta sedan bort

den nedre delen av plastfodringen under det högra hjulhuset för att komma åt vevaxelns remskiva. Ta bort luftrenaren och dess insugstrumma enligt beskrivningen i kapitel 4A **(se bilder)**.

3 Håll bulten till vevaxelns remskiva med en lämplig hylsnyckel och rotera vevaxeln så att

drivremmen/remmarna kan undersökas efter hela sin längd. Undersök om drivremmen har sprickor, skåror, fransar eller andra skador **(se bild)**. Leta också efter tecken på polering (blanka fläckar) och efter delning av remlagren. Byt ut remmen om den är utsliten eller skadad.

Var 40 000:e km eller vartannat år

24 Bromsvätska – byte

⚠ **Varning: Hydraulisk bromsolja kan skada ögonen och bilens lack, så var ytterst försiktig vid hanteringen. Använd aldrig olja som stått i ett öppet kärl under någon längre tid eftersom den absorberar fukt från luften. För mycket fukt i bromsoljan kan medföra att bromseffekten minskar, vilket är livsfarligt.**

1 Metoden liknar den som används för

luftning av hydraulsystemet som beskrivs i kapitel 9.

2 Arbeta enligt beskrivningen i kapitel 9 och öppna den första luftningsskruven i ordningen, och pumpa sedan försiktigt på bromspedalen tills nästan all gammal olja runnit ut ur huvudcylinderbehållaren. Fyll på olja upp till MAX-nivån och fortsätt pumpa tills endast den nya oljan återstår i behållaren och ny olja kan ses rinna ut från avluftningsskruven. Dra åt skruven och fyll på behållaren till maxmarkeringen.

3 Gå igenom resterande avluftningsskruvar i ordningsföljd och pumpa till dess att ny olja kommer ur dem. Var noga med att alltid

HAYNES TiPS *Gammal hydraulolja är alltid mycket mörkare än ny olja, vilket gör att det är enkelt att skilja dem åt.*

hålla huvudcylinderbehållarens nivå över minmarkeringen, annars kan luft tränga in i systemet och då ökar arbetstiden betydligt.

4 När du är klar kontrollerar du att alla avluftningsskruvar är ordentligt åtdragna och att deras dammskydd sitter på plats. Skölj bort alla spår av vätskespill och kontrollera huvudcylinderbehållarens vätskenivå.

5 Kontrollera bromsarnas funktion innan bilen körs igen.

Var 50 000:e km

Observera: Intervallen på 50 000 km börjar vid 60 000 km, d.v.s. de infaller vid 60 000 km, 110 000 km, 160 000 km etc.

25 Tändstift – byte

1 Det är av avgörande betydelse att tändstiften fungerar som de ska för att motorn ska gå jämnt och effektivt. Det är viktigt att tändstiften är av en typ som passar motorn. Om rätt typ används och motorn är i bra skick ska tändstiften inte behöva åtgärdas mellan de schemalagda bytesintervallen.

Modeller utan direkt tändning

2 Ta bort skruvarna och lyft bort inspektionskåpan den mittersta delen av ventilkåpan **(se bilder)**.

25.2a Ta bort skruvarna . . .

25.2b . . . och lyft bort inspektionsluckan från ventilkåpans mittersta del

25.3 Cylindernummermarkeringar ingjutna i topplocket

25.4 Ta bort tändkablarna från tändstiften genom att dra i ändbeslaget, inte i själva kabeln

Det är ofta väldigt svårt att sätta tändstift på plats utan att förstöra gängorna. För att undvika det, sätt en kort bit gummislang med 8-mms innerdiameter över tändstiftet. Slangen hjälper till att rikta tändstiftet i hålet. Om tändstiftet börjar gänga snett, kommer slangen att glida på tändstiftet och förhindra att gängorna förstörs.

3 Om markeringarna på tändkablarna inte är synliga, märk kablarna med 1 till 4 i enlighet med vilken cylinder de leder till (cylinder 1 är på motorns kamkedjesida) **(se bild)**.

4 Ta bort kablarna från tändstiften genom att ta tag i ändbeslagen, inte själva kabeln, annars kan kabelanslutningen skadas **(se bild)**. Med alla kablar frånkopplade lyfter du bort gummigenomföringen från topplockets fördelningsände och lägger kablarna åt sidan.

Modeller med direkt tändning

5 Utför följande åtgärder enligt beskrivningen i kapitel 5B:

a) *Koppla bort kablagets multikontakt från tändkassettens svänghjulsände.*

b) *Skruva loss de fyra skruvarna som fäster tändningsmodulen på topplockets ovansida. Du behöver en insexnyckel eller ett sexkantigt borr för detta.*

c) *Efter tillämplighet skruvar du loss bulten och lossar fästklämman till kassettens kablage.*

d) *Skruva i förekommande fall loss bulten och koppla ifrån jordledningen.*

e) *Lyft försiktigt bort tändkassetten, samtidigt som du lossar den från tändstiftens övre delar.*

Alla modeller

6 Det är klokt att rengöra tändstiftsbrunnarna med ren borste, dammsugare eller tryckluft

innan tändstiften tas bort, så att smuts inte kan falla ner i cylindrarna.

7 Skruva loss tändstiften med en tändstiftsnyckel, lämplig ringnyckel eller hylsnyckel med förlängare. Håll hylsan rakt riktad mot tändstiftet – om den tvingas åt sidan kan porslinsisolatorn brytas av. När ett stift har skruvats ur ska det undersökas enligt följande:

8 En undersökning av tändstiften ger en god indikation om motorns skick. Om isolatorns spets är ren och vit, utan avlagringar, indikerar detta en mager bränsleblandning eller ett stift med för högt värmetal (ett stift med högt värmetal överför värme långsammare från elektroden medan ett med lågt värmetal överför värmen snabbare).

9 Om isolatorns spets är täckt med en hård svartaktig avlagring, indikerar detta att bränsleblandningen är för fet. Om tändstiftet är svart och oljigt är det troligt att motorn är ganska sliten, förutom att bränsleblandningen är för fet.

10 Om isolatorns spets är täckt med en ljusbrun eller gråbrun beläggning är bränsleblandningen korrekt och motorn sannolikt i god kondition.

11 Tändstiftets elektrodavstånd är av avgörande betydelse, eftersom ett felaktigt avstånd påverkar gnistans storlek och effektivitet negativt. Elektrodavståndet ska vara ställt till det som anges i specifikationerna.

12 Du justerar avståndet genom att mäta det med ett bladmått eller en trådtolk och sedan

bända upp eller in den yttre elektroden tills du får till rätt avstånd. Centrumelektroden får inte böjas eftersom detta spräcker isolatorn och förstör tändstiftet, om inget värre händer. Om bladmått används ska avståndet vara så stort att det rätta bladet precis ska gå att skjuta in. Observera att vissa modeller är utrustade med tändstift med flera elektroder – försök inte justera elektrodavståndet på den här typen av tändstift.

13 Specialverktyg för justering av elektrodavstånd finns att köpa i biltillbehörsaffärer, eller från tändstiftstillverkaren.

14 Innan tändstiften monteras, försäkra dig om att tändstift och gängor är rena och att gängorna inte går snett. Det är ofta väldigt svårt att sätta tändstift på plats utan att förstöra gängorna. Detta kan undvikas genom att man sätter en kort bit gummislang över änden på tändstiftet **(se Haynes tips)**.

15 Ta bort gummislangen (om du har använt en sådan) och dra åt stiftet till angivet moment (se Specifikationer) med hjälp av tändstiftshylsan och en momentnyckel. Sätt tillbaka de återstående tändstiften på samma sätt **(se bild)**.

16 I förekommande fall återansluter du tändkablarna i rätt tändföljd (se Specifikationerna).

Modeller med direkt tändning

17 Sätt tillbaka tändningsmodulen i omvänd ordningsföljd mot demonteringen. Dra åt de fyra skruvarna till angivet moment (se kapitel 5B Specifikationer).

Modeller utan direkt tändning

18 Anslut tändkablarna i rätt ordning och sätt tillbaka gummigenomföringen. Tryck i tändkablarnas styrningar i respektive urtag på topplocket **(se bild)**.

19 Sätt tillbaka inspektionskåpan och dra åt fästskruvarna.

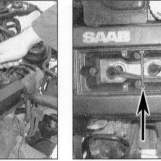

25.15 Sätt tillbaka tändstiften och dra åt dem till angivet moment

25.18 Tryck i tändkablarnas styrningar (se pil) i respektive urtag på topplocket

26.1 Luftrenaren sitter i det högra främre hörnet av motorrummet (ej turbomodell på bilden)

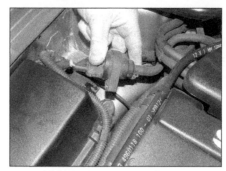

26.2a Ta bort rensventilen . . .

26.2b . . . och luftkanalen som går från luftfiltret till turboaggregatet

26.3 Lossa klämmorna och skruvarna och ta bort kåpan med massluftflödesmätaren från luftrenarhuset (turbomodell visas)

26.4a Lyft bort luftfiltret – på turbomodeller . . .

26.4b . . . och på modeller utan turbo

26.5 Rengör kåpans och husets insidor

26 Luftfilter – byte

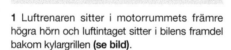

1 Luftrenaren sitter i motorrummets främre högra hörn och luftintaget sitter i bilens framdel bakom kylargrillen **(se bild)**.
2 På turbomodeller tar du bort avluftningsventilen från baksidan av luftfilterkåpan, koppla sedan loss luftkanalen som går från luftfiltret till turboaggregatet **(se bilder)**.
3 Ta bort klämmorna och skruvarna och ta bort den övre kåpan från luftfilterhuset **(se bild)**.
4 Lyft bort luftfiltret, notera i vilken riktning det sitter **(se bilder)**.
5 Torka rent den inre ytorna på kåpan och huset **(se bild)**, sätt sedan den nya delen i huset, se till att tätningsläppen sitter korrekt på husets kant.
6 Sätt tillbaka kåpan och fäst den med klämmorna.
7 Återanslut luftkanalen och fäst den genom att dra åt slangklämman. Sätt tillbaka rensventilen på modeller med turbo.

Var 80 000:e km

Observera: *Intervallen på 80 000 km börjar vid 90 000 km, d.v.s. de infaller vid 90 000 km, 170 000 km etc.*

27 Automatväxelolja – byte

1 Kör bilen en kort sträcka så att växellådan värms upp till normal arbetstemperatur. Parkera bilen över en smörjgrop eller hissa upp den och stöd den på pallbockar (se *Lyftning och stödpunkter*). Oavsett vilken metod som används, se till att bilen står plant så att oljenivån ska kunna kontrolleras senare.
2 Placera en lämplig behållare under växellådan, skruva bort avtappningspluggen och låt oljan rinna ner i behållaren. Observera att det behövs en särskild adapternyckel för att skruva bort pluggen.

> **Varning: Oljan är mycket het så vidtag försiktighetsåtgärder för att undvika skållning. Tjocka, vattentäta handskar rekommenderas.**

3 När all olja har runnit ut, torka avtappningspluggen ren och montera den i växelhuset. Montera en ny tätningsbricka om det behövs. Dra åt pluggen till angivet moment.
4 Fyll på automatväxellådan med angiven mängd olja av rätt grad. Se avsnitt 16 och fyll på till rätt nivå. Använd först mätstickans markeringar för låg temperatur, kör sedan en sväng med bilen. När oljan har nått arbetstemperatur, kontrollera oljenivån igen med mätstickans markeringar för hög temperatur.

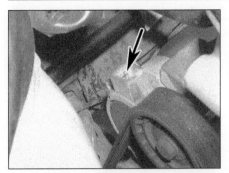

28.3a Stick in ett 1/2" förlängningsskaft eller liknande i tappen (se pil) ovanpå spännarens framdel

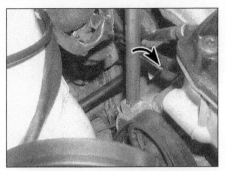

28.3b Vrid spännaren medurs, mot fjäderspänningen, tills låstappen är i linje med motsvarande hål i spännarens bakre del

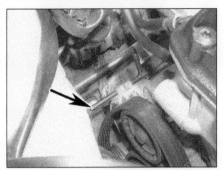

28.4 Använd ett 6 mm borr eller liknande för att låsa spännaren i sitt läge

Var 110 000:e km

Observera: *Intervallen på 110 000 km börjar vid 115 000 km, d.v.s. de infaller vid 115 000 km, 225 000 km etc.*

28 Drivrem – byte

1 På alla motorer används en enkel flerspårig drivrem för att överföra driften från vevaxelns remskiva till kylvätskepumpen, växelströmsgeneratorn, servostyrningspumpen och, på modeller utrustade med luftkonditionering, till kylkompressorn. Drivremmen styrs av en eller två överföringsremskivor och spänns automatiskt av en fjäderförsedd spännarremskiva.

2 Dra åt handbromsen och lyft upp framvagnen på pallbockar för att lättare komma åt drivremmen (se *Lyftning och stödpunkter*). Ta bort det högra framhjulet, ta sedan bort den nedre delen av plastfodringen under det högra hjulhuset för att komma åt vevaxelns remskiva. Ta bort luftrenaren och dess insugstrumma enligt beskrivningen i kapitel 4A.

3 Spännarremskivans fjäder måste nu pressas ihop och spärras. Stick in ett 1/2" förlängningsskaft eller liknande i tappen ovanpå spännarens framdel. Vrid spännaren medurs, mot fjäderspänningen, tills låstappen är i linje med motsvarande hål i spännarens bakre del. Observera att spännarens fjäder

28.5 Ta bort drivremmen från vevaxelns remskiva

är mycket stark och att det krävs betydande kraft för att pressa ihop den, men försök **inte** tvinga den utanför sin bana **(se bilder)**.

4 Håll spännaren i läge, dra sedan ett 6 mm borr (eller liknande verktyg) genom spännarens låstapp och fäst den i hålet i spännarens bakre del **(se bild)**. Minska långsamt trycket på förlängningsskaftet och se till att spännaren stannar i sitt låsta läge.

5 Ta bort drivremmen från vattenpumpens, servostyrningspumpens, vevaxelns (och i förekommande fall luftkonditioneringskompressorns) remskivor,

ta sedan bort den från motorrummet via det högra hjulhuset **(se bild)**.

6 Placera den nya drivremmen över samtliga remskivor och kontrollera att flerspårssidan griper i spåren på remskivorna **(se bild)**.

7 Tryck ihop spännarfjädern med ett förlängningsskaft på samma sätt som vid borttagningen. Ta bort låsverktyget och lösgör långsamt spännaren så att den åter kan trycka på drivremmens baksida.

8 Se till att remmen sitter ordentlig på remskivorna, starta sedan motorn och låt den gå på tomgång i några minuter. Detta gör att

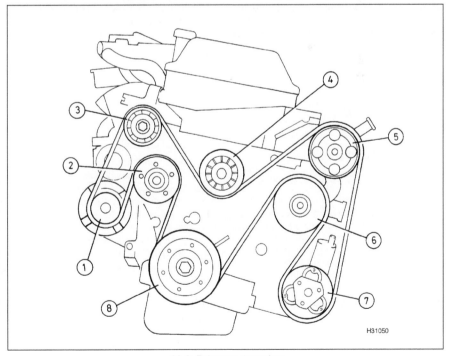

28.6 Drivremsdragning

1 Växelströmsgenerator
2 Spännare
3 Överföringsremskiva
4 Överföringsremskiva (inte på senare modeller med luftkonditionering)
5 Servostyrningspump
6 Kylvätskepump
7 Luftkonditioneringens kylmediekompressor (i förekommande fall)
8 Vevaxelns remskiva

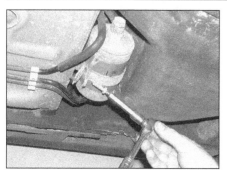

29.6 Lossa fästskruven från bränslefiltrets fästbygel

29.7 Skruva loss banjokopplingens bultar från filtrets båda ändar

29.9 Se till att flödespilen på filterhöljet pekar mot utsläppet som leder till motorrummet

spännaren kan återta sin plats och fördela spänningen jämnt längs hela remmen. Stanna motorn och kontrollera än en gång att remmen sitter korrekt på alla remskivor.
9 Sätt sedan tillbaka hjulhusets plastfodring, montera hjulet och sänk ner bilen.

29 Bränslefilter – byte

⚠️ *Varning: Innan arbetet påbörjas, se föreskrifterna i Säkerheten främst! i början av denna handbok innan något arbete med bränslesystemet utförs, och följ dem till punkt och pricka. Bensin är en ytterst brandfarlig och flyktig vätska, och säkerhetsföreskrifterna för hantering kan inte nog betonas.*

1 Bränslefiltret på alla modeller är monterat i anslutning till bränsletanken under bilens bakre del.
2 Avlasta trycket i bränslesystemet enligt beskrivning i kapitel 4A.
3 Klossa framhjulen, lyft sedan upp bakvagnen med hjälp av en domkraft och stöd den på pallbockar (se *Lyftning och stödpunkter*).
4 Ta loss plastskyddet där sådant är monterat, rengör sedan områdena kring bränslefiltrets insugs- och utblåsningsanslutningar.
5 Placera ett kärl, eller trasor, under filtret för att samla upp bensin som rinner ut.
6 Lossa monteringskonsolens fästskruv **(se bild)**.
7 Skruva loss banjokopplingsbultarna från filtrets ändar, håll fast kopplingen med en nyckel **(se bild)**. Ta loss tätningsbrickorna.
8 Ta bort filtret från monteringskonsolen och notera åt vilket håll pilmarkeringen på

filterhöljet pekar, lossa fästklammern och dra bort filtret från bilen.
9 Placera det nya filtret i fästklämman, montera det och dra åt fästskruven. Se till att flödespilen på filterhöljet pekar mot utsläppet som leder till motorrummet **(se bild)**.
10 Kontrollera tätningsbrickornas kondition och byt dem om det är nödvändigt.
11 Sätt tillbaka banjokopplingarna och slangarna till filtrets ändar tillsammans med tätningsbrickorna. Dra åt bultarna ordentligt, håll kopplingarna med en nyckel.
12 Torka bort spilld bensin, sätt tillbaka plastskyddet och sänk ner bilen på marken.
13 Starta motorn och kontrollera att inget läckage förekommer vid filterslangarnas anslutningar.
14 Det gamla filtret ska kasseras på lämpligt sätt, och kom ihåg att det är ytterst lättantändligt.

Vart tredje år

30 Kylvätska – byte

⚠️ *Varning: Vänta till dess att motorn är helt kall innan arbetet påbörjas. Låt inte frostskyddsmedel komma i kontakt med huden eller lackerade ytor på bilen. Spola omedelbart bort eventuellt spill med stora mängder vatten.*

Tömning av kylsystemet

1 När motorn är helt kall kan expansionskärlets påfyllningslock tas bort. Vrid locket moturs och vänta tills allt återstående tryck försvunnit ur systemet, skruva sedan loss locket och ta bort det.
2 I förekommande fall tar du bort motorns undre skyddskåpa och placerar en lämplig behållare under kylarens vänstra sida.
3 Lossa dräneringspluggen på den nedre

vänstra monteringstappen och låt kylvätskan rinna ner i behållaren **(se bild)**. Fäst en bit slang vid avtappningspluggen om det behövs, för att leda vätskan till behållaren.
4 När vätskeflödet upphör, dra åt avtappningspluggen och montera den undre skyddskåpan, om det behövs.
5 Om kylvätskan har tömts av någon annan anledning än byte kan den återanvändas (även om det inte rekommenderas), förutsatt att den är ren och mindre än två år gammal.

Spolning av kylsystem

6 Om kylvätskebyte inte utförts regelbundet eller om frostskyddet spätts ut, kan kylsystemet med tiden förlora i effektivitet på grund av att kylvätskekanalerna sätts igen av rost, kalkavlagringar och annat sediment. Kylsystemets effektivitet kan återställas genom att systemet spolas rent.
7 För att undvika förorening bör kylsystemet spolas losskopplat från motorn.

Kylarspolning

8 Lossa de övre och nedre slangarna och alla andra relevanta slangar från kylaren enligt beskrivningen i kapitel 3.
9 Stick in en trädgårdsslang i det övre kylarinloppet. Spola rent vatten genom kylaren

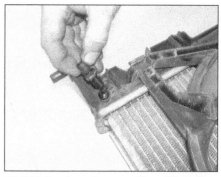

30.3 Dräneringspluggen sitter på kylarens vänstra sida

och fortsätt spola tills rent vatten kommer ut från kylarens nedre utsläpp.

10 Om det efter en rimlig tid fortfarande inte kommer ut rent vatten kan kylaren spolas ur med kylarrengöringsmedel. Det är viktigt att spolmedelstillverkarens anvisningar följs noga. Om kylaren är svårt förorenad, ta bort kylaren och stick in slangen i nedre utloppet och spola ur kylaren baklänges, sätt sedan tillbaka den.

Motorspolning

11 Demontera termostaten enligt beskrivning i kapitel 3, och sätt sedan tillfälligt tillbaka termostatlocket. Om kylarens övre slang har kopplats loss, koppla tillbaka den tillfälligt.

12 Lossa de övre och nedre kylarslangarna från kylaren och stick in i en trädgårdsslang i den övre kylarslangen. Spola rent vatten genom motorn och fortsätt spola tills rent vatten kommer ut från kylarens nedre slang.

13 När spolningen är avslutad, montera tillbaka termostaten och anslut slangarna enligt beskrivning i kapitel 3.

Kylsystem – påfyllning

14 Kontrollera innan påfyllningen inleds att alla slangar och slangklämmor är i gott skick och att klämmorna är väl åtdragna. Observera att frostskydd ska användas året runt för att förhindra korrosion i motorn.

15 Se till att luftkonditioneringen (A/C) eller den automatiska klimatanläggningen (ACC) är avstängd. På så sätt förhindras luftkonditioneringssystemet att starta kylarfläkten innan motorn har uppnått normal temperatur vid påfyllningen.

16 Skruva av expansionskärlets lock och fyll systemet långsamt tills kylvätskenivån når MAX-markeringen på sidan av expansionskärlet.

17 Sätt tillbaka och dra åt expansionskärlets påfyllningslock.

18 Starta motorn och vrid upp temperaturen. Kör motorn tills den har uppnått normal arbetstemperatur (kylfläkten slås på och stängs av). Om du kör motorn med olika varvtal värms den upp snabbare.

19 Stanna motorn och låt den svalna, kontrollera sedan kylvätskenivån igen enligt beskrivningen i *Veckokontroller*. Fyll på mera vätska om det behövs, och sätt tillbaka expansionskärlets påfyllningslock. Sätt tillbaka stänkskyddet under kylaren.

Frostskyddsblandning

19 Frostskyddsmedlet ska alltid bytas regelbundet med angivna intervall. Detta är nödvändigt för att behålla frostskyddsvätskans egenskaper men även för att förhindra korrosion som annars kan uppstå då de korrosionshämmande ämnenas effektivitet försämras med tiden.

20 Använd endast etylenglykolbaserat frostskyddsmedel som är lämpat för motorer med blandade metaller i kylsystemet. Mängden frostskyddsvätska och olika skyddsnivåer anges i specifikationerna.

21 Innan frostskyddsmedlet hälls i ska kylsystemet tappas ur helt och helst spolas igenom. Samtliga slangar ska kontrolleras beträffande kondition och tillförlitlighet.

22 När kylsystemet har fyllts med frostskyddsmedel är det klokt att sätta en etikett på expansionskärlet som anger frostskyddsmedlets typ och koncentration, samt datum för påfyllningen. All efterföljande påfyllning ska göras med samma typ och koncentration av frostskyddsvätska.

23 Använd inte motorfrostskyddsmedel i vindrutans/bakrutans spolarvätska, eftersom den skadar lacken. Spolarvätska bör hällas i spolarsystemet i den koncentration som anges på flaskan.

Kapitel 1 Del B:
Rutinunderhåll och service – dieselmodeller

Innehåll

Avsnittsnummer

Allmän information 1
Avgassystem – kontroll 22
Bakre bromsklossar – kontroll 10
Bromsolja – byte. 27
Bränslefilter – byte 21
Bränslefilter – tömma 8
Drivaxelleder och damasker – kontroll 7
Drivrem – byte 29
Drivrem och spännare – kontroll. 26
Framhjulets toe-in – kontroll och justering 9
Frostskyddsvätskans koncentration – kontroll. 19
Främre bromsklossar – kontroll 23
Gångjärn och lås – smörjning. 16
Handbroms – kontroll och justering 11
Krockkuddar – kontroll 13

Avsnittsnummer

Kylvätska – byte 30
Landsvägsprov. 18
Luftfilter – byte 28
Massluftflödesgivare – rengöring 25
Motorolja och filter – byte. 3
Pollenfilter – byte 24
Rutinunderhåll 2
Servicemätare – återställning 4
Servostyrningsvätskans nivå – kontroll 15
Slangar och vätskor – läckagekontroll 5
Strålkastarinställning – kontroll. 14
Styrning och fjädring – kontroll. 6
Säkerhetsbälten – kontroll 12
Utjämningskammarens dräneringsslang – rengöring 17
Växellådans oljenivå – kontroll 20

Svårighetsgrad

Enkelt, passar
novisen med lite
erfarenhet

Ganska enkelt,
passar nybörjaren
med viss erfarenhet

Ganska svårt,
passar kompetent
hemmamekaniker

Svårt, passar
hemmamekaniker
med erfarenhet

Mycket svårt,
för professionell
mekaniker

Smörjmedel och vätskor

Se slutet av *Veckokontroller*

Volymer

Motorolja

Tömma ut och fylla på, med filterbyte	5,5 liter
Total torrmängd inklusive motoroljekylare	5,8 liter
Skillnad mellan oljemätstickans MAX- och MIN-markeringar	1,0 liter

Kylsystem . . . . 8,3 liter

Manuell växellåda

Dränering och påfyllning. . . . . 1,9 liter

Bromssystem

Systemvolym . . . . 0,58 liter

Bränsletank

Alla modeller. . . . . 68,0 liter

Servostyrning

Systemvolym . . . . 1,0 liter

Kylsystem

Frostskyddsblandning*:

50 % frostskydd	Skydd ner till -37 °C
55 % frostskydd	Skydd ner till -45 °C

* **Observera:** *Kontrollera tillverkarens senaste rekommendationer.*

Bromsar

Minsta tjocklek på främre bromsklossbelägg.	5,0 mm vid service (varningssignal vid 3,0 mm)
Minsta tjocklek på bakre bromsklossbelägg	5,0 mm

Däcktryck

Se slutet av *Veckokontroller*

Åtdragningsmoment

	Nm
Dränering och påfyllning.	18
Manuell växellåda, avtappnings-, nivå- och påfyllningspluggar	50
Hjulbultar	110

Underhållsintervallen i denna handbok förutsätter att arbetet utförs av en hemmamekaniker och inte av en verkstad. De uppfyller tillverkarens minimikrav på underhållsintervall för bilar som körs dagligen. Om bilen alltid ska hållas i toppskick bör vissa moment utföras oftare. Vi rekommenderar regelbundet underhåll eftersom det höjer bilens effektivitet, prestanda och andrahandsvärde.

Om bilen körs på dammiga vägar, används till bärgning, körs mycket i kösituationer eller korta körsträckor, ska intervallen kortas av.

När bilen är ny ska den servas av en behörig märkesverkstad (eller annan verkstad som tillverkaren anser ha samma servicestandard) för att garantin ska gälla. Biltillverkaren kan avslå garantianspråk om kunden inte kan bevisa att service har utförts på det sätt och vid den tidpunkt som har angivits, och då endast med originaldelar eller med utrustning som garanterat håller samma standard.

Alla Saab-modeller har en servicedisplay (eller Saab Information Display – SID) på instrumentbrädan, där det anges när det är dags att serva bilen (TIME FOR SERVICE). Men Saab påpekar att "på grund av förhållandet mellan tid och körsträcka kan vissa villkor göra en årlig service mer lämplig".

Var 400:e km eller en gång i veckan

☐ Se veckokontroller

Var 10 000:e km eller var sjätte månad

☐ Motorolja och filter – byte (avsnitt 3)

Efter de första 10 000 km och därefter var 20 000:e km eller var tolfte månad

Observera: Intervallen på 20 000 km börjar vid 30 000 km, d.v.s. de infaller vid 30 000 km, 50 000 km, 70 000 km, 100 000 km etc.

☐ Servicemätare – återställning (avsnitt 4)
☐ Slangar och vätska – läckagekontroll (avsnitt 5)
☐ Styrning och fjädring – kontroll (avsnitt 6)
☐ Drivaxelleder och damasker – kontroll (avsnitt 7)
☐ Bränslefilter – tömning (avsnitt 8)
☐ Framhjulets toe-in – kontroll och justering (avsnitt 9)
☐ Bakre bromsklossar, slitage – kontroll (avsnitt 10)
☐ Handbromskontroll och justering (avsnitt 11)
☐ Säkerhetsbälten – kontroll (avsnitt 12)
☐ Krockkuddar – kontrollera (avsnitt 13)
☐ Strålkastarinställning – kontroll (avsnitt 14)
☐ Servostyrningsvätskenivå – kontroll (avsnitt 15)
☐ Gångjärn och lås – smörjning (avsnitt 16)
☐ Utjämningskammarens dräneringsslang – rengöring (avsnitt 17)
☐ Landsvägsprov (avsnitt 18)

Var 30 000:e km eller var 18:e månad

Observera: Intervallen på 30 000 km börjar vid 40 000 km, d.v.s. de infaller vid 40 000 km, 70 000 km, 100 000 km, 130 000 km etc.

☐ Frostskyddsblandning – kontroll (avsnitt 19)
☐ Växellådans oljenivå – kontroll (avsnitt 20)
☐ Bränslefilter – byte (avsnitt 21)
☐ Avgassystem – kontroll (avsnitt 22)
☐ Främre bromsklossar, slitage – kontroll (avsnitt 23)
☐ Pollenfilter – byte (avsnitt 24)
☐ Massluftflödesgivare – rengöring (avsnitt 25)
☐ Drivrem och spännare – kontroll (avsnitt 26)

Var 40 000:e km eller vartannat år

Observera: Serviceintervallen grundas på tid och antal körda kilometer. Service måste utföras var 40 000:e km, eller vartannat år, beroende på vilket som inträffar först.

☐ Bromsvätska – byte (avsnitt 27)

Var 50 000:e km

Observera: Intervallen på 50 000 km börjar vid 60 000 km, d.v.s. de infaller vid 60 000 km, 110 000 km, 160 000 km etc.

☐ Luftfilter – byte (avsnitt 28)

Var 110 000:e km

Observera: Intervallen på 110 000 km börjar vid 115 000 km, d.v.s. de infaller vid 115 000 km, 225 000 km etc.

☐ Drivrem – byte (avsnitt 29)

Vart tredje år

☐ Kylvätska – byte (avsnitt 30)

Översikt över motorrummet av en dieselmodell

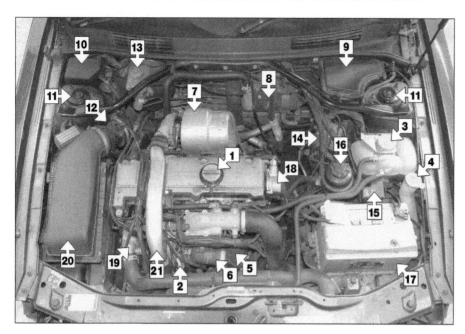

1 Påfyllningslock för motorolja
2 Mätsticka för motorolja
3 Expansionskärl för kylvätska
4 Spolarvätskebehållare för vindruta
5 Motoroljefilter
6 Avgasåterföringsventil
7 Turboaggregat
8 Motorvärmare
9 Säkringsdosa för motorrum
10 Farthållarenhet
11 Främre fjäderbenets övre fäste
12 Massluftflödesmätare
13 Bromsvätskebehållare
14 ABS-hydraulenhet
15 Smältinsats
16 Behållare för servostyrningsolja
17 Batteri
18 Bromsvakuumpump
19 Termostathus
20 Luftfilter
21 Luftkanal från turboaggregat till
   laddluftkylare

Översikt över det främre underredet på en dieselmodell

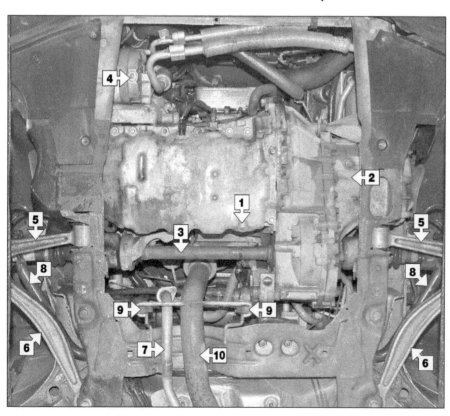

1 Dräneringsplugg för motorolja
2 Växellåda
3 Hjälpdrivaxel
4 Luftkonditioneringens kompressor
5 Framfjädringens länkarm
6 Framfjädringens svängarm
7 Motorvärmarens avgasrör
8 Framfjädringens krängningshämmare
9 Främre avgasrörets fästen
10 Främre avgasrör

Bakre underrede

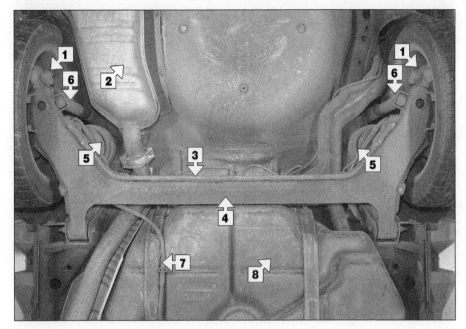

1 Bakre bromsok
2 Avgassystemets ljuddämpare
3 Bakfjädringens krängningshämmare
4 Bakfjädringens axelbalk
5 Bakfjädringens spiralfjäder
6 Bakfjädringens stötdämpare, nedre fäste
7 Handbromsvajer
8 Bränsletank

1 Allmän information

Syftet med det här kapitlet är att hjälpa hemmamekaniker att underhålla sina bilar för att dessa ska få så hög säkerhet, driftekonomi, livslängd och prestanda som möjligt.

Kapitlet innehåller ett underhållsschema samt avsnitt som i detalj behandlar posterna i schemat. Bland annat behandlas åtgärder som kontroller, justeringar och byte av delar. På de tillhörande bilderna av motorrummet och bottenplattan visas de olika delarnas placering.

Underhåll av bilen enligt schemat för tid/körsträcka och de följande avsnitten ger ett planerat underhållsprogram som bör resultera i att bilen fungerar tillförlitligt under lång tid. Underhållsprogrammet är heltäckande, så om man väljer att bara underhålla vissa delar, men inte andra, vid de angivna intervallen går det inte att garantera samma goda resultat.

Ofta kan eller bör flera åtgärder utföras samtidigt på bilen, antingen för att den åtgärd som ska utföras kräver det eller för att delarnas läge gör det praktiskt. Om bilen av någon anledning hissas upp kan t.ex. inspektion av

avgassystemet utföras samtidigt som styrning och fjädring kontrolleras.

Det första steget i underhållsprogrammet består av förberedelser innan arbetet påbörjas. Läs igenom relevanta avsnitt, gör sedan upp en lista på vad som behöver göras och skaffa fram verktyg och delar. Om problem dyker upp, rådfråga en specialist på reservdelar eller vänd dig till återförsäljarens serviceavdelning.

2 Rutinunderhåll

Om underhållsschemat följs noga från det att bilen är ny och om vätske- och oljenivåerna och de delar som är utsatta för stort slitage kontrolleras enligt denna handboks rekommendationer, hålls motorn i bra skick och behovet av extra arbete minimeras.

Ibland går motorn dåligt på grund av bristande underhåll. Risken för detta ökar om bilen är begagnad och inte har fått regelbunden service. I sådana fall kan extra arbeten behöva utföras, utöver det normala underhållet.

Om motorn misstänks vara sliten ger ett kompressionsprov (se kapitel 2B) värdefull information om de inre huvudkomponenternas

skick. Ett kompressionsprov kan användas för att avgöra det kommande arbetets omfattning. Om provet avslöjar allvarligt inre slitage är det slöseri med tid och pengar att utföra underhåll på det sätt som beskrivs i detta kapitel om inte motorn först renoveras (kapitel 2C).

Följande åtgärder är de som oftast behövs för att förbättra effekten hos en motor som går dåligt:

I första hand

a) Rengör, kontrollera och testa batteriet (Veckokontroller och kapitel 5A).
b) Kontrollera alla motorrelaterade vätskor (Veckokontroller).
c) Kontrollera drivremmens skick och spänning (avsnitt 26).
d) Kontrollera luftfiltrets skick och byt vid behov (avsnitt 28).
e) Byt bränslefiltret (avsnitt 21).
f) Kontrollera att samtliga slangar är i gott skick och leta efter läckor (avsnitt 5).

Om ovanstående åtgärder inte har någon inverkan ska följande åtgärder utföras:

I andra hand

a) Kontrollera laddningssystemet (kapitel 5A).
b) Kontrollera förvärmningssystemet (kapitel 5C).
c) Kontrollera bränslesystemet (kapitel 4B).

3.4 Ta bort oljepåfyllningslocket

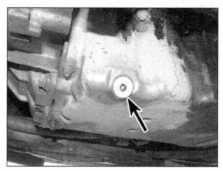

3.5 Motoroljans dräneringsplugg

Dra snabbt bort dräneringspluggen när den släpper från gängorna, så att oljan hamnar i kärlet och inte i tröjärmen!

Var 10 000:e km eller var sjätte månad

3 Motorolja och filter – byte

1 Täta olje- och filterbyten är det viktigaste förebyggande underhåll en hemmamekaniker kan utföra. När motoroljan åldras blir den utspädd och förorenad, vilket leder till att motorn slits ut i förtid.

2 Innan du börjar arbetet plockar du fram alla verktyg och allt material som behövs. Se även till att ha gott om rena trasor och tidningar till hands för att torka upp eventuellt spill. Helst ska motoroljan vara varm, eftersom den då rinner ut lättare och mer avlagrat slam följer med. Se till att inte vidröra avgassystemet eller andra heta delar under bilen. Använd handskar för att undvika skållning och för att skydda huden mot irritationer och skadliga föroreningar i begagnad motorolja.

3 Dra åt handbromsen och ställ framvagnen på pallbockar (se *Lyftning och stödpunkter*). Ta bort motorns undre kåpa vid behov.

4 Ta bort oljepåfyllningslocket **(se bild)**.

5 Använd en skiftnyckel eller ännu hellre en lämplig hylsnyckel med stag och lossa avtappningspluggen cirka ett halvt varv **(se bild)**. Ställ behållaren under dräneringspluggen och skruva ur pluggen helt **(se Haynes tips)**.

6 Ge oljan tid att rinna ut, och observera att det kan bli nödvändigt att flytta behållaren när oljeflödet minskar.

7 För att komma åt oljefilterhuset, ta först bort motorns övre skyddskåpa.

8 Använd en stor hylskontakt, skruva loss kåpan och ta bort den från oljefilterhusets övre del **(se bild)**. Lyft ut det gamla filtret.

9 Montera den nya filtret i huset **(se bild)**.

10 Byt tätningsringarna och sätt sedan tillbaka oljefilterkåpan och dra åt den ordentligt **(se bild)**. Sätt tillbaka plastkåpan på motorn och dra åt dess skruvar ordentligt.

11 Torka av avtappningspluggen och tätningsbrickan med en ren trasa när all olja runnit ut. Kontrollera tätningsbrickans skick och byt den om den är repig eller har andra skador som gör att olja kan tränga igenom. Rengör området runt dräneringspluggens öppning, och sätt tillbaka pluggen med brickan. Dra åt den till angivet moment.

12 Ta bort den gamla oljan och alla verktyg under bilen och sänk ner den.

13 Fyll på motorn via påfyllningshålet, använd rätt sorts olja (se *Veckokontroller* för mer information om påfyllning). Börja med att hälla i halva den angivna mängden olja och vänta några minuter så att den hinner sjunka ner i sumpen. Fortsätt fylla på små mängder i taget till dess att nivån når det nedre märket på mätstickan. Ytterligare cirka 1,0 liter tar upp nivån till mätstickans övre märke.

14 Starta motorn och låt den gå i några minuter, samtidigt som du letar efter läckor runt oljefiltertätningen och sumpens avtappningsplugg. Observera att det kan ta ett par sekunder innan oljetryckslampan släcks sedan motorn startats första gången efter ett oljebyte. Detta beror på att oljan cirkulerar runt i kanalerna och det nya filtret innan trycket byggs upp.

15 Stäng av motorn och vänta ett par minuter på att oljan ska rinna tillbaka till sumpen. Kontrollera oljenivån igen när den nya oljan har cirkulerat och filtret är fullt. Fyll på mer olja om det behövs.

16 Ta hand om den använda motoroljan på ett säkert sätt i enlighet med rekommendationerna i *Allmänna reparationsanvisningar*.

3.8 Skruva loss oljefilterhusets kåpa och lyft ut det gamla filtret

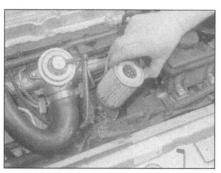

3.9 Sätt i det nya filtret i huset . . .

3.10 . . . och sätt sedan dit de nya tätningsringarna för att täcka över urholkningarna och sätt tillbaka husets kåpa

Var 20 000:e km eller var tolfte månad

Observera: *Intervallen på 20 000 km börjar vid 30 000 km, d.v.s. de infaller vid 30 000 km, 50 000 km, 70 000 km, 100 000 km etc.*

4 Servicemätare – återställning

1 Det finns en servicemätare i Saabs informationsdisplay (SID) på instrumentbrädan. När det börjar bli dags för nästa service ger mätaren utslag. När bilen har servats nollställs servicemätaren för hand. **Observera:** *Mätaren återställs automatiskt när meddelandet visats 20 gånger. Du kan när som helst återställa visaren med Saabs diagnostikverktyg.*
2 Tryck ner och håll kvar "CLEAR"-knappen (längst till vänster) på SID-panelen i 8 sekunder och släpp den sedan **(se bild)**. Displayen ska visa "CLEARED" de första fyra sekunderna och sedan visa "SERVICE" de återstående fyra sekunderna. En ljudsignal hörs under tiden. Servicemätaren är sedan återställd.

5 Slangar och vätskor – läckagekontroll

1 Undersök motorns fogytor, packningar och tätningar och leta efter tecken på vatten- eller oljeläckage. Var särskilt noga med områdena runt ventilkåpans, topplockets, oljefiltrets och sumpens fogytor. Tänk på att med tiden är ett litet läckage från dessa områden helt normalt, så leta efter tecken på allvarliga läckor. Om ett läckage påträffas, byt den defekta packningen eller tätningen enligt beskrivning i relevant kapitel i denna handbok. Leta även efter läckor runt växellådans hus.
2 Kontrollera säkerheten och skicket på alla motorrelaterade rör och slangar, alla bromssystemets rör och slangar, samt bränsleledningarna. Se till att alla buntband eller fästklämmor sitter på plats och är i gott skick. Trasiga eller saknade klämmor kan leda

till nötning på slangar, rör eller kablage. Detta kan i sin tur leda till allvarligare fel i framtiden.
3 Undersök noga alla kylar- och värmeslangar utmed hela deras längd. Byt eventuella spruckna, svullna eller skadade slangar. Sprickor syns bättre om man klämmer på slangen. Var extra uppmärksam på slangklämmorna som håller fast slangarna vid kylsystemets komponenter. Slangklämmor kan nypa åt och punktera slangar, vilket leder till läckage i kylsystemet. Om veckade slangklämmor används kan det vara en bra idé att byta ut dem mot justerbara skruvklämmor.
4 Undersök kylsystemets alla delar (slangar, fogytor etc.) och leta efter läckor **(se Haynes tips)**.
5 Upptäcks något problem hos någon del i systemet ska delen eller packningen bytas ut enligt beskrivningen i kapitel 3.
6 Med bilen upplyft, kontrollera bränsletanken och påfyllningsröret, sök efter hål, sprickor eller andra skador. Anslutningen mellan påfyllningsröret och tanken är speciellt kritisk. Ibland läcker ett påfyllningsrör av gummi eller en slang beroende på att slangklämmorna är för löst åtdragna eller att gummit åldrats.
7 Undersök noga alla gummislangar och metallrör som leder från bränsletanken. Leta efter lösa anslutningar, åldrade slangar, veck på rör och andra skador. Var extra uppmärksam på ventilationsrör och slangar som ofta är lindade runt påfyllningsröret och kan bli igensatta eller böjda. Följ ledningarna till bilens främre del, undersök dem noggrant hela vägen. Byt ut skadade delar vid behov. När bilen är upplyft kan du dessutom passa på att undersöka avgassystemet och alla bromsvätskerör och slangar under bilen.
8 Arbeta inifrån motorrummet och kontrollera alla bränsle-, vakuum- och bromsslangars anslutningar och röranslutningar, samt undersök alla slangar och sök efter veck, skavmärken och andra skador.
9 Kontrollera att styrservons vätskerör och slangar är hela.

6 Styrning och fjädring – kontroll

Framfjädring och styrning

1 Ställ framvagnen på pallbockar (se *Lyftning och stödpunkter*).
2 Inspektera spindelledernas dammskydd och styrväxelns damasker. De får inte vara skavda, spruckna eller ha andra defekter. Slitage på någon av dessa delar gör att smörjmedel läcker ut och att smuts och vatten kan komma in, vilket snabbt sliter ut kullederna eller styrväxeln.
3 Kontrollera servostyrningens oljeslangar och leta efter tecken på skavning och åldrande. Undersök rör- och slanganslutningar avseende oljeläckage. Leta även efter läckor under tryck från styrväxelns gummidamask, vilket indikerar trasiga tätningar i styrväxeln.
4 Ta tag i hjulet upptill och nedtill och försök rucka på det **(se bild)**. Ett ytterst litet spel kan märkas, men om rörelsen är stor krävs en närmare undersökning för att fastställa orsaken. Fortsätt rucka på hjulet medan en medhjälpare trycker på bromspedalen. Om spelet försvinner eller minskar markant är det troligen fråga om ett defekt hjullager. Om spelet finns kvar när bromsen är nedtryckt rör det sig om slitage i fjädringens leder eller fästen.
5 Fatta sedan tag i hjulet på sidorna och försök rucka på det igen. Märkbart spel beror antingen på slitage på hjullager eller styrstagets leder. Om den yttre kulleden är sliten är det synliga spelet tydligt. Om den inre leden misstänks vara sliten kan man kontrollera detta genom att placera handen över kuggstångens gummidamask och ta tag om styrstaget. När hjulet ruckas kommer rörelsen att kännas vid den inre leden om den är sliten.
6 Leta efter glapp i fjädringsfästenas bussningar genom att bända mellan relevant komponent och dess fästpunkt med en stor skruvmejsel eller ett plattjärn. En viss rörelse är att vänta eftersom bussningarna

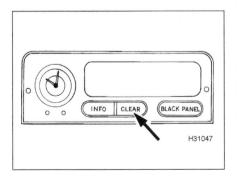

4.2 Tryck in och håll ner CLEAR-knappen på SID-panelen i 8 sekunder och släpp den sedan

Kylvätskeläckage visar sig vanligen som vita eller frostskyddsfärgade, sköra avlagringar i området runt läckan.

6.4 Kontrollera om navlagren är slitna genom att försöka vicka på hjulet

är av gummi, men eventuellt större slitage visar sig tydligt. Kontrollera även de synliga gummibussningarnas skick och leta efter bristningar, sprickor eller föroreningar i gummit.

7 Ställ bilen på marken och låt en medhjälpare vrida ratten fram och tillbaka ungefär en åttondels varv åt vardera hållet. Det ska inte finnas något, eller bara ytterst lite, spel mellan rattens och hjulens rörelser. Om spelet är större ska de leder och fästen som beskrivs ovan kontrolleras noggrant. Undersök också om rattstångens kardanknut är sliten och kontrollera kuggstångsstyrningens växelkugghjul.

8 Kontrollera att framfjädringens fästen sitter ordentligt.

Bakfjädring

9 Klossa framhjulen och ställ bakvagnen på pallbockar (se *Lyftning och stödpunkter*).

10 Kontrollera att de bakre hjullagren, bussningarna och fjäderbenet eller stötdämparens fästen (i förekommande fall) inte är slitna, med samma metod som för framvagnens fjädring.

11 Kontrollera att bakfjädringens fästen sitter ordentligt.

Stötdämpare

12 Leta efter tecken på oljeläckage runt stötdämpare eller från gummidamaskerna runt kolvstängerna. Om det finns spår av olja är stötdämparen defekt och ska bytas. **Observera:** *Stötdämpare ska alltid bytas parvis på samma axel.*

13 Stötdämparens effektivitet kan kontrolleras genom att bilen gungas i varje hörn. I normala fall ska bilen återta planläge och stanna efter en nedtryckning. Om den höjs och återvänder med en studs är troligen stötdämparen defekt. Undersök även om stötdämparens övre och nedre fästen visar tecken på slitage.

Löstagbar bogsertillsats

14 Rengör kopplingsstiftet och stryk lite fett på sätet. Kontrollera att tillsatsen enkelt kan monteras och låses korrekt på plats.

7 Drivaxelleder och damasker – kontroll

1 Med bilens framvagn på pallbockar, vrid ratten till fullt utslag och snurra sedan långsamt på hjulet. Undersök de yttre drivknutarnas gummidamasker och kläm ihop damaskerna så att vecken öppnas **(se bild)**. Leta efter tecken på sprickor, delningar och åldrat gummi som kan släppa ut fett och släppa in vatten och smuts i drivknuten. Kontrollera även damaskernas klamrar vad gäller åtdragning och skick. Upprepa dessa kontroller på de inre drivknutarna. Om skador eller slitage påträffas bör damaskerna bytas enligt beskrivningen i kapitel 8.

2 Kontrollera samtidigt drivknutarnas skick

7.1 Kontrollera skicket på drivaxeldamaskerna

genom att först hålla fast drivaxeln och sedan försöka snurra på hjulet. Upprepa kontrollen genom att hålla i den inre drivknuten och försöka rotera drivaxeln. Varje märkbar rörelse i drivknuten är ett tecken på slitage i drivknutarna, på slitage i drivaxelspårningen eller på att en av drivaxelns fästmuttrar är lös.

8 Bränslefilter – tömma

1 Bränslefiltret sitter under bilens bakre del, framför bränsletankens högra sida. Hissa först upp framvagnen och ställ den på pallbockar (*se Lyftning och stödpunkter*). Klossa framhjulen.

2 Placera en lämplig behållare under bränslefiltret, skruva bort avtappningspluggen och låt vattnet/kondensen rinna ner i behållaren.

3 När det rinner vattenfritt bränsle från filtret sätter du tillbaka och drar åt avtappningspluggen.

4 Sänk ner bilen på marken.

9 Framhjulets toe-in – kontroll och justering

Se kapitel 10, avsnitt 20, för mer information.

10 Bakre bromsklossar – kontroll

1 Kontrollera de bakre bromsklossarna genom att dra åt handbromsen och lossa framhjulsbultarna. Lyft sedan upp bakvagnen och stöd den på pallbockar (se *Lyftning och stödpunkter*). Ta bort bakhjulen.

2 Bromsklossens tjocklek kan snabbkontrolleras via inspektionshålet på bromsokets baksida. Mät tjockleken på bromsklossbeläggningen, inklusive stödplattan, med en ställinjal. Tjockleken får inte vara mindre än vad som anges i specifikationerna.

3 Genom bromsokets inspektionshål kan man grovt uppskatta hur bromsklossarna ser ut. Vid en ingående kontroll ska bromsklossarna demonteras och rengöras. Då kan även bromsokets funktion kontrolleras, och bromsskivans skick kan kontrolleras på båda sidorna.

4 Om belägget på någon kloss är slitet till angiven minimitjocklek eller tunnare *måste alla fyra klossarna bytas.* Se kapitel 9 för mer information.

5 Avsluta med att montera tillbaka hjulen och sänka ner bilen.

11 Handbroms – kontroll och justering

1 Klossa framhjulen, lyft upp bilens bakvagn med hjälp av en domkraft och stöd den på pallbockar (se *Lyftning och stödpunkter*).

2 Lägg ur handbromsspaken helt.

3 Dra handbromsen till det fjärde hacket och kontrollera att båda bakhjulen är låsta när du försöker vrida dem för hand.

4 Vid behov av justering, se kapitel 9.

5 Sänk ner bilen.

12 Säkerhetsbälten – kontroll

1 Arbeta med ett säkerhetsbälte i taget, undersök bältesväven ordentligt. Leta efter revor eller tecken på allvarlig fransning eller åldrande. Dra ut bältet så långt det går och undersök väven efter hela dess längd.

2 Spänn fast bilbältet och öppna det igen, kontrollera att bältesspännet sitter säkert och att det löser ut ordentligt när det ska. Kontrollera också att bältet rullas upp ordentligt när det släpps.

3 Kontrollera att infästningarna till säkerhetsbältena sitter säkert. De är åtkomliga inifrån bilen utan att klädsel eller andra detaljer behöver demonteras.

4 Kontrollera att bältespåminnaren fungerar.

13 Krockkuddar – kontroll

1 Följande arbete kan utföras av en hemmamekaniker, men om elektroniska problem uppdagas är det nödvändigt att uppsöka en Saab-verkstad som har den nödvändiga diagnostiska utrustningen för avläsning av felkoder i systemet.

2 Vrid tändningsnyckeln till körläge (tändningens varningslampa på) och kontrollera att varningslampan för SRS (Supplementary Restraint System) lyser i 3 till 4 sekunder. Efter fyra sekunder ska varningslampan slockna som ett tecken på att systemet är kontrollerat och fungerar som det ska.

3 Om varningslampan inte släcks, eller om den inte tänds, ska systemet kontrolleras av en Saab-verkstad.

4 Undersök rattens mittplatta och krock-kuddemodulen på passagerarsidan och se om det finns yttre skador. Kontrollera även framsätenas utsida runt krockkuddarna. Kontakta en Saab-verkstad vid synliga skador.

5 I säkerhetssyfte, se till att inga lösa föremål finns i bilen som kan träffa krockkuddemodulerna om en olycka skulle inträffa.

14 Strålkastarinställning – kontroll

Se kapitel 12 för ytterligare information.

15 Servostyrningsvätskans nivå – kontroll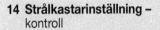

1 Styrservons vätskebehållare sitter till vänster i motorrummet, bakom batteriet **(se bild)**. Vätskenivån kontrollerar du när motorn står stilla.

2 Skruva loss påfyllningslocket från behållaren och torka bort alla olja från mätstickan med en ren trasa. Sätt tillbaka påfyllningslocket och ta sedan bort det igen. Observera vätskenivån på mätstickan **(se bild)**.

3 När motorn är kall ska vätskenivån vara mellan de övre MAX- och de nedre MIN-markeringarna på mätstickan. Om det endast finns ett märke ska nivån ligga mellan mätstickans nedre del och märket **(se bild)**.

4 Fyll på behållaren med angiven styrservoolja (fyll inte på för mycket), sätt sedan tillbaka locket och dra åt det **(se bild)**.

16 Gångjärn och lås – smörjning

1 Smörj alla gångjärn på motorhuven, dörrarna och bakluckan med en lätt maskinolja.

2 Smörj försiktigt de två huvlåsen med lämpligt fett.

3 Kontrollera noga att alla gångjärn, spärrar och lås fungerar och är säkra. Kontrollera att centrallåssystemet fungerar.

4 Kontrollera skick och funktion hos motorhuvens/bakluckans fjäderben, byt ut dem om de läcker eller inte förmår hålla motorhuven/bakluckan öppen.

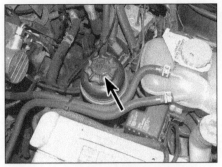

15.1 Placering av styrservons vätskebehållare

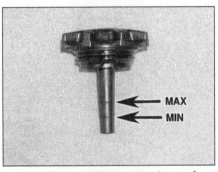

15.3 MIN- och MAX-markeringar på påfyllningslocket

17 Utjämningskammarens dräneringsslang – rengöring

1 Längst bak i motorrummet tar du bort utjämningskammarens dräneringsslang och tar bort eventuellt skräp.

2 Sätt tillbaka dräneringsslangen och se till att den är ordentligt fäst.

18 Landsvägsprov

Instrument och elektrisk utrustning

1 Kontrollera funktionen hos alla instrument och den elektriska utrustningen.

2 Kontrollera att instrumenten ger korrekta avläsningar och slå på all elektrisk utrustning i tur och ordning för att kontrollera att den fungerar korrekt. Kontrollera att värmen, luftkonditioneringen och den automatiska klimatanläggningen fungerar.

Styrning och fjädring

3 Kontrollera om bilen uppför sig normalt med avseende på styrning, fjädring, köregenskaper och vägkänsla.

4 Kör bilen och var uppmärksam på ovanliga vibrationer eller ljud.

15.2 Skruva loss påfyllningslocket

15.4 Fyll på vätskenivån

5 Kontrollera att styrningen känns positiv, utan överdrivet "fladder" eller kärvningar, lyssna efter missljud från fjädringen vid kurvtagning eller gupp. Kontrollera att servostyrningen fungerar.

Drivaggregat

6 Kontrollera att motorn, kopplingen (manuell växellåda), växellådan och drivaxlarna fungerar. Kontrollera att visaren för turboladdningstryck går upp i det högre området vid kraftigt gaspådrag. Nålen kan korta ögonblick röra sig in på det röda området men om detta händer ofta, eller under längre perioder, kan det vara fel på turboladdningsmekanismen (se kapitel 4B).

7 Lyssna efter ovanliga ljud från motorn, kopplingen (manuell växellåda) och trans-missionen.

8 Kontrollera att motorn går jämnt på tomgång och att den inte "tvekar" vid acceleration.

9 På modeller med manuell växellåda, kontrollera att kopplingen är mjuk och effektiv, att kraften tas upp mjukt och att pedalen rör sig korrekt. Lyssna även efter missljud när kopplingspedalen är nedtryckt. Kontrollera att alla växlar går i mjukt utan missljud, och att växelspaken går jämnt och inte känns onormalt inexakt eller hackig.

10 Kör bilen långsamt i en cirkel med fullt utslag på ratten och lyssna efter metalliska klick från framvagnen. Utför kontrollen åt båda hållen. Om du hör klickljud är det ett tecken på slitage i drivaxelleden, se kapitel 8.

Bromssystem

11 Kontrollera att bilen inte drar åt ena hållet vid inbromsning och att hjulen inte låser sig vid hård inbromsning.

12 Kontrollera att ratten inte vibrerar vid inbromsning.

13 Kontrollera att parkeringsbromsen fungerar ordentligt, utan för stort spel i spaken, och att den kan hålla bilen stilla i backe.

14 Testa bromsservot på följande sätt. Stäng av motorn. Tryck ner bromspedalen fyra till fem gånger, så att vakuumet trycks ut. Starta sedan motorn samtidigt som du håller bromspedalen nedtryckt. När motorn startar ska pedalen ge efter märkbart medan vakuumet byggs upp. Låt motorn gå i minst två minuter och stäng sedan av den. Om pedalen nu trycks ner igen ska ett väsande ljud höras från servon. Efter 4–5 upprepningar bör inget pysande höras, och pedalen bör kännas betydligt hårdare.

Var 30 000:e km eller var 18:e månad

Observera: *Intervallen på 30 000 km börjar vid 40 000 km, d.v.s. de infaller vid 40 000 km, 70 000 km, 100 000 km, 130 000 km etc.*

19 Frostskyddsvätskans koncentration – kontroll

1 Kylsystemet ska fyllas med rekommenderad frost- och korrosionsskyddsvätska. Efter ett tag kan vätskekoncentrationen minska på grund av påfyllning (detta kan undvikas genom att man bara fyller på med kylmedelsblandning av korrekt koncentration) eller läckage. Om en läcka upptäcks måste den åtgärdas innan man fyller på mer kylvätska. Det exakta blandningsförhållandet mellan frostskyddsvätska och vatten beror på vädret. Blandningen bör innehålla minst 40 % och högst 70 % frostskyddsvätska.

Läs blandningsdiagrammet på behållaren innan du fyller på med kylvätska. Du kan testa kylvätskan med en vattenprovare, som kan köpas hos de flesta biltillbehörsåterförsäljare. Använd frostskyddsvätska som motsvarar fordonstillverkarens specifikationer.

2 Ta bort locket från expansionskärlet. Motorn ska vara **kall**. Placera en trasa över locket om motorn är varm. Ta bort locket försiktigt, så att eventuellt tryck pyser ut.

3 Kylvätsketestare finns att köpa i tillbehörsbutiker. Töm ut lite kylvätska från expansionskärlet och kontrollera hur många plastbollar som flyter i testaren **(se bild)**. Oftast ska 2 eller 3 bollar flyta vid korrekt koncentration, men följ tillverkarens anvisningar.

4 Om koncentrationen är felaktig måste man antingen ta bort en del kylvätska och fylla på med kylmedel eller tappa ur den gamla kylvätskan och fylla på med ny av korrekt koncentration.

20 Växellådans oljenivå – kontroll

Observera: *Saab anger inget intervall för kontroll av oljenivån på modeller med manuell växellåda, men vi rekommenderar att du kontrollerar oljan var 30 000:e km eller var artonde månad.*

1 Se till att bilen är parkerad på plant underlag. Rengör området runt nivåpluggen, som är placerad till vänster om differentialhuset bakpå växellådan, bakom vänster drivaxel. Du kommer åt pluggen från motorrummet, eller genom att klossa bakhjulen och dra åt handbromsen ordentligt. Lyft upp framvagnen och ställ den på pallbockar (*se Lyftning och stödpunkter*), men observera att bilen inte får luta när du ska utföra kontrollen.

2 Skruva loss pluggen med en lämplig insexnyckel eller ett sexkantigt borr och rengör den med en trasa **(se bild)**. Oljenivån ska nå upp till nivåhålets nederkant. En skvätt olja samlas bakom pluggen och rinner ut när den tas bort. Det här behöver **inte** nödvändigtvis betyda att nivån är korrekt. Kontrollera nivån ordentligt genom att vänta tills oljan sipprat klart och sedan använda en bit ren ståltråd, böjd i rät vinkel, som mätsticka.

3 Om olja behöver fyllas på, rengör ytan runt påfyllningspluggen, som är placerad ovanpå växelhuset. Lossa pluggen och torka ren den **(se bilder)**.

4 Fyll på olja tills ett stadigt sipprande av olja kommer från nivåhålet **(se bild)**. Använd **endast** syntetisk olja av god kvalitet och med den angivna graden. En tratt i

19.3 Använd en testare och sug ut lite av kylvätskan och kontrollera frostskyddsvätskans koncentration

20.2 Skruva loss växellådsoljans nivåplugg med en lämplig insexnyckel (se pil)

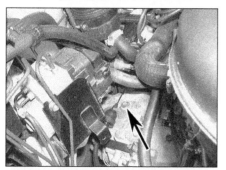

20.3a Växellådsoljans påfyllningsplugg (se pil) sitter ovanpå växellådshuset

20.3b Skruva loss pluggen med en lämplig insexnyckel

20.4 Fyll på växellådan

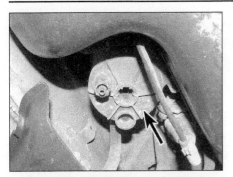

21.1 Bränslefiltret sitter under bilens bakre del

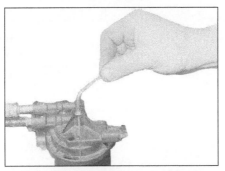

21.5a Skruva loss den genomgående bulten . . .

21.5b . . . och ta bort filterkåpan . . .

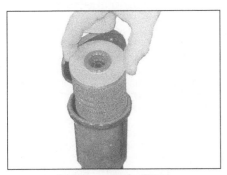

21.5c . . . och kolfiltret

21.6a Kontrollera att kåpans tätningsring inte är skadad

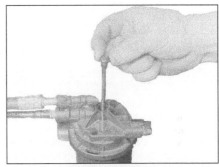

21.6b Sätt tillbaka den genomgående bulten, se till att tätningsringen sitter på plats

påfyllningspluggens öppning gör det lättare att fylla på olja i växellådan utan att spilla.
5 När nivån är korrekt, montera och dra åt nivå- och påfyllningspluggarna till angivet åtdragningsmoment. Torka bort eventuellt spill.

21 Bränslefilter – byte

1 Bränslefiltret sitter under bilens bakre del, framför bränsletankens högra sida **(se bild)**. Hissa först upp framvagnen och ställ den på pallbockar (*se Lyftning och stödpunkter*). Klossa framhjulen.
2 Ta bort plastkåpan, och använd sedan en liten dorn för att ta bort hållaren från fästbygeln. Var försiktig så att du inte belastar filtrets värmekablage.
3 Sätt dit slangklamrar på filtrets in- och utloppsslangar.
4 Placera en behållare under filtret, skruva sedan loss den nedre dräneringspluggen och töm ut vätskan – om du lossar den övre genomgående bulten går dräneringen snabbare. Kasta bort tätningarna eftersom du måste sätta dit nya. Dra åt den nedre dräneringspluggen.
5 Skruva loss den övre genomgående bulten och ta bort filtrets kåpa och kolfilter **(se bilder)**.
6 Rengör filterskålen och fjädern, sätt sedan

dit det nya filtret och tätningarna i omvänd ordningsföljd mot demonteringen **(se bilder)**.
7 Starta motorn och sök efter läckor. Bränsleledningarna luftar sig själva.
8 Sänk ner bilen på marken.

22 Avgassystem – kontroll

1 När motorn är kall undersöker du hela avgassystemet från motorn till avgasröret. Lyft upp bilen fram och bak om det behövs och ställ den säkert på pallbockar (se *Lyftning och stödpunkter*). Ta bort eventuella undre skyddskåpor, så att du kommer åt hela avgassystemet.
2 Kontrollera om avgasrör eller anslutningar visar tecken på läckage, allvarlig korrosion eller andra skador. Se till att alla fästbyglar och fästen är i gott skick, och att relevanta muttrar och bultar är ordentligt åtdragna. Läckage i någon fog eller annan del visar sig vanligen som en sotfläck i närheten av läckan.
3 Skaller och andra missljud kan ofta härledas till avgassystemet, speciellt till dess fästen och gummiupphängningar. Försök att rubba rör och ljuddämpare. Om det går att få delarna att komma i kontakt med underredet eller fjädringen, bör systemet förses med nya fästen. Man kan också skilja på fogarna (om det går) och vrida rören så att de kommer på tillräckligt stort avstånd.

23 Främre bromsklossar – kontroll

Observera: *Det sitter en akustisk slitagevarnare på den yttre bromsklossen, bestående av en metallbit som kommer i kontakt med bromsskivan när belägget är tunnare än 3,0 mm. Den här konstruktionen ger ifrån sig ett skrapande ljud som varnar föraren om att bromsklossarna är för slitna* **(se bild)**.
1 Kontrollera de främre bromsklossarna genom att dra åt handbromsen och lossa framhjulsbultarna. Lyft sedan upp framvagnen och stöd den på pallbockar (se *Lyftning och stödpunkter*). Ta bort framhjulen.
2 Bromsklossen tjocklek kan snabbt kontrolleras via inspektionsöppningen på

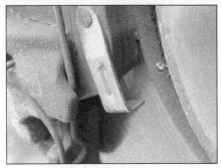

23.0 Varningssignalenhet på den yttre främre bromsklossen

bromsokets framsida (se bild). Mät tjockleken på bromsklossbeläggningen, exklusive stödplattan, med en stållinjal. Tjockleken får inte vara mindre än vad som anges i specifikationerna.

3 Tittar du genom okets inspektionshål ser du endast slitaget på den **inre** bromsklossen. Vid en ingående kontroll ska bromsklossarna demonteras och rengöras. Då kan även bromsokets funktion kontrolleras, och bromsskivans skick kan kontrolleras på båda sidorna.

4 Om belägget på någon kloss är slitet till angiven minimitjocklek eller tunnare *måste alla fyra klossarna bytas.* Se kapitel 9 för mer information.

5 Avsluta med att montera tillbaka hjulen och sänka ner bilen.

24 Pollenfilter – byte

1 Ta bort vindrutetorkarmotorn och länksystemet enligt beskrivningen i kapitel 12.
2 Lossa och ta bort pollenfiltret **(se bild)**.
3 Med delen borttagen, rengör utjämnings-kammarens dräneringsslangar och luftkonditioneringens dräneringsslangar.
4 Montera det nya filtret i omvänd ordnings-följd.

25 Massluftflödesgivare – rengöring

Observera: *Saab rekommenderar elektronik-rengöringsmedel 30 04 223 för den här åtgärden.*
1 Massluftflödesgivaren sitter i ett hus vid luftrenarens utlopp. Se först till att tändningen är avstängd.
2 Märk ut givaren och huset i relation till

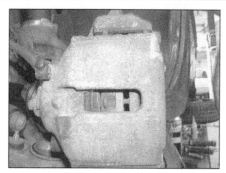

23.2 Bromsklossens tjocklek kan mätas genom öppningen i det främre bromsoket

varandra för att säkerställa att återmonteringen blir korrekt, koppla sedan ifrån kablarna. **Observera:** *Givaren är kalibrerad i det här läget och måste därför sättas tillbaka på exakt samma plats.*
3 Använd en "säker" torxnyckel (d.v.s. med ett mitthål) och skruva loss givarens fästskruvar och ta bort givaren.
4 Rengör givaren ordentligt och torka den sedan, helst med luft från en högtrycksslang. Givaren är känslig och luftströmmen ska inte befinna sig närmare än 30 cm.
5 Upprepa rengöringen 2 eller 3 gånger och smörj sedan in givarens tätning med vaselin och sätt tillbaka den i huset, se till att de markeringar som gjordes tidigare hamnar rätt. Dra åt skruvarna ordentligt.
6 Återanslut kablarna.

26 Drivrem och spännare – kontroll

1 En enkel flerspårig drivrem används för att överföra driften från vevaxelns remskiva till kylvätskepumpen, växelströmsgeneratorn, servostyrningspumpen och, på modeller utrustade med luftkonditionering, till kylkompressorn.

24.2 Lossa och ta bort pollenluftfiltret

Drivremmen styrs av en överföringsremskiva och spänns automatiskt av en fjäderförsedd spännarremskiva.
2 Dra åt handbromsen och lyft upp framvagnen på pallbockar för att lättare komma åt drivremmen (se *Lyftning och stödpunkter*). Ta bort det högra framhjulet, ta sedan bort den nedre delen av plastfodringen under det högra hjulhuset för att att komma åt vevaxelns remskiva. Ta bort luftrenaren och dess insugstrumma enligt beskrivningen i kapitel 4B.
3 Håll bulten till vevaxelns remskiva med en lämplig hylsnyckel, rotera vevaxeln så att drivremmen/remmarna kan undersökas efter hela sin längd. Kontrollera drivremmen med avseende på sprickor, revor, fransar eller andra skador. Leta också efter tecken på polering (blanka fläckar) och efter delning av remlagren.
4 Kontrollera drivremskivorna för att se om det finns repor, sprickor, skevhet och korrosion.
5 Om remmen visar tecken på slitage eller skador måste den bytas.
6 När du ska kontrollera drivremsspännaren, vrid spännaren moturs så långt som möjligt med hjälp av en hylsnyckel på den särskilda sexkanten, lossa den sedan och kontrollera att den återtar sitt ursprungliga läge, se till att remmen är korrekt placerad i spåren. Om spännaren kärvar eller inte går tillbaka som den ska måste den bytas.

Var 40 000:e km eller vartannat år

27 Bromsvätska – byte

⚠ *Varning: Hydraulisk bromsolja kan skada ögonen och bilens lack, så var ytterst försiktig vid hanteringen. Använd aldrig olja som stått i ett öppet kärl under någon längre tid eftersom den absorberar fukt från luften. För mycket fukt i bromsoljan kan medföra att bromseffekten minskar, vilket är livsfarligt.*
1 Metoden liknar den som används för luftning

av hydraulsystemet som beskrivs i kapitel 9.
2 Arbeta enligt beskrivningen i kapitel 9 och öppna den första luftningsskruven i ordningen, och pumpa sedan försiktigt på bromspedalen tills nästan all gammal olja runnit ut ur huvudcylinderbehållaren. Fyll på olja upp till MAX-nivån och fortsätt pumpa tills endast den nya oljan återstår i behållaren och ny olja kan ses rinna ut från avluftningsskruven.

Gammal hydraulolja är alltid mycket mörkare än ny olja, vilket gör att det är enkelt att skilja dem åt.

Dra åt skruven och fyll på behållaren till maxmarkeringen.
3 Gå igenom resterande avluftningsskruvar i ordningsföljd och pumpa till dess att ny olja kommer ur dem. Var noga med att alltid hålla huvudcylinderbehållarens nivå över minmarkeringen, annars kan luft tränga in i systemet och då ökar arbetstiden betydligt.
4 När du är klar kontrollerar du att alla avluftningsskruvar är ordentligt åtdragna och att deras dammskydd sitter på plats. Skölj bort alla spår av vätskespill och kontrollera huvudcylinderbehållarens vätskenivå.
5 Kontrollera bromsarnas funktion innan bilen körs igen.

Var 50 000:e km

Observera: *Intervallen på 50 000 km börjar vid 60 000 km, d.v.s. de infaller vid 60 000 km, 110 000 km, 160 000 km etc.*

28 Luftfilter – byte

1 Luftrenaren sitter i motorrummets främre högra hörn och luftintaget sitter i bilens framdel bakom kylargrillen.
2 Lossa klämmorna **(se bild)** och ta bort den övre kåpan från luftfilterhuset.
3 Lyft bort luftfiltret, notera i vilken riktning det sitter **(se bilder)**.

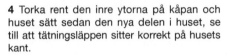

28.2 Lossa klämmorna . . .

4 Torka rent den inre ytorna på kåpan och huset sätt sedan in den nya delen i huset, se till att tätningsläppen sitter korrekt på husets kant.

28.3 . . . och ta sedan bort den övre kåpan och lyft ut luftfiltret

5 Sätt tillbaka kåpan och fäst den med klämmorna.
6 Återanslut luftkanalen och fäst den genom att dra åt slangklämman.

Var 110 000:e km

Observera: *Intervallen på 110 000 km börjar vid 115 000 km, d.v.s. de infaller vid 115 000 km, 225 000 km etc.*

29 Drivrem – byte

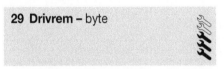

1 Ta bort luftrenarhuset enligt beskrivningen i kapitel 4B.
2 Dra åt handbromsen och ställ framvagnen på pallbockar (se *Lyftning och stödpunkter*). Ta bort motorns underkåpa. För att komma åt lättare, ta bort höger framhjul och det inre hjulhusfodret.
3 Före borttagningen, notera remmens korrekta dragning runt de olika remskivorna **(se bilder)**. Om remmen ska återanvändas, märk även ut dess rotationsriktning för att säkerställa att remmen monteras tillbaka i rätt riktning.

4 Använd en lämplig nyckel eller hylsa på den särskilda sexkantiga delen av spännarremskivans fästplatta och bänd spännaren moturs, bort från remmen tills det finns tillräckligt mycket slack för att remmen ska kunna dras av från remskivorna **(se bild)**. Lossa försiktigt spännarremskivan tills den ligger emot stoppet och ta sedan bort remmen från bilen.
5 Om spännaren ska bytas, skruva loss fästbygeln och dämparen från kamremskåpan.
6 Passa in remmen, dra den rätt runt remskivorna. Om du återmonterar originalremmen, använd märken som du gjorde före borttagningen för att se till att den monteras i rätt riktning.
7 Bänd spännrullen bakåt mot fjädern och placera remmen på remskivorna. Se till att remmen är placerad mitt på alla remskivor och loss sedan spännarremskivan långsamt tills remmen är rätt spänd.
8 Sätt tillbaka hjulhuskåpan, hjulet och

motorns underkåpa. Sänk sedan ner bilen till marken och dra åt hjulbultarna till angivet moment.
9 Sätt dit luftrenarhuset enligt beskrivningen i kapitel 4B.

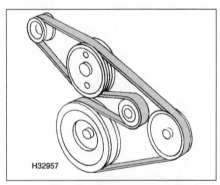

H32957

29.3a Drivremmens konfiguration på modeller utan luftkonditionering

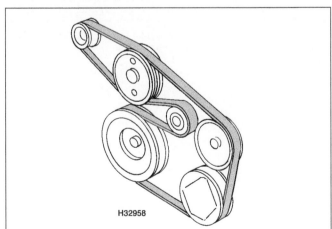

H32958

29.3b Drivremmens konfiguration på modeller med luftkonditionering

29.4 Slacka drivremmen och dra loss den från remskivorna

Vart tredje år

30 Kylvätska – byte

⚠️ **Varning:** *Vänta till dess att motorn är helt kall innan arbetet påbörjas. Låt inte frostskyddsmedel komma i kontakt med huden eller lackerade ytor på bilen. Spola omedelbart bort eventuellt spill med stora mängder vatten.*

Tömning av kylsystemet

1 När motorn är helt kall kan expansionskärlets påfyllningslock tas bort. Vrid locket moturs och vänta tills allt återstående tryck försvunnit ur systemet, skruva sedan loss locket och ta bort det.

2 I förekommande fall tar du bort motorns undre skyddskåpa och placerar en lämplig behållare under kylarens vänstra sida.

3 Lossa dräneringspluggen på den nedre vänstra monteringstappen och låt kylvätskan rinna ner i behållaren **(se bild)**. Fäst en bit slang vid avtappningspluggen om det behövs, för att leda vätskan till behållaren.

4 När vätskeflödet upphör, dra åt avtappningspluggen och montera den undre skyddskåpan, om det behövs.

5 Om kylvätskan har tömts av någon annan anledning än byte kan den återanvändas (även om det inte rekommenderas), förutsatt att den är ren och mindre än två år gammal.

Spolning av kylsystem

6 Om kylvätskebyte inte utförts regelbundet eller om frostskyddet spätts ut, kan kylsystemet med tiden förlora i effektivitet på grund av att kylvätskekanalerna sätts igen av rost, kalkavlagringar och annat sediment. Kylsystemets effektivitet kan återställas genom att systemet spolas rent.

7 För att undvika förorening bör kylsystemet spolas losskopplat från motorn.

Kylarspolning

8 Lossa de övre och nedre slangarna och alla andra relevanta slangar från kylaren enligt beskrivningen i kapitel 3.

9 Stick in en trädgårdsslang i det övre kylarinloppet. Spola rent vatten genom kylaren och fortsätt spola tills rent vatten kommer ut från kylarens nedre utsläpp.

10 Om det efter en rimlig tid fortfarande inte kommer ut rent vatten kan kylaren spolas ur med kylarrengöringsmedel. Det är viktigt att spolmedelstillverkarens anvisningar följs noga. Om kylaren är svårt förorenad, ta bort kylaren och stick in slangen i nedre utloppet och spola ur kylaren baklänges, sätt sedan tillbaka den.

Motorspolning

11 Demontera termostaten enligt beskrivning i kapitel 3, och sätt sedan tillfälligt tillbaka termostatlocket. Om kylarens övre slang har kopplats loss, koppla tillbaka den tillfälligt.

12 Lossa de övre och nedre kylarslangarna från kylaren och stick in en trädgårdsslang i den övre kylarslangen. Spola rent vatten genom motorn och fortsätt spola tills rent vatten kommer ut från kylarens nedre slang.

13 När spolningen är avslutad, montera tillbaka termostaten och anslut slangarna enligt beskrivning i kapitel 3.

Kylsystem – påfyllning

14 Kontrollera innan påfyllningen inleds att alla slangar och slangklämmor är i gott skick och att klämmorna är väl åtdragna. Observera att frostskydd ska användas året runt för att förhindra korrosion i motorn.

15 Se till att luftkonditioneringen (A/C) eller den automatiska klimatanläggningen (ACC) är avstängd. På så sätt förhindras luftkonditioneringssystemet att starta kylarfläkten innan motorn har uppnått normal temperatur vid påfyllningen.

16 Skruva av expansionskärlets lock och fyll systemet långsamt tills kylvätskenivån når MAX-markeringen på sidan av expansionskärlet.

17 Sätt tillbaka och dra åt expansionskärlets påfyllningslock.

18 Starta motorn och vrid upp temperaturen. Kör motorn tills den har uppnått normal arbetstemperatur (kylfläkten slås på och stängs av). Om du kör motorn med olika varvtal värms den upp snabbare.

19 Stanna motorn och låt den svalna, kontrollera sedan kylvätskenivån igen enligt

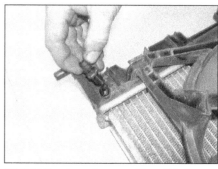

30.3 Dräneringspluggen sitter på kylarens vänstra sida

beskrivningen i *Veckokontroller*. Fyll på mera vätska om det behövs, och sätt tillbaka expansionskärlets påfyllningslock. Sätt tillbaka stänkskyddet under kylaren.

Frostskyddsblandning

20 Frostskyddsmedlet ska alltid bytas regelbundet med angivna intervall. Detta är nödvändigt för att behålla frostskyddsvätskans egenskaper men även för att förhindra korrosion som annars kan uppstå då de korrosionshämmande ämnenas effektivitet försämras med tiden.

21 Använd endast etylenglykolbaserat frostskyddsmedel som är lämpat för motorer med blandade metaller i kylsystemet. Mängden frostskyddsvätska och olika skyddsnivåer anges i specifikationerna.

22 Innan frostskyddsmedlet hälls i ska kylsystemet tappas ur helt och helst spolas igenom. Samtliga slangar ska kontrolleras beträffande kondition och tillförlitlighet.

23 När kylsystemet fyllts med frostskyddsmedel är det klokt att sätta en etikett på expansionskärlet som anger frostskyddsmedlets typ och koncentration, samt datum för påfyllningen. All efterföljande påfyllning ska göras med samma typ och koncentration av frostskyddsvätska.

24 Använd inte motorfrostskyddsmedel i vindrutans/bakrutans spolarvätska, eftersom den skadar lacken. Spolarvätska bör hällas i spolarsystemet i den koncentration som anges på flaskan.

Kapitel 2 Del A:
Reparationer med motorn kvar i bilen – bensinmotorer

Innehåll

Svårighetsgrad

Enkelt, passar novisen med lite erfarenhet		Ganska enkelt, passar nybörjaren med viss erfarenhet		Ganska svårt, passar kompetent hemmamekaniker		Svårt, passar hemmamekaniker med erfarenhet		Mycket svårt, för professionell mekaniker	

Specifikationer

Allmänt

Motortyp	Fyrcylindrig, rak, vattenkyld. Kedjedrivna DOHC (dubbla överliggande kamaxlar) som verkar på hydrauliska ventillyftare till 16 ventiler.

Beteckning:
  1985 cc motor utan turbo............................... B204i
  1985 cc lågtrycksturbomotor .... B204E eller B205E
  1985 cc turbomotor, steg 1 .... B204L eller B205L
  1985 cc turbomotor, steg 2 .... B204R eller B205R
  2290 cc motor utan turbo............................... B234i
  2290 cc turbomotor, steg 2 .... B235R
Cylinderdiameter .... 90,00 mm
Kolvslag:
  1985 cc motor .... 78,00 mm
  2290 cc motor .... 90,00 mm
Vevaxelns rotationsriktning.............................. Medurs (sett från fordonets högra sida)
Cylinder nr 1, placering .... Vid motorns kamkedjesida
Kompressionsförhållande:
  B205E/L/R .... 8,8 : 1
  B235R .... 9,3 : 1
Maximal kraft/moment:
  B204i .... 96 kW (132 hk) vid 6 100 varv/minut / 177 Nm vid 4 300 varv/minut
  B204E/L .... 114 kW (157 hk) vid 5 500 varv/minut / 219 Nm vid 3 600 varv/minut
  B205E .... 110 kW (152 hk) vid 5 500 varv/minut / 240 Nm vid 1 800–3 500 varv/minut
  B205L:
    Manuell växellåda................................ 136 kW (188 hk) vid 5 500 varv/minut / 263 Nm vid 2 100 varv/minut
    Automatväxellåda................................ 136 kW (188 hk) vid 5 500 varv/minut / 250 Nm vid 1 900 varv/minut
  B204R and B205R:
    Manuell växellåda................................ 151 kW (208 hk) vid 5 500 varv/minut / 280 Nm vid 2 200 varv/minut
    Automatväxellåda................................ 151 kW (208 hk) vid 5 750 varv/minut / 250 Nm vid 1 900 varv/minut
  B234i .... 110 kW (152 hk) vid 5 700 varv/minut / 210 Nm vid 4 300 varv/minut
  B235R .... 171 kW (233 hk) vid 5 500 varv/minut / 350 Nm vid 4 000 varv/minut

Motorkoder

Observera: *Motorkoden är instämplad på framsidan av motorn, på motorblockets främre vänstra sida.*

Tecken 1:
B . . . . Bensinmotor

Tecken 2 & 3:
20 . . . . 1985 cc
23 . . . . 2290 cc

Tecken 4:
4 . . . . 4 cylindrar, rakt motorblock med 2 balansaxlar och dubbla
överliggande kamaxlar med 4 ventiler per cylinder
5 . . . . 4 cylindrar, rakt motorblock med 2 balansaxlar och dubbla
överliggande kamaxlar med 4 ventiler per cylinder, lågfriktionsmotor

Tecken 5:
i . . . . Bränsleinsprutningsmotor utan turbo
E . . . . Lågtrycksturbomotor med laddluftkylare
L . . . . Turbomotor med laddluftkylare – steg 1
R . . . . Turbomotor med laddluftkylare – steg 2

Tecken 6:
1 . . . . Saab 9-3 med avgasrening ECE-R15/04
3, 5 och 7 . . . . Saab 9-3 med avgasrening enligt europeisk, svensk och amerikansk
(USA) standard

Tecken 7:
A . . . . Automatväxellåda
M . . . . Manuell växellåda

Tecken 8 & 9:
00 . . . . Vanlig motor
18 . . . . Motor som anpassats för automatik
19 . . . . Motor med oljekylare
20 . . . . Motor med diagnossystem OBD II

Tecken 10:
W 1998
X 1999
Y 2000
1 2001
2 2002
Tecken 11 till 16 . . . . Serienummer

Kamaxlar

Drift . . . . Kedja från vevaxeln
Antal lager . . . . 5 på varje kamaxel
Kamaxellagrets axeltapp, diameter (yttre diameter). . . . . 28,922 till 28,935 mm
Axialspel . . . . 0,08 till 0,35 mm

Smörjsystem

Oljepump, typ. . . . . Kugghjulspump i kamkedjekåpan, driven från vevaxeln
Lägsta oljetryck vid 80 °C . . . . 2,5 bar vid 2 000 varv per minut, med 10W30-motorolja
Kontakten till varningslampan för oljetryck aktiveras vid . . . . 0,3 till 0,5 bar
Spel mellan pumpens yttre rotor och kamkedjekåpans hus . . . . 0,03 till 0,08 mm
Den tryckreglerande ventilen öppnas vid. . . . . 3,8 bar
Oljekylarens termostat öppnas vid. . . . . ca 105 °C

Åtdragningsmoment

	Nm
Balansaxelns mellandrev	25
Balansaxelns kedjespännare	10
Balansaxelhus till motorblock	10
Bultar, vevstakslageröverfall:	
Steg 1	20
Steg 2	Vinkeldra ytterligare 70°
Kamaxellageröverfall	15
Kamaxeldrev.	63
Kylvätskerör.	25
Vevaxelns remskiva, bult	175
Topplocksbultar:	
Steg 1	40
Steg 2	60
Steg 3	Vinkeldra ytterligare 90°
Ventilkåpa.	15

Åtdragningsmoment (forts.)

	Nm
Motorfästen:	
Höger fästes centrumbult till fästbygel.	39
Höger fäste till kaross.	73
Vänster fäste till fästbygel	39
Vänster fäste till kaross.	73
Bakre fäste till fästbygel/kryssrambalk.	85
Bakre fästets mittmutter.	45
Avtappningsplugg för motorolja.	25
Motorns kryssrambalk:	
Fram	115
Mitten	190
Bak:	
Steg 1	110
Steg 2	Vinkeldra ytterligare 75°
Bultar, motor till växellåda	70
Svänghjul/drivplatta:	
Steg 1	20
Steg 2	Vinkeldra ytterligare 50°
Ramlageröverfallsbultar:	
Steg 1	20
Steg 2	Vinkeldra ytterligare 70°
Oljekylare, slanganslutningar	8
Oljekylningstermostat, plugg	60
Kolvens kylmunstycke	18
Reducerventil för oljetryck, plugg.	30
Kryssrambalk:	
Fram	115
Mitten	190
Bak:	
Steg 1	110
Steg 2	Vinkeldra ytterligare 75°
Sump, bultar.	22
Kamkedjans styrning	10
Kamkedjespännare, hus.	63
Kamkedjans spännfjäder, plugg	23
Kamkedjekåpa:	
Till motorblock	22
Till topplock	24

1 Allmän information

Hur detta kapitel används

Kapitel 2 är indelat i tre delar: A, B och C. Reparationer som kan utföras med motorn kvar i bilen beskrivs i del A (bensinmotorer), och del B (dieselmotorer). Del C behandlar demontering av motorn/växellådan som en enhet och beskriver isärtagning och översyn av motorn.

I del A och B förutsätts att motorn sitter kvar i bilen, med alla hjälpaggregat anslutna. Har motorn tagits bort för översyn, behöver du inte bry dig om den inledande beskrivning av hur demonteringen går till som föregår varje åtgärd.

Observera att även om det är möjligt att renovera delar som kolvar/vevstakar medan motorn sitter i bilen, så utförs sällan sådana åtgärder separat. Vanligen måste flera ytterligare åtgärder (inklusive rengöring av komponenter och smörjkanaler) utföras, och det sker enklare med motorn demonterad från

bilen. Av den anledningen klassas alla sådana åtgärder som större renoveringsåtgärder och beskrivs i del C i det här kapitlet.

Motorbeskrivning

Bilen har en rak fyrcylindrig motor med dubbla överliggande kamaxlar tvärmonterad fram. Den har 16 ventiler och växellåda på vänster sida. Saab 9-3 är utrustad med motorn 1985 cc eller 2290 cc, som har balansaxlar i motorblocket för att dämpa vibrationer. Alla motorer är försedda med fullständigt motorstyrningssystem; en variant av Bosch Motronic-systemet sitter i modellerna utan turbo, och turbomodellerna är utrustade med Saabs eget motorstyrningssystem Trionic. Se kapitel 4A för ytterligare information.

Vevaxeln går genom fem ramlager. Tryckbrickor har monterats på det mittersta ramlagret (endast övre halvan) för styrning av vevaxelns axialspel.

Vevstakarnas storändar roterar i horisontellt delade lager av skåltyp. Kolvarna är fästa vid vevstakarna med flytande kolvbultar, som hålls kvar i kolvarna med hjälp av låsringar. Lättmetallkolvarna är monterade med tre

kolvringar – två kompressionsringar och en oljekontrollring.

Motorblocket är av gjutjärn, och cylinderloppen utgör en del av motorblocket. Ventilerna vid insugning och utlopp stängs med spiralfjädrar, och ventilerna själva löper i styrhylsor som är intryckta i topplocket. Ventilsätesringarna trycks också in i topplocket. De kan bytas ut separat allt eftersom de slits. Varje cylinder har fyra ventiler.

Kamaxlarna drivs av en enkelradig kamkedja och driver i sin tur de 16 ventilerna via hydrauliska ventillyftare. Med hjälp av hydrauliska kammare och en spännfjäder upprätthåller de hydrauliska ventillyftarna ett förbestämt spel mellan kamloben och änden på ventilskaftet. Ventillyftare förses med olja från motorns smörjkrets.

Balansaxeln roteras i motsatt riktning av en liten enkelradig kedja från ett drev i främre änden av vevaxeln. Balansaxelns kedja styrs av två fasta styrskenor och ett mellankedjedrev. Kedjan är placerad utanför kamaxelns kamkedja och dess spänning kontrolleras av en oljetrycksdriven spännare.

Motor/växellådsenheten är upphängd i tre gummifästen med hydraulisk dämpning, ett på höger sida, ett på vänster och det tredje i bakre änden av motorn.

Smörjningen sköts av en dubbelroterande oljepump som drivs från den främre delen av vevaxeln och som är placerad i kamkedjekåpan. En avlastningsventil i kamkedjekåpan begränsar oljetrycket vid höga motorvarvtal genom att återföra överflödig olja till sumpen. Oljan sugs från sumpen genom en sil, passerar oljepumpen och tvingas genom ett yttre filter och en oljekylare (på vissa modeller) och sedan in i motorblockets/vevhusets ledningar. Därifrån fördelas oljan till vevaxeln (ramlager), balansaxlarnas lager, kamaxellagren och de hydrauliska ventillyftarna. Den smörjer även det vattenkylda turboaggregatet och kolvarnas kylmunstycken på vevhuset. Vevstakslagren förses med olja via inre utborrningar i vevaxeln medan kamloberna och ventilerna stänksmörjs, liksom övriga motorkomponenter.

Reparationer med motorn kvar i bilen

Följande arbeten kan utföras med motorn monterad i bilen:

a) Kompressionstryck – kontroll.
b) Ventilkåpa – demontering och montering.
c) Kamaxelns oljetätningar – byte.
d) Kamaxlar – demontering, kontroll och montering.
e) Topplock – demontering och montering.
f) Topplock och kolvar – sotning (se del C i detta kapitel).
g) Sump – demontering och montering.
h) Oljepump – demontering, reparation och montering.
i) Vevaxelns oljetätningar – byte.
j) Svänghjul/drivplatta – demontering, kontroll och montering.
k) Motor-/växellådsfästen – kontroll och byte

2 Kompressionsprov – beskrivning och tolkning

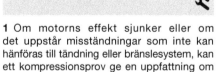

1 Om motorns effekt sjunker eller om det uppstår misständningar som inte kan hänföras till tändning eller bränslesystem, kan ett kompressionsprov ge en uppfattning om motorns skick. Om kompressionsprov görs regelbundet kan de ge förvarning om problem innan några andra symptom uppträder.
2 Motorn måste vara uppvärmd till normal arbetstemperatur, batteriet måste vara fulladdat och alla tändstift måste vara urskruvade (kapitel 1A). Dessutom behövs en medhjälpare.
3 Avaktivera tändsystemet genom att – efter tillämplighet – koppla loss anslutningskontakten från tändspolen eller direkttändningsmodulen (Saab Direct Ignition – DI).

4 För att förhindra att oförbränt bränsle förs in i katalysatorn måste även bränslepumpen avaktiveras genom att relevanta säkringar och/eller reläer demonteras. Se kapitel 4A för ytterligare information.
5 Montera en kompressionsprovare i tändstiftshålet till cylinder nr 1 – för att få korrekta värden måste en provare av den typ som skruvas in i tändstiftsgängorna användas.
6 Låt medhjälparen trampa gaspedalen i botten och dra runt motorn med startmotorn. Efter ett eller två varv bör kompressionstrycket byggas upp till maxvärdet och sedan stabiliseras. Anteckna det högsta värdet.
7 Upprepa testet på återstående cylindrar och notera trycket på var och en.
8 Trycket i alla cylindrarna bör hamna på i stort sett samma värde. En tryckskillnad på mer än 2 bar mellan två cylindrar tyder på fel. Observera att kompressionen ska byggas upp snabbt i en oskadad motor. Om kompressionen är låg i det första kolvslaget och sedan ökar gradvis under följande slag är det ett tecken på slitna kolvringar. Lågt tryck som inte stiger är ett tecken på läckande ventiler eller trasig topplockspackning (eller ett sprucket topplock). Avlagringar på undersidan av ventilhuvudena kan också orsaka dålig kompression.
9 Saab anger inga specifika kompressionstryck, men som en allmän tumregel är cylindertryck lägre än 10 bar tecken på att något är fel. Rådfråga en Saab-verkstad eller annan specialist om du är tveksam till om ett avläst tryck är godtagbart.
10 Om trycket i en cylinder är mycket lägre än i de andra kan följande kontroll utföras för att hitta orsaken. Häll i en tesked ren olja i cylindern genom tändstiftshålet och upprepa provet.
11 Om tillförsel av olja tillfälligt förbättrar kompressionen är det ett tecken på att slitage på kolvringar eller lopp orsakar tryckfallet. Om ingen förbättring sker tyder det på läckande/brända ventiler eller trasig topplockspackning.
12 Lågt tryck i endast två angränsande cylindrar är med stor säkerhet ett tecken på att topplockspackningen mellan dem är

trasig. Detta bekräftas om det finns kylvätska i motoroljan.
13 Vid avslutat prov, skruva i tändstiften och anslut tändsystem och bränslepump.

3 Övre dödpunkt för kolv nr 1 – hitta

1 ÖD-tändningsinställningsmärken finns ofta som en tillverkad skåra i vevaxelns remskiva och en motsvarande stång ingjuten i kamkedjans kåpa. ÖD-märken finns även på svänghjulet och den bakre oljetätningens hus – dessa är användbara om motorn demonterats **(se bild)**. Observera: *När tändningsinställningsmärkena är i linje befinner sig kolvarna 1 (vid kamkedjans sida av motorn) och 4 (vid svänghjulets sida av motorn) vid den övre dödpunkten (ÖD), med kolv 1 i sitt kompressionsslag.*
2 Dra åt handbromsen och lyft upp framvagnen på pallbockar för att lättare komma åt bulten till vevaxelns remskiva (se *Lyftning och stödpunkter*). Ta bort det högra framhjulet, ta bort skruvarna och koppla loss inspektionskåpan från den högra hjulhusfodringen.
3 Sätt en hylsa på vevaxelns remskiva och vrid motorn tills ÖD-skåran i vevaxelns remskiva är i linje med skåran på kamkedjekåpan **(se bild)**. Kolv nr 1 (på kamkedjans sida av motorn) kommer att vara högst upp i sitt kompressionsslag. Du kan kontrollera att det verkligen är kompressionsslaget genom att ta bort tändstift nr 1 och försöka känna kompressionen med det mjuka handtaget till en skruvmejsel mot tändstiftshålet när kolven närmar sig övre dödläget. Avsaknad av tryck är ett tecken på att cylindern är i sitt avgasslag och därför ett vevaxelvarv ur linje.
4 Ta bort ventilkåpan enligt beskrivningen i avsnitt 4.
5 Kontrollera att ÖD-markeringarna på kamaxelns remskivesidor är i linje med motsvarande ÖD-märken på kamaxel-

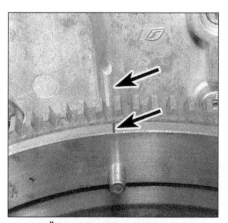

3.1 ÖD-märken på svänghjulet och motorns fästplatta

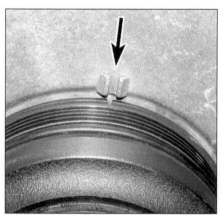

3.3 ÖD-märken på kamkedjans kåpa och vevaxelns remskiva

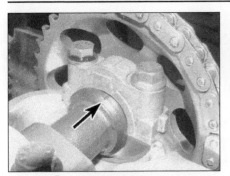

3.5 ÖD-märken på kamaxeln och lageröverfallet

4.1 Skruva i förekommande fall loss fästbulten och koppla loss ventilröret

6 Montera ventilkåpan och sätt tillbaka fästbultarna. Dra åt bultarna stegvis och i ordningsföljd **(se bild)** tills alla bultarna har dragits åt till angivet moment.
7 Återanslut slangen till vevhusventilationen (och i förekommande fall vakuumslangen) till ventilkåpan.
8 Återanslut tändkablarna, eller sätt tillbaka direkttändningsmodulen mitt på ventilkåpan och dra åt skruvarna. Se vid behov kapitel 5B.
9 Återanslut vevhusventilationsröret och kablarna till ventilkåpan.
10 Montera insugsgrenrörets kåpa och motorns övre skyddskåpa.

lageröverfallen **(se bild)**. Vrid vevaxeln om det behövs för att placera märkena i linje.

4 Ventilkåpa – demontering och montering

Demontering

1 Öppna motorhuven och demontera motorns övre skyddskåpa. Koppla sedan loss insugsgrenrörets kåpa från insugsgrenröret. Skruva loss fästskruven (i förekommande fall) och koppla loss kablarna och vevhusventilationens rörbygel från den högra sidan av ventilkåpan **(se bild)**.
2 Koppla loss slangen till vevhusventilationen (och i förekommande fall vakuumstyrenhetens slang) och för dem åt sidan **(se bild)**.

Observera: *På senare modeller måste du öppna fästklämman för att kunna koppla loss slangen.*
3 På modeller utan direkttändning (DI) kopplas tändkablarna loss från tändstiften. På modeller med DI-tändning kopplas kontaktdonet bort, varefter skruvarna lossas och tändmodulen demonteras från ventilkåpans mitt. Gå vid behov till kapitel 5B **(se bilder)**.
4 Skruva loss ventilkåpan och ta bort packningen. Knacka försiktigt på kåpan med handflatan för att få loss den om den sitter fast.

Montering

5 Rengör kontaktytorna på ventilkåpan och topplocket. Placera den nya packningen ordentligt i skåran i ventilkåpan. **Observera:** *Packningen består av två delar: inre och yttre packning (se bilder).*

5 Kamaxlar och hydrauliska ventillyftare – demontering, kontroll och montering

Observera: *Följande beskrivning behandlar demontering och montering av kamaxlarna och de hydrauliska ventillyftarna med topplocket monterat i bilen. Vid behov kan arbetet utföras utanför bilen med topplocket demonterat från motorn. Om så är fallet, följ anvisningarna från och med punkt 8, när topplocket demonterats.*

Demontering

1 Öppna motorhuven och rengör motorn runt topplocket.
2 Dra åt handbromsen och lyft med hjälp av en domkraft upp framvagnen på pallbockar (se *Lyftning och stödpunkter*). Ta bort det högra framhjulet.

4.2 Koppla loss ventilationsslangen från kåpan

4.3a Koppla loss kontaktdonet . . .

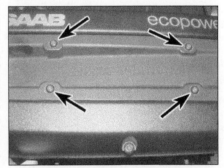

4.3b . . . och skruva sedan loss tändningsmodulens fästskruvar

4.5a Återmontering av ventilkåpans inre packning . . .

4.5b . . . och yttre packning så att de sitter säkert i spåret

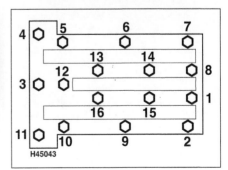

4.6 Åtdragningsordning för ventilkåpans bultar

5.9 Kamaxellageröverfallen är markerade med position (pil vid lageröverfall nr 10)

3 Lossa skruvarna och ta bort skärmlisten och innerskärmen från högra framskärmen.
4 Ta bort batterikåpan och koppla sedan loss batteriets minusledare. För ledaren bort från batteripolen.
5 Demontera ventilkåpan enligt beskrivningen i avsnitt 4.
6 Sätt en hylsa på vevaxelns remskiva och vrid motorn tills ÖD-skåran i vevaxelns remskiva är i linje med tändningsinställningsstången på kamkedjekåpan. Se avsnitt 3 för ytterligare information om det behövs. Kontrollera även att ÖD-märkena på kamaxelns kedjedrevssidor är i linje med motsvarande ÖD-märken på kamaxellageröverfallen.
7 Skruva loss bulten på tomgångsdrevet och ta bort kamkedjespännaren. Använd en 27 mm hylsnyckel när du har tagit bort pluggen med fjäder och tryckstång.
8 Håll fast varje kamaxel med en nyckel på de flata punkterna på kamaxlarnas växellådsändar, skruva loss bultarna, dra bort kedjedreven och låt dem vila på kamkedjans styrningar. Observera att kedjedreven har utskjutande delar som passar in i de utskurna delarna i ändarna på kamaxlarna. Kamkedjan kan inte dras bort från vevaxelns kedjedrev eftersom det sitter en styrning under kedjedrevet.
9 Kontrollera att kamaxellageröverfallen och kamaxlarna är märkta för att underlätta återmonteringen. De har stämplar på kåpan – blanda inte ihop dessa när du monterar dem igen. 1 till 5 används för inloppssidan och 6 till 10 för utblåssidan (se bild).
10 Skruva stegvis loss lageröverfallens

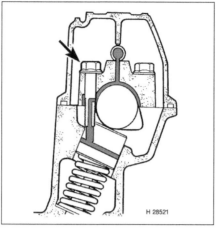

5.10a Kamaxellageröverfallets inre bultar är ihåliga för att kunna förse de hydrauliska ventillyftarna med olja

bultar så att överfallen inte utsätts för onödiga påfrestningar av ventilfjädrarna. Se till att lageröverfallen närmast de öppna ventilerna tas bort sist för att undvika att kamaxeln utsätts för onödiga påfrestningar. Ta bort bultarna helt och lyft bort överfallen, lyft sedan bort kamaxlarna från topplocket. Observera att lageröverfallets inre bultar (förutom i änden på kamkedjan) har svarta huvuden och sitter i utborrningar för oljematningen till de hydrauliska ventillyftarna. Se alltid till att du sätter tillbaka rätt bultar (se bilder). Märk kamaxlarna noga för att underlätta återmonteringen.
11 Skaffa sexton små rena plastbehållare och märk dem med 1i till 8i (insug) och 1u till 8u (utblåsning). Alternativt, dela in en större behållare i sexton avdelningar och märk dem på samma sätt för insugs- och avgaskamaxlarna. Använd en gummipipett eller en magnet för att dra upp de hydrauliska ventillyftarna i tur och ordning, och placera dem i respektive behållare (se bilder). **Förväxla inte** ventillyftarna med varandra. Förhindra att de hydrauliska ventillyftarna töms på olja genom att hälla ny olja i behållarna så att de täcks.
Varning: Var mycket noga med att inte repa loppen i topplocket när ventillyftarna dras ut.

Kontroll

12 Undersök kamaxellagrens ytor och kam-

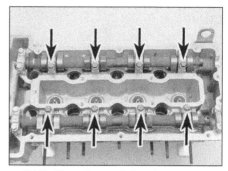

5.10b Placering av de inre bultarna till lageröverfallen, med svarta huvuden och borrningar för oljetillförsel

loberna efter tecken på slitage och repor. Byt ut kamaxeln om sådana tecken finns. Kontrollera att lagerytorna på kamaxellagrens axeltappar, kamaxellageröverfallen och topplocket är i gott skick. Om topplockets eller lageröverfallens ytor är mycket utslitna måste topplocket bytas ut. Om nödvändig mätutrustning finns tillgänglig kan slitage på kamaxellagrets axeltappar kontrolleras direkt och jämföras med de angivna specifikationerna.
13 Mät kamaxelns axialspel genom att placera varje kamaxel i topplocket, montera kedjedreven och använd ett bladmått mellan kamaxelns främre del och ytan på topplockets främre lager.
14 Kontrollera de hydrauliska ventillyftarna med avseende på slitage, revor och punktkorrosion där de är i kontakt med loppen i topplocket. Ibland kan en hydraulisk ventillyftare låta konstigt när motorn är i gång och behöva bytas ut. Det är svårt att se om en ventillyftare har invändiga skador eller är sliten när den väl har demonterats. Om du är tveksam bör du byta ut hela uppsatsen ventillyftare.
15 Rengör de inre borrningarna på kamaxellageröverfallen så att oljan kan passera till de hydrauliska ventillyftarna.

Montering

16 Smörj loppen för de hydrauliska ventillyftarna i topplocket, placera dem sedan i sina ursprungliga lägen (se bild).
17 Smörj lagerytorna på kamaxlarna i topplocket.
18 Placera kamaxlarna på sina rätta platser i topplocket så att ventilerna på cylinder nr 1

5.11a Demontera den hydrauliska ventillyftaren

5.11b Hydraulisk ventillyftare borttagen från topplocket. Lägg ventillyftaren i ett oljebad medan den är demonterad

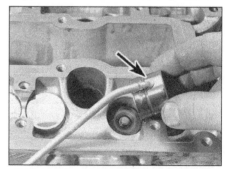

5.16 Olja in den hydrauliska ventillyftaren före montering

5.26 Dra åt kamaxeldrevets fästbultar, håll fast kamaxeln med hjälp av en U-nyckel om dess plana ytor

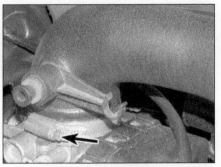

6.8a Lossa fästklämman . . .

6.8b . . . och koppla sedan loss givarens kontaktdon och vakuumrör

(kamkedjeänden) är stängda och ventilerna på cylinder nr 4 "svänger".

19 Tändningsinställningsmärkena på drevsidan av kamaxlarna ska vara parallella **(se bild 3.5)**.

20 Smörj lagerytorna i överfallen, placera dem sedan på sina platser och sätt i fästbultarna. Dra åt bultarna stegvis till angivet moment. **Observera:** *Se till att de svartfärgade oljetillförselbultarna sitter på rätt plats (se bild 5.10b).*

21 Kontrollera att varje kamaxel är i ÖD-läge – tändningsinställningsmärkena är placerade på den främre delen av kamaxlarna och ska vara i linje med märket på lageröverfallen – se avsnitt 3.

22 Kontrollera att ÖD-skåran i vevaxelns remskiva är i linje med tändnings-inställningsstången på kamkedjekåpan **(se bild 3.3)**.

23 Placera kedjedreven på kamaxlarna, montera först den för utblåsning och sedan den för insug. Skruva inte åt bultarna helt i det här stadiet. Kontrollera att kamkedjan är korrekt placerad på styrningarna och kedjedreven.

24 Montera kamkedjespännaren enligt beskrivningen i kapitel 2C.

25 Använd en hylsnyckel på vevaxelns remskiva och vrid motorn två kompletta varv medurs, kontrollera att tändnings-inställningsmärkena fortfarande är korrekt inriktade.

26 Dra åt kamaxeldrevets fästbultar till angivet moment medan de hålls på plats med en skiftnyckel på de flata punkterna **(se bild)**.

27 Rengör kontaktytorna på ventilkåpan och topplocket. Montera ventilkåpan enligt beskrivningen i avsnitt 4.

28 Montera inspektionskåpan eller DI-modulen mitt på ventilkåpan och dra åt fästskruvarna.

29 Anslut slangen till vevhuset.

30 Montera skärmlisten och den främre hjulhusfodringen under den högra framskärmen och dra åt fästskruvarna.

31 Montera höger framhjul och sänk ner bilen.

32 Återanslut batteriets minusledare och sätt tillbaka kåporna över batteriet och motorn.

6 Topplock – demontering och montering

Demontering

1 Öppna motorhuven och rengör motorn runt topplocket. Låt motorn gå på tomgång och ta bort bränslepumpens säkring (säkring nummer 32 – se kapitel 12). Slå av tändningen när motorn har stannat. Nu finns inget bränsletryck i bränsleledningarna. Sätt tillbaka säkringen.

2 Dra åt handbromsen och lyft med hjälp av en domkraft upp framvagnen på pallbockar (se *Lyftning och stödpunkter*). Ta bort höger framhjul och ta bort den nedre motorkåpan.

3 Ta bort batterikåpan och koppla sedan loss batteriets minusledare. För ledaren bort från batteripolen.

4 Lossa fästskruvarna och ta innerskärmen från högra framskärmen.

5 Tappa av kylsystemet enligt beskrivningen i kapitel 1A.

6 Skruva loss turboaggregatets stag.

7 Där så är tillämpligt, lossa klämman mellan luftslangen och turbons insugsgrenrör och demontera urluftningsventilen från luftboxen.

8 Koppla loss kablarna från massluft-flödesgivaren och vakuumröret. Demontera därefter luftfiltret (kapitel 1A), skruva loss muttrarna och ta bort luftfilterenheten från motorrummet. Koppla även loss kablarna från laddtrycksventilen **(se bilder)**.

9 Skruva loss den bakre motorkåpan och lossa värmeskölden från avgasgrenröret.

10 Demontera turboaggregatets luftkanal och förbikopplingsrör från motorns framsida och koppla loss vakuumslangen från bypassventilen och slangen från tryck-/temperaturgivaren. Koppla även loss slangen från laddlufträret.

11 Koppla loss vakuumslangen från turbo-aggregatets övertrycksventil, ta sedan bort kablagets buntband och koppla loss luftmatningskanalen från turboaggregatet. Täck över turboaggregatets portar för att förhindra att damm och smuts tränger in.

12 Demontera drivremmen enligt beskrivningen i kapitel 1A.

13 Skruva loss anslutningsbulten på framsidan av motorn och ta bort vevhusventilationsröret **(se bild)**. Koppla sedan loss kolkanisterns slang ovanför turboaggregatet.

14 Skruva loss lyftöglan och fästbygeln **(se bild)** och, i förekommande fall, turbo-

6.8 Koppla loss anslutningskontakten från laddtrycksventilen

6.13 Lossa banjobulten till vevhusventilationsröret

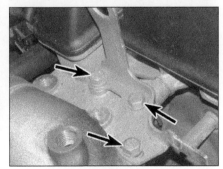

6.14 Skruva loss fästbultarna och ta bort motorlyftöglan

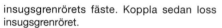
6.15 Ta bort den nedre fästbulten från servostyrningspumpens fästbygel

6.22 Ta bort kåpan över gasspjällets länksystem/kabel

6.28 Skruva loss insugsgrenrörets stag

insugsgrenrörets fäste. Koppla sedan loss insugsgrenröret.

15 Skruva loss servostyrningens pump och fästbygel från motorn enligt beskrivningen i kapitel 10, med hydraulrören fortfarande anslutna **(se bild)**. För pumpen åt sidan och stöd eller bind upp den.

16 Skruva loss skruvarna som håller fast vakuumenheten vid turboaggregat och skruva sedan loss muttrarna som håller fast turbo-aggregatet vid avgasgrenröret.

17 Koppla om så är tillämpligt loss kablarna från tändningsmodulen, turbotrycksgivaren och kylvätskans temperaturgivare.

18 Koppla loss kylvätskeslangarna från topplocket och termostathuset. Skruva loss bulten som håller fast kylvätskeröret vid fästet mellan turbo och tryckgivare och demontera banjoanslutningen. Skruva loss kylvätskeröret från kylvätskepumpen och motorblocket.

19 Koppla loss gasspjällshusets luftkanaler.

20 Ta bort oljestickans rör och plugga igen hålet.

21 Koppla loss vevhusets ventilationsslang och vakuumslang från ventilkåpan och lossa buntbanden som håller upp dem.

22 Koppla loss gasvajern från gasspjällshuset **(se bild)**.

23 Skruva loss kabelkanalen och jord-anslutningarna.

24 Koppla loss bränsleledningens snabb-kopplingar.

25 Koppla loss vakuumslangarna från gas-spjällshuset, insugsgrenröret och broms-servon.

26 Koppla loss kablarna från följande:
a) *Lambdasonden.*
b) *Vevaxelns ÖD-givare.*
c) *Limp home-solenoiden.*
d) *Gasspjällshuset.*
e) *MAP-givaren.*
f) *Bränsleinsprutarna.*

27 Lossa buntbanden som håller fast start-motorsolenoidens kabelkanal och flytta den åt sidan.

28 Skruva loss insugsgrenrörets stag **(se bild)**.

29 På modeller med DI-tändning, demontera tändningsmodulen från ovansidan av topp-locket enligt instruktionerna i kapitel 5B.

30 Ta bort tändstiften enligt beskrivningen i kapitel 1A.

31 Skruva loss ventilkåpan och demontera packningen enligt beskrivningen i avsnitt 4. Sitter kåpan hårt fast, slå lätt på den med handflatan för att få den att lossna.

32 Använd en hylsa på vevaxelns remskive-mutter och vrid motorn tills ÖD-markeringen på vevaxelns remskiva är i linje med tänd-ningsinställningsmärket på kamkedjekåpan och kolv nr 1 (vid motorns kamkedjeände) är högst upp i sitt kompressionsslag. Se avsnitt 3 för ytterligare information om det behövs. Kontrollera även att ÖD-märkena på kamaxelns kedjedrevssidor är i linje med motsvarande ÖD-märken på kamaxellageröverfallen.

33 Håll kamaxlarna stadigt på plats med hjälp av en öppen nyckel om de därför avsedda, plana ytorna på svänghjulets/drivplattans

ände av kamaxeln. Lossa bultarna **(se bild 5.26)**. Ta inte bort dem än.

34 Skruva loss bulten på mellanhjulet och ta bort kamkedjespännaren **(se bild)**. Använd en 27 mm hylsa när du har tagit bort pluggen med fjäder och tryckstång.

35 Skruva loss kamaxeldrevets fästbultar. Haka av kedjehjulen från kedjan och ta ut dem ur motorn. Fäst ett gummiband/buntband runt kedjestyrningarna så att inte kedjan hänger ner.

36 Skruva loss de två bultarna som fäster kamkedjekåpan i topplocket **(se bild)**.

37 Arbeta i **omvänd** ordningsföljd **(se bild 6.53)** och lossa stegvis de tio topplocksbultarna ett halvt varv i taget tills alla bultar kan skruvas loss för hand. Bultarna måste skruvas loss med en torxnyckel eftersom de har sex yttre räfflor.

38 När alla topplocksbultar har tagits bort, se till att kamkedjan är placerad så att den svängbara kedjestyrningen inte är i vägen för demontering av topplocket. Lyft av topplocket från toppen av motorblocket och placera det på en ren arbetsyta utan att skada fogytan. Ta hjälp av en medhjälpare om det behövs, eftersom topplocket är mycket tungt. Om topplocket sitter fast, försök skaka det en aning för att lossa det från packningen – stick **inte** in en skruvmejsel eller liknande i packningsfogen, då skadas fogytorna. Topplocket sitter på styrstift, så försök inte få loss det genom att knacka det i sidled.

6.34 Ta bort mellanhjulet och skruva sedan loss kamkedjespännaren

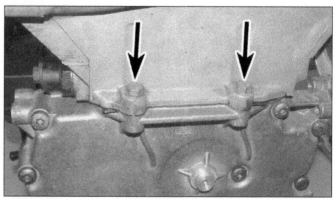
6.36 Lossa och ta bort de två bultar som håller fast kamremskåpan mot topplocket

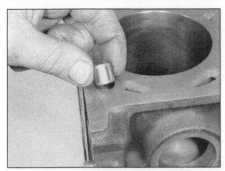

6.39 Ta bort topplockets styrstift

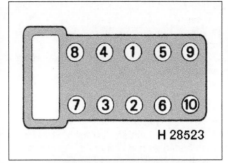

H 28523

6.53 Topplocksbultarnas
åtdragningsordning

6.55 Använd ett vinkelmått för att dra åt
topplocksbultarna till moment 3

39 Ta bort packningen från motorblockets översida, lägg märke till styrstiften. Om styrstiften sitter löst, ta bort dem och förvara dem tillsammans med topplocket **(se bild)**. Kasta inte packningen – den kan behövas för identifiering.
40 Ska topplocket tas isär för översyn, demonterar du insugnings- och avgasgrenröret enligt beskrivningen i kapitel 4A, och kamaxlarna enligt beskrivningen i avsnitt 5 i detta kapitel.

Förberedelser för montering

41 Fogytorna mellan topplocket och motorblocket måste vara noggrant rengjorda innan topplocket monteras. Använd en avskrapare av hårdplast eller trä för att ta bort alla packnings- och sotrester, rengör även kolvkronorna. Var mycket försiktig vid rengöringen, den mjuka lättmetallen skadas lätt. Se också till att sot inte kommer in i olje- och vattenledningarna. Detta är särskilt viktigt för smörjsystemet, eftersom sot kan hindra oljetillförseln till motorns komponenter. Försegla vattenkanaler, oljekanaler och bulthål i motorblocket med tejp och papper. Använd en liten borste när alla kolvar är rengjorda, för att ta bort alla spår av fett och kol från öppningen. Torka sedan bort återstoden med en ren trasa. Rengör alla kolvar på samma sätt.
42 Kontrollera fogytorna på motorblocket och topplocket och leta efter hack, djupa repor och andra skador. Om skadorna är små kan de tas bort försiktigt med en fil, men om de är omfattande måste skadorna åtgärdas med en maskin eller de skadade delarna bytas ut.
43 Kontrollera topplockspackningens yta med en stållinjal om den misstänks vara skev. Se del C i detta kapitel, om det behövs.
44 Kontrollera skicket hos topplocksbultarna, särskilt gängorna. Tvätta bultarna med lämpligt lösningsmedel och torka dem torra. Kontrollera varje bult efter tecken på synligt slitage eller skador, byt ut bultar om det behövs. Mät längden på alla bultarna och jämför med längden på en ny bult. Även om Saab inte anger att bultarna måste bytas är det högst rekommendabelt att byta ut hela uppsättningen bultar om motorn har gått långt.

Montering

 HAYNES TiPS *Lägg lite fett i springan mellan kolvarna och loppen för att hindra sot från att tränga in.*

45 Har de demonterats, sätts kamaxlarna tillbaka enligt beskrivningen i avsnitt 5 och insugnings- och avgasgrenröret med nya packningar enligt beskrivningen i kapitel 4A.
46 Rengör topplockets och motorblockets/vevhusets fogytor. Rengör skruvhålen i topplocket från alla rester av olja. Kontrollera att de två styrstiften är korrekt placerade på motorblocket.
47 Placera en ny topplockspackning på motorblockets yta och se till att den är placerad med rätt sida upp.
48 Kontrollera att varje kamaxel är i ÖD-läge – tändningsinställningsmärkena är placerade på den främre delen av kamaxeln och ska vara i linje med märkena på lageröverfallen – se avsnitt 3
49 Vrid vevaxeln ett kvarts varv bort från ÖD. Alla fyra kolvarna står nu en bit in i sina lopp och är inte i vägen när du sätter tillbaka topplocket.
50 Innan du återmonterar topplocket stryker du en 2,0 mm tjock och 10,0–20,0 mm lång sträng av tätningsmedel (Locktite 518) på den inre delen av kamkedjekåpans övre kontaktyta mot topplocket.
51 Kontrollera att kamkedjan är korrekt placerad på kedjestyrningarna, sänk därefter försiktigt ner topplocket på motorblocket i linje med styrstiften.
52 Stryk tunt med olja på gängorna och undersidan av huvudet på topplocksbultarna och sätt sedan i dem och dra åt med fingerkraft.
53 Dra åt topplocksbultarna stegvis i ordningsföljd. Använd en momentnyckel och dra åt topplocksskruvarna till angivet moment för steg 1 **(se bild)**.
54 Dra åt topplocksbultarna till angivet moment för steg 2 i samma ordning.
55 När alla topplocksbultar är åtdragna till

steg 2 ska de vinkeldras till steg 3 i samma ordningsföljd med hjälp av en hylsnyckel. Använd ett vinkelmått under det här momentet för att garantera att bultarna dras åt korrekt **(se bild)**.
56 Rotera vevaxeln ett kvarts varv tillbaka till ÖD-läget (se avsnitt 3).
57 Sätt i de båda bultar som fäster kamkedjekåpan vid topplocket och dra åt dem till angivet moment.
58 Kontrollera att de båda kamaxlarna är i linje vid sina respektive ÖD-lägen enligt beskrivningen i kapitel 3. Fäst kamaxeldreven i kamkedjan (se beskrivningen i kapitel 2C om det behövs) och montera dreven på kamaxlarna. Montera först avgasdrevet, sedan insugsdrevet. Skruva inte åt bultarna helt i det här stadiet. Kontrollera att kamkedjan är korrekt placerad på styrningarna och kedjedreven.
59 Montera kamkedjespännaren enligt beskrivningen i kapitel 2C, avsnitt 10.
60 Använd en hylsnyckel på vevaxelns remskiva och vrid motorn två kompletta varv medurs, kontrollera att tändningsinställningsmärkena fortfarande är korrekt inriktade.
61 Dra åt kamaxeldrevets fästbultar till angivet moment, håll fast kamaxlarna med en nyckel på de flata punkterna på axlarnas växellådsändar.
62 Montera ventilkåpan enligt beskrivningen i avsnitt 4, montera sedan tändstiften enligt beskrivningen i kapitel 1A.

 HAYNES TiPS *Om du inte har någon mätare kan du måla inställningsmarkeringar mellan bultskallen och topplocket med vit färg innan du drar åt. Markeringarna kan sedan användas för att kontrollera att bulten har vridits till rätt vinkel vid åtdragningen.*

63 På modeller med DI-tändning monteras tändningsmodulen enligt beskrivningen i kapitel 5B.
64 Montera och dra åt den övre bulten till insugsgrenrörets stag.
65 Sätt tillbaka startmotorsolenoidens kabel-

kanal och fäst den med nya buntband.
66 Återanslut kablarna till följande:
   a) Lambdasonden.
   b) Vevaxelns ÖD-givare.
   c) Limp home-solenoiden.
   d) Gasspjällshuset.
   e) MAP-givaren.
   f) Bränsleinsprutarna.
67 Återanslut vakuumslangarna till gasspjälls-huset, insugsgrenröret och bromsservot.
68 Återanslut bränsleledningarna och montera sedan tillbaka kabelkanalen och jord-anslutningarna.
69 Återanslut gasvajern.
70 Återanslut vevhusets ventilationsslang och vakuumslang till ventilkåpan och fäst dem med nya buntband.
71 Sätt tillbaka oljestickans rör och återanslut gasspjällshusets luftkanaler.
72 Montera kylvätskeröret på motorblocket och dra åt fästbultarna.
73 Återanslut kylvätskeslangarna och dra åt klämmorna där så är tillämpligt.
74 Återanslut, om det är tillämpligt, kablarna till tändningsmodulen, turbotrycksgivaren och kylvätskans temperaturgivare.
75 Sätt tillbaka och dra åt bultarna som håller fast turboaggregatet vid avgasgrenröret.
76 Montera servostyrningspumpen och fästbygeln på motorn enligt instruktionerna i kapitel 10.
77 Sätt, i förekommande fall, tillbaka turbons insugsgrenrör och fäste.
78 Sätt tillbaka lyftöglan och fästbygeln och dra åt bulten.
79 Återanslut vevhusventilationsröret och kolkanisterns slang.

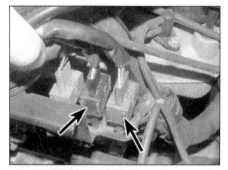

7.4 Lambdasondens kontaktdon – modell med två lambdasonder

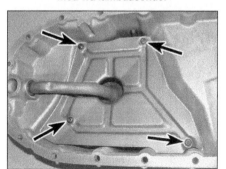

7.13 Skruva loss fästbultarna och ta bort oljepumpens pickup och sil

80 Montera drivremmen enligt beskrivningen i kapitel 1A.
81 Återanslut turboaggregatets vakuumrör och luftkanaler.
82 Sätt tillbaka den bakre motorkåpan och värmeskölden.
83 Sätt tillbaka luftfilterenheten och återanslut kablarna till massluftflödesgivaren.
84 Sätt tillbaka EVAP-avluftningsventilen och turboaggregatets stag.
85 Montera hjulhusfodret och återanslut sedan batteriets minusledare och sätt tillbaka batterikåpan.
86 Montera den nedre motorkåpan och höger hjul och sänk ner bilen.
87 Fyll på kylsystemet (se kapitel 1A).
88 Starta motorn enligt föreskrifterna i kapitel 2C.

---

7 Sump – demontering och montering

Demontering

1 Dra åt handbromsen och ställ framvagnen på pallbockar (se *Lyftning och stödpunkter*). Ta bort batterikåpan och koppla loss minusledaren.
2 Ta bort båda framhjulen. Skruva sedan loss fästskruvarna och sänk ner den undre skyddskåpan under bilen Demontera resonatorn och hjulhusfodret på höger sida.
3 Ta bort den övre motorkåpan och tappa av motoroljan. Rengör och sätt tillbaka oljepluggen och dra åt den till angivet

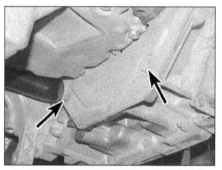

7.9 Skruva loss fästbultarna och ta bort skyddsplåten

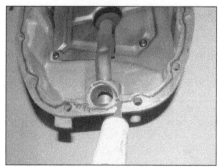

7.16 Lägg tätningsmedel på sumpens fläns

moment. Ta bort oljemätstickan från röret och placera en ren trasa över påfyllningshalsen för att hindra intrång av smuts. Om motorn närmar sig sitt serviceintervall, då oljan och filtret ska bytas ut, rekommenderas att även filtret tas bort och byts ut mot ett nytt. Efter återmontering kan motorn fyllas med ny olja. Se kapitel 1A för ytterligare information.
4 Koppla ur lambdasondens kontaktdon som sitter på ett fäste till vänster om topplocket **(se bild)**.
5 Skruva loss det främre avgasröret och katalysatorn från turboaggregatet enligt beskrivningen i kapitel 4A. Skruva loss det främre röret från stödfästena och dra bort det från motorrummets undersida. **Observera:** *Den rörliga delen av avgasröret FÅR INTE utsättas för alltför hög belastning. Då kan det börja läcka och till slut gå av.*
6 Skruva loss oljefiltrets adapterhus från motorblockets framsida och för det åt sidan och bind upp det. Var beredd på oljespill. Kasta O-ringstätningarna.
7 Stötta motorns högersida med en lyft eller lyftbom. Lyft motorn en aning och skruva sedan loss höger motorfäste. Lyft motorn tillräckligt för att få plats att demontera oljesumpen.
8 Skruva loss bultarna som fäster höger ände av den främre kryssrambalken vid underredet. Använd träkilar för att driva loss kryssrambalken från karossen.
9 Skruva loss fästbultarna och ta bort svänghjulets skyddsplåt från växellådssidan av sumpen **(se bild)**.
10 Koppla, där så är tillämpligt, bort vevhusets ventilationsslang från bakre änden av oljesumpen.
11 Skruva stegvis loss bultarna som håller fast sumpen i motorblocket. Låt en eller två bultar sitta kvar så att inte sumpen faller ner.
12 Ta bort de kvarvarande bultarna och sänk ner sumpen på marken. Ta isär fogen mellan sumpen och vevhuset genom att slå till sumpen med handflatan.
13 Passa på att kontrollera oljepumpens oljeupptagare/sil efter tecken på igensättning eller skador medan sumpen är borttagen. Skruva loss kåpan och skruva sedan loss oljeupptagaren/silen från insidan av sumpen **(se bild)**.

Montering

14 Ta bort alla spår av tätningsmedel från motorblockets/vevhusets och sumpens fogytor, rengör sedan sumpen och motorn invändigt med en ren trasa.
15 Sätt – i fall de demonterats – tillbaka oljeupptagaren/silen i sumpen och dra åt bultarna. Se till att röret till oljefiltrets adapter hamnar rätt.
16 Se till att sumpens och motorblockets fogytor är rena och torra, stryk därefter på ett tunt lager lämpligt tätningsmedel (ca 1 mm tjockt) på sumpens fläns **(se bild)**.
17 Passa in sumpen och montera fäst-bultarna, dra åt dem stegvis till angivet moment. När du lyfter upp sumpen vrider du

den något moturs i vinkel innan den sätts på plats mot vevhuset. Se till att tätningsmedlet inte rubbas.

18 Återanslut där så är tillämpligt vevhusets ventilationsslang.

19 Montera svänghjulskåpan och dra åt bultarna.

20 Ta bort träkilarna och sätt sedan tillbaka och dra åt bultarna på kryssrambalkens högra sida.

21 Justera in motorns läge och sätt tillbaka höger sidas motorfäste. Dra åt bultarna till angivet moment. Ta bort lyften eller lyft-bommen.

22 Stryk på något lämpligt tätningsmedel på flänsen till oljefiltrets adapterhus. Stryk motorolja på en ny O-ring och montera den på adapterns oljerör. Sätt huset mot motorblockets framsida. Dra åt bultarna. Kontrollera i förekommande fall att turbo-aggregatet och oljekylarrören är ordentlig anslutna till huset. Montera ett nytt oljefilter enligt beskrivningen i kapitel 1A.

23 Montera det främre avgasröret och katalysatorn enligt beskrivningen i kapitel 4A.

24 Återanslut lambdasondens kablage.

25 Montera resonatorn och hjulhusfodret, sätt sedan tillbaka hjulen och sänk ner bilen.

26 Fyll på motorn med olja av rätt kvalitet enligt beskrivningen i kapitel 1A, rengör därefter oljemätstickan/påfyllningslocket och sätt tillbaka det.

27 Starta motorn och låt den värmas upp. Kontrollera områdena runt sumpens fogytor efter tecken på läckage.

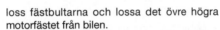

8.6 Ta bort vevaxelns remskivebult och vevaxelns remskiva

loss fästbultarna och lossa det övre högra motorfästet från bilen.

4 Ta bort drivremmen enligt beskrivningen i kapitel 1A.

5 Lossa centrumbulten på vevaxelns rem-skiva. För att det ska gå måste vevaxeln hållas på plats med någon av följande metoder. På modeller med manuell växellåda, låt en medhjälpare trycka ner bromspedalen och lägga i 4:ans växel. Alternativt, ta bort svänghjulskåpan eller startmotorn enligt beskrivningen i kapitel 5A, för sedan in en kraftig spårskruvmejsel genom växellådans svänghjulskåpa och haka fast den i start-kransen för att hindra vevaxeln från att vrida sig. På modeller med automatväxel bör endast den senare metoden användas.

6 Ta bort vevaxelns remskivebult och dra bort

8.7a Använd låsringstång för att dra ut oljepumpskåpans låsring

remskivan och navet från änden av vevaxeln. Om de sitter fast kan du behöva bända lätt **(se bild)**.

7 Dra ut den stora låsringen och dra bort oljepumpskåpan från kamkedjekåpan. Observera att låsringen är hårt spänd och att det behövs en stor låsringstång för att trycka ihop den. Observera även inställningspilarna på oljepumpskåpan och kamkedjekåpan **(se bilder)**.

8 Ta bort O-ringstätningen från spåret i kåpan **(se bild)**.

9 Notera hur vevaxelns oljetätning är placerad i oljepumpskåpan, bänd sedan bort den med en skruvmejsel **(se bild)**.

Kontroll

10 Rengör pumprotorernas inneryttor och märk dem med märkpenna för att underlätta placeringen vid återmonteringen. Det är viktigt

---

8 Oljepump – demontering, kontroll och montering

Demontering

1 Dra åt handbromsen och lyft med hjälp av en domkraft upp framvagnen på pallbockar (se *Lyftning och stödpunkter*). Ta bort det högra framhjulet.

2 Skruva loss fästskruvarna och dra fram hjulhusfodret från under skärmen. Snäpp sedan loss servostyrningsröret från kryssrambalken.

3 Ta tag under motorns högra sida. Skruva

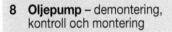

8.7b Ta bort oljepumpskåpan från kamkedjekåpan

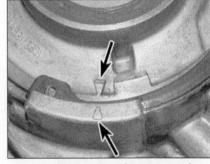

8.7c Inställningspilar på oljepumpskåpan

8.8 Demontera O-ringstätningen från spåret i oljepumpskåpan

8.9a Använd ett fininställningsmått och kon-trollera djupet på oljetätningen i kåpan . . .

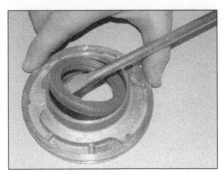

8.9b . . . innan du bänder ut vevaxelns oljetätning från oljepumpens kåpa

8.11a Skruva loss den inre rotorn . . .

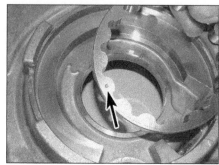

8.11b . . . och den yttre rotorn från kamkedjekåpan. Observera att positionsmarkeringen är riktad utåt

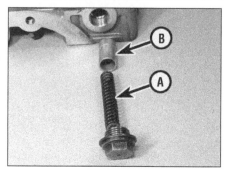

8.12 Skruva loss pluggen och ta bort avlast-ningsventilens fjäder (A) och tryckkolv (B)

att rotorerna inte förväxlas med varandra utan placeras på sina ursprungliga platser vid återmonteringen. Observera att den yttre rotorn är placerad så att stanshålet är riktat utåt.

11 Ta bort rotorerna från kamkedjekåpan (oljepumphuset) och märk dem för att underlätta placeringen vid återmonteringen **(se bilder)**.

12 Skruva loss pluggen och ta bort avlast-ningsventilens fjäder och tryckkolv, notera åt vilket håll de är placerade **(se bild)**. Ta loss pluggbrickan.

13 Rengör komponenterna och kontrollera om de är slitna eller skadade. Undersök pumprotorerna och huset efter tecken på slitage och repor. Använd ett bladmått och kontrollera avståndet mellan den yttre rotorn och kamkedjekåpan, se Specifikationer **(se bild)**. Vid kraftigt slitage måste hela pumpenheten bytas ut.

14Undersök avlastningsventilens tryckkolv efter tecken på slitage eller skador och byt ut den om det behövs. Jämför avlastningsventilens fjäder med en ny fjäder för att se om den är sliten. Om du är tveksam bör den också bytas ut.

15 Vid tecken på smuts eller avlagringar i oljepumpen kan det vara nödvändigt att demontera sumpen (se avsnitt 7), och rengöra oljeupptagaren/silen.

16 Sätt i tryckkolven och fjädern i reducer-ventilen, montera därefter pluggen tillsammans med en ny bricka och dra åt pluggen.

17 Smörj rotorerna med ny motorolja, placera dem sedan på sina ursprungsplatser i olje-

pumphuset. Rotorerna måste placeras med identifikationsmarkeringen utåt, se punkt 11.

Montering

18 Rengör oljetätningens säte i pumphuset och montera in en ny oljetätning i huset **(se bild)**. Se till att den placeras i det utmärkta läget.

19 Montera en ny O-ringtätning och sätt in oljepumpen i kamkedjekåpan, se till att inställningspilarna pekar mot varandra. Montera den stora låsringen i spåret så att fasningen är riktad utåt och öppningen är riktad nedåt.

20 Placera vevaxelns remskiva och nav på änden av vevaxeln. Sätt i mittbulten och dra åt den till angivet moment, håll fast vevaxeln på något av de sätt som beskrivs i punkt 5.

21 Montera drivremmen enligt beskrivningen i kapitel 1A.

22 Montera innerskärmen och hjulhus-fodringen och dra åt skruvarna.

23 Montera höger framhjul och sänk ner bilen.

24 Innan motorns startas avaktiverar du tänd-ningssystemet genom att koppla loss kablarna från tändspolen eller DI-tändningsmodulen, allt efter vad som är tillämpligt (se kapitel 5B). Ta sedan bort bränslepumpens säkring (se kapitel 12). Starta motorn på startmotorn tills oljetrycket är återställt och varningslampan för oljetrycket slocknar. Återanslut tänd- och bränslesystemen och kör motorn för att leta efter läckor.

9 Oljekylare, adapter och termostat – demontering och montering

Oljekylare

Demontering

1 Motoroljekylare finns bara på modeller med automatväxellåda. Den sitter under kylaren och är ansluten till portarna på en adapter som sitter på oljefiltret **(se bild)**. För att kunna demontera oljekylaren måste du först tappa av motoroljan enligt beskrivningen i kapitel 1A, sätt sedan tillbaka och dra åt avtappningspluggen.

2 Hissa upp bilens framvagn och stöd den på pallbockar (se *Lyftning och stödpunkter*). Skruva ur fästskruvarna och ta bort den nedre framspoilern.

3 Placera en behållare under oljekylaren på motorrummets högra sida. Skruva loss anslutningarna upptill och nedtill på oljekylaren och koppla loss matnings- och returslangarna för oljan. Låt oljan rinna ner i behållaren.

4 Skruva loss fästbultarna och ta bort oljekylaren.

Montering

5 Montering utförs i omvänd ordning, men dra åt anslutningarna till angivet åtdragnings-moment. Fyll på olja i motorn enligt beskrivningen i kapitel 1A. Avsluta med att starta motorn och köra den på snabb tomgång i

8.13 Kontrollera spelet mellan oljepumpens yttre rotor och kamkedjekåpan

8.18 Montera en ny tätning till oljepumpskåpan

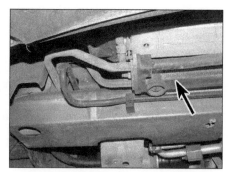

9.1 Motoroljekylare och anslutningsrör

9.9a Skruva loss oljerörets fästbult . . .

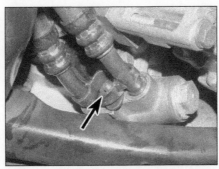

9.9b . . . och oljerörets fästbygel och mutter från oljefilteradaptern

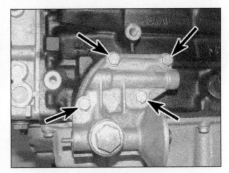

9.10 Skruva loss fästbultarna och demontera adaptern

flera minuter så att oljan hinner fylla oljekylaren. Kontrollera oljenivån och fyll på med motorolja om det behövs enligt beskrivningen i kapitlet *Veckokontroller.*

Adapter

Demontering

6 Det sitter en adapter mellan oljefiltret och motorblocket; oljekylaren är inbyggd längst ner i kylaren. Om motorn närmar sig sitt serviceintervall, då oljan och filtret ska bytas ut, bör filtret tas bort och bytas ut mot ett nytt. Efter återmontering kan motorn fyllas med ny olja. Se kapitel 1A för ytterligare information.

7 Tappa ur motoroljan enligt beskrivningen i kapitel 1A, sätt sedan tillbaka avtappningspluggen och dra åt den.

8 Hissa upp bilens framvagn och stöd den på pallbockar (se *Lyftning och stödpunkter*). Skruva ur fästskruvarna och ta bort den nedre kåpan/framspoilern, beroende på vilket som är tillämpligt.

9 Placera en lämplig behållare under oljefilteradaptern längst fram till höger i motorrummet. Skruva loss anslutningarna upptill och nedtill på adaptern **(se bilder)**. Låt oljan rinna ner i behållaren.

10 Skruva loss fästbultarna och ta bort oljefilteradaptern från motorrummet **(se bild)**.

Montering

11 Montering utförs i omvänd ordning, men dra åt anslutningarna till angivet åtdrag-

9.14 Skruva loss pluggen framför termostaten

ningsmoment. Fyll på olja i motorn enligt beskrivningen i kapitel 1A. Avsluta med att starta motorn och köra den på snabb tomgång i flera minuter så att oljan hinner fylla oljekylaren. Kontrollera oljenivån och fyll på med motorolja om det behövs enligt beskrivningen i kapitlet *Veckokontroller.*

Termostat

Demontering

12 Termostaten för oljetemperatur sitter framtill på höger sida av oljefiltrets kylare/adapter.

13 Tappa ur motoroljan enligt beskrivningen i kapitel 1A, sätt sedan tillbaka avtappningspluggen och dra åt den.

14 Placera en behållare under termostaten och skruva ur pluggen, ta loss tätningen/

9.15 Termostat, fjäder, tätningsbricka och fästbult/plugg

brickan och låt den överflödiga oljan rinna ner i behållaren **(se bild)**.

15 Ta loss termostaten och fjädern från filteradaptern **(se bild)**.

Montering

16 Montera den nya termostaten i filteradaptern och se till att flänsen vilar i fördjupningen i huset.

17 Skjut in fjädern på plats och sätt tillbaka tätningen/brickan på pluggen, skruva in pluggen i filterhuset och dra åt till angivet moment.

18 Fyll på olja i motorn enligt beskrivningen i kapitel 1A. Avsluta med att starta motorn och köra på snabb tomgång i flera minuter. Se sedan efter om du ser några tecken på läckage kring termostatpluggen. Kontrollera motoroljenivån och fyll på om det behövs (se *Veckokontroller*).

---

10 Brytare till varningslampa för oljetryck – demontering och montering

---

Demontering

1 Oljetrycksbrytaren skruvas fast på baksidan av motorblocket, under insugsgrenröret och bakom startmotorn **(se bild)**. Börja med att hissa upp framvagnen och ställ den på pallbockar (se *Lyftning och stödpunkter*).

2 Följ kablarna bakåt från givaren och koppla loss dem vid kontaktdonet **(se bild)**.

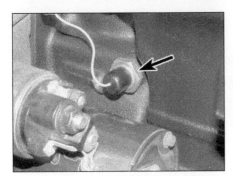

10.1 Oljetrycksbrytaren är inskruvad i baksidan av motorblocket

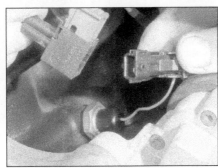

10.2 Lossa kablarna från oljetryckskontakten

10.3 Använd en ringnyckel och ta bort oljetrycksbrytaren

3 Lossa kontakten från motorblocket. En del olja kan rinna ut **(se bild)**. Om kontakten ska vara borttagen under en längre tid bör hålet tätas för att hindra smuts från att tränga in.

Montering

4 Rengör kontaktens och monteringshålets gängor. För inte in verktyg eller kablar i hålet längst ut på brytaren för att rengöra den, då kan de invändiga komponenterna skadas.
5 Sätt fast kontakten på motorblocket och dra åt ordentligt.
6 Återanslut brytarens kontaktdon.
7 Starta motorn och kontrollera om läckage föreligger, sänk därefter ner bilen. Kontrollera motoroljenivån och fyll på om det behövs (se *Veckokontroller*).

11 Vevaxelns oljetätningar – byte

Höger oljetätning

Observera: Nedan beskrivs hur tätningen monteras på plats. Se avsnitt 8 för information om demontering av oljepumpskåpan och byte av tätningen utanför motorn.
1 Dra åt handbromsen och lyft med hjälp av en domkraft upp framvagnen på pallbockar (se *Lyftning och stödpunkter*). Ta bort höger framhjul. Skruva loss fästskruvarna och ta bort hjulhusfodret. Snäpp i förekommande fall loss servostyrningsröret från kryssrambalken.
2 Ta tag under motorns högra sida. Skruva loss fästbultarna och lossa det övre högra motorfästet från bilen (se avsnitt 13).
3 Ta bort drivremmen enligt beskrivningen i kapitel 1A.
4 Skruva loss och ta bort mittbulten från vevaxelns remskiva. För att det ska gå måste vevaxeln hållas på plats med någon av följande metoder. På modeller med manuell växellåda, låt en medhjälpare trycka ner bromspedalen och lägga i 4:ans växel. Alternativt, ta bort svänghjulets skyddsplåt enligt beskrivningen i kapitel 5A. För sedan in en flatbladig skruvmejsel genom växellådans svänghjulskåpa och spärra startkransen för att hindra vevaxeln från att vrida sig. På modeller

med automatväxel bör endast den senare metoden användas.
5 Dra bort vevaxelns remskiva och nav från änden på vevaxeln. Använd försiktigt två hävarmar om remskivan eller navet sitter hårt.
6 Observera djupet på oljetätningen i huset och bänd sedan bort oljetätningen ur oljepumphuset med hjälp av en skruvmejsel. Alternativt, stansa eller borra två små hål mitt emot varandra i tätningen. Skruva i självgängande skruvar i hålen och dra i skruvhuvudena med tång för att få ut tätningen. Du kan även ta bort oljepumpens kåpa enligt beskrivningen i avsnitt 8 och ta bort oljetätningen på bänken **(se bilder i avsnitt 8)**.
7 Rengör oljepumphusets säte, smörj sedan in kanterna på den nya oljetätningen med ren motorolja och placera den på oljepumphuset. Se till att tätningens slutna ände är vänd utåt. Knacka med hjälp av en lämplig rörformig dorn (t.ex. en hylsa) som bara ligger an mot tätningens hårda ytterkant in tätningen på dess plats. Se till att den sitter lika djupt som före demonteringen.
8 Placera vevaxelns remskiva och nav på änden av vevaxeln. Sätt i mittbulten och dra åt den till angivet moment, håll fast vevaxeln på något av de sätt som beskrivs i punkt 4.
9 Montera drivremmen enligt beskrivningen i kapitel 1A och sätt sedan tillbaka motorfästet.
10 Sätt tillbaka hjulhusfodrets främre del och fodring och dra åt skruvarna.
11 Montera höger framhjul och sänk ner bilen.

Vänster oljetätning

12 Demontera svänghjulet/drivplattan enligt beskrivningen i avsnitt 12.
13 Anteckna hur djupt tätningen sitter i huset. Stansa eller borra två små hål mitt emot varandra i tätningen. Skruva i självgängande skruvar i hålen och dra i skruvhuvudena med tång för att få ut tätningen. En alternativ metod är att bända ut tätningen med hjälp av en skruvmejsel.
14 Rengör sätet i oljepumphuset, smörj därefter kanterna på den nya oljetätningen med ny motorolja och placera försiktigt tätningen på vevaxeländen.
15 Använd en lämplig rörformig dorn som endast ligger an mot tätningens hårda ytterkant; driv tätningen på plats, till samma djup som originaltätningen var monterad från början.
16 Rengör oljetätningen och montera sedan svänghjulet/drivplattan enligt beskrivningen i avsnitt 12.

12 Svänghjul/drivplatta – demontering, kontroll och montering

Demontering

1 Demontera växellådan enligt beskrivning i kapitel 7A eller 7B.
2 På modeller med manuell växellåda,

demontera kopplingen enligt beskrivning i kapitel 6.
3 Hindra svänghjulet/drivplattan från att vrida sig genom att blockera startkranskuggarna med en bredbladig skruvmejsel eller liknande. Alternativt, sätt ihop svänghjulet/drivplattan med motorblocket/vevaxeln med en bult (använd bulthålen till kopplingen eller momentomvandlaren).
4 Skruva loss och ta bort fästbultarna, ta bort låsverktyget och demontera svänghjulet/drivplattan från vevaxelflänsen. Observera att enheten är monterad med en enkel låssprint och måste placeras korrekt.

Kontroll

5 På modeller med manuell växellåda måste svänghjulet bytas ut om fogytorna på svänghjulets koppling är kraftigt repade, spruckna eller har andra skador. Det kan dock gå att slipa ytorna. Ta hjälp av en Saab-verkstad eller en specialist på motorrenoveringar.
6 På modeller med automatväxel ska även drivplattans kondition kontrolleras.
7 Om startkransen är mycket sliten eller saknar kuggar kan den bytas ut. Det här jobbet bör överlåtas till en Saab-verkstad eller en specialist på motorrenoveringar. Temperaturen som den nya startkransen måste värmas upp till för att kunna installeras är kritisk, blir något fel förstörs hårdheten och kuggarna.

Montering

8 Rengör fogytorna på svänghjulet/drivplattan och vevaxeln. Rengör fästbultarnas gängor och gängorna i hålen på vevaxeln.

> **HAYNES TiPS**
> *Om en lämplig gängtapp inte finns tillgänglig, skär två skåror i gängorna på en gammal svänghjulsbult och använd bulten för att rengöra gängorna.*

9 Se till att styrstiftet är i rätt läge, lyft därefter upp svänghjulet och placera det på styrstiftet.
10 Applicera låsvätska på fästbultarnas gängor. Sätt i bultarna och dra åt dem till angivet moment, håll svänghjulet/drivplattan på plats med någon av metoderna som beskrivs i punkt 3 **(se bild)**.

12.10 Stryk låsvätska på bultgängorna och dra åt dem till angivet moment

11 På modeller med manuell växellåda, montera kopplingen enligt beskrivning i kapitel 6.
12 Montera växellådan enligt beskrivningen i kapitel 7A eller 7B.

13 Motorns/växellådans fästen – kontroll och byte

Kontroll

1 Hissa upp framvagnen och ställ den på pallbockar för att lättare komma åt (se *Lyftning och stödpunkter*).
2 Motorfästena sitter på höger sida, under växel-lådans vänstra sida och på motorns baksida. Med undantag av det övre fäste på höger sida är alla fästena av hydraulisk typ, med en oljefylld inre kammare. Vibrationsdämpningen är progressiv och beror på belastningen, samt dämpar både horisontella och vertikala rörelser.
3 Kontrollera gummifästena för att se om de har spruckit, hårdnat eller släppt från metallen någonstans. Byt fästet vid sådana tecken på skador eller åldrande.
4 Kontrollera att fästenas hållare är hårt åtdragna.
5 Använd en stor skruvmejsel eller ett bräckjärn och leta efter slitage i fästet genom att försiktigt försöka bända det för att leta efter fritt spel. Där detta inte är möjligt, låt en medhjälpare vicka på motorn/växellådan framåt/bakåt och i sidled, medan du studerar fästet. Ett visst spel är att vänta även från nya delar medan ett större slitage märks tydligt. Om för stort spel förekommer, kontrollera först att hållarna är tillräckligt åtdragna, och om det behövs, byt sedan slitna komponenter enligt beskrivningen nedan.

Byte

Höger motorfäste

6 Dra åt handbromsen och lyft med hjälp av en domkraft upp framvagnen på pallbockar (se *Lyftning och stödpunkter*). Ta bort det högra framhjulet.
7 Skruva ur skruvarna och ta bort den högra framskärmens innerskärm och hjulhusfodringen.

8 Ta bort fästskruvarna och koppla loss plasttråget från framspoilern.
9 Placera en garagedomkraft under motorn och hissa upp domkraften så att den precis lyfter motorn. Kontrollera att domkraftens lyftsadel inte ligger an mot undersidan av oljesumpen. En alternativ metod är att placera en lyftbom över motorrummet och lyfta motorn i lyftöglan till höger om topplocket.
10 Skruva loss bultarna som håller fast motorns fästbygel vid karossen **(se bild)**. Sänk domkraften något, tills motorfästbygeln går fri från karossen. Var samtidigt noga med att inte utsätta det bakre och det vänstra motorfästet för överdriven belastning.
11 Skruva loss centrumbulten och ta bort motorfästet från dess fästbygel. Observera styrstiftet för korrekt återmontering. Om det behövs, skruva loss fästbygeln från motorblockets framsida.
12 Montera de nya fästena i omvänd arbetsordning, se till att muttrarna dras åt till angivet moment.

Vänster motor-/växellådsfäste

13 Dra åt handbromsen och lyft med hjälp av en domkraft upp framvagnen på pallbockar (se *Lyftning och stödpunkter*). Ta bort det vänstra framhjulet.
14 Skruva ur skruvarna och ta bort den vänstra framskärmens innerskärm och hjulhusfodringen.
15 Ta bort fästskruvarna och koppla loss plasttråget från framspoilern.
16 Placera en garagedomkraft under växellådan och hissa upp domkraften så att den precis lyfter motorn och växellådan. På modeller med automatväxel, se till att domkraftshuvudet inte stöder mot undersidan av växellådans sump. En alternativ metod är att placera en lyftbom över motorrummet och lyfta motorn i lyftöglan till vänster om topplocket.
17 Skruva loss bultarna som håller fast motorns/växellådans fästbygel vid karossen. Sänk domkraften något, tills motorfästbygeln går fri från karossen. Var samtidigt noga med att inte utsätta det bakre och det högra motorfästet för överdriven belastning.
18 Skruva loss bultarna och demontera motorns/växellådans fäste (tillsammans med

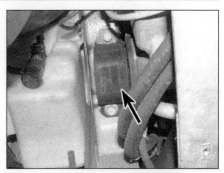

13.10 Höger motorfäste, sett underifrån

fästbygeln) från växellådshuset. Skruva loss fästet från fästbygeln.
19 Montera det nya fästet i omvänd arbetsordning, se till att bultarna dras åt till angivet moment.

Bakre motorfäste

20 Placera en lyftbom över motorrummet, i linje med framfjädringsfästena. Fäst lyftbommens arm i motorns lyftögla till vänster om topplocket. Höj lyftarmen så mycket att lyftbommen precis börjar lyfta motorn.
21 Koppla ur lambdasondens kablage vid kontaktdonet, som sitter på ett fäste längst till vänster på topplocket.
22 Lyft upp framvagnen och stöd den ordentligt på pallbockar (se *Lyftning och stödpunkter*). Demontera båda framhjulen.
23 Skruva loss avgassystemets mellanrör från det främre röret enligt beskrivningen i kapitel 4A, skruva sedan loss röret från turboaggregatet eller avgasgrenröret, allt efter vilket som är tillämpligt. Skruva loss det främre röret från stödfästena och dra bort det från motorrummets undersida.
24 Se till att lyftbommen ger tillräckligt stöd åt motorn och växellådan. Skruva sedan loss det bakre motorfästets pinnbultsmuttrar från fästbygeln och kryssrambalken.
25 Skruva loss motorfästbygeln från växellådshusets bakre ände och ta bort den från motorrummet.
26 Montera det nya fästet i omvänd arbetsordning och se till att muttrarna/bultarna dras åt till angivet moment.

Anteckningar

Kapitel 2 Del B:
Reparationer med motorn kvar i bilen – dieselmotorer

Innehåll

Svårighetsgrad

Enkelt, passar novisen med lite erfarenhet	Ganska enkelt, passar nybörjaren med viss erfarenhet	Ganska svårt, passar kompetent hemmamekaniker	Svårt, passar hemmamekaniker med erfarenhet	Mycket svårt, för professionell mekaniker

Specifikationer

Allmänt

Motortyp	Fyrcylindrig, rak, vattenkyld. Kedjedriven SOHC (enkel överliggande kamaxel) som verkar på hydrauliska ventillyftare till 16 ventiler
Beteckning	D223L
Cylinderdiameter	84 mm
Slaglängd	98 mm
Volym	2171 cc
Kompressionsförhållande	18,5:1
Max. effekt:	
Till oktober 2000	85 kW (117 hk) vid 4 300 varv/minut
Fr.o.m. oktober 2000	92 kW (127 hk) vid 4 000 varv/minut
Max. vridmoment:	
Till oktober 2000	260 Nm vid 2 000 varv/minut
Fr.o.m. oktober 2000	280 Nm vid 1 500–2 750 varv/minut
Insprutningsföljd	1-3-4-2 (cylinder nr 1 vid motorns kamkedjeände)
Vevaxelns rotationsriktning	Medurs (sett från motorns kamkedjeände)

Kompressionstryck

Standard	32 till 36 bar
Max. skillnad mellan två cylindrar	1 bar (14,5 psi) eller 10 %
Tryckförlust	Högst 25 % per cylinder

Kamaxel

Axialspel	0,04 till 0,14 mm
Max. tillåten radiell skevhet	0,06 mm
Kamlyft (insug och avgas)	8,0 mm

Smörjsystem

Oljepump, typ	Rotorpump med direkt drivning från vevaxeln
Minsta tillåtna oljetryck vid tomgång, med motorn vid arbetstemperatur (oljetemperaturen minst 80 °C)	1,5 bar (22 psi)

Åtdragningsmoment

	Nm
Drivremsspännarens bultar:	
Styrbult till remskivans fästplatta	42
Stödbenets fästbultar	23
Balansaxelns kedjespännarbult	9
Balansaxelns kedjedrevsbult*:	
Steg 1	90
Steg 2	Vinkeldra ytterligare 30°
Balansaxel till motorblock*	20
Kamaxellageröverfallets bultar	20
Ventilkåpans bultar	8
Kamaxeldrevets bult*:	
Steg 1	90
Steg 2	Vinkeldra ytterligare 60°
Vevstakslagrets överfallsbult*:	
Steg 1	35
Steg 2	Vinkeldra ytterligare 45°
Vevaxelns lägesgivare	8
Vevaxelns remskivebult*:	
Steg 1	150
Steg 2	Vinkeldra ytterligare 45°
Topplocksbultar*:	
Steg 1	25
Steg 2	Vinkeldra ytterligare 65°
Steg 3	Vinkeldra ytterligare 65°
Steg 4	Vinkeldra ytterligare 65°
Steg 5	Vinkeldra ytterligare 65°
Topplock mot kamkedjekåpa	20
Dränering och påfyllning	18
Fästbultar motor/växellåda:	
Bakre motorfäste:	
På växellåda	84
På kryssrambalk	50
På fästbygel	47
Höger motorfäste:	
På kamremskåpa	47
På kaross	47
På fästbygel:	
Steg 1	47
Steg 2	Vinkeldra ytterligare 45°
Vänster motorfäste:	
Fästbygel på växellåda	47
På kaross	62
På fästbygel	47
Främre avgasrör till turboaggregat	25
Stag till avgasgrenrör	25
Svänghjulsbultar*:	
Steg 1	45
Steg 2	Vinkeldra ytterligare 30°
Insprutningspumpens fästbygel	20
Insprutningspumpens kedjedrev	20
Bultar till insprutningspumpens drevkåpa	6
Ramlageröverfallens bultar*:	
Steg 1	90
Steg 2	Vinkeldra ytterligare 60°
Oljekylare till oljefilterhus, bultar	20
Oljematningsrör till motorblock	20
Oljefilterkåpa	26
Oljefilterhus	20
Oljetrycksgivare	30
Oljereturrör till motorblock	30
Oljematningsrör till turboaggregat	12
Oljepump:	
Oljetrycksventilens bult	45
Pumpkåpans skruvar	8
Bultar till pumpens oljeupptagare/sil	8
Reducerventil för oljetryck	60
Oljereturrör till turboaggregat	8

Åtdragningsmoment (forts.)

	Nm
Kolvens kylmunstycke	22
Hjulbultar	110
Oljesumpens bultar:	
Sump mot motorblock/kamkedjekåpa, bultar	20
Sumpfläns mot växellåda, bultar:	
M8-bultar	20
M10-bultar	40
Kamkedjekåpans bultar	20
Kamkedjans styrning*:	
Fast	8
Rörlig	22
Styrbult till kamkedjans spännararm	20
Kamkedjespännarens kåpa	60
Övre kamkedjedrev till bränsleinsprutningspump	20
Vattenpump	20
Vattenpumpens remskiva	20

Använd nya bultar

1 Allmän information

Hur detta kapitel används

1 Den här delen av kapitel 2 beskriver de reparationsåtgärder som kan utföras på den 2,2-liters dieselmotorn medan den är monterad i bilen. Om motorn redan har lyfts ut ur motorrummet och tagits isär på det sätt som beskrivs i del C, kan du bortse från anvisningarna för förberedande isärtagning i det här kapitlet.

2 Observera att även om det är möjligt att fysiskt renovera delar som kolven/vevstaken medan motorn sitter i bilen, så utförs sällan sådana åtgärder separat. Normalt måste flera ytterligare åtgärder utföras (liksom rengöring av komponenter och smörjkanaler). Av den anledningen klassas alla sådana åtgärder som större renoveringsåtgärder och beskrivs i del C i det här kapitlet.

3 Del C beskriver demontering av motor/ växellåda, samt tillvägagångssättet för de reparationer som kan utföras med motorn/ växellådan demonterad.

Motorbeskrivning

4 Den raka, fyrcylindriga motorn med enkel överliggande kamaxel (SOHC) sitter tvärmonterad fram. Den har 16 ventiler och växellåda på vänster sida.

5 Vevaxeln går genom fem ramlager. Ramlager nr 3 är försett med tryckbrickor för att kontrollera vevaxelns axialspel.

6 Vevstakarnas storändar roterar i horisontellt delade lager av skåltyp. Kolvarna är förbundna med vevstakarna genom kolvtappar som skjutpassats in i vevstakens övre ände och hålls på plats med låsringar. Lättmetallkolvarna är monterade med tre kolvringar – två kompressionsringar och en oljekontrollring.

7 Motorblocket är tillverkat av gjutjärn, och cylinderloppen utgör en del av motorblocket.

På denna typ av motor säger man ibland att cylinderloppens foder är av torr typ.

8 Ventilerna vid insugning och utlopp stängs med spiralfjädrar, och ventilerna själva löper i styrhylsor som är intryckta i topplocket.

9 Kamaxeln drivs av vevaxeln via dubbla kamkedjor. Den nedre kamkedjan förbinder vevaxeln med bränsleinsprutningspumpen och den övre kedjan förbinder insprutningspumpen med kamaxeln. Kamaxeln roterar direkt i topplocket och styr de sexton ventilerna via kamvippor och hydrauliska ventillyftare. Vipporna sitter alldeles under kamaxeln och var och en av dem styr två ventiler. Ventilspelet justeras automatiskt av de hydrauliska ventillyftarna.

10 Smörjningen sker med hjälp av en oljepump som drivs från höger ände av vevaxeln. Den suger upp oljan genom en sil som sitter i oljesumpen och pressar sedan ut den genom ett utvändigt filter in i motorblockets/vevhusets smörjkanaler. Därifrån fördelas oljan till vevhuset (ramlagren) och kamaxeln. Ramlagren matas med olja via invändiga kanaler i vevaxeln, samtidigt som kamaxellagren också får trycksatt smörjning. Kamloberna och ventilerna stänksmörjs, som alla andra motordelar. Mellan oljefilteradaptern och motorblocket sitter en oljekylare, som håller oljetemperaturen på en jämn nivå även under krävande arbetsförhållanden. Kylvätska från motorns kylsystem cirkuleras genom oljekylaren.

11 En laddluftkylare sitter monterad framför kylaren.

12 Längst ner i motorn sitter en balanseringsenhet, bestående av två balansaxlar med kedjedrivning från vevaxeln. Balansaxlarna roterar åt motsatt håll mot vevaxeln med dubbla dess hastighet. Enheten hjälper till att minska vibrationerna hos motorn.

Åtgärder med motorn kvar i bilen

13 Följande arbeten kan utföras med motorn monterad i bilen:
 a) *Kompressionstryck – kontroll.*

 b) *Ventilkåpa – demontering och montering.*
 c) *Kamkedjekåpa – demontering och montering.*
 d) *Kamkedjor – demontering och montering.*
 e) *Kamkedjespännare, styrningar och drev – demontering och montering.*
 f) *Kamaxel och ventillyftare – demontering, kontroll och montering.*
 g) *Topplock – demontering och montering.*
 h) *Vevstakar och kolvar – demontering och montering*.
 i) *Sump – demontering och montering.*
 j) *Oljepump – demontering, reparation och montering.*
 k) *Oljekylare – demontering och montering.*
 l) *Vevaxelns packboxar – byte.*
 m) *Motor-/växelådsfästen – kontroll och byte.*
 n) *Svänghjul – demontering, kontroll och montering.*

Även om åtgärden som märkts ut med en asterisk kan utföras med motorn kvar i bilen när oljesumpen tagits bort, är det bättre om motorn demonteras, eftersom det då går lättare att hålla rent och komma åt. Tillvägagångssättet beskrivs därför i kapitel 2 C.

2 Kompressions- och tryckförlustprov – beskrivning och tolkning

Kompressionsprov

Observera: *En kompressionsprovare särskilt avsedd för dieselmotorer måste användas, på grund av de höga tryck som förekommer.*

1 Om motorns effekt sjunker eller om det uppstår misständningar som inte kan hänföras till bränslesystemet, kan ett kompressionsprov ge en uppfattning om motorns skick. Om kompressionsprov görs regelbundet kan de ge förvarning om problem innan några andra symptom uppträder.

2 Testinstrumentet ansluts till en adapter som skruvas in i hålet för glödstiftet eller insprutningsmunstycket. På grund av insprutningsmunstyckenas utformning krävs på dessa modeller en adapter som passar till glödstiftshålen. Det lönar sig knappast att köpa ett sådant testinstrument om det bara ska användas någon enstaka gång, men du kanske kan låna eller hyra ett – låt annars en verkstad utföra provningen.

3 Tänk på följande, om inte andra instruktioner medföljer testinstrumentet:

a) *Batteriet måste vara fulladdat, luftfiltret rent och motorn ha normal arbetstemperatur.*

b) *Samtliga glödstift måste tas bort innan provningen påbörjas (se kapitel 5C).*

c) *Demontera bränslepumpens säkring (nr 32) från säkringsdosan enligt beskrivningen i kapitel 12. Lossa fästklämman och koppla loss kontaktdonet från bränsleinsprutningspumpen (se kapitel 4B) för att förhindra att motorn startar eller bränsle pumpas ut.*

4 Gaspedalen behöver inte hållas nedtrampad under provningen, eftersom dieselmotorns luftintag inte är strypt.

5 Dra runt motorn med startmotorn; Efter ett eller två varv bör kompressionstrycket byggas upp till maxvärdet och sedan stabiliseras. Anteckna det högsta värdet.

6 Upprepa testet på återstående cylindrar och notera trycket på var och en.

7 Trycket i alla cylindrarna bör hamna på i stort sett samma värde. Större avvikelser än de som anges i specifikationerna tyder på

något fel. Observera att kompressionen ska byggas upp snabbt i en oskadad motor. Om kompressionen är låg i det första kolvslaget och sedan ökar gradvis under följande slag är det ett tecken på slitna kolvringar. Om kompressionsvärdet är lågt under den första takten och inte stiger under de följande, tyder detta på läckande ventiler eller en trasig topplockspackning (eller ett sprucket topplock). **Observera:** *Det är svårare att fastställa orsaken till dålig kompression hos en dieselmotor än hos en bensinmotor. Effekten av att hälla olja i cylindrarna ("våtprovning") ger inte definitivt besked, eftersom det finns en risk att oljan stannar i virvelkammaren eller i fördjupningen i kolvkronan i stället för att fortsätta till kolvringarna.*

8 Avsluta provningen med att sätta tillbaka oljepumpens säkring, återansluta insprutningspumpens kablar och slutligen sätta tillbaka glödstiften enligt beskrivningen i kapitel 5C.

Tryckförlustprov

9 Ett tryckförlustprov mäter hur snabbt komprimerad luft som matas in i cylindern läcker ut. Det är ett alternativ till ett kompressionsprov som på många sätt är att föredra, eftersom den utläckande luften gör det enkelt att hitta var tryckförlusten sker (kolvringar, ventiler eller topplockspackning).

10 Den utrustning som krävs för ett

tryckförlustprov brukar inte vara tillgänglig för hemmamekanikern. Vid misstanke om dålig kompression bör en verkstad med lämplig utrustning få utföra provningen.

3 Övre dödpunkt (ÖD) för kolv nr 1 – hitta

1 Den övre dödpunkten (ÖD) är exakt den högsta punkt som varje kolv når när vevaxeln roterar. Varje kolv passerar den övre dödpunkten under såväl kompressionstakten som under avgastakten. Vid inställning av motorns ventiler avser ÖD det högsta kolvläget (vanligen i cylinder 1) under kompressionstakten.

2 Kolv (och cylinder) nr 1 sitter längst till höger i motorn (kamkedjeänden) och du hittar dess ÖD-läge på följande sätt. Observera att vevaxeln roterar medurs från höger sida av bilen sett.

3 Underlätta att komma åt vevaxelns remskiva genom att dra åt handbromsen, lyfta upp framvagnen och ställa den på pallbockar. Ta bort fästskruvarna/klämmorna och demontera motorns underkåpa.

4 För att kunna kontrollera kamaxelns läge får du antingen ta bort ventilkåpan (del 5), så att kamlobernas positioner syns, eller demontera bromssystemets vakuumpump (kapitel 9) så att tändinställningshålet i kamaxeländen blir synligt.

5 Sätt en hylsnyckel mot vevaxelns remskivebult och vrid vevaxeln tills inskärningen i kanten av vevaxelns remskiva befinner sig i linje med markeringen på kamkedjekåpan. När markeringarna står korrekt i linje befinner sig kolv 1 och 4 i ÖD.

6 För att fastställa vilken kolv som befinner sig i ÖD under sin kompressionstakt, kontrollerar du läget hos kamloberna/tändinställningshålet (vilket som är tillämpligt). När kolv nr 1 står i ÖD under kompressionstakten pekar kamloberna vid cylinder nr 1 uppåt och tändinställningshålet i vänster ände av kamaxeln befinner sig högst upp ("kl. 12") med spåret i kamaxeln parallellt med topplockets yta (se bilder). Om kamloberna till cylinder 1 pekar nedåt och tändinställningsmärket befinner sig i bottenläge ("kl. 6") befinner sig kolven i cylinder 4 i ÖD under sin kompressionstakt. Vrid vevaxeln ytterligare ett fullt varv (360°) så att kolven i cylinder 1 hamnar i ÖD under sin kompressionstakt.

7 När kolv nr 1 befinner sig i ÖD under kompressionstakten, går det vid behov att låsa vevaxelns läge genom sticka in ett stift genom hålet för vevaxelgivaren på framsidan av motorblocket. Om du inte kan få tag på Saabs specialverktyg (86 12 871) får du tillverka ett hemgjort alternativ (se avsnitt 4). Demontera vevaxelgivaren (se kapitel 4B, del 9) och stick in stiftet. Var noga så att det hamnar rätt i skåran i vevaxelns mellanstycke **(se bilder)**.

8 Observera att kontroll av ÖD-läget hos insprutningspumpens drev behandlas i avsnitt 4.

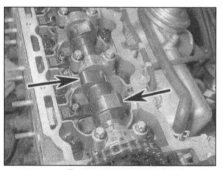

3.6a Vid ÖD i kompressionstakten i cylinder 1 pekar dess kamaxellober (se pilar) uppåt . . .

3.6b . . . och tidsinställningshålet (se pil) i vänster kamaxelände befinner sig högst upp

3.7a Ta bort vevaxelgivaren från motorblocket och sätt i låsstiftet . . .

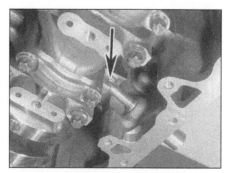

3.7b . . . så att det griper in korrekt i vevaxelns urtag (se pil – på bilden är sumpen borttagen)

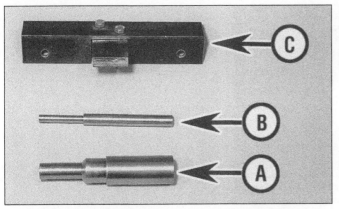

4.0a Hemgjorda verktyg som krävs för att kontrollera/justera
ventiltiderna

A Låsstift till vevaxeln
B Låsstift till insprutningspumpens fläns
C Låsverktyg till kamaxeln

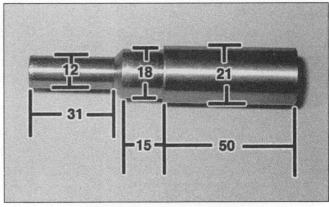

4.0b Mått för vevaxelns låsstift (mm)

4 Ventiltider –
kontroll och justering

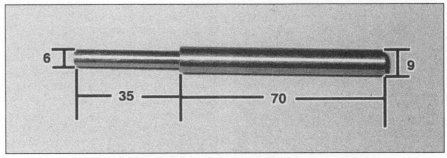

4.0c Mått för låsstiftet till insprutningspumpens fläns (mm)

Observera: För att kunna kontrollera inställningen av ventilernas (och bränsleinsprutningspumpens) tider, behöver du följande av Saabs specialverktyg (eller lämpliga substitut): låsverktyg för kamaxeln (83 95 386), låsstift till insprutningspumpens fläns (83 95 337) och låsstift till vevaxeln (83 95 352). Om du inte kan få tag i de här verktygen, måste uppgiften överlåtas till en Saabverkstad. Har du nödvändig utrustning för att tillverka egna verktyg, finns låsstiftens dimensioner angivna på de vidstående bilderna **(se bilder).** Låsverktyget för kamaxeln (också på bild) håller kamaxeln i rätt läge genom att hålla skåran i kamaxeln parallell med topplocksytan.

1 Demontera drivremmen enligt beskrivningen i kapitel 1B. Skruva loss den nedre fästbulten på stödbenet till drivremmens spännarremskiva och styrbulten på remskivans fästplatta. Demontera spännarenheten från motorn. **Observera:** Förvara enheten så att rätt ände av spännarens stödben pekar uppåt. Förvaras inte stödbenet på rätt sätt måste det flödas efter återmonteringen.

2 Demontera bromssystemets vakuumpump enligt beskrivningen i kapitel 9.

3 Gör så här för att förbättra åtkomligheten till insprutningspumpens kuggdrevskåpa och själva pumpen.

a) Demontera luftrenarhuset och det främre avgasröret (se kapitel 4B).

b) Märk ut läget hos höger motorfästbygel i förhållande till topplockets fästbygel. Skruva loss de tre bultar som fäster höger motorfäste vid topplockets fästbygel och de tre bultar som fäster höger motorfäste vid den inre flygeln. Lyft därefter motorns högra sida med en domkraft/motorlyftbalk (se avsnitt 17). Lyft motorn så högt det går utan att det blir alltför stor belastning

på de övriga fästena eller eventuella rör/ slangar/kablar.

4 Demontera ventilkåpan och ställ kolven i cylinder 1 i ÖD under kompressionstakten enligt beskrivningen i avsnitt 3.

5 Demontera vevaxelgivaren enligt beskrivningen i kapitel 4B, del 9.

6 Skruva loss fästskruvarna och demontera insprutningspumpens drevkåpa från kamkedjekåpan.

7 Se till att inskärningen i vevaxelns remskiva ligger exakt i linje med markeringen på kamkedjekåpan. Stick därefter in vevaxelns låsstift i öppningen för vevaxelgivaren och skjut in det i skåran i vevaxelns mellanstycke **(se bild 3.7a och 3.7b).**

8 Med vevaxeln i låst läge för du in låsstiftet till insprutningspumpens fläns genom hålet i

flänsen och skjuter in det i hålet i pumphuset. För sedan kamaxelns låsverktyg på plats i vänstra änden av kamaxeln **(se bilder).**

9 Om alla låsverktygen går att passa in som de ska, är ventiltiderna rätt inställda och ingen justering krävs. Fortsätt enligt beskrivningen under punkt 21–26. Om något av verktygen inte går att sätta i, justerar du tiderna enligt nedanstående beskrivning. Observera att det behövs en ny bult till kamaxeldrevet och en ny tätningsring till spännarbulten.

10 Ta bort låsverktyget till kamaxeln/insprutningspumpens drev (efter tillämplighet) och skruva sedan loss högersidans fästbygel från topplocket.

11 Skruva loss den övre kamkedjespännarens lock från baksidan av topplocket och ta bort tryckkolven, efter att ha antecknat hur den

4.8a För in låsstiftet genom urtaget i flänsen och stick in det i hålet i pumphuset

4.8b Stick in kamaxellåsverktyget i urtaget i kamaxeln (se pil)

4.14 Se till att pumpdrevets tidsinställningsmärke (se pil) har rätt läge och dra sedan åt drevbultarna

4.18 Justera den övre kamkedjans spänning enligt beskrivningen och dra sedan åt kamaxeldrevbulten till angivet moment för steg 1

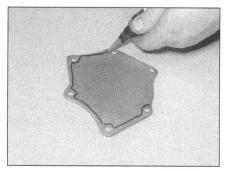

4.21 Stryk en sträng tätningsmedel på fogytan på täcklocket till insprutningspumpens drev

sitter monterad. Ta bort tätningsringen från locket och kasta den, en ny måste användas vid monteringen.

12 Håll fast kamaxeln med ett grepp om dess flata ytor med en öppen nyckel. Skruva loss kamaxeldrevets fästbult. Sätt i den nya bulten, men dra än så länge bara åt den med fingerkraft.

13 Lossa bultarna som håller insprutningspumpens drev mot pumpflänsen.

14 Håll vevaxeln låst i läge och se till att inställningsmärket på insprutningspumpens övre kamkedjedrev ligger i linje med pumpflänsens inställningshål. Sätt i flänsens lässtift och var noga med att det går i botten. Dra sedan åt drevets fästbultar till angivet moment **(se bild)**.

15 Skjut låsverktyget för kamaxeln i läge och var noga med att dess tunga griper in mitt i spåret i kamaxeln.

16 När alla låsverktygen sitter på plats sätter du in drevnyckeln i kamaxeldrevet. Har du inte tillgång till specialnyckeln kan du i stället sticka in två bultar genom hålen i drevet och använda en skruvmejsel som hävarm mot bultarna. Låt en medhjälpare hålla kamkedjan spänd på styrningssidan (upptill) genom att trycka **lätt** mot drevet; det gör att allt spel hos kedjan kommer att ligga på spännarsidan.

17 Håll den övre kamkedjan spänd enligt ovanstående beskrivning och kontrollera att det bara känns ett lätt motstånd när du för insprutningspumpens låsstift in och ut ur läge. Be din medhjälpare att minska trycket på drevet om det krävs stor kraft, och att öka trycket om sprinten glider obehindrat.

18 När den övre kamkedjan väl är korrekt spänd håller du fast kamaxeln med en U-nyckel och drar åt kamaxeldrevets fästbult till angivet moment för steg 1 **(se bild)**. Kontrollera funktionen hos insprutningspumpens sprint och dra sedan åt bulten till angiven vinkel för steg 2. Använd en vinkelmätare under det avslutande momentet för att garantera att bultarna dras åt korrekt. Om du inte har någon vinkelmätare kan du måla inställningsmarkeringar mellan bultskallen och drevet med vit färg innan du drar åt.

Markeringarna kan sedan användas för att kontrollera att bulten har vridits till rätt vinkel.

19 Ta bort alla låsverktyg och montera en ny tätningsring i den övre kamkedjespännarens lock. Sätt i tryckkolven i topplocket med den slutna änden vänd mot kamkedjan. Sätt sedan locket på plats och dra åt till angivet moment. **Observera:** *Om en ny spännare monteras, lossar du den genom att trycka in stiftet som sitter i lockets mitt tills det hörs ett "klick". Spännarstiftet bör då gå lätt att trycka in och fjädra tillbaka mjukt.*

20 Vrid vevaxeln två hela varv (720°) i rätt rotationsriktning (för att åter ställa kolv nr 1 i ÖD i kompressionstakten) och kontrollera att alla låsverktyg går att sätta i som förväntat.

21 Se till att fogytorna på pumpens drevkåpa och kamkedjekåpan är rena och torra. Montera en ny packning till kåpan om en sådan fanns från början. Dra åt fästbultarna till angivet moment. Fanns det ingen packning, stryker du i stället en sträng med tätningsmedel (ca 2 mm tjock) på kåpans fogyta. Montera sedan kåpan och dra åt dess fästbultar till angivet moment **(se bild)**.

22 Montera drivremsspännaren på motorn och dra åt stagets och fästplattans respektive styrbultar till angivet moment. Om ett nytt spännarstödben monteras, eller om det ursprungliga inte har förvarats på rätt sätt, måste det flödas. Tryck då samman stödbenet upprepade gånger med hjälp av en hylsnyckel om fästplattans sexkantsdel. När stödbenet väl fungerar som det ska sätter du tillbaka drivremmen enligt beskrivningen i kapitel 1B.

23 Sätt tillbaka högersidans fästbygel på topplocket (om den demonterats) och sänk sedan åter ner motorn/växellådan. Sätt tillbaka högersidans motorfäste på innerskärmen och justera in fästet mot de tidigare gjorda markeringarna på topplockets fästbygel. Sätt i och dra åt bultarna till angivet moment. Sätt tillbaka ventilkåpan (se avsnitt 5).

24 Sätt tillbaka det främre avgasröret och luftrenarhuset enligt beskrivningen i kapitel 4B.

25 Sätt tillbaka vakuumpumpen på topplocket (se kapitel 9).

26 Sätt tillbaka vevaxelgivaren på motorblocket (se kapitel 4B, del 9) och återanslut batteriet.

5 Ventilkåpa – demontering och montering

Demontering

1 Skruva loss fästskruvarna och demontera plastkåpan från ventilkåpans ovansida.

2 Lossa fästklämman och koppla loss ventilationsslangen från kåpans baksida.

3 Lossa fästklämmorna och fästbygelns bultar. Ta bort laddluftröret mellan turboaggregatet och laddluftkylaren.

4 Lossa försiktigt glödstiftens kabelhållare från kåpans baksida. Skruva loss bulten som fäster insugsgrenrörets kabelstamshylla vid kåpan. Lossa, där så är tillämpligt, vakuumröret och bränsleslangarna från kåpans högra sida.

5 Skruva loss ventilkåpans fästbultar och ta bort dem tillsammans med tätningsbrickorna. Lyft bort ventilkåpan och packningen från topplocket **(se bild)**. Undersök om det finns några skador på kåpans packning eller på fästbultarnas tätningsbrickor. Byt om det behövs.

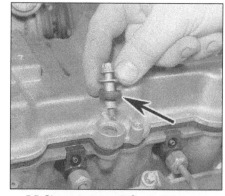

5.5 Skruva loss ventilkåpans fästbultar. Observera tätningsbrickan (se pil) som sitter på varje bult

5.6 Montera tätningen i spåret i ventilkåpan

5.8a Stryk lite tätningsmedel på den halvcirkelformade urskärningen i höger ände av topplocket . . .

5.8b . . . och på topplocksytorna på ömse sidor av lageröverfallet vid vänster kamaxelände (se pilar)

Montering

6 Se till att kåpans och topplockets ytor är rena och torra och lägg sedan in packningen i kåpans spår **(se bild)**.

7 Montera tätningsbrickorna på fästbultarna och var noga med att rätt sida hamnar uppåt. Sätt i fästbultarna i kåpan och se till att kåpans packning hålls säkert på plats av den nedre vulsten på varje bult.

8 Stryk en sträng med tätningsmedel på de halvcirkelformiga utskärningarna på högra sidan av topplockets fogyta samt på topplockets fogyta på båda sidorna av kamaxelns vänsterände **(se bilder)**.

9 Sänk försiktigt ner kåpan på plats och skruva i fästbultarna. När alla bultarna väl dragits åt med handkraft, går du varvet runt och korsdrar dem till angivet moment.

10 Fäst åter vakuumröret och kablaget i klämmorna och återanslut ventilationsslangen till kåpans baksida. Sätt i förekommande fall tillbaka bränsleslangarna i deras fästklämmor längst till höger på kåpan.

11 Sätt tillbaka kabelstamshyllan och styrningen för glödstiftens kablar.

12 Sätt tillbaka slangen mellan turbo-aggregatet och laddluftkylaren och dra sedan åt fästbygelns bult och fästklämmorna ordentligt.

13 Återanslut ventilationsslangen och dra åt klämman.

14 Sätt tillbaka plastkåpan och dra åt dess fästbultar ordentligt.

6 Vevaxelns remskiva – demontering och montering

Observera: *Det krävs en ny fästbult till remskivan vid återmonteringen.*

Demontering

1 Dra åt handbromsen. Lyft sedan upp fram-vagnen och ställ den på pallbockar. Demontera höger hjul och hjulhusfoder (kapitel 11, del 23).

2 Demontera drivremmen enligt beskrivningen i kapitel 1B. Märk ut dess rotationsriktning före demonteringen, för att säkerställa att remmen monteras tillbaka i rätt riktning.

3 Lossa fästbulten från vevaxelns remskiva. Be en medhjälpare lägga i högsta växeln och trampa hårt på bromsen för att förhindra att vevaxeln roterar när fästbulten lossas. Sätt då också tillfälligt tillbaka högerhjulets hjulbultar för att förhindra att bromsskivans fästskruv skadas. Om motorn demonteras från bilen måste svänghjulet låsas (se avsnitt 16).

4 Skruva loss fästbulten med dess bricka och dra av vevaxelns remskiva från vevaxeländen. När remskivan är borttagen kan du kontrollera om packboxen är sliten eller skadad, och vid behov byta den enligt beskrivningen i avsnitt 15.

Montering

5 Placera försiktigt vevaxelns remskiva på vevaxeländen så att remskivans urtag hamnar i linje med vevaxelns woodruffkil. Skjut in remskivan hela vägen tills det tar stopp. Var försiktig så att packboxen inte skadas. Sätt sedan i den nya fästbulten med dess bricka **(se bilder)**.

6 Lås vevaxeln på samma sätt som vid demontering och dra åt remskivans fästbult till angivet moment för steg 1. Vinkeldra därefter bulten till angiven vinkel för steg 2 med en hylsnyckel. Använd ett vinkelmått under slutmomentet för att garantera att bultarna dras åt korrekt **(se bild)**. Om du inte har någon vinkelmätare kan du måla inställningsmarkeringar mellan bultskallen och drevet med vit färg innan du drar åt. Markeringarna kan sedan användas för att kontrollera att bulten har vridits till rätt vinkel.

7 Sätt tillbaka drivremmen enligt beskrivningen i kapitel 1B. Ta hjälp av den markering du gjorde på remmen före demonteringen för att säkert montera den rättvänd.

8 Montera hjulhusfodret och hjulet. Sänk sedan ner bilen och dra åt hjulbultarna till angivet moment.

7 Kamkedjekåpa – demontering och montering

Observera: *Teoretiskt sett är det möjligt att demontera kamkedjekåpan utan att rubba topplocket. Denna procedur medför emellertid en stor risk för skador på topplockspackningen,*

6.5a Skjut försiktigt på vevaxelns remskiva så att dess urtag (se pil) passar in över woodruffkilen . . .

6.5b . . . och sätt sedan i fästbulten med bricka

6.6 Fixera vevaxeln och dra sedan åt remskivans fästbult

7.9 Placeringen av kamkedjekåpans fästbultar (se pilar)

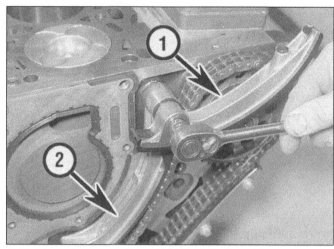

7.11 Skruva loss styrbulten och ta bort den övre (1) och nedre (2) kamkedjespännararmen

med läckage av olja/kylvätska som följd när kåpan sätts tillbaka. Vill du ändå försöka, lämnar du topplocket på plats och lossar bara de fästbultar som håller fast topplocket vid till kamkedjekåpans överdel. Du bör dock vara medveten om att det kanske visar sig att topplockspackningen behöver bytas efter tillbakamonteringen, vilket innebär att topplocket måste demonteras i alla fall. Du får själv avgöra om det är värt att ta risken.

Demontering

1 Demontera den övre kamkedjan och dreven enligt beskrivningen i avsnitt 9.

2 Demontera topplocket enligt beskrivningen i avsnitt 11.

3 Demontera vattenpumpen enligt beskrivningen i kapitel 3.

4 Demontera vevaxelns remskiva enligt beskrivningen i avsnitt 6. För undvikande av skador, ta tillfälligt bort låsstiftet från vevaxeln innan du lossar remskivebulten. Sätt tillbaka sprinten när bulten väl är lossad.

5 Demontera sumpen enligt beskrivningen i avsnitt 12.

6 Ta bort generatorn enligt beskrivningen i kapitel 5A.

7 Demontera servostyrningspumpen enligt beskrivningen i kapitel 10.

8 Skruva loss den nedre kamkedjespännarens lock från baksidan av kamkedjekåpan och ta bort spännarens tryckkolv, efter att ha antecknat hur den sitter monterad. Ta bort tätningsringen från locket och kasta den, en ny måste användas vid monteringen.

9 Anteckna var respektive bult ska sitta (de har olika längd) och skruva loss alla bultarna som fäster kamkedjekåpan vid motorblocket (se bild).

10 Lirka försiktigt kamkedjekåpan rakt ut från motorblocket och ta bort den. Observera hur dess styrstift ska sitta när den är monterad. Om styrstiften sitter löst, ta bort dem och förvara dem tillsammans med kåpan så att de inte kommer bort.

11 Skruva loss styrbulten och ta bort den övre och nedre kamkedjespännararmen från motorblocket (se bild).

12 Skruva loss fästbultarna och ta bort den nedre kamkedjestyrningen från motorblocket. Anteckna hur styrningen ska sitta monterad (se bild).

13 Lossa tillfälligt det nedre kamkedjedrevet från insprutningspumpen och lyft försiktigt bort

kamkedjekåpans packning från motorblocket. Sätt tillbaka drevet på insprutningspumpens fläns när packningen tagits bort (se bild).

Montering

14 Det rekommenderas att byta vevaxelns packbox innan kåpan sätts tillbaka. Bänd försiktigt ut den gamla packboxen med hjälp av en stor, bredbladig skruvmejsel. Montera den nya packboxen i kåpan med tätningsläppen vänd inåt. Pressa/knacka in packboxen så att den kommer i liv med kåpan. Använd en lämplig rörformig dorn – t.ex. en hylsa – som endast ligger an mot packboxens hårda, yttre kant.

15 Se till att fogytorna på kåpan och motorblocket är rena och torra och att styrstiften sitter på plats.

16 Lossa tillfälligt drevet från flänsen på insprutningspumpen och lägg sedan packningen på plats med hjälp av styrstiften. Sätt tillbaka drevet på insprutningspumpens fläns.

17 Sätt tillbaka den nedre kamkedjestyrningen på motorblocket och dra åt dess nya fästbultar till angivet moment. Se till att styrningen monteras rättvänd, med den avsatsförsedda sidan inåt (se bild).

7.12 Skruva loss fästbultarna (se pilar) och ta bort den nedre kamkedjestyrningen

7.13 Lossa drevet från insprutningspumpen och ta bort kamkedjekåpans packning

7.17 Sätt tillbaka den nedre kamkedjestyrningen och dra åt dess fästbultar till angivet moment

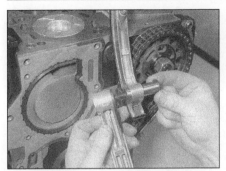

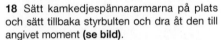

7.18 Sätt tillbaka spännararmarnas
styrbult och dra åt till angivet moment

8.6a Skruva loss spännarens lock från
baksidan av topplocket . . .

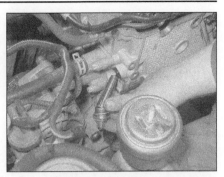

8.6b . . . och ta ut tryckkolven, efter att ha
noterat hur den sitter monterad

18 Sätt kamkedjespännararmarna på plats
och sätt tillbaka styrbulten och dra åt den till
angivet moment (se bild).
19 Sätt kamkedjekåpan på plats. Rikta in
oljepumpens drivhjul mot vevaxeldrevet och
för kåpan på plats på styrstiften.
20 Sätt tillbaka kamkedjekåpans fästbultar –
var noga med att alla placeras i det ursprung-
liga läget – och dra åt dem jämnt och stegvis
till angivet moment.
21 Montera en ny tätningsring i locket till den
nedre kamkedjespännaren. Sätt i tryckkolven
med den slutna änden vänd mot kamkedjan.
Montera sedan locket på kamkedjekåpan och
dra åt till angivet moment. Observera: *Om en
ny spännare monteras, lossar du den genom
att trycka in stiftet som sitter i lockets mitt tills
det hörs ett "klick". Spännarstiftet bör då gå
lätt att trycka in och fjädra tillbaka mjukt.*
22 Sätt tillbaka vevaxelns remskiva enligt
beskrivningen i avsnitt 6.
23 Sätt tillbaka topplocket enligt beskriv-
ningen i avsnitt 11.
24 Sätt tillbaka den övre kamkedjan och
dreven enligt beskrivningen i avsnitt 9.
25 Sätt tillbaka sumpen enligt beskrivningen i
avsnitt 12.
26 Montera vattenpumpen, generatorn
och servostyrningspumpen (se kapitel 3,
5A och 10) och sätt tillbaka drivremmen (se

kapitel 1B).
27 Avsluta med att med att fylla på olja och
kylvätska i motorn enligt beskrivningen i
kapitel 1A. Starta motorn och leta efter tecken
på oljeläckage.

8 Kamkedjespännare – demontering och montering

Övre kedjespännare

Demontering

1 Demontera luftrenarhuset tillsammans med
massluftflödesmätaren enligt beskrivningen i
kapitel 4B.
2 Dra åt handbromsen och ställ framvagnen
på pallbockar (se *Lyftning och stödpunkter*). Ta
bort höger framhjul och det inre hjulhusfodret
samt motorns underkåpa.
3 Skruva loss muttrarna som håller fast främre
avgasröret vid turboaggregatet.
4 Demontera drivremmen enligt beskriv-
ningen i kapitel 1B. Skruva sedan loss driv-
remsspännaren.
5 Stötta motorn/växellådan enligt beskriv-
ningen i avsnitt 17 och skruva loss det högra
fästet från topplocket.
6 Skruva loss spännarens lock från baksidan

av topplocket och ta bort tryckkolven, efter att
ha antecknat hur den sitter (se bilder). Ta bort
tätningsringen från locket och kasta den, en
ny måste användas vid monteringen.
*Varning: Dra inte runt motorn när spänn-
aren är demonterad.*
7 Undersök om det finns tecken på slitage
eller skador på spännarens tryckkolv och byt
den om det behövs.

Montering

8 Smörj spännarens tryckkolv med ren
motorolja och för in den i topplocket. Se till
att tryckkolven monteras åt rätt håll, med den
slutna delen vänd mot kamkedjan.
9 Sätt en ny tätningsring i spännarens lock.
Montera sedan locket på topplocket och dra
åt till angivet moment. Observera: *Om en ny
spännare monteras, lossar du den genom att
trycka in stiftet som sitter i lockets mitt tills det
hörs ett "klick". Spännarstiftet bör då gå lätt att
trycka in och fjädra tillbaka mjukt (se bilder).*
10 Sätt tillbaka motorns/växellådans högra
fäste (se avsnitt 17).
11 Montera drivremsspännaren och dra åt
bultarna till angivet moment.
12 Montera drivremmen enligt beskrivningen
i kapitel 1B.
13 Återanslut det främre avgasröret till turbo-
aggregatet och dra åt muttrarna till angivet
moment.

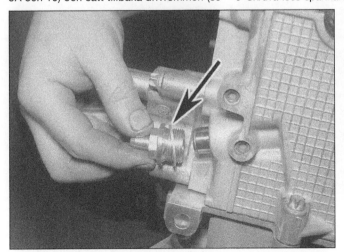

8.9a Sätt i tryckkolven med den slutna änden vänd mot kam-kedjan.
Skruva sedan fast spännarens lock med tätningsbricka (se pil)

8.9b Om en ny spännare monteras, frigör du den genom att
trycka in stiftet som sitter i lockets mitt tills det hörs ett klick

8.17a Skruva loss den nedre kamkedjespännarens lock och tätningsbricka från kamkedjekåpans baksida . . .

8.17b . . . ta sedan bort spännarens tryckkolv

8.19 Se till att tryckkolven monteras åt rätt håll, med den slutna änden (se pil) vänd mot kamkedjan

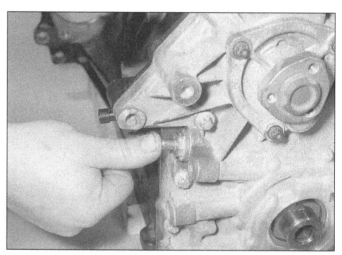

8.20b Om en ny spännare monteras, frigör du den genom att trycka in mittstiftet tills det hörs ett klick

14 Sätt tillbaka motorns underkåpa, hjulhusfodret och framhjulet. Sänk sedan ner bilen.
15 Sätt tillbaka luftrenarhuset enligt beskrivningen i kapitel 4B.

Nedre kedjespännare

Demontering

16 Dra åt handbromsen och ställ framvagnen på pallbockar (se *Lyftning och stödpunkter*). Ta bort höger framhjul och det inre hjulhusfodret samt, om så krävs, motorns underkåpa.
17 Skruva loss spännarens lock från baksidan av kamkedjekåpan och ta bort tryckkolven, efter att ha antecknat hur den sitter monterad. Ta bort tätningsringen från locket och kasta den, en ny måste användas vid monteringen **(se bilder)**.
Varning: Dra inte runt motorn när spännaren är demonterad.
18 Undersök om det finns tecken på slitage

eller skador på spännarens tryckkolv och byt den om det behövs.

Montering

19 Smörj spännarens tryckkolv med ren motorolja och sätt in den i kamkedjekåpan. Se till att tryckkolven monteras åt rätt håll, med den slutna änden vänd mot kamkedjan **(se bild)**.
20 Sätt en ny tätningsring i spännarens lock. Montera sedan locket på kåpan och dra åt till angivet moment. **Observera:** *Om en ny spännare monteras, lossar du den genom att trycka in stiftet som sitter i lockets mitt tills det hörs ett "klick". Spännarstiftet bör då gå lätt att trycka in och fjädra tillbaka mjukt* **(se bild)**.
21 Sätt tillbaka motorns underkåpa, hjulhusfodret och hjulet. Sänk sedan ner bilen.

Spännararmar

22 Demontering och montering av spännararmarna ingår i åtgärderna vid demontering

och montering av kamkedjekåpan (se avsnitt 7). Armarna måste bytas om de visar tecken på slitage eller skador på anliggningsytorna mot kedjan.

9 Kamkedjor och kedjedrev – demontering, kontroll och montering

Observera: *För att kunna ställa in ventiltiderna exakt behöver man flera av Saabs specialverktyg (eller lämpliga alternativ) – se avsnitt 4. Om du inte kan få tag på lämpliga verktyg rekommenderar vi att du överlåter den här uppgiften åt en Saab-verkstad eller annan verkstad med lämplig utrustning. Ska arbetet utföras utan specialverktyg måste du göra exakta inställningsmarkeringar mellan drev, kedja/kedjor och axel/axlar innan de demonteras för att på så vis säkerställa att ventiltidsinställningen blir korrekt vid återmonteringen.*

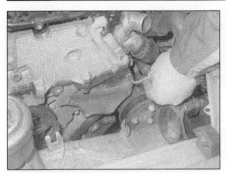

9.7a Skruva loss fästskruvarna . . .

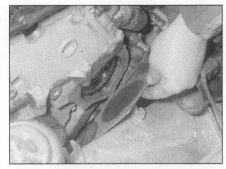

9.7b . . . och ta bort insprutningspumpens drevkåpa från motorn

9.9a Värm upp bultarna till den övre kamkedje-styrningen med en varmluftspistol innan de skruvas loss för att underlätta demonteringen

Demontering

Övre kedja och kedjedrev

Observera: *En ny kamaxeldrevbult och nya fästbultar till kamkedjestyrningen krävs vid återmonteringen.*

1 Koppla loss batteriets minusledare och demontera ventilkåpan (se avsnitt 5).
2 Ställ kolven i cylinder 1 i ÖD i kompressionstakten enligt beskrivningen i avsnitt 3 och lås vevaxeln i detta läge.
3 Gör på följande sätt för att komma åt insprutningspumpens drevkåpa.
  a) *Demontera luftrenarhuset med massluftflödesmätare och slangar, samt det främre avgasröret (se kapitel 4B).*
  b) *Demontera drivremmen (kapitel 1B).*
  c) *Demontera motorfästet på höger sida enligt beskrivningen i avsnitt 17. Lyft sedan motorn så högt som möjligt utan att utsätta återstående fästen eller eventuella rör/slangar eller kablar för överdriven belastning.*
4 Följ anvisningarna i kapitel 4B och koppla loss bränsleledningarna från insprutningspumpen genom att skruva loss anslutningsbultarna. Tejpa över eller plugga igen bränsleledningarna och -öppningarna för att hindra damm och smuts från att tränga in.
5 Demontera den övre och nedre kamkedjespännaren (del 8).
6 Skruva loss den nedre fästbulten på stödbenet till drivremmens spännarremskiva och styrbulten på remskivans fästplatta. Demontera spännarenheten från motorn.
Observera: *Förvara enheten så att rätt ände av spännarens stödben pekar uppåt. Förvaras inte stödbenet på rätt sätt måste det flödas efter återmonteringen.*
7 Skruva loss fästbultarna och demontera insprutningspumpens drevkåpa från kamkedjekåpan **(se bilder).**
8 Om du har tillgång till speciallåsverktygen låser du insprutningspumpens drev och kamaxeln i läge (se avsnitt 4). Används inte verktygen får du i stället göra exakta inställningsmarkeringar mellan kedjan och dreven, samt mellan dreven och kamaxelns/pumpens fläns.
9 Skruva loss fästbultarna och lyft ut den

9.9b Skruva loss båda fästbultarna . . .

övre kedjestyrningen från topplockets ovansida. **Observera:** *Bultarna till den övre kamkedjestyrningen bör värmas med en varmluftspistol innan de skruvas loss. Det mjukar upp gänglåsningsmedlet och gör det betydligt lättare att skruva loss bultarna* **(se bilder).**
10 Håll fast kamaxeln med ett grepp om dess flata ytor med en öppen nyckel. Skruva loss kamaxeldrevets fästbult **(se bild).** Håll kvar kedjan och kamaxeldrevet i rätt inbördes läge genom att fästa samman dem med buntband. **Observera:** *Om låsverktygen används måste de tas bort innan drevbulten lossas och sättas tillbaka när bulten väl är lös.*
11 Ta bort låsverktyget (om ett sådant används) från insprutningspumpen och skruva sedan loss bultarna som fäster

9.10 Håll fast kamaxeln med en U-nyckel och skruva loss drevets fästbult

9.9c . . . och lyft ut den övre styrningen från ovansidan av topplocket

insprutningspumpens drev vid pumpflänsen. Lirka ut insprutningspumpens övre kedjedrev och lossa sedan kamaxeldrevet från kamaxeländen och lyft ut drevet och den övre kamkedjan från topplockets ovansida **(se bild).**

Nedre kedja och kedjedrev

12 Demontera den övre kamkedjan och dreven enligt beskrivningen under punkterna 1–11.
13 Demontera kamkedjekåpan enligt beskrivningen i avsnitt 7.
14 Gör inställningsmarkeringar mellan kedjan och kedjedreven och mellan insprutningspumpens drev och pumpflänsen.
15 Lossa pumpdrevet från flänsen och ta bort drevet och kamkedjan från motorn, efter att ha

9.11 Skruva loss kedjedrevet från insprutningspumpen och lossa det sedan från kedjan och lyft ut det genom hålet i kåpan

9.15 Lossa drevet från insprutnings-pumpens fläns och ta bort det tillsammans med den nedre kamkedjan

9.16a Dra av drevet från vevaxeländen . . .

9.16b . . . och ta bort woodruffkilen

antecknat åt vilket håll drevet sitter monterat **(se bild)**.

16 Dra av vevaxeldrevet från vevaxeländen och ta loss woodruffkilen från spåret i vevaxeln **(se bilder)**.

Kontroll

17 Undersök drevets kuggar för att se om det finns tecken på slitage eller skador – t.ex. urflisade, krökta eller saknade kuggar. Om något av dreven visar tecken på skada eller förslitning, ska båda dreven och den tillhörande kedjan bytas som en enhet.

18 Undersök länkarna i de båda kamkedjorna för att se om rullarna är slitna eller skadade. Hur sliten kedjan är syns på hur mycket den kan böjas åt sidorna. En ny kedja är minimalt böjlig i sidled. En kamkedja med alltför stort spel i sidled måste bytas.

19 Observera att det är klokt att byta kam-kedjorna oavsett deras synliga skick om mätarställningen är hög, eller om kedjorna slamrar när motorn går. Även om det inte är absolut nödvändigt, är det alltid värt att byta kedjor och drev som en sammanhängande enhet. Att köra en ny kedja med gamla drev eller *omvänt* är ofta att låta snålheten bedra visheten. Finns det några tveksamheter om kamkedjornas och drevens skick bör du kontakta en Saab-verkstad, som utifrån sin erfarenhet av motorn kan råda dig om vad som är bäst att göra.

20 Undersök kedjestyrning(ar) och spännar-

arm(ar) för att se om deras kedjekontaktytor är slitna eller skadade. Byt sådana som är mycket nötta.

Montering

Övre kedja och kedjedrev

21 Underlätta monteringen genom att överföra inställningsmärkena från originaldelarna om nya komponenter ska monteras. Se till att vevaxeln fortfarande är låst i ÖD-läget.

22 Haka i kamaxeldrevet i kedjan och sänk ner enheten på plats. Lirka sedan insprut-ningspumpens drev på plats och haka i det i kamkedjan.

23 Se till att alla markeringar som gjordes före demonteringen stämmer med varandra och fäst sedan dreven på kamaxeln och insprutningspumpens fläns. Avlägsna bunt-bandet från kamaxeldrevet om så krävs.

24 Rikta in inställningsmärket på insprutnings-pumpens kedjedrev mot hålet i pumpflänsen och sätt tillbaka fästbultarna. Dra bara åt dem för hand än så länge **(se bild)**.

25 Sätt i drevets nya fästbult i kamaxeländen men dra bara åt den för hand än så länge **(se bild)**.

26 Sätt tillbaka den nedre kamkedjespännaren enligt beskrivningen i avsnitt 8.

27 För den övre kamkedjestyrningen på plats och se till att dess styrtapp hamnar uppåt. Sätt sedan i de nya fästbultarna och dra åt dem till angivet moment **(se bild)**.

28 Har du tillgång till specialverktygen ska de

alla monteras för att hålla pumpen, kamaxeln och vevaxeln i rätt läge. Om verktygen inte används måste markeringarna som gjordes före demonteringen passas in mot varandra.

29 Har du tillgång till specialverktygen justerar du ventiltiderna enligt beskrivningen i avsnitt 4, punkterna 14 till 18. Avlägsna alla låsverktygen.

30 Har du inte tillgång till verktygen riktar du in markeringarna du gjorde före demonteringen mot varandra. Dra sedan åt insprutningspumpens drevbultar till angivet moment. Dra åt kamaxeldrevets bult till angivet moment för steg 1 samtidigt som du förhindrar kamaxeln från att rotera. Se till att markeringarna fortfarande ligger i linje och dra sedan åt bulten till angiven vinkel för steg 2. Använd en vinkelmätare under det avslutande momentet för att garantera att bultarna dras åt korrekt. Har du ingen vinkelmätare kan du måla inställningsmärken med vit färg innan du drar åt. Markeringarna kan sedan användas för att kontrollera att bulten har vridits till rätt vinkel.

31 Sätt tillbaka den övre kamkedjespännaren enligt beskrivningen i avsnitt 8.

32 Se till att fogytorna på pumpens drevkåpa och kamkedjekåpan är rena och torra. Montera en ny packning till kåpan om en sådan fanns från början. Dra åt fästbultarna till angivet moment. Fanns det ingen packning, stryker du i stället en sträng med tätningsmedel (ca 2 mm tjock) i kåpans spår. Montera sedan kåpan och dra åt dess fästbultar till angivet moment.

9.24 Rikta in inställningsmärket på insprut-ningspumpens kedjedrev (se pil) mot hålet i pumpflänsen och sätt tillbaka fästbultarna

9.25 Sätt i kamaxeldrevets nya fästbult men dra bara åt den för hand

9.27 Sätt tillbaka den övre kamkedje-styrningen i topplocket och se till att dess styrtapp (se pil) kommer uppåt

33 Montera kamaxelkåpan enligt beskrivningen i avsnitt 5.

34 Montera drivremsspännaren på motorn och dra åt stagets och fästplattans respektive styrbultar till angivet moment. Om ett nytt spännarstödben monteras, eller om det ursprungliga inte har förvarats på rätt sätt, måste det flödas. Tryck då samman stödbenet upprepade gånger med hjälp av en hylsnyckel om fästplattans sexkantsdel. När stödbenet väl fungerar som det ska sätter du tillbaka drivremmen enligt beskrivningen i kapitel 1B.

35 Montera höger fäste enligt beskrivningen i avsnitt 17.

36 Kontrollera tätningsbrickorna och byt dem om det behövs. Återanslut sedan bränsleledningarna till insprutningspumpen och dra åt anslutningsbultarna enligt beskrivningen i kapitel 4B.

37 Sätt tillbaka det främre avgasröret och luftrenarhuset enligt beskrivningen i kapitel 4B. Sätt tillbaka vevaxelgivaren och bromsvakuumpumpen i fall du har använt ÖD-inställningsverktygen.

Nedre kedja och kedjedrev

38 Underlätta monteringen genom att överföra inställningsmärkena från originaldelarna om nya komponenter ska monteras.

39 Sätt tillbaka woodruffkilen i vevaxeln och skjut sedan på vevaxeldrevet. Kilen ska passa in i spåret i drevet.

40 Se till att insprutningspumpens fläns står kvar i rätt läge, med inställningsutskärningen i linje med hålet i pumphuset och vevaxeln fortfarande låst i ÖD.

41 Ställ in markeringarna som gjordes före demonteringen, haka i pumpdrevet i kedjan och för enheten på plats. Haka på kedjan på vevaxeldrevet och fäst pumpdrevet på flänsen. Se till att drevet monteras rättvänt. Kontrollera att alla markeringar som gjordes före demonteringen står rätt i förhållande till varandra och att utskärningen i insprutningspumpens fläns placerats korrekt i den avlånga skåran i drevet.

42 Sätt tillbaka kamremskåpan enligt beskrivningen i avsnitt 7 och montera sedan den övre kamkedjan enligt beskrivningen tidigare i detta avsnitt.

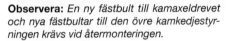

10 Kamaxel och ventillyftare – demontering, kontroll och montering

Observera: *En ny fästbult till kamaxeldrevet och nya fästbultar till den övre kamkedjestyrningen krävs vid återmonteringen.*

Demontering

1 Koppla loss batteriets minusledare (se *Koppla ifrån batteriet*) och demontera sedan ventilkåpan enligt beskrivningen i avsnitt 5.

2 Dra åt handbromsen och ställ framvagnen på pallbockar (se *Lyftning och stödpunkter*). Ta bort höger framhjul, det inre hjulhusfodret och motorns underkåpa.

3 Demontera bromssystemets vakuumpump enligt beskrivningen i kapitel 9.

4 Demontera avgasgrenrörets värmesköld. Skruva sedan loss motorns lyftögla och fästbygel.

5 Ställ kolven i cylinder 1 i ÖD i kompressionstakten enligt beskrivningen i avsnitt 3 och lås vevaxeln i detta läge.

6 Gör på följande sätt för att lättare komma åt insprutningspumpens drevkåpa.
  a) *Demontera luftrenarhuset med massluftflödesmätare och slangar, samt det främre avgasröret (se kapitel 4B).*
  b) *Demontera drivremmen (se kapitel 1B).*
  c) *Demontera höger sidas motorfäste enligt beskrivningen i avsnitt 17. Skruva loss det bakre motorfästets övre mutter. Lyft motorn så högt det går utan att det blir alltför stor belastning på de övriga fästena eller eventuella rör/slangar/kablar.*

7 Demontera den övre kamkedjespännaren enligt beskrivningen i avsnitt 8.

8 Skruva loss den nedre fästbulten på stödbenet till drivremmens spännarremskiva och styrbulten på remskivans fästplatta. Demontera spännarenheten från motorn. **Observera:** *Förvara enheten så att rätt ände av spännarens stödben pekar uppåt. Förvaras inte stödbenet på rätt sätt måste det flödas efter återmonteringen.*

9 Skruva loss fästbultarna och demontera insprutningspumpens drevkåpa från kamkedjekåpan.

10 Gör noggranna inställningsmärken mellan

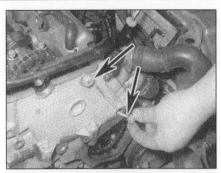

10.11 Ta bort fästbultarna (se pilar) och lyft ut den övre kamkedjestyrningen

den övre kamkedjan och dess båda drev, och mellan kamaxeldrevet och kamaxeln.

11 Skruva loss fästbultarna och lyft sedan ut den övre kedjestyrningen från ovansidan av topplocket **(se bild). Observera:** *Bultarna till den övre kamkedjestyrningen bör värmas med en varmluftspistol innan de skruvas loss. Detta mjukar upp gänglåsningsmedlet på bultskallarna och gör det betydligt lättare att demontera bultarna.*

12 Håll fast kamaxeln med ett grepp om dess flata ytor med en öppen nyckel. Skruva loss kamaxeldrevets fästbult. Ta bort låsverktyget från vevaxeln innan du lossar drevbulten och sätt tillbaka det när bulten väl är lös.

13 Lossa kamaxeldrevet från den övre kamkedjan och demontera drevet från motorn. Trä en skruvmejsel eller ett förlängningsskaft genom den övre kedjan för att förhindra att den faller ner i topplocket – vila verktyget mot topplockets ovansida **(se bilder).**

14 Observera ID-märkningen på kamaxellageröverfallen. Överfallen är märkta från 1 till 5 med alla nummer rättvända när man betraktar motorn framifrån. Överfall nr 1 sitter vid motorns kamkedjeände och nr 5 vid svänghjulsänden **(se bild).** Om märkningen inte syns tydligt, bör du göra egna markeringar för att säkert kunna placera varje överfall korrekt vid tillbakamonteringen.

15 Arbeta i ett spiralmönster utifrån och inåt. Lossa kamaxellageröverfallens fästbultar med ett varv i taget så att ventilfjädrarnas tryck mot lageröverfallen minskas jämnt och gradvis. När

10.13a Ta loss kamaxeldrevet från kamkedjan . . .

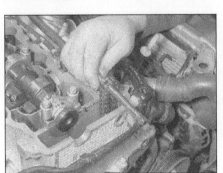

10.13b . . . och trä sedan en skruvmejsel eller ett förlängningsskaft genom kedjan för att förhindra att den faller ner i motorn

10.14 Varje kamaxellageröverfall är präglat med ett ID-nummer (se pilar)

trycket från ventilfjädrarna har avlastats kan bultarna skruvas loss helt, tillsammans med överfallen. Lyft ut kamaxeln ur topplocket, och var samtidigt noga med att inte tappa bort styrstiften som sitter på vänster sidas lageröverfall (nr 5).

⚠️ **Varning: Om lageröverfallens bultar lossas oförsiktigt, kan lageröverfallen knäckas. Går något av lageröverfallen sönder måste hela topplocksenheten bytas. Lageröverfallen är avpassade till topplocket och går inte att beställa separat.**

16 Skaffa åtta (tjugofyra, om de hydrauliska ventillyftarna också ska demonteras), små, rena plastlådor och märk dem så att de kan skiljas åt. Alternativt, dela in en större låda i olika fack. Lyft ut kamvipporna från ovansidan av topplocket och förvara dem så som de ska sitta monterade **(se bild)**.

17 Om även de hydrauliska ventillyftarna ska lyftas bort, demonterar du insprutningens tvärströmningsrör enligt beskrivningen i kapitel 4B, del 12. Lyft ut ventillyftarna med hjälp av en magnet eller en sugkopp av gummi och ställ dem i deras respektive lådor.

Kontroll

18 Undersök kamaxellagrens ytor och kamloberna efter tecken på slitage och repor. Byt ut kamaxeln om sådana tecken finns. Undersök skicket hos lagerytorna på såväl kamaxeltapparna som i topplocket. Om

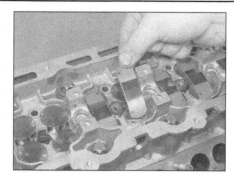

10.16 Demontering av en kamvippa

lagerytorna hos topplocket är mycket slitna måste topplocket bytas ut.

19 Stöd kamaxeländarnas axeltappar på V-block och mät skevheten vid centrumaxeltappen med en mätklocka. Om skevheten överskrider det angivna gränsvärdet bör kamaxeln bytas.

20 Undersök om kamvippornas anliggningsytor mot kamaxelloberna uppvisar tecken på slitage och repor. Byt alla vippor som är tydligt slitna.

21 Undersök om de hydrauliska ventillyftarna (om de tagits loss) eller hålen för dem i topplocket uppvisar tecken på slitage eller skador. Alla ventillyftare som verkar vara defekta bör bytas.

Montering

22 Om de hydrauliska ventillyftarna tagits bort, ska de var och en smörjas med ren motorolja och försiktigt sättas tillbaka på sin ursprungliga plats i topplocket **(se bild)**. Montera insprutningens tvärströmningsrör enligt beskrivningen i kapitel 4B.

23 Sätt tillbaka kamvipporna i topplocket. Varje vippa måste monteras på sin ursprungliga plats och körnarmärkena på dess ovansida ska vara vända mot insprutningens tvärströmningsrör **(se bild)**.

24 Smörj kamvipporna med ren motorolja och lägg sedan kamaxeln på plats. Se till att vevaxeln fortfarande är låst i sitt läge och placera kamaxeln så att loberna vid cylinder 1 pekar uppåt och spåret i kamaxelns vänstra ände ligger parallellt med topplocksytan (tidsinställningshålet uppåt) **(se bilder)**.

25 Se till att lageröverfallens och topplockets fogytor är rena och torra och smörj kamaxeltapparna och loberna med ren motorolja.

26 Stryk tätningsmedel på topplockets fogyta mot vänster lageröverfall (nr 5) och sätt i lageröverfallens styrstift i topplocket **(se bild)**.

27 Sätt tillbaka kamaxellageröverfallen och fästbultarna på deras ursprungliga platser i topplocket **(se bild)**. Lageröverfallen är numrerade 1–5 från topplockets kamkedjeände och alla numren ska gå att läsa rättvända från motorns framsida sett.

28 Dra åt alla bultar med enbart handkraft.

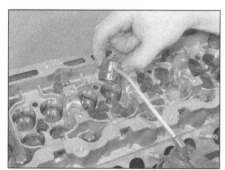

10.22 Smörj de hydrauliska ventillyftarna med ren motorolja och sätt i dem i topplocket

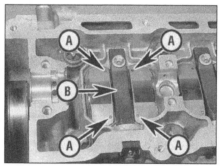

10.23 Se vid monteringen till att alla kamvippor placeras rätt och att körnarmarkeringarna (A) vänds mot insprutningsventilernas tvärströmningsrör (B)

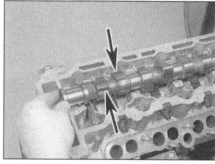

10.24a Montera kamaxeln så att loberna vid cylinder 1 pekar uppåt (se pilar) . . .

10.24b . . . och spåret i kamaxelns vänstra ände ligger parallellt med topplocksytan med tidsinställningshålet (se pil) uppåt

10.26 Stryk tätningsmedel på de ytor som visas vid vänster ände av topplocket (se pilar)

10.27 Sätt tillbaka kamaxelns lageröverfall på deras rätta platser med hjälp av ID-markeringarna

10.28 Arbeta enligt beskrivningen i texten och dra åt lageröverfallens bultar till angivet moment

10.29 Montera kamaxeldrevet och sätt i den nya fästbulten

10.32 Rikta in de förra markeringarna mot varandra och dra sedan åt drevbulten till angivet moment för steg 1 ...

Arbeta sedan i ett spiralmönster från mitten och utåt och dra åt bultarna ett varv i taget för att gradvis öka ventilfjädrarnas tryck mot lageröverfallen. Upprepa ordningsföljden tills samtliga lageröverfall ligger an mot topplocket. Gå då varvet runt och dra åt kamaxellageröverfallens bultar till angivet moment **(se bild)**.

Varning: Om lageröverfallens bultar dra åt oförsiktigt, kan lageröverfallen knäckas. Går något av lageröverfallen sönder måste hela topplocksenheten bytas; lageröverfallen är avpassade till topplocket och går inte att beställa separat.

29 Använd markeringarna du gjorde före monteringen för att kontrollera att den övre kamkedjan fortfarande ligger rätt på insprutningspumpens drev och sätt sedan tillbaka kamaxeldrevet mot kedjan. Fäst drevet på kamaxeländen och sätt i den nya fästbulten **(se bild)**.

30 För den övre kamkedjestyrningen på plats och se till att dess styrtapp hamnar uppåt. Sätt sedan i de nya fästbultarna och dra åt dem till angivet moment.

31 Har du tillgång till specialverktygen justerar du ventiltiderna enligt beskrivningen i avsnitt 4. Avlägsna alla låsverktygen.

32 Har du inte tillgång till verktygen måttar du in markeringarna som gjordes på kamaxeln och drevet före demonteringen mot varandra. Håll fast kamaxeln med en U-nyckel och dra åt drevbulten till angivet moment för steg 1. Se till att markeringarna fortfarande ligger i linje och dra sedan åt bulten till angiven vinkel för steg 2. Använd ett vinkelmått under slutmomentet för att garantera att bultarna dras åt korrekt **(se bilder)**. Har du ingen vinkelmätare kan du måla inställningsmärken med vit färg innan du drar åt. Markeringarna kan sedan användas för att kontrollera att bulten har vridits till rätt vinkel.

33 Sätt tillbaka den övre kamkedjespännaren enligt beskrivningen i avsnitt 8.

34 Se till att fogytorna på pumpens drevkåpa och kamkedjekåpan är rena och torra. Montera en ny packning till kåpan om en sådan fanns från början. Dra åt fästbultarna till angivet moment. Fanns det ingen packning, stryker du i stället en sträng med tätningsmedel (ca 2 mm tjock) i kåpans spår. Montera sedan kåpan

och dra åt dess fästbultar till angivet moment.

35 Montera drivremsspännaren på motorn och dra åt stagets och fästplattans respektive styrbultar till angivet moment. Om ett nytt spännarstödben monteras, eller om det ursprungliga inte har förvarats på rätt sätt, måste det flödas. Tryck då samman stödbenet upprepade gånger med hjälp av en hylsnyckel om fästplattans sexkantsdel. När stödbenet väl fungerar som det ska sätter du tillbaka drivremmen enligt beskrivningen i kapitel 1B.

36 Montera höger sidas motorfäste enligt beskrivningen i avsnitt 17 och dra åt bultarna till angivet moment. Dra även åt den översta muttern på det bakre motorfästet till angivet moment.

37 Sätt tillbaka ventilkåpan enligt beskrivningen i avsnitt 5.

38 Sätt tillbaka det främre avgasröret, luftrenarhuset och vevaxelgivaren (se kapitel 4B).

39 Sätt tillbaka motorlyftöglan och fästbygeln och dra åt bultarna. Sätt också tillbaka avgasgrenrörets värmesköld.

40 Sätt tillbaka bromssystemets vakuumpump enligt beskrivningen i kapitel 9.

41 Sätt tillbaka motorns underkåpa, hjulhusfodret och hjulet. Sänk sedan ner bilen.

42 Återanslut batteriets minusledare.

11 Topplock – demontering och montering

Varning: Var noga med att inte låta smuts komma in i bränsleinsprutningspumpen eller insprutningsrören under detta arbete. **Observera:** *Vid återmonteringen krävs nya topplocksbultar, bultar till övre kamkedjestyrningen och en fästbult till kamaxeldrevet.*

Demontering

1 Demontera motorns övre skyddskåpa och töm sedan kylsystemet enligt beskrivningen i kapitel 1B.

2 Lyft motorn med en domkraft och utför sedan de åtgärder som beskrivs i punkterna 1–13 i avsnitt 10. Stötta motorn genom att

10.32b ... och sedan till angiven vinkel för steg 2

sätta in en stadig träkloss mellan oljesumpens högra sida och kryssrambalken. **Observera:** *Om sumpen måste demonteras samtidigt som topplocket, får du ordna en stödvagga när höger motorfäste är borttaget.*

3 Koppla loss kablaget från oljenivågivaren och oljetemperaturgivaren på sumpen. Lossa sedan kablarna från buntbandet.

4 Koppla loss de två bränsleledningarna i bakre, högra hörnet av motorrummet och tejpa eller plugga igen dem för att förhindra att damm och smuts tränger in.

5 Skruva loss och demontera laddluftslangen som går från turboaggregatet till insugsgrenröret.

6 Koppla loss kablaget från nedanstående delar och lossa kablarna från buntbanden:

a) *Atmosfärstryckgivaren.*
b) *Temperaturgivaren för kylvätska.*
c) *Motorstyrningens elektroniska styrmodul (ECU).*
d) *Avgasåterföringsventilen.*
e) *ÖD-givaren.*
f) *Tryck-/temperaturgivaren.*

7 Demontera kabelhärvans skyddsrör från topplocket.

8 Koppla loss glödstiftens kablar och demontera sedan kabelhärvan och fästbygeln från motorfästet.

9 Lossa ventilationsslangen från termostathuset och demontera sedan avgasåterföringsventilen enligt beskrivningen i kapitel 4C.

10 Koppla loss spillbränsleslangarna från insprutningsventilerna.

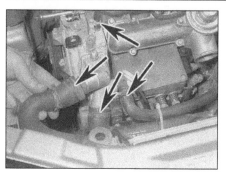

11.11 Koppla loss kylvätskeslangarna (se pilar) från termostathuset

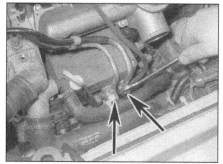

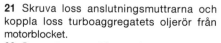

11.13a Skruva loss bultarna (se pilar) och lossa slanganslutningarna för matning och retur från insprutningspumpen . . .

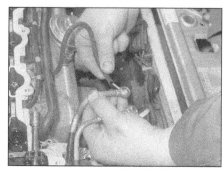

11.13b . . . och koppla loss returröret

11 Lossa klämmorna och koppla loss de två kylvätskeslangarna från termostathuset **(se bilder)**.

12 Anteckna hur bränsleledningarna är anslutna från bränsleinsprutningspumpen till insprutningsventilerna. Skruva sedan loss anslutningsmuttrarna och ta bort ledningarna. Tejpa över eller plugga igen öppningarna för att hindra att damm eller smuts tränger in.

13 Torka rent området kring insprutningspumpens bränsleslangsanslutningar och skruva sedan loss anslutningsbultarna och tätningsbrickorna. Koppla loss returröret från pumpanslutningen. Lossa sedan slangarna från deras fästklämmor och för dem åt sidan från topplocket **(se bilder)**.

14 Koppla loss vakuumslangen från virvelspjällets styrventil på vänster sida av topplocket.

15 Skruva loss kylvätskeslangens stödkrok från den bakre motorlyftöglan.

16 Demontera värmeskölddarna från turboaggregatet, avgasgrenröret och startmotorn.

17 Koppla loss vakuumslangen från turboaggregatets övertrycksventil.

18 Demontera det främre avgasröret från turboaggregatet enligt beskrivningen i kapitel 4B.

19 Lossa klämman och koppla loss kylvätskeslangen som sitter ovanför generator på baksidan av motorblocket **(se bild)**. Se noga till att ingen kylvätska kommer in i generatorn.

20 Skruva loss den övre bulten som fäster staget vid avgasgrenröret och lossa sedan den nedre bulten och vrid staget åt sidan.

21 Skruva loss anslutningsmuttrarna och koppla loss turboaggregatets oljerör från motorblocket.

22 Demontera remskivan och vattenpumpen enligt beskrivningen i kapitel 3, så får du bättre utrymme för arbetet.

23 Skruva loss generatorns övre fästbult. Lossa sedan den nedre fästbulten och sväng generatorn nedåt, bort från topplocket **(se bild)**.

24 På det här stadiet kan du demontera insugnings- och avgasgrenröret enligt beskrivningen i kapitel 4B, för att på så vis minska vikten på topplocket. Alternativt, om inget arbete ska utföras på topplocket, går det också att demontera det med rören kvar.

25 Skruva loss bultarna som fäster höger ände av topplocket mot ovansidan av kamkedjekåpan och motorblocket **(se bild)**.

26 Arbeta i **omvänd** ordningsföljd mot vad som visas på bild 11.44, och lossa stegvis de tio topplocksbultarna ett halvt varv i taget, tills samtliga går att skruva loss för hand.

27 Lyft ut topplocksbultarna och ta vara på brickorna.

28 Lyft bort topplocket, samtidigt som du matar ner den övre kamkedjan genom hålet i topplocket. Försök att få någon som hjälper till, eftersom topplocksenheten är tung (särskilt om den är komplett med grenrör). Ta bort packningen och lägg märke till de två styrstiften på motorblockets ovansida. Om de sitter löst, får du ta bort styrstiften och förvara dem tillsammans med topplocket.

Spara topplockspackningen som stöd för identifiering (se punkt 35).

Varning: Lägg inte topplocket med undersidans fogytor direkt mot underlaget! Låt det vila på träblock som får vidröra fogytorna, men inte glödstiften eller insprutningsmunstyckena. Glödstiften och insprutningsmunstyckena sticker ut nedåt på undersidan av topplocket och riskerar att skadas om det placeras direkt på en arbetsbänk.

29 Ska topplocket tas isär för renovering, se del C i detta kapitel.

Förberedelser för montering

30 Fogytorna mellan topplocket och motorblocket/vevhuset måste vara noggrant rengjorda innan topplocket monteras. Använd en avskrapare av hårdplast eller trä för att ta bort alla packnings- och sotrester, rengör även kolvkronorna. Var mycket försiktig, eftersom ytorna lätt skadas. Se även till att sot inte kommer in i olje- och vattenledningarna. Detta är särskilt viktigt för smörjningssystemet, eftersom sot kan blockera oljetillförseln till någon av motorns komponenter. Försegla vattenkanaler, oljekanaler och bulthål i motorblocket/vevhuset med tejp och papper. Lägg lite fett i springan mellan kolvarna och loppen för att hindra sot från att tränga in. Använd en liten borste när alla kolvar är rengjorda, för att ta bort alla spår av fett och kol från öppningen. Torka sedan bort återstoden med en ren trasa. Rengör alla kolvar på samma sätt.

11.19 Koppla loss kylvätskeslangen från motorns baksida

11.23 Ta bort den övre fästbulten och sväng bort generatorn från topplocket

11.25 Skruva loss bultarna (se pilar) som fäster höger ände av topplocket mot kamkedjekåpan/motorblocket

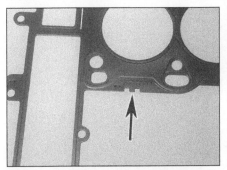

11.35 Hack i topplockspackningen som anger dess tjocklek (se pil)

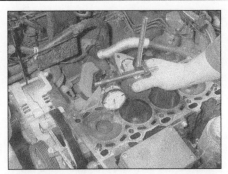

11.36 Mät kolvutsticket med en mätklocka

11.40 Se till att styrstiften sitter på plats (se pilar) och lägg på den nya packningen

31 Kontrollera fogytorna på motorblocket/vevhuset och topplocket och leta efter hack, djupa repor och andra skador. Om skadorna är små kan de tas bort försiktigt med en fil, men om de är omfattande måste skadorna åtgärdas med en maskin eller de skadade delarna bytas ut.

32 Se till att hålen för topplocksbultarna i vevhuset är rena och fria från olja. Sug eller torka upp eventuellt kvarvarande olja i bulthålen. Detta är av yttersta vikt för att bultarna ska kunna dras åt med rätt moment, samt för att undvika risken att motorblocket spräcks av det hydrauliska trycket när bultarna dras åt.

33 Topplocksbultarna ska kastas och ersättas med nya, oavsett vilket skick de verkar vara i.

34 Kontrollera topplockspackningens yta med en ställlinjal om den misstänks vara skev. Se del C i detta kapitel, om det behövs.

35 På denna motor ställer man in avståndet mellan topplock och kolv genom att använda olika tjocklek på topplockspackningen. Packningens tjocklek framgår av fliken som sitter omedelbart framför cylinder nr 1 (se bild).

Antal hack i fliken	Packningstjocklek
Inga hack	1,2 mm
Ett hack	1,3 mm
Två hack	1,4 mm

Vilken packningstjocklek som krävs, bestämmer du genom att mäta kolvens utstick på följande sätt.

36 Se till att vevaxeln fortfarande är låst i ÖD-läget. Fäst en indikatorklocka stadigt på motorblocket så att dess mätspets lätt kan svängas mellan kolvkronan och blockets fogyta. Nollställ indikatorklockan mot packningsytan på motorblocket och flytta sedan försiktigt mätspetsen till kolv nr 1 och mät hur långt den sticker ut (se bild). Gör samma sak vid kolv nr 4.

37 Ta bort låsverktyget från vevaxeln och vrid vevaxeln ett halvt varv (180°) medurs för att ställa kolvarna nr 2 och 3 i ÖD. Eftersom den övre kamkedjan fortfarande ligger an mot insprutningspumpens kedjedrev krävs det att en medhjälpare lyfter kedjan när motorn dras runt. Se till att vevaxeln står i rätt läge och mät sedan utsticket hos kolv 2 och 3. När utsticket hos båda kolvarna är uppmätt, vrider du vevaxeln ett halvt varv (180°) moturs för att återställa kolv 1 och 4 till ÖD. Lås åter

vevaxeln i detta läge. Kontrollera också att ÖD-markeringen på insprutningspumpens drev står i rätt läge.

Varning: Håll den övre kamkedjan sträckt när du vrider runt vevaxeln så att kedjan inte trasslar in sig kring insprutningspumpens drev.

38 Utgå från det största utsticksmåttet hos de fyra kolvarna och välj rätt tjocklek på topplockspackningen med hjälp av nedanstående tabell.

Kolvutstick	Packningstjocklek
0,40 till 0,50 mm	1,2 mm
0,51 till 0,60 mm	1,3 mm
0,61 till 0,70 mm	1,4 mm

Montering

39 Rengör topplockets och motorblockets/vevhusets fogytor. Stryk lite tätningsmedel på kamkedjeänden av motorblockets fogyta, på de två punkter där kamkedjekåpan ska ligga an mot motorblocket.

40 Kontrollera att de två styrstiften sitter på plats och montera sedan en ny packning på motorblocket (se bild).

41 Se till att vevaxeln är låst i ÖD-läge och att kamaxeln är korrekt ställd, så att loberna till cylinder nr 1 pekar uppåt och spåret i kamaxelns vänstra ände ligger parallellt med topplocksytan (tidsinställningshålet pekar uppåt). Observera att även ÖD-hålen på insprutningspumpens drev kommer att ligga mitt för varandra.

42 Ta hjälp av en medhjälpare och sätt försiktigt tillbaka topplocksenheten på motorblocket. Rikta in den med hjälp av styrstiften. För upp den övre kamkedjan genom hålet i topplocket vid monteringen av detta. Håll kedjan på plats genom att trä en skruvmejsel genom den och låta mejseln vila mot den övre topplocksytan.

43 Stryk lite olja på gängorna och skallarnas undersida på de nya topplocksbultarna och trä försiktigt in dem i deras respektive hål (*släpp inte bara ner dem*). Skruva i alla bultarna med enbart fingerstyrka.

44 Dra åt topplocksbultarna stegvis i ordningsföljd. Använd en momentnyckel med passande hylsa och dra åt topplocksskruvarna till angivet moment för steg 1 (se bild).

45 När alla bultar dragits åt till momentet för steg 1, går du varvet runt igen och drar åt alla

bultarna till den angivna vinkeln för steg 2. Du rekommenderas att använda en vinkelmätare för att få exakta värden. Har du ingen vinkelmätare kan du måla inställningsmärken med vit färg innan du drar åt. Markeringarna kan sedan användas för att kontrollera att bulten har vridits till rätt vinkel.

46 Gå varvet runt i ordningsföljd en gång till och vinkeldra alla bultar till angivet moment för steg 3.

47 Arbeta ännu en gång i ordningsföljd och gå varvet runt och dra åt alla bultar till angivet moment för steg 4.

48 Gå slutligen varvet runt i ordningsföljd och vinkeldra alla bultar till angivet moment för steg 5.

49 Sätt tillbaka bultarna som fäster höger ände av topplocket vid motorblocket/kamkedjekåpan och dra åt dem till angivet moment.

50 Om insugnings- och avgasgrenröret tagits bort, monterar du tillbaka dem med tillhörande delar enligt beskrivningen i kapitel 4B.

51 Sväng tillbaka generatorn till ursprungsläget och dra åt fästbultarna till angivet moment (se kapitel 5A).

52 Montera vattenpumpen med en ny O-ring enligt beskrivningen i kapitel 3.

53 Återanslut turboaggregatets oljerör och dra åt anslutningsmuttrarna till angivet moment.

54 Montera avgasgrenrörets stag och dra åt bultarna.

55 Återanslut kylvätskeslangen till topplockets baksida.

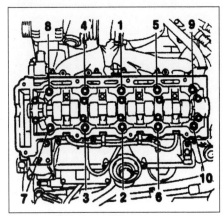

11.44 Topplocksbultarnas åtdragningsordning

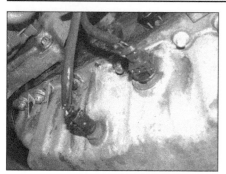

12.4 Koppla loss kablarna från givarna för oljetemperatur och oljenivå

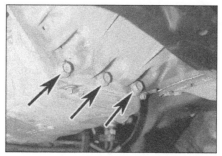

12.5 Skruva loss bultarna som håller fast sumpens fläns mot växellådshuset (pilarna visar de nedre bultarna)

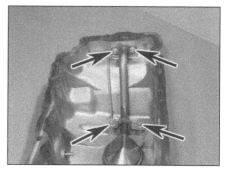

12.7 Fästbultar till oljepumpens upptagningsrör/sil (se pilar)

56 Sätt tillbaka det främre avgasröret (kapitel 4B).
57 Återanslut vakuumslangen till turbo-aggregatets övertrycksventil.
58 Montera tillbaka värmesköldarna på turbo-aggregatet, avgasgrenröret och startmotorn.
59 Sätt tillbaka kylvätskeslangens stödkrok på den bakre lyftöglan och dra åt bultarna.
60 Återanslut vakuumslangen till virvelspjällets styrventil.
61 Sätt en ny tätningsbricka på ömse sidor av insprutningspumpens bränsleslangsanslut-ningar och sätt sedan tillbaka anslut-ningsbultarna och dra åt dem till angivet moment (se kapitel 4B).
62 Sätt tillbaka bränsleledningarna mellan insprutningsventilerna och insprutnings-pumpen och dra åt anslutningsmuttrarna till angivet moment (se kapitel 4B).
63 Återanslut de två kylvätskeslangarna till termostathuset.
64 Sätt tillbaka spillbränsleslangarna till insprutningsventilerna.
65 Sätt tillbaka avgasåterföringsventilen enligt beskrivningen i kapitel 4B och anslut sedan ventilationsslangen till termostathuset.
66 Sätt tillbaka kabelhärvan och fästbygeln och återanslut glödstiftens kablar. Sätt tillbaka kabelhärvans skyddsrör.
67 Återanslut alla kablar som kopplades loss under punkt 6 och sätt sedan tillbaka turboaggregatets laddluftslang.
68 Återanslut de två bränsleledningarna och kablarna till oljenivå- och temperaturgivarna.
69 Montera tillbaka kamaxeldrevet och

ventilkåpan enligt beskrivningen i avsnitten 10 och 5.
70 Avsluta med att fylla på kylsystemet enligt beskrivningen i kapitel 1B och flöda bränsle-systemet enligt beskrivningen i kapitel 4B.

12 Sump – demontering och montering

Demontering

1 Koppla loss batteriets minusledare (se *Koppla ifrån batteriet*).
2 Dra åt handbromsen ordentligt. Lyft sedan upp framvagnen och ställ den på pallbockar. Om det behövs, skruva loss fästskruvarna och demontera motorns underkåpa.
3 Tappa av motoroljan enligt beskrivningen i kapitel 1B. Sätt sedan tillbaka avtappnings-pluggen med en ny tätningsbricka och dra åt till angivet moment.
4 Koppla loss kontaktdonet/-donen från oljetemperaturgivaren och (där en sådan finns) oljenivågivaren **(se bild)**.
5 Skruva loss bultarna som håller fast sumpens fläns mot växellådshuset **(se bild)**.
6 Lossa stegvis de bultar som håller fast oljesumpen mot botten av motorblocket/oljepumpen. Knäck fogen mellan sump och motorblock genom att slå på sumpen med handflatan. Sänk sedan ner sumpen från motorn och ta bort den. Ta bort packningen och kassera den.

7 Passa medan sumpen är borttagen på att kontrollera om det finns tecken på igensättning eller sprickor i oljepumpens oljeupptagare/sil. Om det behövs, skruva loss oljeupptagaren/silen och ta bort den från sumpen tillsammans med tätningsringen **(se bild)**. Silen går sedan lätt att tvätta i lösningsmedel eller byta.

Montering

8 Torka bort alla spår av olja och smuts från fogytorna på sumpen, motorblocket och (i fall den demonterats) oljeupptagaren/silen.
9 Om det behövs, sätt en ny tätningsring på flänsen till oljepumpens upptagarrör/sil och montera silen i sumpen. Dra åt dess fästbultar till angivet moment.
10 Stryk lite lämpligt tätningsmedel på motorblockets fogytor kring oljepumphuset och de bakre ramlageröverfallen **(se bilder)**.
11 Montera en ny packning till oljesumpen och passa sedan in sumpen mot motorblocket och sätt tillbaka alla fästbultar löst **(se bild)**.
12 Arbeta från mitten och utåt i diagonal ordningsföljd och dra stegvis åt bultarna som håller fast sumpen mot motorblocket/oljepumpen till angivet moment.
13 Dra åt bultarna som håller fast sumpens fläns mot växellådshuset till angivet moment.
14 Återanslut kontaktdonet/-donen till givarna för oljetemperatur och oljenivå (där så är tillämpligt). Sätt tillbaka motorns underkåpa om den tagits bort.
15 Sänk ner bilen och fyll sedan på motorn med ny olja (se kapitel 1B).
16 Återanslut batteriets minusledare.

12.10a Stryk tätningsmedel på motor-blockets/kamkedjekåpans fogytor . . .

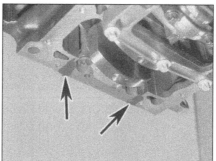

12.10b . . . och på det bakre ramlager-överfallets/motorblockets fogytor

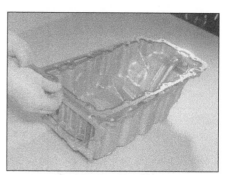

12.11 Montera en ny packning på sumpen och lyft sumpen på plats

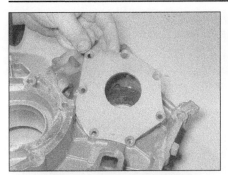

13.2 Ta bort pumpens täckkåpa från insidan av kamkedjekåpan . . .

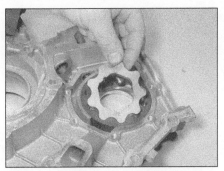

13.4a . . . och lyft sedan ut pumpens inre . . .

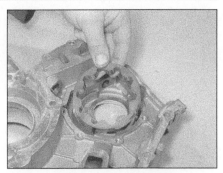

13.4b . . . och yttre rotor

13.5a Skruva loss bulten och tätningsbrickan till oljetrycksventilen . . .

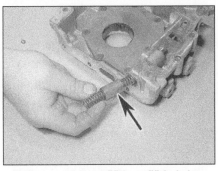

13.5b . . . och ta ut fjädern, fjäderhylsan (se pil) . . .

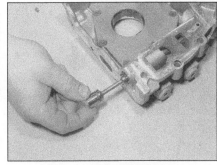

13.5c . . . och tryckkolven ur kamkedjekåpan

13 Oljepump – demontering, kontroll och montering

Observera: *Oljepumpens säkerhetsventil kan demonteras med kamkedjekåpan kvar på motorn och övertrycksventilen går att demontera när sumpen tagits bort.*

Demontering

1 Oljepumpenheten är inbyggd i kamkedjekåpan. Demontering och montering utförs enligt beskrivningen i avsnitt 7.

Kontroll

2 Skruva loss fästskruvarna och lyft ut pumpens täckplatta från insidan av kamkedjekåpan **(se bild)**.

3 Märk ytan på såväl den inre som den yttre rotorn i pumpen med en lämplig märkpenna. Markeringarna kan senare användas för att säkerställa att rotorerna monteras rättvända.

4 Lyft ut den inre och den yttre rotorn ur kamkedjekåpan **(se bilder)**.

5 Skruva loss bulten till oljetrycksventilen från nederdelen av kamkedjekåpan och ta ut fjädern, fjäderhylsan och tryckkolven. Anteckna hur tryckkolven sitter vänd. Ta bort tätningsringen från ventilbulten **(se bilder)**.

6 Skruva loss säkerhetsventilens bult från baksidan av kamkedjekåpan – den övre av de tre bultarna på kåpans baksida hör till säkerhetsventilen. Lyft ut fjädern och tryckkolven från kåpan och anteckna hur tryckkolven sitter vänd **(se bilder)**. Ta bort tätningsringen från ventilbulten.

7 Rengör komponenterna och undersök noga rotorer, pumphus och ventilernas tryckkolvar för att se om det finns repor eller andra tecken på slitage. Byt alla delar som uppvisar tecken på slitage eller skador. Finns det märken på rotorerna eller i pumphuset måste hela pumpenheten bytas.

8 Är pumpen i godtagbart skick monterar du

13.6a Skruva loss säkerhetsventilens bult och bricka . . .

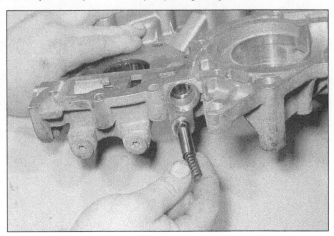

13.6b . . . och ta ut fjädern och ventilens tryckkolv ur kamkedjekåpan

13.8 Dra åt pumpkåpans skruvar till angivet moment vid monteringen

ihop delarna i omvänd ordningsföljd mot vid demonteringen, men observera följande.

a) Se till att både rotorerna och ventilernas tryckkolvar monteras rättvända.

b) Montera nya tätningsringar till övertrycks-ventilens och säkerhetsventilens bultar och dra åt båda bultarna till angivet moment.

c) Montera pumpkåpan och dra åt dess bultar till angivet moment **(se bild)**.

d) Avsluta med att flöda oljepumpen genom att fylla den med ren motorolja samtidigt som du vrider runt den inre rotorn.

Montering

9 Sätt tillbaka kamkedjekåpan enligt beskrivningen i avsnitt 7.

14 Oljekylare – demontering och montering

Demontering

1 Oljekylar-/oljefilterenheten sitter på den främre, vänstra änden av motorblocket och kylaren är fastskruvad på framsidan av oljefilterhuset. För att komma åt bättre, dra åt handbromsen ordentligt och lyft sedan upp framvagnen och ställ den på pallbockar. Om så behövs, skruva loss fästklämmorna/-skruvarna och demontera motorns/växel-lådans underkåpa. Demontera även motorns övre skyddskåpa.

2 För att minimera kylvätskeförlusterna, kläm ihop kylvätskeslangarna på bägge sidor av

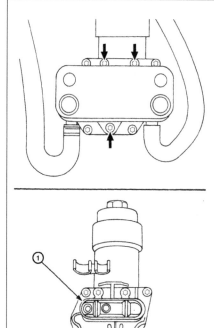

14.4 Skruva loss de tre fästskruvarna (se pilar) och ta bort oljekylaren från oljefilterhuset

1 Oljetätning mellan oljekylare och oljefilterhus

oljekylaren. Lossa därefter fästklämmorna och koppla loss båda slangarna. Var beredd på lite kylvätskespill och torka upp all kylvätska som eventuellt rinner ut.

3 Även om det går att avlägsna oljekylaren från oljefilterhuset när detta sitter på plats, är det bättre att först ta loss filterhuset sedan demontera oljekylaren på arbetsbänken. Skruva loss de övre och nedre bultarna och ta bort huset med kylaren från motorns framsida. Ta bort och kasta tätningsringen och ersätt den med en ny.

4 Skruva loss bultarna och demontera olje-kylaren från oljefilterhuset **(se bild)**. Ta bort och kasta tätningsringen och ersätt den med en ny.

Montering

5 Montering sker i omvänd ordning mot demonteringen, men kom ihåg att rengöra fogytorna och använda nya tätningsringar. Dra åt fästbultarna till angivet moment. Kontrollera och fyll på kylvätska enligt beskrivningen i *Veckokontroller.*

15 Vevaxelns packboxar – byte

Höger sida (kamkedjeänden)

1 Demontera vevaxelns remskiva enligt beskrivningen i avsnitt 6.

2 Bänd med hjälp av en stor spårskruvmejsel försiktigt ut packboxen ur kamkedjekåpan **(se bild)**.

3 Rengör packboxens säte och putsa av alla grader eller vassa kanter som kan ha orsakat skadan på packboxen.

4 Smörj den nya packboxens tätningsläppar med ren motorolja och pressa/knacka in packboxen i rak vinkel i sätet tills den ligger i liv med kåpan **(se bild)**. Använd vid behov en lämplig, rörformig drivdorn – t.ex. en skruvhylsa – som bara ligger an mot den hårda ytterkanten på packboxen för att knacka in denna. Sätt i packboxen så att dess tätningsläppar vänds inåt och var mycket försiktig så att de inte skadas vid monteringen.

5 Tvätta bort alla spår av olja och sätt sedan tillbaka vevaxelns remskiva enligt beskrivningen i avsnitt 6.

Vänster sida (svänghjulsänden)

6 Demontera svänghjulet enligt beskrivningen i avsnitt 16.

7 Stansa eller borra försiktigt två små hål mitt emot varandra i packboxen. Skruva i en självgängande skruv i vardera hålet och dra ut packboxen genom att dra i skruvarna med tång **(se bild)**.

8 Rengör packboxens säte och putsa av alla grader eller vassa kanter som kan ha orsakat skadan på packboxen.

9 Smörj den nya packboxens tätningsläppar med ren motorolja och lirka den på plats på vevaxeländen. Pressa packboxen rakt in på

15.2 Bänd ut den högra vevaxeländens packbox från kamkedjekåpan

15.4 Pressa/knacka den nya packboxen rakt in på plats tills den ligger i liv med kåpan

15.7 Dra ut den vänstra vevaxeländens packbox

15.9 Trä försiktigt den nya packboxen över vevaxeländen och knacka/pressa den rakt in på plats

16.2 Blockera svänghjulets krondrev . . .

16.3 . . . och skruva sedan loss fästbultarna och ta bort svänghjulet

plats tills den ligger i liv med lageröverfallet. Använd vid behov en lämplig, rörformig drivdorn – t.ex. en skruvhylsa – som bara ligger an mot den hårda ytterkanten på packboxen för att knacka in denna. Sätt i packboxen så att dess tätningsläppar vänds inåt och var mycket försiktig så att de inte skadas vid monteringen **(se bild)**.
10 Sätt tillbaka svänghjulet enligt beskrivningen i avsnitt 16.

16 Svänghjul – demontering, kontroll och montering

Observera: *Det krävs nya fästbultar till svänghjulet vid återmonteringen.*

Demontering

1 Demontera växellådan enligt beskrivningen i kapitel 7A och demontera därefter kopplingsenheten enligt beskrivningen i kapitel 6.
2 Hindra svänghjulet från att rotera genom att låsa krondrevets kuggar på liknande sätt som visas här **(se bild)**. Du kan också skruva fast ett bandjärn mellan svänghjulet och motorblocket/vevhuset. Gör inställningsmarkeringar på svänghjulet och vevaxeln med färg eller en lämplig märkpenna.
3 Skruva loss fästbultarna och demontera svänghjulet **(se bild)**. **Observera:** *Svänghjulet är mycket tungt, var försiktig så att du inte tappar det vid demonteringen.*

Kontroll

4 Undersök om svänghjulets krondrev är slitet eller urflisat. På vissa modeller går det att byta krondrev, men det är ingen uppgift för hemmamekanikern. Vid byte måste det nya krondrevet hettas upp till 180–230 °C för att det ska gå att montera.
5 Undersök om det finns repor på svänghjulets kopplingsyta. Är kopplingsytan repig kan det fungera att slipa svänghjulet, men att byta det är att föredra.
6 Är du tveksam om svänghjulets skick så rådfråga någon Saabverkstad eller motorrenoveringsfirma. De kan avgöra om det går att renovera svänghjulet eller om det måste bytas.

Montering

7 Rengör kontaktytorna mellan svänghjulet och vevaxeln.
8 Passa in svänghjulet och sätt i de nya fästbultarna. Rikta in de tidigare gjorda markeringarna mot varandra om du sätter tillbaka det gamla svänghjulet.
9 Blockera svänghjulet på samma sätt som vid isärtagningen. Arbeta sidan i diagonal ordningsföljd och dra åt bultarna jämnt och stegvis till angivet moment för steg 1.
10 När alla bultar dragits åt till momentet för steg 1, går du varvet runt och drar åt alla bultarna till den angivna vinkeln för steg 2. Använd en vinkelmätare under det avslutande momentet för att garantera att bultarna dras åt korrekt. Har du ingen vinkelmätare kan du måla inställningsmärken med vit färg innan du drar åt. Markeringarna kan sedan användas för att kontrollera att bulten har vridits till rätt vinkel.
11 Montera kopplingen enligt beskrivningen i kapitel 6. Ta sedan bort låsverktyget och montera växellådan enligt beskrivningen i kapitel 7A.

17 Motorns/växellådans fästen – kontroll och byte

Observera: *Saab rekommenderar att fästena på både höger och vänster sida byts om något av dem skadas.*

Kontroll

1 Om du behöver komma åt bättre, lyft upp bilens framvagn och ställ den stadigt på pallbockar. Vid behov, skruva loss fästskruvarna och ta bort skyddskåpan under motor-/växellådsenheten.
2 Kontrollera gummifästet för att se om det har spruckit, hårdnat eller släppt från metallen någonstans. Byt fästet vid sådana tecken på skador eller åldrande.
3 Kontrollera att fästenas hållare är hårt åtdragna. Kontrollera helst med en momentnyckel.
4 Använd en stor skruvmejsel eller ett bräckjärn och leta efter slitage i fästet genom att försiktigt försöka bända det för att se om

det finns något glapp. Där detta inte är möjligt, låt en medhjälpare vicka på motorn/växellådan framåt/bakåt och i sidled, medan du studerar fästet. Ett visst spel är att vänta även från nya delar medan ett större slitage märks tydligt.
5 Om för stort spel förekommer, kontrollera först att hållarna är tillräckligt åtdragna, och om det behövs, byt sedan slitna komponenter enligt beskrivningen nedan.

Byte

Observera: *Innan du lossar några av motorns fästbultar/-muttrar, bör du märka ut hur fästena sitter på sina respektive fästbyglar, så att de hamnar rätt gentemot varandra vid återmonteringen.*

Höger fäste

6 Dra åt handbromsen och ställ framvagnen på pallbockar (se *Lyftning och stödpunkter*). Ta bort motorns undre skyddskåpa.
7 Demontera luftrenaren, massluftflödesmätaren och luftkanalerna från turboaggregatet och ventilkåpan enligt beskrivningen i kapitel 4 B.
8 Lossa bränsleslangarna och kabelkanalen från stödfästet och flytta dem åt sidan.
9 Stötta motorn/växellådan under sumpen med en garagedomkraft och träkloss. **Observera:** *Var försiktig så att avgassystemet inte belastas för kraftigt när motorn lyfts. Koppla om så behövs loss det främre avgasröret från grenröret (se kapitel 4B).*
10 Skruva loss de fyra bultar som håller fast fästbyglarna vid motorn och karossen och sänk ner motorn från motorrummet. Om det behövs går det att skruva loss fästbygeln från höger sida av motorblocket.
11 Monteringen utförs i omvänd ordningsföljd mot demonteringen. Kom ihåg att dra åt bultarna till angivet moment.

Vänster fäste

12 Dra åt handbromsen och ställ framvagnen på pallbockar (se *Lyftning och stödpunkter*). Demontera motorns underkåpa och vänster luftledarplåt.
13 Stötta motorn/växellådan under växellådan med en garagedomkraft och träkloss. **Observera:** *Var försiktig så att avgassystemet inte belastas för kraftigt när motorn lyfts.*

Koppla om så behövs loss det främre avgasröret från grenröret (se kapitel 4B).

14 Skruva loss fästets centrumbult och skruva sedan loss bultarna som håller fast fästet vid karossen. Ta bort fästet från motorrummet. Om det behövs går det att skruva loss fästbygeln från växellådan. Observera att det sitter en jordkabel ansluten på den yttre gängdelen på en av bultarna.

15 Monteringen utförs i omvänd ordningsföljd mot demonteringen. Kom ihåg att dra åt bultarna till angivet moment.

Bakre fäste

16 Dra åt handbromsen och ställ framvagnen på pallbockar (se *Lyftning och stödpunkter*). Ta bort motorns undre skyddskåpa.

17 Stötta motorn/växellådan med en garagedomkraft och träkloss. Placera domkraften under växellådan och lyft denna försiktigt tills det bakre fästet är helt obelastat.

18 Skruva loss muttern från ovansidan av det bakre fästet.

19 Skruva loss bultarna som fäster växel-väljarlänkagets fästbygel vid växellådan och lyft av fästbygeln från fästets ovansida.

20 Skruva loss den nedre fästmuttern och demontera det bakre fästet från kryssram-balken.

21 Monteringen utförs i omvänd ordningsföljd mot demonteringen, men var noga med att rikta in styrstiften på fästet korrekt mot hålen i fästbygeln och kryssrambalken. Dra åt alla muttrar och bultar till angivet moment.

18 Balanseringsenhet – allmän information, demontering och montering

Allmän information

1 Motorn är försedd med en balanseringsenhet för att minska vibrationer och oljud. Den består av två balansaxlar som drivs av en kedja från vevaxeln. Kedjan hålls sträckt av en hydraulisk kedjespännare som sitter på framsidan av balanseringsenhetens hus **(se bild)**. Balansaxlarna roterar åt motsatt håll mot vevaxeln med dubbla dess hastighet.

2 Balanseringsenheten är monterad på vevaxelns 2:a och 3:e ramlager och får sin oljetillförsel genom dessa två ramlager.

Demontering

3 Demontera sumpen enligt beskrivningen i avsnitt 12. Bultarna är olika långa – notera vilken som sitter var.

4 Ställ in ÖD för kolven i cylinder 1 enligt beskrivningen i avsnitt 3 och sätt i synkroni-seringsstiftet.

5 Balansaxlarna ska nu vara låsta i sina ÖD-lägen. Saabs mekaniker sticker in verktyg 83 95 469 genom hålet på baksidan av enheten, men det går också att använda

en svetselektrod eller liknande stång av lämplig diameter. Demontera även kedjans skyddskåpa.

6 Tryck tillbaka och spärra kedjespännaren. Skruva sedan loss kedjedrevet från enheten.

7 Skruva enbart loss de 7 yttre bultarna och sänk ner balansaxelenheten från motorns undersida.

8 Placera enheten på arbetsbänken och skruva loss kedjespännaren och fästbygeln.

9 Ta bort låsverktyget och skruva sedan loss de återstående bultarna och lyft av kåpan. Märk balansaxlarna så att de kan sättas tillbaka på rätt plats och ta sedan bort dem från enheten.

10 Rengör komponenterna och kontrollera om de är allvarligt slitna eller skadade. Byt hela enheten om någon av delarna är i dåligt skick.

Montering

11 Sätt tillbaka balansaxlarna i deras ursprungslägen i enheten. Montera sedan kåpan och dra åt bultarna ordentligt.

12 Vrid axlarna så att vikterna vänds uppåt och spärra dem genom att sätta i låsverktyget.

13 Montera kedjespännaren och fästbygeln och dra åt bultarna till angivet moment.

14 Placera balansaxeln på motorns vevhus. Sätt i bultarna och dra åt till angivet moment.

15 Montera kedjedrevet, sätt i bulten och dra åt till angivet moment och vinkel.

16 Lägg an kedjan mot drevet, frigör kedjespännaren och montera kedjekåpan.

17 Ta bort låsverktyget och sätt sedan tillbaka sumpen enligt beskrivningen i avsnitt 12.

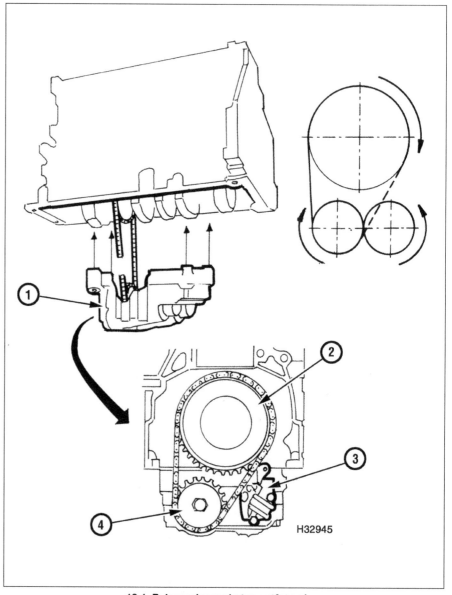

18.1 Balanseringsenhetens utformning
1 Balanseringsenhet 2 Vevaxeldrev 3 Kedjespännare 4 Balansaxeldrev

Kapitel 2 Del C:
Motor – demontering och reparationer

Innehåll

Svårighetsgrad

Enkelt, passar novisen med lite erfarenhet	**Ganska enkelt**, passar nybörjaren med viss erfarenhet	**Ganska svårt**, passar kompetent hemmamekaniker	**Svårt**, passar hemmamekaniker med erfarenhet	**Mycket svårt**, för professionell mekaniker

Specifikationer

Bensinmotorer

Ventiler

Ventilhuvuddiameter:
  Insug .... 33,0 mm
  Avgas .... 29,0 mm
Ventilskaftsdiameter:
  Insug .... 4,970 till 4,985 mm
  Avgas:
    Utom B235R, B205R och B205L .... 4,950 till 4,965 mm
    B235R, B205R och B205L .... 4,965 till 7,980 mm
Ventilfjäder:
  Fri längd .... 57,1 till 60,1 mm
  Monterad längd .... 37,5 mm
Ventillängd:
  Insug .... 107,30 mm
  Avgas .... 107,84 mm

Topplock

Höjd (ny)	139,4 till 139,6 mm
Höjd (min)	139,0 mm

Spelrum mellan ventilstyrning och ventilskaft (max):

Insug	0,17 mm
Avgas	0,22 mm

Motorblock

Cylinderlopp, diameter:

Standard (A)	90,000 till 90,020 mm
Standard (B)	90,020 till 90,040 mm
Första överdimension	90,500 till 90,520 mm
Andra överdimension	91,000 till 91,020 mm

Balansaxlar

Axialspel	0,060 till 0,460 mm

Axeltapp, diameter:

Större, inre	39,892 till 39,908 mm
Mindre, yttre	19,947 till 19,96 mm

Lager, diameter:

Större, inre	39,988 till 40,043 mm
Mindre, yttre	20,0 till 20,021 mm

Lagerspel:

Standard	0,080 till 0,151 mm
Maximalt	0,18 mm

Kolvar

Observera: *Kolvens diameter mäts i rät vinkel mot kolvtappens hål, 11 mm från kjolens nedre del. Kolvens klassificering är stämplad på kronan.*

Kolvens diameter:

AB (för standardlopp A eller B)	89,966 till 89,975 mm
B (för standardlopp B)	89,975 till 89,982 mm
Första överdimension (+ 0,5 mm)	90,457 till 90,475 mm
Andra överdimension (+ 1,0 mm)	90,957 till 90,975 mm
Nominellt kolvspel (ny)	0,025 till 0,056 mm

Vevstakar

Längd (mitt till mitt):

B204 och B205	159 mm
B234 och B235	153 mm

Vevaxel

Axialspel	0,08 till 0,34 mm
Lagertapp, maximal ovalitet	0,005 mm

Ramlagertapparnas diameter:

Standard	57,981 till 58,000 mm
1:a underdimension	57,731 till 57,750 mm
2:a underdimension	57,481 till 57,500 mm
Ramlagerspel	0,014 till 0,062 mm

Vevstakslagertapparnas diameter:

Standard	51,981 till 52,000 mm
1:a underdimension	51,731 till 51,750 mm
2:a underdimension	51,481 till 51,500 mm
Vevstakslagerspel	0,020 till 0,068 mm

Kolvringar

Öppningar i cylindern:

Övre kompressionsring	0,30 till 0,50 mm
Nedre kompressionsring	0,30 till 0,50 mm
Skrapring	0,75 till 1,00 mm

Sidspel i ringspår:

Övre kompressionsring	0,035 till 0,080 mm
Andra kompressionsring	0,040 till 0,075 mm
Oljekontrollring	Ingen uppgift

Åtdragningsmoment

Se kapitel 2A, Specifikationer.

Dieselmotor

Topplock

Max. förändring av packningsyta	Ingen uppgift
Kamlyft	8,0 mm
Topplockshöjd	140 mm
Ventilsätets vinkel i topplocket	90°
Ventilsätets bredd	1,4 till 1,8 mm

Ventiler och styrningar

Ventilstyrningens höjd i topplocket	11,20 till 11,50 mm	
Ventilsätets vinkel i ventilhuvudet	90° 40'	
Ventilskaftdiameter:	**Insug**	**Avgas**
Standard (K)	5,955 till 5,970 mm	5,945 till 5,960 mm
1:a överstorlek – 0,075 mm (K1)	6,030 till 6,045 mm	6,020 till 6,035 mm
2:a överstorlek – 0,150 mm (K2)	6,105 till 6,120 mm	6,095 till 6,110 mm
Ventilskaftets skevhet	mindre än 0,03 mm	
Ventilstyrningslopp, diameter:		
Standard (K)	6,000 till 6,012 mm	
1:a överstorlek – 0,075 mm (K1)	6,075 till 6,090 mm	
2:a överstorlek – 0,150 mm (K2)	6,150 till 6,165 mm	
Ventilstyrningens längd:		
Insug	44,75 till 45,25 mm	
Avgas	34,75 till 35,25 mm	
Spel mellan skaft och styrning:		
Insug	0,030 till 0,057 mm	
Avgas	0,040 till 0,067 mm	
Ventillängd:		
Insug:		
Standard	97,10 mm	
Överstorlek	97,20 mm	
Avgas:		
Standard	96,90 mm	
Överstorlek	97,00 mm	
Ventilhuvuddiameter:		
Insug	28,9 till 29,1 mm	
Avgas	25,9 till 26,1 mm	

Motorblock

Max. förändring av packningsyta	Ingen uppgift
Cylinderlopp, diameter:	
Standard:	
Storleksgrupp 8	83,975 till 83,985 mm
Storleksgrupp 99	83,985 till 83,995 mm
Storleksgrupp 00	83,995 till 84,005 mm
Storleksgrupp 01	84,005 till 84,015 mm
Storleksgrupp 02	84,015 till 84,025 mm
Överstorlek – 0,5 mm	84,475 till 84,485 mm
Max. ovalitet, cylinderlopp	Ingen uppgift
Max. gängtapp, cylinderlopp	Ingen uppgift

Kolvar och ringar

Kolvens diameter:	
Standard:	
Storleksgrupp 8	83,905 till 83,915 mm
Storleksgrupp 99	83,915 till 83,925 mm
Storleksgrupp 00	83,925 till 83,935 mm
Storleksgrupp 01	83,935 till 83,945 mm
Storleksgrupp 02	83,945 till 83,955 mm
Överstorlek – 0,5 mm	84,385 till 84,395 mm
Spel mellan kolv och lopp	0,08 till 0,10 mm
Kolvringens ändgap (monterad i loppet):	
Övre och andra kompressionsringen	0,3 till 0,5 mm
Oljeskrapring	0,4 till 1,4 mm
Spel mellan kolvring och spår:	
Övre och andra kompressionsringen	0,02 till 0,04 mm
Oljeskrapring	0,01 till 0,03 mm
Kolvringarnas tjocklek:	
Övre kompressionsringen	2,00 mm
Andra kompressionsringen	1,75 mm
Oljeskrapring	3,00 mm
Kolvringsglapp i cylinder	120°

Kolvtapp

Diameter . . . .   29 mm
Längd   . . . .   68 mm

Vevstake

Spel vid storänden . . . .   0,07 till 0,28 mm

Vevaxel

Axialspel . . . .   0,050 till 0,152 mm
Ramlagertapparnas diameter:
  Standard:
    Grön . . . .   67,966 till 67,974 mm
    Brun . . . .   67,974 till 67,982 mm
  1:a understorlek – 0,25 mm:
    Grön/blå . . . .   67,716 till 67,724 mm
    Brun/blå . . . .   67,724 till 67,732 mm
  2:a understorlek – 0,50 mm:
    Grön/lila . . . .   67,466 till 67,474 mm
    Brun/lila. . . . .   67,474 till 67,482 mm
Vevstakslagertappens (vevtappens) diameter:
  Standard. . . . .   48,971 till 48,990 mm
  1:a understorlek – 0,25 mm . . . .   48,721 till 48,740 mm
  2:a understorlek – 0,50 mm . . . .   48,471 till 48,490 mm
Axeltappens ovalitet.   0,03
Axeltappens gängtapp. . . . .   Ingen uppgift
Vevaxelns skevhet . . . .   mindre än 0,03 mm
Ramlagerspel . . . .   0,016 till 0,069 mm
Vevstakslagrets (vevtappens) spel . . . .   0,010 till 0,061 mm

Åtdragningsmoment

Se kapitel 2B, Specifikationer.

1 Allmän information

Denna del av kapitel 2 innehåller information om demontering av motorn/växellådan, renovering av topplock, motorblock/vevaxel samt övriga komponenter i motorn. Observera att även demontering av kamkedjan och balansaxeln på bensinmotorer tas upp i det här kapitlet eftersom det är mer praktiskt att utföra detta när motorn är demonterad.

Informationen sträcker sig från råd angående förberedelser inför renovering och inköp av nya delar till detaljerade beskrivningar steg-för-steg av hur man demonterar, kontrollerar, renoverar och monterar motorns inre komponenter.

Från och med avsnitt 5 bygger alla instruktioner på att motorn har tagits bort från bilen. Mer information om reparationer med motorn monterad, liksom demontering och montering av de externa komponenter som är nödvändiga vid fullständig renovering, finns i del A eller B i det här kapitlet. Hoppa över de instruktioner om isärtagning som är överflödiga när motorn demonterats från bilen.

Förutom åtdragningsmomenten, som anges i början respektive anvisning för reparation med motorn kvar i bilen i kapitel 2A och 2B, anges alla specifikationer för motoröversyn i början av denna del av kapitel 2.

2 Motorrenovering – allmän information

Det är inte alltid lätt att bestämma när, eller om, en motor ska totalrenoveras eftersom ett antal faktorer måste tas med i beräkningen.

En lång körsträcka är inte nödvändigtvis ett tecken på att bilen behöver renoveras, lika lite som att en kort körsträcka garanterar att det inte behövs någon renovering. Förmodligen är servicefrekvensen den viktigaste faktorn. En motor som har fått regelbundna olje- och filterbyten och annat nödvändigt underhåll bör gå bra i flera tusen mil. En vanskött motor kan däremot behöva en översyn redan på ett tidigt stadium.

Onormalt stor oljeåtgång är ett symptom på att kolvringar, ventiltätningar och/eller ventilstyrningar behöver åtgärdas. Kontrollera att oljeåtgången inte beror på oljeläckage innan du drar slutsatsen att ringarna och/eller styrningarna är slitna. Utför ett kompressionstest, enligt beskrivningarna i del A eller B i detta kapitel, för att avgöra den troliga orsaken till problemet.

Kontrollera oljetrycket med en mätare som monteras på platsen för oljetrycksbrytaren och jämför det med det angivna värdet. Om trycket är mycket lågt är troligen ram- och vevstakslagren och/eller oljepumpen utslitna.

Minskad motorstyrka, hackig körning, knackningar eller metalliska motorljud, kraftigt ventilregleringsljud och hög bensinkonsumtion är också tecken på att en renovering kan behövas, i synnerhet om dessa symptom visar sig samtidigt. Om en grundlig service inte hjälper, kan en större mekanisk genomgång vara den enda lösningen.

En motorrenovering innebär att alla interna delar återställs till de specifikationer som gäller för en ny motor. Vid en renovering omborras cylindrarna (om det behövs) och kolvarna och kolvringarna byts ut. Nya ram- och vevlager brukar monteras. Om det behövs kan vevaxelns bytas ut eller slipas om för att återställa axeltapparna. Även ventilerna måste gås igenom, eftersom de vid det här laget sällan är i perfekt kondition. Medan motorn renoveras kan man samtidigt renovera andra delar, t.ex. strömfördelaren (i förekommande fall), startmotorn och växelströmsgeneratorn. Slutresultatet bör bli en motor som kan gå många problemfria mil.

Observera: *Viktiga kylsystemsdelar, t.ex. slangar, termostat och vattenpump, ska också gås igenom i samband med att motorn renoveras. Kylaren ska kontrolleras noggrant så att den inte är tilltäppt eller läcker. Det är dessutom lämpligt att byta ut oljepumpen när motorn renoveras.*

Innan du påbörjar renoveringen av motorn bör du läsa igenom hela beskrivningen för att bli bekant med omfattningen och förutsättningarna för arbetet. Att göra en översyn av en motor är inte svårt om alla instruktioner följs noggrant, om man har de verktyg och den utrustning som krävs och följer alla specifikationer noga. Däremot kan arbetet ta tid. Planera för att bilen inte kommer att gå att använda under minst två veckor, särskilt om delarna måste tas till en verkstad för reparation eller renovering. Kontrollera att det finns reservdelar tillgängliga och att alla nödvändiga specialverktyg och utrustning kan erhållas i förväg. Större delen av arbetet kan utföras med vanliga handverktyg, även om ett antal precisionsmätverktyg krävs för att avgöra om delar måste bytas ut. Ofta kan en verkstad åta sig att ansvara för inspektion av delar och ge råd om renovering och byten.

Observera: *Vänta alltid tills motorn är helt demonterad och tills alla delar (speciellt motorblocket/vevhuset och vevaxeln) har inspekterats, innan du fattar beslut om vilka service- och reparationsåtgärder som måste överlåtas till en verkstad. Skicket på dessa komponenter är avgörande för beslutet att renovera den gamla motorn eller att köpa en färdigrenoverad motor. Köp därför inga delar och utför inte heller något renoveringsarbete på andra delar, förrän dessa komponenter noggrant har inspekterats.* Generellt sett är tiden den största utgiften vid en renovering, så det lönar sig inte att betala för att sätta in slitna eller undermåliga delar.

Slutligen, den renoverade motorn kommer att få längsta möjliga livslängd med minsta möjliga problem om monteringen utförs omsorgsfullt i en absolut ren miljö.

3 Motordemontering – metoder och rekommendationer

Om motorn måste demonteras för översyn eller omfattande reparationsarbeten ska flera förebyggande åtgärder vidtas.

Det är mycket viktigt att man har en lämplig plats att arbeta på. Arbetsplatsen ska ha tillräckligt med arbetsutrymme och en plats att förvara bilen. Om en verkstad eller ett garage inte finns tillgängligt krävs åtminstone en fast, plan och ren arbetsyta.

Om motorrummet och motorn/växellådan rengörs innan motorn demonteras blir det lättare att hålla verktygen rena och i ordning.

En motorhiss eller ett linblock kommer också att behövas. Kontrollera att lyftutrustningen är gjord för att klara större vikt än motorns och växellådans gemensamma vikt. Säkerheten är av högsta vikt, det är ett riskabelt arbete att lyfta motorn/växellådan ur bilen.

Om det är första gången du demonterar en motor bör du ta hjälp av en medhjälpare. Det underlättar mycket om en erfaren person kan bistå med råd och hjälp. Många moment under arbetet med att demontera en motor kräver att flera uppgifter utförs samtidigt, något en ensam person inte klarar.

Planera arbetet i förväg. Skaffa alla verktyg och all utrustning som behövs innan arbetet påbörjas. Några av de verktyg som behövs för att kunna demontera och installera motor/växellådan på ett säkert och någorlunda enkelt sätt är (förutom en motorhiss) följande: En garagedomkraft – anpassad till en högre

vikt än motorns – en komplett uppsättning nycklar och hylsor enligt beskrivningen i slutet av handboken, träblock och en mängd trasor och rengöringsmedel för att torka upp spill av olja, kylvätska och bränsle. Se till att du är ute i god tid om motorhissen måste hyras, och utför alla arbeten som går att göra utan den i förväg. Det sparar både pengar och tid.

Räkna med att bilen inte kan köras under en längre tid. Vissa åtgärder bör överlåtas till en verkstad eftersom man inte kan utföra dessa åtgärder utan tillgång till specialutrustning. Verkstäder är ofta fullbokade, så det är lämpligt att fråga hur lång tid som kommer att behövas för att renovera eller reparera de komponenter som ska åtgärdas redan innan motorn demonteras.

Var alltid mycket försiktig vid demontering och montering av motorn/växellådan. Slarv kan leda till allvarliga skador. Planera i förväg och låt arbetet få ta den tid som behövs, då kan även omfattande arbeten utföras framgångsrikt.

Motorn och växellådan demonteras genom att de sänks ner under motorrummet.

4 Motor och växellåda – demontering, isärtagning och montering

Observera: *Motorn tas bort tillsammans med växellådan genom att man sänker ner dem från motorrummet. Observera dock att det är möjligt att demontera växellådan utan att demontera motorn – se kapitel 7A eller 7B.*

Demontering

1 Parkera bilen på fast, plant underlag. Dra åt handbromsen, lyft sedan upp framvagnen och ställ den på pallbockar (se *Lyftning och stödpunkter*). Se till att du har tillräckligt med utrymme under framvagnen för att ta bort motorn/växellådan.

2 Ta bort båda framhjulen och ta bort motorns underkåpa och de båda främre hjulhusfodren så att du kommer åt båda sidorna av motorrummet.

3 Töm ut kylvätskan enligt beskrivningen i kapitel 1A eller 1B. Spara kylvätskan i en ren behållare om den kan återanvändas. Dra åt avtappningspluggen på kylarens vänstra nedre del.

> ⚠️ **Varning: Motorn måste vara kall innan kylvätskan tappas ur.**

4 Om motorn ska tas isär, tappa av oljan och ta bort oljefiltret enligt beskrivningen i kapitel 1A eller 1B.

5 Koppla loss stödbenen från motorhuven och fäста den i helt öppet läge. Annars kan du ta bort motorhuven enligt beskrivningen i kapitel 11.

6 Ta bort kåporna från motorns ovansida, insugningsröret och batteriet och ta sedan bort batteriet enligt beskrivningen i kapitel 5A. Ta även bort batterihyllan.

7 Lossa klämmorna i motorrummets bakre

del och koppla loss kylvätskeslangarna från värmeenheten. Observera hur slangarna är placerade.

8 Gå till kapitel 4A eller 4B och ta bort luftrenarenheten, luftflödesmätaren och intilliggande luftkanaler.

Bensinmodeller

9 Koppla loss gasvajern från gasspjällshuset (se kapitel 4A).

10 Koppla loss vevhusventilationsslangen från ventilkåpan.

11 Koppla loss bränsletillförselledningarna och returledningarna med snabbkopplingar och koppla sedan loss kolfilterslangen från gasspjällshuset. Förslut båda ändarna av de öppna bränsleledningarna för att minimera läckaget och förhindra att smuts tränger in.

12 Lossa klämmorna, koppla loss kablaget från tryck- och temperaturgivaren och koppla om det behövs loss stryphylseslangen. Skruva sedan loss turboaggregatets luftrör från motorrummets vänstra sida.

13 Ta bort värmeskölden från avgasgrenröret.

14 Ta bort instrumentbrädans nedre panel (högerstyrd bil) eller handskfacket (vänsterstyrd bil), vik sedan undan mattan och ta bort luftkanalen. Koppla loss kablaget från värmeenheten och instrumentbrädan, dra in det i motorrummet och placera det på motorn.

15 Koppla loss bromsservons vakuumslang från insugningsröret **(se bild)**.

16 Koppla loss luftkanalen från turboaggregatet och laddluftkylaren i förekommande fall.

17 Koppla loss kablaget från kolfiltrets avluftningsventil, ta sedan bort bypassventilen från mellanväggen och placera den på motorn. Ta även bort jordkabeln mellan växellådan och karossen.

18 Koppla loss lambdasondens kablage, skruva sedan loss det främre avgasröret från turboaggregatet och för det åt sidan.

Dieselmodeller

19 På tidiga modeller med EDC15-systemet, ta bort instrumentbrädans nedre panel (högerstyrd bil) eller handskfacket (vänsterstyrd bil), vik sedan undan mattan och ta bort luftkanalen. Koppla loss kablaget från värmeenheten, gå sedan till kapitel

4.15 Koppla loss vakuumslangen (se pil) från baksidan av grenröret

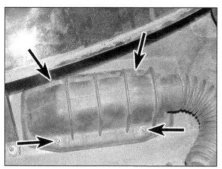

4.19a Ta bort de fyra fästmuttrarna (se pilar) . . .

4.19b . . . och lossa multikontaktdonet från styrmodulen

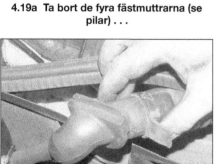

4.19c Dra loss gummikabelgenomföringen från mellanväggspanelen

4.19d Snäpp loss kåpan från kabel-blockets kontaktdon på mellanväggen

4B och ta bort motorstyrningens ECU. Koppla loss kablaget från ECU:n och jordanslutningen **(se bilder)**.

20 Gå till kapitel 4B, avsnitt 9, och ta bort gaspedalens lägesgivare från mellanväggen.

21 Koppla loss bränsletillförselledningens och returledningens snabbkopplingar. Saab-mekaniker använder ett specialverktyg för detta, men det går att använda en liten skruvmejsel för att trycka ner flikarna på vardera sidan. Förslut båda ändarna av de öppna bränsleledningarna för att minimera läckaget och förhindra att smuts tränger in.

22 Koppla loss kablaget från mellanväggen, lossa det från buntbanden och dra in det i motorrummet. Lossa bränsleledningarna, ta sedan bort kabelhärvan och fästbygeln och placera den på motorn.

23 Koppla loss vakuumslangen från broms-systemets vakuumpump.

24 Skruva loss turboaggregatets mat-ningsrör.

25 Koppla loss luftslangarna från ladd-luftkylaren och insugningsröret.

26 Koppla loss vakuumslangarna från avgasåterföringens och virvelspjällets ventiler.

27 Skruva loss det främre avgasröret från turboaggregatet och för det åt sidan. Koppla även loss vakuumslangen från turboaggregatets övertrycksventil.

Alla modeller

28 Ta bort drivremmen enligt beskrivningen i kapitel 1A eller 1B.

29 Gå till kapitel 10 och skruva loss servostyrningspumpen från motorn. Låt hydraulvätskeslangarna sitta kvar. Bind fast pumpen vid ena sidan.

30 Lossa klämmorna och koppla loss kylvätskeslangarna från kylaren, vatten-pumpen, expansionskärlet, topplocket och bypassventilen.

31 Koppla loss kablaget från AC-kompressorn, skruva sedan loss den från motorn enligt beskrivningen i kapitel 3 utan att koppla loss kylmedieledningarna. Bind fast kompressorn vid ena sidan.

32 Ta bort locket från säkringsdosan bredvid batteriplatsen, koppla sedan loss plus- och minusledningen från anslutningarna. Placera kablaget på motorn.

33 På modeller med automatväxellåda, utför följande:

a) *Skruva loss muttern och ta bort växelspaken från växellådan.*

b) *Koppla loss alla kablage från växellådan* **(se bild)**.

c) *Ta bort oljekylarens rör och tejpa över hålen så att smuts eller damm inte kommer in.*

34 På modeller med manuell växellåda, utför följande:

a) *Koppla loss kablaget från backljus-kontakten vid kontaktdonet ovanpå växellådshuset.*

b) *Se kapitel 7A, avsnitt 3: Lås växellådan och växelspaken inuti bilen.*

c) *Lossa fästklämman och koppla loss anslutningen för matning av kopplingsolja vid växellådans överdel. Sätt tillbaka fästklämman på kontaktdonet när du har kopplat loss den så att den inte kommer bort. Förslut båda ändarna av de öppna kopplingsoljeledningarna för att minimera läckaget och förhindra att smuts tränger in.*

35 Placera en behållare under motorolje-kylarens rör, efter tillämplighet. Skruva loss muttern och koppla loss oljekylarens rör från oljefilterhuset, skruva sedan loss fästbultarna och ta bort motoroljekylaren helt med kylarens rör från bilen **(se bilder)**.

36 Anslut en lämplig lyft till motorns lyftöglor på båda sidor om topplocket. Du kan behöva ansluta en extra lyftögla till växellådan så att motorn/växellådan kan hållas rakt vid demonteringen. Hissa upp hissen tills motorn/växellådan börjar lyftas.

37 Skruva loss båda drivaxlarna enligt beskrivningen i kapitel 8.

4.33 Koppla loss kablarna till automatväxellådans styrsystem

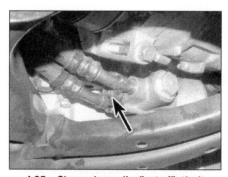

4.35a Skruva loss oljerörets fästbult (se pil) . . .

4.35b . . . och fästbultarna som håller fast oljekylaren (se pilar)

4.38 Sänk långsamt kryssrambalken bort från undersidan av motorrummet med garagedomkraften

38 Ta bort den främre kryssrambalken **(se bild)** med följande metod:
a) *Stötta motorenheten med en lämplig lyftanordning eller motorlyftbalk som placeras tvärs över motorrummet. Lyft motorn något så att den stöds av hissen/ lyftbalken.*
b) *Ta bort främre avgasröret enligt beskrivningen i kapitel 4A eller 4B.*
c) *Koppla bort framfjädringens länkarmar från hjulspindlarna, och ta bort krängningshämmaren enligt beskrivningen i kapitel 10.*
d) *Stötta kryssrambalken med en garagedomkraft.*
e) *Skruva loss och ta bort kryssrambalkens främre och bakre fästbultar, samt de två fästmuttrarna, sänk sedan ner kryssrambalken till marken.*

39 Skruva loss motorns/växellådans högra och vänstra fästen enligt beskrivningen i kapitel 2A eller 2B.
40 Kontrollera en sista gång att alla komponenter som kan hindra demonteringen av motorn/växellådan är borttagna eller urkopplade. Se till att komponenter som växelväljarstaget, kopplingsvajern och gasvajern är uppfästa så att de inte kan skadas vid demonteringen.
41 Sänk långsamt ner motorn/växellådan från motorrummet och se till att enheten går fri från komponenterna på de omgivande panelerna **(se bild)**. Var extra noga med att inte komma åt ABS-enheten eller kylaren. Ta hjälp av en medhjälpare under det här momentet eftersom motorenheten kan behöva gungas eller vridas

så att karosspanelerna inte kommer i vägen. Sänk ner enheten på marken och ta bort den via motorrummets undersida.

Isärtagning från växellådan

42 Stöd motorn/växellådan på lämpliga träblock eller på en arbetsbänk (eller, om inget annat finns till hands, på en rengjord yta på verkstadsgolvet).
43 Ta bort startmotorn enligt beskrivningen i kapitel 5A.

Modeller med manuell växellåda

44 Skruva loss bulten som fäster turbo-oljerörets fästbygel vid växellådan.
45 Skruva loss och ta bort svänghjulets skyddsplatta från undersidan av växellådans svänghjulskåpa.
46 Se till att både motorn och växellådan har stöd. Skruva sedan loss bultarna som fäster växellådshuset vid motorn enligt beskrivningen i kapitel 7A. Anteckna bultarnas respektive placeringar när de tas bort för att underlätta återmonteringen. Ta bort växellådan från motorn **(se bild)**. Var noga med att inte låta växellådans tyngd vila på den ingående axeln och kopplingens friktionsplatta.

Modeller med automatisk växellåda

47 Arbeta genom öppningen som uppstod vid demonteringen av startmotorn och skruva loss bultarna som fäster drivplattan vid momentomvandlaren **(se bild)**. Vrid motorn med en hylsa på bulten till vevaxelns remskiva för att komma åt alla bultar.
48 Saab-mekaniker använder ett special-verktyg för att hålla momentomvandlaren kvar i växellådan medan växellådan skiljs från motorn. Verktyget är ganska enkelt och består av en platta som hakar i momentomvandlaren genom tändningsinställningshålet i växellådans överdel.
49 Stötta växellådans tyngd, helst med en lyftanordning.
50 Se till att både motorn och växellådan har stöd, skruva sedan loss bultarna som fäster svänghjulskåpan vid motorn. Anteckna bultarnas respektive placeringar när de tas bort för att underlätta återmonteringen. Dra bort växellådan direkt från motorn (se kapitel 7B för mer information). Se till att momentomvandlaren stannar i växellådans svänghjulskåpa, annars kan den falla ut och skadas.

Återanslutning till växellådan
Modeller med automatisk växellåda

51 Passa försiktigt in växellådan på motorn. Se till att momentomvandlaren inte tappar kontakten med växellådan. Använd specialverktyget som beskrivits tidigare (se kapitel 7B för inställningar och mer information).
52 Montera bultarna som fäster växellådan vid motorn och dra åt dem till angivet moment.
53 Ta bort specialverktyget. Sätt därefter i bultarna som fäster drivplattan vid momentomvandlaren och dra åt dem till angivet moment. Vrid motorn med hjälp av en hylsnyckel på vevaxelns remskiva.

Modeller med manuell växellåda
Varning: Om en ny slavcylinder har monterats till kopplingen eller om hydraul-olja har runnit ut från den befintliga slavcylindern måste cylindern flödas och luftas INNAN växellådan monteras. Se kapitel 6 för mer information.
54 Stryk ett lager fett med hög smältpunkt på spårningen på växellådans ingående axel. Använd inte för mycket fett, då kan kopplingens friktionsplatta förorenas med fett.
55 Passa försiktigt in växellådan på motorn. Se till att växellådans tyngd inte hänger på de ingående axlarna när den kopplas ihop med kopplingens friktionsplatta. Montera bultarna som fäster växellådan vid motorn och dra åt dem till angivet moment.
56 I förekommande fall, montera och dra åt bultarna som fäster turbooljerörsfästet vid växellådan.

Alla modeller
57 Montera den nedre skyddsplattan till växellådans svänghjulskåpa och dra åt bultarna.
58 Montera startmotorn enligt beskrivningen i kapitel 5A.

Montering
59 Sätt tillbaka motorn och växellådan genom att följa borttagningsanvisningarna i omvänd ordning. Tänk på följande:
a) *Dra åt alla muttrar och bultar till angivet moment, om det är tillämpligt.*
b) *Byt alla koppartätningar på de anslutningar där sådana finns.*
c) *Återanslut tillförselröret till slavcylindern enligt beskrivningen i kapitel 6 och lufta sedan den hydrauliska kopplingen.*

4.41 Sänk långsamt motorn/växellådan från motorrummet

4.46 Skilj växellådan från motorn (manuell växellåda visas)

4.47 Skruva loss bultarna (en visas) som håller fast momentomvandlaren vid drivplattan

d) Kontrollera att alla kablar har återkopplats ordentligt och att alla skruvar och muttrar har dragits åt.
e) Fyll på motorn och växellådan med olja/vätska av rätt grad och i rätt mängd. Se kapitel 1A eller 1B.
f) Fyll på kylsystemet enligt beskrivningen i kapitel 1A eller 1B.
g) Kontrollera och fyll vid behov på servostyrningsoljan enligt beskrivningen i kapitel 1A eller 1B.

5 Motorrenovering – isärtagning

1 Det är betydligt enklare att demontera och arbeta med motorn om den placeras i ett portabelt motorställ. Sådana ställ går oftast att hyra i verktygsbutiker. Innan motorn monteras i stället ska svänghjulet/drivplattan demonteras så att ställets bultar kan dras ända in i motorblocket/vevhuset.
2 Om det inte finns något ställ tillgängligt går det att ta isär motorn om man pallar upp den på en rejäl arbetsbänk eller på golvet. Var noga med att inte välta eller tappa motorn om du jobbar utan ställ.
3 Om du ska skaffa en renoverad motor ska alla yttre komponenter demonteras först, för att kunna överföras till den nya motorn (på exaktsamma sätt som om du skulle utföra en fullständig renovering själv). Normalt räknas följande komponenter till de yttre komponenterna, men för att vara på den säkra sidan bör du höra dig för där du köpte motorn:

a) Insugnings- och avgasgrenrör (kapitel 4A eller 4B).
b) Fästbyglar för generator/servostyrningspump/AC-kompressor (efter tillämplighet).
c) Vattenpump (kapitel 3).
d) Bränslesystemets delar (kapitel 4A, 4B eller 4C).
e) Kabelhärva och alla elektriska omställare och givare.
f) Oljefilter (kapitel 1A eller 1B).
g) Svänghjul/drivplatta (kapitel 2A eller 2B).
h) Motorfästbyglar (kapitel 2A eller 2B).

 HAYNES TiPS Vid demonteringen av yttre komponenter från motorn, var mycket uppmärksam på detaljer som kan underlätta eller vara viktiga vid hopsättningen. Anteckna monteringslägen för packningar, tätningar, distanser, stift, brickor, bultar och andra smådelar.

4 Om du får tag i en grundmotor (som består av monterade motorblock/vevhus, vevaxel, kolvar och vevstakar), måste även topplocket och oljesumpen demonteras.
5 Om du planerar en grundlig översyn kan motorn demonteras och de invändiga delarna kan tas bort i följande ordning:
a) Insugnings- och avgasgrenrör (kapitel 4A eller 4B).
b) Topplock (kapitel 2A eller 2B).
c) Kamkedja och balansaxelkedja, drev och spännare (avsnitt 10 och 11 för bensinmodeller, kapitel 2B för dieselmodeller).

d) Svänghjul/drivplatta (kapitel 2A eller 2B).
e) Balansaxlar (avsnitt 12 för bensinmodeller, kapitel 2B för dieselmodeller).
f) Sump (kapitel 2A eller 2B).
g) Kolv/vevstakar (avsnitt 13).
h) Vevaxel (avsnitt 14).
6 Kontrollera att alla nödvändiga verktyg finns innan demonteringen och renoveringen inleds. Se Verktyg och arbetsutrymmen för mer information.

6 Topplock – isärtagning

Observera: Nya/renoverade topplock går att köpa från Saab och från specialister på motorrenovering. Tänk på att det krävs specialverktyg för isärtagning och inspektion, och att nya komponenter inte alltid går att få tag på med kort varsel. Ofta är det därför mer praktiskt och ekonomiskt för en hemmamekaniker att köpa ett renoverat topplock i stället för att ta isär, inspektera och renovera det ursprungliga topplocket.
1 Ta bort topplocket enligt beskrivningen i del A och skruva sedan loss de externa delarna – höger motorfästbygel och motorns lyftöglor etc. beroende på modell.
2 Ta bort kamaxlarna och de hydrauliska ventillyftarna enligt beskrivningen i kapitel 2A eller 2B.
3 Försök skaffa plastskydd till de hydrauliska ventillyftarnas lopp, innan ventilerna demonteras. Loppen kan lätt skadas om kompressorn råkar glida av ventiländen medan vissa ventilfjäderkompressorer används.

HAYNES TiPS Skydd för ventillyftarna kan köpas från en Saab-återförsäljare. Alternativt kan ett skydd tillverkas av en bit plast som skärs till av en diskmedelsflaska eller liknande.

4 Placera skyddet i ventillyftarloppet, tryck sedan ihop ventilfjädern med en ventilfjäderkompressor tills knastren kan tas bort. Lossa kompressorn och lyft bort fjäderhållare, fjäder och säte. Dra försiktigt bort ventilskaftstätningen från styrningens ovansida med hjälp av en tång (se bilder).

6.4a Använd en kompressor för att trycka ihop ventilfjädrarna så att knastren kan tas ut

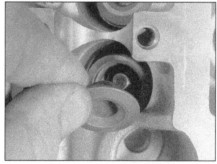

6.4b Skruva loss fjäderhållaren . . .

6.4c . . . ventilfjädern . . .

6.4d . . . och sätet

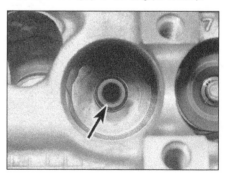

6.4e Ventilskaftets placering

6.4f Ta bort ventilskaftstätningen

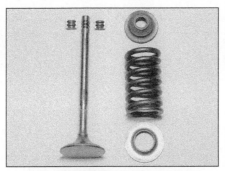

6.7a Ventilfjäderns komponenter

6.7b Placera ventilerna med tillhörande komponenter i varsin märkt plastpåse

5 Om fjäderhållaren inte lossnar så att knastren syns när fjäderkompressorn är nedskruvad, knacka lätt ovanpå verktyget med en lätt hammare direkt över hållaren. Då lossnar den.

6 Ta bort ventilen genom förbränningskammaren.

7 Det är viktigt att alla ventiler lagras tillsammans med respektive knaster, hållare, fjädrar och fjädersäten. Ventilerna bör även förvaras i samma ordning som de är placerade, om de inte är i så dåligt skick att de måste bytas ut. Om ventilerna ska återanvändas, förvara ventilkomponenterna i märkta plastpåsar eller liknande små behållare **(se bilder)**. Observera att cylinder nr 1 är placerad närmast motorns kamkedjeände.

7 Topplock och ventiler –
rengöring och kontroll

1 Om topplock och ventilkomponenter rengörs noga och sedan inspekteras blir det lättare att avgöra hur mycket arbete som måste läggas ner på ventilerna under motorrenoveringen. **Observera:** *Om motorn har blivit mycket överhettad har topplocket troligen blivit skevt – kontrollera noggrant om så är fallet.*

Rengöring

2 Skrapa bort alla spår av gamla packningsrester från topplocket.

3 Skrapa bort sot från förbränningskammare och portar och tvätta topplocket noggrant med fotogen eller lämpligt lösningsmedel.

4 Skrapa bort eventuella sotavlagringar från ventilerna, använd sedan en eldriven stålborste för att ta bort avlagringar från ventilhuvuden och skaft.

Kontroll

Observera: *Var noga med att utföra hela granskningsproceduren nedan innan beslut fattas om en verkstad behöver anlitas för någon åtgärd. Gör en lista över alla komponenter som behöver åtgärdas.*

Topplock

5 Undersök topplocket noggrant: Sök efter sprickor, tecken på kylvätskeläckage och

andra skador. Om topplocket är sprucket ska det bytas ut.

6 Använd en stållinjal och ett bladmått för att kontrollera att topplockets yta inte är skev **(se bild)**. Om topplocket är skevt kan det maskinslipas under förutsättning att det inte har slipats ner till under den angivna höjden (i förekommande fall).

7 Undersök ventilsätena i förbränningskamrarna. Om de är mycket gropiga, spruckna eller brända måste de bytas ut eller skäras om av en specialist på motorrenoveringar. Om de endast är lite gropiga kan det räcka med att slipa till ventilhuvuden och säten med fin ventilslipmassa enligt beskrivningen nedan. Observera att avgasventilerna på bensinmotorer har ett härdat ytterskikt. Det går bra att slipa till dem med slipmassa, men de får inte maskinslipas.

8 Kontrollera ventilstyrningarna efter slitage genom att montera en ventil i taget och undersöka om de rör sig i sidled. En mycket liten rörelse kan accepteras. Om rörelsen är stor ska ventilen demonteras. Mät ventilskaftets diameter (se nedan) och byt ut ventilen om den är sliten. Om ventilskaftet inte är slitet måste slitaget sitta i ventilstyrningen, i så fall måste styrningen bytas ut. Byten av ventilstyrningar bör överlåtas till en Saab-verkstad eller till specialister på motorrenoveringar eftersom de har tillgång till nödvändiga verktyg.

Ventiler

9 Undersök alla ventilhuvuden efter gropar, brännskador, sprickor och slitage. Kontrollera om ventilskaftet blivit repat eller slitet. Vrid ventilen och se efter om den verkar böjd.

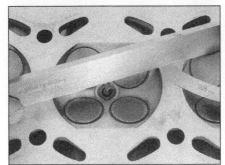

7.6 Kontrollera att topplockets yta inte är skev

Leta efter gropar och kraftigt slitage på ventilskaftens spetsar. Byt ut alla ventiler som visar tecken på slitage och skador.

10 Om en ventil verkar vara i gott skick ska ventilskaftet mätas på flera punkter med en mikrometer **(se bild)**. Om diameterns tjocklek varierar märkbart på de olika mätställena är det ett tecken på att ventilskaftet är slitet. Då måste ventilen bytas ut.

11 Om ventilerna är i någorlunda gott skick ska de poleras i sina säten för att garantera en smidig och gastät tätning. Om sätet endast är lite gropigt eller om de har skurits om ska det slipas in med slipmassa för att få rätt yta. Grov ventilslipmassa ska *inte* användas, om inte ett säte är svårt bränt eller har djupa gropar. Om så är fallet ska topplocket och ventilerna undersökas av en expert som avgör om ventilsätena ska skäras om eller om ventilen eller sätesinsatsen måste bytas ut (där det är möjligt).

12 Ventilslipning går till på följande sätt. Placera topplocket upp och ner på en bänk.

13 Smörj en aning ventilslipmassa (av rätt grovhet) på sätesytan och tryck ett sugslipningsverktyg över ventilhuvudet. Slipa ventilhuvudet med en roterande rörelse ner till sätet, lyft ventilen ibland för att omfördela slipmassan. Om en lätt fjäder placeras under ventilhuvudet blir arbetet lättare.

14 Om grov slipmassa används, arbeta tills ventilhuvudet och fästet får en matt, jämn yta, torka sedan bort den använda slipmassan och upprepa arbetet med fin slipmassa. När både ventilen och sätet fått en slät, ljusgrå, matt yta är slipningen färdig. Slipa *inte* in ventilerna

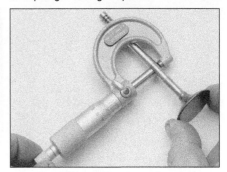

7.10 Mät ventilskaftets diameter

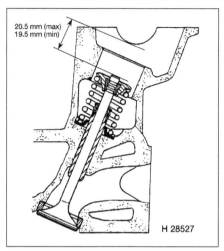

7.16 Kontrollera djupen på ventilskaften under kamaxellagrets yta

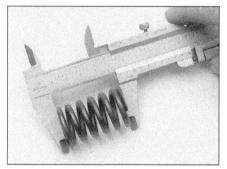

7.17 Kontrollera ventilfjäderns fria längd

7.18 Kontrollera att ventilfjädrarna är raka

längre än vad som är absolut nödvändigt, då kan sätet sjunka in i topplocket för tidigt.

15 När samtliga ventiler har blivit inslipade ska *alla* spår av slipmassa försiktigt tvättas bort med fotogen eller annat lämpligt lösningsmedel, innan topplocket sätts ihop.

16 På en bensinmotor: utför följande kontroll för att försäkra dig om att den hydrauliska ventillyftaren fungerar. Ventilskaftens djup under kamaxellagrets yta måste vara inom en given gräns. Det kan vara möjligt att få tag i ett kontrollverktyg från en Saab-verkstad, men om det inte går kan kontrollen utföras med hjälp av stållinjaler. Kontrollera att måtten ligger mellan de angivna gränserna på bilden genom att sätta in varje ventil i sin styrning och mäta måttet mellan änden på ventilskaftet och kamaxellagrets yta **(se bild)**. Om måttet inte ligger inom de angivna gränserna måste antingen ventilskaftet eller ventilsätets höjd justeras. Om avståndet är kortare än det minsta angivna värdet måste längden på ventilskaftet minskas, och om avståndet överstiger det angivna värdet måste ventilsätet fräsas ur. Ta hjälp av en Saab-verkstad eller en specialist på motorrenoveringar.

Ventilkomponenter

17 Granska ventilfjädrarna efter tecken på skada eller missfärgning, och mäta deras fria längd **(se bild)**.

18 Ställ alla fjädrar på en plan yta och kontrollera att de är raka **(se bild)**. Om någon av fjädrarna är kortare än minimimåttet för fri längd (där detta anges), eller om de är skadade, skeva eller har förlorat sin spänning, ska alla fjädrarna bytas ut.

19 Byt ut ventilskaftens oljetätningar, oavsett deras aktuella kondition.

8 Topplock – ihopsättning

1 Smörj in ventilskaften och montera ventilerna på sina ursprungliga platser **(se bild)**. Nya ventiler ska monteras där de slipades in.

2 Arbeta på den första ventilen och doppa den nya ventilskaftstätningen i ren motorolja. Placera den försiktigt över ventilen och på styrningen. Var noga med att inte skada tätningen när den förs över ventilskaftet. Använd en lämplig hylsa eller ett metallrör för att trycka fast tätningen ordentligt på styrningen **(se bild)**.

3 Montera ventilsätet, fjädern och sedan fjäderhållaren. Sätt dit plastskyddet i den hydrauliska ventillyftarens lopp.

4 Pressa ihop ventilfjädern och placera knastren i ventilskaftets fördjupning. Lossa kompressorn och ta bort skyddet, upprepa sedan arbetet på de återstående ventilerna.

> **HAYNES TiPS**
> *Använd lite fett för att underlätta monteringen av knastren på ventilskaften och håll dem på plats medan fjäderkompressorn släpps.*

5 När alla ventiler är installerade, placera topplocket plant på en arbetsbänk och knacka på änden av varje ventilskaft med hammare och träblock, så att delarna sätter sig på plats.

6 Sätt tillbaka de hydrauliska ventillyftarna och kamaxlarna enligt beskrivningen i kapitel 2A eller 2B.

7 Montera de externa komponenter som togs bort i avsnitt 6.

8 Topplocket kan nu monteras enligt beskrivningen i kapitel 2A eller 2B.

9 Kamremskåpa (bensinmotorer) – demontering och montering

Observera: *Här beskrivs demontering av kamremskåpan där topplocket lämnas monterat. Ett annat sätt (där risken för att skada topplockspackningen är mindre) är att ta bort topplocket först enligt beskrivningen i kapitel 2A.*

Demontering

1 Skruva loss drivremmens spännare och tomgångsöverföring **(se bilder)**.

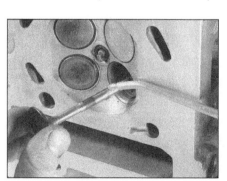

8.1 Placera en ventil i topplocket

8.2 Använd en hylsa för att montera ventilskaftstätningarna

9.1a Skruva loss spännarens fästbult ...

2 Ta bort generatorn enligt beskrivningen i kapitel 5A. Skruva sedan loss fästbultarna och ta bort fästbygeln på baksidan av motorblocket **(se bild)**.

3 Skruva loss fästbultarna och ta bort servostyrningspumpens fästbygel och lyftögla från topplockets framsida.

4 Demontera vattenpumpen enligt beskrivningen i kapitel 3.

5 Låt en medhjälpare hålla i vevaxeln/svänghjulet genom att sticka in en flat mejsel genom svänghjulskåpan och spärra startkransen för att förhindra att vevaxeln roterar. Lossa bulten till vevaxelns remskiva med hjälp av en lång hylsnyckel. Observera att bulten har dragits åt till ett mycket högt moment.

6 Skruva ut bulten till vevaxelns remskiva helt, för remskivan till vevaxeländen och ta bort den **(se bilder)**.

7 Ta bort sumpen enligt beskrivningen i kapitel 2A.

8 Ta bort de två styrstiften (ett i det nedre vänstra hörnet och ett i det övre högra hörnet) i kamremskåpan genom att skära en invändig gänga i dem med en 3/8 UNC-gängtapp och dra ut dem med en glidhammare. En bult kan gängas in i styrstiften och sedan fästas i änden på en glidhammare **(se bilder)**.

9 Skruva bort bultarna som fäster kamremskåpan vid motorblocket och topplocket. Observera bultarnas position; de två övre bultarna på topplocket och de två nedre bultarna i sumpen är inte likadana **(se bilder)**.

10 Dra bort kamremskåpan tillsammans med oljepumpen från vevaxelns spets. Var noga med att inte skada topplockspackningen. Dra försiktigt av kamremskåpan nedåt och utåt från motorblocket.

11 Rengör noggrant kamremskåpans, sumpens, topplockets och motorblockets kontaktytor från tätningsmedel. **Observera:** *Kontrollera topplockspackningens skick. Om den är skadad måste du demontera topplocket och byta ut packningen.*

12 Ta vid behov bort oljepumpen från kamremskåpan enligt beskrivningen i kapitel 2A.

Montering

13 Montera i förekommande fall oljepumpen enligt beskrivningen i kapitel 2A.

9.1b . . . och tomgångsöverföringens fästbult

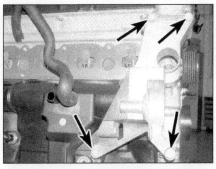

9.2 Skruva loss fästbyglarnas fästbultar (se pilar)

9.6a Ta bort vevaxelns remskivebult . . .

9.6b . . . och lyft av remskivan från vevaxeln

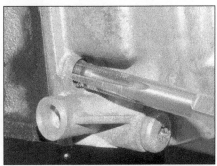

9.8a Skär en invändig gänga i styrhylsan med en gängtapp

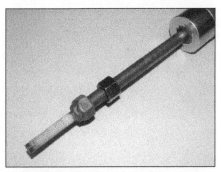

9.8b En bult i änden på en glidhammare

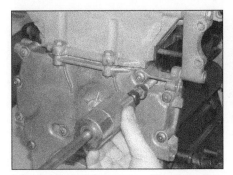

9.8c Använd glidhammaren för att dra loss styrhylsorna från kamremskåpan

9.9a Observera att två övre bultar håller fast kamremskåpan i topplocket

9.9b Ta loss kamremskåpan från motorn

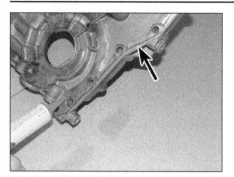

9.14 Applicera tätningsmedel (se pil) på kamremskåpans flänsar

9.15 Knacka tillbaka styrstiften i kamremskåpan

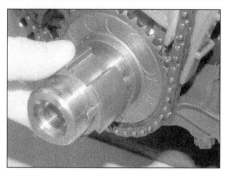

10.2 Demontera oljepumpens medbringare från vevaxeln

14 Applicera en droppe tätningsmedel (Loctite 518 eller liknande), ca 1 mm tjock, på kamremskåpans flänsar och sätt försiktigt på kamremskåpan på motorblocket **(se bild)**.
15 Sätt i kamremskåpans fästbultar inklusive de två övre topplocksbultarna, men dra inte åt dem än. Sätt tillbaka styrstiften på sin plats (se bild) och dra sedan åt topplocksbultarna, även de två övre bultarna, till angivet moment.
16 Montera sumpen enligt beskrivningen i kapitel 2A.
17 Sätt remskivan på vevaxeln och sätt i remskivans bult. Dra åt bulten till angivet moment medan en medhjälpare håller vevaxeln på plats med en bredbladig skruvmejsel placerad i startkransen.
18 Montera vattenpumpen enligt beskrivningen i kapitel 3.
19 Sätt tillbaka fästbyglarna till generatorn och servostyrningspumpen och dra åt fästbultarna.

20 Montera generatorn enligt beskrivningen i kapitel 5A.
21 Sätt tillbaka drivremsspännaren och tomgångsöverföringen och dra åt bultarna.

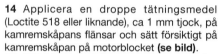

10 Kamkedja och drev (bensinmotorer) – demontering, kontroll och montering

Demontering

1 Ställ vevaxeln vid övre dödpunkt för kolv nr 1 (motorns kamkedjesida) enligt beskrivning i kapitel 2A.
2 Ta bort kamremskåpan enligt beskrivningen i avsnitt 9. Ta även bort oljepumpens medbringare från vevaxeln **(se bild)**.
3 Balansaxlarna är inställda på ÖD, men eftersom de roterar dubbelt så snabbt som vevaxeln är de korrekt inställda även när de

är inställda på nedre dödpunkt. Kontrollera att tändningsinställningsmärkena på axlarna är i linje med märkena på motorblockets/lagerhusets framsidor. Observera att balansaxeldreven är markerade med "inlet" (insug) respektive "exhaust" (avgas), medan de främre lagrens markeringar är likadana. Eftersom lagren är monterade med enkla bultar är inlet- och exhaust-markeringarna alltid korrekt placerade ovanpå lagren **(se bilder)**.

> **HAYNES TiPS** *Märk kedjan och kedjedreven med inställningsmärken (små prickar med målarfärg fungerar utmärkt) för att garantera korrekt återmontering.*

4 Skruva loss balansaxelkedjans övre styrning. Ta sedan bort spännaren och sidostyrningen **(se bilder)**.

10.3a INL-markering på insugsbalansaxelns främre lager

10.3b EXH-markering på avgasbalansaxelns främre lager

10.4a Skruva loss bultarna (se pilar) och ta bort balansaxelkedjans övre styrning

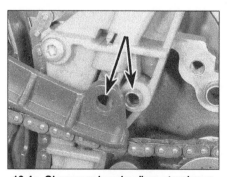

10.4c Observera hur den övre styrningen hakar i styrstiftet

10.4c Demontera balansaxelns kedjespännare . . .

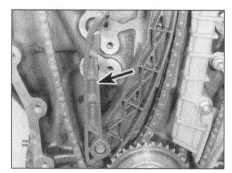

10.4d . . . och sidostyrning

10.5a Skruva loss . . .

10.5b . . . och demontera överföringens fästbult (observera markeringarna för linjering mellan överföringen och kedjan) . . .

10.5c . . . ta sedan bort överföringen och balansaxelkedjan

5 Skruva loss överföringen från motorblocket och lossa sedan kedjan från balansaxeldreven och vevaxeldrevet. Observera att överföringen består av två delar **(se bilder)**.
6 Dra balansaxeldrevet från vevaxelns främre del **(se bild)**. Observera att ordet "Saab" är vänt utåt.
7 Skruva loss fästbultarna och ta bort kedjedreven från balansaxlarnas ändar. Håll fast dreven med ett oljefilterverktyg av kedjetyp eller liknande. Märk dreven så att de placeras korrekt vid återmonteringen.
8 Demontera ventilkåpan enligt beskrivningen i kapitel 2.
9 Skruva loss och ta bort kamkedjans spännare från topplockets bakre del. Skruva först bort mittbulten och ta bort fjädern, skruva sedan loss spännaren och ta bort den från topplocket **(se bilder)**.

10.5d Överföringen består av två delar

10 Håll kamaxlarna stadigt på plats med en skiftnyckel på de flata delarna vid svänghjulets/drivplattans sida av kamaxeln, lossa fästskruvarna till kamaxelns kugghjul men ta inte bort dem.

10.6 Demontera balansaxelns kedjedrev från vevaxelns främre del

11 Skruva loss bulten och dra bort drevet från änden på insugskamaxeln **(se bild)**. Håll kamkedjan med en hand och ta bort drevet från kedjan med den andra handen.

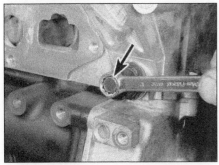

10.9a Skruva loss centrumbulten . . .

10.9b . . . och ta bort fjädern . . .

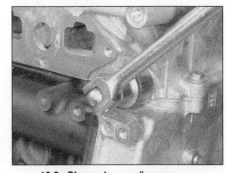

10.9c Skruva loss spännaren . . .

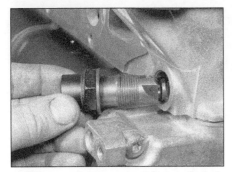

10.9d . . . och ta bort den från topplocket

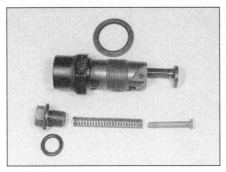

10.9e Kamkedjespännarens komponenter

10.11 Demontera kedjedrevet från insugskamaxeln

10.13a Ta bort fästbulten . . .

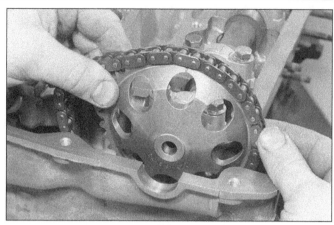

10.13b . . . och lossa kedjedrevet från kedjan

12 Märk dreven så att de placeras rätt vid återmonteringen. Observera att varje drev har en utskjutande del som passar in i den utskurna delen i änden på kamaxeln.
13 Skruva loss bulten och dra bort kedjedrevet från insugskamaxelns ände, ta sedan loss det från kedjan **(se bilder)**.
14 Skruva loss bultarna och demontera kamkedjans styrning från motorblocket **(se bilder)**.
15 Skruva loss kamkedjans hållare från

motorblocket, koppla sedan loss kamkedjan och ta bort drevet från änden av vevaxeln **(se bilder)**. Om det behövs, ta bort woodruffkilen från spåret i vevaxeln med hjälp av en skruvmejsel.

Kontroll

16 Kamkedjan **(se bild)** (och i förekommande fall balansaxelkedjan) ska bytas ut om dreven är utslitna eller om kedjan är lös och bullrar när

motorn körs. Det är lämpligt att byta kedjan varje gång motorn demonteras för renovering. Stiften på en kraftigt utsliten kedja kan bli spåriga. Undvik framtida problem genom att byta ut kedjan så fort den visar minsta tecken på slitage. Samtidigt bör kedjespännaren och styrningarna undersökas och vid behov bytas ut (se avsnitt 11).
17 Kontrollera om kuggarna på vevaxeldrevet, kamaxeldreven och balansaxeldreven är

10.14a Skruva loss bultarna . . .

10.14b . . . och ta bort kamkedjans fasta styrning

10.15a Ta bort kamkedjans hållare (se pil) från motorblocket

10.15b Ta bort vevaxeldrevet från änden på vevaxeln

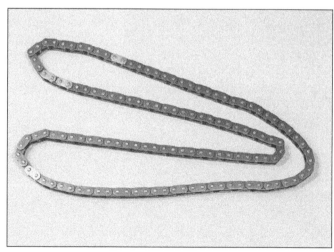

10.16 Kamkedjan demonterad från motorn

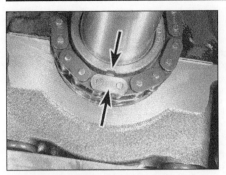

10.19a Om kamkedjan har ljusa länkar måste dessa passas in mot skåran i kedjedrevet (se pil)

10.19b Dra åt kamkedjehållarens fästbultar

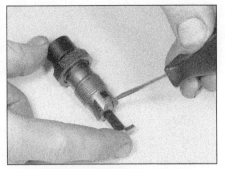

10.25 Justera kamkedjespännaren

slitna. Kuggarnas profil har formen av ett uppochnedvänt V. Om kuggarna är utslitna får den ena sidan av varje kugg en något konkav (krokig) form under spänning, i jämförelse med den andra sidan av kuggen (det vill säga den ena sidan av det inverterade V-tecknet är konkav i jämförelse med den andra). Om kuggarna verkar vara utslitna måste drevet bytas ut.

Montering

18 Placera woodruffkilen i spåret på vevaxeln. Knacka in kilen i spåret och se till att dess plana sida är parallell med vevaxeln.
19 Fäst kamkedjan i vevaxeldrevet och placera vevaxeldrevet på änden av vevaxeln. Se till att det placeras korrekt över woodruffkilen. Om kamkedjan har ljusa länkar, placera den ensamma ljusa länken i kedjedrevets botten, i linje med skåran i drevet. Montera kedjehållaren och dra åt bultarna **(se bilder)**.
20 Placera kamkedjan i den fasta styrningen, montera sedan styrningen och dra åt bultarna.
21 Montera kedjedrevet på änden av avgaskamaxeln, sätt i bulten och dra åt den för hand. **Applicera inte** låsvätska på bultens gängor.
22 Kontrollera att vevaxeln och kamaxlarna fortfarande är i linje i ÖD-läge.
23 För kamkedjan upp genom topplocks-

öppningen och montera den på avgaskamaxelns kedjedrev. Se till att den är spändmellan de två kedjedreven. Kontrollera att kedjan är korrekt placerad på styrningarna. Om kedjan har en ljus länk, se till att den är i linje med tändningsinställningsmärket.
24 Fäst insugskedjedrevet i kamkedjan så att den utskurna delen och den utskjutande delen är i linje med varandra, placera sedan drevet på insugskamaxeln och sätt i bulten. Dra åt bulten för hand så länge. **Applicera inte** låsvätska på bultens gängor. Om kedjan har en ljus länk, se till att den är i linje med tändningsinställningsmärket.
25 Justera kamkedjespännaren genom att trycka ner spärrhaken med en skruvmejsel, tryck sedan in tryckkolven hela vägen in i spännaren och lossa spärrhaken **(se bild)**. Kontrollera spännarbrickans skick och byt ut den om det behövs.
26 För in kedjespännaren i topplocket och dra åt den till angivet moment.
27 Sätt i fjädern och styrsprinten av plast i spännaren, montera pluggen tillsammans med en ny O-ring och dra åt till angivet moment. **Observera:** *På nya spännare hålls spännfjädern spänd med en sprint.* ***Försök inte*** *ta bort sprinten förrän spännaren har placerats i topplocket. När motorn startas kommer eventuellt slack att tas upp av det hydrauliska trycket.*
28 Montera tillfälligt bulten till vevaxelns remskiva och vrid motorn medurs två hela

varv. Kontrollera att tändningsinställningsmärkena fortfarande är korrekt inriktade. Ta bort bulten till remskivan. Om kedjan har ljusa länkar ska dessa inte längre vara i linje med tändningsinställningsmärkena.
29 Dra åt kamaxeldrevets bult till angivet moment, håll kamaxlarna på plats med en skiftnyckel på de flata punkterna.
30 Montera ventilkåpan enligt beskrivning i kapitel 2.
31 Montera kedjedreven på balansaxlarnas ändar och dra åt fästskruvarna.
32 Placera balansaxelns kedjedrev på vevaxelns framsida. Observera att ordet "Saab" ska vara vänt utåt.
33 Montera kedjan på dreven, se till att tändningsinställningsmärkena är korrekt inriktade **(se bild)**.
34 Montera överföringen på blockets framsida och dra åt fästbulten.
35 Montera sidostyrningen, spännaren och den övre styrningen på balansaxelkedjan **(se bild och verktygstips)**.
36 Rotera vevaxeln ett varv och kontrollera att balansaxeldreven fortfarande är korrekt inriktade.
37 Montera kamremskåpan enligt beskrivningen i avsnitt 5.

10.33 Balansaxelns tändningsinställningsmärken måste vara i linje innan kedjan monteras

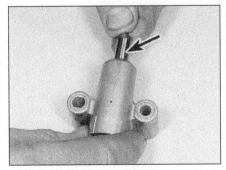

10.35 Tryck ner kedjespännarens tryckkolv (se pil) och håll den på plats med en plastklämma

HAYNES TiPS

Håll spännarens tryckkolv nedtryckt med en plastklämma innan den monteras. Klipp bort klämman efter monteringen.

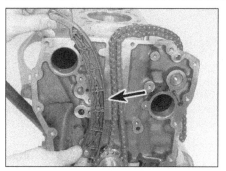

11.2 Lossa den svängbara styrningen från sprinten på topplocket

11 Kamkedjestyrning och sträckare (bensinmotorer) – demontering, kontroll och montering

Demontering

1 Demontera kamkedjan enligt beskrivningen i avsnitt 10. Observera att du även måste demontera de fasta styrningen och balansaxelns kedjestyrningar. Kamkedjan behöver inte tas bort från vevaxelns kedjedrev.
2 Skruva loss och ta bort den fasta kamkedjestyrningen och lossa tappstyrningen från sprinten på motorblocket **(se bild)**.

Kontroll

3 Granska kedjestyrningarna med avseende på skador och slitage, byt ut dem vid behov.
4 Rengör spännarens tryckkolv och hus och undersök dem med avseende på skador och slitage **(se bild)**. Du kan ta bort tryckkolven

12.7a Skruva loss lagrets fästbultar . . .

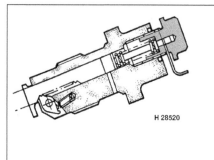

11.4 Genomskärning av kamkedjespännaren

genom att trycka ner spärrhaken mot fjädern. Om tryckkolven eller huset uppvisar betydande repor ska hela spännaren bytas ut.

Montering

5 Placera tappstyrningen på tappen på motorblocket, montera därefter den fasta styrningen och dra åt fästbultarna.
6 Montera kamkedjan enligt beskrivning i avsnitt 10.

12 Balansaxlar (bensinmotorer) – demontering, kontroll och montering

Demontering

1 Ställ vevaxeln vid övre dödpunkt för kolv nr 1 (motorns kamkedjesida) enligt beskrivning i kapitel 2A.
2 Demontera kamremskåpan enligt beskrivningen i avsnitt 9.
3 Balansaxlarna är inställda på ÖD, men eftersom de roterar dubbelt så snabbt som vevaxeln är de korrekt inställda även när de är inställda på nedre dödpunkt. Kontrollera att tändningsinställningsmärkena på axlarna är i linje med märkena på lagerfästena. Märk kedja och kedjehjul med lite färg för att garantera att de placeras korrekt vid återmonteringen. Observera att balansaxeldreven är markerade med "inlet" (insug) respektive "exhaust" (avgas), medan de främre lagrens markeringar är likadana. Eftersom lagren är monterade med enkla bultar är inlet- och exhaust-markeringarna alltid korrekt placerade ovanpå lagren. Se avsnitt 10 för mer information.

12.7c Ta bort insugsbalansaxeln från motorblocket

4 Skruva loss balansaxelns övre kedjestyrning och ta sedan bort spännaren och sidostyrningen (se bilder i avsnitt 10).
5 Skruva loss fästbulten och demontera överföringen från blocket.
6 Ta loss kedjan från balansaxeldreven och vevaxeldrevet.
7 Skruva loss lagrets fästbultar och dra bort balansaxlarna från motorblocket **(se bilder)**. Märk axlarna så att de placeras korrekt vid återmonteringen.
8 Skruva loss fästbultarna och demontera dreven från balansaxeländarna medan varje axel hålls på plats i ett skruvstäd med mjuka käftar.

Kontroll

9 Rengör balansaxlarna och undersök lagertapparna efter slitage och skador. Lagren inuti motorblocket bör också undersökas. Kontakta en Saab-verkstad eller en specialist på motorrenoveringar om de är påtagligt slitna eller skadade.

Montering

10 Montera dreven på balansaxeländarna och dra åt fästbultarna.
11 Smörj in lagertapparna med ren motorolja och montera balansaxlarna i ursprungsläge i motorblocket.
12 Placera balansaxelns kedjedrev på vevaxelns framsida. Observera att ordet "Saab" ska vara vänt utåt.
13 Montera kedjan på dreven och montera överföringen på blockets framsida, kontrollera att alla inställningsmarkeringar är korrekt inriktade.
14 Montera sidostyrningen, spännaren och balansaxelkedjans övre styrning.
15 Rotera vevaxeln ett varv och kontrollera att balansaxeldreven fortfarande är korrekt inställda.
16 Montera kamremskåpan enligt beskrivningen i avsnitt 9.

13 Kolvar och vevstakar – demontering

1 Demontera topplocket, sumpen och oljepumpens pickup/filter enligt beskrivningen i del A eller B i detta kapitel.

12.7d De två balansaxlarna demonterade från motorn

12.7b . . . och dra bort avgasbalansaxeln från motorblocket

2 Om cylinderloppens övre delar har tydliga slitagespår ska de tas bort med skrapa eller skavstål innan kolvarna demonteras eftersom spåren kan skada kolvringarna. Djupa slitagespår är tecken på att cylinderloppen är slitna.

3 Använd en hammare och körnare samt färg eller liknande och markera alla vevstakslagerkåpor med respektive cylindernummer på de flata ytorna. Om motorn har demonterats tidigare, leta efter befintliga märkningar. Observera att cylinder nr 1 är placerad vid motorns kamkedjeände.

4 Vrid vevaxeln för att ställa cylindrarna 1 och 4 i nedre dödpunkten.

5 Skruva loss muttrarna (bensinmotorer) eller bultarna (dieselmotorer) från vevstakslageröverfallets kolv 1. Ta bort överfallet och ta loss den nedre halvan av lagerskålen. Tejpa ihop lagerskålarna med lageröverfallet om skålarna ska återanvändas **(se bilder)**.

6 Tejpa över gängorna på vevstakens pinnbult för att undvika att vevaxelns lagertappar skadas.

7 Använd ett hammarskaft för att skjuta upp kolven genom loppet och ta bort den från motorblocket. Ta loss lagerskålen och tejpa fast den på vevstaken så den inte kommer bort.

8 Placera lageröverfallet löst på vevstaken och fäst det med muttrarna/bultarna – på så sätt blir det lättare att hålla komponenterna i rätt ordning.

9 Ta bort kolv nr 4 på samma sätt.

13.5a Ta bort vevstakslagrets överfall

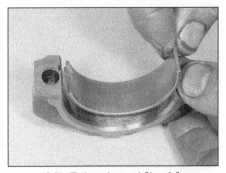

13.5b Ta bort lagerskålen från vevstakslagrets överfall

10 Vrid vevaxeln 180° för att ställa cylindrarna 2 och 3 i nedre dödpunkten och demontera dem på samma sätt.

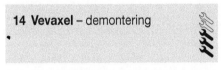

14 Vevaxel – demontering

1 Ta bort kamkedjan och drevet, sumpen och oljepumpens upptagare/sil/överföringsrör och svänghjulet/drivplattan. På dieselmotorer, ta även bort balansaxelenheten enligt beskrivningen i kapitel 2B.

2 Ta bort kolvarna och vevstakarna, enligt beskrivningen i avsnitt 13. **Observera:** *Om inget arbete ska utföras på kolvarna*

eller vevstakarna är det ingen idé att ta bort topplocket eller trycka ut kolvarna ur cylinderloppen. Kolvarna ska bara tryckas upp så långt i loppen att de är ur vägen för vevtapparna.

3 Kontrollera vevaxelns axialspel enligt beskrivningen i avsnitt 17. Fortsätt därefter på följande sätt.

4 Skruva loss och ta bort vevaxelns oljetätningshus från motorblockets vänstra sida. Observera hur styrstiften är placerade. Om styrstiften sitter löst, ta bort dem och förvara dem tillsammans med topplocket (se bild). Ta bort packningen.

5 Cylindernumren ska vara ingjutna på ramlageröverfallens underdelar **(se bild)**. Om de inte är det, numrera överfallet och vevhuset med en körnare på samma sätt som på vevstakarna och överfallen ovan.

6 Skruva loss och ta bort ramlageröverfallets fästbultar och ta bort överfallen tillsammans med lagerskålarna **(se bilder)**. Knacka loss lageröverfallen med en trä- eller kopparklubba om de sitter fast.

7 Ta bort lagerskålarna från överfallen, men förvara dem tillsammans och märk dem för att garantera korrekt placering vid återmonteringen **(se bild)**.

8 Lyft försiktigt upp vevaxeln från vevhuset **(se bild)**. På en dieselmotor: haka loss och ta bort balansaxelns kedja från vevaxeldrevet.

9 Ta bort de övre lagerskålarna från vevhuset och märk dem för att underlätta återmonteringen. Ta även bort tryck-

14.5 Ramlageröverfallen är numrerade från motorns kamkedjeände

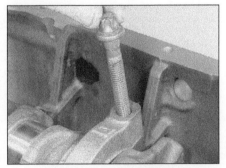

14.6a Skruva loss och ta bort ramlageröverfallets bultar . . .

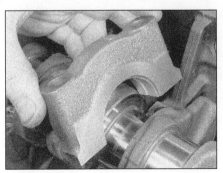

14.6b . . . och ta bort ramlageröverfallet

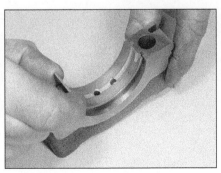

14.7 Ta bort ramlagerskålen från överfallet

14.8 Lyft bort vevaxeln från vevhuset

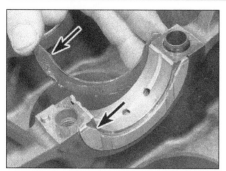

14.9a Ta bort tryckbrickorna (se pilar) . . .

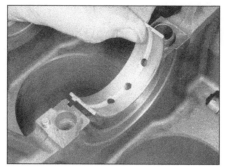

14.9b . . . och ramlagerskålarna

14.10 Placering av skruven som fäster vevaxellägesgivarens magnetiska motstånd

brickorna på ramlagrets båda sidor och förvara dem tillsammans med överfallet **(se bilder)**.

10 På en bensinmotor: när vevaxeln är demonterad kan vevaxellägesgivarens magnetiska motstånd demonteras genom att skruvarna tas bort och motståndet dras bort över vevaxelns ände **(se bild)**. Observera att skruvarna är placerade så att det bara går att montera det magnetiska motståndet på ett sätt.

15 Motorblock/vevhus – rengöring och kontroll

Rengöring

1 Ta bort alla yttre komponenter och elektriska kontakter/givare från blocket. Vid en grundlig rengöring bör hylspluggarna tas bort på följande sätt. Borra ett litet hål i pluggarna. Sätt sedan en självgängande skruv i hålet. Dra ut pluggarna genom att dra i skruven med en tång eller liknande. Skruva även loss de fyra oljemunstyckena (om sådana finns) från den nedre delen av vevhuset **(se bild)**.
2 Skrapa bort alla rester av tätningen från

motorblocket/vevhuset, var försiktigt så att packnings-/tätningsytorna inte skadas.
3 Ta bort alla pluggar från oljeledningarna (i förekommande fall). Pluggarna sitter oftast mycket hårt – de kan behöva borras ut och hålen gängas om. Använd nya pluggar när motorn monteras ihop.
4 Om motorblocket/vevhuset är mycket smutsigt bör det rengöras med ångtvätt.
5 Rengör alla oljehål och oljeledningar, spola de inre utrymmena med varmt vatten tills vattnet som kommer ut är rent. Torka noggrant och lägg ett tunt lager olja på alla fogytor för att hindra dem från att rosta. Rengör även cylinderloppen. Använd om möjligt tryckluft för att skynda på torkningen och blåsa rent i alla oljehål och kanaler.

⚠ *Varning: Bär skyddsglasögon vid arbete med tryckluft.*

6 Om motorblocket inte är så smutsigt går det bra att rengöra det med hett såpvatten och en hård borste. Var noggrann vid rengöringen. Oavsett vilken rengöringsmetod som används ska alla oljehål och oljeledningar rengöras mycket noga och alla komponenter torkas ordentligt. När motorblocket är rengjort ska cylinderloppen skyddas från rost på det sätt som beskrivs ovan.
7 Alla gängade hål måste vara rena för att

garantera korrekta åtdragningsmoment vid återmonteringen. Rengör gängorna genom att skruva en gängtapp av rätt storlek i alla hålen för att ta bort rost, korrosion, tätningsmedel eller slam och för att reparera skadade gängor **(se bild)**. Använd om möjligt tryckluft för att få bort restprodukter ur hålen.

> **HAYNES TiPS**
> *Ett bra alternativ till tryckluft är att spruta in vattenavstötande smörjmedel i varje hål med den långa pip som brukar följa med.*
>
> ⚠ *Varning: Använd skyddsglasögon när hålen rengörs på detta sätt.*

8 Lägg ett lager med tätningsmedel på de nya oljeledningspluggarna och montera dem i hålen på motorblocket. Dra åt dem ordentligt. Applicera ett lämpligt tätningsmedel på de nya hylspluggarna och slå dem på plats med en hylsnyckel. Montera i förekommande fall oljemunstyckena på vevhusets botten och dra åt dem.
9 Om motorn inte ska monteras ihop på en gång ska den täckas över med en stor plastpåse så att den hålls ren. Skydda alla fogytor och cylinderloppen enligt beskrivningen ovan för att förhindra rost.

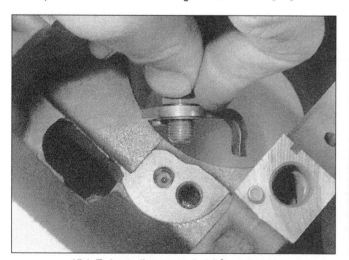

15.1 Ta bort oljemunstycket från vevhuset

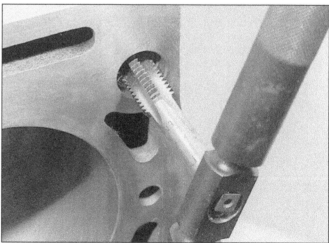

15.7 Rengör topplocksbultens hål i motorblocket med hjälp av en gängtapp

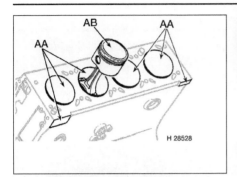

15.12a Placering av kolvens och cylinderloppets indelningskoder

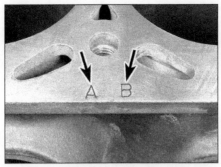

15.12b Cylinderloppets indelningskod på framsidan av motorblocket

15.12c Kolvens indelningskod på kolvkronan

Kontroll

10 Undersök motorblocket med avseende på sprickor och korrosion. Leta efter skadade gängor i hålen. Om det någon gång har förekommit vattenläckage i motorblocket bör en specialist på motorrenoveringar kontrollera motorblocket/vevhuset med specialutrustning. Om du ser några skador ska de om möjligt repareras. Annars behövs ett nytt motorblock.
11 Kontrollera att cylinderloppen inte är slitna eller repiga. Kontrollera om det finns slitspår ovanpå cylindern. Det är i så fall ett tecken på att loppet är påtagligt slitet.
12 Cylinderloppen och kolvarna passas ihop och klassificeras med koder på kolvkronorna och på motorblockets framsida **(se bilder)**. Observera att olika klassificeringar kan förekomma i samma motorblock.
13 Slitage på cylinderloppen och kolvarna kan mätas med ett bladmått om kolven som ska kontrolleras skjuts in i sitt lopp utan kolvringar. Utför kontrollen med kolven nära toppen av loppet. Om glappet är större än värdet i Specifikationer ska en specialist på motorrenoveringar kontaktas för att avgöra om omborrning krävs.

16 Kolvar och vevstakar – kontroll

1 Innan kontrollen kan börja ska kolvarna/vevstakarna rengöras, och originalkolvringarna demonteras från kolvarna **(se bild)**.
2 Dra försiktigt bort de gamla ringarna från kolvarna. Använd två eller tre gamla bladmått för att hindra att ringarna fastnar i tomma spår **(se bilder)**. Var noga med att inte repa kolven med ringändarna. Ringarna är sköra och går sönder om de bänds ut för långt. De är också mycket vassa – skydda dina fingrar och händer. Observera att den tredje ringen innehåller en expander. Ta alltid bort ringarna från kolvens ovansida. Förvara varje ringuppsättning med tillhörande kolv, om de gamla ringarna ska återanvändas.
3 Skrapa bort alla spår av sot från kolvens överdel. En vanlig stålborste (eller finkornig smärgelduk) kan användas när de flesta avlagringar har skrapats bort.
4 Ta bort sotet från ringspåren i kolven med hjälp av en gammal ring. Bryt ringen i två delar (var försiktig så du inte skär dig – kolvringar är vassa). Var noga med att bara ta bort sotavlagringarna – ta inte bort någon metall och gör inga hack eller repor i sidorna på ringspåren.
5 När avlagringarna har tagits bort, rengör kolven/vevstaken med fotogen eller annat lämpligt lösningsmedel och torka ordentligt. Se till att oljereturhålen i ringspåren är fria.

6 Om kolvarna och cylinderloppen inte är skadade eller påtagligt slitna, och om motorblocket inte behöver borras om, kan originalkolvarna monteras tillbaka. Normalt kolvslitage visar sig som jämnt vertikalt slitage på kolvens stötytor, och som att den översta ringen sitter något löst i sitt spår.
7 Gör en noggrann granskning av varje kolv beträffande sprickor kring manteln, runt kolvtappens hål och på ytorna mellan ringspåren.
8 Leta efter spår och repor på kolvmanteln, hål i kolvkronan och brända områden på kolvänden. Om manteln är repad eller nött kan det bero på att motorn har överhettats och/eller på onormal förbränning som orsakat för höga arbetstemperaturer. Kontrollera kyl- och smörjningssystemen noga. Brännmärken på sidorna av kolvarna är tecken på att genomblåsning har ägt rum. Ett hål i kolvkronan eller brända områden i kanten av kolvkronan är tecken på att onormal förbränning (förtändning, tändningsknack) har ägt rum. Vid något av ovanstående problem måste orsakerna undersökas och åtgärdas, annars kommer skadan att uppstå igen. Orsakerna kan vara felaktig tändningsinställning och/eller felaktig bränsle-/luftblandning.
9 Punktkorrosion på kolven är tecken på att kylvätska har läckt in i förbränningskammaren och/eller vevhuset. Även här måste den bakomliggande orsaken åtgärdas, annars kan problemet bestå i den ombyggda motorn.
10 Vid behov kan kolvar köpas från en Saab-verkstad.
11 Undersök varje vevstake noggrant efter

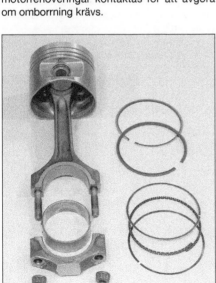

16.1 Kolvarnas/vevstakens komponenter

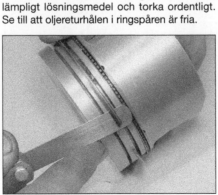

16.2a Ta bort kolvens kompressionsring med hjälp av ett bladmått

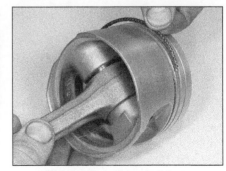

16.2b Ta bort oljekontrollringen

16.13a Bänd ut kolvtappens låsring . . .

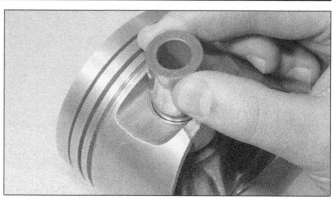

16.13b . . . och dra sedan ut kolvtappen och ta bort kolven från vevstaken

tecken på skador, som t.ex. sprickor runt vevlager och lilländslager. Kontrollera att vevstaken inte är böjd eller skev. Det är högst otroligt att den är skadad, om inte motorn har skurit eller överhettats. En noggrann undersökning av vevstaken kan endast utföras av en Saab-verkstad eller en motorreparatör med tillgång till nödvändig utrustning.

12 Kolvtapparna är av flottörtyp, och hålls på plats med två låsringar. Kolvar och vevstakar kan separeras och monteras på följande sätt.

13 Använd en liten, flatbladig skruvmejsel, bänd bort låsringarna och tryck ut kolvtappen **(se bilder)**. Det ska räcka med handkraft för att ta bort tappen. Märk kolven, kolvtappen och vevstaken för att garantera korrekt placering vid återmonteringen.

14 Undersök kolvtappen och lagret i vevstakens lillände efter tecken på slitage och skador. Slitage kan åtgärdas genom att både bulten och bussningen byts ut. Demonteringen av bussningen ska dock överlåtas till en specialist. Tryckverktyg behövs och den nya bussningen måste upprymmas noggrant.

15 Vevstakarna själva ska inte behöva bytas ut om inte motorn skurit ihop eller om något annat större mekaniskt fel har uppstått. Undersök vevstakarnas inställning. Om vevstakarna inte är raka ska de överlåtas till en specialist på motorrenoveringar för en mer detaljerad kontroll.

16 Undersök alla komponenter och skaffa alla nya delar som behövs från en Saab-verkstad. Om nya kolvar köps in levereras de

med kolvtappar och låsringar. Låsringar kan även köpas separat.

17 På bensinmotorer, placera kolven så att hacket på kanten av kronan är riktat mot motorns kamände, och numren på vevstaken och vevstakslageröverfallet är riktade mot avgassidan på motorblocket. När du håller kolven i din hand med hacket riktat åt vänster ska numret på vevstaken vara riktat emot dig (se bild). På dieselmotorer måste markeringen som sitter på ena sidan av vevstaken (ovanpå storändens lopp) vara riktad åt motsatt håll mot pilen ovanpå kolven (se bild).

18 Smörj lite ren motorolja på kolvtappen. Skjut in den i kolven och genom vevstakens lillände. Kontrollera att kolven svänger fritt på vevstaken, fäst sedan kolvtappen i sitt läge med låsringarna. Se till att alla låsringar sitter

korrekt i sitt spår i kolven, med ändgapen högst upp (Saab uppger att detta läge är mycket viktigt).

19 Mät kolvarnas diameter och kontrollera att de ligger inom gränsen för motsvarande loppdiametrar. Om avståndet mellan kolven och loppet är för stort måste motorblocket borras om och nya kolvar och ringar monteras.

20 Undersök fogytorna på vevstaksöverfallen och vevstakarna för att se om de har filats av i ett försök att jämna ut lagerslitage. Detta är inte sannolikt, men om så skulle vara fallet måste de defekta vevstakarna och överfallen bytas ut.

17 Vevaxel – kontroll

Kontroll av axialspel

1 Om vevaxelns axialspel ska kontrolleras måste vevaxeln fortfarande vara monterad i motorblocket, men den ska kunna röra sig fritt (se avsnitt 14).

2 Kontrollera axialspelet med hjälp av en mätklocka som har kontakt med vevaxelns ände. Tryck vevaxeln helt åt ena hållet och nollställ sedan mätklockan. Tryck vevaxeln helt åt andra hållet och mät axialspelet **(se bild)**. Resultatet kan jämföras med det

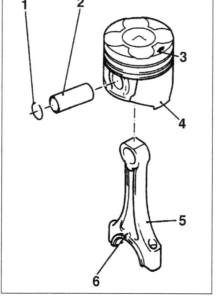

16.17b Kolvens/vevstakens delar – dieselmotorer

1 Låsring	5 Vevstake
2 Kolvtapp	6 Vevstakens
3 Pil på kolvkrona	markering för
4 Kolv	ihopsättning

17.2 Vevaxelns axialspel kontrolleras med mätklocka

16.17a Förhållande mellan kolv och vevstake – bensinmotor

H 28529

17.3 Vevaxelns axialspel mäts med hjälp av ett bladmått

17.10 Mät diametern på axeltappen till vevaxelns vevstakslager

angivna värdet och ger en fingervisning om ifall tryckbrickorna måste bytas.

3 Om en mätklocka inte finns tillgänglig kan bladmått användas. Tryck först vevaxeln hela vägen mot motorns svänghjulssida, använd sedan bladmåttet för att mäta spelet mellan vevtapp nr 3 och ramlagrets mittersta tryckbricka **(se bild)**.

Kontroll

4 Rengör vevaxeln med fotogen eller annat lämpligt lösningsmedel och torka den. Använd helst tryckluft om det finns tillgängligt. Var noga med att rengöra oljehålen med piprensare eller liknande så att de inte är igensatta.

Varning: Bär skyddsglasögon vid arbete med tryckluft.

5 Kontrollera ramlagertappar och vevlagertappar beträffande ojämnt slitage, repor, gropigheter eller sprickor.

6 Slitage i vevstakslagren åtföljs av märkbara metalliska knackningar när motorn är igång (de märks särskilt tydligt när motorns varvtal ökar från lågt varvtal), samt en viss minskning av oljetrycket.

7 Slitage i ramlagret åtföljs av starka motorvibrationer och ett dovt ljud – som ökar i takt med att motorns varvtal ökar – samt minskning av oljetrycket.

8 Vid tecken på slitage bör du ta med vevaxeln till en specialist på motorrenoveringar som kan kontrollera lagertapparna. Om du upptäcker ojämnheter (som naturligtvis leder till lagerslitage) måste vevaxeln borras om (om möjligt) eller bytas ut.

9 Om vevaxeln har borrats om, kontrollera om det finns borrskägg runt vevaxelns oljehål (hålen är oftast fasade, så borrskägg bör inte vara något problem om inte omborrningen skötts slarvigt). Ta bort eventuella borrskägg med en fin fil eller avskrapare, och rengör oljehålen noga enligt beskrivningen ovan.

10 Använd en mikrometer och mät ramlagertapparnas och vevlagertapparnas diameter, och jämför resultatet med värdena i Specifikationer **(se bild)**. Genom att mäta diametern på flera ställen runt varje axeltapp kan man avgöra om axeltappen är rund eller inte. Utför mätningen i båda ändarna av axeltappen, nära vevarmarna, för att avgöra om axeltappen är konisk. Jämför mätvärdena med värdena i Specifikationer.

11 Kontrollera att oljetätningens fogytor i båda ändar av vevaxeln inte är slitna eller skadade. Om en tätning har slitit ett djupt spår i vevaxelytan måste en motorrenoveringsspecialist kontaktas. Det kan vara möjligt att reparera skadan, men annars måste vevaxeln bytas ut mot en ny.

18 Ram- och vevlager – kontroll

1 Även om ramlagren och vevstakslagren byts ut under motorrenoveringen bör de gamla lagren behållas för närmare undersökningar eftersom de kan ge värdefull information om motorns skick. Lagerskålarna delas in efter tjocklek, graden på varje skål anges med en färgkod på skålen – skålarna kan även ha märken på stödplattornas **(se bild)**.

Bensinmotorer

De tunnaste skålarna är röda – 0,005 mm tunnare än de gula.

Standardskålarna är gula (den enda storleken som finns som reservdel).

De första skålarna med understorlek är blå – 0,005 mm tjockare än de gula.

Dieselmotorer

Se Specifikationer

2 Lagerfel kan uppstå på grund av bristande smörjning, förekomst av smuts eller främmande partiklar, överbelastning av motorn eller korrosion **(se bild)**. Oavsett vad som orsakar lagerfelet måste det åtgärdas (där det går) innan motorn sätts ihop för att förhindra att felet uppstår igen.

18.1 STD-markering på stödplattan till en vevstakslagerskål

3 När lagerskålarna ska kontrolleras, ta bort dem från motorblocket/vevhuset, ramlageröverfallen, vevstakarna och vevstakslageröverfallen. Lägg ut dem på en ren yta i samma ordning som de sitter placerade på motorn. Därigenom kan man se vilken vevtapp som har orsakat lagerproblemen. *Rör inte lagerskålarnas känsliga ytor med fingrarna under kontrollen, då kan de repas.*

4 Smuts och andra partiklar kan komma in i motorn på flera olika sätt. Smuts kan t.ex. finnas kvar i motorn från ihopsättningen, eller komma in genom filter eller vevhusventilationssystemet. Den kan hamna i oljan, och därmed tränga in i lagren. Metallspån från slipning och normalt slitage förekommer ofta. Slipmedel finns ibland kvar i motorn efter en renovering, speciellt om delarna inte har rengjorts noga på rätt sätt. Sådana främmande föremål bäddas ofta så småningom in i det mjuka lagermaterialet och är lätta att upptäcka. Stora partiklar bäddas inte in i lagret, de repar eller gör hål i lagret och axeltappen. Det bästa sättet att förebygga den här orsaken till lagerhaveri är att rengöra alla delar noggrant och att hålla allting skinande rent vid återmonteringen av motorn. Täta och regelbundna oljebyten är också att rekommendera.

5 Oljebrist har ett antal relaterade orsaker. Överhettning (som tunnar ut oljan), överbelastning (som tränger undan oljan från lagerytan) och oljeläckage (p.g.a. för stora lagerspel, sliten oljepump eller höga motorvarv) kan orsaka problemet. Även igensatta oljekanaler, som vanligen beror på felpassade oljehål i en lagerskål, stryper oljetillförseln till ett lager och förstör det. Om ett lagerhaveri beror på oljebrist, slits eller pressas lagermaterialet bort från lagrets stålstödplatta. Temperaturen kan stiga så mycket att stålplattan blir blå av överhettning.

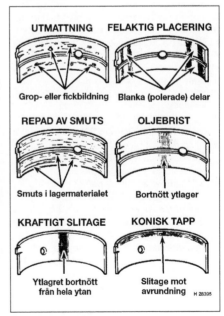

18.2 Typiska lagerbrott

6 Körvanorna kan påverka lagrens livslängd betydligt. Full gas från låga varv (segdragning) belastar lagren mycket hårt och tenderar att pressa ut oljefilmen. Dessa belastningar kan få lagren att vika sig, vilket leder till fina sprickor i lagerytorna (utmattningsfel). Till sist kommer lagermaterialet att gå i bitar och slitas bort från stålplattan.

7 Kortdistanskörning leder till korrosion i lagren på grund av att den värme som bildas i motorn inte hinner bli tillräckligt hög för att få bort det kondenserade vattnet och de korrosionsframkallande ångorna. Dessa restprodukter samlas istället i motoroljan och bildar syra och slam. När oljan sedan leds till motorlagren angriper syran lagermaterialet.

8 Felaktig lagerinställning vid ihopmonteringen av motorn kommer också att leda till lagerhaveri. Hårt sittande lager ger otillräckligt lagerspel, vilket resulterar i att oljan inte kommer fram. Smuts eller främmande partiklar som fastnat bakom en lagerskål kan resultera i högre punkter på lagret, vilket i sin tur leder till haveri.

9 Rör *inte* vid lagerskålarnas lageryta med fingrarna vid monteringen. Du kan råka skrapa eller förorena den känsliga ytan. **Observera:** *Lagerskålarna bör bytas ut vid varje motoröversyn. Allt annat är dålig ekonomi.*

19 Motoröversyn – ihopsättningsordning

1 Innan återmonteringen påbörjas, se till att alla nya delar och nödvändiga verktyg finns tillgängliga. Läs igenom hela monteringsordningen för att bli bekant med de arbeten som ska utföras, och för att kontrollera att alla nödvändiga delar och verktyg för återmontering av motorn finns till hands. Förutom alla vanliga verktyg och material behövs gänglåsmassa. En lämplig sorts tätningsmedel krävs också till de fogytor som inte har några packningar.

2 För att spara tid och undvika problem bör ihopsättningen av motorn utföras i följande ordningsföljd:

a) *Vevaxel (avsnitt 21).*
b) *Kolvar/vevstakar (avsnitt 22).*
c) *Sump (kapitel 2A eller 2B).*
d) *Balansaxlar (avsnitt 12 för bensinmodeller, kapitel 2B för dieselmodeller).*
e) *Svänghjul/drivplatta (kapitel 2A eller 2B).*
f) *Kamkedja och balansaxelkedja, drev och sträckare (avsnitt 10 och 11 för bensinmodeller, kapitel 2B för dieselmodeller).*
g) *Topplock (kapitel 2A eller 2B).*
h) *Insugnings- och avgasgrenrör (kapitel 4A eller 4B).*

3 I detta skede ska alla motorkomponenter vara absolut rena och torra, med alla fel åtgärdade. Komponenterna ska läggas ut på en fullständigt ren arbetsyta (eller i separata behållare).

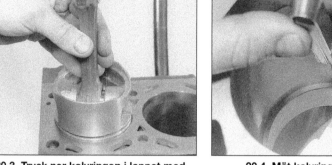

20.3 Tryck ner kolvringen i loppet med överdelen av en kolv

20.4 Mät kolvringens ändgap

20 Kolvringar – återmontering

1 Innan nya kolvringar monteras ska deras öppningar kontrolleras på följande sätt.

2 Lägg ut kolvarna/vevstakarna och de nya kolvringarna så att ringarna paras ihop med samma kolv och cylinder såväl vid mätning av ändgapen som vid efterföljande ihopsättning av motorn.

3 Montera den övre ringen i den första cylindern och tryck ner den i loppet med överdelen av kolven **(se bild)**. Då hålls ringen i rät vinkel mot cylinderväggarna. Placera ringen nära cylinderloppets botten, vid den nedre gränsen för ringrörelsen. Observera att den övre ringen och den andra kompressionsringen är olika.

4 Mät ändgapet med bladmått och jämför de uppmätta värdena med siffrorna i Specifikationer **(se bild)**.

5 Om öppningen är för liten (inte troligt om äkta Saab-delar används), måste det förstoras, annars kommer ringändarna i kontakt med varandra medan motorn körs och omfattande skador uppstår. Helst ska nya kolvringar med korrekt ändgap monteras. Som en sista utväg kan öppningen förstoras genom att ringändarna försiktigt filas ner med en fin fil. Fäst filen i ett skruvstäd med mjuka käftar, trä ringen över filen med ändarna mot filytan och rör långsamt ringen för att slipa ner kanterna. Var försiktig, kolvringar är vassa och går lätt sönder.

6 Med nya kolvringar är det inte troligt att öppningen är för stor. Om öppningen är för stor, kontrollera att du använder rätt ringar till just din motor.

7 Upprepa kontrollen av alla ringar i cylinder nr 1 och sedan av ringarna i de återstående cylindrarna. Kom ihåg att hålla ihop ringar, kolvar och cylindrar.

8 När ringarnas ändgap har kontrollerats, och eventuellt justerats, kan de demonteras på kolvarna.

9 Montera kolvringarna med samma teknik som användes vid demonteringen. Montera den nedre ringen (oljekontrollringen) först, och arbeta sedan uppåt. När oljekontrollringen monteras, stick först in breddhållaren, montera sedan de nedre och övre ringarna med ändgapen på den kolvsida som inte utsätts för tryck, med ungefär 60° emellan. Se till att den andra kompressionsringen monteras åt rätt håll med ordet TOP överst. På bensinmotorer, placera öppningarna på den översta och den andra kompressionsringen på motsatta sidor om kolven, ovanför kolvtappens ändar. På dieselmotorer, placera öppningarna i intervall om 120° **(se bilder)**. **Observera:** *Följ alltid instruktionerna som medföljer de nya uppsättningarna med kolvringar – olika tillverkare kan ange olika tillvägagångssätt. Förväxla inte den övre och den andra kompressionsringen, eftersom de ser olika ut i genomskärning.*

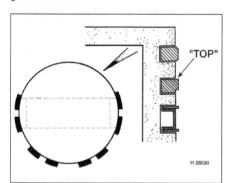

20.9a Kolvring i genomskärning och urtagens placering – bensinmotorer

"TOP"

H 28530

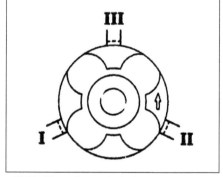

20.9b Placering av kolvringens ändgap – dieselmotorer

I Övre kompressionsring
II Andra kompressionsringen
III Oljeskrapring

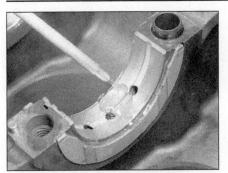

21.3 Smörj ramlagerskålarna

21.10a Driv in vevaxelns oljetätning i huset

21.10b Montera vevaxelns oljetätning med hjälp av en träkloss i ett skruvstäd

21 Vevaxel – återmontering

1 På bensinmotorer, montera vevaxel-lägesgivarens magnetiska motstånd om det tagits bort och dra åt skruvarna. På dieselmotorer, sätt dit balansaxelns kedja på vevaxeldrevet.
2 Smörj in de övre tryckbrickorna med lite fett och stick in dem på var sida om den mittre ramlagerplatsen. Se till att oljerännorna på brickorna är vända utåt (bort från motorblocket).
3 Sätt fast lagerskålarna på sina platser och se till att skålarnas flikar hakar i hacket i motorblocket eller ramlageröverfallets säte. Var noga med att inte vidröra skålens lageryta med fingrarna. Om nya lagerskålar används ska alla spår av skyddsfett först tvättas bort med fotogen. Torka rent skålarna och vevstakarna med en luddfri trasa. Smörj lagerskålarna i motorblocket/vevhuset med rikligt med ren motorolja **(se bild)**.
4 Sänk ner vevaxeln på sin plats så att cylinderns vevstakstappar 2 och 3 är i övre dödpunkt. I det här läget är vevstakstapparna 1 och 4 i nedre dödpunkten och kolv nr 1 redo att monteras. Kontrollera vevaxelns axialspel enligt beskrivningen i avsnitt 17. **Observera:** *På dieselmotorer, balansaxelns kedja måste hållas sträckt så att den inte fastnar på kolvens oljekylningsmunstycken i vevhuset.*

5 Smörj de nedre lagerskålarna i ramlager-överfallen med ren motorolja. Se till att styrtapparna på skålarna hakar i spåren i överfallen.
6 Montera ramlageröverfallen på sina rätta platser och se till att de sitter åt rätt håll (spåren i motorblocket och överfallen för lagerskålarnas styrtappar måste vara på samma sida). Montera bultarna löst.
7 Dra stegvis åt ramlageröverfallets bultar till angivet moment.
8 Kontrollera att vevaxeln kan rotera fritt.
9 Montera kolvarna/vevstakarna på vevaxeln enligt beskrivningen i avsnitt 22.
10 Innan du monterar vevaxelns oljetätning på motorblockets vänstra sida, montera en ny oljetätning enligt beskrivningen i kapitel 2A eller 2B. Driv in den i huset med hjälp av en träkloss och en hammare, eller använd en träkloss i ett skruvstäd **(se bilder)**.
11 Applicera ett lämpligt tätningsmedel på oljetätningshusets kontaktytor, smörj sedan lite olja på oljetätningens läppar och montera styrstiften om det behövs. Sätt på huset på motorblocket. Gör en styrning av en plastburk eller använd tejp för att skydda oljetätningen från skador när den placeras på vevaxeln. Ta bort styrningen eller tejpen när huset är i läge, montera bultarna och dra åt dem ordentligt **(se bilder)**.
12 På dieselmotorer, montera balans-axelenheten enligt beskrivningen i kapitel 2B.
13 Montera svänghjulet/drivplattan, olje-upptagaren/silen/transportröret och sumpen enligt beskrivningen i kapitel 2A eller 2B.

14 Om topplocket har demonterats ska det monteras enligt beskrivningen i kapitel 2A eller 2B.
15 Montera kamkedjan och drevet.

22 Kolvar/vevstakar – montering och kontroll av vevstakslagrets spelrum

Spelrumskontroll

1 Ett sätt att kontrollera spelrummet är att montera tillbaka vevstakslageröverfallet på vevstaken innan kolvarna monteras i motorblocket, se till att de sitter åt rätt håll med lagerskålarna i läge. Se till att överfallets fästmuttrar är ordentligt åtdragna, använd en inre mikrometer eller ett skjutmått för att mäta den inre diametern på alla sammansatta lagerskålar. Om diametern på de motsvarande vevtapparna mäts och sedan subtraheras från måttet på lagrens inre diameter, motsvarar differensen vevstakslagrets spel.
2 Ett annat sätt är att ta med delarna till din lokala motorrenoverare som kan utföra en noggrannare kontroll.

Montering

3 Smörj in cylinderloppen, kolvarna, kolvringarna och lagerskålarna med ren motorolja och lägg ut varje kolv/vevstake på respektive plats på en ren och dammfri yta.

21.11a Tejp över änden på vevaxeln skyddar oljetätningen vid monteringen

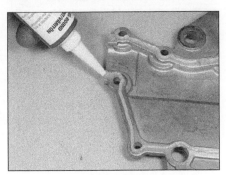

21.11b Lägg på tätningsmedel på oljetätningshuset

21.11c Montera oljetätningshuset (motorns fästplatta)

22.5 Kolvringskompressor monterad över kolvringarna

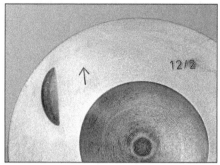

22.6a Pilen på kolvkronan måste peka mot motorns kamkedjeände

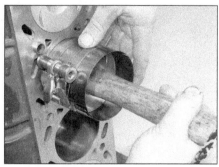

22.6b Använd ett hammarskaft för att knacka ner kolven i cylinderloppet

4 Tryck in lagerskålarna på sina platser och se till att skålarnas flikar hakar i hacken på vevstaken och överfallet. Var noga med att inte vidröra skålens lageryta med fingrarna. Om de ursprungliga lagerskålarna används vid kontrollen måste de monteras på sina ursprungliga platser.

5 Börja med enhet 1 läge 1 med vevtappen längst ner i rörelsen. Se till att kolvringarna fortfarande är utplacerade enligt beskrivning i avsnitt 20, tryck därefter in dem i sina lägen med en kolvringskompressor **(se bild)**.

6 Sätt i kolven/vevstaken i cylinder nr 1. Var noga med att inte repa cylinderloppet. Se till att hacket eller pilen på kolvkronan pekar mot kamkedjesidan av motorn. Använd en träkloss eller ett hammarskaft på kolvkronan och knacka ner kolvenheten i cylinderloppet tills kolvkronan är i jämnhöjd med cylinderns överkant **(se bilder)**.

22.8 Dra åt vevstakslageröverfallets muttrar

7 När vevstakstapp nr 1 befinner sig längst ner i sitt slag, för vevstaken över den medan du fortsätter att knacka på kolvtoppen med hammarskaftet.

8 Montera vevstakslageröverfallet, ta hjälp av märkena som gjordes vid demonteringen för att garantera att de monteras åt rätt håll. Dra åt överfallets muttrar till angivet moment **(se bild)**.

9 Vrid runt vevaxeln. Kontrollera att den vrids obehindrat. Viss styvhet är normalt om nya delar har monterats, men den ska inte kärva eller sitta hårt på några ställen.

10 Montera de tre återstående kolvarna/vevstakarna på vevstakstapparna på samma sätt.

11 Montera oljepumpens upptagare/renare, sump och topplocket enligt beskrivningen i kapitel 2A eller 2B.

23 Motor –
första start efter renovering

1 Dubbelkolla motoroljenivån och kylvätskenivån när motorn har monterats tillbaka i bilen. Kontrollera en sista gång att allt har återanslutits och att det inte ligger kvar några verktyg eller trasor i motorrummet.

2 På bensinmodeller, avaktivera tändsystemet genom att koppla loss kablaget från tändspolen eller koppla loss anslutningskontakten från tändningsmodulen, efter

tillämplighet (se kapitel 5B). För att förhindra att oförbränt bränsle förs in i katalysatorn måste även bränslepumpen avaktiveras genom att relevanta säkringar och/eller reläer demonteras.

3 På dieselmodeller, ta bort alla glödstift (se kapitel 5C) och ta sedan bort bränslepumpens säkring från säkringsdosan (se kapitel 12).

4 Kör motorn med hjälp av startmotorn tills varningslampan för oljetryck släcks, stanna den sedan och återanslut de kablage/delar/säkringar som tagits bort under punkt 2 och 3.

5 På alla modeller, starta motorn på vanligt sätt. Observera att det kan ta lite längre tid än vanligt på grund av att bränslesystemets delar har påverkats.

6 Låt motorn gå på tomgång och undersök om det förekommer läckage av bränsle, vatten eller olja. Bli inte rädd om det luktar konstigt eller ryker från delar som blir varma och bränner bort oljeavlagringar.

7 Om allt verkar bra, fortsätt att låta motorn gå på tomgång tills varmt vatten kan kännas cirkulera genom den övre slangen. Stäng sedan av motorn.

Låt motorn svalna och kontrollera sedan oljan och kylvätskenivån enligt beskrivningen i *Veckokontroller*. Fyll på om det behövs.

9 Om nya kolvar, ringar eller vevlager har monterats måste motorn behandlas som om den var ny och köras in de första 800 kilometrarna. *Ge inte* full gas, och växla noga så att motorn inte behöver gå med låga varvtal. Vi rekommenderar att oljan och oljefiltret byts efter denna period.

Kapitel 3
Kyl-, värme- och luftkonditioneringssystem

Innehåll

Svårighetsgrad

Enkelt, passar novisen med lite erfarenhet	Ganska enkelt, passar nybörjaren med viss erfarenhet	Ganska svårt, passar kompetent hemmamekaniker	Svårt, passar hemmamekaniker med erfarenhet	Mycket svårt, för professionell mekaniker

Specifikationer

Allmänt

Expansionskärlets öppningstryck	1,4 till 1,5 bar

Termostat

Öppningstemperatur:
Bensinmodeller.	89 °C ± 2 °C
Dieselmodeller	92 °C ± 2 °C

Elektrisk kylfläkt

Tillslagstemperatur:
Bensinmodeller:
Steg 1	100° ± 2 °C
Steg 2	113° ± 2 °C

Dieselmodeller:
Steg 1	100° ± 2 °C
Steg 2	108° ± 2 °C

Frånslagstemperatur:
Bensinmodeller:
Steg 1	96° ± 1 °C
Steg 2	109° ± 1 °C

Dieselmodeller:
Steg 1	96° ± 1 °C
Steg 2	104° ± 1 °C

Temperaturgivare för kylvätska

	Motstånd
Vid 0 °C	5,7 kohm
Vid 20 °C	2,4 kohm
Vid 30 °C	1,6 kohm
Vid 50 °C	800 ohm
Vid 85 °C	300 ohm
Vid 110 °C	140 ohm
Vid 130 °C	100 ohm

Åtdragningsmoment

	Nm
Temperaturgivare för kylvätska:	
Bensinmotorer	13
Dieselmotorer	18
Elektrisk kylfläkt	8
Stelt värmerör (bensinmotorer):	
Till turboaggregat	25
Till vattenpump	20
Till motorblock	10
Termostathus	8
Vattenpump:	
Bensinmotorer (till motorblock)	22
Dieselmotorer	20
Vattenpump remskiva (dieselmotorer)	20

1 Allmän information och föreskrifter

Allmän information

Kylsystemet är ett trycksystem och består av en vattenpump som drivs av drivremmen, en kylare med vattengenomströmning i horisontalled, en eldriven kylfläkt, en termostat, ett värmepaket samt anslutna slangar. Expansionskärlet är placerat till vänster i motorrummet. Vattenpumpen är fastskruvad mot cylinderblocket. På bensinmotorer tätas pumputloppet mot motorblocket med en hylsa och O-ringar. På dieselmotorer förs vattenpumpens hus in i motorblocket och tätas med en enda stor O-ring.

Systemet fungerar enligt följande. Kall kylvätska i botten på kylaren passerar genom bottenslangen till vattenpumpen, därifrån pumpas kylvätskan runt i motorblocket och motorns huvudutrymmen. När cylinderloppen, förbränningsytorna och ventilsätena kylts når kylvätskan undersidan av termostaten, som är stängd. Kylvätskan passerar genom värmeenheten och tillbaka till vattenpumpen. På bensinmodeller leds en mindre del av kylvätskan från topplocket genom gasspjällshuset, och ytterligare en del leds genom turboaggregatet.

När motorn är kall cirkulerar kylvätskan endast genom motorblocket, topplocket, gasspjällshuset, värmeenheten och turboaggregatet, om tillämpligt. När kylvätskan uppnår en angiven temperatur öppnas termostaten och kylvätskan passerar genom den övre slangen till kylaren. Under sin väg genom kylaren kyls kylvätskan av den luft som strömmar in när bilen är i rörelse, om det behövs används även den elektriska fläkten för att kyla vätskan. När kylvätskan har nått botten av kylaren är den nedkyld, och cykeln upprepas.

När motorn har normal arbetstemperatur expanderar kylvätskan, och lite av vätskan förpassas till expansionskärlet. Kylvätskan samlas i kärlet och återvänder till kylaren när systemet kallnar.

En tvåstegs elektrisk kylfläkt sitter baktill på kylaren och styrs av en termostat. När kylvätskan når en angiven temperatur slås fläkten igång. I modeller med luftkonditionering finns två tvåstegsfläktar.

Föreskrifter

⚠ **Varning: Försök inte ta bort expansionskärlets påfyllningslock eller på annat sätt göra ingrepp i kylsystemet medan motorn är varm. Risken för allvarliga brännskador är mycket stor. Om expansionskärlets påfyllningslock måste tas bort innan motorn och kylaren har svalnat helt (även om detta inte rekommenderas), måste övertrycket i kylsystemet först släppas ut. Täck locket med ett tjockt lager tyg för att undvika brännskador, skruva sedan långsamt bort locket tills ett pysande ljud hörs. När pysandet har upphört, vilket tyder på att trycket minskat, fortsätt att skruva loss locket tills det kan tas loss helt. Hörs ytterligare pysljud, vänta tills det försvinner innan locket tas av helt. Stå alltid så långt ifrån expansionkärlets öppning som möjligt, och skydda händerna.**

⚠ **Varning: Låt inte frostskyddsmedel komma i kontakt med huden eller lackerade ytor på bilen. Spola omedelbart bort eventuellt spill med stora mängder vatten. Lämna aldrig frostskyddsmedel i en öppen behållare, eller i en pöl på uppfarten eller på garagegolvet. Barn och husdjur kan attraheras av den söta doften, och frostskyddsmedel kan vara livsfarligt att förtära.**

⚠ **Varning: Om motorn är varm kan den elektriska fläkten starta även om motorn inte är i gång. Var noga med att hålla undan händer, hår och löst sittande kläder från fläkten vid arbete i motorrummet.**

⚠ **Varning: Se även föreskrifter för arbete på modeller med luftkonditionering i avsnitt 10.**

2 Kylsystemets slangar – demontering och byte

1 Antalet slangar, hur de är dragna och i vilket mönster varierar från modell till modell, men grundmetoden är densamma. Kontrollera att de nya slangarna finns tillgängliga, tillsammans med eventuella slangklämmor, innan arbetet inleds. Det är klokt att byta ut slangklämmorna samtidigt med slangarna.

2 Tappa ur kylsystemet, enligt beskrivningen i kapitel 1A eller 1B, spara kylvätskan om den går att återanvända. Spruta lite smörjolja på slangklämmorna om de visar tecken på rost.

3 Lossa och ta bort slangklämmorna från respektive hus.

4 Lossa samtliga ledningar, vajrar eller andra slangar som är anslutna till den slang som skall demonteras. Anteckna gärna deras placering för att underlätta återmonteringen. Det är relativt enkelt att ta bort slangarna när de är nya, på en äldre bil kan de däremot ha fastnat vid utloppen.

5 Försök lossa slangar som sitter hårt genom att rotera dem innan de dras bort. Var noga med att inte skada rörändar eller slangar. Observera att in- och utloppsanslutningarna på kylaren är ömtåliga. Ta inte i för hårt för att dra loss slangarna.

6 Smörj in rörändarna med diskmedel eller lämpligt gummismörjmedel innan den nya slangen installeras. Använd inte olja eller smörjfett, det kan angripa gummit.

7 Montera slangklämmorna över slangändarna, montera sedan slangen på röränden. Tryck slangen i rätt läge. När slangarna sitter på sina platser, montera och dra åt slangklämmorna.

8 Återfyll kylsystemet enligt beskrivningen i kapitel 1A eller 1B. Kör motorn och kontrollera att inget bränsleläckage förekommer.

9 Fyll på kylvätska om det behövs (se *Veckokontroller*).

3 Kylare – demontering, kontroll och montering

Observera: *Om orsaken till att kylaren demonteras är läckage, tänk på att mindre läckor ofta kan tätas med kylartätningsmedel med kylaren monterad.*

Demontering

1 Dra åt handbromsen, lyft fordonets främre del och ställ framvagnen på pallbockar (se *Lyftning och stödpunkter*). Ta bort motorns och kylarens undre skyddskåpor.
2 Tappa ur kylsystemet enligt beskrivningen i kapitel 1A eller 1B. Om kylvätskan är förhållandevis ny eller i gott skick, töm kylvätskan i en ren behållare och återanvänd den.
3 På turbomodeller, ta bort laddluftkylaren enligt beskrivningen i kapitel 4A eller 4B.
4 Ta bort kylargrillen enligt beskrivning i kapitel 11. På bensinmodeller av årsmodell 2001 och senare samt alla dieselmodeller, ta bort båda strålkastarna (se kapitel 12, avsnitt 6), lossa sedan klämmorna för kylarens båda luftsköldar.
5 När motoroljekylare är monterad på bensinmotormodeller, skruva loss motoroljekylaren från kylarens nedre del och häng den åt sidan, med slangarna fortfarande anslutna.
6 Skruva loss och lossa klämmorna för luftkonditioneringens kondensor från kylarens främre del och häng den åt sidan.
7 Ta bort batteriet enligt beskrivningen i kapitel 5A. Om tillämpligt, ta även bort motorns övre skyddskåpa.
8 På bensinmodeller av årsmodell 2001 och senare samt alla dieselmodeller, placera servostyrningens vätskebehållare åt sidan, ta sedan bort fästet från batterihyllan and böj den åt sidan. Ta även bort signalhornet.
9 Lossa klämmorna och ta bort luftintagsslangarna från turboaggregatet, laddluftkylaren och luftrenaren.
10 På bensinmodeller av årsmodell 2001 och senare, ta bort avgasgrenrörets värmesköld.
11 På alla dieselmodeller, skruva loss EGR-ventilen (se kapitel 4C) och flytta den åt sidan.
12 Lossa klämmorna och koppla loss den övre slangen och avluftningsslangen från kylaren **(se bilder).**

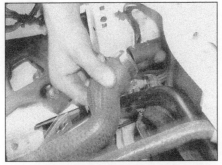

3.12a Borttagning av övre slangen från kylaren

13 Ta bort elektriska kylfläktar och kåpa enligt beskrivningen i avsnitt 5.
14 Lossa skruven och koppla bort servostyrningens hydraulslang från kylarens övre del. Ta även bort klämmorna och lossa kylarens avluftningsslang.
15 I modeller med automatisk växellåda är oljekylaren inbyggd i kylaren. Placera lämpliga behållare under kylaren och växellådan. Lossa sedan slangarna/rören mellan oljekylaren och växellådan och låt hydraulvätskan rinna ut. Sätt tejp eller pluggar i slang/rörändarna och kasta O-ringarna/tätningarna om det behövs.
16 Lossa klämman och koppla loss den nedre slangen från kylarens nedre högra sida **(se bild)**. Om det inte går att komma åt kylarens klämma, koppla loss slangen från kylvätskepumpen på motorns högra sida.
17 Lossa de övre fästena och lyft kylvätskekylaren från de undre gummifästena så att kablaget kan lossas från luftkonditioneringens kompressor. Ta bort kylaren från motorutrymmet, se till att inte skada kylarens kylflänsar **(se bilder).**

Kontroll

18 Om kylaren har demonterats för att den misstänks vara igensatt, ska den spolas igenom bakvägen enligt beskrivningen i kapitel 1A eller 1B. Ta bort smuts och partiklar från kylflänsarna med tryckluft eller en mjuk borste.
19 Vid behov kan en kylarspecialist utföra en flödestest på kylaren för att ta reda på om den är igensatt. En läckande kylare måste lämnas till en specialist för permanent lagning. Försök inte svetsa eller löda en läckande kylare.

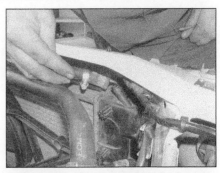

3.12b Borttagning av expansionskärlets avluftningsslang från kylarens övre del

Demontera kylfläktens termostatbrytare innan kylare lämnas in för reparation eller byte.
20 Kontrollera om kylarens övre och nedre fästgummin är i gott skick, och byt ut dem om det behövs.

Montering

21 Monteringen utförs i omvänd ordningsföljd mot demonteringen, men observera även följande.
a) Innan kylaren återmonteras i bilen, anslut den nedre slangen och se till att den nedre fästklämman är åtkomlig när kylaren har monterats på plats.
b) Dra åt alla muttrar och bultar till angivet moment, där dessa anges.
c) Kontrollera och, vid behov, fyll på olja till korrekt nivå i automatväxellådan enligt beskrivningen i kapitel 1A.
d) Kontrollera slutligen att kylsystemet inte läcker.

4 Termostat – demontering, kontroll och montering

Bensinmodeller

Demontering

1 Termostaten är placerad på topplockets vänstra sida. Tappa först ur kylsystemet enligt beskrivning i kapitel 1A. Om kylvätskan är förhållandevis ny eller i gott skick, töm kylvätskan i en ren behållare och återanvänd den.

3.16 Borttagning av undre slangen från kylaren

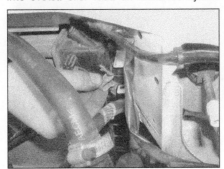

3.17a Ta bort de övre klämmorna . . .

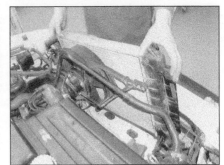

3.17b . . . lyft sedan kylaren från motorrummet

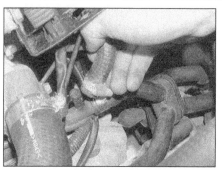

4.4a Borttagning av förvärmningens kylvätskeslang från det stela röret ...

2 På turbomodeller, ta bort motorns övre skyddskåpa.

3 På vänstra änden av topplocket lossar du klämman och tar loss den översta slangen från termostathuset. Flytta slangen åt sidan. Alternativt kan slangen lämnas ansluten mot termostatkåpan, detta kommer dock att försvåra senare rengöring av kåpan.

4 På årsmodeller 1998 till 2000, utför följande:

a) Ta bort laddluftkylarens delflödesslang (bypass-slang) och insugningsslangen från gasspjällshuset.

b) Lossa skruven och lossa det stela kyl-vätskeröret från vattenpumpen, lossa sedan skruven som håller fast röret mot motorns främre vänstra hörn. Ta bort O-ringen från vattenpumpen.

c) Lossa klämman och koppla loss förvärmningens kylvätskeslang från gasspjällshuset eller från det stela röret, skruva sedan loss röret från

4.4b ... skruva sedan loss det stela röret från termostatkåpan

termostatkåpan *(se bilder)*.

5 På årsmodeller 2001 och senare, utför följande:

a) Skruva loss slangstödfästet från termostathuset.

6 Lossa skruvarna och ta bort termostatkåpan, ta sedan bort termostaten från topplocket **(se bilder)**. Ta vara på tätningsringen.

Kontroll

7 En grov kontroll av termostaten kan utföras genom att man binder ett snöre i den och sänker ner den i en kastrull med vatten. Koka upp vattnet och kontroller att termostaten öppnas. Om inte, byt termostat.

8 Använd en termometer, om sådan finns tillgänglig, för att fastställa termostatens exakta öppningstemperatur. Jämför siffrorna med angivna värden i specifikationerna. Öppningstemperaturen finns normalt angiven på termostaten.

9 En termostat som inte stängs när vattnet svalnar måste också bytas.

Montering

10 Rengör termostathusets, kåpans och topplockets ytor. Smörj den nya tätningsringen med lite vaselin.

11 Placera termostaten och tätningsringen i topplocket. Se till att luftmunstycket är längst upp. Hålet används för att släppa lufta ur systemet.

12 Montera termostathuset och dra åt bultarna till angivet moment.

13 Återstående montering görs omvänt mot demontering, men fyll på och avlufta kylsystemet enligt beskrivningen i kapitel 1A.

Dieselmodeller

Demontering

14 Termostaten är placerad på topplockets främre högra sida, och är inbyggd i huset. Tappa först ur kylsystemet enligt beskrivning i kapitel 1B. Om kylvätskan är förhållandevis ny eller i gott skick, töm kylvätskan i en ren behållare och återanvänd den.

15 Ta bort motorrummets undre skyddskåpa, ta även bort motorns övre skyddskåpa.

16 Koppla loss kablaget från kylvätsketemperaturgivaren på termostathuset.

17 Lossa klämmorna och koppla loss slangarna från termostathuset **(se bilder)**.

18 Skruva loss termostathuset från topplocket **(se bilder)**. Skrapa bort alla spår av gamla packningsrester från huset och topplocket.

4.6a Ta bort termostatkåpan ...

4.6b ... och ta bort termostaten från topplocket

4.17a Lossa klämman ...

4.17b ... och koppla bort den övre slangen från termostathusets kåpa

4.18a Skruva loss fästbultarna ...

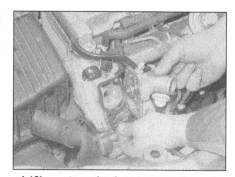

4.18b ... ta sedan bort termostaten och kåpan tillsammans med packningen.

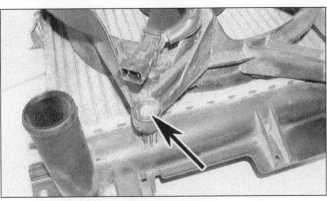

5.10a Skruva loss fästbulten . . .

5.10b . . . och skjut kylfläktsenheten från styruttagen

19 För borttagning av oljekylarens termostat som är placerad på motorblockets vänstra sida, koppla först loss slangen, skruva sedan loss skruvarna och ta bort huset, som innehåller den inbyggda termostaten. Ta vara på packningen.

Kontroll

20 Se beskrivning enligt punkt 7 till 9.

Montering

21 Montera i omvänd ordningsföljd mot demonteringen, men montera även en ny packning och dra åt fästbultarna till angivet moment. Fyll på och avlufta kylsystemet enligt beskrivningen i kapitel 1B.

5 Elektrisk kylfläkt – kontroll, demontering och montering

Kontroll

1 Strömförsörjning till kylfläkten styrs av instrumentpanelens elektroniska styrmodul, DICE-modulen. Modulen får information från kylvätskans temperaturgivare, luft-konditioneringstrycket, fordonshastigheten och yttertemperaturen. Modeller med luftkonditionering är försedda med två kylfläktar, som styrs av DICE-modulen.

2 Om fläkten inte verkar fungera, kontrollera först att anslutningskontakten i närheten av kylfläkten är intakt. Observera att Saab-mekaniker använder ett elektroniskt testverktyg för att kontrollera styrmodulen efter felkoder.

5.11 Kylfläktmotor fästmuttrar

Om det behövs bör en diagnoskontroll utföras på en Saab-verkstad för att lokalisera felet.

3 Om kablaget är i gott skick kontrollerar du med en voltmeter att motorn matas med 12 volt när motortemperaturen anger det. Motorn kan undersökas genom att den kopplas bort från kabelnätet och ansluts direkt till en källa på 12 volt.

Demontering

4 Ta bort motorns övre skyddskåpa, om tillämpligt, ta sedan bort batteriet enligt beskrivning i kapitel 5A.

5 Ta bort servostyrningens vätskebehållare och placera den åt sidan.

6 På dieselmodeller, utför följande:

a) Skruva loss och ta bort batterihyllan.

b) Lossa klämmorna och ta bort luftintagsslangarna från turboaggregatet, laddluftkylaren och luftrenaren.

c) Skruva loss EGR-ventilen (se kapitel 4C) och flytta den åt sidan.

7 Koppla loss kablaget från kylfläktarna.

8 På bensinmodeller 2001 och senare, utför följande:

a) Ta bort fästet från batterihyllan och böj åt sidan.

b) Ta bort avgasgrenrörets värmesköld.

9 Lossa skruven och koppla bort servostyr-ningens hydraulslang från kylarens övre del. Ta även bort klämmorna och lossa kylarens avluftningsslang.

10 Lossa fästskruvarna och lyft kåpan, komplett med kylfläkt, från kylaren (se bilder).

11 Med enheten på bänken, skruva loss

6.2 Koppla loss kablaget från motortemperaturgivaren för kylvätska

muttrarna och ta bort motståndet, koppla sedan loss kablaget och ta bort kylfläkten från kåpan (se bilder).

Montering

12 Monteringen utförs i omvänd ordnings-följd mot demonteringen. Dra åt bultarna ordentligt.

6 Temperaturgivare för kylvätska – kontroll, demontering och montering

Kontroll

1 På bensinmotorer gängas temperaturgivaren för kylvätska in i insugsgrenröret som sitter fram på motorn. På dieselmotorer sitter temperaturgivaren för kylvätska på termostathuset, placerat på topplockets högra sida. Givarens resistans varierar beroende på kylvätskans temperatur.

2 Testa givaren genom att koppla bort kablarna vid pluggen, koppla sedan en ohmmätare till givaren (se bild).

3 Mät kylvätskans temperatur, jämför sedan resistansen med uppgifterna i specifikationerna. Om värdena inte stämmer överens måste givaren bytas ut.

Demontering och montering

4 Se instruktioner i kapitel 4A eller 4B, om tillämpligt.

7 Vattenpump – demontering och montering

Demontering

1 Dra åt handbromsen, lyft fordonets främre del och ställ framvagnen på pallbockar (se *Lyftning och stödpunkter*). Ta bort motorns övre skyddskåpa, motorutrymmets undre skyddskåpa och det högra framhjulet.

2 Tappa ur kylsystemet enligt beskrivningen i kapitel 1A eller 1B. Om kylvätskan är förhållandevis ny eller i gott skick kan du

7.14 Borttagning av servostyrningspump-ens monteringsfäste från motorblocket

7.15 Borttagning av undre slangen från vattenpumpen

7.16 Ta bort skruven som håller fast det stela kylvätskeröret mot motorblockets främre vänstra sida

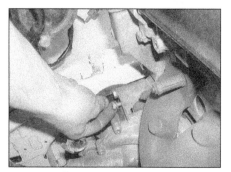

7.17a Skruva loss fästbultarna . . .

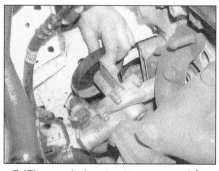

7.17b . . . och dra ut vattenpumpen från motorblockets framsida

7.17c Vattenpump borttagen från motorn

tömma ut den i en ren behållare och återanvända den.

3 Ta bort luftrenaren, komplett med massluftflödes-mätare, enligt beskrivning i kapitel 4A eller 4B.

Bensinmodeller

4 Vid behov, ta bort luftintagskanalen mellan laddluftkylaren och gasspjällshuset/turboaggregatet. Lossa även skruven och koppla loss kylvätskeröret från turboaggregatet.

5 Ta bort den extra drivremmen enligt beskrivningen i kapitel 1A.

6 Koppla loss vevhusventilationsslangen och ta bort den från turboaggregatets insugning och ventilkåpan.

7 Koppla loss kablaget från turboaggregatets laddtryckventil. Vid behov, skruva loss ventilen och placera den åt sidan.

8 Skruva loss motorlyftöglan från topplocket.

9 Koppla loss slangarna från turboaggregatets övertrycksventil.

10 Koppla loss turboaggregatets bypassrör och ventil. Observera att det sitter en O-ring vid anslutningen till turboinsugsgrenröret.

11 Skruva loss muttern och ta bort värmeskölden från avgasgrenröret.

12 Lossa snabbkopplingen vid vevhusventilationsslangen.

13 Ta bort turboaggregatets insugsgrenrör och täck öppningen med tejp eller en plastpåse, så att damm och smuts inte kommer in.

14 Se beskrivning i kapitel 10 och ta bort servo-styrningspumpen och fästet och häng åt sidan, koppla inte loss vätskeslangarna **(se bild)**.

15 Lossa klämmorna och koppla bort undre slangen och värmeslangarna från vattenpumpen **(se bild)**.

16 Lossa de två bultarna från motorblockets

vänstra sida. Ta sedan bort den stela värmereturledningen från vattenpumpen. Ta vara på O-ringen från vattenpumpen. Skruva även loss skriven från topplockets vänstra sida och ta bort stödet för stela värmeröret **(se bild)**.

17 Lossa kylvätskepumpens tre monteringsskruvar och lossa försiktigt pumpen från fästet och anslutningsadaptern på motorblocket **(se bild)**.

18 Ta bort adaptern från motorblocket och kontrollera skicket på O-ringstätningarna. Vi rekommenderar att du byter tätningarna. På senare modeller, observera att adaptern är försedd med två styrflikar av olika bredd, som passar i vattenpumpen. Adaptern går bara att montera på ett sätt, vilket gör att den interna kanalen alltid är vänd åt rätt håll **(se bilder)**.

19 Vattenpumpen kan tas bort som en enhet eller också kan skovelhjulet/rem-

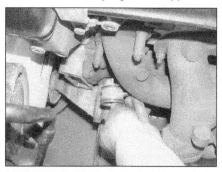

7.18a Borttagning av adapterhylsa och O-ringar från motorblocket

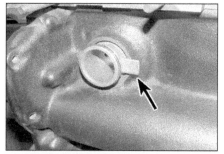

7.18b "Bred" styrflik på adaptern som passar i det "breda" uttaget på vattenpumpen

7.18c Adaptern passar i uttagen på vattenpumphuset

7.18d Borttagning av O-ringstätningar från adaptern

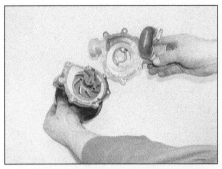

7.19 Särtagning av vattenpumpens två halvor

7.26 Skruva loss fästbultarna . . .

skivan tas bort separat. Markera de två delarnas placering i förhållande till varandra innan de skiljs åt. Skruva loss bultarna och sära på de två halvorna (se bild).

Dieselmodeller

20 Lossa bränsleslangarna från fästena, skruva sedan loss muttern och placera stödfästet och kablage åt sidan.
21 Ta bort den extra drivremmen enligt beskrivning i kapitel 1B.
22 Stötta motorns högersida med en garagedomkraft och träkloss under sumpen. Som ett alternativ kan en lyftanordning anslutas på motorns högersida. Lyft motorn så att den avlastas. Säkerställ att motorn har tillräcklig stöttning.
23 Skruva loss högra motorfästet och fäste (se kapitel 2B vid behov).
24 Skruva loss muttern från bakre motorfästet, lyft sedan motorn något för att komma åt vattenpumpen.
25 Håll fast vattenpumpens remskiva med en gammal extra drivrem eller ett remverktyg för oljefilter, skruva sedan bort skruvarna och ta bort remskivan från vattenpumpens medbringare.
26 Skruva loss och ta bort vattenpumpens tre fästskruvar (se bild).
27 Dra ut vattenpumpen från motorblocket, observera att man vid behov kan knacka lätt på pumpen med en mjuk klubba för att frigöra den från motorblocket (se bild).
28 Ta vara på pumpens tätningsring och kasta

den, en ny måste användas vid återmontering (se bild).
29 Observera att det inte är möjligt att renovera pumpen. Om den är defekt måste den bytas.

Montering

30 Monteringen utförs i omvänd ordningsföljd mot demonteringen. Tänk på följande:
a) *Rengör pumpen och blockets anliggningsytor.*
b) *Montera nya O-ringar, smörj dem med lite vaselin för att underlätta att de kommer på plats.*
c) *På bensinmotorer, först monteras pumpen löst, dra sedan åt turboaggregatets kylvätskerör, följt av pumpens fästskruvar och de tvärgående kylvätskerören.*
d) *Dra åt alla muttrar och bultar till angivet moment, om tillämpligt.*
e) *Fyll på och avlufta kylsystemet enligt beskrivningen i kapitel 1A eller 1B.*

8 Värme- och ventilationssystem – allmän information

1 Det finns tre typer av värme-/ventilationssystem monterade – ett standardsystem MCC (Manual Climate Control), ett standardsystem med luftkonditionering (AC) samt automatisk klimatkontroll ACC (Automatic Climate Control) som håller temperaturen inne i bilen

vid ett angivet gradantal, oberoende av temperatur utanför bilen. Den enkla värme-/ventilationsenheten är lika för alla versioner och består av lufttrummor från den centralt placerade värmaren till en central ventil och två sidoventiler, samt en anslutning från botten av värmaren, genom mittkonsolen till de bakre fotbrunnarna. En värmefläkt med fyra lägen ingår.
2 Värme- och ventilationskontrollerna sitter i mitten av instrumentbrädan. Kabelstyrda klaffventiler i luftfördelarhuset leder luften till de olika trummorna och ventilerna.
3 Kalluft kommer in i systemet genom grillen under vindrutan. Om det behövs förstärks luftflödet av kompressorn och flödar sedan genom de olika lufttrummorna i enlighet med kontrollernas inställningar. Gammal luft pressas ut genom kanaler placerade baktill i bilen. Om varm luft behövs, leds den kalla luften över värmepaketet, som värms upp av motorns kylvätska.
4 På modeller med luftkonditionering kan man stänga av tillförseln av luft utifrån med ett återcirkuleringsreglage och i stället låta luften i bilen återcirkulera. Den här möjligheten är bra för att förhindra otrevlig lukt att tränga in i bilen utifrån, men den bör endast användas under kortare perioder eftersom den återcirkulerade luften i bilen snart blir dålig.
5 En solcell ovanpå instrumentbrädan känner av ökad solstrålning och ökar farten på kompressormotorn. Det är nödvändigt för att luftgenomströmningen i bilen ska öka.

7.27 . . . och dra ut vattenpumpen från motorblocket. . .

7.28 . . . och ta vara på tätningsringen

9.3 Borttagning av kablage för värmefläktmotor

9.4a Skruva loss bultarna . . .

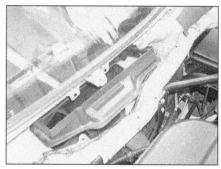

9.4b . . . och ta bort pollenfiltrets ram

9 Värme- och ventilationssystem, komponenter – demontering och montering

Värmefläktens motor

Demontering

1 Ta bort torkarmotorn och länksystemet enligt beskrivningen i kapitel 12.
2 Lossa klämman och ta bort pollenfiltret ovanför värmefläktmotorn.
3 Koppla loss kablaget från värmefläktmotorn (se bild).
4 Lossa skruvarna och ta bort ramen för pollenfiltret (se bilder).
5 Lossa klämman och ta bort locket (se bilder).
6 Lossa skruven som håller fast eluttaget mot mellanväggen (se bild).

7 Lossa återstående skruvar och lyft bort värmefläktmotorn från mellanväggen. I högerstyrda modeller kanske det inte finns tillräckligt med plats mellan vindrutan och motorrummets bakre panel. I så fall ska panelen tillfälligt dras bakåt med en kuggrem som sätts mellan panelen och den främre tvärbalken.

Montering

8 Monteringen utförs i omvänd ordning mot demonteringen. Se till att kablaget är fritt från fläkten innan kåpan återmonteras.

Värmepaket

Demontering

9 Montera slangklämmor på värmeslangarna vid mellanväggen. Identifiera slangarna för läge, lossa sedan klämmorna och koppla loss dem från värmepaketet. Plugga öppningarna för att förhindra kylvätskespill på golvet när

värmepaketet tas bort inifrån bilen. Avlägsna det mesta av kylvätskan genom att blåsa genom ett av rören. Då rinner kylvätskan ut genom det andra röret.
10 Om monterad, ta bort modulen för automatisk luftkonditionering (ACC) enligt beskrivning senare i detta avsnitt.
11 Ta bort handskfacket och mittkonsolen enligt beskrivningen i kapitel 11.
12 Lossa buntbanden och ta bort luftkanalerna från värmarhusets baksida (se bild).
13 Lossa klämman och ta bort bakre locket från värmarhuset (se bild).
14 Använd en skruvmejsel för att lossa klämmorna som håller fast de två slangarna mot värmepaketet (se bild).
15 Placera tygtrasor under värmepaketet, lossa sedan klämmorna på vardera sida om värmarhuset och dra ner slangarna från värmepaketet. En mängd kylvätska kommer att rinna ut.

9.5a Lossa klämmorna . . .

9.5b . . . och ta bort kåpan över värmefläktmotorn

9.6 Värmefläktmotor eluttag

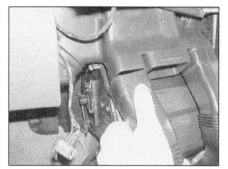

9.12 Borttagning av luftkanaler från värmarhusets baksida

9.13 Lossa klämman och ta bort bakre kåpan från värmarhuset

9.14 Losstagning av värmeslangens klämmor från värmepaketet

16 Skjut försiktigt ut värmepaketet från huset.

Montering

17 Montering utförs i omvänd ordningsföljd mot demontering. Fyll på kylsystemet enligt beskrivning i *Veckokontroller*.

Värmeenhet

Demontering

18 På modeller med luftkonditionering måste kylmediet tappas ut av en utbildad mekaniker.

⚠️ **Varning: Försök inte utföra det här arbetet på egen hand, det kan vara farligt.**

19 Ta bort instrumentbrädan (se kapitel 11).
20 På modeller med luftkonditionering, lossa skruven och koppla loss kylmedieslangarna vid mellanväggen.
21 Montera slangklämmor på värmeslangarna vid mellanväggen. Identifiera slangarna för läge, lossa sedan klämmorna och koppla loss dem från värmepaketet. Plugga öppningarna för att förhindra kylvätskespill på golvet när värmepaketet tas bort inifrån bilen. Avlägsna det mesta av kylvätskan genom att blåsa genom ett av rören. Då rinner kylvätskan ut genom det andra röret.
22 Ta bort dräneringsslangen för AC från mellanväggen.
23 På förarsidan, ta bort knäskyddet.
24 Arbeta inne i bilen. Ta bort den nedre klädselpanelen från instrumentbrädan enligt beskrivningen i kapitel 11.
25 Lossa buntbanden, koppla sedan loss och ta bort luftkanalerna från värmarhusets baksida.
26 Koppla loss luftkanalerna från värmarhusets sidor.
27 Ta bort vindrutetorkarmotorn och länksystemet enligt beskrivningen i kapitel 12.
28 Inne i bilen, skruva loss fästmuttrar och skruvar för instrumentbrädans tvärbalk.
29 Skruva loss stödfästet från värmarhuset.
30 Om krockkudde är monterad på passagerarsidan, ta bort knäskyddet från mellanväggen.
31 Ta bort rattstången enligt beskrivningen i kapitel 10.
32 Skruva loss muttrarna och fäll ut stödfästena från pedalställets övre del.
33 Lossa skruvarna som håller fast säkringsdosan mot instrumentbrädans tvärbalk.

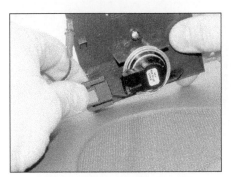

9.53 Koppla loss ljusdioden och givarkablaget

9.47 Reglagevajer på värmarhusets sida

34 Observera kablarnas dragning och placering, ta sedan bort instrumentbrädans tvärbalk.
35 Koppla loss kablarna från värmarhuset.
36 I motorrummet, ta bort värmefläkten enligt beskrivning i punkt 1 till 7.
37 Skruva loss skruvarna and ta bort motorns monteringsram från mellanväggens övre del.
38 I motorrummet, skruva loss skruvarna som håller fast värmarhuset mot det undre golvet.
39 Placera polyetenplast eller tygtrasor i passagerarutrymmet, dra sedan ut värmarhuset.

Montering

40 Montering utförs i omvänd ordningsföljd mot demontering. Fyll på kylsystemet enligt beskrivningen i kapitel 1A eller 1B. Låt en kvalificerad kyltekniker fylla på luftkonditioneringssystemet.

MCC-modul

Demontering

41 Demontera handskfacket enligt beskrivningen i kapitel 11.
42 Skruva loss skruven och ta bort mittkonsolens sidopanel för att komma åt baksidan på värmereglagepanelen.
43 Tryck försiktigt ut panelen bakifrån och koppla bort regleraxeln.
44 Koppla loss kablaget. Notera anslutningarnas placering för att säkerställa korrekt återmontering.
45 Lossa klämman och koppla bort reglagevajern.

9.54 Ta loss solsensorn från kåpan genom att trycka ner och vrida den

9.52 Skjut solsensorns kåpa framåt och lyft bort den från instrumentbrädan

46 Dra ut värmereglagepanelen.
47 Vid behov kan brytarpanelen tas bort genom att dra av knopparna och ta bort skruvarna. Vid behov kan även reglagevajrarna kopplas loss från värmarhuset **(se bild)**.

Montering

48 Monteringen utförs i omvänd ordningsföljd mot demonteringen.

ACC-modul

Demontering

49 Använd en skruvmejsel för att försiktigt bända ut de två brytarna på var sida om ACC-modulen och koppla loss kablaget.
50 Tryck ut ACC-modulen bakifrån och koppla loss kablaget.

Montering

51 Monteringen utförs i omvänd ordningsföljd, men kalibrera ACC-systemet genom att samtidigt trycka på knapparna AUTO och OFF när monteringen är klar.

Solsensor

Demontering

52 Skjut solsensorkåpan (överst i mitten på instrumentbrädan) framåt så att den lossnar från instrumentbrädan **(se bild)**.
53 Koppla loss kablaget och ta bort stöldskyddsdioden **(se bild)**.
54 Lägg kåpan på en arbetsbänk. Tryck ner och vrid solsensorn moturs så att den lossnar från kåpan **(se bild)**.

Montering

55 Monteringen utförs i omvänd ordningsföljd, men kalibrera ACC-systemet genom att samtidigt trycka på knapparna AUTO och OFF när monteringen är klar.

Innertemperaturgivare

Demontering

56 Ta bort styrmodulen enligt tidigare beskrivning.
57 Tryck ner kåporna på var sida om temperaturgivaren, dra sedan bort från givaren.
58 Använd en skruvmejsel för att lossa spärrarna och tryck givaren inåt.
59 Dra bort givaren och koppla loss kablarna.

Montering

60 Monteringen utförs i omvänd ordningsföljd,

men kalibrera ACC-systemet genom att samtidigt trycka på knapparna AUTO och OFF när monteringen är klar.

Blandluftgivare

Demontering

61 Demontera handskfacket enligt beskrivningen i kapitel 11.
62 Skruva loss skruven och ta bort panelen från var sida om mittkonsolen.
63 Ta bort luftkanalen för golvventilationen, haka sedan av blandluftgivaren och koppla loss kablaget. Tryck ut givarkablarna från kontaktdonet.

Montering

64 Monteringen utförs i omvänd ordningsföljd, men kalibrera ACC-systemet genom att samtidigt trycka på knapparna AUTO och OFF när monteringen är klar.

Luftfördelarens stegmotor

Demontering

65 Ta bort ACC-modulen enligt tidigare beskrivning.
66 Skruva loss skruvarna och ta bort stegmotorn.
67 Koppla loss kablaget.

Montering

68 Monteringen utförs i omvänd ordningsföljd, men kalibrera ACC-systemet genom att samtidigt trycka på knapparna AUTO och OFF när monteringen är klar.

Luftblandarens stegmotor

Demontering

69 Ta bort handskfacket, lossa sedan skruvarna och ta bort panelen från mittkonsolens sida.
70 Ta bort luftkanalen från golvet.
71 Koppla loss kablaget.

Många biltillbehörsbutiker säljer aerosolförpackningar för påfyllning av luftkonditionering. Vanligtvis innehåller dessa kylmedium, kompressorolja, läcktätningsmedel och systemkonditionerare. Vissa innehåller även ett färgämne som gör det lättare att upptäcka läckor.

 Varning: Dessa produkter får endast användas enligt tillverkarens instruktioner och ersätter inte behovet av regelbundet underhåll.

72 Skruva loss skruvarna och ta bort luftblandarens stegmotor.

Montering

73 Monteringen utförs i omvänd ordningsföljd, men kalibrera ACC-systemet genom att samtidigt trycka på knapparna AUTO och OFF när monteringen är klar.

Fläktstyrenhet

Demontering

74 Demontera handskfacket enligt beskrivningen i kapitel 11.
75 Skruva loss skruven och ta bort panelen från mittkonsolens sida.
76 Skruva loss skruvarna, ta bort fläktstyrenheten, koppla sedan loss kablaget.

Montering

77 Före återmontering av styrenheten, smörj kontaktytan mot förångaren med silikonpasta. **Montera inte** distansen som levereras med en ny styrenhet. Dra åt skruvarna.
78 Anslut kablaget och starta ventilationsfläkten. Kontrollera att ingen kondens läcker från styrenheten.
79 Återmontera panelen på mittkonsolens sida, montera sedan tillbaka handskfacket.
80 När monteringen är klar, kalibrera ACC-systemet genom att samtidigt trycka på knapparna AUTO och OFF.

10 Luftkonditioneringssystem – allmän information och rekommendationer

Allmän information

1 Luftkonditionering finns som tillval på alla modeller. Luftkonditioneringen kan sänka temperaturen inuti bilen och avfuktar luften så att imma försvinner snabbare och komforten ökar.
2 Kyldelen av systemet fungerar på samma sätt som i ett vanligt kylskåp. Kylgas dras in i en remdriven kompressor och leds in i en kondensor i kylarens främre del, där sänks temperaturen och gasen omvandlas till vätska. Vätskan passerar genom en mottagare och en expansionsventil till en förångare där den omvandlas från vätska under högt tryck till gas under lågt tryck. Denna omvandling medför en temperatursänkning, som kyler förångaren. Kylgasen återvänder till kompressorn och cykeln börjar om.
3 Luft som matas genom förångaren skickas vidare till luftfördelarenheten. Luftkonditioneringssystemet slås på med reglaget på värmepanelen.
4 Systemets uppvärmning fungerar på samma sätt som på modeller utan luftkonditionering.
5 Kompressorns arbete styrs av en elektromagnetisk koppling på drivremskivan. Eventuella problem med systemet ska åtgärdas av en Saab återförsäljare **(se Verktygstips)**.

Föreskrifter

6 Det är viktigt att vidta försiktighetsåtgärder när man arbetar med luftkonditionerings-

systemet. Om systemet av någon anledning måste kopplas loss ska detta överlåtas till en Saab-verkstad eller till en kylsystemsmekaniker.

 Varning: Kylkretsen innehåller ett flytande kylmedium under tryck och det är därför farligt att koppla bort någon del av systemet utan specialistkunskap och nödvändig utrustning. Kylmediet kan vara farligt och får endast hanteras av kvalificerade personer. Om det stänker på huden kan det orsaka köldskador. Det är inte giftigt i sig, men utvecklar en giftig gas om den kommer i kontakt med en öppen låga (inklusive en tänd cigarrett). Okontrollerat utsläpp av kylmediet är farligt och skadligt för miljön. Använd inte luftkonditioneringssystemet om det innehåller för lite kylmedium då detta kan skada kompressorn.

11 Luftkonditioneringssystemets komponenter – demontering och montering

 Varning: Försök inte att öppna kylkretsen. Se föreskrifterna i avsnitt 10.

1 Det enda arbete som kan utföras på ett enkelt sätt, utan att kylkretsen behöver kopplas loss, är byte av kompressorns drivrem. Detta beskrivs i kapitel 1A och 1B. Allt annat arbete ska överlåtas till en Saab-verkstad eller en specialist på luftkonditioneringssystem.
2 Vid behov och för att komma åt andra komponenter kan kompressorn skruvas loss och flyttas åt sidan, **utan** att slangarna kopplas loss, efter det att drivremmen tagits bort.
3 Du kommer åt kondensorslangen genom att ta bort grillen och båda strålkastarna.

12 Extra värmesystem – allmän beskrivning

1 På vissa modeller kan det finnas ett extra värmesystem som använder bränsle från bränsletanken. Värmeenheten är monterad på mellanväggen i motorrummets bakkant **(se bild)** och värmer kylvätskan från motorn, både för att värma fordonets kupé samt för att höja motorns temperatur för att underlätta

12.1 Extra värmeenhet monterad på mellanväggen

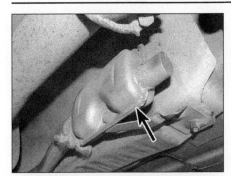

12.2 Extra värmeenhetens avgasrör placerad under fordonets golv

start. Enheten fungerar utan att motorn har startats, men den kan även aktiveras när motorn är igång för att motorn snabbare ska nå arbetstemperatur. För dieselutföranden är värmarens maximala drifttid 60 minuter,

och för bensinutföranden är det 30 minuter. Extravärmaren är vanligare på dieselmotorer jämfört med bensinmotorer. Dieselmotorer genererar mindre värme och tar längre tid att uppnå normal arbetstemperatur, speciellt i extremt kalla förhållanden.

2 Extravärmaren använder bränsle från bränsletanken för att ge en låga i värmarenheten, som värmer kylvätskan från motorn. Ett glödstift används för att antända bränslet. Luft för värmaren sugs in genom ett insugsgrenrör under enheten, och avgaserna leds genom ett avgasrör under fordonets golv **(se bild)**.

3 Huvudkomponenterna i systemet är de följande:
a) *Styrenhet.*
b) *Fläkt.*
c) *Glödstift.*
d) *Flamdetektor.*
e) *Temperaturgivare.*
f) *Krets för skydd mot överhettning.*
g) *Relä.*
h) *Bränslepump, placerad framför bränsletanken under fordonets bakkant.*
i) *Diagnostikuttag.*

4 Systemet styrs av en modul som övervakar yttertemperatur och motorns kylvätsketemperatur. Värmaren startar endast om kylvätsketemperaturen är under 80 °C, och det finns minst 10 liter i bränsletanken. Värmaren har två driftlägen: 1 500 W och 3 000 W, som väljs automatiskt av modulen, och de två effekterna erhålls med olika fläktvarvtal.

5 Det finns ett diagnostikuttag i motorrummets säkringsdosa, vilket ger Saabs tekniker möjlighet att lokalisera eventuella fel i det extra värmesystemet. Om det inte fungerar normalt så ska fordonet lämnas till en Saab återförsäljare som har den nödvändiga utrustningen för att snabbt utföra diagnostik av felet.

Kapitel 4 Del A:
Bränsle- och avgassystem – bensinmotorer

Innehåll

Svårighetsgrad

Enkelt, passar novisen med lite erfarenhet	**Ganska enkelt**, passar nybörjaren med viss erfarenhet	**Ganska svårt**, passar kompetent hemmamekaniker
Svårt, passar hemmamekaniker med erfarenhet	**Mycket svårt**, för professionell mekaniker	

Specifikationer

Systemtyp

Modeller utan turbo (204i och 234i) . . . . Bosch Motronic 2.10.3 motorstyrningssystem
Turbomodeller . . . . Saab Trionic motorstyrningssystem
Användningsområde:
  1998 modeller:
    B204i och B234i . . . . Motronic 2.10.3
    Utom B204i och B234i . . . . Trionic T5 eller T5 OBDII
  1999 modeller:
    B204i och B234i . . . . Motronic 2.10.3
    Utom B204i och B234i . . . . Trionic T5, T5 OBDII eller T7
  2000 modeller:
    B204i. . . . . Motronic 2.10.3
    B204E med 1 lambdasond . . . . Trionic T5
    B204E med 2 lambdasonder . . . . Trionic T5 OBD II (USA och Kanada)
    B205E/L/R och B235R . . . . Trionic T7 LEV
  2001 modeller. . . . . Trionic T7
  2002 modeller. . . . . Trionic T7

Bosch 2.10.3 motorstyrningssystem

Luftmassflödesmätare

Arbetstemperatur . . . . 165 °C

Effekt:

Inget flöde. . . . . 0,2 V

4 gram/sek . . . . 1,0 V

33 gram/sek . . . . 2,6 V

133 gram/sek . . . . 4,6 V

Elektronisk styrmodul (ECM)

Strömförbrukning . . . . <2,5 mA

Gasspjällets lägesgivare

Resistans:

Tomgång. . . . . 2,4 till 3,4 V

Fullgas . . . . 0,7 till 1,0 V

Tomgångsventil (IAC)

Antal spolar 2

Spollindningsresistans . . . . 9 till 15 ohm

Driftfrekvens . . . . 100 Hz

Temperaturgivare för kylvätska

Resistans:

20 °C . . . . 2,3 till 2,7 ohm

60 °C . . . . 565 till 670 ohm

90 °C . . . . 200 till 240 ohm

Bränsleinsprutare

Typ . . . . EV1-3E färgkod Blå, 4-hålig

Resistans . . . . 14,5 ± 0,35 ohm

Flödeskapacitet (vid 3 bar bränsletryck) . . . . 126 ml per 30 sek

Vevaxelns lägesgivare

Resistans . . . . 540 ± 55 ohm

Givare till tandskiva spel. . . . . 0,4 till 1,3 mm

Lambdasond

Förvärmare, kapacitet . . . . 12 W

Givarresistans. . . . . 3,5 ohm

Utsignal, område . . . . 0 till 1,0 V

Bränsletrycksregulator

Bränsletryck, öppning . . . . 3,0 bar

Bränslepump/mätarens givare

Bränslepump, kapacitet . . . . 700 ml per 30 sek vid 3,0 bar

Bränslemätarens givare, resistans:

Full tank . . . . 390 ohm

Tom tank. . . . . 60 ohm

Rekommenderat bränsle

Alla modeller. . . . . 95 RON blyfri

Tomgångsvarvtal

Alla modeller. . . . . 900 r/min, styrs av ECM (ej justerbar)

Avgasernas CO-halt

Alla modeller . . . . Styrs av styrmodulen (ej justerbar)

Saab Trionic motorstyrningssystem

Givare för absoluttryck i insugsgrenröret (MAP)

Matningsspänning . . . . 5 volt

Tryck:	Spänning (ca)
- 0,75 bar	0,9
- 0,50 bar	1,3
0 bar	2,1
0,25 bar	2,5
0,50 bar	2,9
0,75 bar	3,3

Lufttemperaturgivare (IAC) för insugsluft

Matningsspänning . . . .   5 volt

Temperatur (°C):   **Spänning (ca)**

- 30	4,5
- 10	3,9
20	2,4
40	1,5
60	0,9
80	0,54
90	0,41

Gasspjällets lägesbrytare (T5 system)

	Resistans (Ω)	Spänning (V)
Stift 1 och 2	1,6 till 2,4	5 ± 0,1
Stift 2 och 3 – tomgång	0,8 till 1,2	0,5 ± 0,4
Stift 2 och 3 – fullt öppen	2,0 till 3,0	4,5 ± 0,4

Vevaxelns lägesgivare

Resistans (stift 1 och 2) vid 20 °C:

T5 system	540 ± 55 ohm
T7 system	860 ± 90 ohm

Bränsletrycksregulator

Bränsletryck vid grenrörstryck på:

0 bar	3,0 bar
- 0,2 bar	2,8 bar
- 0,4 bar	2,6 bar
- 0,6 bar	2,4 bar
+ 0,2 bar	3,2 bar
+ 0,4 bar	3,4 bar
+ 0,6 bar	3,6 bar

Insprutningsventiler

1998 modeller:

T5 system . . . .   EV1-3E färgkod Röd, 4-hålig

1999 modeller:

T5 system	EV1-3E färgkod Röd, 4-hålig
T7 system	EV6E färgkod Röd, 4-hålig, luftspolad

2000-och senare modeller:

T5 system:

T7 system:

B205L motor	EV6E färgkod Grå, 4-hålig
B205R och B235R motorer	EV6E färgkod Brun, 4-hålig

Resistans vid 20 °C:

T5 system	12,0 ± 0,35 ohm
T7 system	15,95 ± 0,8 ohm

Flödeskapacitet (vid 3 bars bränsletryck):

T5 system	126 ± 5 ml/30 sekunder
T7 system	176 ± 7 ml/30 sekunder

Maximal flödesskillnad mellan bränsleinsprutningsventiler:

T5 system:

B204E . . . .   18 ml

T7 system:

B205L	12 ml
B235 (till och med 2000)	14 ml
B205E/L/R och B235R (2001-och senare)	20 ml

Tomgångsventil

Resistans vid 20 °C:

T5 system . . . .   7,7 ± 1 ohm

Bränslepump/mätarens givare

Typ	Elektrisk, nedsänkt i bensintanken
Kapacitet	700 ml per 30 sekunder vid 3,0 bar

Resistans:

Bränslenivågivare, fylld	390 ± 6,0 ohm
Bränslenivågivare, tom	60 ± 2,6 ohm

Turboaggregat

Typ:

B204L/E/R	Garrett GT17
Tryck	0,40 ± 0,03 bar
B205L/E	Garrett GT17
Tryck	0,40 ± 0,03 bar
B205R (t.om. 2000)...	Garrett GT17
Tryck	0,40 ± 0,03 bar
B235R och B205R (2001-och senare)	Mitsubishi TD04HL-15T-5
Tryck	0,45 ± 0,03 bar
Förtryck för övertrycksventil (alla typer).........................	2,0 mm
Turboaxelspel (axiellt)..	0,0254 till 0,0840 mm

Bränslesystem

Systemtryck	3,0 bar
Residualtryck (efter 20 minuter)	2,0 bar (min)

Rekommenderat bränsle

B204L/E/R och B205L/E	95 RON blyfri
B205R och B235R	98 RON blyfri

Tomgångsvarvtal

Trionic T5	900 ± 50 r/min – styrs av ECM (ej justerbar)
Trionic T7	Ingen uppgift – styrs av ECM (ej justerbar)

Avgasernas CO-halt

Alla modeller	Styrs av styrmodulen (ej justerbar)

Åtdragningsmoment

	Nm
Temperaturgivare för kylarvätska	13
Vevaxelns lägesgivare (Motronic).............................	8
Avgasgrenrör till topplock:	
Modeller utan turbo	18
Turbomodeller...	24
Avgasgrenrör till turboaggregat, muttrar	25
Avgasrör till avgasgrenrör (modeller utan turbo)	40
Avgasrör till turboaggregat......................................	25
Avgassystem skarvklämma	30
Insugsgrenrör	24
Lambdasond	55
Gasspjällshus till insugsgrenrör	8
Turboaggregat till avgasgrenrör	24

1 Allmän information och föreskrifter

Bränsletillförselsystemet består av en bensintank som sitter under bilens bakdel (med en nedsänkt elektrisk bränslepump), ett bränslefilter samt bränsletillförsel- och returledningar. Bränslepumpen tillför bränsle till bränslefördelarskenan som fungerar som en behållare för de fyra bränsleinsprutarna som sprutar in bränsle i insugningssystemet. Bränslefiltret sitter ihop med matarledningen från pumpen till bränslefördelarskenan och sörjer för att bränslet som transporteras till bränsleinsprutarna är rent. Filtret är monterat mitt emot bränsletanken.

Motorstyrningssystemet är antingen av typen Bosch Motronic (modeller utan turbo) eller Saab Trionic (turbomodeller). Se relevanta avsnitt för vidare information om systemets funktion.

Ett farthållarsystem finns som standard på de flesta senare Saab-modeller och finns som tillval på tidigare modeller.

Turboaggregatet är vätskekylt. Laddtrycket styrs av Saab Trionic-systemet.

Föreskrifter

⚠️ **Varning: Flera åtgärder i det här kapitlet kräver att bränsle-ledningar kopplas bort, vilket kan leda till bränslespill. Innan någon åtgärd utförs på bränslesystemet, se avsnitt 8. Läs föreskrifterna i "Säkerheten främst!" i början av denna handbok, och följ dem till punkt och pricka. Bensin är en ytterst brandfarlig och flyktig vätska, och säkerhetsföreskrifterna för hantering kan inte nog betonas.**

2 Luftrenare – demontering och montering

Demontering

1 Lossa klämman och koppla bort luftmass-flödesmätarens luftledning från kanalen som leder till insugsgrenröret (motorer utan turbo) eller turboaggregatet (turbomotorer).

2 Se till att tändningen är frånslagen, koppla sedan loss kablaget från luftmass-flödesmätaren, och lossa kablaget från buntbanden enligt behov.

3 Lossa fjäderklämmorna, på turbomodeller, skruva loss de 4 skruvarna som håller fast luftrenarkåpan mot botten.

4 Ta bort kåpan och lyft ut luftfilterelementet, notera vilket håll som är upp. Var försiktig så att luftmassflödesmätarens interna komponenter inte skadas.

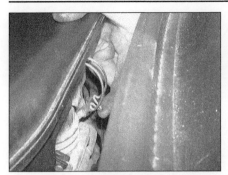

3.1a Lossa klämmorna . . .

3.1b . . . och lyft resonatorenheten (modell utan turbo visas) från gasspjällshusets övre del

3.2a Haka av gasvajern från spjällskivans arm . . .

5 Skruva loss fästmuttrarna och ta bort luftrenarens botten från motorrummet. Vid behov kan inloppskanalen tas bort genom att trycka ner låsknappen och dra ut kanalen från husets framsida.

> ⚠ *Varning: Kör inte motorn med demonterat luftrenarhus och/ eller kanaler, gäller speciellt för turbomodeller – trycket vid turboaggregatets insug kan öka mycket snabbt om motorn får gå snabbare än tomgångsvarvtal.*

6 Rensa all smuts från insidan av luftrenarens botten och kåpa.

Montering

7 Monteringen utförs i omvänd ordningsföljd mot demonteringen.

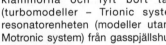

3 Gasvajer – demontering, montering och justering

Demontering

1 Arbeta i motorrummet, lossa skruvarna/ klämmorna och lyft bort täckkåpan (turbomodeller – Trionic system) eller resonatorenheten (modeller utan turbo – Motronic system) från gasspjällshusets övre del **(se bilder)**.

2 Öppna gasspjället något för hand, haka loss gasvajern från spjällskivans arm och lossa sedan gasspjället. På Motronic-systemet, dra ut fjäderklämman och dra ut yttre gasvajern från dess fäste **(se bilder)**. På Trionic-systemet, dra ut lås-/justerklämman (notera dess läge i spåren på hylsan) och koppla bort yttre gasvajern från fästet på gasspjällshuset **(se bilder)**.
3 Lossa gasvajern från alla fästklämmor i motorrummet.
4 Arbeta i förarens fotbrunn och koppla bort gasvajern från gaspedalens övre del enligt beskrivning i avsnitt 4 **(se bild)**.
5 Dra gasvajern genom mellanväggen in i motorrummet och ta bort den från fordonet.

Montering

6 Led gasvajern genom mellanväggens öppning och in i utrymmet bakom instrumentbrädan, över förarens fotbrunn.
7 Placera vajern på plats i motorrummet och säkra den med klämmorna där så behövs. Ingen del av vajern får vara böjd eller vriden.
8 För in yttre vajerns ände i fästet vid gasspjällshuset och fäst på plats med metallfjäderklämman.
9 Öppna gasspjället något för hand, haka på vajern i uttaget i gasspjällets arm. Släpp gasspjället och låt det återgå till dess tomgångsstopp.

Justering

10 Låt en medarbetare trycka ner gaspedalen till ett läge med fullt öppet spjäll. På modeller med manuell växellåda ska pedalen vara tryckt mot dess stopp. På modeller med automatväxellåda ska pedalen precis nudda, men **inte** aktivera, kickdown-brytaren (se kapitel 7B, avsnitt 8) **Observera:** *På modeller med automatväxellåda har gasvajern en fjäder för att ge "kickdown-känsla".* Håll pedalen still i detta läge.

Motronic-system

11 Arbeta i motorrummet och vrid den räfflade knoppen i yttre gasvajerns ände tills det att spjällskivans arm når dess stopp för full gas.
12 Släpp gaspedalen och låt den återgå till viloläge.
13 Arbeta i förarens fotbrunn, vrid på pedalens justerskruv som finns på gaspedalarmen precis ovan för ledtappen, så att eventuellt spel i inre vajern elimineras.
14 Kontrollera vid gasspjällshuset och bekräfta att gasspjällets arm fortfarande vilar mot dess tomgångsstopp.

Trionic-system

15 Kontrollera att låsklämman är placerad i spåret enligt notering vid borttagning. Vid behov, placera den i spåret, vilket då tillåter inre vajern ett minimalt fritt spel.

3.2b . . . ta sedan bort fjäderklämman och ta bort yttre gasvajern från dess monteringsfäste (Motronic)

3.2c Dra ut lås-/justerklämman (Trionic)

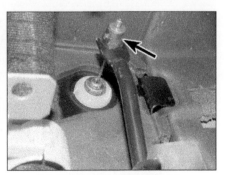

3.4 Koppla loss gasvajern från gaspedalens överdel

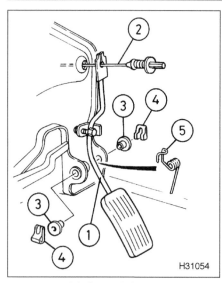

4.6 Gaspedalenhet

1 Pedal   4 Låsklämma
2 Gasvajer   5 Returfjäder
3 Bussning

Båda systemen

16 Återmontera täckkåpan/resonatorenheten över insugsgrenröret och gasspjällshuset.
17 Montera den undre täckkåpan mot instrumentbrädans undersida.

4 Gaspedal – demontering och montering

Demontering

1 Frigör gasvajern från gasspjällshuset, enligt beskrivning i avsnitt 3.
2 Arbeta i förarens fotbrunn, lossa fästelementen och ta bort den undre täckkåpan från instrumentbrädans undersida. På vissa modeller kan det vara nödvändigt att först lossa skruvarna och lossa diagnostikuttaget från instrumentbrädans undersida.
3 För upp handen bakom instrumentbrädan och haka av gasvajern från gaspedalens övre del.
4 Tryck ihop pedalens returfjäder och ta bort den från pedalarmen.

5.5 Farthållarsystemets ECM/styrmodul är placerad bakom främre höger fjäderbenstorn

5 Använd en tång för att dra låsklämman från änden på pedalens ledtapp och ta vara på bussningen.
6 Dra ut pedalen från dess fäste och ta bort den från fordonet **(se bild)**.

Montering

7 Monteringen utförs i omvänd ordningsföljd mot demonteringen. Avsluta med att justera gasvajern enligt beskrivning i avsnitt 3.

5 Farthållare – beskrivning och komponentbyte

Beskrivning

1 Med farthållaren kan föraren välja en hastighet och sedan släppa gaspedalen utan att tappa fart. Farthållarsystemet justerar sedan gasspjället automatiskt för att upprätthålla en konstant hastighet. Systemet avaktiveras när kopplingen eller bromspedalen trycks ner, när neutralläget väljs (modeller med automatväxel) eller när farthållaren stängs av med hjälp av reglaget. Systemet har en minnesfunktion som gör det möjligt att återuppta en förvald hastighet om farthållaren tillfälligt sätts ur funktion med kopplingen eller bromspedalen.
2 När farthållarsystemet är aktivt kan den förvalda hastigheten ökas eller minskas i små steg med hjälp av farthållarens flerfunktionsreglage.
3 Om ett fel uppstår i farthållaren ska först alla kablar kontrolleras så att de sitter ordentligt. Ytterligare undersökningar bör överlåtas till en Saab-verkstad som har den nödvändiga diagnostikutrustningen för att hitta felet snabbt.
4 Huvudkomponenterna i systemet är de följande:

a) **Elektronisk styrmodul (ECM):** Modulen känner av bilens hastighet via signaler från hastighetsmätaren på instrumentpanelen. Systemet fungerar inte i lägre hastigheter än 40 km/h. När farthållaren aktiveras på turbomodeller går en signal till motorstyrningssystemets styrmodul för att garantera mjukare kontroll av hastigheten. ECM-styrmodulen avgör fordonets hastighet med en signal från de låsningsfria bromsarnas ABS-styrmodul. Observera att på årsmodeller före 2001 är ECM-styrmodulen monterad på farthållarenheten, och är separat från motorstyrningens ECM, som är placerad bakom höger främre fjäderbenstorn. På årsmodeller 2001 är ECM-funktionen integrerad med motorstyrningens elektroniska styrmodul (ECM). Farthållarenheten är dock monterad på samma plats.

b) **Kontakter:** Flerfunktionsreglaget för farthållaren är integrerat med rattstångens vänstra flerfunktionsspak. Kontakter som är monterade bakom instrumentbrädan och som styrs av bromspedalen och kopplingen avaktiverar systemet när någon av pedalerna trycks ner. Av säkerhetsskäl är bromspedalens farthållarkontakt jordad genom bromsljusens glödlampor, via bromsljuskontakten – om kretsen är defekt fungerar inte farthållaren.

c) **Körriktningsvisare:** körriktningsvisaren på instrumentpanelen lyser när farthållaren är aktiverad.

Byte av komponenter

Elektronisk styrmodul/styrmodul

5 Farthållarsystemets ECM/styrmodul är placerad i motorrummet bakom höger främre fjäderbenstorn **(se bild)**. Se till att tändningen är avstängd innan du fortsätter med arbetet.
6 Vrid reglagevajerns anslutning för att koppla från bajonettfästet. Dra ut yttre vajern något från styrmodulen, haka sen av inre vajern från den inre reglagekedjan. Koppla loss kablaget från styrmodulen.
7 Lossa och dra ut skruven som håller fast styrmodulens monteringsfäste mot karossen. Vänd på fästet, lossa fästskruvarna och frigör styrmodulen från monteringsfästet **(se bild)**.
8 Monteringen utförs i omvänd ordningsföljd mot demonteringen.

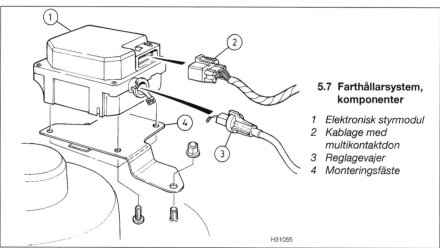

5.7 Farthållarsystem, komponenter

1 Elektronisk styrmodul
2 Kablage med multikontaktdon
3 Reglagevajer
4 Monteringsfäste

Reglagevajer

9 Frigör reglagevajern från styrmodulen enligt beskrivning i tidigare delkapitel.
10 Lossa fästskruvarna och ta bort täckkåpan/resonatorenheten över insugsgrenröret.
11 Frigör gasvajern från spjällskivans arm, enligt beskrivning i avsnitt 3, haka sedan av inre reglagevajern från spjällskivans arm.
12 Tryck ner låsflikarna och frigör den yttre reglagevajern från gasvajerns monteringsfäste,
13 Lossa reglagevajern från dess fästklämmor, ta sedan bort reglagevajern från motorrummet.
14 Montering utförs i omvänd ordningsföljd mot demonteringen.

Flerfunktionskontakt

15 Se information i kapitel 12, avsnitt 4, för demontering av körriktningsvisare/halvljus/helljus flerfunktionsreglage.

Pedalbrytare

16 Ta bort fästena och koppla loss den nedre täckkåpan på instrumentbrädans förarsida. På vissa modeller kan det vara nödvändigt att först lossa skruvarna och lossa diagnostikuttaget från instrumentbrädans undersida.
17 Sträck dig bakom instrumentbrädan och koppla loss kablarna från relevant kontakt.
18 Bänd försiktigt bort kontakten från monteringskonsolen.
19 Montera tillbaka kontakten genom att försiktigt bända ut kontaktens tryckkolv, tryck sedan ner broms-/kopplingspedalen (den som är relevant). Montera kontakten i monteringskonsolen och släpp pedalen långsamt tills den kommer i kontakt med kontaktens tryckkolv. Återanslut kablarna ordentligt.

Bromsljuskontakt

20 Se informationen i kapitel 9.

6 Blyfri bensin – allmän information och användning

Observera: *Informationen i det här kapitlet gäller i skrivande stund, och endast för bränsle som för närvarande säljs i Storbritannien. Om det finns behov av mer aktuell information, kontakta en Saab-verkstad. Vid resor i andra länder, kontakta en bilorganisation (eller liknande) för råd om tillgänglig bensin och dess lämplighet för din bil.*
1 Bränsle som rekommenderas av tillverkaren finns angivet i avsnittet Specifikationer i början av detta kapitel.
2 RON och MON är olika teststandard. RON står för Research Octane Number (skrivs även RM), och MON står för Motor Octane Number (skrivs även MM).
3 Alla modeller är utrustade med katalysator och får **endast** köras på blyfri bensin. Blyad bensin får på inga villkor användas eftersom det förstör katalysatorn.

7 Motorstyrningssystem – allmän information

Trionic styrsystem

Saabs Trionic motorstyrningssystem styr tre motorfunktioner från en elektronisk styrmodul (ECM). De tre funktionerna består av bränsleinsprutningssystemet, tändsystemet och turboaggregatets styrsystem för laddning. Information om de olika komponenterna i tändsystemet finns i kapitel 5B.

Systemet styrs av en mikroprocessor som anpassar sig efter förutsättningarna och alltid förser bränslesystemet med rätt mängd bränsle för fullständig förbränning. Data från olika givare behandlas i den elektroniska styrmodulen (ECM) för att avgöra hur länge bränsleinsprutarna ska vara öppna för att exakt rätt mängd bränsle ska sprutas in i insugsgrenröret.

Systemet är av sekvenstyp, vilket innebär att bränsle sprutas in i enlighet med motorns tändningsföljd. Konventionella bränsleinsprutningssystem av sekvenstyp kräver en kamaxelgivare som arbetar tillsammans med vevaxelns lägesgivare för att avgöra vilken cylinder i ÖD-läge som är i kompressionsslag och vilken som är i sitt avgasslag. Trionic-systemet har ingen kamaxelgivare, utan avgör varje cylinders kolvslag genom att lägga en låg likströmsspänning över varje tändstift. När en cylinder är i sitt förbränningsslag och närmar sig ÖD orsakar spänningen en joniseringsström mellan tändstiftets poler och visar på så sätt vilken cylinder som står på tur för bränsleinsprutning och tändning. Sekvensstyrning av tändningsinställningen för att styra förbränningsslaget fungerar på samma sätt (se kapitel 5B).

När tändningen slås på manuellt och bränslepumpen är igång används alla insprutningsventilerna samtidigt en kort stund. Det minskar kallstarttiden.

Huvudkomponenterna i systemet är följande:

a) **ECM:** *Den elektroniska styrmodulen styr hela bränsleinsprutningssystemet, tändningen, farthållaren och turboaggregatets tryckladdning.*
b) **Vevaxelns lägesgivare:** *Vevaxelns lägesgivare anger ett mätvärde till elektroniska styrmodulen för att beräkna vevaxelns läge i förhållande till ÖD. Givaren startas av en skiva med magnetiskt motstånd som roterar inuti vevhuset.*
c) **Givare för absoluttryck i insugsgrenröret (MAP):** *Givaren för absoluttryck i insugsgrenröret (MAP) skickar en ström till den elektroniska styrmodulen i proportion till trycket i insugsgrenröret.*
d) **Givare för laddlufttryck/-temperatur:** *Givaren för lufttryck/temperatur består av*

en enhet som informerar den elektroniska styrmodulen (ECM) om tryck och temperatur på luften i slangen mellan laddluftkylaren och gasspjällshuset.
e) **Temperaturgivare för motorns kylvätska:** *Temperaturgivaren för motorns kylvätska informerar den elektroniska styrmodulen (ECM) om motortemperatur.*
f) **Massluftflödesgivare:** *sitter bakom den högra strålkastaren. Motorns belastning mäts med en luftmassflödesmätare av glödtrådstyp istället för att mäta undertrycket i insugsgrenröret. Mätaren innehåller en uppvärmd glödtråd som är monterad i flödet från luftintaget. Temperaturminskningen som orsakas i glödtråden på grund av luftflödet ändrar den elektriska resistansen, som sedan omvandlas till en variabel signal för avgiven effekt. Genom att mäta flödet av luftmassan snarare än luftvolymen kan man kompensera för skillnader i lufttryck, beroende på höjd över havet eller liknande. Observera att den här typen av mätning utesluter behovet av att mäta insugsluftens temperatur.*
g) **Gasspjällets lägesgivare:** *Gasspjällets lägesgivare informerar den elektroniska styrmodulen (ECM) om gasspjällsventilens läge.*
h) **Laddtrycksventil:** *Laddtrycksventilen (kallas även magnetventilen) är placerad på ett fäste framför topplocket. Den styr turboaggregatets funktion. Under vissa förutsättningar (när 1:ans växel är ilagd) minskar laddtrycket.*
i) **Bypassventil för laddtryck:** *Bypassventilen är monterad på fästet för motorkablagets på mellanväggen i motorrummets bakkant. Den är en säkerhetsanordning som förhindrar att turboaggregatet skadas. Under vissa omständigheter när trycket ökar öppnas ventilen av undertrycket i insugsgrenröret.*
j) **Bränsletrycksregulator:** *Regulatorn är ansluten i slutet av bränslefördelarskenan på insugsgrenröret och reglerar bränsletrycket till ca 3,0 bar.*
k) **Bränslepump:** *Bränslepumpen är placerad i bränsletanken. Pumphuset innehåller en separat matarpump som förser huvudpumpen med bubbelfritt bränsle under tryck.*
l) **Insprutare:** *Varje bränsleinsprutare består av en solenoidstyrd nålventil som öppnas på kommando av den elektroniska styrmodulen (ECM). Bränsle från bränslefördelarskenan transporteras sedan genom insprutarens munstycke till insugsgrenröret.*
m) **Lambdasond:** *Lambdasonden förser ECM-styrmodulen med ständig information om syreinnehållet i avgaserna (se kapitel 4C).*
n) **EVAP kanisterrensventil:** *Kanisterrensventilen öppnas när motorn startas för att tömma ut bränsle som samlats i kanistern. Systemet arbetar i*

korta perioder för att göra det möjligt för lambdasonden att kompensera för det extra bränslet (se kapitel 4C).

o) *Tändningsenhet och tändstift: Tändningsenheten (eller DI-kassetten) innehåller fyra tändspolar som är direkt anslutna till tändstiften (se kapitel 5B).*

p) *"Limp-home"-solenoid : "Limp-home"-solenoiden finns endast i T7 Trionic-systemet. Den är placerad på gasspjällhusets baksida. Om ett säkerhetsrelaterat fel uppstår i gasspjällsstyrningen går den över i "limp home"-läge (nödkörningsläge). Lampan Check Engine tänds genast, och felkoden måste kvitteras med diagnostikverktyget.*

q) *Tomgångsventil: Tomgångsventilen finns endast i T5 Trionic-systemet och är placerad baktill på motorns högra sida, överst på insugsgrenröret. Tomgångsventilen reglerar den luftvolym som passerar gasspjällsventilen. Systemet bibehåller motorns tomgångsvarvtal under alla belastningar som orsakas av generator, luftkonditionerings-kompressor, eller när en annan växel än P eller N väljs på modeller med automatväxellåda. Om det uppstår ett avbrott i tomgångsventilens krets bestäms ventilöppning av en inre fjäder för att reglera motorvarvtalet till ca 1000 r/min. Tomgångsventilen används även som en avgasreningsanordning. När motorn körs under motorbromsning kan otillräckligt luftintag orsaka undermålig förbränning, vilket leder till höga utsläpp av kolväten. Under dessa förhållanden öppnar den elektroniska styrmodulen (ECM) tomgångsventilen (IAC) för att öka flödet av insugsluft och reglera emissioner av kolväten.*

Motronic styrsystem

Funktionen för Bosch Motronic motorstyr-ningssystem är mycket lik Saabs Trionic-system som beskrivs i föregående delavsnitt. De huvudsakliga skillnaderna beskrivs nedan.

a) *Tändningssystem: Konventionellt tändningssystem används, med separat tändspole och roterande fördelare. Förbränningsknack detekteras med en knackningsgivare som är monterad i motorblocket (se kapitel 5B för detaljer).*

b) *Kamaxelgivare: Tändningsfördelaren innehåller kamaxelgivaren. Den informerar den elektroniska styrmodulen (ECM) när cylinder nr 1 är i förbränningstakt, vilket tillåter användning av sekventiell bränsleinsprutning och tändningsinställning (för knackreglering).*

Check Engine-indikator

För båda motorstyrningssystemen – om varningslampan "Check Engine" tänds ska bilen lämnas till en Saab-återförsäljare så snart som möjligt. Då kan en fullständig test av motorstyrningssystemet utföras med hjälp av speciell elektronisk testutrustning för Saab. Motorstyrningssystemet kan försättas i ett läge för "självtest", vilket gör att det visar all lagrad felkodsinformation genom att blinka "Check Engine"-lampan i en kodad sekvens. Denna sekvens kan sedan tolkas för att bestämma vilka fel som har detekterats av motorns styrsystem, se avsnitt 13 för vidare detaljer.

8 Bränsletillförsel – rekommendationer och tryckutjämning

Observera: *Läs avsnittet Rekommendationer i slutet av avsnitt 1 innan du fortsätter.*

⚠ **Varning:** *Nedanstående procedur lättar endast på trycket i bränsle-systemet - kom ihåg att bränsle fortfarande finns kvar i systemets komponenter och vidtag säkerhetsåtgärder innan någon del demonteras.*

1 Det bränslesystem som avses i det här avsnittet definieras som en bränslepump fäst på tanken, ett bränslefilter, bränsleinsprutare, bränslefördelarskena och en tryckregulator, samt de metallrör och slangar som är kopplade mellan dessa komponenter. Alla komponenter innehåller bränsle som är under tryck när motorn är igång och/eller när tändningen är påslagen.

⚠ **Varning:** *Bränslet kan befinna sig under tryck ett tag efter det att tändningen har stängts av och måste tryckutjämnas innan någon av ovanstående komponenter åtgärdas.*

2 Öppna säkringsdosan, under ett lock på höger sida av instrumentbrädan (se *Veckokontroller*) och ta bort bränslepumpens säkring (nr 32). Vid behov, se avsnitt 12 för ytterligare information.

3 Vrid tändningsnyckeln och dra igång motorn. Om den startar låter du den gå tills den stannar av sig själv, det bör inte ta mer än några sekunder. Försök starta den igen för att vara säker på att allt övertryck har avlastats.

4 Koppla loss batteriets minuspol, montera sedan bränslepumpens säkring.

5 Placera en lämplig behållare under anslutningen som ska lossas. Var beredd med en stor trasa för att torka upp bränsle som hamnar utanför behållaren.

6 Lossa anslutningen eller muttern – långsamt för att undvika en plötslig tryckförändring. Linda trasan runt anslutningen för att hejda utsprutande bränsle. När trycket väl har lättats kan bränsleledningen lossas.

9 Bränslepump – demontering och montering

⚠ **Varning:** *Läs föreskrifterna i avsnitt 8, och informationen i avsnittet "Säkerheten främst!" i den här handboken innan du börjar arbeta med några komponenter i bränslesystemet.* **Observera:** *Bränslepumpen på alla modeller innehåller även bränslemätargivarenheten.*

Demontering

1 Lossa batteriets minuskabel och placera den på avstånd från anslutningen.

2 Ta bort bensintanken enligt beskrivningen i avsnitt 12.

3 Enheten är fäst med en fastskruvad ring. Saab-mekaniker använder ett specialverktyg för att skruva bort ringen, men en kraftig rörtång som sticks in mellan tänderna på ringens inre kant ger samma resultat. Skruva loss och ta bort ringen (se bild). Observera placeringspilarna på pumpen och tanken.

4 Lyft försiktigt bort pumpflänsen från bränsletanken. Låt överskottsbränslet dränera tillbaka till tank, rotera sedan pumpen medurs ungefär ett kvarts varv och dra ut den från bränsletanken (se bild). Ta loss O-ringstätningen från tanköppningen.

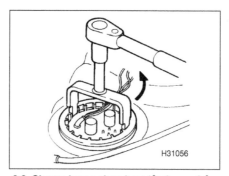

9.3 Skruva loss och ta bort låsringen från bränslepumpens ovansida

9.4 Bränslepumpen demonterad från bensintanken

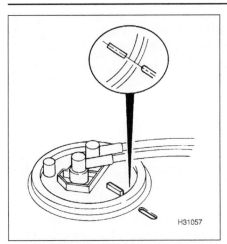

9.6 Kontrollera att markeringarna på bränslepumpen och tanken är i linje med varandra när bränslepumpen monteras

Montering

5 Montera en ny O-ringstätning i bränsletankens öppning, tryck ner den ordentligt i spåret.
6 Sänk ner bränslepumpen i bränsletanken och vrid den så att inställningsmärkena på bränslepumpen och tanken är i linje med varandra **(se bild)**.
7 Skruva på den stora låsringen av plast och dra åt den på samma sätt som vid demonteringen.
8 Återmontera bränsletanken enligt beskrivningen i avsnitt 12.
9 Återanslut batteriets minuskabel.

10 Bränslepumprelä – demontering och montering

Demontering

1 Bränslepumpens relä är placerat på huvudreläkortet, bakom instrumentbrädan.
2 Ta bort batterikåpan och koppla sedan loss batteriets minusledare. För ledaren bort från batteripolen.
3 Lossa fästena och koppla loss den nedre kåpan från förarsidan av instrumentbrädan.

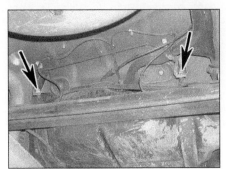

12.7 Lossa stegvis på muttrarna (se pil) som fäster bränsletankens stödband vid monteringsfästena

4 Ta bort fästskruven och ta ner säkringskortet från instrumentbrädan.
5 Bränslepumpens relä sitter på plats 1, 3:e raden från toppen.
6 Ta tag i reläet och dra det rakt ut från reläbrädan.

Montering

7 Monteringen utförs i omvänd ordningsföljd mot demonteringen. Se till att reläet trycks hela vägen in i sitt fäste.

11 Bränslemätargivare – demontering och montering

I alla modeller är bränslemätargivaren inbyggd i bränslepumpen och kan inte köpas separat. I avsnitt 9 finns information om hur du demonterar och återmonterar bränslepumpen.

12 Bränsletank – demontering, reparation och montering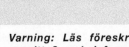

⚠ **Varning: Läs föreskrifterna i avsnitt 8, och informationen i avsnittet "Säkerheten främst!" i den här handboken innan du börjar arbeta med några komponenter i bränslesystemet.**
1 Innan bensintanken tas bort bör den tömmas på allt bränsle. Eftersom bensintanken inte har någon avtappningsplugg bör bilen ha körts tills tanken är så gott som tom vid demonteringen.

Demontering

2 Utjämna trycket i bränslesystemet enligt beskrivningen i kapitel 8. Koppla sedan loss batteriets minuskabel och fäst den på säkert avstånd från polen.
3 Lägg i ettans växel (manuell växellåda) eller Park (automatväxellåda) och klossa framhjulen ordentligt. Hissa upp bakvagnen och stöd den på pallbockar (se *Lyftning och stödpunkter*).
4 Lossa klämmorna och frigör påfyllnings- och avluftningsslangar från bränsletanken. Tejpa över eller plugga slangändarna för att inte damm eller smuts ska tränga in.
5 Ta bort plastlocket från bränslefiltret, som är placerat framför tanken, lossa sedan skruvarna och lossa klämman som håller fast filtret.
6 Placera en garagedomkraft, med träkloss över domkraftshuvudet, mitt under bränsletanken. Höj domkraften så mycket att den precis börjar lyfta bränsletanken.
7 Skruva stegvis bort skruvarna som fäster bränsletankens stödband vid monteringsfästena **(se bild)**. Haka loss ändarna av de lossade stödbanden från respektive fäste.
8 Sänk sakta ner bränsletanken, höger sida först, tills att det går att frigöra bränsleledningarna från övre delen. Koppla öven loss kablaget från bränslepumpen/mätaren.

9 Frigör eventuellt kvarvarande avluftningsslangar eller kablar som kan förhindra att tanken tas bort, ta sedan hjälp av en medarbetare för att sänka ner bränsletanken på golvet och föra ut den från under bilen.

Reparation

10 Om tanken är förorenad med avlagringar eller vatten ska bränslepumpen demonteras och tanken sköljas ur med ren bensin. I somliga fall kan det vara möjligt att reparera små läckor eller mindre skador. Fråga en specialist innan du försöker laga bränsletanken.

Montering

11 Montering utförs i omvänd ordningsföljd, men observera följande:
a) *Undersök O-ringarna vid bränsletillförsel- och returslangarnas snabbutlösnings- anslutningar ovanpå bränslepumpen.*
b) *Se till att alla bränsleledningar och ventilationsslangar är korrekt dragna och att de inte är veckade eller vridna.*
c) *Dra åt bensintankens stödband ordentligt.*

13 Motorstyrningssystem – test, kontroll och justering

1 För både Bosch Motronic och Saab Trionic motorstyrningssystem styrs motorns tomgångsvarvtal och blandningen luft-bränsle (och därmed avgasernas CO-halt) automatiskt av den elektroniska styrmodulen, ECM. Det är möjligt att *kontrollera* tomgångsvarvtal och bränsleblandningen på alla modeller med hjälp av en varvräknare och ett verktyg för avgasanalys, men det kan vara svårt att koppla en vanlig varvräknare till en turbomotor med DI-kassett. Alla modeller är dessutom utrustade med katalysatorer och det kan vara svårt att mäta hur stor halt av koloxid (CO), kolväten (HC) och kväveoxider (NOx) som produceras utan tillgång till professionell testutrustning, om systemet fungerar normalt. Man kan dock avgöra om något är fel med bränsle- eller tändsystemet om man använder en avgasanalyserare (finns att köpa) och uppmäter höga nivåer av en eller flera av de förorenande gaser som nämndes ovan.
2 Om ett misstänkt fel uppstår i motorstyrningssystemet ska alla kontaktdon kontrolleras så att de sitter som de ska och inte visar tecken på korrosion. Se till att felet inte beror på bristande underhåll – dvs. att luftrenarens filterelement är rent, att bränslefiltret har bytts ut tillräckligt ofta och att tändstiften med tillhörande komponenter (inkl. fördelare och tändspole, om tillämpligt) är i gott skick. Kontrollera också att motorns ventilationsslang ligger fritt och att den är oskadad. Kontrollera slutligen att cylindrarnas kompressionstryck är korrekt, se kapitel 1A, 2A och 5B för ytterligare information.
3 Om orsaken till felet fortfarande är okänd efter dessa kontroller ska bilen lämnas in till en Saab-verkstad för undersökning. Det finns

ett diagnostikuttag i motorstyrningssystemets kabelnät där ett elektroniskt diagnostikverktyg speciellt för Saab kan pluggas in. Verktyget kommer att identifiera de fel som registrerats av motorstyrningssystemets elektroniska styrmodul genom att tolka de felkoder som finns lagrade i styrmodulens minne. Verktyget gör det även möjligt att undersöka systemets givare och manövreringsorgan utan att koppla loss dem eller ta bort dem från bilen. Det minskar behovet av enskilda tester av alla systemets komponenter, med vanlig testutrustning. Diagnostikuttaget sitter under instrumentbrädan, på förarsidan.

4 Om varningslampan "Check Engine" tänds bör du snarast lämna bilen till en Saab-verkstad. Då kan en fullständig test av motorstyrningssystemet utföras med hjälp av speciell elektronisk testutrustning för Saab.

14 Motorstyrningssystem (Bosch Motronic) – demontering och montering

⚠️ **Varning: Läs föreskrifterna i avsnitt 8, och informationen i avsnittet "Säkerheten främst!" i den här handboken innan du börjar arbeta med några komponenter i bränslesystemet.**

Elektronisk styrmodul (ECM)

Demontering

1 Se till att tändningen är avstängd. Koppla loss batteriets minuskabel (se *Demontering av batteri* i kapitlet *Referenser* i slutet av denna handbok).

2 Arbeta i fordonet i höger fotbrunn, ta bort fästelementen och sänk ner täckkåpan bort från instrumentbrädans undersida och rattstången. På vänsterstyrda modeller måste handskfacket demonteras.

3 Vik undan mattan för att frilägga den elektroniska styrmodulen (ECM) som är monterad på karossen längst ner vid A-stolpen.

4 Lossa låsarmen och koppla loss anslutningskablaget med multikontakt från den elektroniska styrmodulens (ECM) undersida. **Observera:** *Innan multikontakten kopplas bort ska du jorda dig själv genom att vidröra fordonskarossen, detta för att förhindra*

14.11 Temperaturgivaren för kylvätska (se pil) är gängad i insugsgrenröret (bränslefördelarskena och insprutare borttagna)

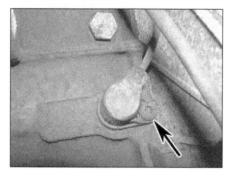

14.9a Vevaxellägesgivarens fästskruv (se pil)

skada på interna kretsar i den elektroniska styrmodulen (ECM) från statisk elektricitet.

5 Skruva loss fästskruven och ta bort den elektroniska styrmodulen (ECM) ur bilen.

Montering

6 Monteringen utförs i omvänd ordningsföljd mot demonteringen. Se till att anslutningskablagets multikontakt sitter fast med låsarmen. Observera att om en ny styrmodul har monterats så kommer den undan för undan att "lära sig" motorns egenskaper medan bilen körs. Körbarhet, prestanda och bränsleekonomi kan försämras något under den här perioden. Saab anger även att startspärren måste återställas med deras diagnostikverktyg Tech2.

Vevaxelns lägesgivare

Demontering

7 Vevaxelns lägesgivare är placerad på motorblockets framsida, intill motortransmissionskåpans kontaktyta. Kontaktdonet är dock placerat på mellanväggen bakom motorn. Ta först bort insugningsresonatorn över gasspjällshuset.

8 Notera kabeldragningen för vevaxelns lägesgivare. Frigör kablaget vid kontaktdonet, lossa sedan kablaget från klämmorna utmed hela dess längd.

9 Ta bort fästskruven och dra ut givaren från dess plats på motorblockets främre vänstra sida (**se bilder**). Observera hur O-ringen sitter monterad och ta loss den. Rengör sätet i motorblocket.

Montering

10 Monteringen utförs i omvänd ordningsföljd

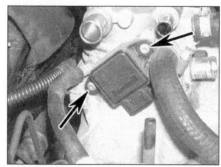

14.23 Gasspjällets lägesgivare, fästskruv (se pil)

14.9b Ta bort vevaxellägesgivaren från motorblocket

mot demonteringen, men se till att O-ringen placeras ordentligt i sätet. Dra åt givarens fästskruv till angivet moment. Se till att kablarna hålls fast med kabelklämmorna på sina ursprungliga platser och att flervägskontakten återansluts ordentligt. Kontrollera skicket på resonatorns O-ringar före återmontering.

Temperaturgivare för kylvätska

Demontering

11 Givaren är gängad i insugsgrenröret (**se bild**). Se till att motorn är helt kall, släpp sedan ut trycket ur kylsystemet genom att ta bort och sedan sätta tillbaka expansionskärlets påfyllningslock (se *Veckokontroller*).

12 Lossa klämmorna och ta bort insugningsresonatorn från gasspjällshusets övre del.

13 Koppla loss kontaktdonet från givaren.

14 Skruva bort givaren från det undre insugsgrenröret. Var beredd på kylvätskespill.

Montering

15 Rengör gängorna, sätt därefter in givaren i insugsgrenröret och dra åt ordentligt.

16 Återmontera kontaktdonet, montera sedan insugningsresonatorn, se till att de två O-ringstätningarna är monterade rätt.

17 Fyll på kylsystemet enligt beskrivningen i *Veckokontroller*.

Gasspjällets lägesgivare

Demontering

18 Se till att tändningslåset står i avstängt läge (OFF).

19 Lossa klämmorna och ta bort insugningsresonatorn från gasspjällshusets övre del.

20 Lossa klämmorna och ta bort vevhusets avluftningsslang från ventilkåpan och gasspjällshuset.

21 Skjut tomgångsventilen från dess fästbult och flytta den åt sidan.

22 Koppla loss kontaktdonet från gasspjällets lägesgivare.

23 Skruva loss fästskruvarna, ta sedan bort givaren från änden på gasspjällets spindel (**se bild**). Ta vara på O-ringstätningen.

Montering

24 Monteringen utförs i omvänd ordningsföljd mot demonteringen. Se till att O-ringstätningen för gasspjällets lägesgivare är korrekt monterad. Kontrollera att de två O-ringstätningarna monteras ordentligt

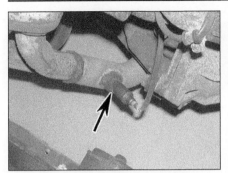

14.26 Lambdasondens placering i avgassystemets främre rör

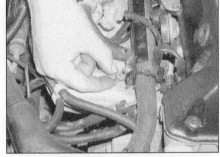

14.36a Lossa skruvarna . . .

14.36b . . . ta sedan bort vajerstyrningen

när insugningsresonatorn monteras på gasspjällshuset.

Lambdasond

Demontering

25 Se till att tändning är avstängd (OFF).
26 Skruva loss givaren från avgassystemets främre rör **(se bild)**. En hylsa med urtag behövs då givaren har en rörlig kabel.
27 Lossa givarkablaget från klämmorna i motorrummet, observera kabeldragningen.
28 Lossa givarkablaget från huvudkablaget vid kontaktdonet placerat på topplockets vänstra sida och ta bort det från motorrummet.

Montering

29 Montering utförs i omvänd ordningsföljd. Smörj givarens gängor med lämpligt högtemperatursfett, montera och dra sedan åt till angivet moment.

Bränsleinsprutare, bränslefördelarskena och tryckregulator

Observera: Läs varningstexten i slutet av avsnitt 1 innan du fortsätter.

Demontering

30 Släpp ut trycket i bränslesystemet enligt beskrivning i avsnitt 8. Se sedan till att tändningen är avstängd (OFF).
31 Lossa klämmorna och ta bort insugnings-resonatorn från gasspjällshusets övre del.

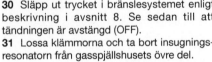

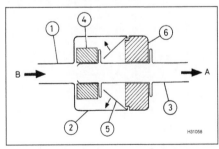

14.38b Genomskärningsbild av snabbkopplingar för bränsleslangar

A Till bränsle-
   fördelarskena
B Från bränsletank
1 Bränsleslang
2 Snabbkoppling
3 Bränslerör
4 Tätning
5 Fjäderflik
6 Genomföring

14.37 Koppla bort kontaktdonen från bränsleinsprutarna

32 Lossa klämmorna och ta bort vevhusets avluftningsslang från ventilkåpan och gasspjällshuset.
33 Skjut tomgångsventilen från dess fästbult och flytta den åt sidan.
34 Skruva loss stödfästet för oljestickan från topplockets baksida.
35 Se avsnitt 3 och koppla loss gasvajern från gasspjällshuset. I förekommande fall, se avsnitt 5 och koppla loss farthållarvajern från gasspjällshuset.
36 Lossa och ta bort de två skruvarna som håller fast vajerstyrningen mot bränsle-fördelarskenan. Lossa buntbanden och frigör kablaget från vajerstyrningen. Ta bort vajerstyrningen från motorrummet **(se bilder)**.
37 Lossa fästklämmorna och koppla sedan bort kablarna från alla fyra insprutare **(se bild)**.

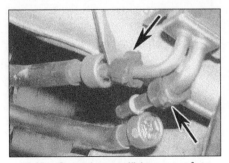

14.38c Gummigenomföringarna måste bändas bort från kopplingarna innan slangarna kan kopplas bort

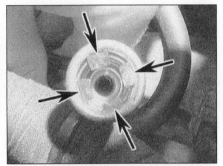

14.38a Snabbkopplingen har fyra inre flikar (se pil)

Märk varje anslutning för att undvika felaktig återmontering.
38 Koppla bort bränslematnings- och returslangarna från bränslefördelarskenans högra ände. Slangarna har kontaktdon med snabbkopplingar, vilka vanligen kräver tillgång till ett specialverktyg för särtagning. Verktyget består av en plastkrage som glider mellan bränsleslangens förskruvning och bränsleröret till bränslefördelarskenan. När den förs i läge skjuter verktyget ut fyra inre flikar inuti snabbkopplingen, vilket gör att slangen kan kopplas loss. Samma effekt kan uppnås med en plastslang, uppskuren på längden, så att den kan passas över bränsleröret. Observera att gummigenomföringarna måste bändas bort från förskruvningarna innan slangarna kan kopplas loss **(se bilder)**.
39 Ta bort de två skruvarna som fäster

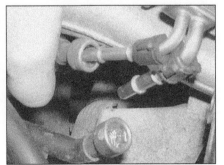

14.38d Ta bort bränslematnings- och returslangarna från bränslefördelarskenan

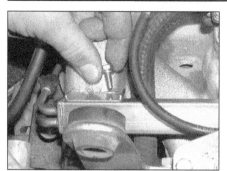

14.39 Ta bort skruvarna ...

14.40a ... och lyft bort bränsle-fördelarskenan från insugsgrenröret

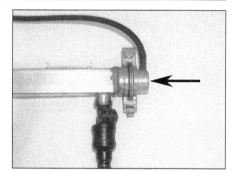

14.40b För att demontera bränsle-trycksregulatorn (se pil), skruva loss skruven och lossa metallklämman

bränslefördelarskenan vid topplocket **(se bild)**. Lägg en trasa under bränslefördelarskenan för att suga upp den bensin som läcker ut när bränslefördelarskenan tas bort.

40 Lyft bort bränslefördelarskenan från insugningsröret, komplett med bränsleinsprutarna. Vid behov, lossa metallklämman och ta bort bränsletrycksregulatorn från bränsle-

fördelarskenans vänstra ände. Ta vara på O-ringstätningen **(se bilder)**.
41 Bänd ut fästklämmorna, och dra ut insprutarna från bränslefördelarskenan **(se bilder)**. Ta vara på O-ringstätningarna av gummi.

Montering

42 Montering utförs i omvänd ordningsföljd. Montera insprutarna mot bränslefördelarskenan, tryck sedan in bränslefördelarskenan och insprutarna i insugsgrenröret som en enhet. Smörj lite vaselin på O-ringstätningarna av gummi innan de monteras i insugsgrenröret, då blir det lättare att få in bränsleinsprutarna. Se till att rätt kabelanslutningar monteras på insprutarna. Kontrollera att de två stora O-ringstätningarna monteras ordentligt när insugningsresonatorn monteras på gasspjällshuset.

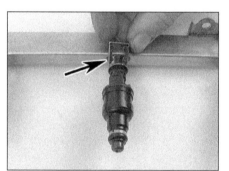

14.41a Bänd ut fästklämmorna ...

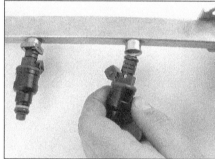

14.41b ... och dra ut insprutnings-ventilerna från bränslefördelarskenan

Tomgångsventil

Demontering

43 Se till att tändningslåset står i avstängt läge (OFF).
44 Lossa klämmorna och ta bort insugningsresonatorn från gasspjällshusets övre del.
45 Koppla loss kontaktdonet från ventilens nedre del, skjut sedan bort ventilen från dess fästbult **(se bilder)**.
46 Koppla loss luftslangarna från öppningarna på gasspjällshuset och ta sedan bort ventilen from motorrummet **(se bilder)**.

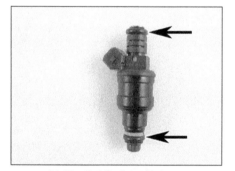

14.41c Byt O-ringstätningar

14.45a Koppla bort kontaktdonet från ventilens nedre del ...

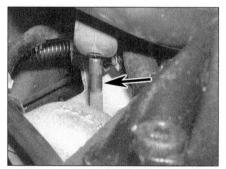

14.45b ... skjut sedan ventilen från dess fästbult (se pil)

14.46a Lossa luftslangarna från anslut-ningarna på gasspjällshuset (se pil) ...

14.46b ... och ta bort ventilen från motorrummet

14.54 Koppla loss kontaktdonet från sidan på luftmassflödesmätaren

14.55a Lossa slangklämmorna. . .

14.55b . . . lossa klämmorna och frigör mätaren från luftrenaren och det böjbara röret för insugsluft

Montering

47 Monteringen utförs omvänt mot demonteringen, men se till att pilen på sidan av ventilen pekar i samma luftflödets riktning. Kontrollera att de två O-ringstätningarna monteras ordentligt när insugningsresonatorn monteras på gasspjällshuset.

Avdunstningsreglersystemets rensventil

Demontering

48 Se till att tändningslåset står i avstängt läge (OFF).
49 Ta bort den del av flexröret för insugsluft som förbinder luftmassflödesmätaren med resonatorenheten.
50 Koppla loss kablaget från rensventilen, koppla sedan bort vakuumslangarna, observera deras anslutning för att undvika felaktig återmontering.
51 Lossa ventilen från dess infästning och ta bort den från motorrummet.

Montering

52 Montering utförs i omvänd ordning mot demontering, men se till att den monteras åt rätt håll.

Luftmassflödesmätare

Demontering

53 Se till att tändningslåset står i avstängt läge (OFF).
54 Koppla loss kontaktdonet från sidan på luftmassflödesmätaren **(se bild)**.

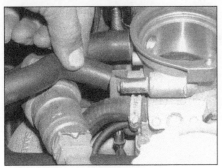

14.62 Koppla loss vevhusets avluftningsslang från gasspjällshuset

55 Lossa slangklämmorna, lossa fjäderklämmorna och frigör mätaren från luftrenaren och flexrör för insugsluft **(se bilder)**.

Montering

56 Monteringen utförs i omvänd ordningsföljd mot demonteringen.

Kamaxelgivare

57 Kamaxelgivaren är integrerad med tändningsfördelaren, se kapitel 5B för information om dess demontering och montering.

Gasspjällshus

Demontering

58 Lossa klämmorna och ta bort insugningsresonatorn från gasspjällshusets övre del.
59 Koppla loss anslutningskontakten från gasspjällets lägesgivare.
60 Med kall motor, skruva bort locket på kylvätskans expansionskärl, montera locket, och dra sedan åt locket.
61 Lossa klämmorna, koppla sedan loss och plugga kylvätskeslangarna från gasspjällshuset.
62 Koppla loss vevhusventilationens avluftningsslang från gasspjällshuset **(se bild)**.
63 Koppla loss IAC-ventilens slang från gasspjällshuset.
64 Koppla loss gasvajern (och där det behövs, farthållarvajern) enligt beskrivning i avsnitt 3 och 5.
65 Lossa och ta bort fästskruvarna, lyft sedan bort gasspjällshuset från insugsgrenröret **(se bild)**. Ta vara på O-ringen.

14.65 Skruva loss gasspjällshusets fästskruvar

Montering

66 Rengör anliggningsytorna på gasspjällshuset och insugsgrenröret, montera sedan gasspjällshuset med en ny O-ring. Dra åt fästskruvarna.
67 Anslut och justera gasvajern (och där det behövs, farthållarvajern) enligt beskrivning i avsnitt 3.
68 Anslut IAC-ventilens slang och vevhusets avluftningsslang.
69 Återanslut kylvätskeslangarna och dra åt klämmorna.
70 Återanslut anslutningskontakten för gasspjällets lägesgivare.
71 Återmontera insugningsresonatorn, se till att de två O-ringstätningarna monteras rätt.
72 Fyll på kylsystemet enligt beskrivningen i Veckokontroller.

15 Motorstyrningssystem, komponenter (Saab Trionic) – demontering och montering

⚠️ **Varning: Läs föreskrifterna i avsnitt 8, och informationen i avsnittet "Säkerheten främst!" i den här handboken innan du börjar arbeta med några komponenter i bränslesystemet.**

Elektronisk styrmodul (ECM)

Demontering

1 Se till att tändningen är avstängd. Koppla loss batteriets minuskabel (se Demontering av batteri i kapitlet Referenser i slutet av denna handbok).
2 Arbeta i fordonet i höger fotbrunn, ta bort fästelementen och sänk ner täckkåpan bort från instrumentbrädans undersida och rattstången. På vänsterstyrda modeller måste handskfacket demonteras.
3 Vik undan mattan för att frilägga den elektroniska styrmodulen (ECM) som är monterad på karossen längst ner vid A-stolpen.
4 Lossa låsarmen och koppla loss anslutningskablaget med multikontakt från den elektroniska styrmodulens (ECM) undersida.
Observera: Innan multikontakten kopplas bort ska du jorda dig själv genom att vidröra fordonskarossen, detta för att förhindra

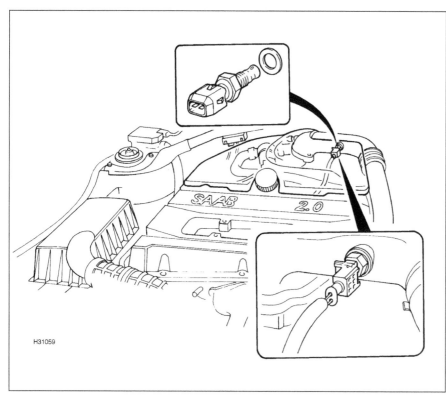

15.8 Insugsluftens temperaturgivare (IAT)

skada på interna kretsar i den elektroniska styrmodulen (ECM) från statisk elektricitet.

5 Skruva loss fästskruven och ta bort den elektroniska styrmodulen (ECM) ur bilen.

Montering

6 Monteringen utförs i omvänd ordningsföljd mot demonteringen. Se till att anslutningskablagets multikontakt sitter fast med låsarmen. Om en ny styrmodul har monterats kommer den att "lära sig" motorns egenskaper medan bilen körs. Körbarhet, prestanda och bränsleekonomi kan försämras något under den perioden. Saab anger även att startspärren måste återställas med deras diagnostikverktyg Tech2.

Temperaturgivare för insugsluft (Trionic T5)

Demontering

7 Lossa fästelementen och ta bort kåpan över gasspjällshuset.
8 Koppla loss kablaget från givaren, som är placerad i huvudluftintaget till gasspjällshuset. Skruva loss givaren från luftintaget, ta vara på tätningsbrickan **(se bild)**.

Montering

9 Montering utförs i omvänd ordning, men kontrollera och byt tätningsbrickan om det behövs.

Gasspjällets lägesgivare (Trionic T5)

Demontering

10 Se till att tändningslåset är avstängt (OFF).

11 Lossa fästelementen och ta bort kåpan från gasspjällshusets övre del.
12 Lossa klämmorna och ta bort vevhusets avluftningsslang från ventilkåpan och gasspjällshuset.
13 Skjut tomgångsventilen från dess fästbult och flytta den åt sidan.
14 Koppla loss kontaktdonet från gasspjällets lägesgivare.
15 Lossa och ta bort fästskruvarna, ta sedan bort givaren från änden på gasspjällets spindel. Ta loss O-ringstätningen.

Montering

16 Monteringen utförs i omvänd ordningsföljd mot demonteringen. Se till att O-ringstätningen för gasspjällets lägesgivare är korrekt monterad.

Tomgångsventil (Trionic T5)

Demontering

17 Se till att tändningslåset är avstängt.
18 Lossa fästelementen och ta bort kåpan från gasspjällshusets övre del.
19 Koppla loss kontaktdonet från ventilens nedre del, skjut sedan bort ventilen från dess fästbult. Observera pilen för flödesriktning på ventilhuset.
20 Koppla loss luftslangarna från öppningarna på gasspjällshuset och ta sedan bort ventilen from motorrummet.

Montering

21 Monteringen utförs i omvänd ordningsföljd mot demonteringen. Pilen för flödesriktning på ventilhuset måste vara vänd bort från gasspjällshuset.

Gasspjällshus (Trionic T5)

Demontering

22 Lossa klämman, och ta bort anslutningsslangen av gummi från gasspjällshuset.
23 Koppla loss anslutningskontakten från gasspjällets lägesgivare.
24 Med kall motor, skruva bort locket på kylvätskans expansionskärl, montera locket, och dra sedan åt locket.
25 Lossa klämmorna, koppla sedan loss och plugga kylvätskeslangarna från gasspjällshuset.
26 Koppla loss vevhusets avluftningsslang från gasspjällshuset.
27 Koppla loss IAC-ventilens slang från gasspjällshuset.
28 Koppla loss gasvajern (och där det behövs, farthållarvajern) enligt beskrivning i avsnitt 3 och 5.
29 Skruva loss de fyra fästskruvarna, och ta bort gasspjällshuset från insugsröret. Ta vara på O-ringen.

Montering

30 Rengör anliggningsytorna på gasspjällshuset och insugsröret, montera sedan gasspjällshuset med en ny O-ring. Dra åt fästskruvarna.
31 Anslut och justera gasvajern (och där det behövs, farthållarvajern) enligt avsnitt 3.
32 Anslut IAC-ventilens slang och vevhusets avluftningsslang.
33 Återanslut kylvätskeslangarna och dra åt klämmorna.
34 Återanslut kontakten för gasspjällets lägesgivare.
35 Återanslut anslutningsslangen av gummi på gasspjällshuset, och dra åt klämman.
36 Fyll på kylsystemet enligt beskrivningen i *Veckokontroller*.

Gasspjällshus (Trionic T7)

Demontering

37 Se till att tändningslåset står i avstängt läge (OFF). Se till att motorn är helt kall, släpp sedan ut trycket ur kylsystemet genom att ta bort och sedan sätta tillbaka expansionskärlets påfyllningslock (se *Veckokontroller*).
38 Lossa motorns övre skyddskåpa från gasspjällshusets övre del, lossa sedan fästskruvarna och ta bort kåpan från gasspjällslänkaget **(se bild)**.

15.38 Skruva loss fästbultarna (se pilar) och ta bort kåpan

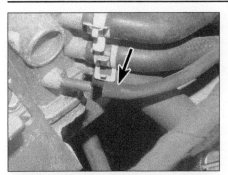

15.39 Koppla loss vakuumröret (se pil)

15.40a Kläm fast kylvätskeslangarna . . .

15.40b . . . och lossa fästklämmorna (se pil). Ta därefter bort kylvätskeslangarna

15.41 Koppla loss slangen (se pil) från baksidan av gasspjällshuset

15.42a Skruva loss fästbulten (se pil) . . .

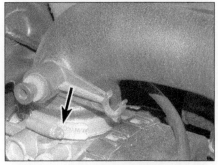

15.42b . . . och lossa fästklämman på luftinsugsgrenröret

39 Ta bort den nedre vakuumslangen från gasspjällshuset **(se bild).**
40 Kläm fast de två kylvätskeslangarna som är anslutna till gasspjällshuset. Lossa sedan fästklämmorna och ta bort slangarna **(se bilder).**
41 Ta bort bypassluftslangen som sitter nedtill på gasspjällshusets framsida. Lossa fästklämman och ta bort slangen från gasspjällshusets baksida, under limp home-solenoiden **(se bild).**
42 Lossa fästbulten för turboaggregatets tryckrör på topplockets framsida. Lossa fästklämman och lyft försiktigt bort tryckröret från gasspjällshusets övre del **(se bilder).**
43 Lossa den inre gasvajern från gasspjälls-länkaget, ta sedan bort gummikåpan och koppla loss kontaktdonet från limp home-solenoiden på gasspjällshusets baksida **(se bild).**

44 Koppla loss 10-stiftskontakten från gasspjällshusets sida **(se bild).**
45 Skruva loss de tre fästbultarna och ta bort gasspjällshuset från insugsgrenröret **(se bild).**

Montering
46 Monteringen utförs i omvänd ordningsföljd mot demonteringen. Byt ut tätningen om det behövs, och kontrollera att alla anslutningar sitter säkert.

Givare för laddlufttryck-/temperatur
Demontering
47 Tryck-/temperaturgivaren är placerad i huvudluftintaget till gasspjällshuset.
48 Koppla loss kontaktdonet från givaren, skruva loss sensorn från luftintaget och ta vara på tätningsbrickan **(se bild).**

15.43 Koppla loss anslutningskontakten från limp home-solenoiden

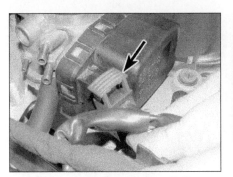

15.44 Dra ut låsklämman (se pil) för att koppla loss anslutningskontakten från gasspjällshuset

15.45 Skruva loss gasspjällshusets tre fästbultar (se pilar)

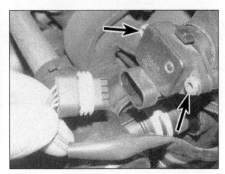

15.48 Koppla loss anslutningskontakten och skruva loss de två fästskruvarna (se pilar)

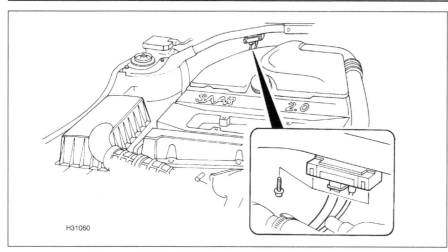

15.50 Givare för absoluttryck i grenrör (MAP) (T5-system)

15.51a Lossa motorns övre täckkåpa

Montering

49 Monteringen utförs i omvänd ordning mot demonteringen, men kontrollera och byt tätningsbrickan om det behövs.

Givare för absoluttryck i insugsgrenröret
Demontering

50 På Trionic T5-systemet, lossa fäst-elementen och ta bort kåpan över gasspjälls-huset. Koppla loss anslutningskontakten och vakuumslangen, ta sedan bort fästskruven och frigör givaren från undersidan på motorrummets tvärstag (se bild).

51 På Trionic T7-systemet, lossa motorns övre skyddskåpa över insugsgrenröret, koppla loss anslutningskontakten, och ta bort fästskruvarna. Ta bort givaren från insugsgrenröret (se bild).

Montering

52 Monteringen utförs i omvänd ordning mot demonteringen, men kontrollera och byt tätningsbrickan om det behövs.

Massluftflödesgivare
Demontering

53 Massluftflödesgivaren sitter framme till höger i motorrummet bakom den högra strålkastaren. Öppna de två fästklämmorna och dra ut insugningsslangen av gummi ur bilen (se bild).
54 Lossa slangklämman på insugningsslangen och ta bort luftflödesgivaren. Observera åt vilket håll pilen på givaren är vänd. Pilen anger luftflödesriktningen (se bilder).
55 Koppla loss kontaktdonet från givarens botten när du tar bort den (se bild).

Montering

56 Monteringen utförs omvänt mot demon-teringen. Kontrollera att pilarna på givaren pekar i luftflödets riktning och att kontaktdonet sitter säkert.

Temperaturgivare för kylvätska
Demontering

57 Temperaturgivaren för kylvätska är gängad i insugsgrenröret på motorns framsida. Se till att motorn är helt kall, släpp sedan ut trycket ur kylsystemet genom att ta bort och sedan sätta tillbaka expansionskärlets påfyllningslock (se Veckokontroller).

15.51b Koppla loss anslutnings-kontakten . . .

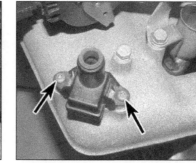

15.51c . . . och skruva sedan loss de två fästskruvarna (se pilar)

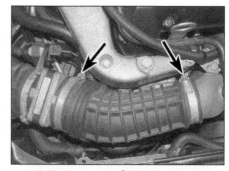

15.53 Lossa de två fästklämmorna (se pilar)

15.54a Lossa slangklämman och dra ut luftflödesgivaren . . .

15.54b . . . observera pilens riktning

15.55 Koppla loss kontaktdonet när du drar ut givaren

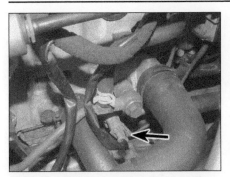

15.59 Koppla loss kontaktdonet (se pil) . . .

15.60 . . . och ta sedan bort givaren (se pil) från kylvätskehuset

15.64 Vevaxelgivaren sitter bakom en sköld på motorblockets främre del

58 För att komma åt lättare kanske du behöver öppna slangklämmorna och ta bort luftintagsenheten från gasspjällshusets topp.
59 Koppla loss kontaktdonet från givaren **(se bild)**.
60 Skruva loss givaren från kylvätskehuset till vänster på topplocket. En del kylvätska kan rinna ut **(se bild)**.

Montering

61 Rengör gängorna, sätt därefter in givaren i insugsgrenröret och dra åt ordentligt. Använd en ny tätningsbricka om det behövs.
62 Se till att kontaktdonet monteras ordentligt.
63 Fyll på kylsystemet enligt beskrivningen i *Veckokontroller*.

Vevaxelns lägesgivare

Demontering

64 Vevaxelns lägesgivare sitter på motor-

blockets framsida i änden av kraftöverföringen **(se bild)**.
65 Lossa fästmuttern och ta loss värmeskölden från avgasgrenröret. Lossa därefter fästbulten och ta bort skölden/skyddet från givaren **(se bilder)**.

 Varning: Avgassystemet och turboaggregatet kan vara mycket varma.

66 Dra bort givaren från dess plats till vänster på motorblockets framsida **(se bild)**. Observera hur O-ringen sitter monterad och ta vara på den. Rengör sätet i motorblocket.
67 Observera kabeldragningen runt topplockets vänstra ände och ta bort kablaget vid kontaktdonet **(se bilder)**. Lossa kablaget i hela dess längd från eventuella fästklämmor.

Montering

68 Monteringen utförs i omvänd ordningsföljd mot demonteringen, men se till att O-ringen

placeras ordentligt i sätet. Dra åt givarens fästskruv ordentligt. Se till att kablarna hålls fast med klämmorna på sina ursprungliga platser och att flervägskontakten återansluts ordentligt.

Bränslefördelarskena, bränsleinsprutare och tryckregulator

Demontering

69 Släpp ut trycket i bränslesystemet enligt beskrivning i avsnitt 8. Se sedan till att tändningen är avstängd (OFF).
70 Lossa motorns toppkåpa från gasspjällshusets topp.
71 Koppla loss vevhusets avluftningsslang från ventilkåpan **(se bild)**.
Observera: *På senare modeller måste du öppna fästklämman för att kunna koppla loss slangen.*

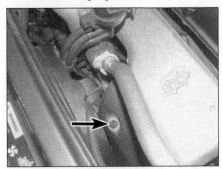

15.65a Skruva loss fästmuttern (se pil) och ta bort värmeskölden

15.65b Skruva loss fästskruven och ta bort givarens skärm

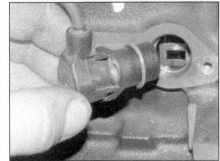

15.66 Dra ut givaren och ta vara på O-ringen

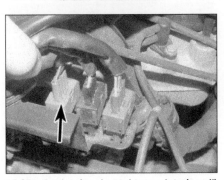

15.67a Anslutningskontaktens plats (se pil)

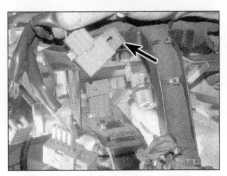

15.67b Dra ut låsklämman (se pil) för att koppla loss anslutningskontakten

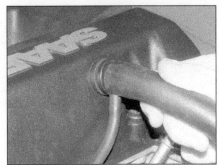

15.71 Koppla loss ventilationsslangen från ventilkåpan

15.72a Skruva loss fästbulten (se pil) . . .

15.72b . . . och dra ut oljepåfyllningsröret

15.73 Öppna bränsleledningens fästklämmor med en plasthylsa

72 Skruva loss stödfästet för mätstickan/påfyllningslocket på baksidan av topplocket och ta bort det **(se bilder)**. Sätt en propp i

röret så att smuts inte kommer in i motorn.
73 Se avsnitt 3 och koppla loss gasvajern från gasspjällshuset. Koppla loss bränsle-

ledningarnas snabbkopplingar från bränsle-fördelarskenan, plugga öppna bränsleledningar så att smuts inte tränger in **(se bild)**.
74 Lossa fästbulten till turboaggregatets matningsrör från topplockets framsida. Lossa fästklämman och lyft försiktigt bort tryckröret från gasspjällshusets övre del.
75 Lossa och ta bort skruvarna som håller fast vajerstyrningsfästet till vänster på topplocket/insugsgrenröret **(se bilder)**. För att komma åt bättre kan du lossa buntbanden och ta bort kabelhärvan från kabelnätet och sedan flytta vajerstyrningen åt sidan.
76 Öppna låsklämmorna och koppla loss kablaget från alla fyra bränsleinsprutare **(se bilder),** ta loss eventuella buntband och flytta kabelhärvan åt sidan.
77 Ta bort de två skruvarna som fäster bränslefördelarskenan vid topplocket **(se bild)**. Lägg en trasa under bränslefördelarskenan för att suga upp den bensin som läcker ut när bränslefördelarskenan tas bort.
78 Koppla loss vakuumslangen från bränsletrycksregulatorn, lyft sedan bränsle-fördelarskenan från insugsgrenröret, komplett med bränsleinsprutarna **(se bilder)**. Ta loss O-ringstätningarna och kasta dem. Använd nya vid återmonteringen. Täpp till hålen i topplocket så att smuts inte kommer in i motorn.
79 Om det behövs, lossa metallklämman och ta bort bränsletrycksregulatorn från bränslefördelarskenans vänstra ände **(se bild)**.

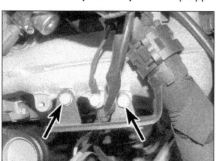

15.75a Skruva loss de två nedre fästbultarna (se pil) . . .

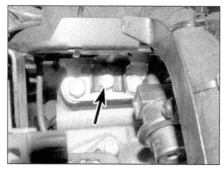

15.75b . . . och den övre fästbulten (se pil) från kabelhärvans styrning

15.76b . . . och koppla loss kontaktdonet från insprutningsventilen

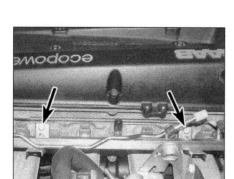

15.76a Tryck in fästklämman (se pil) . . .

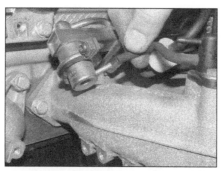

15.78a Koppla loss vakuumslangen från regulatorn . . .

15.78b . . . dra sedan ut bränslefördelar-skenan från insugsgrenröret

15.77 Bränslefördelarskenans fästbultar (se pil)

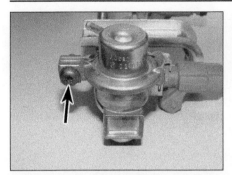

15.79 Skruva loss fästskruven (se pil) för att lossa regulatorn från bränslefördelarskenan

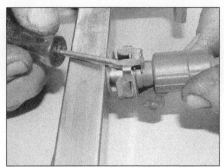

15.80a Bänd ut fästklämmorna . . .

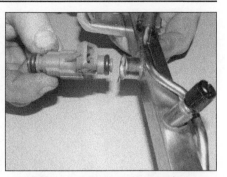

15.80b . . . och dra ut insprutnings- ventilerna från bränslefördelarskenan

80 Ta loss insprutarna från bränslefördelarskenan genom att öppna fästklämmorna och dra loss dem från skenan. Ta loss O-ringstätningarna och kasta dem. Använd nya tätningar vid återmonteringen (se bilder).

Montering

81 Montering utförs i omvänd ordningsföljd.

Montera insprutarna i bränslefördelarskenan (använd nya O-ringar), och tryck sedan in bränslefördelarskenan med insprutarna i insugsgrenröret som en enhet. Smörj O-ringstätningarna av gummi med lite vaselin innan de monteras i insugsgrenröret, det blir då lättare att få in insprutarna. Se till att alla kontakter sitter säkert. Kontrollera

att O-ringstätningarna monteras ordentligt när turboinsugsgrenröret monteras på gasspjällshuset.

Laddtrycksventil

Demontering – T5-system

82 Ventilen är placerad i motorrummets främre högra hörn.
83 Se till att tändningen är avstängd, koppla sedan loss kontaktdonet från ventilen. Märk varje slang som leder till ventilen för att hålla reda på deras korrekta placeringar, lossa sedan klämmorna och ta loss slangarna från ventilportarna (se bild). Lossa skruvarna och ta bort laddtrycksventilen från motorrummet.

Demontering – T7-system

84 Ventilen är placerad i motorrummets främre högra hörn, monterad på ett fäste på insugsgrenröret. Se till att tändningen är avstängd, koppla sedan loss kontaktdonet från ventilen. Märk varje slang som leder till ventilen för att hålla reda på deras korrekta placeringar, lossa sedan klämmorna och ta loss slangarna från ventilportarna (se bilder).
85 Skjut loss reglerventilen från de två styrstiften och ta bort den från motorrummet.

Montering

86 Monteringen utförs i omvänd ordningsföljd mot demonteringen. Det är av största vikt att slangarna ansluts till rätt portar på laddtrycksventilen.

Bypassventil för laddtryck

Demontering – T5-system

87 Lossa vakuumslangen från ventilhusets

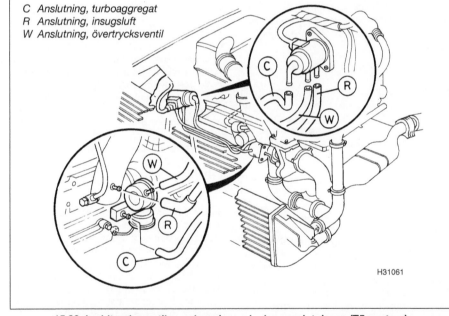

C Anslutning, turboaggregat
R Anslutning, insugsluft
W Anslutning, övertrycksventil

H31061

15.83 Laddtrycksventilens placering och slanganslutningar (T5-system)

15.84a Reglerventil för laddluft (T7-system)

15.84b Dra tillbaka gummikåpan och lossa kontaktdonet

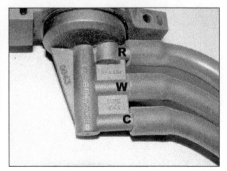

15.84c Observera markeringarna för slangar på ventilen

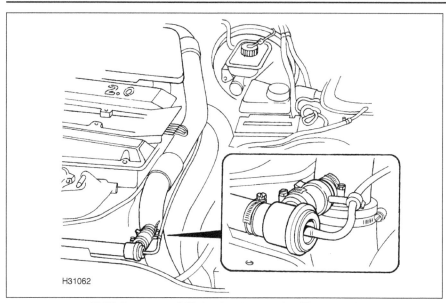

15.87 Bypassventil för laddtryck, placering (T5-system)

övre del. Lossa klämmorna, koppla sedan bort luftintagen från bypassventilens sidor (se bild).

Demontering – T7-system

88 Lossa motorns övre skyddskåpa från gasspjällshusets övre del, lyft sedan bort gummilisten och lossa kåpan från motorkablagefästet på mellanväggen.
89 Lossa de två fästmuttrarna från fästet, lyft sedan bort reglerventilens fästplatta och haka av den från mellanväggen. Samtidigt som enheten tas bort ska den nedre multikontakten kopplas bort från bypassventilen.
90 Märk vakuumslangarna som leder till ventilen för att hålla reda på deras korrekta placeringar, ta sedan loss slangarna från ventilhuset.
91 Borra ur de två nitarna och ta bort reglerventilen.

Montering

92 Monteringen utförs i omvänd ordningsföljd mot demonteringen. Fäst reglerventilen i fästplattan med nya popnitar.

"Limp-home"-solenoid (Trionic T7)

Observera: Demontering av "limp-home"-solenoiden gör att gasspjällshuset går till mekaniskt "limp-home"-läge. Efter återmontering måste solenoiden återställas, och alla felkoder måste raderas av en Saab-återförsäljare med diagnostikverktyget Tech2.

Demontering

93 Lossa motorns övre täckkåpa över insugsgrenröret.
94 För tillbaka gummikåpan och koppla sedan loss kontaktdonet från "limp-home"-solenoiden, som är placerad på gasspjällshusets baksida. Lossa fästskruvarna (Torx) och ta bort givaren från gasspjällshuset (se bilder).

Montering

95 Monteringen utförs i omvänd ordning mot demonteringen, men kontrollera och byt tätningsbrickan om det behövs. Innan motorns övre täckkåpa monteras, återställ solenoiden enligt följande. Det krävs dock även att en Saab-återförsäljare raderar felkoderna från minnet i den elektroniska styrmodulen, ECM. Vid gasvajerns nedre del, tryck försiktigt in fjäderns ände mot gasspjällshuset. Använd nu en skruvmejsel för att vrida den kuggplattan moturs tills ett klickljud hörs. Rotera gasvajerdelen medurs,

se till att inte kuggplattan följer med. Nu kan kåpan monteras.

Lambdasond

Demontering

96 Se till att tändning är avstängd (OFF).
97 Ta bort motorns övre skyddskåpa, ta sen bort turboaggregatets tryckrör, för att komma åt lambdasondens kabelanslutning. Koppla loss kablaget.
98 Dra åt handbromsen, lyft fordonets främre del och ställ framvagnen på pallbockar (se Lyftning och stödpunkter).
99 Skruva loss givaren från avgassystemets främre rör.

Montering

100 Montering utförs i omvänd ordningsföljd mot demontering. Smörj givarens gängor med lämpligt högtemperatursfett, återmontera och dra sedan åt till angivet moment.

16 Turboaggregat – beskrivning och rekommendationer

Beskrivning

1 Turboaggregatet ökar motorns verkningsgrad och prestanda genom att höja trycket i insugsgrenröret över atmosfäriskt tryck. I stället för att insugsluften sugs in i förbränningskammaren tvingas den dit under tryck. Det leder till en större ökning av laddningstrycket under förbränning och förbättrad bränsleförbränning, så att motorns termiska verkningsgrad ökar. Vid dessa förhållanden tillförs extra bränsle från insprutningssystemet, i proportion till det ökade luftflödet.
2 Turboaggregatet drivs av avgaserna. Gasen flödar genom ett specialutformat hus (turbinhuset) där den får turbinhjulet att snurra. Turbinhjulet sitter på en axel och i änden av axeln sitter ännu ett vingförsett hjul, kompressorhjulet. Kompressorhjulet roterar i ett eget hus och komprimerar den ingående luften innan den går vidare till insugsgrenröret.
3 Mellan turboaggregatet och insugsgrenröret passerar den komprimerade luften genom en mellankylare. I laddluftkylaren, som sitter framför kylaren, kyls varm luft ner med kall luft från den främre grillen och de elektriska kylfläktarna. Insugsluftens temperatur stiger vid komprimeringen i turboaggregatet – laddluftkylaren kyler ner luften igen innan den når motorn. Eftersom kall luft har högre densitet än varm luft går det då att tvinga in en större luftmassa (med samma volym) i förbränningskamrarna, vilket resulterar i ytterligare ökning av motorns termiska verkningsgrad.
4 Laddtrycket (trycket i insugsgrenröret) begränsas av en övertrycksventil, som leder bort utblåsningsgasen från turbinhjulet som reaktion på ett tryckkänsligt manövreringsorgan. Övertrycksventilen styrs

15.94a Koppla loss anslutningskontakten från limp home-solenoiden (se pil) . . .

15.94b . . . och skruva sedan loss de två fästskruvarna (pilar)

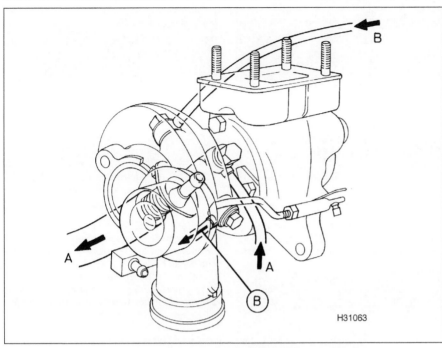

16.6 Anslutningar för turboaggregatets smörj- och kylkretsar

A Smörjning   B Kylning

- Kör aldrig turbon med någon del exponerad eller med någon av slangarna demonterade. Om ett föremål skulle falla ner på de roterande vingarna kan det orsaka omfattande materiella skador, och eventuellt personskador (om föremålet sprätter iväg).
- Rusa inte motorn omedelbart efter start, särskilt inte om den är kall. Låt oljan cirkulera i några sekunder.
- Låt alltid motorn gå ner på tomgång innan den stängs av – varva inte upp motorn och vrid av tändningen, eftersom aggregatet då inte får någon smörjning.
- Låt motorn gå på tomgång under några minuter efter körning med hög belastning. Då svalnar slangarna till turbinhuset innan kylvätskan slutar cirkulera.
- Följ de rekommenderade intervallen för olje- och filterbyte och använd en välkänd olja av angiven kvalitet. Oregelbundna oljebyten eller användning begagnad olja eller olja av dålig kvalitet, kan orsaka sotavlagringar på turboaxeln med driftstopp som följd.

17 Turboaggregat – demontering och montering

av motorstyrningssystemets styrmodul, via en elektronisk laddtrycksventil. Styrmodulen öppnar och stänger (modulerar) laddtrycksventilen flera gånger i sekunden, med resultatet att övertrycksventilen utsätts för grenrörets vakuum i en serie snabba pulser – pulsernas täthet beror i huvudsak på motorns varvtal och belastning. Styrmodulen visar laddtrycket via insugsgrenrörets tryckgivare, och använder laddtrycksventilen för att upprätthålla optimalt tryck under alla motorvarvtal. Om styrmodulen upptäcker att förtändning (spikning eller tändningsknackning) sker, minskas laddtrycket så att motorn inte skadas. Se kapitel 5B för ytterligare information.

5 En bypassventil för laddtryck är monterad i luftflödet mellan turboaggregatets låg och högtryckssidor, vilket gör det möjligt för överflödigt laddtryck att strömma in i luftintaget när gasspjället är stängt vid höga motorvarvtal

(t.ex. motorbromsning eller deceleration). Det förbättrar körbarheten genom att förhindra att kompressorn överstegras (och minskar därför turbofördröjningen), och genom att eliminera den överbelastning som annars skulle uppstå när gasspjället öppnas.

6 Turboaxeln trycksmörjs av ett oljematningsrör från huvudoljeledningarna. Axeln "flyter" på en dyna av olja och har inga rörliga lager. Ett avtappningsrör leder tillbaka oljan till sumpen. Turbinhuset är vätskekylt och har ett eget system för tillförsel av kylvätska och returledningar (se bild).

Föreskrifter

- Turboaggregatet arbetar vid extremt höga hastigheter och temperaturer. Vissa säkerhetsåtgärder måste vidtas under reparationsarbetet för att undvika personskador och skador på turboaggregatet.

Observera 1: Avgassystemet och turboaggregatet kan fortfarande vara mycket varma. Vänta tills fordonet har svalnat innan du börjar arbeta med motorn.

Observera 2: Saab rekommenderar olje- och filterbyte (enligt beskrivning i kapitel 1A) vid byte av turboaggregat.

Demontering

1 Dra åt handbromsen och lyft med hjälp av en domkraft upp framvagnen på pallbockar (se *Lyftning och stödpunkter*).
2 Ta bort skyddet under kylaren, tappa sedan av kylsystemet enligt beskrivningen i kapitel 1A.
3 Skruva loss fästbultarna och ta bort turboaggregatsfästet (se bild).
4 Lossa anslutningarna och koppla loss oljetillförsel- och returrören från turbo-

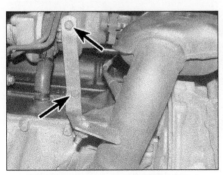

17.3 Skruva loss de två fästbultarna (se pil) från grenrörets stödbygel

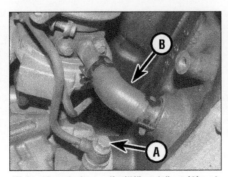

17.4a Koppla loss oljetillförselröret (A) och oljereturröret (B)

17.4b I en del modeller är returröret (se pil) gjort av korrugerad metall

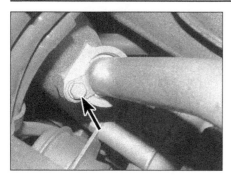

17.6a Skruva loss fästbulten (se pil) . . .

17.6b . . . och lossa fästklämman (se pil)

17.7 Ta bort gummiskyddet (se pil) och koppla loss kontaktdonet

aggregatet **(se bilder)**. Täpp igen de öppna portarna för att hindra smuts från att tränga in.

5 Från motorns topp lossar du fästmuttern och

tar bort värmeskölden från avgasgrenröret.
6 Ta bort fästbultarna/klämmorna och ta sedan bort bypasslangen för luft **(se bilder)**.

Observera att det sitter en O-ringstätning i anslutningen till insugsgrenröret.
7 Koppla loss kontaktdonen från laddluft-ventilen **(se bild)**.
8 Öppna fästklämman på slangen till insugsgrenröret/turboaggregatet och ta loss ventilröret (banjobult eller snabbkoppling) från insugsgrenröret **(se bilder)**.
9 Lossa fästbulten, ventilröret och kabelhärvan från ventilkåpans högra ände och flytta dem åt sidan.
10 Lossa fästbulten/bultarna och ta bort lyftöglan från topplockets framsida **(se bild)**.
11 Koppla loss snabbkopplingen från EVAP-slangen **(se bild)**.
12 Skruva loss fästbulten och dra bort V-klämman för insugsgrenröret från turbon. Dra sedan ut insugsgrenröret **(se bilder)**. Koppla loss vakuumslangen när du tar bort insugsgrenröret.
13 Öppna fästklämman till slangen (sitter under bilen) från laddluftkylaren till turbon och ta bort den **(se bild)**. Försegla de öppna portarna så att smuts inte kommer in i turboaggregatet.
14 Skruva loss och ta bort det främre avgasröret från turbon. Sänk försiktigt ner röret på en pallbock eller motsvarande (se avsnitt 21 i detta kapitel).

⚠ *Varning: Avgassystemets böjbara del bör inte böjas mer än 5° eftersom det kan skadas, vilket leder till avgasläckor och oljud.*

15 Lossa anslutningarna och ta bort

17.8a Lösgör fästklämman (A) och ventilrörets banjobult (B)

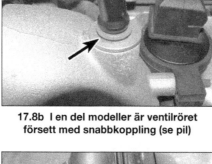

17.8b I en del modeller är ventilröret försett med snabbkoppling (se pil)

17.10 Skruva loss de tre fästbultarna (se pilar)

17.11 Koppla loss kopplingen från EVAP-slangen

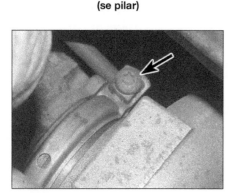

17.12a Lösgör fästklämbulten (se pil)

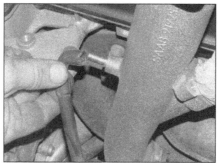

17.12b Koppla loss vakuumröret när du tar bort insugsgrenröret

17.13 Lösgör fästklämman (se pil) från slangen

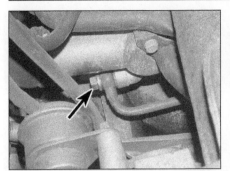

17.15a Lossa kylvätskeröret (se pil) från vattenpumpen. . .

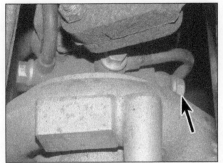

17.15b . . . och kylvätskeröret (se pil) från turboaggregatets framsida

17.16 Lossa kylvätskeröret (se pil) från turboaggregatets bakre del

matningsröret för kylvätska från kylvätskepumpen och turbohuset **(se bilder)**, ta vara på kopparbrickorna. Plugga de öppna portarna för att hindra smuts från att tränga in.
16 Lossa anslutningarna och ta bort returröret för kylvätska från turbohuset **(se bild)**. Ta vara på tätningsbrickorna av koppar. Täpp igen de öppna portarna för att hindra smuts från att tränga in.
17 Stryk lite olja på avgasgrenrörets stöttor. Lossa därefter fästmuttrarna till turboaggregatet och ta bort aggregatet från bilen **(se bild)**. Kontrollera att inga andra rör eller ledningar är anslutna till aggregatet.

Montering

18 Monteringen utförs i omvänd ordningsföljd mot demonteringen, och tänk på följande:
a) *Fyll turboaggregatets inre kammare med ren motorolja genom oljematningsanslutningen på turboaggregatet. Detta är viktigt eftersom det måste finnas olja i turboaggregatet när motorn startas.*
b) *Rengör avgasgrenrörets kontaktyta noga innan turboaggregatet monteras.*
c) *Byt alla berörda koppartätningsbrickor, O-ringstätningar och packningar.*
d) *Dra åt alla muttrar, bultar och olje- och kylvätskeanslutningar till angivna moment.*
e) *Lägg ett lämpligt värmetåligt antikärvningsfett på gängorna till pinnbultarna och muttrarna mellan avgassystemet och turboaggregatet samt avgasgrenröret och turboaggregatet.*
f) *Se till att laddtryckventilens slangar monteras korrekt på turboaggregatet,*

övertryckventilens manöverorgan och luftslangen.
19 När monteringen är klar, kontrollera att kylarens avtappningsplugg är ordentligt åtdragen och montera skölden.
20 Sänk ner bilen och kontrollera motoroljan, fyll på om det behövs (se *Veckokontroller*). Om ett nytt turboaggregat har monterats bör motoroljan bytas innan motorn startas, eftersom det skyddar turbolagren under inkörningsperioden.
21 Fyll på kylsystemet (se kapitel 1A).
22 Laddtrycket bör kontrolleras av en Saab-verkstad så snart som möjligt.

18 Mellankylare - demontering och montering

Demontering

1 Ta bort den främre grillen enligt beskrivningen i kapitel 11.
2 Se kapitel 12 och ta bort signalhornet, båda strålkastarna och båda körriktningsvisarna.
3 Lyft upp framvagnen och stöd den ordentligt på pallbockar (se *Lyftning och stödpunkter*). Ta bort den främre stötfångaren, enligt beskrivningen i kapitel 11.
4 Lossa slangklämmorna och ta bort luftslangarna från laddluftkylarens vänstra och högra sida. På vissa modeller måste man även skruva loss värmeskyddsplåten från avgasgrenröret.
5 Skruva loss laddluftkylarens fästskruvar,

och ta bort dem tillsammans med monteringstappar, brickor och genomföringar.
6 Flytta laddluftkylaren från frontpanelen, lyft bort den från fästena och ta bort den från motorrummet.

Montering

7 Monteringen utförs i omvänd ordningsföljd mot demonteringen. Se till att luftslangens klämmor sitter åt ordentligt.

19 Insugsgrenrör – demontering och montering

⚠ *Varning: Läs föreskrifterna i avsnitt 1, och informationen i avsnitten "Säkerheten främst!" i den här handboken innan du börjar arbeta med några komponenter i bränslesystemet.*

Demontering

1 Koppla loss batteriets minuskabel (se *Demontering av batteri* i kapitlet *Referenser* i slutet av denna handbok).
2 Se avsnitt 14 eller 15, och ta bort gasspjälls-huset från insugsgrenröret.
3 Ta bort bränslefördelarskenan och bränsleinsprutarna från insugsgrenröret enligt beskrivningen i avsnitt 14 eller 15.
4 Koppla loss vakuumslangen till bromsservon från insugsgrenröret **(se bild)**.
5 Koppla loss kontaktdonet från temperaturgivaren för kylvätska **(se bild)**.

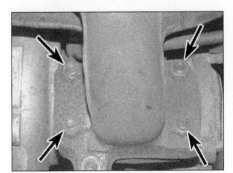

17.17 Lossa turboaggregatets fyra fästbultar (se pil)

19.4 Tryck stoppringen nedåt och lossa vakuumröret

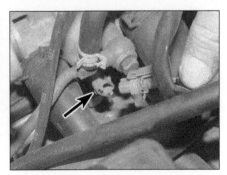

19.5 Koppla loss kontaktdonet från temperaturgivaren (se pil)

19.6 Ta bort de övre och nedre fästbultarna (se pil)

19.7 Ta bort insugsgrenröret och packningen

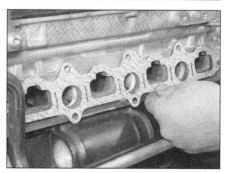

19.8a Montering av packning för insugsgrenrör – Modell utan turbo visas

6 Skruva loss fästbultarna som fäster insugsgrenröret vid topplocket. Skruva även loss den nedre bulten från avhållsbalken **(se bild)**.
7 Ta bort insugsgrenröret från topplocket **(se bild)**. I förekommande fall, dra försiktigt

bort insugningsluftvärmeplattan och koppla bort kablarna vid flervägskontakten. Ta loss packningen från topplocket.

Montering
8 Monteringen utförs i omvänd ordningsföljd

mot demonteringen. Montera en ny packning **(se bilder)** och, om tillämpligt, återmontera kablaget för insugningsluftvärmeplattan. Se till att insugsgrenrörets fästbultar dras åt till angivet moment.

20 Avgasgrenrör –
demontering och montering

Modeller utan turbo

Demontering
1 Dra åt handbromsen och lyft med hjälp av en domkraft upp framvagnen på pallbockar (se *Lyftning och stödpunkter*).
2 Koppla bort lambdasondens kablar enligt beskrivningen i kapitel 14.
3 Ta bort det främre avgasgrenröret och katalysatorn enligt beskrivningen i avsnitt 21.
4 Ta bort den extra drivremmen enligt beskrivningen i kapitel 1A. För att komma åt muttrarna till höger om avgasgrenröret måste du skruva loss servostyrningspumpen och flytta den åt sidan, se kapitel 10 för detaljer. Observera att hydrauloljerören inte behöver kopplas loss.
5 Skruva loss och ta bort avgasgrenrörets fästmuttrar, lyft sedan bort avgasgrenröret från topplocket. Observera att grenröret består av två delar – mittendelen ska tas bort först, observera på den kvarvarande delen att hylsor är monterade under alla fästmuttrar **(se bilder)**.

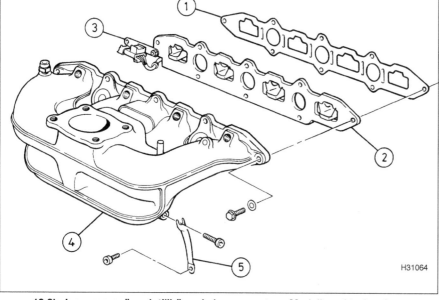

H31064

19.8b Insugsgrenrör och tillhörande komponenter – Modell med turbo visas

1 *Packning*	3 *Värmeplattans kontaktdon*	5 *Stödstag*
2 *Värmeplatta*	4 *Insugsgrenrör*	

20.5a Ta bort avgasgrenrörets mittendel (modeller utan turbo)

20.5b Ta bort hylsorna från avgasgrenrörets yttre del (modeller utan turbo)

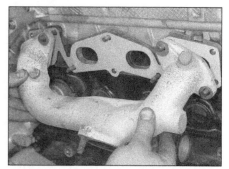

20.5c Ta bort avgasgrenrörets yttre del (modeller utan turbo)

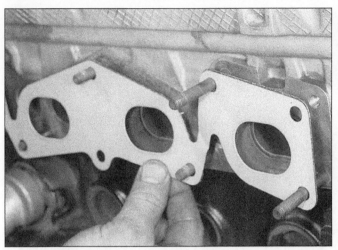

20.6 Ta bort avgasgrenrörets packning (modeller utan turbo)

20.8 Dra åt avgasgrenrörets muttrar till angivet moment

6 Ta bort avgasgrenrörets packning från topplockets pinnbultar (se bild).

Montering

7 Rengör kontaktytorna på topplocket och avgasgrenröret.

8 Återmontera avgasgrenröret på pinnbultarna på topplocket tillsammans med en ny packning, dra sedan åt fästmuttrarna till angivet moment (se bild). Se till att hylsorna monteras på rätt platser enligt beskrivningen ovan. Återmontera grenrörets yttre del först, dra sedan åt fästmuttrarna till angivet moment, återmontera sedan mittendelen och dra åt fästmuttrarna.

9 Montera servostyrningspumpen enligt beskrivningen i kapitel 10.

10 Montera den extra drivremmen enligt beskrivningen i kapitel 1A.

11 Montera det främre avgasgrenröret enligt beskrivningen i avsnitt 21.

12 Återkoppla lambdasondens kablar enligt beskrivningen i kapitel 14.

13 Sänk ner bilen på marken.

Modeller med turbo

Demontering

14 Ta bort turboaggregatet enligt beskrivningen i avsnitt 17.

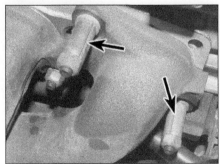

20.16 Observera hylsornas placering under vissa pinnbultsmuttrar (modeller med turbo)

15 Ta bort den extra drivremmen enligt beskrivningen i kapitel 1A. För att komma åt muttrarna till höger om avgasgrenröret måste du skruva loss servostyrningspumpen och flytta den åt sidan, se kapitel 10 för detaljer. Observera att hydrauloljerören inte behöver kopplas loss.

16 Skruva loss och ta bort avgasgrenrörets fästmuttrar, lyft sedan bort avgasgrenröret från topplocket. Observera att hylsorna är monterade under de yttre muttrarna på de längre pinnbultarna (se bild).

17 Ta bort avgasgrenrörets packning från topplockets pinnbultar (se bild).

Montering

18 Rengör kontaktytorna på topplocket och avgasgrenröret.

19 Montera avgasgrenröret på pinnbultarna på topplocket tillsammans med en ny packning, dra sedan åt fästmuttrarna till angivet moment. Se till att hylsorna monteras på samma sätt som tidigare.

20 Montera servostyrningspumpen enligt beskrivningen i kapitel 10.

21 Montera den extra drivremmen enligt beskrivningen i kapitel 1A.

22 Återmontera turboaggregatet enligt beskrivningen i avsnitt 17.

20.17 Byt grenrörspackning (modeller med turbo)

21 Avgassystem – allmän information och demontering av komponenter

Allmän information

1 Avgassystemet består av fyra sektioner:
a) Främre rör (innehåller en trevägskatalysator).
b) Mellanrör.
c) Mittendel, ljuddämpare.
d) Bakre ljuddämpare och avgasrör.

2 Avgassystemets delar förbinds av flänsar med interna utvidgade rörändar, utan packningar. Främre rörets skarv mot grenrör/turboaggregat är försedd med en packning, och hålls ihop av pinnbultar och muttrar. Främre röret och anslutningsrören mellan ljuddämparna är belagda med aluminium. Ljuddämparna är tillverkade av förkromad stålplåt.

3 En lambdasond är placerad i främre röret, uppströms från katalysatorn och, på senare modeller, finns en andra lambdasond nedströms från katalysatorn.

4 På modeller utan turbo är främre röret tvådelat. På modeller med turbo har det enkla främre röret en vinkel vid dess främre ände, vilken är ansluten mot turboaggregatet.

5 På samtliga modeller är systemet i sin helhet monterat med gummiupphängningar.

Demontering

6 Varje del av avgassystemet är individuellt borttagbart. Som ett alternativ är det möjligt att ta bort avgassystemet i ett stycke.

7 För att ta bort en del av systemet, hissa först upp bilens fram- eller bakvagn på pallbockar (se *Lyftning och stödpunkter*). Alternativt kan bilen placeras över en smörjgrop eller på ramper.

Främre rör och katalysator

Observera: *Katalysatorn innehåller ett känsligt keramiskt element och ska hanteras varsamt för att förhindra inre skador.*

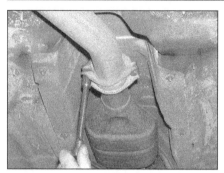

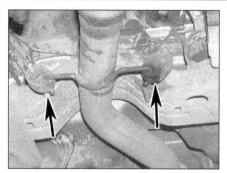

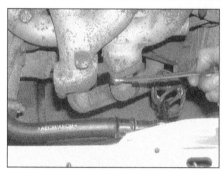

21.9 Skruva loss muttrarna och dela flänsskarven mellan det främre röret och mellanröret

21.10 Haka av gummiupphängningarna från underredet

21.11a Skruva loss muttrarna som håller fast främre röret mot avgasgrenröret (modell utan turbo visas) . . .

8 Ta bort den främre lambdasonden enligt beskrivningen i kapitel 14 eller 15.
9 Skruva loss muttrarna och sära på skarvflänsen mellan främre röret och mellanröret **(se bild)**.
10 Haka loss gummiupphängningarna från underredet **(se bild)**. Om tillämpligt, ta bort skruven som håller fast katalysatorn i dess stödfäste.
11 Skruva loss muttrarna som håller fast främre röret i turboaggregatet eller avgasgrenröret (enligt tillämplighet), sänk sedan ner röret mellan motorn och främre hjälpramens tvärbalk **(se bilder)**. Ta vara på packningarna.

Mellanrör

 Varning: Avgassystemets böjbara del bör inte böjas mer än 5° eftersom det kan skadas, vilket leder till avgasläckor och oljud.

12 Skruva loss muttrarna, och sära på flänsskarvarna som förbinder mellanröret och främre röret, och mellanljuddämparen.
13 Haka av gummiupphängningarna från underredet, och sänk ner främre ljuddämparen och rör mot marken.

Mellanljuddämpare

14 Skruva loss muttrar/skruvar och sära

på flänsskarvarna som förbinder mellanljuddämparen med mellanröret, och med bakre ljuddämpare och avgasrör.
15 Haka av gummiupphängningarna från underredet, och sänk ner mellanljuddämparen och rör mot marken.

Bakre ljuddämpare och avgasrör

16 Skruva loss muttrarna, och sära på flänsskarven som förbinder bakre ljuddämparen och avgasrör med mellanljuddämparen och rör.
17 Haka av gummiupphängningarna från underredet, och sänk ner bakre ljuddämparen och avgasrör mot marken.

Värmeskärmar

18 Värmeskyddsplåtarna är fastskruvade mot underredet. Varje skärm kan tas bort så fort relevant del av avgasgrenröret har demonterats. Om du behöver demontera en sköld för att kunna nå en del bakom den, kan det i vissa fall räcka att skruva loss fästmuttrarna och/eller bultarna och bara sänka ner skölden, utan att rubba avgassystemet.

Montering

19 Varje del monteras i omvänd ordning, och notera följande punkter:
 a) Se till att alla spår av korrosion har

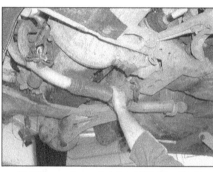

21.11b . . . ta sedan bort främre röret

avlägsnats från de vidgade rörändarna i flänsarna, och byt packning(ar) mellan det främre röret och avgasgrenröret/turboaggregatet.
 b) Undersök gummifästena efter tecken på skador eller åldrande och byt ut dem om det behövs.
 c) Återmontera lambdasonderna enligt beskrivning i avsnitt 14 eller 15, som tillämpligt.
 d) Se till att alla gummiupphängningar placeras korrekt, och att det finns tillräckligt med utrymme mellan avgassystemet och underredet.

Kapitel 4 Del B:
Bränsle- och avgassystem – dieselmotorer

Innehåll

Svårighetsgrad

Enkelt, passar novisen med lite erfarenhet	Ganska enkelt, passar nybörjaren med viss erfarenhet	Ganska svårt, passar kompetent hemmamekaniker	Svårt, passar hemmamekaniker med erfarenhet	Mycket svårt, för professionell mekaniker

Specifikationer

Motoridentifikation

Tillverkarens kod

D223L . . . .

Motortyp

2,2-liters dieselmotor med högtrycksturbo

Allmänt

Systemtyp . . . . Direktinsprutningssystem med elektroniskt styrd VP44 bränsle-insprutningspump. Turboaggregat och laddluftkylare på alla motorer

Systembeteckning:

Modeller 1998 till 2001, ... Bosch EDC15

Modeller 2001 till 2002, ... Bosch PSG16

Justeringsdata

Tomgångsvarvtal

Kall motor . . . . 1 150 r/min – styrs av ECU

Varm motor . . . . 900 r/min – styrs av ECU

Max. varvtal . . . . 4 930 till 5 070 r/min – styrs av ECU

Insprutningspump

Rotationsriktning . . . . Medurs, sett från drevet

Pumpinställning (statisk) . . . . Förinställning – styrs av ECU

Insprutare

Öppningstryck . . . . 220 till 380 bar

Åtdragningsmoment

	Nm
Kamaxeldrevets bult*:	
Steg 1	90
Steg 2	Vinkeldra ytterligare 60°
Temperaturgivare för kylvätska.............................	18
Vevaxelns lägesgivare	8
Främre avgasrör:	
Mot mellanrör...	20
Mot turboaggregat*......................................	20
Avgasgrenrör	
Fästmuttrar*...	22
Bultar för stödfäste.......................................	25
Anslutningsmuttrar för insprutarrör	25
Anslutningsbultar för bränslematnings- och returrör	25
Högtrycksbränsleledningar till insprutningspump och tvärströmningsrör	25
Insugsgrenrör:	
Undre del mot topplockets muttrar	20
Övre del mot undre delens bultar...........................	10
Insprutningspump:	
Fästbultar fram..	25
Bultar, bakre monteringsfästen..............................	20
Lambdasond (MAP-givare)..................................	8
Kamkedja:	
Spännare, överfall (övre och nedre)	60
Fästbultar, övre kedjestyrning*..............................	8
Turboaggregat	30
Turboaggregat, oljematningsrör..............................	20
Turboaggregat, oljereturrör.................................	30
Vakuumslang mot vakuumpump	18

* Använd nya fästelement

1 Allmän information och föreskrifter

Allmän information

1 Bränslesystemet består av en bakmonterad bränsletank, ett bränslefilter med inbyggd vattenavskiljare, en bränsleinsprutningspump, och tillhörande komponenter.

2 Bränsle sugs från bränsletanken av bränsleinsprutningspumpen. Innan bränslet når pumpen strömmar bränslet igenom ett bränslefilter, där föroreningar och vatten filtreras bort. Överskottsbränsle smörjer pumpens rörliga delar, och leds sedan åter till tank.

3 Bränsleinsprutningspumpen drivs med halva vevaxelvarvtalet av kamkedjan. Det höga tryck som krävs för bränsleinsprutning i cylinderns komprimerade luft uppnås med en radialkolvpump.

4 Insprutningspumpen är elektroniskt styrd för att uppfylla de senaste avgaskraven. Systemet består av den elektroniska motorstyrenheten (ECU) samt följande givare och komponenter. På EDC15-systemet är ECU:n monterad längst till höger på mellanväggen, och på PSG16-systemet är ECU:n integrerad med insprutningspumpen.

a) ECU – den elektroniska styrenheten styr all systemdrift för bränsleinsprutning och turboaggregat.

b) Gaspedalens lägesgivare – informerar ECU:n om gaspedalens läge.

c) Temperaturgivare för kylvätska – informerar ECU:n om motortemperatur.

d) Oljetemperaturgivare – informerar ECU:n om motoroljans temperatur.

e) Massluftflödesmätare – informerar ECU:n om mängden luft som strömmar igenom insugsgrenröret.

f) Vevaxelns lägesgivare – informerar ECU:n om motorvarvtal och vevaxelns läge.

g) Laddtrycksventil – styr turboaggregatets övertrycksventil.

h) Givare för absoluttryck i grenröret (endast EDC15-systemet) – informerar ECU:n om trycket i insugsgrenröret för att beräkna tidslängd för bränsleinsprutning samt turboaggregatets övertrycksventil.

i) Temperaturgivare för insugsluft – informerar ECU:n om temperaturen på den luft som strömmar igenom luftmängdmätaren. På EDC15-systemet är lufttemperaturgivaren inbyggd i luftmassflödesmätaren och kan inte bytas separat. På PSG16-system är givaren monterad på insugsgrenröret – observera att from. VIN 12020001-och senare, så innehåller givaren även en tryckgivare.

j) Virvelspjällventil och vakuumdosa (endast PSG16-systemet) – vid lätt belastning, leder all luft igenom insugsgrenrörets virvelkanal för att förbättra blandning i förbränningskammaren.

k) Atmosfärstryckgivare (endast PSG16-systemet) – informerar ECU:n om omgivande atmosfärstryck.

l) Oljenivågivare (endast PSG16-systemet) – informerar ECU:n om motoroljenivå.

m) EGR-ventil (avgasåterföringsventil) och styrenhet – se kapitel 4C.

n) Glödstift, styrenhet – se kapitel 5C.

Övriga givare som förser ECU:n med information är enligt följande:

a) Farthållarbrytare – förarens inställning för hastighetsreglering.

b) Bromspedalbrytare – används av ECU:erna för farthållarfunktioner.

c) Kopplingsbrytare – används av ECU:erna för farthållarfunktioner.

d) Luftkonditioneringssystem, relä – informerar ECU:n när luftkonditionerings-system är påslaget.

5 All ovan information analyseras av ECU:n och, med ledning av detta så fastställer ECU:n lämpliga insprutningskrav för motorn. ECU:n styr insprutningspumpens synkronisering för att ge bästa inställning för igångdragning av motorn, motorstart (med antingen varm eller kall motor), uppvärmning, tomgång, körning i

marschfart och acceleration.

6 Grundinställningen fastställs när pumpen monteras. När motorn är igång varieras den automatiskt för att passa rådande motorvarvtal från motorstyrningens ECU.

7 ECU:n styr även avgasåterföring, EGR-systemet, (se kapitel 4C), men förvärmningssystemet med glödstift styrs dock av en separat enhet som är placerad i motorrummet (se kapitel 5C).

8 De fyra bränsleinsprutarna sprutar in bränsle direkt i cylindrarna. Insprutarna är kalibrerade att öppna och stänga vid kritiska tryck för att ge effektiv och jämn förbränning. Varje insprutarnål smörjs av bränsle, som ackumulerar i fjäderkammaren och leds till insprutningspumpens returslang i läckbränslerör.

9 På system PSG16 är insugsgrenröret försett med en spjällventil för att förbättra verkningsgraden vid låga motorvarvtal. Varje cylinder har två inloppskanaler i grenröret, och i en av dessa finns en ventil (virvelspjällventil). Ventilens funktion styrs av ECU:n via en magnetventil och en vakuummembranenhet. Vid låga motorvarvtal (under ca 1500 r/min) förblir ventilerna stängda, vilket innebär att luft som strömmar in i varje cylinder enbart passerar genom en av de två grenrörskanalerna. Vid högre motorvarvtal öppnar ECU:n alla fyra ventiler, vilket gör att luften i grenröret kan passera strömma igenom båda inloppskanalerna.

10 Turboaggregatet ökar motorns verkningsgrad genom att höja trycket i insugsgrenröret över atmosfärstryck. Luft trycks in i cylindrarna, istället för att bara sugas in. Insprutningspumpen tillför extra bränsle i förhållande till det ökade luftintaget.

11 Turboaggregatet drivs av avgaserna. Gasen flödar genom ett specialutformat hus (turbinhuset) där den får turbinhjulet att snurra. Turbinhjulet sitter på en axel och i änden av axeln sitter ännu ett vingförsett hjul, kompressorhjulet. Kompressorhjulet snurrar i sitt eget hus och komprimerar insugsluften på väg till insugsgrenröret.

12 Mellan turboaggregatet och insugsgrenröret passerar den komprimerade luften genom en laddluftkylare. Värmeväxlaren av typen luft-luft är monterad intill kylaren, och kyls av luft från fordonets främre del. Laddluftkylarens funktion är att avlägsna en del av den värme som insugsluften alstrar vid komprimering. Eftersom svalare luft är tätare så ökar motorns verkningsgrad ytterligare då denna värme avlägsnas.

13 Laddtrycket, vilket är det tryck som råder i insugsgrenröret, begränsas av en övertrycksventil. Ett tryckkänsligt manöverdon gör att ventilen leder bort avgaserna från turbinhjulet. Vid för högt laddtryck aktiveras en varningslampa på instrumentpanelen av en tryckmanövrerad kontakt.

14 Turboaxeln får trycksmörjning genom ett oljematningsrör från motoroljan så att axeln "flyter" på ett oljelager. Ett avtappningsrör leder tillbaka oljan till sumpen.

15 Laddtryckets övertrycksventil styrs av ECU:n via en magnetventil.

16 Om något värde från en givare skulle vara onormalt går ECU:n till sitt nödläge. I detta fall bortser ECU:n från den onormala givarsignalen och antar ett förprogrammerat värde som medger fortsatt motordrift (dock med sämre verkningsgrad). Om ECU:n går till nödläge tänds varningslampan på instrumentpanelen, och den aktuella felkoden lagras i ECU:ns minne.

17 Om varningslampan tänds bör du snarast lämna bilen till en Saab-verkstad. En fullständig test av insprutningssystemet kan då utföras med en speciell elektronisk diagnostikenhet som enkelt ansluts till systemets diagnostikuttag. Uttaget sitter under instrumentbrädan, på förarsidan.

Föreskrifter

 Varning: Det är nödvändigt att vidta förebyggande åtgärder vid arbete på bränslesystemets komponenter, speciellt bränsleinsprutarna. Innan något arbete utförs på bränslesystemet, läs föreskrifterna i "Säkerheten främst!" i början av denna handbok, samt extra varningstexter i början av aktuella avsnitt.

Varning: Kör inte motorn om någon luftintagskanal är demonterad eller om filterelementet är borttaget. Föroreningar som kommer in i motorn kan orsaka svåra skador på turboaggregatet.

Varning: För att förhindra skador på turboaggregatet ska motorn inte rusas omedelbart efter start, speciellt vid kall väderlek. Låt motorn gå på tomgång så att oljan har några sekunder på sig att cirkulera runt turboaggregatets lager. Låt alltid motorn gå ner på tomgång innan den stängs av – varva inte upp motorn och vrid av tändningen, eftersom turboaggregatet då kommer att fortsätta rotera utan att få någon smörjning.

Varning: Följ de rekommenderade intervallen för olje- och filterbyte och använd en välkänd olja av angiven kvalitet. Underlåtenhet att byta olja eller användning av olja med dålig kvalitet kan orsaka sotavlagringar på turboaxeln, med driftstopp som följd.

---

2 Luftrenare och insugningskanaler – demontering och montering

Demontering

1 Lossa klämman som håller fast massluftflödesmätaren på luftrenarkåpan, och lossa luftmängdmätaren.

2 Lossa klämmorna och lyft bort kåpan från luftrenarens bottendel.

3 Lägg märke till hur filterelementet är monterat, lyft sedan bort det.

4 Skruva loss fästmuttrarna (en fram och

en bak), ta sedan bort bottendelen från motorrummet.

5 Insugningsresonatorn är placerad under höger framskärm. För att ta bort den, dra åt handbromsen, lyft upp bilen med en domkraft och ställ den på pallbockar (se *Lyftning och stödpunkter*). Ta bort stänkskyddet, skruva sedan loss och sänk ner resonatorn.

6 Rensa all smuts från insidan av luftrenarens botten och kåpa.

Montering

7 Montering utförs i omvänd ordning mot demontering, se till att alla luftintag/luftkanaler återansluts korrekt och att fästklämmorna är ordentligt åtdragna.

---

3 Gasvajer – demontering, montering och justering

Demontering

1 I motorrummets bakre högra hörn, ta bort kåpan från pedallägesgivaren (potentiometer).

2 Lossa klämman och haka loss inre gasvajern från givardelen. Lossa den yttre vajern från fästet.

3 Lossa buntbanden som håller fast vajern mot tvärstaget.

4 Arbeta i förarens fotbrunn och ta bort instrumentbrädans nedre panel, koppla sedan bort gasvajern från gaspedalens övre del enligt beskrivning i avsnitt 4.

5 Dra gasvajern genom mellanväggen in i motorrummet and ta bort den från fordonet. Om nödvändigt vid återmontering, fäst ett snöre i vajern då den tas bort, knyt sedan av snöret och låt det ligga kvar på plats igenom mellanväggen.

Montering och justering

6 Led gasvajern genom mellanväggens öppning och in i utrymmet bakom instrumentbrädan, över förarens fotbrunn. Återanslut den inre vajern och bussning på gaspedalens övre del, och yttre vajern på fästet.

7 I motorrummet, montera yttre vajern på fästet, haka sedan på pedallägesgivarens del och montera klämman.

8 För att justera vajern, skruva på den yttre vajerns justeranordning tills delen börjar att flytta sig, skruva sedan tillbaka ett halvt varv.

9 Sätt tillbaka kåpan på givaren.

10 Sätt tillbaka instrumentbrädans nedre panel.

---

4 Gaspedal – demontering och montering

Demontering

1 Frigör gasvajern från pedallägesgivaren enligt beskrivning i avsnitt 3.

2 Arbeta i förarens fotbrunn, lossa fäst-elementen och ta bort den undre täckkåpan från instrumentbrädans undersida. På vissa modeller kan det vara nödvändigt att först lossa skruvarna och lossa diagnostikuttaget från instrumentbrädans undersida.

3 För upp handen bakom instrumentbrädan och haka av gasvajern från gaspedalens övre del.

4 Tryck ihop pedalens returfjäder och ta bort den från pedalarmen.

5 Använd en tång för att dra låsklämman från änden på pedalens ledtapp och ta vara på bussningen.

6 Ta bort pedalen från dess fäste, och ta bort pedalen från fordonet.

Montering

7 Monteringen utförs i omvänd ordnings-följd mot demonteringen. Avsluta med att justera gasvajern enligt beskrivning i avsnitt 3.

5 Bränslesystem – snapsning och avluftning

1 Manuell snapsning och avluftning av bränslesystemet är inte nödvändigt efter arbete på systemets komponenter. Starttiden kan dock minskas genom att ansluta lämplig vakuumpump till serviceuttaget på insprutningspumpen och suga bränsle genom systemet tills dess att det är fritt från luftbubblor. Sätt tillbaka locket på serviceuttaget innan motorn startas.

2 Starta motorn (detta kan ta längre tid än vad som är vanligt, speciellt om bränslesystemet har körts helt slut på bränsle – kör startmotorn i tio sekunder, vänta sedan i 5 sekunder mellan varje startförsök) och kör på högt tomgångsvarvtal i ca en minut för att avlufta innestängd luft från bränsleledningarna. Efter detta ska motorn gå jämnt på tomgång med konstant varvtal.

3 Om motorn går ojämnt finns det fortfarande innestängd luft i bränslesystemet. Öka varvtalet igen i ytterligare ca en minut och kontrollera sedan tomgångsvarvtalet igen. Upprepa förfarandet tills dess att motorn går jämnt på tomgång.

6 Bränslemätargivare – demontering och montering

1 Se kapitel 4A, lägg märke till att det inte finns någon bränslepump i bränsletanken, endast ett bränslesugfilter och givarenhet.

7 Bränsletank – demontering och montering

1 Se kapitel 4A, lägg märke till att istället för att bränslefiltret är fastklämt vid tankbandet så måste bränslefiltret tas bort enligt beskrivning

i kapitel 1B. Plugga bränsleslangen för att undvika bränslespill från systemet, detta underlättar motorstart när bränsletanken har återmonterats. Observera att på vissa marknader med kallt klimat finns en extra bränsleförvärmare framför bränsletanken.

8 Max. motorvarvtal – kontroll och justering

Varning: Maximalt motorvarvtal styrs av ECU:n och kan ej justeras av "gör-det-själv"-mekaniker. Varvtalet kan kontrolleras med en varvräknare enligt beskrivningen nedan. Krävs justering måste fordonet lämnas på en Saab-verkstad där nödvändig diagnostikutrustning finns för att kontrollera och justera inställningarna.

1 Kör motorn till normal arbetstemperatur.

2 Låt en kollega trycka ner gaspedalen helt och hållet, och kontrollera att maximalt varvtal är enligt specifikation. Låt inte motorn gå på maximalt varvtal längre än två eller tre sekunder.

9 Bränsleinsprutningssystem, elkomponenter – demontering och montering

Elektronisk styrenhet (EDC15-systemet)

Demontering

1 Se till att tändningen är avstängd. Koppla loss batteriets minuskabel (se *Demontering av batteri* i kapitlet *Referenser* i slutet av denna handbok).

2 Arbeta i fordonet i höger fotbrunn, ta bort fästelementen och sänk ner täckkåpan bort från instrumentbrädans undersida och rattstången. På vänsterstyrda modeller måste handskfacket demonteras.

3 Vik undan mattan för att frilägga ECU:n som är monterad på karossen längst ner vid A-stolpen.

4 Lossa låsarmen och koppla loss anslutningskablaget med multikontakt från ECU:ns undersida. **Observera:** *Innan multikontakten kopplas bort ska du jorda dig själv genom att vidröra fordonskarossen, detta för att förhindra skada på interna kretsar i ECU:n.*

5 Skruva loss fästskruven och ta bort ECU:n ur bilen.

Montering

6 Monteringen utförs i omvänd ordnings-följd mot demonteringen. Se till att anslutningskablagets multikontakt sitter fast med låsarmen. Observera att om en ny styrenhet har monterats så kommer den undan för undan att "lära sig" motorns egenskaper medan bilen körs. Körbarhet, prestanda och bränsleekonomi kan försämras något under den här perioden. Saab anger

även att startspärren måste återställas med deras diagnostikverktyg Tech2.

Elektronisk styrenhet (PSG16-systemet)

7 Styrenheten är en del av insprutningspumpen och bör ej vidröras. Försök **aldrig** att sära på styrenheten och pumpen.

Gaspedalens lägesgivare

Demontering

8 I motorrummets bakre högra hörn, ta bort kåpan från pedallägesgivaren (potentiometer) och koppla loss kablaget.

9 Lossa klämman och haka loss inre gasvajern från givardelen.

10 Skruva loss och ta bort pedalläges-givaren.

Montering

11 Montera givaren och dra åt bultarna.

12 Haka på den inre vajern på pedal-lägesgivarens del och montera klämman.

13 För att justera vajern, skruva på den yttre vajerns justeranordning tills delen börjar att flytta sig, skruva sedan tillbaka ett halvt varv.

14 Sätt tillbaka kåpan på givaren.

Temperaturgivare för kylvätska

Demontering

15 Dränera kylsystemet enligt beskrivningen i kapitel 1B. Alternativt kan du montera den nya givaren omedelbart när du tagit bort den gamla, eller också kan du sätta i en passande plugg i öppningen när du tagit bort givaren. Om du väljer det senare, lossa försiktigt påfyllningslocket på expansionskärlet, så att du utjämnar eventuellt tryck i kylsystemet. Dra sedan åt locket igen.

16 Med kablaget borttaget, skruva loss givaren och ta bort den. Om du har den nya givaren till hands sätter du ett finger i öppningen, så att ingen kylvätska försvinner från topplocket.

Montering

17 Smörj gängorna med lite kopparpasta, för in givaren och dra åt till angivet åtdragnings-moment.

18 Återanslut kablarna.

19 Fyll på kylsystemet enligt beskrivningen i kapitel 1B. Om systemet tömdes helt, fyll på systemet.

9.18 Koppla bort oljetemperaturgivarens kontaktdon

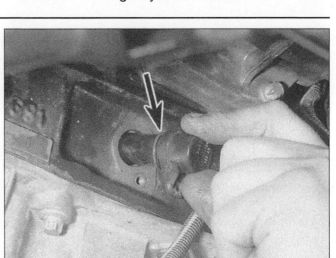

9.24 Koppla loss kontaktdonet . . .

9.26 . . . skruva sedan loss fästskruven och ta bort vevaxelgivaren från motorblockets framkant (tätningsring, se pil)

Oljetemperaturgivare

Demontering

20 Dra åt handbromsen ordentligt, lyft sedan upp framvagnen och ställ den på pallbockar. Vid behov, skruva loss fästskruvarna och ta bort skyddskåpan under motor-/växellåds-enheten.
21 Dränera motoroljan enligt beskrivningen i kapitel 1B. När oljan har slutat rinna ur motorn, montera en ny tätningsring, sätt tillbaka dräneringspluggen och dra åt till angivet moment.
22 Koppla loss kontaktdonet, skruva sedan loss givaren från sumpens framkant **(se bild)**. Kassera tätningen.

Montering

23 Montering utförs i omvänd ordning mot demontering, men använd ny tätning och fyll på motorn med olja enligt beskrivning i kapitel 1B.

Massluftflödesmätare

Demontering

24 Se till att tändningen är avstängd, koppla sedan loss kontaktdonet från luftmängd-mätaren.
25 Skruva loss fästklämmorna, frigör sedan luftmängdmätaren från luftintaget och ta bort den från motorrummet.

Montering

26 Montering utförs i omvänd ordning mot demontering, se till att alla luftintag återansluts korrekt och att fästklämmorna är ordentligt åtdragna.

Vevaxelns lägesgivare

Demontering

27 Vevaxelns lägesgivare är placerad på motorblockets vänstra framkant. Ta först bort motorns övre skyddskåpa.
28 Följ kablaget bakåt från vevaxelgivaren till dess kontaktdon, frigör kontaktdonet från dess

fäste och koppla bort den från huvudkablaget **(se bild)**.
29 Dra åt handbromsen, lyft fordonets främre del och ställ framvagnen på pallbockar (se *Lyftning och stödpunkter*). Ta bort motorns undre skyddskåpa.
30 Torka rent området runt vevaxelgivaren och skruva sedan bort fästskruven. Ta bort givaren från motorblockets framkant och ta loss tätningsringen **(se bild)**.

Montering

31 Montering utförs i omvänd ordning mot demontering, använd ny tätningsring. Dra åt givarens bult till angivet moment.

Laddtrycksventil

Demontering

32 I motorrummets bakkant, lyft tätningslisten från mellanväggen för att komma åt laddtrycksventilens fäste. Ta bort fästet och koppla sedan bort vakuumslangar och kablage, notera deras placering.
33 Ta bort laddtrycksventilen från motor-rummet.

Montering

34 Montering utförs i omvänd ordningsföljd.

Givare för absoluttryck i grenrör (MAP-givare) (EDC15-system)

Demontering

35 Ta bort motorns övre skyddskåpa.
36 Skruva loss skruvarna som håller fast kabelhylla mot insugsgrenrörets överdel och koppla bort kontaktdonet från MAP-givaren.
37 Skruva sedan loss fästskruven och ta bort givaren från insugsgrenrörets överdel, lägg märke till tätningsringen som är monterad på givaraxeln **(se bild)**.

Montering

38 Montering utförs i omvänd ordning mot demontering, använd ny tätningsring och dra åt fästskruven till angivet moment.

Temperatur-/tryckgivare för insugsluft (PSG16-system)

Demontering

39 Temperaturgivaren för insugsluft är placerad på insugsgrenrörets bakre del, på vänster sida. Ta först bort motorns övre skyddskåpa.
40 Koppla bort kablaget, koppla sedan loss givaren från fästet.

Montering

41 Monteringen utförs i omvänd ordningsföljd mot demonteringen.

Virvelspjällventil

Demontering

42 Skruva loss servostyrningens vätske-behållare från bakom batteriet, och placera den åt sidan.
43 Lossa skruvarna från virvelspjällventilens fäste och lyft på fästet. Skruvhålen har urtag så att fästet kan tas bort. Observera att det finns två ventiler, EGR-systemets ventil och grenrörets omkastningsventil. Grenrörets omkastningsventil kan identifieras med hjälp av det grå kontaktdonet.

9.37 Koppla loss kontaktdonet, skruva sedan loss fästskruven (se pil) och ta bort tryckgivaren

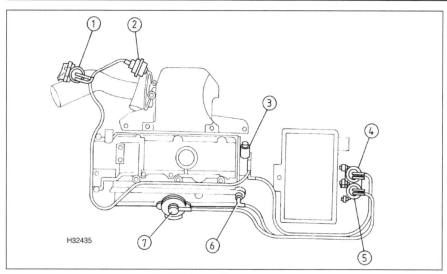

9.45 Vakuumrörets placering

1 Laddtryck, reglerventil (magnetventil)
2 Laddtryck, styrdon
3 Vakuumpump

4 EGR (avgasåterföring), magnetventil
5 Insugsgrenrör, omkastningsmagnetventil

6 Insugsgrenrör, omkastningsventil
7 EGR-ventil (avgasåterföring)

44 Notera vakuumslangarnas placering, koppla sedan bort dem.
45 Koppla loss kablaget, ta sedan bort reglerventilen från fästet **(se bild)**.

Montering
46 Monteringen utförs i omvänd ordningsföljd mot demonteringen.

Virvelspjällventilens vakuumdosa

Demontering
47 Virvelspjällventilens vakuumdosa är placerad på topplockets vänstra sida. Ta först bort motorns övre skyddskåpa.
48 Koppla loss vakuumslangen.
49 Skruva loss fästskruvarna, vrid sen på vakuumdosan tills dess att fästfliken och spåret står i linje med varandra, sedan kan armen tas bort.
50 Ta bort vakuumdosan från fästet.

Montering
51 Montering utförs i omvänd ordning mot demontering, men smörj armens bussning med lite fett.

Atmosfärstrycksgivare (PSG16-system)

Demontering
52 Atmosfärstrycksgivaren är placerad på motorblockets högra framkant.
53 Koppla loss kablaget, skruva loss fästskruvarna och ta bort givaren.

Montering
54 Monteringen utförs i omvänd ordningsföljd mot demontering.

Oljenivågivare (PSG16-system)

Demontering
55 Observera att oljenivågivaren och anslutningskabeln är borttagna från sumpens insida. Se kapitel 2B och ta bort sumpen. Rengör sumpens inre ytor från all olja.
56 Ta bort låsringen från sumpens utsida, och dra ut eluttaget in i sumpen.

57 Skruva loss och ta bort givaren inifrån sumpen.

Montering
58 Monteringen utförs i omvänd ordningsföljd mot demontering, men se till att fästhålet är rent innan eluttaget förs in i sumpen. Smörj eluttaget med lite vaselin innan det monteras.

Turboaggregat, magnetventil för övertrycksventil
59 Övertrycksventilen (laddtryck) magnetventil är placerad bak i motorrummets högra hörn.
60 För att komma åt ventilen, ta bort luftintagsenheten som förbinder luftrenarhuset med turboaggregatet (se avsnitt 2).
61 Koppla bort kontaktdonet och vakuumslangarna från ventilen, skruva sedan loss fästskruvarna och ta bort ventilen från dess fäste.
62 Montera i omvänd ordningsföljd mot demonteringen.

10 Bränsleinsprutningspump – demontering och montering

Varning: Var mycket försiktig så att inga föroreningar kommer in i insprutningspumpen eller insprutarrören under detta arbete.

Observera: Eftersom det är nödvändigt att ta bort övre kamkedjan och drev för att demontera insprutningspumpen krävs flera specialverktyg från Saab (eller lämpliga alternativ) vid återmontering för att möjliggöra korrekt justering av ventilinställning (se avsnitt 4 i kapitel 2B). Om lämpliga verktyg inte finns till hands rekommenderas att detta arbete lämnas till en Saab-verkstad eller annan lämpligt utrustad fordonsverkstad. Om arbetet ska utföras utan verktygen krävs att exakta inställningsmärken utförs mycket noga mellan dreven, kamaxel och insprutningspumpens fläns före borttagning. Sannolikt krävs en specialhylsa för att skruva loss pumpens främre fästskruvar.
Observera: Vid montering behövs en ny skruv för kamaxeldrevet samt nya skruvar för den övre kamkedjestyrningen.

Demontering
1 Demontera insugsgrenröret enligt beskrivningen i avsnitt 15.
2 Avlägsna all smuts runt anslutningarna för insprutningspumpens bränslematning och returrör. Skruva loss anslutningsbultar och tätningsbrickor, frigör sedan rören och placera dem så att de inte är i vägen för pumpen **(se bild)**.
3 Ta bort övre kamkedjan och drev enligt beskrivning i kapitel 2B.
4 Arbeta genom hålen i nedre kamkedjedrevet och skruva loss pumpens främre fästskruvar **(se bild)**.
5 Skruva loss fästskruvarna och ta bort pumpens bakre fäste. Ta bort pumpen med

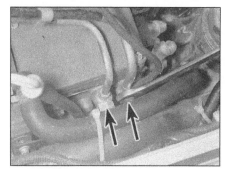

10.2 Skruva loss anslutningsskruvarna (se pil) och koppla bort matnings- och returrör från pumpen

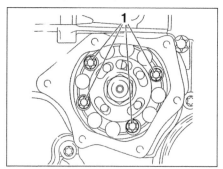

10.4 Skruva loss insprutningspumpens främre fästskruvar (1) genom hålen i det nedre kamkedjedrevet

10.5a Skruva loss fästbultarna (se pil – en dold) och ta bort bakre fästet . . .

10.5b . . . ta sedan bort pumpen från motorn, observera tätningsringen

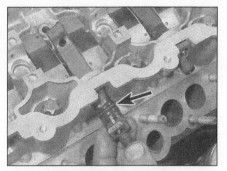

12.4 Ta bort insprutarnas tvärströmningsrör från topplocket (tätningsring, se pil) . . .

dess tätningsring. Kassera tätningsringen, en ny ska användas vid återmontering (se bilder).

Varning: Försök aldrig demontera pumpenheten. Om det uppstår problem, ta med pumpen till en Saab-verkstad/specialist på dieselpumpar för kontroll/reparation.

Montering

6 Före återmonteringen, se till att inställningsurtaget i pumpdrevets fläns står korrekt i linje med styrhålet i pumphuset, och kontrollera att kamaxel och vevaxel fortfarande står i rätt läge.

7 Se till att anliggningsytorna ar rena och torra, och montera en ny tätningsring på pumpflänsen.

8 Sätt pumpen på plats, se till att det nedre kamkedjedrevet går i ingrepp med pumpflänsen. Återmontera pumpens främre fästskruvar och dra åt dem till angivet moment.

9 Återmontera fästet bak på insprutningspumpen och dra åt fästbultarna till angivet moment.

10 Återmontera övre kamkedjan och drev enligt beskrivning i kapitel 2B.

11 Placera en ny tätningsbricka på vardera sida om anslutningar för insprutningspumpens matnings- och returrör, montera anslutningsbultarna, dra åt dem till angivet moment.

12 Återmontera insugsgrenröret enligt beskrivningen i avsnitt 15.

13 Anslut batteriets minuskabel, starta motorn och avlufta bränslesystemet enligt beskrivning i avsnitt 5.

11 Insprutningsinställning – kontrollmetoder och justering

1 Insprutningsinställningen fastställs av ECU:n med hjälp av den information som kommer från olika givare. Kontroll av insprutningssystemet kan endast utföras med speciell diagnostikutrustning (se avsnitt 1).

12 Bränsleinsprutare – demontering och montering

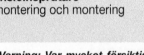

⚠ *Varning: Var mycket försiktig vid arbete med bränsleinsprutare. Utsätt aldrig händerna eller annan kroppsdel för strålen från insprutare. Det höga arbetstrycket kan göra att bränslet tränger igenom huden, möjligen med dödlig utgång. Det är en absolut rekommendation att arbete med kontroll av insprutare under tryck utförs av en återförsäljare eller specialist på bränsleinsprutning.*

Varning: Var mycket försiktig så att inga föroreningar kommer in i insprutningspumpen, insprutare eller rör under detta arbete.

Varning: Se till att inte tappa insprutarna, och se även till att nålarna inte skadas. Insprutarna är tillverkade till snäva

toleranser och ska hanteras varsamt. De ska aldrig monteras i skruvstycke.

Observera: *Om insprutningsmunstycket ska demonteras från topplocket behövs sannolikt en speciell avdragare från Saab (87 91 360) och adapter (83 95 378). Använd nya skruvar för insprutarnas tvärströmningsrör vid återmontering.*

1 Ta bort insugsgrenrörets övre del enligt beskrivningen i avsnitt 15.

2 Ta bort kamaxeln och ventillyftare enligt beskrivningen i kapitel 2B.

3 Koppla bort returröret från insprutarens tvärströmningsrör.

4 Skruva loss fästskruven, ta sedan försiktigt bort tvärströmningsröret från insprutningsmunstyckets övre del, och ta försiktigt bort det från topplocket (se bild).

5 Ta bort tätningsringarna från tvärströmningsröret och insprutningsmunstyckets övre del och kassera, nya ska användas vid återmontering (se bild).

6 Montera adapter och avdragare överst på insprutningsmunstycket och dra försiktigt munstycket rakt ut från topplocket. Ta loss tätningsbrickan som är monterad på munstyckets nedre del och kassera.

7 Montera en ny tätningsbricka på insprutningsmunstyckets nedre del och för sedan försiktigt munstycket på plats i topplocket, ställ dess styrstift i linje med topplockets urtag (se bilder).

8 Se till att insprutningsmunstycket trycks in försiktigt i topplocket, montera sedan en ny tätningsring på dess övre del.

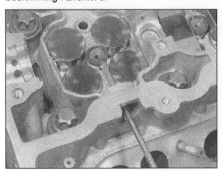

12.5 . . . ta sedan bort tätningsringen överst på insprutningsmunstycket

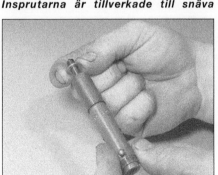

12.7a Montera en ny tätningsbricka på munstyckets nedre del . . .

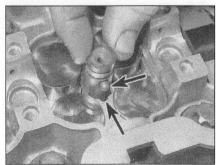

12.7b . . . återmontera sedan munstycket i topplocket, se till att dess styrstift står i linje med topplockets urtag (se pil)

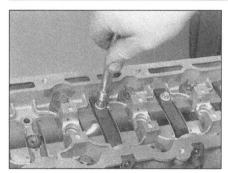

12.9a Dra åt skruven för insprutarens tvärströmningsrör ordentligt för hand . . .

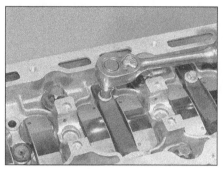

12.9b . . . dra sedan åt skruven ytterligare ett helt varv

14.1 Laddluftkylaren sitter framför kylaren

9 Montera en ny tätningsring i tvärströmnings-rörets spår. För försiktigt tvärströmningsröret på plats i topplocket, se till att placera det korrekt på insprutningsmunstycket, montera ny fästskruv. Dra åt fästskruven så mycket det går för hand, använd sedan en hylsa och förlängningsskaft, dra åt ett fullt varv till (360°) **(se bilder)**.
10 Anslut returröret på tvärströmningsröret, återmontera sedan insugsgrenröret enligt beskrivning i avsnitt 15.
11 Återmontera kamaxeln och ventillyftare enligt beskrivningen i kapitel 2B.
12 När arbetet är klart, starta motorn och avlufta bränslesystemet enligt beskrivning i avsnitt 4.

13 Turboaggregat – demontering och montering

Observera: *Turboaggregatet är av typen med variabel geometri. Vid låga varvtal stänger turbinbladen för att ge mindre tvärgenomströmningsyta, och vart efter som varvtalet ökar öppnar turbinbladen för att ge större tvärgenomströmningsyta. Detta bidrar till att öka turboaggregatets verkningsgrad.*

Demontering
1 Ta bort avgasgrenröret och turboaggregat enligt beskrivning i avsnitt 16, och fortsätt enligt beskrivning under aktuell underrubrik.
2 Med enheten på en bänk, skruva loss fästskruvarna och ta bort avgasanslutningens fläns och packning från turboaggregatet.
3 Skruva loss anslutningsskruven och ta bort oljematningsröret. Ta loss tätningsbrickorna som är monterade på vardera sida om röranslutningen.
4 Skruva loss fästskruvarna och ta bort oljereturröret och packning.
5 Skruva fästskruvarna och ta bort turboaggregatet och packning från grenröret.
6 Fortsätt inte med ytterligare demontering av turboaggregatet. Om enheten misstänks vara defekt ska den lämnas till en turbospecialist eller Saab-verkstad för kontroll och under-sökning. De kan informera dig om

enheten kan renoveras eller om den måste bytas ut.

Montering
7 Återmontering utförs i omvänd ordning mot demontering, använd nya packningar/tätningsbrickor, och dra åt fästelement till deras angivna moment (där detta anges). Återmontera grenrör och turboaggregat enligt beskrivningen i avsnitt 16.

14 Laddluftkylare – demontering och montering

Demontering
1 Laddluftkylaren är placerad framför kyl-vätskekylaren. Ta först bort främre stötfångaren enligt beskrivning i kapitel 11 **(se bild)**.
2 Notera slangarnas placering på ladd-luftkylaren, lossa sedan klämmorna och ta bort dem.
3 Skruva loss och ta bort laddluftkylarens fästskruvar, tillsammans med monterings-tappar, brickor och genomföringar.
4 Flytta laddluftkylaren från frontpanelen, lyft bort den från fästena och ta bort den från motorrummet.

Montering
5 Montering utförs i omvänd ordningsföljd mot demontering. Se till att luftslangens klämmor sitter åt ordentligt.

15.4 Koppla bort de diverse kontaktdonen och placera kabelhyllan bort från grenröret

15 Insugsgrenrör – demontering och montering

Observera: *Nya fästmuttrar behövs för den nedre grenrörsdelen vid återmontering.*

Demontering
1 Koppla loss batteriets minuskabel (se *Demontering av batteri* i kapitlet *Referenser* i slutet av denna handbok). Ta bort motorns övre skyddskåpa, ta sedan bort luftanslutningarna som förbinder turboaggregat och laddluft-kylare. Lossa buntband efter behov.
2 Lossa klämman och koppla bort laddluft-kylarens luftanslutning från insugsgrenröret, placera den åt sidan.
3 Skruva loss fästskruvarna som håller fast kabelhyllan mot ventilkåpan och insugnings-rörets vinkel.
4 Koppla loss kontaktdonen från synkroni-seringsgivaren, temperaturgivare, EGR-ventil och oljefilterhus **(se bild)**.
5 Koppla bort vakuumröret från avgasåter-föringsventilen (EGR-ventilen) på grenröret.
6 Skruva loss skruvarna och ta bort insugsgrenrörets vinkel från insugsgrenrörets övre del **(se bild)**. Ta vara på packningen.
7 Identifiera deras placeringar, koppla sedan bort bränslereturslangarna från insprutarna.
8 Torka rent röranslutningarna, skruva sedan loss anslutningsmuttrarna som håller fast insprutarröret mot insprutarna och de fyra anslutningsmuttrarna som håller fast rören

15.6 Insugsgrenrörets vinkel överst på insugsgrenröret

15.8a Skruva loss muttrarna som håller fast insprutarrören mot insprutarna . . .

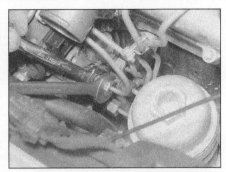

15.8b . . . och insprutningspumpen

15.11a Koppla bort vakuumröret från insugningsrörets omkastnings(virvel)ventil . . .

15.11b . . . ta sedan bort skruven som håller fast vevaxelgivarens kablage mot insugsgrenrörets nedre del

15.11c Skruva loss fästmuttrarna och ta bort insugsgrenrörets nedre del från motorn

15.13 Använd ny grenrörspackning vid återmontering

bak på insprutningspumpen. Allt eftersom varje anslutningsmutter lossas på pumpen, håll adaptern med en lämplig nyckel för att förhindra att den skruvas bort från pumpen. Med alla anslutningsmuttrar lossade, ta bort insprutarrören från motorn och torka upp eventuellt bränslespill **(se bilder)**. Plugga rörändarna för att minimera bränslespill och förhindra föroreningar från att tränga in.

9 Skruva antingen loss EGR-ventilenheten från det övre insugsgrenröret, eller som alternativ, montera slangklämmor på kylvätskeslangarna och koppla bort dem, låt EGR-ventilen sitta kvar på insugsgrenröret.

10 Skruva loss fästskruvarna, jämnt och stegvis, lyft sedan bort grenrörets övre del. Ta loss packning och kassera den.

11 För att ta bort grenrörets nedre del, koppla bort vakuumröret från membranenheten för grenrörets omkastnings(virvel)ventil, och skruva loss kontaktdonets fäste från grenröret. Skruva loss fästmuttrarna, jämnt och stegvis, ta sedan bort grenrörets nedre del och packning från topplocket **(se bilder)**.

12 Observera att om grenrörets övre del ska bytas ut, då måste tryckgivaren och EGR-ventilen flyttas över. Om grenrörets nedre del ska bytas ut, då måste vakuumventilen och fästet för vevaxelns lägesgivare flyttas över.

Montering

13 Se till att alla anliggningsytor är rena och torra. Montera en packning på topplocket och montera den nedre grenrörsdelen **(se bild)**. Montera de nya fästmuttrarna och,

i diagonal ordningsföljd, dra åt dem jämnt och stegvis till angivet moment. Återanslut omkastningsventilens slang och montera kablagefästet.

14 Montera en ny packning överst på den nedre grenrörsdelen, montera sedan övre grenrörsdelen, dra åt fästskruvarna till angivet moment.

15 Återmontera EGR-ventilen eller återanslut kylvätskeslangarna, som tillämpligt.

16 Återmontera insprutarrören, dra åt anslutningsmuttrarna till angivet moment.

17 Återanslut bränslereturslangarna på insprutarna.

18 Återmontera insugsgrenrörets vinkel tillsammans med ny packning, och dra åt muttrarna ordentligt.

19 Återanslut vakuumröret till EGR-ventilen.

20 Återanslut alla kablage och sätt fast kabelhyllan.

21 Återmontera luftanslutningarna och dra åt klämmorna.

22 Montera motorns övre skyddskåpa och återanslut batteriets minuskabel. Starta motorn och avlufta bränslesystemet enligt beskrivning i avsnitt 4. Fyll på kylsystemet enligt behov.

16 Avgasgrenrör – demontering och montering

Observera: *Nya fästmuttrar för grenrör och muttrar för främre avgasrör behövs vid återmontering.*

Demontering

1 Koppla loss batteriets minuskabel (se *Demontering av batteri* i kapitlet *Referenser* i slutet av denna handbok). Ta bort motorns övre skyddskåpa.

2 Dra åt handbromsen, lyft fordonets främre del och ställ framvagnen på pallbockar (se *Lyftning och stödpunkter*). Ta bort motorns undre skyddskåpa.

3 Se avsnitt 2, ta bort luftrenarhusets ledningar och ta bort luftröret av metall som förbinder turboaggregatet med laddluftkylaren. Ta även bort insugningsslangen från turboaggregatet.

4 Koppla bort kablaget överst på varje glödstift **(se bild)**.

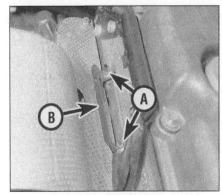

16.4 Skruva loss fästmuttrarna (A) och ta bort kontaktdonets band (B) från glödstiften (vänster uppställning visas)

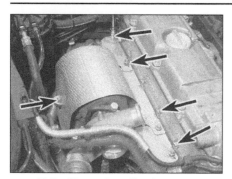

16.5a Skruva loss fästskruvarna (se pil) . . .

16.5b . . . och ta bort värmesköldarna från grenröret

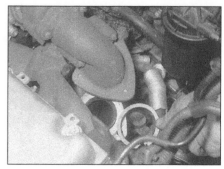

16.7 Skilj främre avgasröret från grenröret och ta bort packningen

5 Skruva loss fästskruvarna och ta bort värmesköldarna överst på grenröret och från startmotorn **(se bilder)**. Observera att den undre skruven på startmotorn bara behöver lossas.

6 Skruva loss fästskruvarna och ta bort kablagestyrningen bak på motorblocket.

7 Skruva loss muttrarna som håller fast främre avgasröret mot turboaggregatet och frigör röret **(se bild)**. Lossa skarven mellan främre avgasröret och mellanröret, och haka loss främre gummiupphängningarna. Stötta främre röret, se till att flexdelen inte böjs för mycket.

8 Avlägsna all smuts runt turboaggregatets anslutningar för oljematnings- och returrör. Skruva loss anslutningsmuttrarna som håller fast rören mot motorblocket och låt oljan dränera i en lämplig behållare. Torka upp eventuellt oljespill.

9 Skruva loss fästskruvarna och ta bort grenrörets stödfäste. Koppla loss vakuum-slangen från turboaggregatets övertrycks-ventilmembran **(se bild)**.

10 Arbeta i diagonal ordningsföljd, lossa jämnt och stegvis på avgasgrenrörets fästskruvar. För grenröret ur läge och ta bort packningen **(se bilder)**. Vid behov, skilj turboaggregatet från grenröret enligt beskrivning i avsnitt 13.

Montering

11 Monteringen utförs i omvänd ordningsföljd mot demonteringen, och tänk på följande.

a) Se till att alla anliggningsytor är rena och torra, och byt alla packningar.

b) Montera grenrörets nya fästmuttrar och, i diagonal ordningsföljd, dra åt dem jämnt och stegvis till angivet moment. Dra även åt skruvarna för stödfästet till angivet moment.

c) Innan oljerören återmonteras på turbo-aggregatet, häll motorolja i oljekanalen för att se till att det finns fullgod smörjning direkt när motorn startas.

d) Dra åt anslutningsmuttrarna för turbo-aggregatets oljerör till angivet moment.

e) När arbete är klart, kontrollera olje- och kylvätskenivåer, fyll på vid behov, enligt beskrivning i "Veckokontroller".

f) När motorn startas för första gången ska den gå på tomgång i några minuter innan motorvarvtalet ökas, detta gör att olja hinner cirkulera runt turboaggregatets lager.

17 Avgassystem – allmän information, demontering och montering

Allmän information

1 Avgassystemet består av tre delar: främre avgasröret (som innehåller katalysatorn),

mellanröret och ljuddämpare, samt bakre avgasrör och ljuddämpare. Främre avgasröret är försett med en flexdel vilket ger avgas-systemet viss rörelse. Även skarven mellanrör-bakre avgasrör är fjäderbelastad för att medge viss rörelse i systemet.

2 Hela systemet är monterat med gummi-upphängningar.

Demontering

3 Varje del av avgassystemet kan demonteras individuellt, eller hela systemet kan tas bort som en enhet. Även om bara en del av systemet behöver åtgärdas kan det ibland vara enklare att ta bort hela systemet och skilja delarna på en arbetsbänk.

4 För att ta bort systemet eller del av systemet, lyft först upp fram- eller bakvagnen och ställ den på pallbockar. Alternativt kan bilen placeras över en smörjgrop eller på ramper. Ta bort motorns undre skyddskåpa vid behov.

Främre avgasrör (med katalysator)

Observera: Nya muttrar för skarven rör-grenrör behövs vid återmontering.

5 Skruva loss muttrarna som håller fast främre röret mot turboaggregatet. Skruva loss skruvarna som håller fast främre röret mot mellanröret.

6 Haka loss gummiringarna (upphängning-arna), ta sedan bort främre röret från

16.9 Koppla bort vakuumslangen från turboaggregatets övertrycksventil

16.10a Ta bort grenrörsenheten från motorn . . .

16.10b . . . och ta bort packningen

turboaggregatet och ta bort packningen. Frigör främre röret från mellanröret, ta sedan bort det underifrån fordonet **(se bild)**.

Mellanrör

7 Skruva loss skruvarna som håller fast mellanröret mot främre röret, samt skruvarna och fjädrarna som håller fast det mot bakre avgasröret.

8 Böj ut fästklämmorna och lossa mellanröret från dess gummiupphängningar **(se bild)**. Lossa mellanröret från främre röret och bakre avgasröret, och ta bort från under fordonet.

Bakre avgasrör

9 Skruva loss skruvarna som håller fast bakre avgasröret mot mellanröret.

10 Böj ut fästklämmorna, lossa sedan bakre avgasröret från dess gummiupphängningar, och frigör det från mellanröret.

Komplett system

Observera: *Nya muttrar för skarven rör-grenrör behövs vid återmontering.*

11 Skruva loss muttrarna som håller fast främre rörets flänsskarv mot turboaggregatet.

12 Böj ut fästklämmorna, lossa sedan systemet från dess gummiupphängningar, och ta bort det från under fordonet. Ta bort packningen från främre rörskarven.

17.6 Frigör främre avgasröret från turboaggregatet

Värmesköld(ar)

13 Värmeskölderna sitter fast mot karossens undersida med olika muttrar och skruvar. Varje skärm kan tas bort så fort relevant del av avgasgrenröret har demonterats. Om du behöver demontera en sköld för att kunna nå en del bakom den, kan det i vissa fall räcka att skruva loss fästmuttrarna och/eller bultarna och bara sänka ner skölden, utan att rubba avgassystemet.

Montering

14 Varje del monteras i omvänd ordning, och notera följande punkter:

17.8 Lossa röret från gummiupphängningarna

a) *Byt främre rörets muttrar om de rubbas ur fastskruvat läge.*

b) *Se till att all rost har avlägsnats från flänsarna, stryk på skarvpasta för avgassystem så att skarven blir tät mot gaser.*

b) *Undersök gummifästena efter tecken på skador eller åldrande och byt ut dem om det behövs.*

d) *Innan åtdragning av avgassystemets fästelement, se till att alla gummiupphängningar är korrekt placerade, och att det finns tillräckligt utrymme mellan avgassystemet och fordonets underrede.*

Anteckningar

Kapitel 4 Del C:
Avgasreningssystem

Innehåll

Svårighetsgrad

Enkelt, passar novisen med lite erfarenhet	**Ganska enkelt**, passar nybörjaren med viss erfarenhet	**Ganska svårt**, passar kompetent hemmamekaniker	**Svårt**, passar hemmamekaniker med erfarenhet	**Mycket svårt**, för professionell mekaniker

Specifikationer

EVAP-kanisterrensventil

Resistans vid 20 °C . . . . 45 ± 5 ohm

EVAP tryckgivare (T7-system)

Tryck	Spänning (ca)
- 0,038 bar	0,1
0 bar	2,5
0,012 bar	2,0

EVAP avstängningsventil (T7-system)

Resistans vid 20 °C . . . . 24,5 ±1,5 ohm

Lambdasond

Typ:
   Motronic. . . . . Bosch LSH25 (med förvärmning)
   Trionic T5 . . . . Bosch LSH25P (med förvärmning)
   Trionic T7 . . . . Bosch LSF4.7 (med förvärmning)
Resistans vid 20 °C (stift 1 och 2):
   Motronic. . . . . 3,5 ohm (ca)
   Trionic T5 . . . . 2,0 ohm (ca)
   Trionic T7 . . . . 9,0 ohm (ca)

Åtdragningsmoment

	Nm
Avgasåterföringsventil (EGR), skruvar	8
Lambdasond	55

1 Allmän information

1 Alla modeller med bensinmotor drivs med blyfri bensin och är försedda med bränslesystem med flera olika egenskaper för att minimera farliga utsläpp. Alla modeller är utrustade med ett avgasregleringssystem i vevhuset, katalysator och EVAP-system (avdunstningsreglering) för att minimera bränsleångor/avgasemissioner.
2 Alla dieselmotormodeller är även konstruerade för att uppfylla krävande avgaskrav. Alla modeller är utrustade med ett avgasregleringssystem i vevhuset, katalysator och EVAP-system (avdunstningsreglering) för att minimera avgasemissioner.
3 Avgasreningssystemet fungerar enligt följande.

Bensinmodeller

Utsläppskontroll i vevhuset

För att minska utsläppen av oförbrända kolväten från vevhuset är motorn förseglad. Genomblåsningsgaserna och oljeångor förs från vevhusets insida genom en extern oljefälla, som är ansluten till vevhuset via ventilkåpan och ventilationsslangen. Ångorna evakueras sedan i gasspjällshuset samt via turboaggregatet i insugsgrenröret.

När högt undertryck råder i grenröret (tomgångskörning, inbromsning) sugs gaserna ut ur vevhuset och in i gasspjällshuset. När lågt undertryck råder i grenröret (acceleration, fullgas) sugs gaserna ut ur vevhuset av det förhållandevis högre trycket i vevhuset. Om motorn är sliten gör det ökade vevhustrycket (som orsakas av ökad genomblåsning) att en del av flödet går tillbaka, oavsett grenrörets skick.

Utsläppskontroll i avgaserna

För att minimera mängden föroreningar som släpps ut i atmosfären är alla modeller försedda med en katalysator i avgassystemet. Katalysatorsystemet är "slutet" och har en lambdasond (två på vissa modeller) i avgassystemet som ständigt skickar information till bränsleinsprutningens/tändsystemets ECU om avgasernas syrehalt. På så sätt kan ECU-systemet justera blandningen dynamiskt, så att katalysatorn fungerar optimalt.

Lambdasonderna har inbyggda värmeelement som styrs av ECU:n via ett relä, som snabbt ändrar temperaturen på givarens spets till optimal arbetstemperatur. Givarspetsen är syrekänslig. Spetsen skickar en spänning till ECU:n vars storlek ändras med syrehalten i avgaserna. En fet insugsbränsleblandning ger en högre spänning. Spänningen minskar om blandningens bränsleinnehåll minskar. Högsta omvandlingseffekt av alla viktigare

föroreningar uppnås om insugets luft-/bränsleblandning hålls på kemiskt rätt nivå för fullständig bensinförbränning, med 14,7 delar (efter vikt) luft mot 1 del bränsle (stökiometriskt förhållande). Sondens signalspänning ändras kraftigt vid denna punkt och styrenheten använder signaländringen som referens för att justera bränsleblandningen genom att ändra bränsleinsprutarnas pulslängd (öppningstid).

Avdunstningsreglering

För att minimera utsläppen av oförbrända kolväten i atmosfären finns även ett system för avdunstningsreglering monterat på alla modeller. Systemet kallas även ELCD (evaporative-loss control device). Bränsletankens påfyllningslock är tätat, och ett kolfilter (kolkanister) är monterat på bilens främre högra sida, under höger skärm. Kolfiltret fångar upp bränsleångorna som uppstår när bilen står stilla. Ångorna ansamlas tills de kan avlägsnas från filtret, vilket styrs av ECU-bränslesystemet via rensventilen. Ångorna förs till insugningskanalen och förbränns i motorn som vanligt.

För att motorn ska fungera bra när det är kallt och/eller vid tomgång, samt för att skydda katalysatorn från skador vid en alltför mättad blandning, öppnar inte motorns elektroniska styrsystem rensventilen förrän motorn är uppvärmd och under belastning. Magnetventilen stängs då av och på, så att ångorna kan dras in i insugningskanalen.

Dieselmodeller

Utsläppskontroll i vevhuset

Se beskrivning för bensinmodeller.

Utsläppskontroll i avgaserna

För att minimera mängden avgasföroreningar som släpps ut i atmosfären är en trevägskatalysator monterad i avgassystemet. Katalysatorn består av ett kolfilter (kolkanister) med ett finmaskigt nät täckt med ett katalysatormaterial, som de heta avgaserna strömmar över. Katalysatormaterialet skyndar på oxidering av skadlig kolmonoxid, oförbrända kolväten och sot, vilket effektivt minskar mängden skadliga produkter som släpps ut i atmosfären med avgaserna.

2.1a Oljefälla monterad bak på motorblocket

Avgasåterföringssystem

Systemet är konstruerat för att återcirkulera små mängder avgaser in i luftintaget, och därmed till förbränningsprocessen. Processen minskar halten oförbrända kolväten i avgaserna före de når katalysatorn. Systemet styrs av insprutningssystemets ECU och EGR-ventilen på insugsgrenrörets övre del, med hjälp av information från olika givare. EGR-ventilen är vakuummanövrerad och slås till/från av en elektrisk magnetventil.

2 Avgasreningssystem för bensinmotor – kontroll och komponentbyte

Vevhusventilation

1 Komponenter i detta system kräver ingen annan åtgärd än regelbunden kontroll att slang(ar) inte är igensatta och att de är oskadade (se bilder).

Avgasrening

Kontroll

2 Katalysatorns prestanda kan endast kontrolleras genom att mäta avgaserna med en avgasanalyserare av god kvalitet.
3 Om CO-nivån vid det bakre avgasröret är för hög ska bilen lämnas till en Saab-verkstad så att bränsleinsprutningen och tändsystemet, inklusive lambdasonden, kan kontrolleras ordentligt med speciell diagnostikutrustning. När systemen har kontrollerats och har konstaterats vara utan fel, då måste felet finnas i katalysatorn och den måste bytas ut.

Katalysator, byte

4 Se kapitel 4A.

Lambdasond, byte

5 Se informationen i kapitel 4A.

Avdunstningsreglering

Kontroll

6 Om systemet misstänks vara defekt ska slangarna kopplas bort från kolfiltret (kolkanister) och rensventilen, kontrollera

2.1b På senare modeller är slangarna försedda med snabbkopplingar på oljefällan

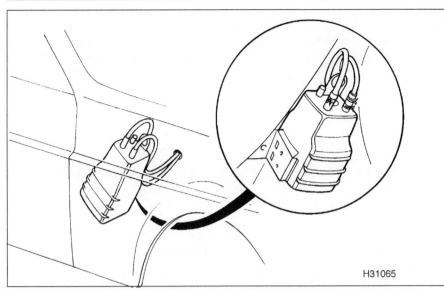

H31065

2.9 Koppla bort ångslangarna, skjut sedan kolfiltret (kolkanistern) från dess fäste

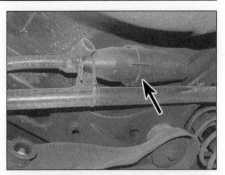

2.16 Avstängningsventil monterad på bränslepåfyllningsröret

att de inte är igensatta genom att blåsa i dem. Fullständig systemkontroll kan endast utföras med speciell elektronisk utrustning som ansluts till diagnostikuttaget för motorns styrsystem (se kapitel 4A). Om rensventilen eller kolfiltret (kolkanistern) misstänks vara defekt måste komponenten bytas ut.

Kolfilter (kolkanister), byte

7 Kolfiltret (kolkanistern) är placerat bakom höger framskärm. För att komma åt kolfiltret (kolkanistern), dra åt handbromsen ordentligt, lyft upp framvagnen och ställ den på pallbockar (se *Lyftning och stödpunkter*).
8 Ta bort fästskruvar och fästanordningar, och ta bort inre hjulhuset för att komma åt kolfiltret (kolkanistern).
9 Märk ångslangarna för enkel identifiering, koppla sedan loss. Skjut kolfiltret (kolkanistern) från dess fäste och ta bort det från fordonet **(se bild)**.
10 Återmontering utförs i omvänd ordningsföljd mot demontering, och se till att slangarna återmonteras ordentligt och på korrekt anslutning.

Rensventil, byte

11 Se informationen i kapitel 4A.

Tryckgivare, byte (T7-system)

12 Tryckgivaren är placerad överst på bränsletanken, ta bort bränsletanken enligt beskrivningen i kapitel 4A.
13 Rengör området runt tryckgivaren. Ingen smuts får komma in i bränsletanken när du tar bort givaren.
14 Skruva loss fästskruven och dra ut givaren och dess O-ring från bränsletanken.
15 Monteringen utförs i omvänd ordningsföljd mot demonteringen. **Observera:** *Byt ut O-ringen och smörj den med vaselin eller dylikt syrafritt medel.*

Avstängningsventil, byte (T7-system)

16 Avstängningsventilen är fäst mot sidan på bränslepåfyllningsröret höger bak i fordonet **(se bild)**. Parkera fordonet på ett plant och jämnt underlag och lägg i ettans växel (manuell växellåda) eller P (automatisk växellåda). Klossa framhjulen. Hissa upp bakvagnen och stöd den på pallbockar (se *Lyftning och stödpunkter*).
17 Klipp av buntbandet och ta bort kontaktdonet till avstängningsventilen.
18 Bänd försiktigt loss styrventilen med en skruvmejsel. Lossa den sedan från bränslepåfyllningsröret.
19 Rengör området runt styrventilen. Ta därefter loss kåpan från ventilens topp. Koppla loss kontaktdonet från ventilen och dra tillbaka brickan.
20 Lossa kåpan från ventilens botten. Lossa därefter fästklämman och koppla loss slangen från ventilens botten. Nu kan du byta ut filtret om det behövs.
21 Monteringen utförs i omvänd ordningsföljd mot demonteringen. Kontrollera att kablarna på ventilens topp passar in i brickans urholkning.

---

3 Avgasreningssystem för dieselmotor – kontroll och komponentbyte

Vevhusventilation

1 Komponenter i detta system kräver ingen annan åtgärd än regelbunden kontroll att slang(ar) inte är igensatta och att de är oskadade.

Avgasrening

Kontroll

2 Katalysatorns prestanda kan endast testas genom att mäta avgaserna med en noggrant kalibrerad avgasanalyserare.
3 Om katalysatorn misstänks vara defekt – innan man antar att katalysatorn är defekt – är det värt att kontrollera att problemet inte beror på en defekt insprutare. Kontakta din Saab-verkstad för vidare information.

Katalysator, byte

4 Katalysatorn är en integrerad del av främre avgasröret/grenröret. Se kapitel 4B för demontering och montering.

Avgasåterföring (EGR)

Kontroll

5 Fullständig systemkontroll kan endast utföras med speciell elektronisk utrustning som ansluts till insprutningssystemets diagnostikuttag (se kapitel 4B). Om EGR-ventilen eller magnetventilen misstänks vara defekt måste den bytas ut.

EGR-ventil, byte

6 Ta bort motorns övre skyddskåpa, koppla bort vakuumslangen från ventilen på insugsgrenrörets övre del i motorns framkant.
7 Skruva bort de två fästskruvarna och ta bort ventilen från insugsgrenröret.
8 Monteringen utförs i omvänd ordningsföljd mot demonteringen.

EGR-magnetventil, byte

9 Skruva loss servostyrningens vätske-behållare och placera den åt sidan utan att koppla bort vätskeledningarna.
10 Skruva loss de två skruvar som håller fast reglerventilens fäste, och lyft fästet för att komma åt magnetventilen.
11 Notera vakuumslangarnas placering, koppla sedan bort dem. Koppla även loss anslutningskontakten.
12 Skruva loss ventilen från fästet. Observera att det finns två ventiler, EGR-systemets ventil och insugsgrenrörets omkastningsventil. EGR-systemets ventil känns igen på sitt svarta kontaktdon.
13 Montering utförs i omvänd ordningsföljd mot demontering.

4 Katalysator –
allmän information och rekommendationer

1 Katalysatorn är en tillförlitlig och enkel anordning som inte kräver något underhåll. Det finns dock några punkter som bör uppmärksammas för att katalysatorn ska fungera ordentligt under hela sin livslängd.

Bensinmodeller

a) ANVÄND INTE blyad bensin eller LRP i en bil med katalysator – blyet täcker över ädelmetallerna, vilket reducerar deras katalysförmåga och förstör så småningom hela katalysatorn.

b) Underhåll alltid tänd- och bränslesystemen noga och regelbundet enligt tillverkarens underhållsschema.

c) Om motorn börjar misstända bör bilen inte köras alls (eller så lite som möjligt) förrän felet är åtgärdat.

d) Rulla INTE eller bogsera INTE igång bilen – det dränker katalysatorn i oförbränt bränsle, vilket gör att den överhettas när motorn startar.

e) Stäng INTE av tändningen vid höga motorvarvtal.

f) Använd INTE tillsatser för bränsle eller motorolja – dessa kan innehålla ämnen som är skadliga för katalysatorn.

g) Fortsätt INTE att använda bilen om motorn förbränner så mycket olja att det syns blårök.

h) Tänk på att katalysatorn arbetar med mycket höga temperaturer. Parkera därför INTE bilen i torr växtlighet, i långt gräs eller över lövhögar efter en längre körsträcka.

i) Tänk på att katalysatorn är ÖMTÅLIG – slå inte på den med verktyg vid arbete.

j) I vissa fall kan det lukta svavel (som ruttna ägg) om avgaserna. Detta är vanligt för många bilar utrustade med katalysator, och när bilen körts några tusen kilometer bör problemet försvinna. Ibland kan detta även orsakas det bränsle (varumärke) som används.

k) Katalysatorn bör hålla mellan 80 000 och 160 000 km på en välvårdad bil – när katalysatorn inte längre är effektiv måste den bytas.

Dieselmodeller

2 Se ovan information i avsnitt f, g, h, i och k om bensinmodeller.

Kapitel 5 Del A:
Start- och laddningssystem

Innehåll

Svårighetsgrad

Enkelt, passar novisen med lite erfarenhet	**Ganska enkelt**, passar nybörjaren med viss erfarenhet	**Ganska svårt**, passar kompetent hemmamekaniker	**Svårt**, passar hemmamekaniker med erfarenhet	**Mycket svårt**, för professionell mekaniker

Specifikationer

Systemtyp . . . . 12 volt, negativ jord

Batteri

Typ Blybatteri, "lågunderhålls-" eller "underhållsfritt" (livstidsförslutet)	
Batterikapacitet	60 eller 85 amperetimmar
Laddningsstatus:	
Dålig	12,5 volt
Normal	12,6 volt
God	12,7 volt

Generator

Typ	Bosch KC–14V 45-90A, NC-14V 70-120A eller NC-14V 65-130A
Märkspänning	14 V
Släpringens diameter:	
Min. 15,4 mm	
Ny	14.4 mm
Minimilängd på borstarnas utstickande del från hållaren	7,5 mm
Arbetseffekt:	
Bosch KC-14V 45-90A:	
Vid 1 800 varv/minut	45 A
Vid 6 000 varv/minut	90 A
Bosch NC-14V 70-120A:	
Vid 1 800 varv/minut	70 A
Vid 6 000 varv/minut	120 A
Bosch NC-14V 65-130A:	
Vid 1 800 varv/minut	65 A
Vid 6 000 varv/minut	130 A

Startmotor

Typ:

Bensinmotorer:

T om. 2001	Bosch DW 12V 0 001 108 151
Fr om. 2002-och senare	Mitsubishi M000T86781
Dieselmotorer	Bosch DW 12V 0 001 109 015

Effekt:

Bensinmotorer	1,4 kW
Dieselmotorer	2,0 kW

Antal kuggar på drev:

Bensinmotorer:

T.o.m. 2001	9
Fr.o.m. 2002-och senare	10
Dieselmotorer	10
Antal kuggar i startkransen	135

Förhållande – motor/startmotor:

Bensinmotorer:

T.o.m. 2001	15:1
Fr.o.m. 2002-och senare	13.5:1
Dieselmotorer	13.5:1

Åtdragningsmoment

	Nm
Generatorfäste	20
Generator, fästskruv	35

Startmotor:

Mot fäste	7
Fäste mot motorblock	25
Startmotor mot motorblock	45

1 Allmän information och föreskrifter

Allmän information

Eftersom start-, laddnings- och tänd- systemen står i nära relation till motor- funktionerna behandlas komponenterna i systemen separat från de andra elektriska funktionerna, som strålkastare, instrument, m.m. (som behandlas i kapitel 12). Se Del B eller C i detta kapitel för information om tändsystemet.

Systemet är ett 12 volts elsystem med negativ jordning. Originalbatteriet är ett lågunderhålls- eller underhållsfritt batteri (livstidsförseglat). Batteriet laddas upp av en växelströmsgenerator som drivs av en rem på vevaxelns remskiva. Batteriet kan ha bytts ut mot ett standardbatteri tidigare under bilens liv.

Startmotorn är försedd med en inbyggd solenoid. Vid start för solenoiden drevet mot svänghjulets/drivplattans startkrans innan startmotorn ges ström. När motorn startat förhindrar en envägskoppling att startmotorn drivs av motorn tills drevet släpper från startkransen. Till skillnad från vissa moderna

startmotorer innehåller den planetväxlar mellan generatorankaret och drevet.

Föreskrifter

• Mer information om de olika systemen ges i relevanta avsnitt i detta kapitel. Även om vissa reparationsmetoder beskrivs här är det normala tillvägagångssättet att byta ut defekta komponenter. Ägare som är intresserade av mer än enbart komponentbyte rekommenderas boken Bilens elektriska och elektroniska system från detta förlag.

• Det är nödvändigt att iaktta extra försiktighet vid arbete med elsystemet för att undvika skador på halvledarenheter (dioder och transistorer) och personskador. Utöver föreskrifterna i Säkerheten främst! bör följande iaktas vid arbete med systemet:

• Ta alltid av ringar, klockor och liknande före arbete med elsystemet. Urladdning kan inträffa även med batteriet frånkopplat om en komponents strömförande anslutning är jordad via ett metallföremål. Detta kan ge stötar och allvarliga brännskador.

• Kasta inte om batteripolerna. Komponenter som växelströmsgeneratorer, elektroniska styrenheter och andra komponenter med halvledarkretsar kan totalförstöras så att de inte går att reparera.

• Om motorn startas med hjälp av startkablar

och ett laddningsbatteri ska batterierna anslutas plus-till-plus och minus-till-minus (se Starthjälp). Detta gäller även vid inkoppling av en batteriladdare.

Varning: Koppla aldrig loss batteripolerna, växelströmsgeneratorn, elektriska ledningar eller testutrustning när motorn är igång.

• Låt aldrig motorn dra runt generatorn när den inte är ansluten.

• Testa aldrig om generatorn fungerar genom att "gnistra" med spänningskabeln mot jord.

• Testa aldrig kretsar eller anslutningar med en ohmmätare av den typ som har en handvevad generator.

• Kontrollera alltid att batteriets negativa anslutning är bortkopplad vid arbete i det elektriska systemet.

• Koppla ur batteriet, växelströmsgeneratorn och komponenter som bränsleinsprut- ningens/tändningens elektroniska styrenhet för att skydda dem från skador, innan elektrisk bågsvetsningsutrustning används på bilen.

2 Felsökning av elsystemet – allmän information

Se kapitel 12.

3 Batteri – kontroll och laddning

Kontroll

Standard- och lågunderhållsbatteri

1 Om bilen endast körs en kort sträcka varje år är det mödan värt att kontrollera elektrolytens specifika vikt var tredje månad för att avgöra batteriets laddningsstatus. Använd en hydrometer till kontrollen och jämför resultatet med följande tabell. Observera att densitetskontrollen förutsätter att elektrolyttemperaturen är 15 °C: för varje 10 °C under 15 °C, subtrahera 0,007. För varje 10 °C över 15 °C, addera 0,007. För enkelhetens skull är dock temperaturerna i följande tabell **omgivningstemperaturer** (utomhusluft), över eller under 25 °C:

| | Omgivande temperatur | |
	Över 25 °C	Under 25 °C
Fullt laddat	1,210 till 1,230	1,270 till 1,290
70 % laddat	1,170 till 1,190	1,230 till 1,250
Urladdat	1,050 till 1,070	1,110 till 1,130

2 Om batteriet misstänks vara defekt, kontrollera först elektrolytens specifika vikt i varje cell. En variation som överstiger 0,040 eller mer mellan celler är tecken på elektrolytförlust eller nedbrytning av de inre plattor.

3 Om de specifika vikterna har avvikelser på 0,040 eller mer ska batteriet bytas ut. Om variationen mellan cellerna är tillfredsställande men batteriet är urladdat ska det laddas enligt beskrivningen längre fram i detta avsnitt.

Underhållsfritt batteri

4 Om det monterade batteriet är livstidsförseglat och underhållsfritt kan elektrolyten inte testas eller fyllas på. Batteriets skick kan därför bara kontrolleras med en batteriindikator eller en voltmätare.

5 Vissa bilar kan vara utrustade med ett batteri med inbyggd laddningsindikator. Indikator är placerad ovanpå batterikåpan och anger batteriets skick genom att ändra färg. Om indikatorn visar grönt är batteriet i gott skick. Om indikatorns färg mörknar och slutligen blir svart måste batteriet laddas upp enligt beskrivningen längre fram i det här avsnittet. Om indikatorn är ofärgad eller gul är elektrolytnivån för låg och batteriet måste bytas ut. **Försök inte** ladda eller hjälpstarta ett batteri då indikatorn är ofärgad eller gul.

Alla batterityper

6 Om batteriet kontrolleras med en voltmeter ska den kopplas över batteriet och resultaten jämföras med värdena i Specifikationer, under "Laddningskondition". För att kontrollen ska ge korrekt utslag får batteriet inte ha laddats på något sätt under de närmast föregående sex timmarna, inklusive laddning från växelströmsgeneratorn. Om så inte är fallet, tänd strålkastarna under 30 sekunder och vänta

sedan 5 minuter innan batteriet testas. Alla andra elektriska kretsar måste vara frånslagna, kontrollera t.ex. att dörrarna och bakluckan är helt stängda när kontrollen utförs.

7 Om spänningen är lägre än 12,2 volt är batteriet urladdat. Ett värde på 12,2 till 12,4 volt är tecken på att batteriet är delvis urladdat.

8 Om batteriet ska laddas, ta bort det från bilen (avsnitt 4) och ladda det enligt beskrivningen i följande punkter.

Laddning

Observera: *Följande är endast avsett som hjälp. Följ alltid tillverkarens rekommendationer (finns ofta på en tryckt etikett på batteriet) innan batteriladdning utförs.*

Standard- och lågunderhållsbatteri

9 Ladda batteriet med 3,5 till 4 ampere och fortsätt tills den specifika vikten inte stiger ytterligare under en period av fyra timmar.

10 Alternativt kan en underhållsladdare som laddar med 1,5 ampere användas över natten.

11 Speciella snabbladdare som påstås kunna ladda batteriet på 1-2 timmar är inte att rekommendera, eftersom de kan orsaka allvarliga skador på batteriplattorna genom överhettning.

12 Observera att elektrolytens temperatur aldrig får överskrida 38 °C när batteriet laddas.

Underhållsfritt batteri

13 Den här batteritypen kräver längre tid för att laddas än ett standardbatteri. Hur lång tid det tar beror på hur urladdat batteriet är, men det kan ta upp till tre dagar.

14 En laddare med konstant spänning behövs och ska om möjligt ställas in till mellan 13,9 och 14,9 volt med en laddström som underskrider 25 ampere. Med denna metod bör batteriet vara användbart inom 3 timmar med en spänning på 12,5 V, men detta gäller ett delvis urladdat batteri. Full laddning kan som sagt ta avsevärt längre tid.

15 En normal droppladdare bör inte skada batteriet, förutsatt att inget överdrivet gasande äger rum och att motorn inte tillåts bli för het.

4 Batteri – demontering och montering

Demontering

1 Batteriet sitter längst fram till vänster i motorrummet. Lossa klämman, ta bort kåpan från batteriet.

2 Lossa klämmuttern och kabeln vid batteriets minuspol (jord). Koppla loss ledningen från pluspolen på samma sätt.

3 Skruva loss batterifästets klämskruv i batteriets framkant och ta bort klämman.

4 Lyft bort batteriet från motorrummet (var noga med att inte luta batteriet).

Montering

5 Montering utförs i omvänd ordningsföljd

mot demontering. Smörj vaselin på polerna när kablarna återansluts. Koppla alltid in den positiva kabeln först och den negativa kabeln sist.

5 Laddningssystem – test

Observera: *Se varningarna i "Säkerheten främst!" och i avsnitt 1 i detta kapitel innan arbetet påbörjas.*

1 Om varningslampan för tändning/ingen laddning inte tänds när tändningen slås på, kontrollera att växelströmsgeneratorns kabelanslutningar sitter ordentligt. Om detta är fallet, kontrollera att varningsglödlampan är hel och att lamphållaren sitter ordentligt på plats i instrumentpanelen. Om lampan fortfarande inte tänds, kontrollera att det inte är något ledningsbrott på varningslampans matningskabel från generatorn till lamphållaren. Om allt fungerar, men lampan fortfarande inte tänds, är generatorn defekt och ska bytas eller tas till en bilelektriker för test och reparation eller bytas ut.

2 Stäng av motorn om tändningens varningslampa tänds när motorn är igång. Kontrollera att drivremmen är intakt och spänd (se kapitel 1A eller 1B) och att generatorns anslutningar sitter ordentligt. Om detta är fallet, kontrollera generatorborstarna och släpringar enligt beskrivning i avsnitt 8. Om felet kvarstår ska generatorn lämnas till en bilelektriker för kontroll och reparation, eller byte.

3 Om generatorns arbetseffekt misstänks vara felaktig även om varningslampan fungerar som den ska, kan regulatorspänningen kontrolleras på följande sätt:

4 Anslut en voltmeter över batteripolerna och starta motorn.

5 Öka motorvarvtalet tills voltmätarutslaget är stabilt. Den bör visa cirka 12 till 13 volt och inte mer än 14 volt.

6 Sätt på så många elektriska tillbehör som möjligt (t.ex. strålkastare, bakrutedefroster och värmefläkt) och kontrollera att växelströmsgeneratorn håller regulatorspänningen runt 13 till 14 volt.

7 Om regulatorspänningen ligger utanför de angivna värdena kan felet bero på utslitna borstar, svaga borstfjädrar, en defekt spänningsregulator, en defekt diod, en bruten fasledning eller slitna eller skadade släpringar. Borstarna och släpringarna kan kontrolleras (se avsnitt 8), men om felet består ska växelströmsgeneratorn lämnas till en bilelektriker för test och reparation, eller bytas ut.

6 Generatorns drivrem – demontering, återmontering och spänning

Se beskrivningen för extra drivrem i kapitel 1A eller 1B.

7.4 Demontering av remspännare för extra drivrem

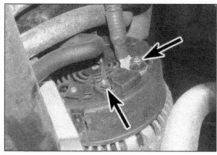

7.5 Skruva loss polmuttrarna och koppla loss kablaget från generatorns baksida

7.8a Ta bort generatorns övre fästskruv . . .

7.8b . . . och undre fästskruv

7.8c Metallhylsa i monteringsfäste . . .

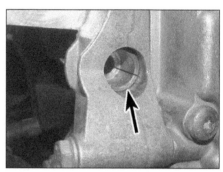

7.8d . . . hylsan måste knackas utåt för att generatorn ska lossna

7 Generator – demontering och montering

Demontering

1 Ta bort motorns övre skyddskåpa. Koppla loss batteriets minuskabel (se *Demontering av batteri* i kapitlet *Referenser* i slutet av handboken).
2 Dra åt handbromsen, lyft fordonets främre del och ställ framvagnen på pallbockar (se *Lyftning och stödpunkter*). Ta bort höger framhjul och ta bort motorns undre skyddskåpa.
3 Ta bort den inre plastfodringen/inre hjulhuset på höger framskärm så att du kommer åt baksidan av motorn.
4 Ta bort extra drivremmen enligt beskrivning i avsnitt 1A eller 1B, skruva sedan loss remspännaren och ta bort den från motorn **(se bild)**.
5 Skruva loss muttrarna och koppla bort de två kablarna från generatorns anslutningar **(se bild)**.

Bensinmodeller

6 Se kapitel 4A och ta bort luftrenaren och slangen som leder till gasspjällshuset.
7 Se kapitel 4A och frigör bort främre avgasröret från avgasgrenröret. Frigör gummiupphängningarna och stötta främre avgasröret.
8 Skruva loss och ta bort fästskruvarna, skjut sedan främre avgasröret år sidan och ta bort

generatorn nedåt. Observera att generatorn sitter fast ordentligt i fästet. Metallhylsorna i fästhålen måste försiktigt flyttas utåt för att generatorn ska kunna lossas (se bilder).

Dieselmodeller

9 Ta bort luftrenaren och massluftflödesmätaren från motorrummets högra sida enligt beskrivning i avsnitt 4B.
10 Koppla bort bränsleslangarna från stödfästet, klipp av buntbanden.
11 Vid motorns baksida, koppla bort vakuumslangen till turboaggregatets övertrycksventil, skruva sedan loss övertrycksventilen.
12 Skruva loss och ta bort fästskruvarna och ta bort generatorn från motorns baksida. På högerstyrda modeller kan extra arbetsutrymme skapas genom att skruva loss motorns högra fästskruvar och skjuta motorn något framåt.

8.2a Skruva loss den stora polmuttern . . .

Montering

13 Montering utförs i omvänd ordning mot demontering. Gör rent generatorns fästpunkter och smörj dem med vaselin för god elektrisk förbindelse med motorn. Se till att generatorfästena är åtdragna och montera komponenterna enligt respektive kapitel. På högerstyrda modeller, dra åt motorns högra fästskruvar till angivet moment, se kapitel 2B.

8 Generatorborstar och regulator – kontroll och byte

1 Demontera generatorn enligt avsnitt 7.
2 Skruva loss den stora polmuttern och skruvarna som fäster kåpan på växelströmsgeneratorns baksida **(se bilder)**.

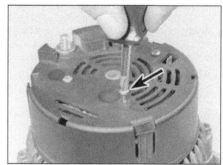

8.2b . . . och skruvarna som fäster kåpan på baksidan av generatorn

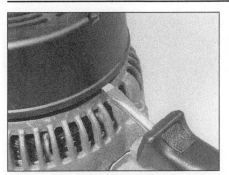

8.3a Bänd bort kåpan . . .

8.3b . . . och ta bort den från generatorn

8.4a Ta bort skruvarna . . .

3 Använd en skruvmejsel, bänd bort kåpan och ta bort den från växelströmsgeneratorns baksida **(se bilder)**.

4 Skruva bort de två fästskruvarna och ta bort regulatorn/borsthållaren från växelströmsgeneratorns baksida **(se bilder)**.

5 Mät den utskjutande delen på varje borste från borsthållaren med hjälp av en stållinjal eller skjutmått **(se bild)**. Om den är mindre än 7,5 mm måste en ny regulator/borste användas.

6 Om borstarna är i gott skick, rengör dem och kontrollera att de kan röra sig fritt i sina hållare.

7 Torka rent generatorns släpringar, kontrollera dem med avseende på repor eller brännmärken. Eventuellt kan en elspecialist renovera släpringarna.

8 Montera regulatorn/borsthållaren och dra åt fästskruvarna ordentligt.

9 Montera kåpan, sätt i och dra åt fästskruvarna och montera den stora polmuttern.

10 Montera växelströmsgeneratorn enligt beskrivningen i avsnitt 7.

8.4b . . . och ta bort regulatorn/borsthållaren från baksidan av generatorn

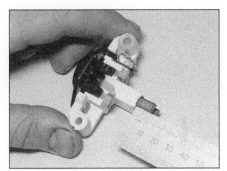

8.5 Mät hur långt borsten skjuter ut från hållaren

9 Startsystem – kontroll

Observera: *Se föreskrifterna i Säkerheten främst! och i avsnitt 1 i detta kapitel innan arbetet påbörjas.*

1 Om startmotorn inte går igång när startnyckeln vrids till rätt läge kan orsaken vara någon av följande:

a) *Batteriet är defekt.*
b) *Elanslutningarna mellan tändningslåset, solenoiden, batteriet och startmotorn överför inte den ström som behövs från batteriet via startmotorn till jord.*
c) *Solenoiden är defekt.*
d) *Startmotorn har ett mekaniskt eller elektriskt fel.*

2 Kontrollera batteriet genom att tända strålkastarna. Om de försvagas efter ett par sekunder är batteriet urladdat. Ladda upp (se avsnitt 3) eller byt batteriet. Om strålkastarna lyser klart, vrid om startnyckeln och kontrollera

strålkastarna. Om strålkastarna försvagas betyder det att strömmen når startmotorn, vilket anger att felet finns i startmotorn. Om strålkastarna fortsätter lysa klart (och inget klick hörs från solenoiden) är det ett tecken på fel i kretsen eller solenoiden – se följande punkter. Om startmotorn snurrar långsamt, trots att batteriet är i bra skick, är det ett tecken på fel i startmotorn eller på att det finns ett avsevärt motstånd någonstans i kretsen.

3 Om kretsen misstänks vara defekt, koppla loss batterikablarna, startmotorns/solenoidens kablar och motorns/växellådans jordledning. Rengör alla anslutningar noga och anslut dem igen. Använd sedan en voltmeter eller testlampa och kontrollera att full batterispänning finns vid den positiva batterikabelns anslutning till solenoiden och att jordförbindelsen är god.

4 Om batteriet och alla anslutningar är i gott skick, kontrollera kretsen genom att lossa ledningen från solenoidens bladstift. Anslut en voltmätare eller testlampa mellan ledningen och en bra jordningspunkt (t.ex. batteriets minuspol), och kontrollera att ledningen är strömförande när tändningsnyckeln vrids till startläget. Är den det, fungerar kretsen. Om inte, kan kretsen kontrolleras enligt beskrivningen i kapitel 12.

5 Solenoidens kontakter kan kontrolleras med en voltmeter eller testlampa som kopplas mellan polen på solenoidens startmotorsida

och jorden. När tändningslåset vrids till start ska mätaren ge utslag eller lampan tändas, efter tillämplighet. Om inget sker är solenoiden eller kontakterna defekta och solenoiden måste bytas ut.

6 Om kretsen och solenoiden fungerar måste felet finnas i startmotorn. Börja kontrollera startmotorn genom att ta bort den (se avsnitt 10), och kontrollera borstarna (se avsnitt 11). Om felet inte ligger hos borstarna måste motorns lindning vara defekt. I det fallet kan det vara möjligt att låta en specialist renovera motorn, men kontrollera först pris och tillgång på reservdelar. Det kan mycket väl vara billigare att köpa en ny eller begagnad startmotor.

10 Startmotor – demontering och montering

Demontering

1 Startmotorn är placerad på motorns vänstra bakre sida och är fastbultad vid motorns fästplatta och växellådan. Ta först bort locket från batteriet och koppla bort minusledaren (se *Demontering av batteri* i kapitlet *Referenser* i slutet handboken).

2 Dra åt handbromsen och lyft med hjälp av en domkraft upp framvagnen på pallbockar (se *Lyftning och stödpunkter*). Ta bort motorns undre skyddskåpa, där sådan är monterad.

10.3 Dra bort startmotorns övre fästskruv från ovansidan på balanshjulskåpan

10.5 Ta bort buntbandet för att lossa kabelstammen

10.6 Skruva loss startmotorns undre fästmutter

Bensinmodeller

3 Ta bort startmotorns övre fästbult inifrån motorrummet **(se bild)**.
4 Skruva loss muttrarna och koppla loss kablarnas poler från startmotorn/solenoiden.
5 Skär av och ta bort buntbandet runt solenoiden så att kabelstammen kan lossas **(se bild)**.
6 Skruva loss startmotorns nedre fästmutter underifrån bilen och sänk ner startmotorn från motorrummet **(se bild)**.

Dieselmodeller

7 Skruva loss kåpan från startmotorn, skruva sedan loss skruven för bakre fästet, som även håller fast grenrörsstaget. Lossa den övre skruven och flytta staget åt sidan.

8 Skruva loss muttrarna och koppla loss kablarnas poler från startmotorn/solenoiden.
9 Skruva loss fästskruvarna och lyft bort startmotorn från motorn.

Montering

10 Montering utförs i omvänd arbetsordning, se till att dra åt fästbultarna till angivet moment.

11 Startmotorborstar – kontroll och byte

Observera: *Om startmotorn misstänks vara defekt, lämna in den till en bilelektriker för bedömning. I flesta fall kan nya start-motorborstar monteras till en rimlig*

kostnad. Det kan vara värt att kontrollera reparationskostnaden då det kan bli mer ekonomiskt att köpa en ny startmotor eller utbyteskomponent. I skrivande stund är det endast möjligt att erhålla borstar från Saab för 1998 och 1999 bensinmodeller. För senare bensinmodeller samt alla dieselmodeller är inga individuella komponenter tillgängliga.

1 Demontera startmotorn enligt beskrivningen i avsnitt 10.
2 Skruva loss muttern och frigör startmotorns matningsledning från solenoidanslutningen **(se bilder)**.
3 Skruva loss och ta bort de två skruvarna som håller fast locket mot ändfästet. Lyft av locket och ta bort tätningen **(se bilder)**.
4 Ta bort låsringen och ta bort mellanläggen och O-ringstätning **(se bild)**.

11.2a Skruva loss muttern . . .

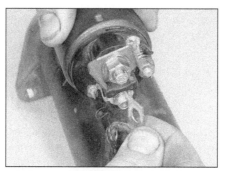

11.2b . . . och koppla bort startmotorns matningsledning från solenoidanslutningen

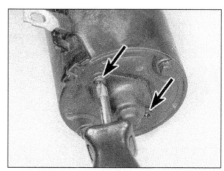

11.3a Skruva loss och ta bort de två skruvarna . . .

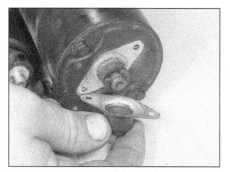

11.3b . . . och lyft bort kåpan . . .

11.3c . . . och ta bort tätningen

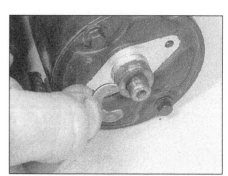

11.4 Ta bort låsringens mellanlägg

11.5 Skruva loss de genomgående skruvarna . . .

11.6 . . . och ta bort kommutatorns ändfäste

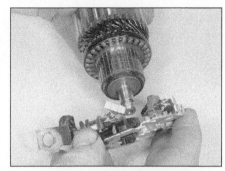

11.7 Ta bort borsthållarenheten

5 Skruva loss de genomgående skruvarna som håller fast kommutatorns ändfäste och ok mot drevets ändfäste **(se bild)**. Märk ändfästets läge i relation till oket

6 Ta bort kommutatorns ändfäste **(se bild)**.

7 Ta bort borsthållaren, frigör samtidigt matningsledningens genomföring från oket. Om kommutatorn/armaturen behöver åtgärdas eller rengöras, ta bort den från oket, ta sedan bort borsthållarenheten **(se bild)**. När hållarenheten tas bort kommer borstarna att skjutas ur sina hållare av fjädrarna, men hålls kvar av ledarna.

8 Kontrollera borstarna med avseende på slitage, byt vid behov. Det kan vara möjligt att få tag på individuella borstar från en motorspecialist, annars byts hela borsthållaren komplett. **Observera:** *Ingen minsta borstlängd anges av tillverkarna men det torde vara uppenbart om borstarna är så slitna att de måste bytas.* Rengör alla komponenter innan

hopsättning. Rengör kommutatorn med fint sandpapper. Om den är mycket sliten är det möjligt att få den bearbetad av en bilelektriker. Se till att borsthållarna är noga rengjorda, så att de nya borstarna kan röra sig fritt i dem.

9 Placera borstplattan, utan borsthållare, delvis på kommutatorn, centrera sedan borstarna, montera hållarna och fjädrarna över borstarna **(se bild)**.

10 Om borttagen, montera armaturen i oket.

11 Skjut hela borsthållarenheten på armaturens kommutator, samtidigt som matningsledningens genomföring styrs in i okets urtag.

12 Placera kommutatorns ändfäste på armaturen, montera sedan O-ringstätning, mellanlägg och låsring. Se till att O-ringstätningen är monterad på rätt sätt.

13 Montera ändfästet, se till att märkningen stämmer överens med märkningen på oket. Sätt i och dra åt de genomgående skruvarna till angivet åtdragningsmoment.

14 Montera mellanlägg och låsring, sätt sedan tillbaka locket och tätning på ändfästet och dra åt de två skruvarna.

15 Anslut matningsledningen på solenoidanslutningen och dra åt muttern.

16 Montera startmotorn enligt beskrivningen i avsnitt 10.

11.9 Sätt dit borsthållaren

Anteckningar

Kapitel 5 Del B:
Tändningssystem – bensinmodeller

Innehåll

Svårighetsgrad

Enkelt, passar novisen med lite erfarenhet	Ganska enkelt, passar nybörjaren med viss erfarenhet	Ganska svårt, passar kompetent hemmamekaniker	Svårt, passar hemmamekaniker med erfarenhet	Mycket svårt, för professionell mekaniker

Specifikationer

Systemtyp

Systemtyp:

Modeller utan turbo	Hall-tändningssystem, styrd av Bosch Motronic 2.10.3 motorstyrningssystem
Turbomodeller	Direkttändningssystem (DI) i Saab Trionic motorstyrningssystem

Hall-tändningssystem

Tändspole, lindningsresistans:

Primär	0,52 till 0,76 ohm
Sekundär	7 200 till 8 200 ohm

Tändkablar, resistans:

Spole till fördelare	500 till 1 500 ohm
Fördelare till tändstift	2 000 till 4 000 ohm

Direkttändningssystem (DI)

Tändningsmodul:

Kondensator, spänning	400 volt
Tändning, spänning (maximum)	40 000 volt
Tändningsinställning	Förprogrammerad i ECM

Tändningsföljd
1-3-4-2 (cylinder nr 1 vid kamkedjeänden)

Åtdragningsmoment

	Nm
Tändningsmodul	11
Knackningsgivare	22
Tändstift	27

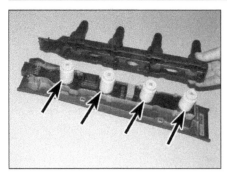

1.3 Separata spolar – en per cylinder

1 Allmän information

Hall-tändningssystem

1 Systemet är ett brytarfritt, elektroniskt tändningssystem med impulsgenerator (Hall-givare i fördelaren), tändspole och tändstift. Impulsgeneratorn använder Hall-metoden för att skicka signaler till den elektroniska styrenheten (ECU) i Bosch Motronic motorstyrningssystem, som sedan driver lågspänningskretsen. ECU:n övervakar och reglerar tändningsinställning och vilovinkel.
2 Fördelaren har inga centrifugal-eller vakuumförinställningsmekanismer, eftersom varvtal och belastning avseende tändningsförinställning bara styrs av motorstyrningssystemet.

Direkttändningssystem (DI)

3 Direkttändningssystemet är inbyggt i Saabs Trionic motorstyrningssystem. En enda elektronisk styrenhet (ECU) styr både bränsleinsprutning och tändning. Systemet använder en separat tändspole för varje tändstift **(se bild)**, och en elektronisk styrenhet (ECU) övervakar motorn med olika givare för att fastställa den effektivaste tändningsinställningen.
4 I systemet finns en läges-/hastighetsgivare för vevaxeln, en tändningsmodul med en spole per tändstift, diagnostikuttag, ECU, tryckgivare i insugsgrenröret (för avkänning av motorlasten) och en magnetventil (som reglerar turboaggregatet).
5 När bilen startas med en vevaxelvarvtal som överstiger 150 varv per minut, bildas gnistor i det cylinderpar som har kolvarna i ÖD-läge. Råder försvårande omständigheter bildas flera gnistor för att underlätta starten. Den elektroniska styrenheten avgör i vilken cylinder som förbränning äger rum genom att mäta spänningen över tändstiftselektroderna och använder sedan informationen till att justera tändningen
6 När motorn startar ställs tändnings-inställningen alltid in på 10° FÖD, och den står kvar på denna inställning tills motorvarvtalet överstiger 825 r/min. ECU:n reglerar tändningsinställningen vid motorvarvtal över 825 r/min.
7 När tändningen vrids av och motorn stannar fortsätter huvudreläet att fungera i ytterligare 6 sekunder. Under den här tiden period jordar Trionics styrmodul alla tändkablar 210 gånger i sekunden i 5 sekunder, för att bränna bort föroreningar från tändstiftselektroderna.
8 Eftersom systemet inte använder högspänningskablar måste radioavstörning inkluderas i tändstiften. Därför måste alltid tändstift av resistortyp användas.
9 Direkttändningssystem använder kapacitiv urladdning för att generera hög-spänningsgnistor. Ungefär 400 volt lagras i en kondensator **(se bilder)** och vid tändningsögonblicket laddas spänningen ur genom de primära kretsarna för relevant spole. Ungefär 40 000 volt induceras i den sekundära spolen och laddas ur över tändstiftselektroderna.
10 Om ett fel uppstår i systemet lagras en felkod i den elektroniska styrenheten. Koden kan endast läsas av Saab-mekaniker med rätt utrustning.
11 Observera att startmotorn aldrig får köras med DI-kassetten lossad från tändstiften men fortfarande ansluten till kabelstammen. Detta kan orsaka skador på kassetten som ej går att reparera.
12 Motorstyrningssystemet styr motorns förförbränning via en knackningsgivare inbyggd i tändsystemet. Givaren sitter på motorblock och känner av vibrationer med hög frekvens, som uppstår när motorn börjar förtända eller "spika". När vibrationer uppstår skickar knackningsgivaren en elektrisk signal till den elektroniska styrenheten, som i sin tur sänker tändningsförinställningen med små steg tills spikningen upphör. I Saab Trionic-systemet används själva tändstiften som knackningsgivare, istället för en separat knackningsgivare i motorblocket. Tändstiften fungerar som knackningsgivare genom att en svag likströmsspänning läggs över varje tändstift. När två cylindrar närmar sig ÖD orsakar spänningen en joniseringsström mellan tändstiftets poler i den cylinder som är under förbränning. En stark ström anger att knackning förekommer och i vilken cylinder tändningen behöver sänkas. Bränsleinsprutningens ordningsföljd styrs på samma sätt (se kapitel 4A).

2 Tändningssystem – kontroll

⚠ *Varning: Spänningen i ett elektroniskt tändningssystem är betydligt högre än den i konventionella tändningssystem. Var mycket försiktig vid arbete med systemet då tändningen är påslagen. Personer med inopererad pacemaker bör inte vistas i närheten av tändningskretsar,*

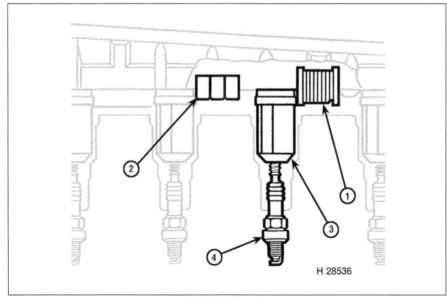

H 28536

1.9a DI-kassett
1 Omvandlare (12 volt/400 volt)   2 Kondensator   3 Tändspole   4 Tändstift

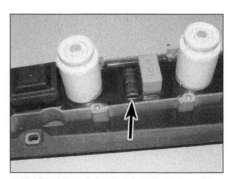

1.9b Direkttändningens kondensator sitter i kassetten

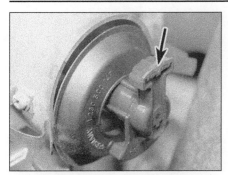

2.4 Rotorarmen i fördelarlocket

komponenter och testutrustning. Se rekommendationerna i kapitel 5A, avsnitt 1, innan du påbörjar arbetet. Slå alltid av tändningen innan komponenter kopplas bort eller ansluts, och när en multimeter används för att mäta resistans.

Hall-tändningssystem

1 Komponenterna i Hall-tändningssystem är vanligtvis mycket pålitliga. De flesta fel i tändningssystemet beror på lösa eller smutsiga anslutningar, eller på att högspänning oavsiktligt går till jord. Det orsakas oftare av smuts, fukt eller skadad isolering än av en defekt systemkomponent. Kontrollera **alltid** hela kablaget noga innan en elektrisk komponent döms ut och arbeta metodiskt för att eliminera alla andra möjligheter innan du drar slutsatsen att det är fel på en komponent.

2 Den gamla metoden att titta efter gnistor genom att hålla den strömförande änden av tändkabeln en kort bit från motorn rekommenderas **inte**. Metoden innebär inte bara hög risk för kraftiga elstötar, den riskerar även att skada tändspolen eller effektsteget. Försök heller **aldrig** "felsöka" feltändningar genom att dra bort en tändkabel i taget.

Motorn startar inte

3 Om motorn inte drar runt, eller drar runt mycket sakta, kontrollera batteriet och startmotorn. Anslut en voltmätare över batteripolerna (mätarens plussond på batteriets pluspol). Koppla bort tändspolens kabel från fördelarlocket och jorda den. Notera spänningsvärdet som erhålls då motorn körs runt med startmotorn i max. tio sekunder. Om det avlästa värdet understiger ungefär 9,5 volt ska först batteriet, startmotorn och laddningssystemet kontrolleras enligt beskrivningen i avsnitt A i det här kapitlet.

4 Om motorn går runt med normalt varvtal men inte startar, kontrollera tändkretsen genom att ansluta en tändningsinställningslampa (följ tillverkarens instruktioner) och kör runt motorn med startmotorn. Om lampan blinkar går spänningen fram till tändstiften som då bör kontrolleras först. Om lampan inte blinkar, kontrollera själva tändkablarna, kontrollera sedan fördelarlocket, kolborstar och rotorarmen **(se bild)**.

5 Om det finns gnista, kontrollera bränsle-

systemet för ev. fel, se avsnitt 4A för vidare information.

6 Om det fortfarande inte finns gnista, kontrollera spänningen på tändspolens "+"-anslutning. Den ska vara samma som batterispänning, dvs. minst 11,7 volt). Om spänningen på spolen är mer än 1 volt under batterispänning, kontrollera matningen från batteriet tills dess att felet har lokaliserats.

7 Om matningen till tändspolen är god, kontrollera att spolens primära och sekundära lindningsresistans som beskrivs senare i detta kapitel: byt spole om den är defekt, men först ska lågspänningsanslutningarnas skick kontrolleras noga för att vara säker på att felet inte beror på smutsiga eller undermåligt monterade kontaktdon.

8 Om tändspolen är i bra skick ligger felet antagligen i förstärkaren eller Hallgeneratorkretsen i fördelaren. Kontroll av dessa komponenter ska utföras av en Saabverkstad.

Motorn feltänder

9 Oregelbunden misständning indikerar antingen en lös anslutning eller intermittent fel på primärkretsen, eller fel på en tändkabel.

10 När tändningen är avstängd, kontrollera systemet noggrant och se till att alla anslutningar är rena och ordentligt fästa.

11 Kontrollera att tändspolen, fördelarlocket och tändkablarna är rena och torra. Kontrollera själva tändkablarna och tändstiften (byt, vid behov), kontrollera sedan fördelarlocket, kolborstar och rotorarmen.

12 Regelbunden misständning beror nästan alltid på fel i fördelarlocket, tändkablar eller tändstift. Använd en tändningsinställningslampa (paragraf 4 ovan) för att kontrollera om tändningsspänning finns i alla kablar.

13 Om tändningsspänning inte finns på en viss kabel finns felet i den kabeln eller i fördelarlocket. Om tändningsspänning finns på alla kablar finns felet i tändstiften: kontrollera och byt dem om det råder några som helst tvivel om deras skick.

14 Om det inte finns någon tändningsspänning, kontrollera tändspolen – dess sekundärlindningar kanske håller på att förstöras vid belastning.

Direkttändningssystem

15 Om ett fel uppstår i motorstyrnings-

systemet, kontrollera först att alla kablar sitter fast ordentligt och är i gott skick. Om det behövs kan enskilda komponenter från direkttändningssystemet tas bort och undersökas enligt beskrivningen längre fram i det här kapitlet. Spolar undersöks bäst genom att man ersätter den misstänkt defekta spolen med en fungerande spole och kontrollerar om feltändningen upphör.

16 På grund av tändstiftens placering under tändningskassetten finns det inget enkelt sätt att kontrollera om högspänningskretsen är defekt. Ytterligare kontroller bör överlåtas till en Saab-verkstad som har nödvändig utrustning för att läsa felkoderna som lagrats i den elektroniska styrenheten.

3 Tändspole (Bosch Motronic) – demontering, kontroll och montering

Demontering

1 Tändspolen är placerad i motorrummets framkant, under styrservons vätskebehållare **(se bild)**.

2 Ta bort batteriet från batterihyllan enligt beskrivningen i kapitel 5A.

3 Lossa huvudtändkabeln från fördelaren.

4 Identifiera lågspänningsledningarnas position, ta sedan bort dem från anslutningarna på spolen **(se bild)**.

5 Skruva loss monteringsfästets fästskruv och ta bort spolen från motorrummet.

Kontroll

6 Kontroll av spolen utförs med en multimeter inställd på resistansfunktionen, för kontroll av primär- (LS "+" till "-"anslutningar) och sekundär (LS "+" till tändkabelanslutning) lindningar för ledningsförmåga. Jämför resultaten med de som anges i Specifikationer i början på detta kapitel. Resistans i spollindningarna varierar något i enlighet med spolens temperatur.

Montering

7 Montering utförs i omvänd ordning mot montering, men se till att fästskruven för fästet är ordentligt åtdragen och att kontaktdonen ansluts korrekt.

3.1 Tändspolen sitter i motorrummets framkant, under styrservons vätskebehållare

3.4 Koppla loss lågspänningsledarna från anslutningarna på tändspolen

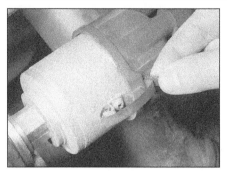

4.1 Demontera fördelarlockets klämmor

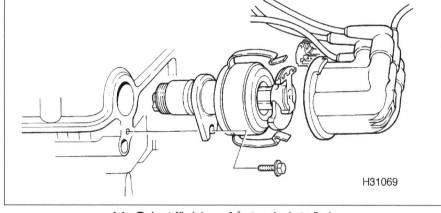

H31069

4.4a Ta bort fördelaren från topplockets ände

4 Fördelare (Bosch Motronic) – demontering och montering

Demontering

1 Märk tändstiftens tändkablar för att underlätta montering och ta bort dem från fördelarlocket. Om de måste lossas från tändstiften så måste inspektionsluckan demonteras från mitten på topplocket. Lossa klämmorna på var sida om fördelarlocket och flytta locket åt sidan **(se bild)**. Använd en skruvmejsel för att försiktigt bända bort klämmorna om de sitter hårt.
2 Koppla bort kontaktdonet för Hall-givaren.
3 Skruva loss och ta bort fördelarens flänsskruv. **Observera:** *Fördelarflänsen är inte tandad, därför medges inte justering av fördelarens läge i relation till topplocket, tändningens grundinställning fastställs av motorstyrningssystemet.*
4 Ta bort fördelaren från topplockets ände. Observera att fördelarens drivaxel har en

ocentrerad medbringare, som går i ingrepp med ett urtag i änden på avgaskamaxeln **(se bilder)**.

Montering

5 Vänd fördelaren så att den ocentrerade medbringaren står i linje med urtaget i änden på avgaskamaxeln.
6 Skjut in fördelaren i topplocket, för sedan in flänsens fästskruv och dra åt den ordentligt.
7 Återanslut kablarna för Hall-givaren.
8 Montera fördelarlocket, anslut sedan tändkablarna.

5 Knackningsgivare (Bosch Motronic) – demontering och montering

Demontering

1 Knackningsgivaren är placerad bak på motorblocket, under insugsgrenröret. Börja med att hissa upp framvagnen och ställ den på pallbockar (se *Lyftning och stödpunkter*). Ta bort motorns toppkåpa.
2 Koppla loss kablaget från knackningsgivaren.
3 Skruva loss knackningsgivaren från motorblocket.

Montering

4 Torka rent knackningsgivarens gängor och öppningen i motorblocket.
5 Sätt i knackningsgivaren och dra åt till angivet moment. **Observera:** *Det är viktigt att dra åt enheten till angivet moment, annars kan den skicka felaktiga signaler till systemets ECU.*
6 Återanslut kablaget och sänk ner bilen till marken. Återmontera motorns övre skyddskåpa, se till att O-ringarna inte deformeras – vid behov, smörj dem med lite vaselin för att underlätta montering.

6 Tändningsmodul (Saab Trionic) – demontering och montering

Demontering

1 Öppna motorhuven, lossa batterikåpan och koppla loss batteriets minusledare (se *Demontering av batteri* i kapitlet *Referenser* i slutet av handboken).
2 Skruva loss de fyra skruvarna som håller fast DI-kassetten överst på topplocket **(se bild)**.
3 Koppla loss anslutningskontakten som sitter på den vänstra sidan av tändningsenheten **(se bild)**.

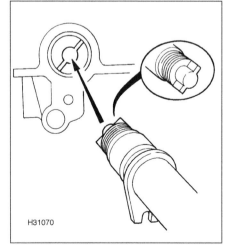

H31070

4.4b Observera att fördelarens drivaxel har en ocentrerad medbringare, som går i ingrepp med ett urtag i änden på avgaskamaxeln

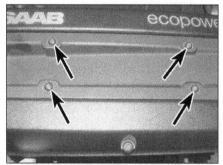

6.2 Lossa de fyra skruvarna som håller fast DI-kassetten

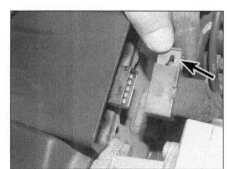

6.3 Lossa fästklämman och koppla loss kontaktdonet

4 Lyft DI-kassetten och lossa den samtidigt från övre delen på tändstiften **(se bild)**.
5 Om det behövs kan kåpan tas bort från kassettens undersida. Vänd den upp och ner och ta bort fästskruvarna. Ta bort den svarta (undre) kåpan från kassetten **(se bilder)**.
6 Tändkabelfjädrarna kan försiktigt bändas bort från höljet med hjälp av en skruvmejsel **(se bild)**.

Montering

7 Montering utförs i omvänd ordningsföljd mot demontering, men dra åt fästskruvarna till angivet moment.

7 Tändspolar (Saab Trionic) – allmän information

De fyra tändspolarna är inbyggda i tändningsenhetens övre del. Denna kan endast köpas som komplett enhet från Saab.
Vid behov kan tändningskassetten tas bort från bilen enligt beskrivning i avsnitt 6, sedan kan den tas till en Saab-verkstad eller specialist på fordonsel för kontroll av tändspolarna.

6.4 Lyft kassetten rakt upp och lossa den från tändstiften

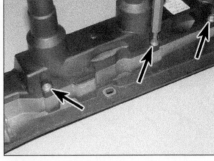

6.5a Skruva loss skruvarna (tre stycken visas) . . .

8 Tandhjul för vevaxelgivare (Saab Trionic) – demontering och montering

Demontering

1 Rotorn sitter på samma sida av vevaxeln som svänghjulet/drivplattan. Ta bort vevaxeln enligt beskrivningen i kapitel 2A.
2 Skruva loss de fyra skruvarna som håller fast rotorn i vevaxeln med hjälp av en Torxnyckel och lyft sedan bort rotorn över änden på vevaxeln.

Montering

3 Montering utförs i omvänd ordningsföljd mot

demontering. Observera att bulthålen sitter med ojämna mellanrum, så rotorn kan bara monteras i en position.

9 Tändningsinställning – allmän information

Tändningsinställningen är förprogrammerad i systemets ECU och kan inte justeras eller kontrolleras. Om inställningen misstänks vara felaktig ska bilen lämnas in till en Saab-verkstad, som har den nödvändiga utrustningen för att läsa koderna som lagrats i ECU:n. Mer information finns i kapitel 4A.

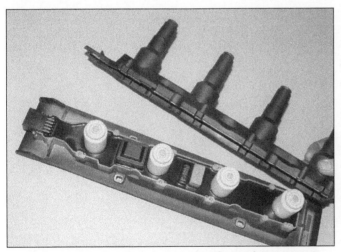

6.5b . . . och ta bort den svarta undre kåpan från kassetten

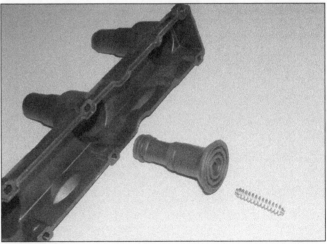

6.6 Gummihylsa och fjäder sett från insidan av den nedre kåpan

Anteckningar

Kapitel 5 Del C:
Förvärmningssystem – dieselmodeller

Innehåll

Svårighetsgrad

| Enkelt, passar novisen med lite erfarenhet | Ganska enkelt, passar nybörjaren med viss erfarenhet | Ganska svårt, passar kompetent hemmamekaniker | Svårt, passar hemmamekaniker med erfarenhet | Mycket svårt, för professionell mekaniker |

Specifikationer

Glödstift

Elektrisk resistans (normalt – inget värde angivet av Saab) . . . .   1,5 ohm
Strömförbrukning (normal – inget värde angivet av Saab) . . . .   8 A (per stift)

Åtdragningsmoment

Nm
Glödstift   10

---

1 Förvärmningssystem – beskrivning och kontroll

Beskrivning

1 Varje cylinder på motorn är försedd med ett inskruvat värmeelement (vanligen kallat glödstift). Stiften är strömförsörjda innan och under start när motorn är kall. Elmatning till glödstiften styrs via insprutningssystemets ECU.

2 En varningslampa på instrumentpanelen informerar föraren att förvärmningen är aktiv. När lampan släcks är motorn klar för start. Spänningsförsörjning till glödstiften fortsätter i flera sekunder efter att lampan släcks. Om inget startförsök görs bryter timern matningen för att undvika att dra ur batteriet och överhettning av glödstiften.

3 Glödstiften har även en "eftervärmnings-funktion", och de förblir aktiverade en tid efter det att motorn har startat och varvtalet är mellan 750 och 2 500 r/min. Tidslängden för "eftervärmning" fastställs även den av styrenheten men kan vara upp till 3 minuter, beroende på motortemperatur.

4 Bränslefiltret är försett med ett värmeelement för att förhindra att bränslet "vaxas" i extrema förhållanden och att förbättra förbränningen. Värmeelementet är placerat mellan filtret och dess hus och styrs av förvärmningssystemets styrenhet (ECU). Värmeelementet aktiveras om temperaturen på bränslet som strömmar igenom filtret är under 0 °C och avaktiveras när bränsletemperaturen når 20 °C.

Kontroll

5 Om systemet inte fungerar, kontrollera då genom att byta ut komponenter mot sådana som du vet fungerar. Några kontroller kan dock utföras först enligt följande.

6 Anslut en voltmätare eller 12 volt testlampa i turordning mellan varje glödstiftets kontaktdon och jord (motorn eller metalldel på fordonet). Se till att hålla den strömförande anslutningen borta från motorn och karossen.

7 Låt en kollega vrida på tändningen, och kontrollera att glödstiften förses med spänning. Notera tiden som varningslampan är tänd och den totala tiden som systemet förses med spänningen innan det slår ifrån.

Stäng av tändningen.

8 Vid en temperatur under motorhuven på 20 °C ska tiden som observeras vara ca. 3 sekunder som varningslampan är tänd. Tiden för varningslampan ökar vid lägre temperatur och minskar vid högre temperatur.

9 Om det inte finns någon matning alls är det fel på styrenheten, relät eller deras kablage.

10 För att hitta ett defekt glödstift, koppla loss kontaktdonet från varje stift och använd en ledningsprovare, eller en 12 volt testlampa som ansluts på batteriets pluspol, för att kontrollera ledningsförmågan mellan varje glödstiftsanslutning och jord. Resistans för ett glödstift i gott skick är mycket låg (mindre än 1 ohm), så om testlampan inte tänds eller ledningsprovaren visar hög resistans är glödstiftet helt säkert defekt.

11 Om en amperemätare finns till hands kan man kontrollera hur mycket ström varje glödstift drar. Efter en första strömrusning på 15 till 20 ampere ska varje stift dra 12 ampere. Ett stift som drar mycket mer eller mindre än det är antagligen defekt.

12 Som en sista kontroll kan glödstiften tas bort och kontrolleras enligt beskrivning i följande avsnitt.

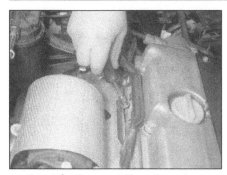

2.2a På tidiga modeller: skruva loss fästmuttern från varje glödstift . . .

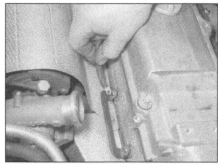

2.2b . . . koppla sedan bort kablaget . . .

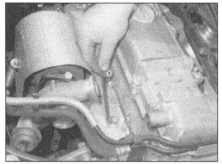

2.2c . . . och lyft bort kontaktskenorna (där de är monterade)

2 Glödstift – demontering, kontroll och montering

Varning: Glödstiften kommer att vara mycket heta om förvärmningssystemet nyss varit i drift eller om motorn har varit igång.

Demontering

1 Ta bort motorns övre skyddskåpa, ta sedan bort insugsröret som går till turboaggregatet efter att fästklämmorna lossats.

2 På tidiga modeller: lossa fästmuttrarna och ta bort brickorna överst på varje glödstift, koppla sedan bort kontaktdonen och lyft bort kontaktskenorna. På senare modeller: dra loss kontaktdonet överst på varje glödstift **(se bilder)**.

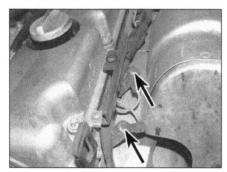

2.2d På senare modeller: dra loss kontaktdonet överst på varje glödstift

3 Skruva loss glödstiften och ta bort dem från topplocket.

Kontroll

4 Kontrollera varje glödstift med avseende på skador. Brända eller utslitna glödstiftspetsar kan orsakas av insprutare med dåligt sprutmönster. Låt kontrollera insprutarna om denna skada finns.

5 Om glödstiften är i gott skick, kontrollera dem elektriskt med en 12 volt testlampa eller ledningsprovare enligt beskrivningen i föregående avsnitt.

6 Glödstiften kan aktiveras genom att förse dem med 12 volt för att kontrollera att de värms upp jämnt och inom begärd tid. Observera följande föreskrifter.

a) Stöd glödstiftet genom att försiktigt klämma fast det i ett skruvstycke eller självlåsande tång. Kom ihåg att det kommer att bli glödhett.

b) Se till att strömförsörjningen eller testkabeln har en säkring eller annat överbelastningskydd för att skydda mot skador från en kortslutning.

c) Efter kontrollen, låt glödstiftet svalna i flera minuter innan du försöker vidröra det.

7 Ett glödstift i gott skick kommer att bli glödhett på spetsen efter att ha dragit ström i cirka 5 sekunder. Ett stift som tar längre tid på sig att börja glöda, eller som börjar glöda i mitten istället för på spetsen, är defekt.

Montering

8 Montera glödstiften och dra åt till angivet moment. Dra inte åt för hårt, det kan orsaka skador på glödstiftens element.

9 Anslut kontaktdonen överst på alla glödstift och dra åt muttrarna på tidiga modeller.

10 Montera insugsröret och dra åt klämmorna. Montera motorns övre skyddskåpa.

3 Förvärmningssystem, komponenter – demontering och montering

Glödstiftens styrenhet

Demontering

1 Glödstiftens styrenhet är placerad på höger sida i motorrummet, bakom luftrenaren. Lossa först fästskruven och haka av styrenheten från fästet.

2 Koppla loss kablarna och ta bort styrenheten från motorrummet.

Montering

3 Montering utförs i omvänd ordningsföljd mot demontering.

Temperaturgivare för kylvätska

4 Givaren för kylvätsketemperatur är inskruvad i termostathuset. Se kapitel 4B för demontering och montering.

Reläer och säkringar

5 Bränslevärmarelementets reläer och säkringar är placerad i säkringsdosan bak i motorrummets vänstra hörn. Se kapitel 12 för ytterligare information.

Kapitel 6
Koppling

Innehåll

Svårighetsgrad

Enkelt, passar novisen med lite erfarenhet		Ganska enkelt, passar nybörjaren med viss erfarenhet		Ganska svårt, passar kompetent hemmamekaniker		Svårt, passar hemmamekaniker med erfarenhet	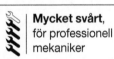	Mycket svårt, för professionell mekaniker	

Specifikationer

Systemtyp	Enkel torrlamell med tallriksfjäder, kontrolleras av hydrauliskt urkopplingssystem med huvud- och slavcylinder

Lamell

Diameter	228 mm
Tjocklek:	
Ny	7,3 mm
Minimum	5,5 mm

Hydraulisk urkopplingsmekanism

Slavcylinderns kolvslag	80,5 mm
Huvudcylinderns kolvdiameter	19,05 mm

Åtdragningsmoment

	Nm
Kopplingspedalen/huvudcylinderns monteringskonsol till mellanväggens mutter	24
Kopplingens tryckplatta mot svänghjul:	
Bensinmodeller	22
Dieselmodeller	15
Huvudcylinderns fästskruvar	24
Slavcylinder	10
Tillförselrör till slavcylinder	22

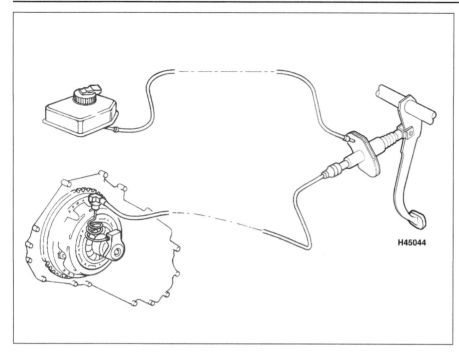

1.1 Hydrauliskt urkopplingssystem

1 Allmän beskrivning

1 Hydraulkopplingen har en enkel torrlamell och består av följande huvudkomponenter: kopplingspedal, huvudcylinder, urtrampningslager/slavcylinder, lamell och tryckplatta med inbyggd tallriksfjäder och kåpa **(se bild)**.
2 Lamellen kan glida fritt längs räfflorna i växellådans ingående axel. Axeln hålls på plats mellan svänghjulet och tryckplattan av en tallriksfjäder som trycker på tryckplattan. Lamellen är på båda sidorna fodrad med ett material med hög friktion. Fjädringen mellan friktionsbeläggningen och navet fångar upp stötar från växellådan och bidrar till mjuk kraftupptagning vid koppling.
3 Tallriksfjädern är fäst på sprintar och hålls på plats i kåpan med stödpunktsringar.
4 Kraften överförs från kopplingspedalen via en tryckstång till huvudcylindern, som sitter på baksidan av mellanväggen i motorrummet. Huvudcylinderns kolv tvingar hydraulolja genom ett tillförselrör till slavcylindern, som är placerad i växellådshuset mitt över växellådans ingående axel. Oljan tvingar ut kolven ur slavcylindern och aktiverar på så sätt urkopplingslagret.
5 När kopplingspedalen är nedtryckt tvingas urkopplingslagret att glida längs den ingående axelhylsan så att det går emot tallriksfjäderns mitt och trycker den inåt. Tallriksfjädern verkar mot en rund stödpunktsring i kåpan. När fjäderns mitt trycks in trycks fjäderns yttre del ut så att tryckplattan kan röra sig bakåt, från lamellen.
6 När kopplingspedalen släpps tvingar tallriksfjädern tryckplattan mot lamellens friktionsbelägg. Detta trycker lamellen framåt i spåren och tvingar den mot svänghjulet. Lamellen sitter nu fast mellan tryckplattan och svänghjulet och tar upp kraft.
7 Oljan som används i hydrauliska kopplingssystem är av samma sort som den som används i bromssystemet. Oljan tillförs huvudcylindern genom en tapp i bromsvätskebehållaren. Kopplingens hydraulsystem måste tätas innan arbete kan utföras på komponenterna i kopplingssystemet, och sedan fyllas på och luftas för att få bort eventuella luftbubblor ur systemet. Ytterligare information finns i avsnitt 6 i detta kapitel.

2 Kopplingspedal –
demontering och montering

Demontering

1 Koppla loss batteriets minuskabel (se *Demontering av batteri* i kapitlet *Referenser* i slutet av handboken). Skjut tillbaka förarsätet helt till bakre läget.
2 På vänsterstyrda modeller, lossa säkringsdosan i motorrummet från dess fästen och flytta den åt sidan. I förekommande fall, koppla loss kablaget från brytaren för motorhuven.
3 Montera en slangklämma på slangen mellan vätskebehållaren och kopplingens huvudcylinder.

4 Avlägsna all smuts från utsidan på huvudcylinder och placera trasor under cylinder för att fånga upp ev. vätskespill.
5 Koppla loss tillförselröret överst på huvudcylindern. Torka upp hydraulolja med rena trasor och vatten.
6 Dra ut fästklämman och lösgör det hydrauliska tillförselröret från huvudcylinderns framsida **(se bild)**. Plugga igen rörändarna och huvudcylinderns port för att minimera oljespill och hindra smuts från att tränga in. Ta vara på tätningsringen från anslutningen och kassera den. Använd en ny vid monteringen. Montera fästklämman i huvudcylinderns spår, se till att den hamnar rätt.
7 Skruva loss de två muttrarna som håller fast kopplingspedalfästet i mellanväggen. Observera på vänsterstyrda modeller att höger mutter håller fast pedalfästets högra del.
8 På högerstyrda modeller, arbeta enligt följande:
 a) *Se kapitel 10 och ta bort ratten och rattstången från bilen.*
 b) *Lossa skruvarna och vrid säkringsdosan (även pedalkontakten) bort från instrumentbrädans högra ände.*
 c) *Ta bort motorhuvens lossningsspak från fotbrunnen på förarsidan.*
9 På vänsterstyrda modeller, arbeta enligt följande:
 a) *Ta bort instrumentbrädans klädselpanel och knäskydd.*
 b) *Skruva loss diagnostikuttaget från klädselpanelen.*
10 Ta bort kopplingspedalens kontakt enligt beskrivningen i kapitel 4A, avsnitt 5.
11 Ta bort sidodefrostern och luftkanalerna på golvet och lossa kablaget från buntbanden.
12 Lossa övre fästmuttern och ta bort pedalfästet, tillsammans med huvudcylinder, från bilen. Observera att den övre monteringstappen är placerad i ett spårförsett fäste.
13 Frigör fjäderklämman och koppla bort huvudcylinderns tryckstång från kopplingspedalen.

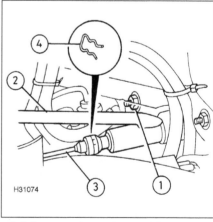

2.6 Demontering av hydrauloljans matningsrör från kopplingens huvudcylinder

1 *Fästmutter*   3 *Tillförselrör*
2 *Tillförselslang*   4 *Fasthållningsklämma*

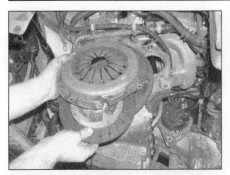

3.5 Lyft av tryckplattan och ta vara på lamellen. Observera åt vilket håll den är vänd

3.11 Med kopplingen demonterad, kontrollera svänghjulets bearbetade yta

3.14 Placera lamellen mot svänghjulet. Texten FLYWHEEL SIDE (svänghjulssida) ska vara vänd mot svänghjulet

14 Ta bort hjälpfjädern, skruva bort muttern och dra ut pedalens ledtapp. Ta bort pedalen från fästet och ta vara på distansen och bussningen.

Montering

15 Montering utförs i omvänd ordningsföljd mot demontering, men dra åt fästmuttrarna till kopplingspedalens fäste till angivet moment. Avsluta med att lufta kopplingens hydraulsystem enligt beskrivningen i avsnitt 6.

3 Koppling – demontering, kontroll och montering

⚠️ **Varning: Dammet från kopplings-slitage som avlagrats på kopplingskomponenterna kan innehålla hälsovådlig asbest. BLÅS INTE bort dammet med tryckluft och ANDAS INTE in det. ANVÄND INTE bensin eller andra petroleumbaserade lösningsmedel för att avlägsna dammet. Rengöringsmedel för bromssystem eller T-sprit bör användas för att spola ner dammet i en lämplig behållare. När kopplingens komponenter har torkats rena med trasor måste trasorna och rengöringsmedlet kastas i en tät, märkt behållare.**
Observera: *Även om de flesta moderna belägg inte innehåller asbest är det säkrast att utgå från att de gör det och vidta lämpliga åtgärder.*

Demontering

1 Om inte hela motorn/växellådan ska demonteras och separeras för en större renovering (se kapitel 2C), kan man komma åt kopplingen genom att bara ta bort växellådan, enligt beskrivningen i kapitel 7A.
2 Innan du börjar arbeta med några delar i kopplingen bör du markera förhållandet mellan tryckplattan, lamellen och svänghjulet.
3 Det blir lättare att ta bort tryckplattan om du låser svänghjulet på plats genom att skruva fast ett låsverktyg i något av växellådans monteringshål och låsa med startkransen på svänghjulet.

4 Lossa tryckplattans fästbultar stegvis och diagonalt, ett halvt varv i taget, tills de kan tas bort för hand.
5 Lyft bort kopplingen när alla bultar är borttagna. Var beredd att ta emot lamellen när kopplingsenheten lyfts bort från svänghjulet och åt notera vilket håll lamellen sitter (se bild).

Kontroll

Observera: *Eftersom det krävs mycket arbete för att demontera och montera kopplingskomponenter är det en bra idé att byta ut både kopplingslamellen, tryckplattan och urkopplingslager samtidigt, även om bara en av dem behöver bytas.*
6 Läs igenom varningarna för hantering av belägg i början av det här avsnittet innan du rengör kopplingens komponenter. Avlägsna damm med en ren, torr trasa och se till att arbetsrummet är väl ventilerat.
7 Kontrollera den framåtvända lamellen med avseende på slitage, skador och oljeföroreningar. Om belägget är sprucket, bränt, spårigt, skadat eller förorenat med olja eller fett (svarta, glänsande spår) måste du byta ut det.
8 Om belägget inte behöver bytas ut, kontrollera att centrumnavets spår inte är slitna, att torsionsfjädrarna är i gott skick och ordentligt fastsatta och att alla nitar sitter fast. Om slitage eller skador påträffas måste den berörda lamellen bytas ut.
9 Om belägget är oljigt beror det på läckage i vevhusets vänstra oljetätning, skarven mellan sump och motorblock eller från växellådans ingående axel. Byt ut tätningen eller reparera skarven efter behov, enligt beskrivningen i kapitel 2A, 2B eller 7A innan den nya lamellen monteras.
10 Kontrollera att tryckplattan inte är synligt skadad eller sliten. Skaka den och lyssna efter löst sittande nitar eller slitna/skadade stödpunktsringar. Kontrollera att remmarna som fäster tryckplattan i kåpan inte har överhettats (mörkgula eller blå missfärgningar). Tallriksfjädern måste också bytas ut om den är sliten eller skadad eller om trycket inte är som det brukar. Då måste även tryckplattan bytas ut.

11 Inspektera de bearbetade ytorna på tryckplattan och svänghjulet (se bild). De bör vara rena, helt släta och inte vara repade eller spåriga. Om någon av dem är missfärgad eller sprucken bör du byta ut den, även om mindre skador kan slipas bort med smärgelduk.
12 Kontrollera att kontaktytan på urtrampningslagret roterar fritt och jämnt och att själva ytan är jämn och utan tecken på sprickor, gropar eller spår. Om du är tveksam bör urtrampningslagret också bytas ut. Se kapitel 4 för mer information.

Montering

13 Se till att lagerytorna på svänghjulet och tryckplattan är helt rena, jämna och fria från olja och fett före återmonteringen. Ta bort eventuellt fett från nya komponenter med lösningsmedel.
14 Passa in lamellen så att fjädernavet är vänd bort från svänghjulet. Leta efter eventuella markeringar som anger hur monteringen ska göras (se bild).
15 Montera tryckplattan i svänghjulet med hjälp av styrstiften. Linjera markeringarna som du gjorde vid demonteringen, om du fortsätter använda den ursprungliga tryckplattan. Montera bultarna till tryckplattan. Dra endast åt dem med handen just nu, så att du vid behov kan justera lamellens läge.
16 Nu måste lamellen centreras i tryckplattan, så att växellådans ingående axel löper genom spårningen i mitten av lamellen. Det gör du genom att t.ex. föra en stor skruvmejsel eller ett förlängningsskaft för hylsnycklar genom lamellen och in i hålet i vevaxeln. Nu kan du centrera lamellen över hålet i vevaxeln. Du kan också använda ett universalverktyg för kopplingsinställning, som finns i de flesta tillbehörsbutiker. Se till att lamellen ligger korrekt innan du fortsätter.

HAYNES TiPS *Ett kopplingsinställnings-verktyg tillverkar du enkelt av en metallstång eller träbit, som är konisk i ena änden eller passar exakt i hålet i vevaxeln. Linda isoleringstejp runt den, så att diametern blir densamma som det räfflade invändiga hålet i lamellen.*

17 När lamellen är centrerad, dra stegvis åt tryckplattans bultar i diagonal ordningsföljd till angivet åtdragningsmoment.
18 Ta bort svänghjulets låsverktyg, om tillämpligt.
19 Stryk ett tunt lager högtemperaturbeständigt fett på lamellens spårning, samt även på spåren på växellådans ingående axel.
20 Montera växellådan enligt beskrivningen i kapitel 7A.

4 Urtrampningslager (och slavcylinder) – demontering och montering

Observera: *Kopplingsslavcylindern och urtrampningslagret utgör en sammansatt enhet, som inte kan köpas i delar.*

Demontering

1 Om inte hela motor/växellådsenheten ska demonteras och separeras för en större renovering (se kapitel 2C), kan urtrampningscylindern bara nås genom att man tar bort växellådan, enligt beskrivningen i kapitel 7A.
2 Torka ren slavcylinderns utsida och lossa anslutningsmuttern och koppla loss hydraulröret. Torka upp eventuellt oljespill med en ren trasa.
3 Skruva loss fästbultarna och dra bort slavcylindern från växellådas ingående axel **(se bild)**. Ta i förekommande fall bort tätningsringen mellan cylindern och växellådshuset och släng den. Använd en ny vid monteringen. Var noga med att inte låta smuts tränga in i växellådan medan cylindern är borta.
4 Slavcylindern är försluten och kan inte renoveras. Om cylindertätningarna läcker eller om urkopplingslagret låter illa eller är trögt vid körning, måste hela enheten bytas ut.

Montering

5 Se till att slavcylinderns och växellådans anliggningsytor är rena och torra, montera sedan, i förekommande fall, den nya tätningsringen i växellådans spårfördjupning.

6 Smörj slavcylindertätningen med lite växellådsolja, för sedan försiktigt cylindern i läge längs den ingående axeln. Se till att tätningsringen fortfarande sitter ordentligt i spåret, montera sedan slavcylinderns fästbultar och dra åt dem till angivet moment.
7 Återanslut hydraulröret till slavcylindern och dra åt anslutningsmuttern till angivet moment.
8 Flöda och lufta slavcylindern med hydraulolja enligt beskrivningen i avsnitt 6.
9 Montera växellådan enligt beskrivningen i kapitel 7A.

5 Kopplingens huvudcylinder – demontering och montering

Demontering

1 Ta bort kopplingspedalen enligt beskrivning i avsnitt 2.
2 Skruva loss fästmuttrarna och ta bort kopplingens huvudcylinder från fästet.

Montering

3 Montering utförs i omvänd ordningsföljd mot demontering, men dra åt fästmuttrarna till angivet moment. Avsluta med att lufta kopplingens hydraulsystem enligt beskrivningen i avsnitt 6.

6 Kopplingens hydraulsystem – luftning

⚠ **Varning: Hydrauloljan är giftig, tvätta därför noggrant bort vätskan omedelbart om den kommer på huden. Kontakta läkare omedelbart om oljan sväljs eller kommer i ögonen. Vissa hyd鹏auloljor är lättantändliga och kan självantända om de kommer i kontakt med heta komponenter. Vid arbete med hydraulsystem är det alltid säkrast att anta att oljan ÄR brandfarlig och att vidta samma försiktighetsåtgärder mot brand som när bensin hanteras. Den är också hygroskopisk, det vill säga den absorberar**

fukt från luften. En hög vattenhalt sänker dess kokpunkt, vilket leder till tryckfall i hydraulsystemet. Gammal hydraulolja kan innehålla vatten och ska därför aldrig användas. Vid påfyllning eller byte av olja ska alltid olja av rekommenderad grad från en nybruten förpackning användas.

> **HAYNES TiPS** *Hydraulolja är ett kraftigt färglösningsmedel och angriper även flera plaster. Om hydraulolja spills ut på lackerade ytor som kaross och beslag ska den omedelbart tvättas bort med rikliga mängder rent vatten.*

Allmän information

1 Om kopplingens hydraulledningar kopplas bort för renovering kommer luft att tränga in i systemet. Luft orsakar viss elasticitet i alla hydrauliska system. Det leder till försämrad pedalkänsla och mindre pedalrörelse, vilket i sin tur försämrar urkopplingsförfarandet och försvårar växling. Därför måste hydraulsystemet luftas efter reparationer eller renoveringar för att få bort alla luftbubblor.
2 Det effektivaste sättet att lufta kopplingens hydraulsystem är genom att trycksätta det externt med en tryckdriven bromsluftningssats.
3 Dessa luftningssatser går att köpa färdiga i biltillbehörsaffärer och är mycket effektiva. Följande avsnitt beskriver hur du luftar kopplingssystemet med ett sådant.

Lufta kopplingen

Observera: *Läs underavsnittet "Luftning av slavcylindern" om en ny slavcylinder har monterats, eller om hydrauloljan misstänks ha tappats ur den befintliga slavcylindern under reparationen eller översynen.*
4 Ta bort dammkåpan från luftningsnippeln **(se bild)**.
5 Sätt en ringnyckel över luftningsnippelns huvud, men skruva inte loss den än.
Fäst den ena änden av en plastslang över nippeln och lägg den andra änden i en ren

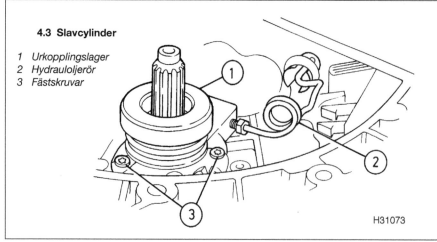

4.3 Slavcylinder

1 Urkopplingslager
2 Hydrauloljerör
3 Fästskruvar

H31073

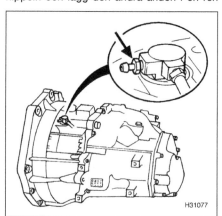

6.4 Luftningsnippel för kopplingens hydraulsystem

H31077

behållare. Häll hydraulolja i behållaren så att den lösa slangänden täcks fullständigt.

6 Följ anvisningarna från tillverkaren av tryckluftningssatsen och häll hydrauloljan i luftningssatsens kärl.

7 Skruva loss locket till bilens oljebehållare och anslut luftningssatsens tillförselslang till behållaren.

8 Anslut tryckslangen till en tryckluftskälla – ett reservdäck fungerar bra.

Varning: Kontrollera att trycket i däcket inte överskrider maxvärdet som anges av tillverkaren. Släpp ut lite luft för att minska trycket om det behövs. Öppna försiktigt ventilen och låt lufttrycket och oljetrycket utjämnas. Kontrollera att det inte förekommer några läckor innan arbetet fortsätter.

9 Lossa luftningsnippeln med nyckeln tills olja och luftbubblor rinner genom slangen och ner i behållaren. Håll ett stadigt flöde tills vätskan som rinner ut är fri från luftbubblor. Håll hela tiden ett öga på vätskenivån i behållarna i luftningssatsen och fordonet. Om de blir för låga kan luft tvingas in i systemet. Fyll på kärlet genom att vrida av tryckluften, ta bort locket och häll i rätt mängd ren olja från en ny behållare. Återanvänd **inte** oljan som samlats upp i uppsamlingsbehållaren. Upprepa arbetet tills oljan som rinner ut är helt fri från bubblor.

10 Avsluta med att pumpa kopplingspedalen flera gånger för att bedöma hur den känns och hur långt den går att trycka ner. Om pedalen inte ger ett fast, beständigt motstånd finns det troligen fortfarande luft i systemet – upprepa luftningen tills pedalen känns som den ska.

11 Tryckutjämna luftningssatsen och ta bort den från bilen.

12 Om en ny slavcylinder monterats, eller om du misstänker att luft trängt in i den befintliga slavcylindern, gå till väga enligt följande: Låt uppsamlingsbehållaren vara ansluten, öppna luftningsskruven och låt en medhjälpare trycka ner kopplingspedalen och hålla den nere. Vänta tills oljan rinner ner i uppsamlingsbehållaren, dra sedan åt luftningsnippeln medan kopplingspedalen

fortfarande är nedtryckt, släpp därefter pedalen. Upprepa arbetet tills oljan som rinner ner i behållaren är fri från luftbubblor. Var uppmärksam på oljenivån i bilens oljebehållare och fyll på om det behövs.

13 Avsluta luftningen med att dra åt luftningsskruven ordentligt, ta bort uppsamlingsbehållaren och montera dammkåpan.

14 Vätskenivån i vätskebehållaren kanske är för hög. Ta bort överskottet med en *ren* pipett tills vätskenivån är i linje med MAX-markeringen.

15 Kontrollera slutligen kopplingens funktion genom att köra bilen en sväng.

Luftning av slavcylindern

16 Om slavcylindern inte har demonterats från växellådan bör metoden som beskrivs ovan räcka för att få ut all luft från kopplingens hydraulsystem. Om däremot stora mängder olja runnit ur slavcylindern så att luft kunnat

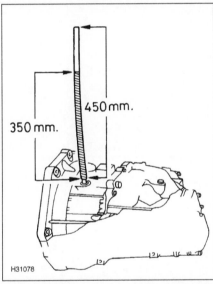

6.20 Fyll slangen med ny bromsvätska till 350 mm höjd (mätt från luftningsnippeln)

komma in, eller om en ny slavcylinder har monterats, kan ytterligare åtgärder behöva vidtas för att tömma ur all luft ur slavcylindern. Det beror på att luftningsnippeln är placerad på den punkt där hydrauloljan leds in i slavcylinderns överdel. Det gör att oljan inte tvingas genom slavcylindern, som därför inte flödas helt med hydraulolja under luftningen. Det kan alltså finnas luft kvar i slavcylinderhuset.

17 För att åtgärda detta måste slavcylindern primas innan växellådan monteras.

18 Sätt en 450 mm lång genomskinlig plastslang med 8 mm diameter över slavcylinderns luftningsnippel.

19 Öppna nippeln och tryck urtrampningslagret längs den ingående axelns hylsa mot växellådan, så att kolven skjuts in helt i slavcylindern. Fånga upp eventuell olja från slangen i en behållare.

20 Håll slangen lodrätt och fyll den med ny bromsvätska till 350 mm höjd (mätt från luftningsnippeln) **(se bild)**.

21 Koppla en fotpump eller cykelpump till slangänden, se till att slangen sluter tätt runt pumpen. Öka stegvis trycket i slangen med hjälp av pumpen, tills bromsvätskan rinner in i slavcylindern. Låt kolven skjutas ut ur slavcylindern till slutet av sitt slag *men inte längre* – motståndet i pumpen ska öka när kolven når slutet av sitt slag.

22 Tryck tillbaka urkopplingslagret längs den ingående axelns hylsa mot växellådan, så att kolven trycks tillbaka helt i cylindern. Släpp ut luftbubblorna som nu flödar genom bromsvätskan i slangen.

23 Upprepa stegen i punkt 21 och 22 tills ingen mer luft kommer ut ur slavcylindern.

24 Lämna kolven helt indragen i slavcylindern, koppla sedan loss plastslangen och töm den. Montera växellådan enligt beskrivningen i kapitel 7A utan att röra slavcylindern. Avsluta med att lufta hela hydraulsystemet enligt beskrivningen i föregående delavsnitt, var extra uppmärksam på punkt 12.

Kapitel 7 Del A:
Manuell växellåda

Innehåll

Svårighetsgrad

Enkelt, passar novisen med lite erfarenhet	Ganska enkelt, passar nybörjaren med viss erfarenhet	Ganska svårt, passar kompetent hemmamekaniker	Svårt, passar hemmamekaniker med erfarenhet	Mycket svårt, för professionell mekaniker

Specifikationer

Allmänt
Typ .... Tvärställd, framhjulsdriven växellåda med inbyggd axelöverförd differential/bakaxelväxel. Fem växlar och en back, alla synkroniserade.

### Åtdragningsmoment	Nm
Bultar mellan svänghjulskåpan och motorblocket.................	70
Bultar mellan växelspakshuset och golvplattan..................	8
Bult mellan växellänkaget och väljarstaget	22
Växellänkage till växellåda....................................	22
Vänster oljetätningskåpa	24
Pluggar för oljenivå, påfyllning och avtappning	50
Backljusbrytare...	24
Väljarstagets klämbult	20
Väljarstag till växelspak	20

1 Allmän information

Den manuella växellådan är tvärställd i motorrummet och fastbultad direkt på motorn. Den här utformningen ger kortast möjliga drivavstånd till framhjulen samtidigt som kylningen av växellådan förbättras eftersom den är placerad mitt i luftflödet genom motorrummet.

Drivning från vevaxeln överförs från kopplingen till växellådans ingående axel, som är försedd med spår för att kunna gå i ingrepp med kopplingslamellen. De sex drivväxlarna (dreven) är monterade på den ingående axeln. Backens, ettans och tvåans drev är fästa med axeltappar på glidande kontaktlager och treans, fyrans och femmans drev är nållagerburna.

De fem växlarnas växellådskugghjul är monterade på den utgående axeln. Även här är treans, fyrans och femmans kugghjul nållagerburna. Backväxeln är inbyggd med första/andra växelns synkroniseringshylsa.

Dreven är i ständigt ingrepp med motsvarande växellådskugghjul och rör sig fritt oberoende av växellådans axlar, tills en växel väljs. Skillnaden i diameter och antalet kuggar mellan dreven och kugghjulen ger axeln den hastighetsminskning och den momentförstärkning som krävs. Kraft överförs sedan till bakaxelväxelns kugghjul/differential via den utgående axeln.

Alla växlar synkroniserade, även backväxeln. När en växel väljs påverkar växelspakens rörelse väljargafflar i växellådan, som är monterade i spår på synkroniseringshylsorna. Hylsorna, som glider axiellt över nav med spårning, trycker balkringar till kontakt med respektive kugghjul/drev. De konformade ytorna mellan balkringarna och dreven/kugghjulen fungerar som friktionskoppling och anpassar stegvis synkroniseringshylsans hastighet (och växellådans axel) till kugghjulets/drevets hastighet. Kuggarna på balkringen förhindrar synkroniseringshylsan från att gå i ingrepp med kugghjulet/drevet tills att de har exakt samma varvtal. Detta ger mjuk växling mjuk och minskar oljud och slitage som orsakas av snabba växlingar.

När backen läggs i hakar ett överföringsdrev i backdrevet och kuggarna på utsidan av den första/andra synkroniseringshylsan. Det minskar hastigheten så mycket som krävs och tvingar den utgående axeln att rotera i motsatt riktning, med följd att bilen körs baklänges.

2 Växellåda – avtappning och påfyllning

2.5a Skruva loss avtappningspluggen från växelhuset

2.5b Observera att avtappningspluggen innehåller en avtagbar magnetisk insats

Allmän information

1 Tillverkaren fyller växellådan med olja av rätt kvalitet och kvantitet. Nivån måste kontrolleras regelbundet och fyllas på med olja vid behov enligt underhållsschemat (se avsnitt 1A eller 1B). Oljan i växellådan behöver dock inte tappas av och bytas under växellådans normala livslängd, om inte växellådan ska repareras eller renoveras.

Avtappning

2 Kör en sväng så att motorn/växellådan värms upp till normal arbetstemperatur. Detta påskyndar avtappningen, och eventuellt slam och avlagringar dräneras lättare.
3 Parkera bilen på plant underlag, slå av tändningen och dra åt handbromsen. Förbättra åtkomligheten genom att hissa upp framvagnen och stötta den säkert på pallbockar. **Observera:** *Bilen måste sänkas ner och parkeras på plant underlag för korrekt kontroll och påfyllning av olja.*
4 Torka rent området runt påfyllningspluggen, som sitter ovanpå växellådan. Skruva loss pluggen från växellådshuset och ta loss tätningsbrickan.
5 Placera en behållare som rymmer minst 2,5 liter (gärna tillsammans med en stor tratt) under avtappningspluggen **(se bilder)**. Avtappningspluggen sitter bak på växellådan, under vänster drivaxel. Skruva loss pluggen från höljet med en skiftnyckel. Observera att avtappningspluggen har en inbyggd magnet, som ska fånga upp metallpartiklarna som

bildas när växellådans delar slits. Om mycket metall har samlats på pluggen kan det vara ett tidigt tecken på komponentfel.
6 Låt all olja rinna ner i behållaren. Vidta försiktighetsåtgärder för att undvika brännskador om oljan är het. Rengör både fyllnings- ochavtappningspluggen ordentligt och var extra noga med gängorna. Kasta de gamla tätningsbrickorna. De ska alltid bytas ut när de har flyttats ur sitt läge.

Påfyllning

7 När oljan har runnit ut helt, rengör plugghålens gängor i växellådshuset. Montera en ny tätningsbricka på avtappningspluggen. Bestryk gängorna med gänglåsningsvätska och dra fast pluggen i växellådshuset. Om bilen lyftes upp för avtappning, sänk ner bilen på marken.
8 Låt oljan få god tid på sig att rinna ner i växellådan efter påfyllningen, innan nivån kontrolleras. Observera att bilen måste vara parkerad på plant underlag när oljenivån kontrolleras. Använd en tratt om det behövs för att få ett regelbundet flöde och undvika spill.
9 Fyll på växellådan med olja av angiven typ, kvalitet och mängd, kontrollera sedan oljenivån enligt beskrivningen i kapitel 1A eller 1B. Om det rinner ut mycket olja när pluggen för nivåkontroll demonteras, sätt tillbaka både påfyllnings- och nivåpluggen. Kör sedan bilen en kort sträcka så att den nya oljan kan fördelas jämnt i och runt växellådans komponenter. Kontrollera sedan oljenivån igen.

10 Avsluta med att montera nya tätningsbrickor på påfyllnings- och nivåpluggen dra åt dem ordentligt.

3 Utväxlingens länksystem – justering

1 Om växlingens länksystem känns stelt, löst eller otydligt vid hantering kan det bero på felaktiginställningmellanväxlingenslänksystem och växellådans väljarstag (kontrollera även att oljans nivå ,typ och kvalitet är korrekt). Följande punkter beskriver hur inställningen kontrolleras och, vid behov, justeras.
2 Parkera bilen, dra åt handbromsen och stäng av motorn.
3 Lokalisera inställningshålet ovanpå växelhuset, i anslutning till plåten med artikelnumret **(se bilder)**. Bänd bort pluggen för att komma åt inställningshålet. Lägg i 4:ans växel, ta sedan spärrverktyget (skruvmejsel med skaftdiameter på ca 4 mm) och för in den i inställningshålet, detta låser växellådan på 4:ans växel. **Observera:** *Använd en skruvmejsel – handtaget förhindrar att den faller ner i växellådan.*
4 Arbeta inne i bilen. Ta bort växelspakens damask och fästram för att komma åt växelspakens hus. Stick in en skruvmejsel eller borr med en diameter på ungefär 4 mm i inställningshålet i sidan av spakhuset **(se bild)**.

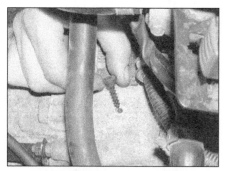

3.3a Bänd bort pluggen från inställningshålet på växellådshusets ovansida . . .

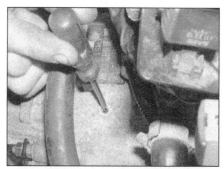

3.3b . . . lägg sedan i fyrans växel och sätt in en skruvmejsel i inställningshålet. Då låses växellådan på den fjärde växeln

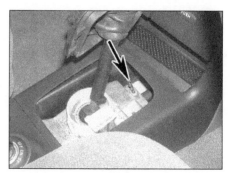

3.4 Arbeta inuti bilen. Stoppa in en skruvmejsel eller borr i sidan av växelspakshuset

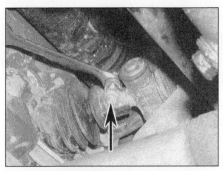

3.7 Lossa väljarstagets klämbult

5 Om skruvmejseln kan sättas i utan svårighet är utväxlingens länksystem korrekt inställt. Ta bort länksystemet och undersök det beträffande slitage eller skada – se avsnitt 4 för ytterligare information.

6 Om skruvmejseln inte kan placeras i inställningshålet är utväxlingens länksystem felaktigt inställt.

7 Arbeta från motorrummet där väljarstaget passerar genom mellanväggen, lossa klämbulten bredvid gummikopplingen för att tillåta rörelse mellan väljarstagets båda halvor **(se bild)**.

8 Flytta växelspaken så att skruvmejselskaftet eller borren kan sättas in i växelspakshusets inställningshål. Kontrollera att växelspaken fortfarande är ilagd i fyrans växel.

9 Arbeta i motorrummet och dra åt klämbulten på väljarstaget till angivet moment.

10 Ta bort skruvmejseln från växellådans inställningshål och montera plastpluggen.

11 Ta bort skruvmejseln från växelspakshusets inställningshål.

12 Montera växelspakens damask och fästram.

13 Kontrollera att växelspaken kan flyttas från neutralläge till alla sex växelpositioner, innan bilen flyttas. **Observera:** *Kontrollera att nyckeln kan tas bort medan backen ligger i.*

14 Avsluta med att köra bilen en sväng och kontrollera att alla växlar fungerar mjukt och exakt.

4 Utväxlingens länksystem – demontering, kontroll och montering

Växelspakshus

Demontering

1 Parkera bilen, stäng av motorn och dra åt handbromsen.

2 Se kapitel 11, ta bort vänster framsäte och mittkonsolen. Lossa klämman för luftkanalen till baksätet från sidan på växelspakshuset.

3 Spärra växelspaken och växellådans väljarstag i 4:ans växelläge, enligt beskrivningen i avsnitt 3.

4 Arbeta i motorrummet där väljarstaget passerar genom torpedväggen. Lossa klämbulten bredvid gummikopplingen (se avsnitt 3).

5 Ta bort växelspakens spärrverktyg, välj 3:ans växel, sätt tillbaka spärrverktyget. Detta gör att väljarstagets två halvor separeras vid kopplingen i motorrummet.

6 Skruva loss de fyra bultarna som fäster växelspakshuset i golvplåten.

7 Lyft upp så mycket som möjligt och vänd på det, ta sedan bort de två klämmorna som håller fast tändningslåsets kablage i huset.

8 Koppla loss kablaget från tändningslåset, ta sedan bort huset genom att dra det bakåt i fordonet, dra samtidigt ut väljarstaget genom öppningen i golvplåten. Skruva loss växelspaken från skaftet **(se bild)**.

9 För att ta bort växelspaken, skruva loss skruvarna och lossa låsplattans hållare och spärrfjäder från undersidan på växelspakshuset. Bänd ut låsplattans tapp med en skruvmejsel, ta bort stopplattan. För växelspaken till läge för backväxel, skruva loss skruven och skilj väljarstaget från nedre delen på växelspaken. Längst upp på huset, tryck ner de tre klämmorna runt kanten på växelspakens sfäriska yttre plastlagring och ta bort spaken och lagerenheten från dess hus.

Kontroll

10 Om mekanismen visar tecken på slakhet beror det troligen på slitna bussningar mellan växelspaken och väljarstaget. Ta bort bussningarna från växelspakens länksystem (se bild) och undersök dem. Om de är slitna eller rostiga, tryck bort dem från växelspakens centrumtapp och byt ut dem.

Montering

11 Montera ihop växelspaken med dess hus, anslut spaken till väljarstaget och dra åt bulten till angivet moment.

12 Tryck stopplattan på plats i växelspakshuset, sätt låsplattan på plats, se till att ledtapparna passar in i respektive urtag och att bussningarna sitter på rätt plats.

13 Montera låsplattans hållare, bestryk fästskruvarnas gängor med låsvätska och montera dem.

14 Sätt dit låsplattans fjäder, justera låsplattans läge genom att vrida låsplattans

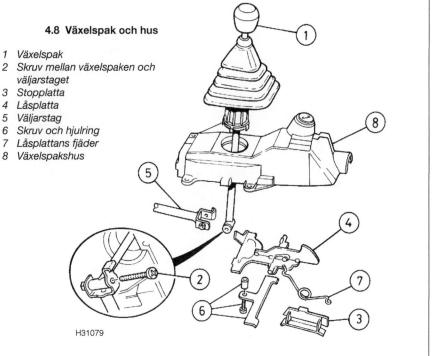

4.8 Växelspak och hus

1 Växelspak
2 Skruv mellan växelspaken och väljarstaget
3 Stopplatta
4 Låsplatta
5 Väljarstag
6 Skruv och hjulring
7 Låsplattans fjäder
8 Växelspakshus

H31079

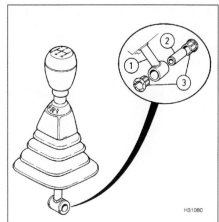

H31080

4.10 Växelspakens väljarstagsbussningar (infälld bild)

1 Växelspak   2 Hylsa   3 Bussningar

fästskruv så att kanten på låsplattan är i nivå med klacken i växelspakshuset. Var noga med att se till att stoppet inte kommer i kontakt med låsplattan **(se bild)**.

15 Sätt tillbaka växelspakshuset och väljarstaget i bilen genom att arbeta i omvänd ordning mot demontering. Anslut väljarstaget till växellådan på kopplingen i motorrummet enligt beskrivningen i avsnitt 3.

16 Avsluta med att kontrollera att växelspaken kan flyttas från neutralläge till alla sex växelpositioner. Avsluta med att köra bilen en sväng och kontrollera att alla växlar fungerar mjukt och exakt.

Väljarstag

Demontering

17 Se föregående delavsnitt ta bort växelspakshuset. Kontrollera att fyrans växel ligger i före demonteringen. Ta bort pluggen från inställningshålet ovanpå växellådshuset och lås växellådan i fyrans växel med en lämplig skruvmejsel, enligt beskrivningen i avsnitt 3.

18 Arbeta i motorrummet där väljarstaget passerar genom mellanväggen. Lossa klämbultskragen så att väljarstaget kan tas loss från växellådan.

19 Dra försiktigt ut väljarstaget genom mellanväggen inifrån kupén. Arbeta försiktigt så att gummigenomföringen i mellanväggen inte skadas.

Montering

20 Smörj in väljarstaget med silikonfett och tryck in det genom genomföringen i mellanväggen. Dra inte åt växellådans klämbultskrage än.

21 Sätt tillbaka växelspakshuset enligt tidigare beskrivning i föregående delavsnitt. Sätt fast bussningarna och fäst växelspaken i väljarstaget.

22 Lås växelspaken på 4:ans växel genom att sätta in en skruvmejsel med 4 mm skaft i inställningshålet på växelspakshuset enligt beskrivningen i avsnitt 3.

23 Dra åt klämbultskragen på växellådans väljarstag till angivet moment.

24 Ta bort skruvmejseln från huset och sätt tillbaka växelspakens damask.

25 Kontrollera att växelspaken kan flyttas

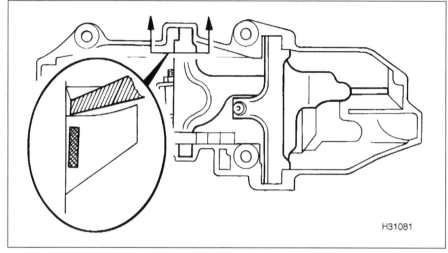

4.14 Justera låsplattans läge så att dess kant är i nivå med klacken i växelspakshuset

från neutralläge till alla sex växelpositionerna, innan bilen flyttas. Avsluta med att köra bilen en sväng och kontrollera att alla växlar fungerar mjukt och exakt.

5 Oljetätningar – byte

Höger drivaxels oljetätning

1 Dra åt handbromsen, lyft upp bilens högra framsida och ställ den på en pallbock (se *Lyftning och stödpunkter*). Demontera höger framhjul. Genom att lyfta upp bilens högra framsida minimeras förlusten av växellådsolja när drivaxeln tas bort.

2 Se avsnitt 2 och tappa ur växellådsoljan. Gör rent och sätt tillbaka avtappningspluggen.

3 Se kapitel 8 och ta bort mellanaxel och lager **(se bild)**.

4 Bänd loss drivaxelns oljetätning från växellådshuset med ett lämpligt verktyg **(se bild)**. Var försiktig så att du inte skadar tätningens yta. Kasta den gamla tätningen.

5 Rengör fogytorna på lagerhuset och differentialhuset noggrant. Var försiktig så att

inte smuts kan tränga in i lagren på någon av enheterna.

6 Smörj den nya oljetätningen med ren olja och sätt försiktigt tillbaka den i växellådshuset. Se till att den sitter rakt **(se bild)**.

7 Montera mellanaxeln och lagret enligt instruktionerna i kapitel 8.

8 Sätt tillbaka hjulet och sänk ner bilen till marken. Dra åt hjulbultarna till angivet moment.

9 Se avsnitt 2 och fyll på växellådan med olja av rekommenderad kvalitet.

Vänster drivaxels oljetätning och O-ring

10 Dra åt handbromsen, lyft upp bilens vänstra framsida och ställ den på en pallbock (se *Lyftning och stödpunkter*). Demontera vänster framhjul. Genom att lyfta upp bilens vänstra framsida minimeras förlusten av växellådsolja när drivaxeln tas bort.

11 Se avsnitt 2 och tappa ur växellådsoljan. Rengör och montera avtappningspluggen enligt beskrivningen i avsnitt 2.

12 Se kapitel 8 och koppla bort vänster drivaxel från växellådan vid inre drivknuten.

13 Placera en behållare under drivaxelns anliggningsyta, skruva sedan bort de fem fästskruvarna.

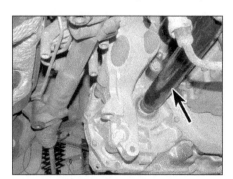

5.4 Drivaxel, mellanaxel

5.5 Bänd ut oljetätningen mot en träkloss för bättre brytkraft

5.6 Montera oljetätningen med en stor hylsnyckel och se till att den sitter rakt

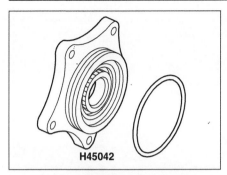

5.14 O-ringstätning på drivaxelns tätningskåpa

14 Dra loss tätningskåpan från växellådan och ta bort O-ringstätningen från huset **(se bild)**.

15 Observera hur djupt oljetätningen sitter i huset och hur den ska sitta. Bänd försiktigt ut oljetätningen från huset med ett lämpligt verktyg. Var försiktig så att du inte skadar tätningens yta.

16 Rengör fogytorna på lagerhuset och differentialhuset noggrant. Var försiktig så att inte smuts kan tränga in i lagren på någon av enheterna.

17 Smörj den nya oljetätningen med ren olja, sätt försiktigt tillbaka den i tätningskåpan och se till att den sitter rakt.

18 Sätt tillbaka O-ringstätningen i huset och montera sedan huset i växellådan. Dra åt de fem fästskruvarna till angivet moment.

19 Se kapitel 8 och montera den vänstra drivaxeln på drivknuten.

20 Sätt tillbaka hjulet och sänk ner bilen till marken. Dra åt hjulbultarna till angivet moment.

21 Se avsnitt 2 och fyll på växellådan med olja av rekommenderad kvalitet.

Ingående axelns oljetätning

22 Oljetätningen är en del av kopplingens slavcylinder och kan inte bytas separat, se kapitel 6 (*Kopplingsslavcylinder/urtrampnings-lager – demontering och montering*) för mer information.

Väljarstagets oljetätning

23 Rengör området runt väljarstagtätningen i växellådan så att inte smuts kommer in i växellådan.

6.2 Backljusbrytare

24 Se till att 4:ans växel är ilagd och ta bort pluggen från inställningshålet ovanpå växellådshuset. Lås växellådan på 4:ans växel med ett lämpligt 4 mm spärrverktyg/skruvmejsel enligt beskrivningen i avsnitt 3.

25 Skruva loss väljarstagets fästbult och lägg i 3:ans växel för att koppla loss väljarstaget från växellådan.

26 Observera hur oljetätningen sitter i huset, bänd sedan bort oljetätningen från växellådan med ett lämpligt verktyg. Arbeta försiktigt så att tätningsytan inte skadas.

27 Rengör noggrant tätningens yta och väljarstaget. Kontrollera att inga gjutgrader finns på väljarstaget och se till att inte smuts kan komma in i väljarlådan.

28 Smörj den nya oljetätningen och väljarstaget med ren olja och sätt försiktigt tillbaka tätningen i växellådshuset. Se till att den sitter rakt.

29 Sätt tillbaka väljarstaget och dra åt fästbulten ordentligt. Ta bort skruvmejseln från huset och kontrollera inställningen av växlingens länksystem enligt beskrivningen i avsnitt 3.

30 Kontrollera att växelspaken kan flyttas från neutralläge till alla sex växelpositionerna, innan bilen flyttas. Kontrollera oljenivån i växellådan. Avsluta med att köra bilen en sväng och kontrollera att alla växlar fungerar mjukt och exakt.

6 Backljusbrytare – kontroll, demontering och montering

Kontroll

1 Koppla loss batteriets minuskabel (se *Demontering av batteri* i kapitlet *Referenser* i slutet av handboken).

2 Koppla loss kablaget från backljusbrytaren vid kontaktdonet. Brytaren sitter på växelhusets baksida **(se bild)**.

3 Anslut sonderna på en ledningsprovare, eller en multimeter inställd på resistansfunktionen, över backljusbrytarens poler.

4 Kontakten är normalt öppen, så om inte backen är ilagd bör mätaren ange att kretsen är bruten. När backen läggs i ska kontakten stängas så att mätaren visar på ledningsförmåga.

5 Kontakten ska bytas ut om den inte fungerar som den ska eller om den bara fungerar ibland.

Demontering

6 Koppla loss kablaget från backljusbrytaren vid kontaktdonet.

7 Skruva loss kontakten, ta vara på eventuella brickor. Dessa ska sedan sättas tillbaka så att korrekt avstånd finns mellan kontaktaxeln och backväxelns axel.

Montering

8 Monteringen utförs i omvänd ordningsföljd mot demonteringen.

7 Hastighetsmätarens drev – demontering och montering

Allmän information

1 Alla modeller som beskrivs i denna handbok är försedda med en elektronisk omvandlare istället för drev som på tidigare modeller. Denna mäter rotationshastigheten på växellådans slutväxel och omvandlar informationen till en elektronisk signal, som sedan skickas till hastighetsmätarens modul i instrumentpanelen. Signalen används också som indata till motorstyrningssystemets elektroniska styrmodul (och av farthållarens styrmodul, färddatorn och antispinnsystemets styrmodul om sådana finns).

Demontering

2 Hastighetsomvandlaren sitter på differentialhuset, på baksidan av växellådskåpan.

3 Lossa kablarna från omvandlaren vid kontaktdonet.

4 Ta bort omvandlarens fästskruv och skruva loss enheten från växellådshuset.

5 Ta i förekommande fall loss och kasta O-ringstätningen.

Montering

6 Montera omvandlaren i omvänd ordningsföljd mot demonteringen. **Observera:** *Använd vid behov en ny O-ringstätning.*

8 Växellåda – demontering och montering

Observera: *Se kapitel 2C för beskrivning av demontering av motor och växellåda som en enhet.*

Demontering

1 Parkera bilen på plant underlag, dra åt handbromsen och klossa bakhjulen. Ta bort navkapslarna och lossa hjulmuttrarna.

2 Dra åt handbromsen, lyft upp framvagnen och ställ den på pallbockar. Ta sedan bort hjulen. Se *Lyftning och stödpunkter*. Ta bort motorns övre skyddskåpa och, i förekommande fall, ta även bort insugsresonator ihop med luftmassflödesmätare.

3 Se avsnitt 2 i det här kapitlet och töm växellådan på olja. Sätt tillbaka och dra åt avtappningspluggen.

4 Ställ in växlingens länksystem på referensläget enligt beskrivningen i avsnitt 3, så att det kan riktas in korrekt när det monteras igen. Skruva loss fästbulten och koppla loss växellänkaget från växellådan.

5 Ta bort batterikåpan enligt instruktionerna i kapitel 5A. Koppla loss båda batterikablarna och ta bort batteriet.

6 Skruva loss batterihyllan från sidan av motorrummet **(se bild)**.

7 Se kapitel 6. Isolera kopplingens hydraulsystem genom att montera en klämma på den flexibla delen av slavcylinderns matningsslang.

8 Lossa fästklämman och koppla bort anslutningen för hydrauloljematning till kopplingens slavcylinder uppe på växellådan. Sätt tillbaka fästklämman på kontaktdonet när du har kopplat loss den så att den inte kommer bort. Plugga öppningen och oljeledningen for att minimera läckage och inträngning av föroreningar.

9 Koppla bort kontaktdonet från backljusbrytaren vid växellådan (se avsnitt 6 i detta kapitel).

10 Skruva loss och ta bort växellådans tre övre fästbultar.

11 Koppla loss kontaktdonet från lamdasonden och lossa kablaget från fästklämmorna.

12 Se kapitel 4A eller 4B och ta bort främre avgasröret. Detta görs för att undvika skador på avgasrörets flexdel.

13 Sätt en lyftbalk tvärs över motorrummet. Ställ stöden säkert mot trösklarna på båda sidor, i linje med benens övre fästen. Haka fast balken i motorlyftöglan och lyft upp den så att motorns vikt inte längre ligger på växellådans fäste. De flesta äger inte en lyftbalk, men det kan gå att hyra en. Ett alternativ kan vara att stötta motorn med en motorlyft. Tänk dock på att du måste justera lyften så att inte motorfästena belastas för mycket om du t.ex. ändrar arbetshöjden genom att sänka bilens pallbockar.

14 Ta bort främre kryssrambalken **(se bild)** enligt följande metod:

a) Stötta motorenheten med en lämplig lyftanordning eller motorlyftbalk som placeras tvärs över motorrummet. Lyft motorn något så att den stöds av hissen/lyftbalken.

b) Ta bort främre avgasröret enligt beskrivningen i kapitel 4A eller 4B.

c) Koppla bort framfjädringens länkarmar från hjulspindlarna och ta bort krängningshämmaren enligt beskrivningen i kapitel 10.

d) Stötta kryssrambalken med en garagedomkraft.

e) Skruva loss och ta bort kryssrambalkens främre och bakre fästbultar, samt de två fästmuttrarna, sänk sedan ner kryssrambalken till marken.

15 Skruva loss bakre motorfästets infästning från växellådan.

16 Se kapitel 8 och ta bort vänster drivaxel från växellådan.

17 Skruva loss fästbultarna och ta bort den

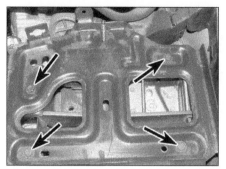

8.6 Skruva loss batterihyllans skruvar

nedre skyddsplåten från svänghjulet **(se bild)**. **Observera:** *På modellerna B234 och B235, ta även bort bultarna mellan växellådan och motorns oljesump.*

18 Skruva loss fästbultarna och koppla loss jordkablarna från växellådshuset.

19 Skruva loss bultarna som fäster vänster motor-/växellådsfäste mot karossen, Sänk sedan ner växellådan ca. 5,0 cm. Se till att inte belasta övriga motorfästen när detta utförs. Se till att motorn/växellådan stöttas ordentligt av lyftbalken.

20 Placera en domkraft under växellådan och höj upp den så mycket att den tar upp tyngden. Kontrollera att alla anslutningar har kopplats loss från växellådan innan du försöker skilja den från motorn.

21 Arbeta runt svänghjulskåpan och ta bort fästbultarna från svänghjulskåpan. Dra bort växellådan från motorn genom att dra loss den ingående axeln från kopplingslamellen. Ta alltid någon till hjälp för denna uppgift. Sänk ner växellådan mot marken när den ingående axeln är fri från kopplingslamellen.

⚠ *Varning: Ha alltid fullt stöd för växellådan så att den ligger stadigt på domkraftens huvud.*

22 Skruva loss vänstra fästet från växellådan.

23 I detta läge, med växellådan borttagen, passar det bra att kontrollera och, vid behov, byta ut kopplingen (se kapitel 6).

Montering

24 Montera växellådan i omvänd ordning och notera följande punkter:

a) Bestryk växellådans ingående axel med högtemperaturfett. Använd inte för mycket fett, då kan kopplingslamellen förorenas.

b) Montera motor-/växellådsfästena enligt beskrivningen i kapitel 2A eller 2B.

c) Observera angivna åtdragningsmoment (i förekommande fall) vid åtdragning av all muttrar och bultar.

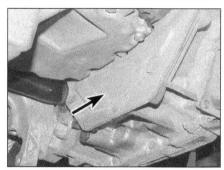

8.17 Ta bort svänghjulets nedre täckplåt

d) Lufta kopplingens hydraulsystem enligt instruktionerna i kapitel 6.

e) Om växellådsoljan tappades av, avsluta med att fylla på olja av rätt kvalitet/typ och mängd enligt beskrivningen i avsnitt 2.

9 Växellåda, översyn – allmän information

Renovering av en manuell växellåda är ett komplicerat (och ofta dyrt) arbete för en hemmamekaniker och kräver tillgång till specialutrustning. Det omfattar isärtagning och ihopsättning av många små delar. Ett stort antal spel måste mätas exakt och vid behov justeras med mellanlägg och distansbrickor. Inre komponenter till växellådor är ofta svåra att få tag på och, i många fall, mycket dyra. Därför är det bäst att överlåta växellådan till en specialist eller byta ut den om den går sönder eller börjar låta illa.

Trots allt är det inte omöjligt för en erfaren hemmamekaniker att renovera en växellåda, förutsatt att specialverktyg finns att tillgå och att arbetet utförs på ett metodiskt sätt så att ingenting glöms bort.

Inre och yttre låsringstänger, lageravdragare, en hammare, en uppsättning stiftdornar, en indikatorklocka (mätklocka) och eventuellt en hydraulpress är några av de verktyg som behövs vid en renovering. Dessutom krävs en stor, stadig arbetsbänk och ett skruvstäd.

Anteckna noga hur alla komponenter är placerade medan växellådan tas isär, det underlättar en korrekt återmontering.

Innan växellådan tas isär så underlättar det om man har en aning om vart felet sitter. Vissa problem kan härledas till specifika områden i växellådan, vilket kan underlätta undersökning och byte av komponenter. Se avsnittet *Felsökning* i slutet av den här handboken för ytterligare information.

Kapitel 7 Del B:
Automatväxellåda

Innehåll

Svårighetsgrad

| Enkelt, passar novisen med lite erfarenhet | | Ganska enkelt, passar nybörjaren med viss erfarenhet | | Ganska svårt, passar kompetent hemmamekaniker | | Svårt, passar hemmamekaniker med erfarenhet | | Mycket svårt, för professionell mekaniker | |

Specifikationer

Allmänt
Beteckning . . . . AF20 eller AF22 (automatväxellåda framhjulsdrift)
Typ*:
  FA44 . . . . Fyrväxlad, elektroniskt styrd automatväxellåda med tre körlägen (Normal, Sport och Vinter)

Typkoden finns på en platta på växellådshuset

Åtdragningsmoment
        Nm
Avtappningsplugg 40
Drivplattans/nedre svänghjulskåpans täckplåt. 8
Bultar mellan motorn och växellådan. . . . . se kapitel 2A
Fästmutter för oljepåfyllningsrör. 22
Oljetemperaturgivare 25
Bult för oljetemperaturgivarens täckplåt 25
Växelväljarens lägesgivare:
  Skruv/mutter mellan kontakten och växellådan 8
    Bult mellan arm och lägesgivare 25
Bult för ingående axelns varvtalsgivare 6
Vänster motorfäste. . . . . se kapitel 2A
Oljekylarens anslutningar* 27
Bult för utgående axelns varvtalsgivare 6
Varvtalsgivare. 6
Bultar mellan momentomvandlare och drivplatta* 60
Använd nya fästelement

1 Allmän information

1 Automatväxellåda finns som tillval för alla bensinmodeller utom de utrustade med 2,3 liters turbomotor. Automatväxellådan AF20/22 är en elektroniskt styrd, fyrväxlad automatväxellåda med lockup-funktion (direktkoppling). Den består av en planetväxel, en momentomvandlare med direktkoppling, ett hydrauliskt styrsystem och ett elektroniskt styrsystem. Enheten styrs av den elektroniska styrenheten (ECU) via fyra elektroniskt styrda solenoidventiler. Växellådan har tre körlägen: normalläge (ekonomi), sportläge och vinterläge.
2 Normalläget (ekonomi) är standardläget för körning, i vilket växellådan växlar upp vid relativt låga motorvarvtal för att kombinera tillfredsställande prestanda med ekonomi. Om växellådan ställs till sportläge med hjälp av knappen på växelspaken, växlar växellådan endast upp vid höga varvtal, med snabbare acceleration och ökad prestanda som resultat. När växellådan är i sportläge lyser lampan på instrumentpanelen. Om växellådan ställs till vinterläge med hjälp av knappen på växelspakens panel, väljer växellådan 3:ans växel vid start. På så vis bibehålls friktionen även på mycket hala ytor.
3 Momentomvandlaren är en hydraulisk koppling mellan motorn och växellådan

3.4 Ta bort låsklämman från växelväljarvajern

4.5a Ta bort låsklämman . . .

4.5b . . . och vibrationsklämman . . .

och fungerar som en automatisk koppling samtidigt som den ger viss momentökning vid acceleration.

4 Planetväxelns kugghjulsdrivna kraftöverföring ger antingen en av fyra framåtdrivande utväxlingsförhållanden eller en bakåtväxel, beroende på vilka av dess komponenter som är stilla och vilka som vrids. Komponenterna i den kugghjulsdrivna kraftöverföringen hålls eller släpps via bromsar och kopplingar som aktiveras av styrenheten. En oljepump inuti växellådan ger nödvändigt hydrauliskt tryck för att bromsarna och kopplingarna ska kunna fungera.

5 Föraren styr växellådan med en växelspak med sju lägen. Läge D tillåter automatisk utväxling i alla fyra utväxlingsförhållandena. En automatisk kickdown-kontakt växlar ner växellådan ett steg när gaspedalen trycks i botten. Växellådan har också tre fasta lägen, 1 betyder att endast det första utväxlingsförhållandet kan väljas, 2 låter både det första och det andra utväxlingsförhållandet väljas automatiskt och 3 tillåter automatisk växling mellan de tre första utväxlingsförhållandena. De fasta lägena är användbara för att kunna motorbromsa vid körning utför branta lutningar. Observera att växellådan *aldrig* får växlas ner vid höga motorvarvtal.

6 På grund av automatväxelns komplexitet måste alla renoverings- och reparationsarbeten överlämnas till en Saab-verkstad med nödvändig specialutrustning för feldiagnoser och reparationer. Följande avsnitt innehåller därför endast allmän information och sådan serviceinformation och instruktioner som ägaren kan ha nytta av.

2 Växellådsolja – avtappning och påfyllning

Se informationen i kapitel 1A.

3 Växelväljarkabel – justering

1 För växelspaken i tur och ordning till alla dess sju lägen och kontrollera att växellådan hakar i rätt växel på växelspakens lägesgivare.

2 Kontrollera spelet i växelspaken när den står i läge N och läge D. Om spelet inte är det lika krävs justering enligt följande.

3 Ställ växelspaken i läge P (parkeringsläget).

4 Arbeta i motorrummet och ta loss fästklämman i växellådsänden av växelvajern **(se bild)**.

5 Lokalisera växelspaken på växellådans omkopplare, dit växelkabeln är ansluten. Ställ växelspaken i läge P.

6 Lossa handbromsen och rulla bilen tills P-spärren aktiveras

7 Ta hjälp av någon och håll växelspaken bakåt i P-läget för att ta upp spelet.

8 Tryck ner inställningsklämman i växellådsänden inifrån motorrummet och spärra kabeln.

9 Kontrollera växelspaken enligt beskrivningen i punkt 1 och 2 och, vid behov, upprepa justeringsförfarandet.

10 Avsluta med att köra bilen en sväng och kontrollera att växlingen fungerar som den ska.

4 Växelväljarkabel - demontering och montering

Demontering

1 Arbeta i motorrummet och ta bort batteriet och batterihyllan (se kapitel 5A) för att komma åt växelväljarvajern i växellådsänden.

2 Arbeta i bilen och bänd försiktigt upp lägesindikatorn från växelväljarhuset.

3 Ta bort mitt- och golvkonsoler enligt beskrivningen i kapitel 11.

4 Koppla loss luftkanalen till bakre luftmunstycket.

5 På växelväljarhuset, ta bort låsklämman och vibrationsklämman, driv ut stiftet och ta samtidigt bort vajeränden från kulan **(se bilder)**.

6 Dra ut låsklämman, pressa ner spärrarna och koppla bort yttre växelväljarvajern från växelväljarhuset.

7 Skruva loss stödfästet för luftkonditionerings- och servorör.

8 På växellådan, skruva loss fästmuttern och frigör armen från lägesbrytaren **(se bilder)**.

9 Dra ut låsklämman och koppla bort växelväljarkabelns beslag från växellådsfästet **(se bilder)**.

10 Vid mellanväggen, tryck gummigenomföringen igenom hålet och dra den diagonalt in i motorrummet. Ta bort växelväljarvajern från bilen.

11 Undersök kabeln efter tecken på slitna ändbeslag eller skadat ytterhölje och kontrollera att innerkabeln inte har fransat sig.

4.5c . . . och dra loss sprinten från växelspaken

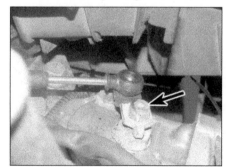

4.8 Ta bort fästmuttern och frigör växelspaken från lägesbrytaren

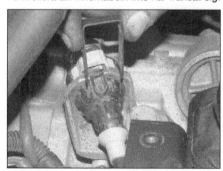

4.9a Dra bort låsklämman . . .

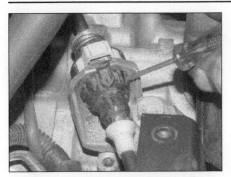

4.9b . . . och lossa växelvajern från fästbygeln

Kontrollera kabeln. Innerkabeln ska röra sig fritt och ledigt genom ytterhöljet. Kom ihåg att en kabel som verkar fungera bra utanför bilen kan löpa mycket trögare när den viks in på sin plats. Byt ut kabeln om den visar tecken på betydande slitage eller skada.

Montering

12 Montering utförs i omvänd ordningsföljd mot demonteringen. Tänk på följande:
 a) *Se till att vajern är korrekt dragen och säkert fäst i mellanväggen.*
 b) *Justera växelväljarkabeln enligt beskrivningen i avsnitt 3.*

5 Växelspak – demontering och montering

Demontering

1 Ta bort mitt- och golvkonsoler och de bakre luftkanalerna enligt beskrivningen i kapitel 11.
2 Ta bort låsklämman vibrationsklämman, tryck ut stiftet och ta samtidigt bort vajeränden från kulan.
3 Skruva loss och ta bort fästbultarna och lyft sedan bort växelväljarhuset från golvplattan.
4 Koppla loss kablageanslutningar från växelväljarhuset och lossa buntband från kabelstammen **(se bilder)**.
5 Ta loss fästklämman med en skruvmejsel och lossa växelvajern från kåpan **(se bilder)**. Ta bort växelväljarkåpan från bilen.
6 Undersök växelspaksmekanismen efter tecken på slitage eller skada.

Montering

7 Montering utförs i omvänd ordningsföljd mot demontering, men avsluta med att justera växelväljarvajern enligt beskrivningen i avsnitt 3.

6 Oljetätningar – byte

Drivaxlarnas oljetätningar

Höger oljetätning

1 Dra åt handbromsen, lyft upp bilens högra framsida och ställ den på en pallbock (se *Lyftning och stödpunkter*). Demontera höger framhjul. Genom att lyfta upp bilens högra framsida minimeras förlust av olja från automatväxellådan när drivaxeln tas bort.
2 Se kapitel 8 och ta bort mellanaxeln och lager. Placera en behållare under växellådan för att fånga upp oljespill.
3 Använd ett lämpligt verktyg för att bryta loss oljetätningen från växellådshuset. Arbeta försiktigt för att inte skada tätningsytan. Kasta den gamla tätningen.
4 Rengör fogytorna på lagerhuset och differentialhuset noggrant. Var försiktig så att inte smuts kan tränga in i lagren på någon av enheterna.
5 Smörj den nya oljetätningen med ren olja, sätt försiktigt tillbaka den i växellådshuset och se till att den sitter rakt.
6 Montera mellanaxeln och lagret enligt instruktionerna i kapitel 8.
7 Sätt tillbaka hjulet och sänk ner bilen till marken. Dra åt hjulbultarna till angivet moment.
8 Se kapitel 1A och kontrollera oljenivån i växellådan, fyll på vid behov.

Vänster oljetätning

9 Dra åt handbromsen, lyft upp bilens vänstra framsida och ställ den på en pallbock (se *Lyftning och stödpunkter*). Demontera vänster framhjul. Genom att lyfta upp bilens vänstra framsida minimeras förlust av olja från automatväxellådan när drivaxeln tas bort.
10 Se kapitel 10 och skruva loss klämbulten som håller fast framfjädringens nedre kulled i hjulspindeln. Vrid sedan länkarmen nedåt och lossa kulleden. Säkra länkarmen i det här läget

med en träkloss som du fäster mellan armen och krängningshämmaren.
11 Bänd försiktigt bort drivaxelns inre drivknut från växellådan och stötta drivaxeln på ena sidan. Var beredd på att olja kommer att läcka ut och tvinga inte isär drivknuten.
12 Använd ett lämpligt verktyg för att bryta loss drivaxelns oljetätning från växellådshuset. Arbeta försiktigt för att inte skada tätningsytan. Kasta den gamla tätningen.
13 Rengör fogytorna på lagerhuset och differentialhuset noggrant. Var försiktig så att inte smuts kan tränga in i lagren på någon av enheterna.
14 Smörj den nya oljetätningen med ren olja, sätt försiktigt tillbaka den i växellådshuset och se till att den sitter rakt.
15 För försiktigt in drivaxeln i växellådans slutväxel, montera sedan framfjädringens länkarm och kulled enligt beskrivningen i kapitel 10.
16 Montera tillbaka hjulet och sänk ner bilen. Dra åt hjulbultarna till angivet moment.
17 Se kapitel 1A och kontrollera oljenivån i växellådan, fyll på vid behov.

Momentomvandlarens oljetätning

18 Ta bort växellådan enligt beskrivningen i avsnitt 9.
19 Dra försiktigt bort momentomvandlaren från växellådans axel, var beredd på oljespill.
20 Notera hur tätningen sitter i oljepumpshuset, bänd sedan försiktigt bort tätningen och var noga med att inte repa huset eller den ingående axeln.
21 Tvätta bort all smuts från området runt oljetätningens öppning, tryck sedan fast en ny tätning och se till att tätningsläppen är riktad inåt.
22 Smörj tätningen med ren växellådsolja, montera sedan försiktigt momentomvandlaren på sin plats.
23 Montera växellådan (se avsnitt 9).

7 Oljekylare – allmän information

Växellådans oljekylare är en integrerad del av kylenheten. Se kapitel 3 för demontering och montering. Om oljekylaren är skadad måste hela kylenheten bytas.

5.4a Koppla loss kontaktdonet från växelväljaren . . .

5.4b . . . och tändningslåset

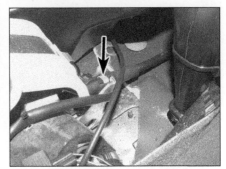

5.5 Bänd ut klämman för att ta bort växelväljarvajern från huset

8 Växellådans styrsystem, elektriska komponenter – demontering och montering

Växelväljarens lägesgivare

Allmän information

1 Förutom att informera växellådans elektroniska styrenhet om vilken växel som för närvarande är vald, innehåller växelväljarens lägesgivare även kontakter som styr backljusens relä och startmotorns startspärrsrelä.

Demontering

2 Ta bort batteriet enligt beskrivningen i kapitel 5A, skruva sedan loss fästbultarna och ta bort batterihyllan.
3 Skruva loss fästmuttern och lossa oljestickans rör från sidan av växellådans lägesgivare (se bild).
4 Välj läge 1, skruva sedan loss fästmuttern och koppla bort växelväljarspaken från växellådans lägesgivare (se bild).
5 Skruva loss och ta bort muttrarna/bultarna som fäster växelväljarens lägesgivare i växellådan.
6 Koppla loss kontaktdonet, ta sedan bort lägesgivaren från växellådans väljarstag och ta bort den från motorrummet.

Montering

7 Monteringen utförs i omvänd ordningsföljd mot demonteringen. Avsluta med att kontrollera växelväljarvajerns justering enligt beskrivningen i avsnitt 3.

Kickdown-kontakt

Demontering

8 Kickdown-kontakten är placerad under gaspedalen. Arbeta i förarens fotbrunn och ta bort klädselpanelen längst ner vid A-stolpen (se kapitel 11, avsnitt 26). På vänsterstyrda modeller: ta bort klädseln från vänster sida på mittkonsolen.

8.3 Ta bort fästmuttern för att lossa röret för oljemätstickan

9 Lyft gaspedalen, vik upp mattan för att frilägga kickdown-kontakten (se bild).
10 Koppla loss kablaget vid kontaktdonet, ta sedan bort kickdown-kontakten från dess fästspår.

Montering

11 Montering utförs i omvänd ordningsföljd mot demontering och avsluta med att justera gasvajern enligt beskrivningen i kapitel 4A. Se till att kontakten är helt nedtryckt i sitt fästspår och att kablaget är ordentligt anslutet.

Elektronisk styrenhet (ECU)

Demontering

12 Den elektroniska styrenheten är placerad i den främre fotbrunnen på passagerarsidan. Innan borttagning, koppla loss batteriets minuskabel (se Demontering av batteri i kapitlet Referenser i slutet av handboken).
13 Demontera handskfacket enligt beskrivningen i kapitel 11.
14 Lossa fästklämmern och koppla loss kontaktdonet från den elektroniska styrenheten. Lossa ECU:n från fästet och ta bort den från bilen.

Montering

15 Montering utförs i omvänd arbetsordning. Se till att kablarna återansluts ordentligt.

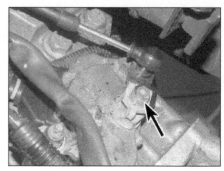

8.4 Ta bort fästmuttern och frigör växelväljaren från lägesgivaren

Varvtalsgivare för ingående och utgående axlar

Demontering

16 Hastighetsgivarna är monterade ovanpå växellådan. Den ingående axelns varvtals-givare är den främre av de två givarna och är närmast växellådans vänstra sida. Den ut-gående axelns givare är den bakre av de två (se bild).
17 För att komma åt varvtalsgivaren för den ingående axeln: koppla tillfälligt bort kylvätskans expansionskärl från dess fästen och för den åt sidan. Varvtalsgivaren för den utgående axeln kommer man åt från motorrummets bakre del.
18 Koppla loss kablaget, torka rent området runt den aktuella givaren.
19 Skruva loss fästbulten och ta bort givaren från växellådan. Ta bort tätningsringen från givaren och kasta den, en ny måste användas vid monteringen.

Montering

20 Montera den nya tätningsringen i spåret på givaren och smörj den med växellådsolja.
21 Sätt tillbaka givaren på sin plats, montera fästbulten och dra åt den till angivet moment. Återanslut kontaktdonet.
22 Montera batteriet och sätt tillbaka expansionskärlet (om det behövs) med klämman.

Oljetemperaturgivare

Demontering

23 Oljetemperaturgivaren är inskruvad i växellådans framsida.

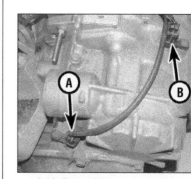

8.16 Placering av varvtalsgivare för automatväxellådans ingående axel (A) och utgående axel (B)

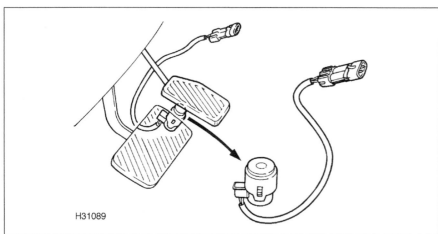

8.9 Lyft gaspedalen, vik sedan upp mattan för att frilägga kickdown-kontakten

H31089

24 Dra åt handbromsen, lyft fordonets främre del och ställ framvagnen på pallbockar (se *Lyftning och stödpunkter*). Ta bort motorns undre skyddskåpa, där sådan är monterad.

25 Följ kablarna bakåt från givaren, observera hur de är dragna. Koppla loss kontaktdonet och ta loss kablarna från fästklämmorna.

26 Skruva loss fästbultarna och ta bort kåpan från givaren **(se bild)**.

27 Rengör området runt givaren och var beredd med en lämplig plugg för att stoppa oljeflödet när givaren tas bort **(se bild)**.

28 Skruva loss givaren och ta bort den från växellådan tillsammans med tätningsbrickan. Plugga snabbt igen öppningen i växellådan och torka upp eventuellt oljespill.

Montering

29 Montera en ny tätningsbricka på givaren och ta bort pluggen och skruva snabbt fast givaren i växellådan. Dra åt den till angivet moment och torka bort eventuellt oljespill. Montera kåpan och dra åt fästbultarna till angivet moment.

30 Se till att kablaget dras korrekt och fäst med fästklämmor, återanslut sedan kontaktdonet ordentligt.

31 Montera motorns undre skyddskåpa (i förekommande fall) och sänk ner bilen mot marken. Kontrollera oljenivån i växellådan, fyll på vid behov, enligt beskrivningen i kapitel 1A.

9 Växellåda – demontering och montering

Observera: *Avsnittet beskriver demontering av växellådan, motorn lämnas kvar i bilen – se beskrivningen i kapitel 2C for information om demontering av motor och växellåda som en komplett enhet. Vid återmontering av växellådan skall nya bultar användas mellan momentomvandlaren och drivplattan. Nya tätningsringar skall användas i oljekylarens anslutningar.*

Demontering

1 Dra åt handbromsen, lyft fordonets främre del och ställ framvagnen på pallbockar (se *Lyftning och stödpunkter*). För växelväljarspaken till läge N (Neutral). Ta

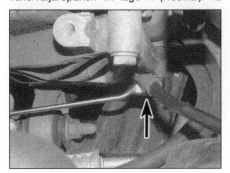
9.5a Koppla loss jordkabeln från framsidan på växellådan . . .

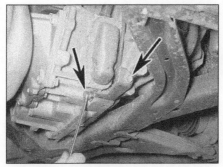
8.26 Skruva loss fästbultarna och ta bort täckplåten . . .

bort båda framhjulen och motorns undre skyddskåpa.

2 Ta bort motorns övre skyddskåpa/insugsgrenrörets kåpa och ta i förekommande fall även bort insugningsresonatorn ihop med luftmassflödesmätaren.

3 Tappa av växellådsoljan enligt beskrivningen i kapitel 1A, montera sedan avtappningspluggen och dra åt den till angivet moment.

4 Ta bort batteriet enligt beskrivningen i kapitel 5A.

5 Koppla loss batteriets jordkabel (eller kablar) från växellådshuset **(se bilder)**. Lossa kablarna från röret till växellådans oljemätsticka.

6 Skruva loss fästbulten, Ta sedan bort mätstickan och dess rör från växellådshuset, plugga det öppna hålet för att undvika att inträngning av föroreningar.

7 Koppla loss luftningsslangen (i förekommande fall) från växellådans överdel.

8 Koppla loss växelväljarkabeln från växellådan enligt beskrivningen i avsnitt 3 och 4.

9 Koppla loss kablaget för växellådans styrsystem vid de två kontaktdonen bakom batteriets placering **(se bild)**.

10 Följ kablarna från växellådans kontakter och givare och koppla loss de olika kontaktdonen genom att lyfta fästklämmorna. Lossa huvudkablaget från klämmorna eller banden som fäster kabelnätet vid växellådan. Om så krävs, koppla loss kablaget till lambdasonderna.

11 Sätt en lyftbalk tvärs över motorrummet. Ställ stöden säkert mot trösklarna på båda sidor, i linje med benens övre fästen. Haka fast

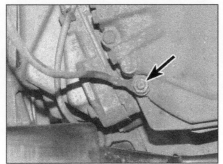
9.5b . . . och jordkabeln från växellådsänden

8.27 . . . för att komma åt oljetemperaturgivaren

balken i motorlyftöglan och lyft upp den så att motorns vikt inte längre ligger på växellådans fäste. De flesta äger inte en lyftbalk, men det kan gå att hyra en. Ett alternativ kan vara att stötta motorn med en motorlyft. Tänk dock på att du måste justera lyften så att inte motorfästena belastas för mycket om du t.ex. ändrar arbetshöjden genom att sänka bilens pallbockar.

12 Skruva loss och ta bort det främre avgasröret (se kapitel 4A).

13 Placera en behållare under växellådans främre del, skruva bort anslutningarna och koppla loss rören till växellådans oljekylare. Ta bort tätningsbrickorna och plugga de öppna hålen för att förhindra inträngning av damm och föroreningar.

14 Skruva loss och ta bort växellådans tre övre fästbultar.

15 Ta bort det bakre motorfästet och fästet enligt beskrivningen i kapitel 2A. **Observera:** *Se till att stötta motorn ordentligt med lyftbalken då enheten gärna vill luta bakåt, på grund av det högra motorfästets placering på motorblockets framsida.*

16 Ta bort främre kryssrambalken enligt följande metod:

a) *Stötta motorenheten med en lämplig lyftanordning eller motorlyftbalk som placeras tvärs över motorrummet. Lyft motorn något så att den stöds av hissen/ lyftbalken.*

b) *Ta bort främre avgasröret enligt beskrivningen i kapitel 4A eller 4B.*

c) *Koppla bort framfjädringens länkarmar från hjulspindlarna och ta bort främre*

9.9 Lossa fästklämman och koppla bort kontaktdonen

*krängningshämmaren enligt beskrivningen
i kapitel 10.*

*d) Stötta kryssrambalken med en
garagedomkraft.*

*e) Skruva loss och ta bort kryssrambalkens
främre och bakre fästbultar, samt de
två fästmuttrarna, sänk sedan ner
kryssrambalken till marken.*

17 Följ beskrivningen i kapitel 8 och
lossa båda drivaxlarna från växellådan.
Om så önskas kan drivaxlarna sitta kvar
i hjulspindlarna och deras inre ändar kan
stöttas eller bindas mot underredet.

18 Skruva loss fästbultarna och ta bort
den nedre täckplåten från drivplattan. Vrid
drivplattan som det krävs för att placera
momentomvandlarnas fästbultar i bottenläge,
skruva sedan loss och ta bort bultarna **(se
bilder)**. Kasta bultarna då nya måste användas
vidåtermonteringen.**Observera:***Närväxellådan
har demonterats ska momentomvandlaren
vara kvar i balanshjulskåpan och inte glida
av växellådsaxeln. Du kan göra en fästbygel
och fästa den i svänghjulskåpan för att hålla
momentomvandlaren på plats.*

19 Placera en domkraft under växellådan
och höj upp den så mycket att den tar
upp enhetens tyngd. Kontrollera att alla
anslutningar har kopplats loss från växellådan
innan du försöker skilja den från motorn.

20 Skruva loss vänster motor-/växellådsfäste
och fästet från karossen och växellådan. Se
till att växellådan har ordentligt stöttning och
se till att höger motorfäste inte utsätts för
påfrestning.

21 Skruva loss och ta bort återstående bultar
som fäster växellådan mot motorn.

 **Varning: Ha alltid fullt stöd för
växellådan så att den ligger
stadigt på domkraftens huvud.**

22 Kontrollera en sista gång att alla
komponenter som kan hindra demontering
av växellådan är borttagna eller urkopplade.
Se till att komponenter som växelväljarkabeln
är uppfästa så att de inte kan skadas vid
demonteringen.

23 Dra bort växellådan från motorn, se

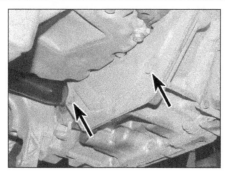

**9.18a Skruva loss fästbultarna och ta bort
täckplåten . . .**

till att enheten fortfarande står i linje med
motorn tills dess att svänghjulskåpan går fri
från drivplattan och dess styrstift. Se till att
momentomvandlaren inte glider av växel-
lådsaxeln.

24 Sänk långsamt ner motorn/växellådan från
motorrummet och se till att enheten går fri från
komponenterna på de omgivande panelerna.
Sänk ner enheten på marken och ta bort den
från motorrummet.

Montering

25 Växellådan monteras i omvänd arbets-
ordning, men tänk på följande:

*a) Avlägsna alla rester av gammal låsvätska
från momentomvandlarens gängor genom
att skruva en gängtapp av rätt storlek/
stigning i hålen. Om en lämplig gängtapp
saknas kan man göra en skåra i en av de
gamla bultarnas gängor och använda den i
stället.*

*b) Se till att motorns/växellådans
styrstift är korrekt placerade och
lägg lite molybdendisulfidfett på
momentomvandlarens styrstift och
centreringsbussning i vevaxeländen.*

*c) När växellådan är i korrekt läge mot
motorn, montera fästbultarna och dra åt
dem till angivet moment.*

*d) Stryk låsvätska på de nya bultarna till
förbandet mellan momentomvandlare och
drivplatta, montera dem och dra åt dem
stegvis till angivet moment.*

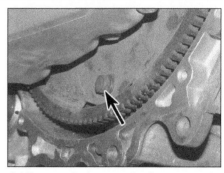

**9.18b . . . och skruva sedan loss moment-
omvandlarens bultar (en pil visas). Vrid
motorn för att komma åt de andra bultarna**

*e) Dra åt alla muttrar och bultar till angivet
moment (i förekommande fall).*

*f) Byt ut drivaxlarnas oljetätningar (se avsnitt
6) and och montera drivaxlarna enligt
beskrivningen i kapitel 8.*

*g) Montera de nya tätningsringarna vid
oljekylarhuset och se till att de båda
anslutningarna fästs ordentligt med
klämmorna.*

*h) Se till att alla jordkablar är ordentligt
monterade.*

*i) Avsluta med att fylla på växellådan med
rätt oljemängd av rätt typ/kvalitet enligt
beskrivningen i kapitel 1A och justera
växelväljarkabeln enligt beskrivningen i
avsnitt 3 i detta kapitel.*

10 Växellåda, renovering –
allmän information

1 När ett fel uppstår i växellådan måste
man först avgöra om felet är mekaniskt eller
hydrauliskt, för detta krävs specialutrustning.
Om växellådan misstänks vara defekt
måste arbetet därför överlåtas till en Saab-
mekaniker.

2 Ta inte bort växellådan från bilen innan en
professionell feldiagnos har ställts. För de
flesta test krävs att växellådan är monterad i
bilen.

Kapitel 8
Drivaxlar

Innehåll

Svårighetsgrad

Enkelt, passar novisen med lite erfarenhet	Ganska enkelt, passar nybörjaren med viss erfarenhet 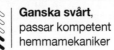	Ganska svårt, passar kompetent hemmamekaniker	Svårt, passar hemmamekaniker med erfarenhet	Mycket svårt, för professionell mekaniker

Specifikationer

Allmänt

Drivaxeltyp	Stålaxlar med yttre universalknutar och inre trebensknutar. Mellanliggande axel från höger sida av växellådan till drivaxeln.
Smörjning (endast översyn och reparation)	Använd endast särskilt fett som medföljer damask- och översynssatserna. Knutarna är i annat fall förpackade med fett och förseglade.

Fogfettsmängd

Yttre drivknut	80 g
Inre drivknut	175 g

Åtdragningsmoment

	Nm
Drivaxel/navmutter (utan spår)	290
Drivaxel/navmutter (med övre spår):	
Steg 1	170
Steg 2	Vinkeldra ytterligare 45°
Bultar mellan mellanaxelns fäste och motorn	24
Hjulbultar	110

1 Allmän information

Kraft överförs från växellådans slutväxel till hjulen via drivaxlarna. I alla modeller är de yttre drivknutarna av CV-typ (constant velocity) och består av sex kulor som löper i axiella spår. Drivaxelns yttre leder inbegriper axeltappar som förbinds via spår med naven i framfjädringens navhållare. De inre universalknutarna är konstruerade för att röra sig i mindre bågar än de yttre CV-knutarna, och de kan även röra sig längs axeln så att framfjädringen i sin tur kan röra sig. De är av trebenstyp: en trebent "spindel" med nållager och en yttre lagerbana som förbinds via spår med drivaxeln, samt en ytterkåpa med tre urskärningar som lagerbanorna passar i.

En mellanliggande drivaxel med eget stödlager är monterad mellan växellådans axel och den högra drivaxeln – en utformning som utjämnar drivaxelns vinklar vid alla fjädringspunkter och minskar axelns flexibilitet för att förbättra stabiliteten vid hög acceleration. På 2,3 liters bensinmodeller med turbo är mellanaxelns yttre ände försedd med spår så att den hakar i drivaxelns inre drivknut. På alla andra modeller sitter dock höljet på drivaxelns inre drivknut och mellanaxeln ihop i ett stycke.

Universal- och CV-knutar ger mjuk kraftöverföring till hjulen vid alla styr- och fjädringsvinklar. Knutarna skyddas av gummidamasker och är packade med fett för att alltid vara välsmorda. Om en knut skulle slitas ut kan den bytas ut separat från drivaxeln. Drivknutarna behöver inte smörjas utifrån, om de inte renoverats eller om gummidamaskerna

har skadats så att fettet förorenats. Kapitel 1A eller 1B innehåller information om hur du kontrollerar drivaxeldamaskernas skick.

2 Drivaxlar – demontering och montering

Demontering

1 Parkera bilen på plant underlag, dra åt handbromsen och klossa bakhjulen.
2 Ta bort navkapseln (eller hjulcenterkåpan på fordon som är utrustade med aluminiumfälgar) och lossa sedan på drivaxelmuttern. Eftersom muttern är hårt åtdragen, använd en stadig nyckel med tättsittande hylsa för att lossa den.

2.4 Skruva loss drivaxelmuttern

3 Dra åt handbromsen och ställ framvagnen på pallbockar (se *Lyftning och stödpunkter*). Demontera hjulet.
4 Skruva loss drivaxelmuttern **(se bild)**. Kasta muttern och sätt dit en ny med hela övre gängor.
5 Skruva loss muttern som håller fast krängningshämmaren i den nedre fjädrings-armens lyftbalk och ta bort brickan och gummibussningen.
6 Skruva loss muttern och koppla sedan loss den nedre länkarmens kulled från hjulspindeln/benet med hjälp av en kulledsavdragare (se kapitel 10). Sänk den nedre fjädringsarmen så långt ner som möjligt och flytta hjulspindeln/benet åt sidan. Var försiktig så att du inte skadar kulledens gummidamask och belasta inte bromsslangar och kablarna som sänder signaler om att bromsklossarna är slitna. **Observera:** *Kasta spindelledsmuttern eftersom den inte får återanvändas. Ersätt den med en ny.*
7 Knacka försiktigt drivaxeln inåt från spåren med en klubba samtidigt som du drar ut fjäderbenets nedre del **(se bild)**.
8 Vid borttagning av den vänstra drivaxeln, placera en behållare under växellådan för att undvika oljespill. Den invändiga drivaxelns låsring kan sitta hårt fast i växellådans sidodrev. Ta i så fall höljet till stöd och försök bända loss den. Bänd mot en träkloss för att undvika skador på höljet och se till att inte skada oljetätningen när drivaxeln tas bort **(se bild)**. **Observera:** *Dra enbart i drivknutens hölje, inte i själva drivaxeln. Annars riskerar damasken att skadas.*

9 För att ta bort den högra drivaxeln på bensindrivna turbomodeller med 2,3 liters motor, dra bort den inre drivknutens tapp från spåringen på mellanaxeln. Om det behövs kan du bända bort låsringen från spåret med hjälp av en spak.
10 På alla dieselmodeller och bensinmodeller förutom bensinmodellen med en 2,3 liters turbomotor är höljet till den högra drivaxelns drivknut en del av mellanaxeln (se avsnitt 5) och drivaxeln kan tas bort genom man separerar den yttre delen vid den inre drivknuten. Gör en markering på den inre drivknutens hölje och drivaxeln så att delarna kan sättas tillbaka i samma position. Lossa sedan på klämman, ta försiktigt bort gummidamasken och dra ut trebensknuten från huset.

Montering

11 Kontrollera i förekommande fall låsringen på drivaxelns inre ände och byt vid behov ut den **(se bild)**.
12 Rengör spårningen på drivaxelns båda änder och torka vid behov av oljetätningen i växellådshuset. Kontrollera oljetätningen och byt vid behov ut den enligt beskrivningen i kapitel 7A eller 7B. Stryk på lite olja på oljetätningens kanter innan du monterar drivaxeln.
13 För att sätta tillbaka den högra drivaxelns ytterdel (där den kan tas bort separat), fyll på angiven mängd fett i den inre drivknuten och placera sedan drivaxelns trebensknut i huset i linje med de markeringar du gjort tidigare. Sätt försiktigt tillbaka damasken på huset och montera tillbaka klämman.
14 För att sätta tillbaka den högra drivaxeln på bensinmodeller med 2,3 liters turbomotor, placera den inre drivknutens tapp på mellanaxelns spårning och tryck försiktigt tills låsringen hakar i spåret.
15 För att sätta tillbaka det vänstra drivaxeln, placera drivaxelns inre ände i växellådan – vrid drivaxeln tills den hakar i spårningen. Tryck in drivaxeln tills den inre låsringen hakar i spåret. Kontrollera att låsringen är ihakad genom att försiktigt försöka dra ut drivaxel.
16 Haka i drivaxelns yttre ände i navets spårning. Tryck sedan ner fjädringsarmen och styr den nedre delen på hjulspindeln/benet mot kulleden på länkarmen. Skruva fast den

nya muttern och dra åt till angivet moment (se kapitel 10).
17 Sätt i krängningshämmarens fäste i länkarmens lyftbalk. Montera sedan gummi-bussningen och brickan och dra åt muttern till angivet moment (se kapitel 10).
18 Skruva på den nya drivaxelmuttern och dra åt den försiktigt i detta skede.
19 Kontrollera vätskenivån och fyll vid behov på växellådsolja enligt beskrivningen i kapitel 1A eller 1B.
20 Montera hjulet, sänk ner bilen och dra åt bultarna till angivet moment.
21 Dra åt drivaxelmuttern helt till angivet moment. Vinkeldra och sätt tillbaka nav-kapseln/locket.

3 Drivaxlar – kontroll, fogbyte och rengöring

Kontroll

1 Om kontrollerna i kapitel 1A eller 1B avslöjar kraftigt slitage eller spel, kontrollera först att navmuttern (drivaxelns yttre mutter) är åtdragen till angivet moment. Upprepa kontrollen för navmuttern på den andra sidan.
2 Kontrollera om drivaxlarna är slitna genom att köra bilen långsamt i en cirkel med fullt rattutslag (kör både åt vänster och åt höger) och lyssna efter metalliskt klickande eller knackande ljud från framhjulen. En medhjälpare i passagerarsätet kan lyssna efter ljud från drivknuten närmast passagerarsidan. Om sådana ljud hörs är det ett tecken på slitage i den yttre drivknuten.
3 Om vibrationer som ökar och avtar i förhållande till hastigheten uppstår vid acceleration eller motorbromsning kan det vara ett tecken på att de inre drivknutarna är slitna. Utför en mer ingående kontroll genom att demontera och ta isär drivaxlarna där så är möjligt enligt beskrivningen i följande underavsnitt. Vänd dig till en Saab-verkstad för information om tillgången på drivaxelkomponenter.
4 Om oljud hörs kontinuerligt från området runt den högra drivaxeln och ökar med hastigheten, kan det tyda på slitage i stödlagret.

2.7 Ta bort drivaxeln från spåren i naven

2.8 Dra bort drivaxeln från växellådan

2.11 Kontrollera låsringen på drivaxelns inre ände

3.6 Ta bort klämman . . .

3.7 . . . ta loss gummidamasken från drivknutshuset . . .

3.9a . . . öppna därefter låsringen med en låsringstång . . .

Byte av yttre drivknut

5 Ta bort drivaxeln enligt beskrivningen i avsnitt 2. Rengör den noggrant och fäst den i ett skruvstäd. Det är mycket viktigt att damm, smuts och dylikt inte kommer in i drivknuten.

6 Lossa den stora klämman som fäster gummidamasken i den yttre drivknuten **(se bild)**. Lossa därefter den lilla klämman som fäster gummidamasken vid drivaxeln. Notera hur damasken är monterad.

7 Dra bort gummidamasken längs drivaxeln, bort från knuten **(se bild)**. Ta bort så mycket som möjligt av fettet från drivknuten och damasken.

8 Markera den yttre drivknutens och drivaxelns läge i förhållande till varandra, så att du återmonterar dem korrekt.

9 Använd en låsringstång på knutens innerkant, öppna låsringen och dra bort knuten från drivaxeländen **(se bilder)**. Om den sitter hårt, använd en hammare och en mjuk dorn för att knacka bort drivknutens nav från spåren. Observera att du på senare modeller kanske inte behöver öppna låsringen, eftersom den lossnar från drivaxeln när du tar bort drivknuten.

10 När knuten är borttagen, dra bort gummidamasken och den lilla klämman från drivaxeln **(se bild)**. Kontrollera om gummidamasken är sprucken eller perforerad. Byt ut den om det behövs.

3.9b . . . och dra bort drivknuten från drivaxelns ände

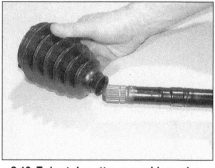

3.10 Ta bort den yttre gummidamasken

11 Rengör noggrant spårningarna i drivaxeln och den yttre drivknuten. Rengör även kontaktytorna på gummidamasken. Om drivknuten har förorenats med grus eller vatten måste den tas bort och rengöras enligt beskrivningen senare i det här avsnittet. Kontrollera skicket på låsringen i den yttre drivknuten. Byt ut den om det behövs **(se bild)**.

12 Sätt på damasken tillsammans med den lilla klämman på drivaxelns yttre ände. Stryk lite fett på drivaxeln så går det lättare.

13 Fyll drivknuten med angiven mängd fett. Se till att fettet fyller ut alla håligheter **(se bild)**.

14 Sätt på den yttre drivknuten i drivaxelns

spårningar så att den sitter jäms med markeringarna du gjorde tidigare. Tryck tills den invändiga låsringen låser fast i spåret.

15 Sätt tillbaka gummidamasken på drivknutens yttre hus så att den sitter likadant som innan du tog bort den. Sätt därefter tillbaka de två klämmorna. Dra åt klämmorna ordentligt.

16 Montera drivaxeln enligt beskrivningen i avsnitt 2.

Byte av inre drivknut

17 Ta bort drivaxeln enligt beskrivningen i avsnitt 2. På alla dieselmodeller och bensin-modeller (förutom modellen med en

3.11 Låsringen sitter kvar i den yttre drivknuten

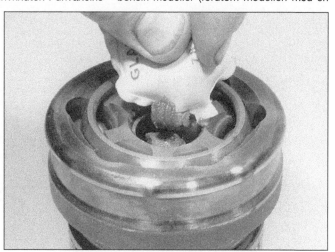

3.13 Fyll CV-knuten med fett från reparationssatsen

3.20a Ta bort låsringen . . .

3.20b . . . dra sedan loss spindeln från drivaxelspåren med en avdragare

2,3 liters turbomotor): ta bort höljet till den inre drivknuten/mellanaxeln enligt beskrivningen i avsnitt 5. På modeller med en 2,3 liter turbomotor: gör en markering på höljet till den inre driv-knuten och drivaxeln så att de kan sättas tillbaka i samma position. Lossa sedan på klämman, ta försiktigt bort gummidamasken och dra ut trebensknuten från huset.

18 Lossa på den lilla klämman som håller fast gummidamasken i drivaxeln. Notera hur damasken är monterad. Om den fabriksmonterade damasken används, böj upp metallplattan för att ta loss damasken från drivknutskåpan. Du behöver inte böja tillbaka plattan igen vid återmonteringen.

19 Skjut ner gummidamasken längs drivaxeln, bort från drivknuten. Ta bort så mycket som möjligt av fettet från drivknuten och damasken.

20 Markera drivaxelns placering i förhållande till trebensknuten med färg eller med en körnare. Öppna och ta bort låsringen från drivaxelns ände med en låsringstång. Dra sedan loss trebensknuten tillsammans med dess nållager med hjälp av en avdragare **(se bilder)**. Observera att drivknutens sneda yta är vänd mot mitten av drivaxeln.

21 Dra bort gummidamasken och den lilla klämman från drivaxeln. Kontrollera om gummidamasken är sprucken eller perforerad. Byt ut den om det behövs.

22 Rengör noggrant spårningarna i drivaxeln och den inre drivknuten. Rengör även kontaktytorna på gummidamasken. Om drivknuten har förorenats med grus eller vatten måste du ta bort den och rengöra

den enligt beskrivningen senare i det här avsnittet. Kontrollera låsringens skick och byt ut den om det behövs. Kontrollera att de tre drivknutslagren roterar fritt utan motstånd, och att de inte är alltför slitna.

23 Placera damasken, tillsammans med den lilla klämman, vid den plats på drivaxelns inre ände som du har markerat tidigare. Stryk lite fett på drivaxeln så går det lättare. Dra åt den lilla klämman.

24 Montera trebensknuten på drivaxelns spårningar med den sneda ytan först. Se till att de märken du gjorde tidigare är i linje med varandra **(se bild)**. Tryck fast trebensknuten helt på drivaxeln med en hylsnyckel eller ett metallrör. Sätt därefter tillbaka låsringen och kontrollera att den sitter ordentligt i spåret.

25 Fyll trebensknuten och den inre höljet till den inre drivknuten med angiven mängd fett. Se till att fettet fyller ut alla håligheter, även i lagren.

26 På alla dieselmodeller och alla bensinmodeller (förutom modellen med 2,3 liter turbomotor), sätt tillbaka höljet till den inre drivknuten /mellanaxeln enligt beskrivningen i avsnitt 5. På modellen med en 2,3 liters turbomotor, placera höljet till inre drivknuten på den plats på trebensknuten som du har markerat tidigare. Sätt tillbaka gummidamasken på höljet till den inre drivknuten så att den sitter likadant som innan du tog bort den. Sätt därefter tillbaka och dra åt klämman. Om knipklämmor används, dra åt dem med ett knipningsverktyg **(se bild)**.

27 Montera drivaxeln enligt beskrivningen i avsnitt 2.

Rengöra drivknutar

28 Om en drivknut har förorenats med grus eller vatten på grund av en skadad gummidamask måste du demontera den helt och rengöra den. Demontera drivknuten enligt beskrivningen tidigare i det här avsnittet.

29 För att ta bort den yttre drivknuten. fäst den lodrätt i ett skruvstäd med mjuka käftar. Vrid sedan det räfflade navet och kulburen så att du kan ta bort de enskilda kulorna. Ta bort navet och därefter kulburen.

30 Den inre drivknuten tas isär vid demonteringen och trebensknutens lager ska sköljas med lämpligt lösningsmedel, så att alla fettrester försvinner.

31 Rengör noggrant de inre och yttre drivknutskåporna, kullagren, burarna och kulorna från fettrester och smuts.

32 Vid återmonteringen, sätt först i buren och därefter det räfflade navet. Flytta navet och hållaren så att du kan sätta i kulorna en i taget.

4 Drivaxeldamasker – byte

1 Skaffa en sats nya damasker och fästklämmor från en Saab-återförsäljare eller en motorspecialist.

2 Demontering och montering av damaskerna beskrivs i avsnitt 3.

5 Mellanliggande drivaxel och stödlager – demontering, översyn och montering

Demontering

1 Dra åt handbromsen, lyft sedan upp framvagnen och ställ den på pallbockar (se *Lyftning och stödpunkter*). Demontera höger framhjul.

2 Arbeta under det högra hjulhuset, lossa fästena och ta bort stänkskyddet så att du kommer åt motorns högra sida.

Bensinmodeller

3 Koppla loss batteriets minusledare (se *Koppla ifrån batteriet* i kapitlet *Referens* i slutet av handboken).

4 Ta bort motorns övre skyddskåpa i motorrummet.

5 På högerstyrda modeller, skruva loss motorrumsstaget mellan de främre fjäderbenstornen.

6 Notera hur drivremmen är monterad och markera den normala rörelseriktningen med en pil.

7 Ta fram ett fyrkantigt förlängningsskaft och vrid spännaren moturs för att lossa spänningen. Dra sedan av drivremmen från vevaxelns, generatorns, luftkonditioneringskompressorns och tomgångsstyrningens remskivor. Lossa spännaren.

8 Skruva loss spännaren från motorn med en 8,0 mm insexnyckel. Skruva även loss generatorns övre fästbult.

9 Skruva loss muttern som håller fast krängningshämmaren i den nedre fjädrings-

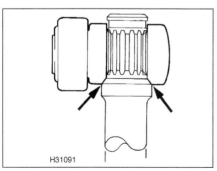

3.24 På den inre drivknuten ser du till att den fasade änden riktas mot den inre ansatsen på drivaxeln

3.26 Använd en kniptång för att dra åt damaskklamrarna

5.11 Dammtätning till mellanliggande drivaxel

5.19 Bultar till den mellanliggande axelns fästbygel

5.20 Ta bort den mellanliggande drivaxeln från växellådan

armens lyftbalk och ta bort brickan och gummibussningen.

10 Skruva loss muttern och koppla sedan loss den nedre länkarmens kulled från hjulspindeln/benet med hjälp av en kulledsavdragare (se kapitel 10). Sänk den nedre fjädringsarmen så långt ner som möjligt och flytta hjulspindeln/benet åt sidan. Använd en träkloss för att hålla länkarmen nere. Var försiktig så att du inte skadar kulledens gummimask och belasta inte bromsslangar och kablarna som sänder signaler om att bromsklossarna är slitna.

11 På modeller med en 2,3-liters turbomotor, dra bort den inre drivknutens tapp från spårningen på mellanaxeln och stöd upp drivaxeln på ena sidan. Om det behövs kan du bända bort låsringen från spåret. Observera att lagrets dammtätning kan ha lossnat tillsammans med drivaxeln **(se bild)**.

12 På alla modeller förutom modellen med en 2,3-liters turbomotor, märk ut drivaxelns position i förhållande till höljet på drivaxelns inre drivknut. Lossa sedan på klämman, ta försiktigt bort gummidamasken och dra ut trebensknuten från huset. Stöd upp drivaxelns ena sida och täck över den så att inte damm och smuts fastnar i leden.

13 Skruva loss muttrarna på generatorns baksida och koppla loss batteriets pluskabel och varningsblinkerkabeln.

14 Skruva loss generatorns nedre fästbult och placera generatorn åt sidan (se kapitel 5A om det behövs).

Dieselmodeller

15 Skruva loss muttern som håller fast krängningshämmaren i den nedre fjädringsarmens lyftbalk och ta bort brickan och gummibussningen.

16 Skruva loss muttern och koppla sedan loss den nedre länkarmens kulled från hjulspindeln/benet med hjälp av en kulledsavdragare (se kapitel 10). Sänk den nedre fjädringsarmen så långt ner som möjligt och flytta hjulspindeln/benet åt sidan; använd en träkloss för att hålla länkarmen nere. Var försiktig så att du inte skadar kulledens gummidamask och belasta inte bromsslangar och kablarna som sänder signaler om att bromsklossarna är slitna.

17 Gör en markering på höljet till drivaxelns drivknut och drivaxeln så att de kan sättas tillbaka i samma position. Lossa sedan på klämman, ta försiktigt bort gummidamasken och dra ut trebensknuten från huset. Stöd upp drivaxelns ena sida och täck över den så att inte damm och smuts fastnar i leden.

Alla modeller

18 Placera en behållare under växellådan för att fånga upp eventuellt vätskespill när den mellanliggande drivaxeln demonteras.

19 Skruva loss bultarna som fäster stödlagerbygeln i motorblockets baksida **(se bild)**.

20 Bänd bort bygeln från styrhylsorna på motorblocket med en skruvmejsel. Dra sedan loss mellanaxeln från det räfflade solhjulet i växellådan **(se bild)**.

Renovering

21 Nu ska mellanaxeln tas bort från lagret. På bensinmodeller med en 2,3-liters turbomotor används en låsringstång för att ta bort den yttre lilla låsringen från mellanaxelns ena ände. Spänn sedan fast fästbygeln i ett skruvstäd och tryck eller slå ut axeln. Om axeln ska bytas ut, ta bort den inre lilla låsringen från axeln **(se bilder)**. På alla andra modeller, ta bort inre lilla låsringen från axeln, sätt fast fästbygeln och slå sedan ut axeln från växellådsänden.

22 Använd en låsringstång och dra bort den stora låsringen som fäster lagret vid fästet. Nu ska axeln tryckas loss från fästet. Skruva fast fästet i ett skruvstäd.

23 Stöd fästet med den öppna änden uppåt, montera sedan det nya lagret och tryck eller driv in det helt i det yttre lagerspåret med hjälp av en metallhylsa. Montera den stora låsringen för att fästa lagret i fästet.

24 På bensinmodeller med en 2,3-liters turbomotor, sätt tillbaka den lilla låsringen på drivaxeln, sätt fast mellanaxeln i ett skruvstäd och montera sedan dit lager och fästbygel på drivaxeln. Tryck eller slå på lagrets innerbana tills det kommer i kontakt med låsringen. Se till att fästet monteras åt rätt håll och tryck endast på det inre lagerspåret. Sätt tillbaka den lilla låsringen i spåret och se till att den konkava sidan riktas mot lagret. Montera sedan ditt en ny dammtätning över lagrets ytterände.

25 På alla modeller förutom modellen med 2,3-liters turbomotor, stöd upp den inre lagerbanan på ett metallrör. Tryck eller slå sedan på mellanaxeln så att den hamnar på rätt position i lagret. Kontrollera att axeln är monterad rättvänd. Sätt tillbaka den inre lilla låsringen.

Montering

26 Monteringen utförs i omvänd ordningsföljd mot demonteringen. Tänk på följande:

a) *Kontrollera växellådans oljetätning och byt vid behov ut dem enligt beskrivningen i kapitel 7A eller 7B.*

b) *Dra åt alla fästmuttrar/bultar till angivet moment (där detta anges).*

c) *Fyll på med växellådsolja enligt beskrivningen i kapitel 1A eller 1B.*

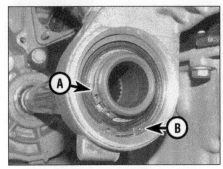

5.21a Den lilla (A) och den stora (B) låsringen på mellanaxelns lager

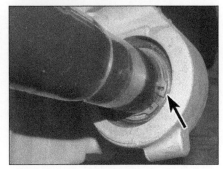

5.21b Den lilla, inre låsringen på drivaxeln

Anteckningar

Kapitel 9
Bromssystem

Innehåll

Svårighetsgrad

Enkelt, passar novisen med lite erfarenhet	Ganska enkelt, passar nybörjaren med viss erfarenhet	Ganska svårt, passar kompetent hemmamekaniker	Svårt, passar hemmamekaniker med erfarenhet	Mycket svårt, för professionell mekaniker

Specifikationer

Allmänt

Bromssystemets typ och utformning:

Fotbroms .... Hydrauliska diagonalkretsar; vänster fram/höger bak och höger fram/vänster bak. Bromsskivor fram och bak, ventilerade bromsskivor fram. Enkolvs glidande bromsok fram, tvåkolvs fasta bromsok bak. Alla modeller är i standardutförande försedda med låsningsfria bromsar (ABS). Antispinnsystem (TCS) är tillval på vissa modeller

Handbroms... Spak- och vajerstyrd, verkar på bromsbackar i trummor inbyggda i de bakre bromsskivorna.

Främre bromsar

Bromsskivor:

Typ .... Ventilerade
Ytterdiameter .... 288,0 mm (308,0 mm på Viggen)
Tjocklek (ny bromsskiva) .... 25,0 mm
Minimitjocklek efter slipning.......................... 23,5 mm
Minimitjocklek efter slitage........................... 22,0 mm
Maximal skevhet.................................... 0,08 mm
Maximal tjockleksvariation............................ 0,015 mm

Bromsok:

Typ .... Enkel kolv av flottörtyp
Kolvdiameter....................................... 57,0 mm

Bromsklossar:

Minimitjocklek på bromsbeläggen .... 5,0 mm
Tjocklek före varningsljudsignal .... 3,0 mm

Bakre bromsar

Bromsskivor:

Typ	Massiva
Utvändig diameter	286,0 mm
Tjocklek (ny bromsskiva)	10,0 mm
Minimitjocklek efter slipning	8,5 mm
Minimitjocklek efter slitage	8,0 mm
Maximal skevhet	0,08 mm
Maximal tjockleksvariation	0,015 mm
Handbromstrummans inre diameter	160,0 mm
Handbromstrummans maximala ovalitet	0,08 mm

Bromsok:

Typ	Dubbla kolvar av fast typ
Kolvdiameter	35,0 mm

Bromsklossar:

Minimitjocklek på bromsbeläggen	5,0 mm

Handbroms:

Minsta tjocklek på bromsbeläggen	0,5 mm

ABS-komponenter

Framhjulsgivare:

Resistans	1 600 ± 160 ohm vid 20 °C
Spelrum mellan givare och tand (ej justerbart)	0,3 till 1,3 mm

Bakhjulsgivare:

Resistans	1130 ± 115 ohm vid 20 °C

Åtdragningsmoment

	Nm
ABS, hydrauliska anslutningsmuttrar	15
ABS-hydraulenhetens fästmutter	20
Bromsoksstyrbultar	28
Det främre bromsokets fästbygel till hjulspindel	110
Den främre bromsslangen till bromsoket	40
Det bakre bromsoket till bromsskölden	80
Bakhjulsnav till bakaxel	50
Vakuumslangens anslutningsmutter	18
Vakuumpumpens smörjning banjobult (bensinmodeller)	25
Vakuumpumpens (mekaniska) fästbult:	
Bensinmodeller	22
Dieselmodeller	8

1 Allmän information

Bilen bromsas med ett tvåkretsars hydraulsystem och en vakuumservoenhet. Alla modeller har bromsskivor både fram och bak. De främre bromsskivorna är ventilerade för att förbättra kylningen och minska slitaget.

De dubbla hydraulkretsarna verkar diagonalt. I vänsterstyrda modeller verkar primärkretsen på vänster fram- och höger bakbroms. Sekundärkretsen verkar på höger fram- och vänster bakbroms. I högerstyrda modeller är kretsarnas verkan omkastade. Utformningen garanterar att bilen behåller minst 50 % av sin bromskapacitet om någon av hydraulkretsarna drabbas av tryckfall. Den diagonala utformningen hindrar bilen från att bli instabil om bromsarna slås på när bara en krets fungerar.

De främre bromsoken är flytande och av enkolvstyp. Varje bromsok innehåller två bromsklossar, en inuti och en utanpå bromsskivan. Vid bromsning tvingar hydrauliskt tryck kolvarna längs cylindern och trycker den inre bromsklossen mot bromsskivan. Bromsokshuset reagerar genom att glida längs sina styrsprintar så att den yttre bromsklossen kommer i kontakt med bromsskivan. På så sätt påverkar bromsklossarna bromsskivan med lika stort tryck från båda sidorna. När bromspedalen släpps upp minskar hydraultrycket, och kolvtätningen drar tillbaka kolven från bromsklossen.

De bakre bromsklossarna har dubbla fasta kolvar och två bromsklossar, en inuti och en utanpå skivan. Kolvarna fungerar oberoende av varandra.

De bakre bromsskivorna är försedda med trummor och bromsbackar för handbromsen. En primärkabel och två sekundära kablar från handbromsspaken manövrerar armen på varje bakbroms. Handbromsen är inte självjusterande och därför måste den manuellt justeras regelbundet.

På bensinmodeller använder bromsvakuum-servon motorns insugsvakuum för att förstärka bromspedalens påverkan på huvudcylindern. På bensinmodeller med automatväxellåda och turbo är vakuumet i insugsgrenröret förstärkt med en spänningsstyrd elektrisk vakuumpump. Pumpen slås på när undertrycket i insugsgrenröret underskrider 0,35 bar och slås av när vakuumtrycket överskrider 0,4 bar. Trycket anges av en tryckgivare som sitter monterad på insugsgrenröret. Backventiler i vakuumledningarna isolerar insugsgrenröret och den elektriska vakuumpumpen, så att det nödvändiga undertrycket upprätthålls i ledningarna. Systemet fungerar endast när tändningen är på och läge D är valt. I årsmodell 2000 (slutet av 1999) ersattes den elektriska vakuumpumpen av en mekanisk vakuumpump. Denna sitter monterad till vänster om toppocket och styrs av kamaxeln. I årsmodell 2001 och senare är turbomodeller med manuell växellåda försedda med en tillhörande "ejektorenhet", som förstärker undertrycket till vakuumservon. Enheten är monterad i laddluftröret och ökar luftflödets hastighet via en stryphylsa, som på så sätt förmedlar undertryck till servon.

På dieselmodeller förses bromsvakuum-servon kontinuerligt med vakuum från en pump som styrs direkt från avgassystemets kamaxel.

De låsningsfria bromsarna (ABS) är standardmonterade och hindrar hjulen från att låsa sig vid kraftig inbromsning. Det förkortar bromssträckan, samtidigt som föraren behåller kontrollen över styrningen. Genom att elektroniskt mäta varje hjuls hastighet i förhållande till de andra hjulen kan systemet avgöra när ett hjul är på väg att låsa sig, innan föraren förlorar kontrollen över bilen. Bromsvätsketrycket till oket i det aktuella hjulet minskar och återställs (moduleras) flera gånger i sekunden tills kontrollen återfåtts. Systemet består av fyra hjulhastighetsgivare, en hydraulenhet med inbyggd ECU, bromsledningar och en varningslampa på instrumentbrädan. De fyra hjulhastighetsgivarna är monterade på hjulnaven. Varje hjul är försedd med ett roterande nav med kuggar, som är monterade på drivaxeln (fram) eller navet (bak). Hjulhastighetsgivarna är monterade i navens närhet. Kuggarna genererar en spänningsimpuls, vars frekvens varierar med navets hastigheter. Impulserna överförs till den elektroniska styrenheten, som använder dem till att beräkna hastigheten för varje hjul. Den elektroniska styrenheten har ett verktyg för självdiagnos och tar ABS-systemet ur drift samt tänder varningslampan på instrumentbrädan om ett fel upptäcks. Bromssystemet övergår då till att fungera som konventionella bromsar, utan ABS. Om felet inte kan lokaliseras vid en vanlig kontroll *måste* bilen lämnas in till en Saab-verkstad som har rätt diagnosutrustning för att läsa ABS-systemets styrenhet elektroniskt och ta reda på exakt var felet ligger.

Antispinnsystemet (TCS) finns som tillbehör till en del modeller. Det samarbetar med ABS-systemet, och en ytterligare pump med ventiler är monterade på det hydrauliska manöverorganet. Om hjulspinn upptäcks i hastigheter under 50 km/h öppnas en av ventilerna. Pumpen trycksätter bromsen tills hjulhastigheten är densamma som fordonets hastighet. På så sätt överförs kraften till det hjul som har bäst fäste. Samtidigt stängs ventilplattan något, så att kraften från motorn minskar.

2 Hydraulsystem – luftning

⚠️ **Varning: Hydrauloljan är giftig. Tvätta noggrant bort vätskan omedelbart vid hudkontakt och sök omedelbar läkarhjälp om vätska sväljs eller hamnar i ögonen. Vissa hydrauloljor är lättantändliga och kan självantända om de kommer i kontakt med heta komponenter. Vid arbete med hydraulsystem är det alltid säkrast att anta att oljan är brandfarlig, och att vidta samma försiktighetsåtgärder mot brand som när bensin hanteras. Bromsvätska**

är även ett effektivt färgbort-tagningsmedel och angriper plast. Vid spill ska vätskan sköljas bort omedelbart med stora mängder rent vatten. Den är också hygroskopisk (den absorberar fukt från luften) – gammal vätska kan vara förorenad och är därför inte lämplig att använda. Vid påfyllning eller byte ska alltid rekommenderad typ användas och den måste komma från en nyligen öppnad förseglad förpackning.

Allmänt

1 Ett hydraulsystem kan inte fungera som det ska förrän all luft har avlägsnats från komponenterna och kretsen. Detta görs genom att systemet luftas.

2 Tillsätt endast ren, oanvänd hydraulvätska av rekommenderad typ under luftningen. Återanvänd aldrig vätska som redan har tömts ur systemet. Se till att det finns tillräckligt med vätska i beredskap innan luftningen påbörjas.

3 Om det finns någon möjlighet att fel typ av olja finns i systemet måste bromsarnas komponenter och kretsar spolas ur helt med ren olja av rätt typ, och alla tätningar måste bytas.

4 Om hydraulolja har läckt ur systemet eller om luft har trängt in på grund av en läcka måste läckaget åtgärdas innan arbetet fortsätter.

5 Parkera bilen över en smörjgrop eller på ramper. Alternativt drar du åt handbromsen, hissar upp bilen med en domkraft och ställ den på pallbockar (se *Lyftning och stödpunkter*). Ta bort hjulen när bilen är upphissad för att lättare komma åt.

6 Kontrollera att alla rör och slangar sitter säkert, att anslutningarna är ordentligt åtdragna och att luftningsskruvarna är stängda. Tvätta bort all smuts runt luftningsskruvarna.

7 Skruva loss huvudcylinderbehållarens lock och fyll på behållaren till maxmarkeringen. Montera locket löst. Kom ihåg att oljenivån aldrig får sjunka under MIN-nivån under arbetet, annars är det risk för att ytterligare luft tränger in i systemet.

8 Det finns ett antal enmans gör-det-själv-luftningssatser att köpa i motortillbehörsbutiker. Vi rekommenderar att en sådan sats används, eftersom den i hög grad förenklar arbetet och dessutom minskar risken för att avtappad olja och luft sugs tillbaka in i systemet. Om det inte går att få tag på en sådan sats återstår bara den vanliga tvåmansmetoden som beskrivs i detalj nedan.

9 Om en luftningssats ska användas, förbered bilen enligt beskrivningen ovan och följ sedan luftningssatstillverkarens instruktioner, eftersom metoden kan variera något mellan olika luftningssatser. I allmänhet är metoden den som beskrivs i relevant underavsnitt.

10 Oavsett vilken metod som används måste ordningen för luftning (se punkt 11 och 12) följas för att systemet garanterat ska tömmas på all luft.

Luftning – ordningsföljd

11 Om systemet endast kopplats ur delvis och åtgärder vidtagits för att minimera oljespill, ska bara den aktuella delen av systemet behöva luftas (det vill säga primär- eller sekundärkretsen).

12 Om hela systemet ska luftas ska det göras i följande ordningsföljd (**Observera:** *på vänsterstyrda modeller används motsatta sidor):*
a) *Höger frambroms.*
b) *Vänster bakbroms.*
c) *Vänster frambroms.*
d) *Höger bakbroms.*

Luftning

Grundläggande luftning (för två personer)

13 Skaffa en ren glasburk, en lagom längd plast- eller gummislang som sluter tätt över avluftningsskruven och en ringnyckel som passar skruven. En medhjälpare behövs också.

14 Ta bort dammkåpan från den första luftningsskruven i ordningen **(se bild)**. Montera nyckeln och slangen på skruven. Placera slangens andra ände i glasburken och häll i så mycket vätska att slangänden täcks.

15 Se till att oljenivån i huvudcylinderbehållaren överstiger MIN-markeringen under hela arbetet.

16 Låt medhjälparen pumpa bromsen i botten flera gånger så att ett inre tryck byggs upp i systemet.

17 Lossa avluftningsskruven ungefär ett halvt varv och låt sedan medhjälparen långsamt trampa ner bromspedalen till golvet och hålla fast den där. Dra åt avluftningsskruven och låt medhjälparen långsamt släppa upp pedalen till viloläget.

18 Upprepa proceduren i punkt 17 tills vätskan som rinner från avluftningsskruven är fri från luftbubblor. Kontrollera oljenivån i behållaren efter varannan eller var tredje pedalnedtryckning och fyll på med mer olja om det behövs.

19 Dra åt luftningsskruven ordentligt när inga fler bubblor förekommer. Ta sedan bort slangen och nyckeln, och montera dammkåpan. Dra inte åt luftningsskruven för hårt.

20 Upprepa proceduren på de kvarvarande skruvarna i ordningsföljden tills all luft har tömts ur systemet och bromspedalen känns fast igen.

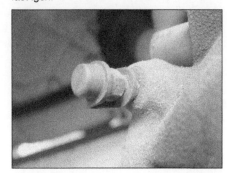

2.14 Dammkåpa på okets luftningsskruv

2.22 Luftning av bakre bromskrets med backventilsats

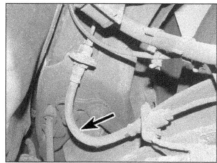

3.2 Böjlig slang till bakbromsarna mellan underrede och länkarm

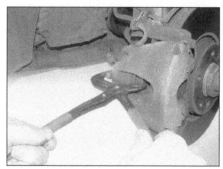

4.2 Tryck in kolven i oket med en polygrip

Med hjälp av en luftningssats med backventil

21 Dessa luftningssatser består av en bit slang försedd med en envägsventil för att förhindra att luft och vätska dras tillbaka in i systemet. Vissa satser levereras även med en genomskinlig behållare som kan placeras så att luftbubblorna lättare ses flöda från slangänden.

22 Koppla luftningssatsen till luftningsskruven och öppna den **(se bild)**. Återvänd till förarsätet, tryck ner bromspedalen mjukt och stadigt och släpp sedan långsamt upp den igen. Detta upprepas tills vätskan som rinner ut är fri från luftbubblor.

23 Observera att dessa luftningssatser underlättar arbetet så mycket att man lätt glömmer huvudcylinderbehållarens vätskenivå. Se till att nivån hela tiden ligger över minmarkeringen.

Med hjälp av en tryckluftssats

24 De tryckluftsdrivna avluftningssatserna drivs ofta av tryckluften i reservdäcket. Observera dock att trycket i reservhjulet antagligen behöver minskas till under den normala nivån. Se instruktionerna som följer med luftningssatsen.

25 Om man ansluter en trycksatt, vätskefylld behållare till huvudcylinderbehållaren kan luftningen utföras genom att man helt enkelt öppnar skruvarna i tur och ordning (i den angivna ordningsföljden) och låter vätskan flöda ut tills den inte längre innehåller några luftbubblor.

26 En fördel med den här metoden är att den stora vätskebehållaren ytterligare förhindrar att luft dras tillbaka in i systemet under luftningen.

27 Luftning med tryckluftssats lämpar sig särskilt för luftning av "svåra" system, eller för luftning av hela system vid rutinmässiga oljebyten.

Alla metoder

28 När luftningen är avslutad och pedalen känns fast, torka bort eventuellt oljespill, dra åt avluftningsskruvarna ordentligt och montera dammskydden.

29 Kontrollera hydrauloljenivån i huvudcylinderbehållaren och fyll på om det behövs (se *Veckokontroller*).

30 Kassera all hydraulvätska som har tappats ur systemet. Den lämpar sig inte för återanvändning.

31 Kontrollera känslan i bromspedalen. Om den känns "svampig" finns det luft kvar i systemet och ytterligare luftning behövs. Om systemet inte är helt luftat efter ett rimligt antal upprepningar av luftningen kan det bero på slitna huvudcylindertätningar.

3 Hydraulrör och slangar – byte

1 Om ett rör eller en slang måste bytas ut, minimera oljespillet genom att först ta bort huvudcylinderbehållarens lock och sedan skruva på det igen över en bit plastfolie så att det blir lufttätt. Locket är försett med en nivåvarningsflottör och eventuellt kan slangklämmor monteras på böjliga slangar och isolera delar av kretsen. Bromsrörsanslutningar i metall kan pluggas igen eller täckas över direkt när de kopplas loss. Var då noga med att inte låta smuts tränga in i systemet. Placera trasor under alla anslutningar som ska kopplas loss för att fånga upp vätskespill.

2 Om en slang ska kopplas loss, skruva loss muttern till bromsrörsanslutningen innan fjäderklämman som fäster slangen i monteringskonsolen tas bort **(se bild)**. I förekommande fall, skruva loss banjoanslutningsbulten som fäster slangen vid bromsoket och ta loss kopparbrickorna. När den främre slangen tas bort, dra ut fjäderklämman och koppla loss den från fjäderbenet.

3 Använd helst en bromsrörsnyckel av lämplig storlek för att skruva loss anslutningsmuttrarna. Sådana finns att köpa i de flesta motortillbehörsbutiker. Finns ingen sådan nyckel tillgänglig måste en tättsittande öppen nyckel användas, även om det innebär att hårt sittande eller korroderade muttrar kan runddras om nyckeln slinter. Skulle det hända är ofta en självlåsande tång det enda sättet att skruva loss en envis anslutning, men i så fall måste röret och de skadade muttrarna bytas ut vid ihopsättningen. Rengör alltid anslutningen och området runt den innan den kopplas loss. Om en komponent med mer än en anslutning kopplas loss ska noggranna anteckningar göras om anslutningarna innan de rubbas.

4 Om ett bromsrör måste bytas ut kan ett nytt köpas färdigkapat, med muttrar och flänsar

monterade, hos en Saab-verkstad. Allt som sedan behöver göras innan det nya röret kan monteras är att böja det till rätt form med det gamla röret som mall. Alternativt kan de flesta tillbehörsbutiker tillhandahålla bromsrör, men det kräver extremt noggranna mätningar av originalet för att det nya röret ska få rätt längd. Det bästa är oftast att ta med sig originalröret till butiken som mall.

5 Dra inte åt anslutningsmuttrarna för hårt vid återmonteringen.

6 Använd alltid kopparbrickor när slangar återansluts till bromsoken, och dra åt banjoanslutningsbultarna till angivet moment. Se till att slangarna placeras så att de inte kommer i kontakt med omgivande karosseri eller hjul.

7 Se till att rören och slangarna dras korrekt, utan veck, och att de monteras ordentligt i klamrar och fästen. När du har monterat delarna, ta bort plastfolien från behållaren och lufta hydraulsystemet enligt instruktionerna i avsnitt 2. Tvätta bort eventuella vätskespill och kontrollera noggrant att inga läckage har uppstått.

4 Främre bromsklossar – byte

⚠️ *Varning: Byt ut BÅDA främre bromsklossuppsättningarna på en gång – byt ALDRIG bromsklossar bara på ena hjulet eftersom det kan ge ojämn bromsverkan. Observera att dammet som uppstår p.g.a. slitage på bromsklossarna kan innehålla hälsovådlig asbest. Blås aldrig bort dammet med tryckluft och andas inte in det. Rengör bromsdelar med bromsrengöringsmedel eller T-sprit.*

1 Dra åt handbromsen. Lyft sedan upp framvagnen och ställ den på pallbockar (se *Lyftning och stödpunkter*). Demontera båda framhjulen.

2 Tryck in kolven helt med en polygrip **(se bild)**. **Observera:** *Om huvudcylinderbehållaren inte har överfyllts med hydraulvätska bör inget spill uppstå, men håll ändå ett öga på vätskenivån när du drar in kolven. Om oljenivån stiger över MAX-markeringen ska överskottet tömmas bort med en hävert eller matas ut genom ett plaströr anslutet till avluftningsskruven.*

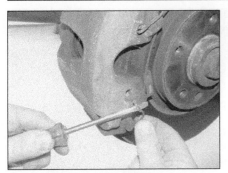

4.3a Bänd ut fästfjädern . . .

4.3b . . . och ta bort den från oket

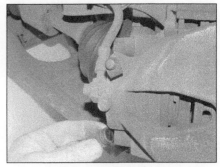

4.4 Ta bort dammkåporna . . .

3 Bänd försiktigt bort fästfjädern från hålen på bromsokets utsida, observera hur fjädern är monterad i bromsokets monteringskonsol **(se bilder)**.

4 Ta bort dammskydden från styrbultarnas inre ändar **(se bild)**.

5 Skruva loss styrbultarna från bromsoket och lyft bort bromsoket och bromsklossarna från monteringskonsolen **(se bilder)**. Knyt upp bromsoket på fjäderbenet med en bit ståltråd. Låt inte bromsoket hänga utan stöd i bromsslangarna.

6 Ta bort den inre och yttre bromsklossen från bromsoket, observera att den inre bromsklossen är fäst med en fjäderklämma på stödplattan **(se bild)**. **Observera:** *Det sitter en akustisk slitagevarnare på den yttre bromsklossen, bestående av en metallbit som kommer i kontakt med bromsskivan när* belägget är tunnare än 3,0 mm. Konstruktionen ger ifrån sig ett skrapande ljud som varnar föraren om att bromsklossarna är för slitna.

7 Borsta bort smuts och damm från bromsoket, var noga med att inte andas in dammet. Ta försiktigt bort rost från kanten på bromsskivan.

8 Mät tjockleken på bromsklossarna (endast belägget, ej stödplattan). Om någon kloss är sliten ner till angiven minimitjocklek eller mindre, måste alla fyra klossar bytas. Dessutom ska klossarna bytas ut om de är förorenade med olja eller fett. Det går inte att ta bort olja och fett på ett bra sätt. Felsök och åtgärda orsaken till föroreningarna före ihopsättningen.

9 Om bromsklossarna fortfarande är användbara, rengör dem noga med en fin stålborste eller liknande, och var extra noga med stödplattans kanter och baksida. Rengör bromsklossplatserna i bromsokshuset/fästbygeln noga.

10 Kontrollera att styrbultarna sitter bra i bromsoksbussningarna innan bromsklossarna monteras. Borsta bort damm och smuts från bromsoket och kolven (se **Varning** i början av det här avsnittet). Smörj lite kopparbromsfett med hög smältpunkt på de områden runt bromsklossarnas stödplattor som är i kontakt med bromsoket och kolven. Undersök damm-tätningen runt kolven och leta efter tecken på skador, och undersök kolven efter tecken på vätskeläckage, korrosion eller skador. Om någon av dessa komponenter måste åtgärdas, se avsnitt 6.

11 Montera den inre bromsklossen i bromsoket och se till att klämman placeras korrekt på bromsokskolven. Se till att pilarna på bromsklossen pekar i bromsskivans rotationsriktning **(se bilder)**.

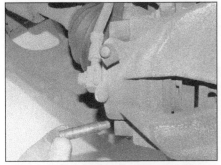

4.5a . . . skruva sedan loss styrbultarna . . .

4.5b . . . och lyft bort bromsoket och bromsklossarna från monteringskonsolen

4.6a Ta bort den yttre bromsklossen från bromsoket . . .

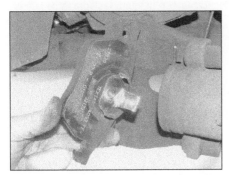

4.6b . . . och sedan den inre. Observera att den sitter fast i kolven med en fjäderklämma

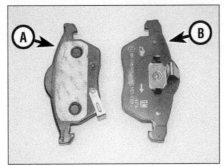

4.11a Yttre (A) och inre (B) främre bromsklossar

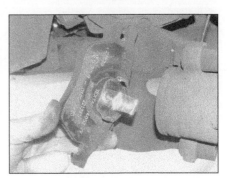

4.11b Bromsklossarna måste monteras med pilarna i bromsskivans normala rotationsriktning framåt

5.2 Använd en körnare för att driva ut den bakre bromsklossens fästsprintar

5.3 Ta bort dämpfjäderplattan

5.5a Ta bort den inre, bakre bromsklossen

12 Montera den yttre bromsklossen i bromsokets monteringskonsol och se till att belägget är riktat mot bromsskivan. De akustiska slitageindikatorerna ska vara vända nedåt.
13 Dra bromsoket och den inre bromsklossen i läge över den yttre bromsklossen, och fäst den i monteringskonsolen.
14 Skruva i bromsokets styrbultar och dra åt dem till angivet moment.
15 Montera styrbultarnas dammskydd.
16 Montera fästfjädern på bromsoket och se till att fjäderändarna är korrekt placerade i hålen på bromsoket.
17 Trampa ner bromspedalen upprepade gånger tills normalt pedaltryck återställs.
18 Upprepa ovanstående procedur med det andra främre bromsoket.
19 Montera hjulen, sänk ner bilen och dra åt hjulbultarna till angivet moment.
20 Kontrollera hydrauloljenivån enligt beskrivningen i *Veckokontroller*.

5 Bakre bromsklossar – byte

⚠️ **Varning: Byt ut BÅDA bakre bromsklossuppsättningarna på en gång – byt ALDRIG bromsklossar bara på ena hjulet eftersom det kan ge ojämn bromsverkan. Observera att dammet som uppstår p.g.a. slitage på bromsklossarna kan innehålla hälsovådligt asbest. Blås aldrig bort dammet med tryckluft och andas inte in det. Rengör bromsdelar med bromsrengöringsmedel eller T-sprit.**

1 Klossa framhjulen, lyft upp bilens bakvagn med hjälp av en domkraft och stöd den på pallbockar (se *Lyftning och stödpunkter*). Ta bort bakhjulen.
2 Observera hur dämpfjäderplattan är placerad, driv sedan ut bromsklossens övre och undre fästsprint från bromsokets utsida med hjälp av en körnare **(se bild)**.
3 Ta bort dämpfjäderplattan **(se bild)**.
4 Sära bromsklossarna något från skivan med en lämplig hävarm eller en stor polygrip. Dra sedan loss den yttre bromsklossen från oket med en tång eller särskilt borttagningsverktyg.
5 Ta bort den inre bromsklossen från bromsoket **(se bilder)**.
6 Borsta bort smuts och damm från bromsoket, var noga med att inte andas in dammet. Ta försiktigt bort rost från kanten på bromsskivan.
7 Mät tjockleken på bromsklossarna (endast belägget, ej stödplattan). Om någon kloss är sliten ner till angiven minimitjocklek eller mindre, måste alla fyra klossar bytas. Dessutom ska klossarna bytas ut om de är förorenade med olja eller fett. Det går inte att ta bort olja och fett på ett bra sätt. Felsök och åtgärda orsaken till föroreningarna före ihopsättningen.
8 Om bromsklossarna fortfarande är användbara, rengör dem noga med en fin stålborste eller liknande, och var extra noga med stödplattans kanter och baksida. Rengör bromsklossplatserna i bromsokshuset/fästbygeln noga.
9 Rengör och kontrollera fästsprintarna innan

du monterar bromsklossarna. Borsta bort damm och smuts från bromsoket och kolven (se *Varning* i början av det här avsnittet). Smörj lite kopparbromsfett med hög smältpunkt på de områden runt bromsklossarnas stödplattor som är i kontakt med bromsoket och kolven **(se bild)**. Undersök dammtätningen runt kolvarna och leta efter tecken på skador. Kontrollera även tecken på vätskeläckage, korrosion eller skador. Om någon av dessa komponenter måste åtgärdas, se avsnitt 7.
10 Om nya bromsklossar ska monteras måste bromsokets kolvar tryckas in i cylindern för att ge plats åt dem. Använd antingen en G-klämma eller liknande, eller använd lämpliga träbitar som hävverktyg. Under förutsättning att huvudcylinderns behållare inte har överfyllts bör det inte bli något spill, men håll ett öga på oljenivån när kolven/kolvarna trycks tillbaka. Om oljenivån stiger över MAX-markeringen ska överskottet tömmas bort med en hävert eller matas ut genom ett plaströr anslutet till avluftningsskruven.

⚠️ **Varning: Sug inte vätskan med munnen eftersom den är giftig. Använd en bollspruta.**

11 Använd en ställinjal och kontrollera att skårorna i kolvarna är placerade på rätt sätt **(se bild)**. Skårorna ska vara på bromsokets botten. Vrid kolvarna rätt om det behövs.
12 Placera de nya bromsklossarna i bromsoket. Se till att belägget är riktat mot bromsskivan och kontrollera att bromsklossarna kan röra sig fritt.
13 Placera dämpfjäderplattan på bromsklossarna och montera fästsprintarna inifrån

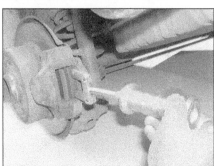

5.5b Ta bort den inre, bakre bromsklossen med hjälp av ett demonteringsverktyg

5.9 Stryk lite temperaturbeständigt bromsfett på bromsklossarnas baksidor

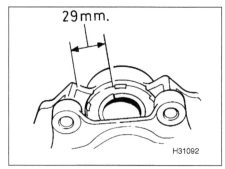

5.11 Korrekt position på kolven i bromsoket

kanten på bromsoket medan fjädern trycks ner. Knacka fast sprintarna ordentligt i bromsoket.

14 Trampa ner bromspedalen upprepade gånger tills normalt pedaltryck återställs.

15 Upprepa ovanstående procedur med det andra bakre bromsoket.

16 Montera hjulen. Sänk sedan ner bilen till marken och dra åt hjulbultarna till angivet moment.

17 Kontrollera hydrauloljenivån enligt beskrivningen i *Veckokontroller*.

6 Främre bromsok –
demontering, översyn och montering
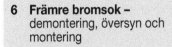

Demontering

1 Dra åt handbromsen, lyft fordonets främre del och ställ framvagnen på pallbockar (se *Lyftning och stödpunkter*). Demontera hjulet.

2 Minimera eventuellt oljespill genom att först skruva av huvudcylinderbehållarens lock och sedan skruva på det igen över en bit plastfolie, så att det blir lufttätt. Du kan också fästa den böjliga slangen vid bromsoket med en bromsslangklämma.

3 Rengör området runt bromsokets slanganslutningar. Observera vilken vinkel slangen har (för att garantera korrekt återmontering), skruva sedan loss och ta bort anslutningsbultarna och ta loss tätningsbrickorna av koppar från sidorna av slanganslutningen. Kasta bort brickorna. Använd nya vid monteringen. Plugga igen slangänden och bromsokshålet för att minimera oljespill och förhindra smuts från att tränga in i hydraulsystemet.

4 Ta bort bromsklossarna enligt beskrivningen i avsnitt 4, ta sedan bort bromsoket från bilen.

5 Skruva loss bromsokets monteringskonsol från navet/fjäderbenet om det behövs **(se bilder)**.

Renovering

6 Lägg bromsoket på arbetsbänken och ta bort all smuts och avlagringar.

7 Dra bort kolven från bromsokshuset och ta bort dammskyddet. Kolven kan dras bort för hand eller, om det behövs, tryckas ut med hjälp av tryckluft som kopplas till bromsslangens anslutningshål. Endast ett lågt tryck behövs, som det från en fotpump.

8 Ta försiktigt bort kolvtätningen från bromsoket med en liten skruvmejsel, var noga med att inte repa loppet.

9 Ta bort styrbussningarna från bromsokshuset.

10 Rengör noga alla komponenter, använd endast T-sprit eller ren bromsvätska. Använd aldrig mineraloljebaserade lösningsmedel (exempelvis olja eller fotogen). Torka komponenterna med tryckluft eller en ren, luddfri trasa. Använd om möjligt tryckluft för att blåsa rent vätskegångarna.

11 Kontrollera alla komponenter och byt

6.5a Skruva loss bultarna . . .

ut dem som är utslitna eller skadade. Om kolven och/eller cylinderloppet är påtagligt repiga ska hela bromsokshuset bytas ut. Kontrollera styrbussningarna och styrbultarna på samma sätt. Bussningarna och bultarna ska vara oskadade och sitta någorlunda hårt. Om det råder minsta tvivel om skicket på någon komponent ska den bytas ut. Byt ut oktätningarna och dammkåporna om det behövs. De säljs som renoveringssatser tillsammans med monteringsfett.

12 Se till att alla delar är fullständigt rena vid ihopsättningen.

13 Smörj den nya tätningen med det medföljande fettet, eller doppa den i ren hydraulolja. Placera tätningen i spåret i cylinderloppet, använd fingrarna.

14 Fyll den inre håligheten i dammskyddet med det medföljande fettet, eller doppa det i ren hydraulolja, montera det sedan på kolven.

15 Sätt fast kolven på oket och tryck in den helt i hålet. Vrid den från sida till sida, så att du känner att den löper in i tätningen på rätt sätt. Se samtidigt till att dammskyddets inre ände hakar i spåret på bromsokshuset och att den yttre änden hakar i spåret på kolven.

16 Montera styrbussningarna i bromsokshuset och smörj dem med lämplig fett.

Montering

17 Placera bromsokets monteringskonsol på navhållaren/fjäderbenet, applicera sedan låsvätska på fästbultsgängorna, montera dem och dra åt dem till angivet moment.

18 Montera bromsklossarna enligt beskrivningen i avsnitt 4, tillsammans med bromsoket

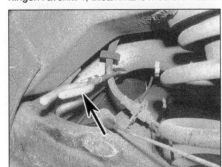

7.2 Bromsslangklämma på slangen från huset till bakaxelns bromsledning

6.5b . . . och ta bort monteringskonsolen från hjulspindeln

som i det här stadiet inte har någon slang kopplad till sig.

19 Placera nya koppartätningsbrickor på sidorna av slanganslutningen och anslut bromsslangen till bromsoket. Se till att slangen är korrekt placerad mot bromsokshusets tapp, montera sedan anslutningsbulten och dra åt den ordentligt.

20 Ta bort bromsslangklämman eller plastfolien och lufta hydraulsystemet enligt instruktionerna i avsnitt 2. Under förutsättning att du har följt de föreskrifter som syftar till att minimera bromsvätskespill, bör det enbart vara nödvändigt att lufta den aktuella frambromsen.

21 Montera hjulet, sänk ner bilen och dra åt hjulbultarna till angivet moment.

7 Bakre bromsok –
demontering, översyn och montering

Demontering

1 Klossa framhjulen, lyft upp bilens bakvagn med hjälp av en domkraft och stöd den på pallbockar (se *Lyftning och stödpunkter*). Demontera hjulet.

2 Minimera eventuellt oljespill genom att först skruva av huvudcylinderbehållarens lock och sedan skruva på det igen över en bit plastfolie, så att det blir lufttätt. Alternativt kan du fästa en bromsslangklämma på slangen som går till bromsledningen på bakaxeln **(se bild)**.

3 Rengör området runt hydraulledningens anslutningsmutter, lossa sedan muttern **(se bild)**. Skruva inte loss muttern helt i det här stadiet.

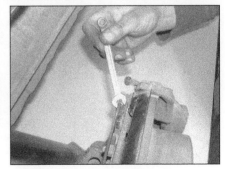

7.3 Skruva loss hydraulledningens anslutningsmutter från det bakre bromsoket

7.5 Ta bort det bakre bromsokets fästbultar

7.6 Ta bort det bakre bromsoket

4 Ta bort bromsklossarna enligt beskrivningen i avsnitt 5.

5 Skruva loss och ta bort fästbultarna som fäster bromsoket på fästplattan **(se bild)**. Ta reda på skyddsplåten som sitter under bultskallarna.

6 Skruva loss anslutningsmuttern helt och koppla loss hydraulledningen från bromsoket, dra sedan bort bromsoket från skivan **(se bild)**. Tejpa över eller plugga igen hydraulledningen för att hindra att damm eller smuts tränger in.

Renovering

7 Lägg bromsoket på arbetsbänken och ta bort all smuts och avlagringar.

8 Dra bort kolven/kolvarna från bromsokshuset och ta bort dammskyddet/dammskydden. Kolven/kolvarna kan dras bort för hand eller, om det behövs, tryckas ut med hjälp av tryckluft som kopplas till bromsslangens anslutningshål. Endast ett lågt tryck behövs, som det från en fotpump.

Varning: Märk kolvarna för att minimera risken att de sätts tillbaka på fel ställe.

9 Ta försiktigt bort kolvtätningarna från bromsoket med en liten skruvmejsel, var noga med att inte repa loppen.

10 Rengör noga alla komponenter, använd endast T-sprit eller ren bromsvätska. Använd aldrig mineraloljebaserade lösningsmedel (exempelvis olja eller fotogen).

11 Torka komponenterna med tryckluft eller en ren, luddfri trasa. Använd om möjligt tryckluft för att blåsa rent vätskegångarna.

12 Kontrollera alla komponenter och byt ut dem som är slitna eller skadade. Om kolven/kolvarna och/eller cylinderloppet/loppen är påtagligt repiga ska hela bromsokshuset bytas ut. Byt ut oktätningarna och dammkåporna om det behövs. De säljs som renoveringssatser tillsammans med monteringsfett.

13 Se till att alla delar är fullständigt rena vid ihopsättningen.

14 Smörj de nya tätningarna med det medföljande fettet, eller doppa dem i ren hydraulolja, montera dem sedan i spåren i cylinderloppen med fingrarna.

15 Fyll dammskyddens inre håligheter med det medföljande fettet, eller doppa dem i ren hydraulolja, montera dem sedan på kolvarna.

16 Arbeta med en kolv i taget. Placera kolven på bromsoket så att fördjupningarna är placerade enligt beskrivningen i avsnitt 5. Tryck försiktigt in kolven i bromsokshuset genom att vrida den i sidled. Fortsätt tills kolven har löpt in i den inre tätningen på rätt sätt. Se samtidigt till att dammskyddets inre ände hakar i spåret på bromsokshuset och att den yttre änden hakar i spåret på kolven. Kontrollera att kolvfördjupningarna är placerade enligt beskrivningen i avsnitt 5.

Montering

17 När båda kolvarna är monterade, placera bromsoket över skivan på stödplattan, anslut hydraulledningen och skruva fast anslutningsmuttern. Skruva inte åt bulten helt i det här stadiet.

18 Stryk lite låsvätska på fästbultarnas gängor. Sätt därefter tillbaka täckplattan och bultarna. Dra åt bultarna till angivet moment.

19 Montera bromsklossarna (se avsnitt 5).

8.5 Den främre bromsskivan kontrolleras med en mätklocka

20 Dra åt hydraulanslutningsmuttern helt.

21 Ta bort platstfolien från dess plats och lufta hydraulsystemet enligt instruktionerna i avsnitt 2. Om du har följt de föreskrifter som syftar till att minimera bromsvätskespill bör det enbart vara nödvändigt att lufta den aktuella bakbromsen.

22 Montera hjulet, sänk ner bilen och dra åt hjulbultarna till angivet moment.

8 Främre bromsskiva – kontroll, demontering och montering

Kontroll

1 Dra åt handbromsen, lyft fordonets främre del och ställ framvagnen på pallbockar (se *Lyftning och stödpunkter*). Demontera båda framhjulen.

2 För att en noggrann kontroll ska kunna utföras och för att man ska kunna komma åt båda sidorna av skivan, måste bromsoken skruvas loss och placeras åt sidan enligt beskrivningen i avsnitt 4.

3 Kontrollera att bromsskivans fästskruv sitter säkert. Montera sedan ungefär 10,0 mm tjocka mellanlägg på hjulbultarna och skruva därefter tillbaka dem igen. Då hålls bromsskivan i sitt normala arbetsläge.

4 Vrid bromsskivan och undersök om den har djupa repor eller spår. Viss spårning är normalt, men om bromsskivan har överdrivna spår måste den tas bort och bytas ut, eller maskinslipas (inom de angivna gränsvärdena) av en mekaniker. Bromsskivans minimitjocklek anges i specifikationerna i början av det här kapitlet.

5 Använd en mätklocka eller en platt metallbit och bladmått och kontrollera att bromsskivans skevhet inte överskrider värdet i Specifikationer **(se bild)**.

6 Om bromsskivan är påtagligt skev, ta bort den enligt beskrivningen nedan, och

8.11a Främre bromsskivans fästskruv

8.11b Lossa bromsskivans fästskruv med en slagskruvmejsel

8.11c Ta bort den främre bromsskivan

kontrollera att ytorna mellan bromsskivan och navet är helt rena. Montera bromsskivan och kontrollera skevheten igen. Om skivan fortfarande är märkbart skev ska den bytas ut.
7 Använd en mikrometer och kontrollera att bromsskivans tjocklek inte underskrider det angivna värdet i Specifikationer. Mät tjockleken på flera ställen runt bromsskivan.
8 Upprepa kontrollen på den andra främre bromsskivan.

Demontering

9 Ta bort hjulbultarna och mellanläggen som användes vid kontrollen av bromsskivan.
10 Ta bort bromsklossarna enligt beskrivningen i avsnitt 4 och bind bromsoket åt sidan. Ta även bort det främre bromsokets monteringskonsol enligt beskrivningen i avsnitt 6.
11 Skruva loss fästskruven och dra bort bromsskivan från navet. Om skruven sitter hårt lossar du den med en slagmutterdragare **(se bilder)**.

Montering

12 Montering utförs i omvänd ordningsföljd, men se till att kontaktytorna mellan bromsskivan och navet är helt rena och applicera lite låsvätska på fästskruvens gängor innan den dras åt. Om en ny bromsskiva monteras, ta bort skyddslagret med lämpligt lösningsmedel. Montera bromsskivans bromsklossar enligt beskrivningen i avsnitt 4, montera sedan hjulet och sänk ner bilen.

9 Bakre bromsskiva – kontroll, demontering och montering

Kontroll

1 Klossa framhjulen, lyft upp bilens bakvagn med hjälp av en domkraft och stöd den på pallbockar (se *Lyftning och stödpunkter*). Ta bort båda bakhjulen.
2 För att en noggrann kontroll ska kunna utföras och för att man ska kunna komma åt båda sidorna av skivan, måste bromsoken skruvas loss och placeras åt sidan enligt beskrivningen senare i avsnitt 7.
3 Kontrollera att bromsskivans fästskruv sitter säkert. Montera sedan ungefär 10,0 mm tjocka mellanlägg på hjulbultarna och skruva därefter tillbaka dem igen. Då hålls bromsskivan i sitt normala arbetsläge.
4 Vrid bromsskivan och undersök om den har djupa repor eller spår. Viss spårning är normalt, men om bromsskivan har överdrivna spår måste den tas bort och bytas ut, eller maskinslipas (inom de angivna gränsvärdena) av en mekaniker. Bromsskivans minimitjocklek anges i specifikationerna i början av det här kapitlet.
5 Använd en mätklocka eller en platt metallbit och bladmått och kontrollera att bromsskivans skevhet inte överskrider värdet i Specifikationer.
6 Om bromsskivan är påtagligt skev, ta bort den enligt beskrivningen nedan och kontrollera

att ytorna mellan bromsskivan och navet är helt rena. Montera bromsskivan och kontrollera skevheten igen. Om skivan fortfarande är märkbart skev ska den bytas ut.
7 Använd en mikrometer och kontrollera att bromsskivans tjocklek inte underskrider det angivna värdet i Specifikationer. Mät tjockleken på flera ställen runt bromsskivan.
8 Upprepa kontrollen på den andra bakre bromsskivan.

Demontering

9 Ta bort hjulbultarna och mellanläggen som användes vid kontrollen av bromsskivan.
10 Ta bort bromsklossarna enligt beskrivningen i avsnitt 5.
11 Lossa försiktigt bakbromsens hydraulledning från klämman på bakaxeln, var noga med att inte böja ledningen för mycket.
12 Skruva loss och ta bort det bakre bromsoket enligt beskrivningen i avsnitt 7, och knyt upp det åt ena sidan. Avgassystemet är en lämplig plats att knyta upp bromsoket på, använd en lång kabelbindning av plast.
13 Stick en skruvmejsel genom åtkomsthålet och dra bort handbromsbackens justering enligt beskrivningen i avsnitt 16 **(se bild)**.
14 Ta bort fästskruven och dra bort bromsskivan från navet **(se bilder)**.

Montering

15 Montering utförs i omvänd ordningsföljd, men se till att kontaktytorna mellan broms-skivan och navet är helt rena och applicera lite låsvätska på fästskruvens gängor innan den dras åt. Om en ny

9.13 Justera handbromsbeläggen med en skruvmejsel som du sätter i åtkomsthålet i bromsskivan

9.14a Ta bort skruven . . .

9.14b . . . och ta bort den bakre bromsskivan

bromsskiva monteras, ta bort skyddslagret med lämpligt lösningsmedel. Justera handbromsen enligt beskrivningen i avsnitt 16, montera sedan hjulet och sänk ner bilen.

10 Handbromsbackar – kontroll, demontering och montering

⚠️ *Varning: Byt ut BÅDA de bakre bromsbackarna samtidigt. Observera att dammet som uppstår p.g.a. slitage på bromsklossarna kan innehålla hälsovådlig asbest. Blås aldrig bort dammet med tryckluft och andas inte in det. Rengör bromsdelar med bromsrengöringsmedel eller T-sprit.*

Kontroll

1 Handbromsen arbetar oberoende av fotbromsen via bromsbackar i trummor som sitter fast monterade i bromsskivorna.
2 Du kan snabbt kontrollera slitaget på bromsbackarna utan att ta bort den bakre bromsskivan. Klossa framhjulen, lyft upp bakvagnen och ställ den på pallbockar (se *Lyftning och stödpunkter*). Vrid bromsskivan så att den automatiska justeraren syns genom hålet i skivan (se avsnitt 16). Om fler än 10 gängvarv syns på justeraren är bromsbackarna nedslitna och bör bytas ut.

10.6 Haka loss och ta bort vajerreturfjädern

10.7 Lossa handbromsvajerns ändbeslag från armen på fästplattan

3 För att kontrollera noggrant tar du bort den bakre bromsskivan enligt beskrivningen i avsnitt 9. Kontrollera sedan minimitjockleken på belägget på varje bromsback. Om någon av bromsbackarna är nedsliten under det angivna gränsvärdet måste alla fyra handbromsbackarna bytas ut på en gång.

Demontering

4 När den bakre bromsskivan är demonterad, tvätta bort dammet och smutsen från bromsbackarna och fästplattan.
5 Du kan ta bort och montera bromsbackarna utan att ta bort navet, men det är mycket enklare att göra det när navet är borttaget och stödplattan ligger på bänken. Speciellt återmonteringen går lättare. Se kapitel 10 och

ta bort baknavet samt stödplattan tillsammans med bromsbackarna.
6 Haka loss kabelns returfjäder från hålet i fästplattan och från vajerändens fäste **(se bild)**.
7 Haka loss handbromsvajerns ändfäste från styrarmen på fästplattans baksida **(se bild)**.
8 Notera hur alla komponenter sitter monterade och rita en skiss över dem om det behövs **(se bilder)**.
9 Ta bort backarnas fästskålar, fjädrar och stift genom att trycka skålarna nedåt och vrida dem 90° med en tång **(se bild)**. Om navet sitter kvar sätter du ett lämpligt verktyg i hålet i navflänsen.
10 Lyft försiktigt bromsbackarna från fästplattans fästen och för expanderarmen genom gummigenomföringen **(se bild)**.

10.8a Handbromsbackar monterade på bakbromsfästplattan

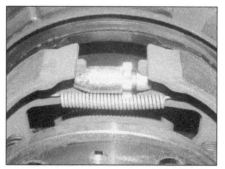

10.8b Handbromsbackjusterare (vänster bakbroms) . . .

10.8c . . . expander . . .

10.8d . . . och fästfjädrar

10.9 Ta bort fästskålarna, fjädrarna och stiften till handbromsbelägget

10.10 Lyft av bromsbeläggen direkt från fästplattan

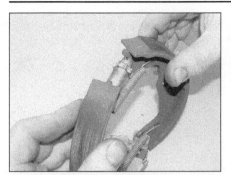

10.11a Ta bort justeraren . . .

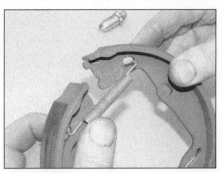

10.11b . . . och därefter den övre returfjädern

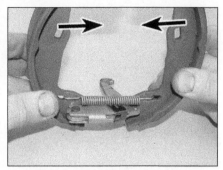

10.12a Sväng bromsbeläggets övre ändar inåt . . .

11 Dra isär skorna och ta bort justeraren. Ta därefter bort den övre returfjädern (se bilder).
12 Sväng bromsbackarnas övre ändar inåt och ta bort expandern från de nedre ändarna (se bilder).
13 Haka loss den nedre returfjädern från bromsbackarna (se bild).
14 Ta isär justerar- och expanderkomponenterna för rengöring (se bild).
15 Var noga med att inte blanda ihop de båda handbromsenheterna om de tas bort samtidigt.
16 Rengör komponenterna och kontrollera om de är slitna eller skadade. Byt ut utslitna eller skadade komponenter. Se till att expandern och justeraren löper fritt och inte har kärvat ihop – stryk lite olja på expanderns svängtappar och lite fett med hög smältpunkt på justerarens gängor innan de återmonteras. Ställ in justeraren på den minsta längden.

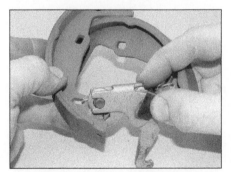

10.12b . . . och ta bort expandern

Montering

17 Rengör fästplattan noga och smörj lite kopparfett på bromsbackens kontaktytor innan monteringen (se bild).
18 Montera bromsbackarna på fästplattan i omvänd ordningsföljd mot demonteringen.
19 Montera fästplattan och baknavet enligt beskrivningen i kapitel 10.
20 Haka fast vajerändens fäste på expanderarmen och placera vajerhållaren i fästet.
21 Haka fast vajerns returfjäder i hålet i fästplattan och på ändfästet.
22 Montera den bakre bromsskivan och bromsoket enligt beskrivningen i avsnitt 9.
23 Justera handbromsbackarna enligt beskrivningen i avsnitt 16, montera sedan hjulen och sänk ner bilen.

11 Huvudcylinder – demontering, översyn och montering

Demontering

1 Släpp ut allt vakuum från bromsservon genom att pumpa med bromspedalen.
2 I vänsterstyrda modeller tar du bort huvudsäkringsdosan och kopplar loss kablaget från stöldskyddskontakten. Skruva loss och ta bort fästbygeln så får du mer plats.
3 Koppla loss kablaget från bromsvätskevarningskontakten i behållarens påfyllningslock.
4 Tappa ut vätskan ur behållaren. Alternativt, öppna en lämplig avluftningsskruv och pumpa

försiktigt med bromspedalen för att tappa ur oljan genom en plastslang kopplad till avluftningsskruven (se avsnitt 2).

⚠ Varning: Sug inte vätskan med munnen eftersom den är giftig. Använd en bollspruta.

5 Placera tygtrasor under huvudcylindern för att fånga upp oljespill.
6 På modeller med manuell växellåda kopplar du loss kopplingshydraulslangen från bromsvätskebehållaren.
7 Sätt tillbaka påfyllningslocket på behållaren. Bänd försiktigt loss behållaren från gummigenomföringarna överst på huvudcylindern med en bred spårskruvmejsel.
8 Observera hur bromsledningarna är placerade, skruva sedan bort anslutningsmuttrarna och flytta ledningarna åt ena sidan precis så mycket att de är ur vägen för huvudcylindern. Böj inte bromsledningarna mer än vad som behövs. Använd en öppen nyckel, om en sådan finns tillgänglig, för att skruva bort muttrarna, de kan sitta mycket hårt. Tejpa över eller plugga igen öppningarna i bromsledningarna och huvudcylindern.
9 Skruva loss fästmuttrarna och dra bort huvudcylindern från vakuumservons framsida. Ta loss tätningen. Vira in huvudcylindern i tygtrasor och ta bort den från motorrummet. Var noga med att inte spilla hydraulolja på bilens lackade delar.

Renovering

10 Kontrollera tillgången och priset på reservdelar innan huvudcylindern tas

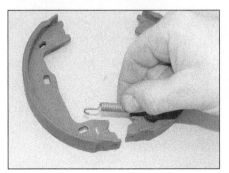

10.13 Haka loss den nedre returfjädern

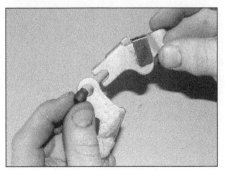

10.14 Ta isär expandern

10.17 Smörj lite kopparfett på bromsbackens kontaktytor

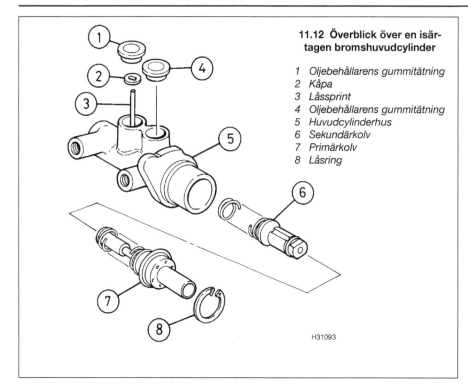

11.12 Överblick över en isär-tagen bromshuvudcylinder

1 Oljebehållarens gummitätning
2 Kåpa
3 Låssprint
4 Oljebehållarens gummitätning
5 Huvudcylinderhus
6 Sekundärkolv
7 Primärkolv
8 Låsring

H31093

isär, det kan löna sig att köpa en helt ny huvudcylinder.

11 Tvätta bort all smuts och alla avlagringar från huvudcylinderns utsida.

12 Bänd ut behållarens gummitätningar från huvudcylinderns topp **(se bild)**.

13 Ta bort kåpan och låssprinten mellan oljeöppningen och den andra kolven.

14 Använd en tång och dra bort låsringen från huvudcylinderns mynning medan kolven trycks ner något mot fjäderspänningen.

15 Ta bort den primära och sekundära kolven tillsammans med fjädrarna från huvud-cylinderloppet, observera demonterings-ordningen. Knacka på cylindern när den ligger på arbetsbänken eller på en träkloss för att få loss kolvarna om de sitter hårt.

16 Rengör noga huvudcylinderns kompo-nenter med T-sprit eller ren bromsvätska, och kontrollera om de är slitna eller skadade. Var extra noga med att kontrollera loppens ytor och gummitätningarna. Ytorna i loppen får inte vara angripna av punktkorrosion eller spåriga och gummitätningarna får inte vara skadade eller utslitna. Rengör oljeportarna från rost och avlagringar.

17 Om cylinderloppet är i gott skick men gummitätningarna märkbart slitna måste antingen tätningarna eller både tätningar och kolvarna bytas ut.

18 Smörj tätningarna och ytorna i loppen med ren bromsvätska. Montera den sekundära kolvenheten med skåran i linje med cylinderns överdel, och montera sedan låssprinten och kåpan för att hålla kolven på plats. Se till att tätningsläppen inte skadas när den trycks in i cylindern.

19 Montera den primära kolvenheten och se

även nu till att tätningsläppen inte skadas när den trycks in i cylindern.

20 Tryck ner den primära kolven och montera låsringen i spåret i cylindermynningen. Lossa kolven.

21 Doppa gummitätningarna i ren olja och placera dem i öppningarna ovanpå huvud-cylindern.

Montering

22 Se till att fogytorna är rena och torra och montera sedan den nya tätningen på huvudcylinderns baksida.

23 Montera huvudcylindern på vakuum-servoenhetens pinnbultar och se till att servoenhetens tryckstång går in mitt i huvud-cylinderns kolv. Montera fästmuttrarna och dra åt dem ordentligt.

24 Ta bort tejpen eller pluggarna och återanslut bromsledningarna till huvudcylindern. Dra först åt anslutningsmuttrarna med fingrarna för att undvika korsgängning, dra sedan åt dem ordentligt med en nyckel.

25 Montera oljebehållaren i gummitätningarna och tryck fast den ordentligt.

26 På modeller med manuell växellåda sätter du tillbaka kopplingshydraulslangen på bromsvätskebehållaren.

27 Fyll oljebehållaren med ny bromsvätska upp till MAX-markeringen.

28 Sätt tillbaka kablaget på bromsvätske-varningskontakten i behållarens påfyllningslock.

29 På vänsterstyrda modeller sätter du tillbaka kablaget till stöldskyddskontakten. Montera fästbygeln, huvudsäkringsdosan och hållaren.

30 Lufta hydraulsystemet enligt beskrivningen i avsnitt 2. Kontrollera bromssystemet noggrant innan du återigen tar fordonet i drift.

12 Backventil för vakuumservo – demontering, kontroll och montering

Demontering

1 Backventilen är placerad i slangen som leder från vakuumservon till insugsgrenröret. Det går inte att få tag på en backventil separat.

2 Ta försiktigt bort slangtillsatsen från gummi-fästet på servoenhetens framsida.

3 Skruva loss anslutningsmuttern och koppla loss slangen från insugsgrenröret.

4 Lossa slangen från stödet och ta bort den från motorrummet.

Kontroll

5 Undersök om ventilen och slangen är skadade och byt ut dem om det behövs. Ventilen kan testas genom att man blåser luft genom slangen i båda riktningarna. Luften ska endast kunna komma igenom ventilen i ena riktningen – när man blåser från den sida som är vänd mot servoenheten. Byt ut ventilen tillsammans med slangen om det behövs.

6 Undersök om tätningsmuffen i vakuum-servon är skadad eller åldrad och byt ut den om det behövs.

Montering

7 Monteringen utförs i omvänd ordnings-följd mot demonteringen, med dra åt anslutningsmuttern ordentligt. När du är klar startar du motorn och kontrollerar att bromsarna fungerar. Kontrollera också att det inte läcker luft någonstans.

13 Vakuumservo – kontroll, demontering och montering

Kontroll

1 Testa vakuumservon på följande sätt: Tryck ner fotbromsen upprepade gånger med motorn avstängd, för att släppa ut vakuumet. Starta sedan motorn, håll pedalen nedtryckt. När motorn startar ska pedalen ge efter märkbart medan vakuumet byggs upp. Låt motorn gå i minst två minuter och stäng sedan av den. Om bromspedalen nu trycks ner ska den kännas normal men fler tryckningar ska göra att den känns fastare med allt kortare pedalväg för varje nedtryckning.

2 Om servon inte fungerar enligt ovan, kontrollera först servons backventil enligt beskrivningen i avsnitt 12.

3 Om servon fortfarande inte fungerar som den ska finns felet i själva servoenheten. Det går inte att reparera servon. Om den är defekt måste hela servon bytas.

Högerstyrda modeller

Demontering

4 Ta bort båda torkararmarna enligt beskriv-ningen i kapitel 12.

13.11a Haka loss bromspedalens returfjäder . . .

13.11b . . . ta ut fjäderklämman . . .

13.11c . . . och ta bort stötstångens styrbultstapp

5 Ta bort plastkåpan från motorrummets bakre torpedvägg för att komma åt torkarnas länksystem. Koppla loss kablaget, lossa på fästskruvarna och lyft upp torkarnas länksystem.

6 Ta bort motorns övre skyddskåpa, skruva sedan loss lyftbalken från sin plats mellan framfjädringens fjäderbenslager.

7 Demontera bromshuvudcylindern enligt beskrivningen i avsnitt 11.

8 Bänd ut skyddspluggarna och skruva loss vakuumservoenhetens övre fästbygelbultar.

9 Ta bort vakuumslangens tillsats från gummimuffen på vakuumservons framsida.

10 Inuti fordonet, ta bort den nedre klädselpanelen från instrumentbrädans högra sida.

11 Haka loss returfjädern från bromspedalen, ta ut fjäderklämman och dra ut styrbulten som fäster tryckstångsgaffeln vid bromspedalen **(se bilder)**.

12 Ta bort farthållarenheten och placera den åt sidan (se kapitel 4A).

13 Dra bort servoenheten och den övre monteringskonsolen från torpedväggen och ta bort dem från motorrummet.

14 Skruva loss muttrarna och ta bort fästet från servoenhetens baksida.

Montering

15 Montera fästet på servoenhetens baksida och dra åt muttrarna.

16 Placera servoenheten och monteringskonsolen på mellanväggen och se till att det övre fästet placeras korrekt på det nedre fästet.

17 Applicera låsvätska på fästbygelbultarnas

13.18 Bromspedalens returfjäder, monterad

gängor. Sätt i bultarna och dra åt dem. Sätt tillbaka skyddspluggarna.

18 Arbeta inuti bilen. Anslut tryckstångens gaffel till pedalen, montera sedan tappen och fäst den med en fjäderklämma. Sätt tillbaka returfjädern på bromspedalen **(se bild)**.

19 Justera bromsljuskontakten enligt beskrivningen i avsnitt 21.

20 Sätt tillbaka den nedre klädselpanelen.

21 Tryck in vakuumslangens tillsats i gummimuffen på vakuumservons framsida.

22 Sätt tillbaka farthållarenheten enligt beskrivningen i kapitel 4A.

23 Montera bromshuvudcylindern enligt beskrivningen i avsnitt 11 och lufta bromshydraulsystemet enligt beskrivningen i avsnitt 2.

24 Sätt tillbaka lyftbalken mellan framfjädringens fjäderbenslager och dra åt fästbulten. Sätt tillbaka motorns övre skyddskåpa.

25 Sätt tillbaka torkarnas länksystem och dra åt fästskruvarna. Återanslut kablarna och sätt tillbaka plastkåpan vid den bakre mellanväggen.

26 Sätt tillbaka torkararmarna enligt beskrivningen i kapitel 12.

27 Avsluta med att starta motorn och kontrollera om det finns några luftläckor i anslutningen mellan vakuumslangen och servoenheten. Kontrollera att bromssystemet fungerar.

Vänsterstyrda modeller

Demontering

28 Skruva loss lyftbalken från dess plats mellan framfjädringens fjäderbenslager.

29 I förekommande fall, lossa och ta bort luftinsugets ljuddämpare från dess plats ovanför gasspjällshuset.

30 Demontera bromshuvudcylindern enligt beskrivningen i avsnitt 11.

31 Ta försiktigt bort slangtillsatsen från gummifästet på servoenhetens framsida.

32 Flytta säkringsdosan åt sidan för att komma åt bättre.

33 Skruva loss fästmuttrarna och brickorna som håller fast vakuumservoenheten i fästbygeln.

34 Lossa försiktigt gummidamasken från mellanväggen bakom vakuumservoenheten och dra den försiktigt mot servoenheten för att frilägga pedalens tryckstång.

35 Bänd loss fjäderklämman från hylsan. Ta

sedan bort servoenheten framåt från pedalens tryckstång och ta bort den från motorrummet.

Montering

36 Placera servoenheten på fästet och haka samtidigt fast hylsan i pedalens tryckstång. När alla pinnbultar är ihakade sätter du tillbaka och drar åt fästmuttrarna med tillhörande brickor.

37 När pedalens tryckstång är helt ihakad trycker du på fjäderklämman för att fästa den ordentligt. Kontrollera att tryckstången är ihakad genom att försöka dra ut den ur hylsan.

38 Placera gummidamasken på mellanväggen.

39 Sätt tillbaka säkringsdosan.

40 Tryck in vakuumslangens tillsats i gummimuffen på servoenhetens framsida.

41 Montera bromshuvudcylindern enligt beskrivningen i avsnitt 11 och lufta bromshydraulsystemet enligt beskrivningen i avsnitt 2.

42 I förekommande fall, sätt tillbaka luftinsugets ljuddämpare över gasspjällshuset.

43 Sätt tillbaka lyftbalken mellan framfjädringens fjäderbenslager och dra åt fästbultarna.

44 Avsluta med att starta motorn och kontrollera om det finns några luftläckor i anslutningen mellan vakuumslangen och servoenheten. Kontrollera att bromssystemet fungerar.

14 Vakuumpump (elektrisk) – demontering och montering

Observera: *Den elektriska vakuumpumpen är enbart monterad på de bensindrivna turbomodeller som är äldre än 2001 och har automatväxellåda.*

Demontering

1 Dra åt handbromsen, lyft fordonets främre del och ställ framvagnen på pallbockar (se *Lyftning och stödpunkter*). Ta bort det vänstra framhjulet.

2 Ta bort hjulhusfodringen och, i förekommande fall, motorns undre skyddskåpa.

3 Koppla loss vakuumslangen från pumpen.

4 Koppla loss kablaget.

5 Skruva loss fästmuttrarna och bultarna och dra bort vakuumpumpen.

Montering

6 Monteringen utförs i omvänd ordningsföljd.

15.7 Tryck ner den röda låsringen för att lossa vakuumslangen

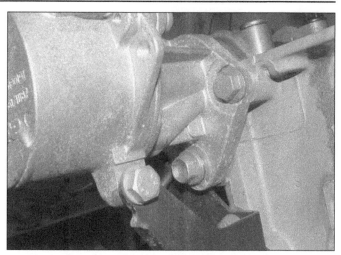

15.11 Fästbultar till den mekaniska bromsvakuumpumpen (bensinmodeller)

15 Vakuumpump (mekanisk) – demontering och montering

Observera: *Bensindrivna turbomodeller med automatväxellåda från 2001 och senare är utrustade med en mekanisk vakuumpump. Alla dieselmodeller är även utrustade med denna pump.*

Demontering

Bensinmodeller

1 Vakuumpumpen är fastskruvad direkt till vänster om topplocket. Ta först bort motorns övre skyddskåpa.

2 Koppla loss vakuumslangen från tryckgivaren på sidan av turboaggregatet.

3 Skruva loss skruven och ta bort bypassröret från turboaggregatets insugsrör.

4 Koppla loss bypassventilen från laddluftröret.

5 Koppla loss kablaget från temperaturgivaren på laddluftröret.

6 Lossa klämmorna som fäster laddluftröret i gasspjällshuset och turboaggregatet. Skruva sedan loss fästbulten från bygeln på topplocket och dra ut röret från motorrummet. Tejpa över öppningarna i turboaggregatet och gasspjällshuset.

7 Koppla loss vakuumslangen från vakuumpumpen på vänster sida av topplocket. Det gör du genom att trycka in den röda låsringen, samtidigt som du drar ut slangen **(se bild)**.

8 Koppla loss kablaget från urladdningsmodulen på topplocket.

9 Skruva loss batteriklämmans fästbult och flytta batteriet så långt fram som möjligt på batterihyllan.

10 Lägg några tygtrasor under smörjbanjon på vakuumpumpen. Skruva sedan loss och ta bort banjobulten. Ta vara på yttertätningen.

11 Skruva loss pumpens fästbultar, inklusive bygelbulten, och dra ut den från topplocket **(se bild)**. Ta loss den inre smörjtätningen och pumpens huvudtätning. Kasta alla tätningar. Använd nya tätningar vid monteringen.

Dieselmodeller

12 Vakuumpumpen är fastskruvad direkt till vänster om topplocket **(se bild)**. Ta först bort motorns övre skyddskåpa.

13 Koppla loss bromsservons huvudvakuumledning från vakuumpumpen genom att hålla emot den stora anslutningsmuttern och skruva loss den lilla **(se bild)**.

14 Koppla loss den lilla vakuumslangen från vakuumpumpens botten.

15 Skruva loss fästbultarna och ta bort pumpen från topplocket.

16 Ta bort O-ringen från spåret i pumpen. Kasta O-ringen och ersätt den med en ny.

15.12 Vakuumpumpens placering på topplockets vänstra sida (dieselmodeller)

15.13 Skruva loss anslutningsmuttern och koppla loss röret från vakuumpumpen (dieselmodeller)

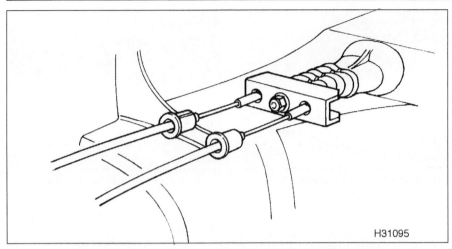

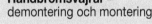

16.6 Justeringsmutter och utjämningsstag för handbromsvajer

Montering

17 Monteringen utförs i omvänd ordningsföljd mot demonteringen. Tänk på följande:
a) Rengör pumpens och topplockets fogytor och sätt dit den eller de nya O-ringarna.
b) Placera pumpmedbringaren så att den fäster i spåret i slutet av kamaxeln vid återmonteringen.
c) På bensinmodeller: sätt dit en ny O-ringstätning på smörjningens banjobult.
d) Dra åt alla muttrar och bultar till rätt moment, om ett sådant anges.

16 Handbroms – justering

1 Normalt sett behöver du bara justera handbromsen när du har tagit isär eller bytt ut handbromsbackar och handbromsvajrar. Klossa framhjulen, lyft upp bilens bakvagn med hjälp av en domkraft och stöd den på pallbockar (se *Lyftning och stödpunkter*). Demontera båda bakhjulen. Släpp handbromsen helt.
2 Kontrollera att kablarna inte drar i expanderarmarna på de bakre fästplattorna. Lossa i så fall kabeljusteringsmuttern enligt beskrivningen i punkt 6.
3 Arbeta med en sida i taget och justera bromsbackarna enligt följande. Vrid den bakre skivan/trumman tills åtkomsthålet är placerat över den övre justerarens tandning. Stick en skruvmejsel genom hålet, vrid justerarens tandning så att bromsskivan/trumman spärras. Dra sedan tillbaka tandningen så att skivan/trumman precis är fri att vrida sig. Upprepa inställningen på den återstående skivan/trumman.
4 Montera bakhjulen och dra åt bultarna.
5 Dra handbromsspaken till det andra hacket.
6 Justeringsmuttern för handbromsvajern sitter på utjämningsstagets framsida, ovanför värmeskölden på underredet. Skruva loss muttrarna och sänk värmeskölden **(se bild)**.

7 Dra åt justeringsmuttern tills det tar emot något när du vrider bakhjulen. Lossa handbromsspaken helt och kontrollera att bakhjulen roterar fritt. Ställ sedan spaken i lägena 3 till 6 och kontrollera att bakhjulen är ordentligt låsta. Justera justeringsmuttern ytterligare om det behövs.
8 Om endast ett av bakhjulen låses kanske någon av bromsvajrarna kärvar. Det måste åtgärdas innan du justerar handbromsen.
9 Sänk ner bilen efter avslutat arbete.

17 Handbromsvajrar – demontering och montering

Observera: *I detta avsnitt beskrivs hur man demonterar och monterar de sekundära handbromsvajrarna.*

Demontering

1 Det finns en primär och en dubbel sekundär handbromsvajer. En utjämnare är fäst framtill på de sekundära inre vajrarna, och primärvajern är fäst i mitten av utjämnaren. De sekundära vajrarna och utjämnaren levereras i ett stycke, liksom primärvajern och handbromsspaken. Klossa framhjulen, lyft upp bilens bakvagn med hjälp av en domkraft och stöd den på pallbockar (se *Lyftning och stödpunkter*). Ta bort båda bakhjulen.
2 Skruva loss muttrarna från underredet och för avgassystemets mittersta och bakre värmesköld åt sidan.
3 Vid utjämningsstaget mäter du längden på gängan som sticker fram från justeringsmuttern till slutet av handbromsspakens dragstång. Måttet kommer att vara till hjälp när du sätter tillbaka vajrarna.
4 Skruva loss justeringsmuttern och ta bort utjämnaren från dragstångens bakre ände.
5 Stöd bränsletanken, skruva sedan loss muttern från den vänstra tankremmen. Haka sedan loss remmen.
6 Koppla loss den vänstra och högra returfjädern från hålen i fästplattorna och bromsbackarnas manöverarmar.

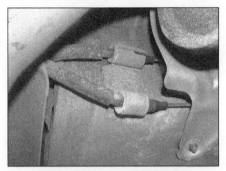

17.7 Hylsor och fästbyglar till handbromsens bakre kabelstyrning

7 Ta bort de bakre kabelstyrningarnas hylsor från fästbyglarna och haka loss vajrarnas ändbeslag från bromsbackarnas manöverarmar på varje sida **(se bild)**.
8 Dra ut vajrarna från hålen på bakaxeln och från fästbyglarna bakom den bakre värmeskölden.
9 Lossa vajrarna från den främre fästbygeln nära vajerjusteraren.
10 Ta bort kvarvarande buntband och avlägsna vajerdelar från fordonets undersida.

Montering

11 Montering utförs i omvänd ordningsföljd, men avsluta med att justera handbromsen enligt beskrivningen i avsnitt 16.

18 Handbromsspak – demontering och montering

Demontering

1 Klossa framhjulen, lyft upp bilens bakvagn med hjälp av en domkraft och stöd den på pallbockar (se *Lyftning och stödpunkter*). Demontera båda bakhjulen.
2 När du arbetar med båda bakhjulsbromsar, koppla loss den vänstra och den högra returfjädern från hålen i bromsskölden och bromsbackarnas manöverarmar.
3 Tryck ut de bakre kabelstyrningarnas hylsor från fästbyglarna som sitter på vänster och höger sida om bakaxeln.
4 Tryck ut den främre kabelstyrningens hylsa och haka sedan loss de bakre kablarnas ändbeslag från bromsbackarnas manöverarmar.
5 Skruva loss muttrarna och flytta avgassystemets värmesköld som sitter på framsidan av bränsletanken.
6 Koppla loss handbromsvajrarna från dragstången. För att kunna göra detta måste du skruva loss justeringsmuttern och från utjämningstaget. Anteckna gärna antalet synliga gängor eftersom det kan underlätta återmonteringen.
7 Skjut gummidamasken från baksidan av dragstången.
8 När du arbetar inuti fordonet ska du ta bort förarsätet och mittkonsolen enligt beskrivningen i kapitel 11.
9 Skruva loss och ta bort handbromsspakens

19.1 Brytare till handbromsens varningslampa

21.3 Ta bort bromsljuskontakten från fästet . . .

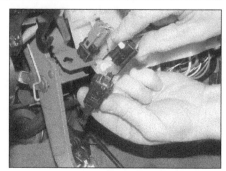

21.4 . . . och koppla ifrån kablaget

sidofästbultar och ta dessutom bort brytaren till handbromsens varningslampa. Lyft upp växelspaken från golvet och lägg den utanför fordonet.

Montering

10 Monteringen utförs i omvänd ordningsföljd mot demonteringen. Avsluta med att justera handbromsen enligt beskrivningen i Avsnitt 16. Dra åt handbromsspakens fästbultar ordentligt.

19 Kontakt till handbroms-varningslampa – demontering, kontroll och montering

Demontering

1 Kontakten till handbromsens varningslampa är monterad på framsidan av handbromsspakens monteringskonsol **(se bild)**. Demontera mittkonsolen enligt instruktionerna i kapitel 11.
2 Koppla loss kablarna från kontakten.
3 Skruva loss fästskruven och ta bort brytaren.

Kontroll

4 Anslut en multimeter eller en kontinuitetsmätare på kabelanslutningen och kontakthöljet.
5 När kontaktens tryckkolv är i vila ska multimetern visa på noll resistans eller kontinuitetsmätarens kontrollampa lysa. När tryckkolven är nedtryckt ska ohmmätaren visa på oändlig resistans eller kontrollampan vara släckt.
6 Fel kan bero på korroderade anslutningar eller en defekt kontakt. Kontrollera att 12 volt matas till kablarna när tändningen är påslagen. Byt ut kontakten om det behövs.

Montering

7 Monteringen utförs i omvänd ordningsföljd.

20 Bromspedal – demontering och montering

Observera: *Ignorera instruktioner rörande kopplingspedalen på modeller med automatväxellåda.*

Demontering

1 Ta bort kopplingspedalen och fästbygeln enligt beskrivningen i kapitel 6.
2 Ta bort klämmorna och stiftet som håller fast bromshuvudcylinderns tryckstång på bromspedalen.
3 Koppla loss kablaget från pedalbrytaren och skruva sedan bort muttrarna och ta bort pedalens fästbygel från insidan av bilen.
4 Skriva loss muttern och ta bort svängtappen för att slutligen ta bort pedalen från fästbygeln.

Montering

5 Monteringen utförs i omvänd ordningsföljd. Dra åt alla muttrar och bultar till angivet moment.

21 Bromsljuskontakt – demontering, kontroll och montering

Demontering

1 Bromsljusbrytaren sitter upptill på pedalfästbygeln. En inre fjäder spänner kontaktens tryckkolv så att anslutningarna normalt är stängda, men när bromspedalen släpps är spänningen från pedalens returfjäder starkare än den från kontaktens fjäder med följden att anslutningarna separeras när pedalen är i viloläge. När bromspedalen trycks ner skickas en spänning på 12 volt från kontakten till den elektroniska styrenheten, som sedan ger ström åt bromsljusen. Styrenheten kontrollerar bromsljusens tre glödlampor och tänder en varningslampa på instrumentpanelen om det behövs. När ett släp kopplas till bilen får släpets bromsljus ström direkt från bromsljuskontakten.
2 Ta bort kontakten genom att först ta bort den nedre klädselpanelen från instrumentpanelen enligt beskrivningen i kapitel 11.
3 Vrid brytaren antingen medurs moturs 90° och dra ut den från fästbygel **(se bild)**.
4 Koppla loss kablaget från kontakten **(se bild)**.

Kontroll

5 Kontakten är enkelpolig och har normalt stängda anslutningar. Kontaktens funktion kan kontrolleras med en multimeter (i ohmmätarläge), eller en kontinuitetsmätare av en glödlampa, ett torrbatteri och två bitar kabel. Koppla mätaren till kontaktens anslutningspoler när kontakten är i viloläge, och kontrollera att ohmmätaren visar på noll eller att glödlampan tänds.
6 Tryck ner kontaktens tryckkolv och kontrollera att ohmmätaren visar på oändlig resistans (bruten krets) eller att kontrollampan slocknar.
7 Om kontakten inte uppträder enligt ovanstående beskrivning, eller om den fungerar intermittent, ska den bytas ut. Enheten kan inte repareras.

Montering

8 Bromsljuskontakten monteras i omvänd ordningsföljd.

22 Låsningsfria bromsar (ABS), komponenter – allmän information och felsökning

Allmän information

1 Systemet för låsningsfria bromsar (ABS) styrs av en elektronisk styrenhet (ECU), som kan visa status och skick hos alla komponenter i systemet, inklusive sig själv. Om styrenheten upptäcker ett fel reagerar den med att stänga av ABS-systemet och tända varningslampan på instrumentbrädan. När det händer fungerar bromssystemet som ett konventionellt bromssystem, utan ABS. Observera även att varningslampan tänds när strömförsörjning till ABS-systemets styrenhet bryts (t.ex. om säkringen går sönder). På modeller tillverkade efter hösten 1998 tänds bromsvarningslampan och lampan för allmänt fel samtidigt som ABS-varningslampan.
2 Om ABS-systemets varningslampa anger ett fel är det mycket svår att diagnostisera problemet utan den utrustning och de kunskaper som behövs för att kunna avfråga felkoder från den elektroniska styrenheten. Därför beskrivs först och främst grundläggande kontroller i det här avsnittet.
3 Om orsaken till felet inte kan fastställas omedelbart med hjälp av kontrollistan som nämndes ovan *måste* bilen lämnas in till en Saab-verkstad för undersökning. Det behövs

specialutrustning för att felmeddelandena från ABS-systemets styrenhet ska kunna läsas och orsaken till felet fastställas.

Grundläggande felsökning

Bromsvätskenivå

4 Kontrollera bromsvätskenivån (se *Veckokontroller*). Om nivån är låg ska hela bromssystemet undersökas efter tecken på läckage. Se kapitel 1A eller 1B och kontrollera bilens alla bromsslangar och ledningar. Om inga läckor upptäcks, koppla bort hjulen ett i taget och leta efter läckor vid bromsokskolvarna.

Säkringar och reläer

5 ABS-systemets säkring sitter under en kåpa i kanten av instrumentpanelen. Ta bort kåpan och dra ut säkringen. Kontrollera säkringstråden visuellt. Det kan vara svårt att se om säkringen har löst ut. Kontrollera säkringen med en multimeter. Om några andra säkringar har löst ut ska du hitta orsaken innan du monterar en ny. Lämna vid behov in fordonet till en Saab-verkstad.

6 ABS-systemets relä är placerat under en kåpa till vänster i motorrummet. Relän är i allmänhet svåra att kontrollera och diagnostisera utan elektrisk specialutrustning. Man kan dock ofta känna (och höra) när kontakterna i reläet öppnas och stängs – om reläet inte uppför sig på det sättet när tändningen är på kan det vara defekt. Observera att den här kontrollen inte är avgörande, enda sättet att veta att komponenten fungerar är genom att byta ut det misstänkt defekta reläet mot ett relä *av samma typ* som man vet fungerar. Byt ut ett misstänkt relä genom att dra ut det ur sin sockel – observera åt vilket håll det är monterat – och sätt i ett nytt relä.

Elektriska anslutningar och jordningspunkter

7 Motorrummet utgör en fientlig omgivning för elektriska komponenter och även de bästa tätningar kan någon gång springa läck. Vatten, kemikalier och luft leder till korrosion på kontaktdonens anslutningar och skapar störningar och/eller avbrott, ibland återkommande. Koppla loss batteriets negativa kabel, kontrollera sedan att den hydrauliska ABS-enhetens anslutningar till vänster i motorrummet sitter säkert och är i gott skick.

8 Koppla loss alla kontaktdon och undersök anslutningarna i dem. Rengör alla anslutningar som är smutsiga eller korroderade. Undvik att skrapa kontakterna rena med ett knivblad eller liknande, då påskyndas senare korrosion. Putsa kontaktytorna tills de är rena och

metallglänsande med en dammfri trasa och särskilt lösningsmedel.

9 Kontrollera även systemets elektriska jordningspunkt på sidan av hydraulenheten med avseende på säkerhet och skick.

---

23 Låsningsfria bromsar (ABS), komponenter – demontering och montering

Observera: *Om ABS-systemet är defekt får ingen del demonteras innan bilen lämnats in till en Saab-verkstad för kontroll.*

Främre hjulgivare

Demontering

1 Dra åt handbromsen, lyft fordonets främre del och ställ framvagnen på pallbockar (se *Lyftning och stödpunkter*). Demontera relevant hjul.

2 Koppla loss anslutningskontakten i motorrummet. Ta bort luftrenaren på den främre högra givaren. Flytta huvudsäkringsdosan på den vänstra främre givaren åt sidan.

3 Rengör området runt hjulgivaren på den främre hjulspindeln. Skruva sedan loss fästbulten och ta bort givaren.

4 Bänd bort gummifästet från den inre skärmpanelen och dra ut kablaget.

5 Lossa kablaget från fästklämmorna på den inre skärmpanelen och bromsslangen.

Montering

6 Monteringen utförs i omvänd ordningsföljd mot demonteringen, men dra åt fästbulten ordentligt.

Bakre hjulgivare

Demontering

7 Bakhjulsgivarna är inbyggda i bakhjulsnaven. Det här avsnittet beskriver hur du tar bort navet. Klossa framhjulen, lyft upp bilens bakvagn med hjälp av en domkraft och stöd den på pallbockar (se *Lyftning och stödpunkter*). Demontera aktuellt hjul.

8 Ta bort den bakre bromsskivan enligt beskrivningen i avsnitt 9.

9 Koppla loss kablaget från hjulgivaren på navets baksida.

10 Skruva loss fästmuttrarna och dra bort navenheten från bakaxeln. Låt fästplattan, bromsbeläggen och distansbrickan/brickorna sitta kvar på kabeln. **Observera:** *Kasta navmuttrarna. Använd nya muttrar vid återmonteringen.* Ta loss mellanläggen, om sådana finns.

Montering

11 Rengör fästytorna på bakaxeln, fästplattan,

distansbrickan/brickorna och navet, montera sedan komponenterna i korrekt ordning. Montera och dra stegvis åt de nya muttrarna till det åtdragningsmoment som anges i Specifikationer.

12 Återanslut kablarna till hjulgivaren.

13 Montera den bakre bromsskivan (se avsnitt 9) och justera handbromsbackarna (se avsnitt 16).

14 Montera hjulet och sänk ner bilen.

15 Tryck ner bromspedalen ordentligt för att ställa in de bakre bromsklossarna i normalläget.

ABS/TCS-hydraulenhet

Observera: *ABS-styrenheten (ECU) är en del av hydraulenheten och kan inte demonteras separat. När du monterat en ny enhet måste ECU-enheten kalibreras av en Saab-verkstad med hjälp av diagnostikinstrumentet Tech2.*

Demontering

16 Koppla loss batteriets minusledare (se *Koppla ifrån batteriet* i kapitlet *Referenser*).

17 Ta bort säkringsdoshållaren i motorrummets bakre vänstra hörn.

18 Klipp av plastbuntbanden som fäster batteriets plusledare i huvudsäkringsdosan. Skruva sedan loss muttrarna och placera säkringsdosan åt sidan utan att koppla loss kablarna. Häng upp säkringsdosan i ett snöre om det behövs.

19 Minimera eventuellt oljespill genom att först skruva av huvudcylinderbehållarens lock och sedan skruva på det igen över en bit plastfolie, så att det blir lufttätt. Locket är försett med en vätskenivåbrytare, och därför är det bästa att sätta fast ett vanligt lock utan brytare om du har ett. Placera även tygtrasor under enheten för att fånga upp oljespill.

20 Koppla loss anslutningskontakten från den elektroniska styrenheten och lägg kontakten åt sidan.

21 Märk alla hydraulbromsrör för att underlätta återplaceringen på hydraulenheten, skruva sedan loss anslutningsmuttrarna och koppla loss rören. Tejpa över eller plugga igen rören och öppningarna för att hindra damm och smuts från att tränga in.

22 Skruva loss fästmuttrarna och ta bort ABS-systemets hydraulenhet från motorrummet. Var noga med att inte spilla hydraulolja på bilens lackade delar.

Montering

23 Monteringen utförs omvänt mot demonteringen. Dra åt fästmuttrarna och anslutningsmuttrarna för hydraulbromsrören till angivet moment, och avsluta med att lufta hydraulsystemet enligt beskrivningen i avsnitt 2.

Anteckningar

Kapitel 10
Fjädring och styrning

Innehåll

Svårighetsgrad

Enkelt, passar novisen med lite erfarenhet	**Ganska enkelt**, passar nybörjaren med viss erfarenhet	**Ganska svårt**, passar kompetent hemmamekaniker	**Svårt**, passar hemmamekaniker med erfarenhet	**Mycket svårt**, för professionell mekaniker

Specifikationer

Allmänt

Framfjädring	Oberoende med fjäderben och krängningshämmare från MacPherson. Fjäderbenen innehåller gasfyllda stötdämpare och spiralfjädrar. Länkarmar och svängarmar
Typ av bakfjädring	Halvstel axelbalk bestående av fjäderlänkar som är anslutna via en mellandel som fungerar som en torsionsstav. Två krängningshämmare, en invändig och en utvändig, spiralfjädrar och gasfyllda stötdämpare.
Styrning	Kuggstångsdrev, hydraulassistans på alla modeller.

Hjulinställning (fordonet fulltankat)

Fram:

Toe-in:

Hjulstorlek 15"	1,5 ± 0,5 mm
Hjulstorlek 16"	1.,6 ± 0,5 mm
Hjulstorlek 17"	1,3 ± 0,3 mm
Cambervinkel	-0,8° ± 0,8°
Castervinkel	1,85° ± 0,70°
Styraxellutning	13,3°

Bak:

Toe	1,0 mm toe-ut ± 2,0 mm
Cambervinkel	-1,7° ± 0,3°

Styrningsvinkel, toe-ut i svängar:

Yttre hjul	20,0°
Inre hjul	20,9 ± 0,5°

Hjul

Storlek	6 x 15, 6,5 x 16, 6,5 x 16 eller 7 x 17

Däck

Storlek	185/65 R15, 195/60 R15, 205/50 R16 eller 215/45 ZR17
Tryck	se slutet av *Veckokontroller*

Servostyrning

Antal rattvarv mellan fulla utslag	3,0 varv

Åtdragningsmoment

Nm

Framfjädring

Krängningshämmarens klämbultar.	26
Krängningshämmarens länk till nedre mutter.	10
Krängningshämmare till kryssrambalk	26
Länkarm till kryssrambalk.	115
Svängarm till länkarm.	92
Svängarm till kryssrambalk:	
Steg 1	100
Steg 2	Vinkeldra ytterligare 75°
Stötdämpare hylsmutter.	215
Stötdämparens övre mutter till fjäderbensfästet	75
Fjädringens nedre kulled till hjulspindel/fjäderben	75
Det övre fjäderbenets fästbultar.	24
Kryssrambalkens mittersta fäste till underredet.	190

Bakfjädring

Den invändiga krängningshämmarens fäste:	
Steg 1	60
Steg 2	Vinkeldra ytterligare 65°
Den yttre krängningshämmarens fäste.	24
Bakre axel till karossens fäste	75
Bakre nav till bakaxel:	
Steg 1	50
Steg 2	Vinkeldra ytterligare 30°
Stötdämparens nedre fäste	62
Stötdämparens övre fäste	20

Styrning

Hydraulrör till/från styrväxel	28
Servostyrningspumpens matningsrör:	
Bensinmodeller.	28
Dieselmodeller	25
Servostyrningspumpens fästbultar:	
Bensinmodeller.	20
Dieselmodeller	28
Styrväxelns fästbultar.	24
Ratt	38
Styrarmens styrstagsände	60
Styrstagsände/styrstagets klämbultar	22
Styrväxelns styrstag.	93

Hjul

Hjulbultar	110

1 Allmän information

Framfjädringen är helt oberoende, med MacPherson-fjäderben och en krängningshämmare. Fjäderbenen är försedda med spiralfjädrar och gasfyllda stötdämpare och är monterade i ett stycke tillsammans med hjulspindlarna. Stötdämparna kan bytas separat. Fjäderbenen sitter längst ut på länkarmarna där de är fästa med kulleder. Länkarmarna vilar på svängarmarna som är anslutna till kryssrambalken. De främre nedre fjädringsarmarna och svängarmarna är anslutna till kryssrambalken med gummibussningar. Kullederna och länkarmarna är monterade i ett stycke. De främre naven sitter i dubbla lagerbanor som är intryckta i hjulspindlarna. Drivaxlarna och naven är förbundna med spårning och hålls på plats med en navmutter och tryckbricka.

Bakfjädringen är av halvstel typ och är försedd med länkarmar som är anslutna via en växelbalk. Två krängningshämmare sitter mellan länkarmarna, en invändig och en utvändig. I den främre änden är länkarmarna försedda med en tapp som går in i gummibussningar som sitter på underredet. De gasfyllda stötdämparna sitter mellan armarnas bakre ändar och underredets fästen. De bakre spiralfjädrarna sitter mellan länkarmarna och underredet. I övre änden är fjädrarna fästa med polyuretanfästen och i nedre änden med gummifästen. De bakre naven och lagren levereras i ett stycke och kan

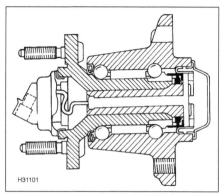

1.2 Bakre nav och lager i genomskärning

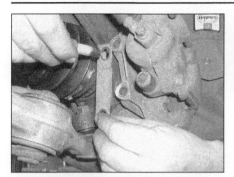

2.6 Skruva loss fästbultarna från bromsokets fästbygel och låsplatta

2.13a Skruva loss de övre fästmuttrarna . . .

2.13b . . . och sänk ner fjäderbenet under framskärmen

inte demonteras. De är fästa vid länkarmarna med pinnbultar och muttrar. Varje bakre nav är försedd med en invändig ABS-givare som övervakar hjulhastigheten **(se bild)**.

Alla modeller är försedda med en servodriven kuggstångsstyrning. Kuggstången är i stort sett en hydraulisk fallvikt som drivs mekaniskt av ett drev och hydrauliskt av trycksatt hydraulolja från servostyrningspumpen. Rattstången överför kraft från ratten till drevet och en kontrollventil, som styr tillförseln av hydraulolja till kuggstången. När ratten vrids dirigerar ventilen olja till den aktuella sidan av fallvikten som hjälper till att röra kuggstången. I vanliga fall är styrstångens inre ändar fästa till kuggstångens ändar. Här är styrstagens inre ändar är fästa till kuggstångens mitt. Styrstagens yttre ändar är med hjälp av kulleder fästa till styrarmarna på fjäderbenen/hjulspindlarna. Servostyrningspumpen är utvändigt monterad på motorn och drivs av drivremmen.

Rattstången är konstruerad och placerad så att den vid en frontalkrock absorberar smällen genom att kollapsa i längdriktningen och böjas undan från föraren.

2 Främre fjäderben/hjulspindel – demontering, översyn och montering

Observera: *Se avsnittet om kontroller inför bilbesiktningen längre fram i handboken för att se stötdämparna kontrolleras innan du tar bort dem. För att garantera jämna köregenskaper måste de båda främre stötdämparna bytas samtidigt.*

Demontering

1 Innan du lyfter upp framvagnen, bänd loss navkapslarna så att du kommer åt navmuttern (drivaxelmuttern). Lossa navmuttern och hjulbultarna.

2 Dra åt handbromsen och ställ framvagnen på pallbockar (se *Lyftning och stödpunkter*). Demontera hjulet.

3 Skruva loss navmuttern och ta bort den.

4 Skruva loss fästskruven och ta bort ABS-givaren från fjäderbenet/hjulspindeln.

5 Använd en tång och pressa in den inre bromsklossen något i cylindern så att bromsklossarna ligger fria från skivan.

6 Skruva loss fästbultarna från bromsokets fästbygel och ta bort låsplattan. Ta bort bromsoket och bromsklossarna från skivan **(se bild)**. För bromsoket åt sidan. Se till att hydraulslangen inte böjs för mycket.

7 Skruva loss skruven och ta bort bromsskivan.

8 Skruva loss stänkskyddet.

9 Skruva loss muttern och koppla loss styrstagsänden från styrarmen på fjäderbenet enligt beskrivningen i avsnitt 19.

10 Skruva loss muttern och ta bort brickan som håller fast krängningshämmarens länk vid länkarmen. Dra ut krängningshämmaren och ta loss gummibussningarna och den övre packningen.

11 Skruva loss muttern från den nedre kulleden och använd en avdragare för att skilja länkarmen från fjäderbenet/hjulspindeln. Kasta muttern eftersom den är självlåsande och måste bytas.

12 Dra ut fjäderbenets nederdel och tryck samtidigt drivaxeln genom navet tills den är utanför spåren.

13 Stöd fjäderbenet under framskärmen och skruva sedan loss de övre fästmuttrarna inifrån motorrummet. Sänk fjäderbenet och ta bort det underifrån framskärmen **(se bilder)**.

Renovering

⚠ **Varning:** *Innan det främre fjäderbenet kan demonteras måste spiralfjädern pressas ihop med ett lämplig verktyg. Justerbara fjäderspännare finns att köpa och behövs för den här åtgärden. FÖRSÖK INTE ta isär fjäderbenet utan ett sådant verktyg, eftersom risken för materiella skador och/eller personskador är överhängande.*

Observera: *Stötdämparens övre fästmutter måste bytas ut vid monteringen.*

14 Stöd fjäderbenet genom att sätta fast det i ett skruvstäd. Undvik att skada fjäderbenets yta genom att lägga klossar av trä eller aluminium innanför skruvstädets käftar.

15 Använd fjäderspännaren och tryck ihop spiralfjädern tillräckligt för att avlasta den från trycket från det övre fjädersätet **(se bild)**.

16 Skruva loss muttern från ovansidan av stötdämparkolvens stag medan du håller staget på plats med en hylsa på sexkanten **(se bilder)**. Kasta muttern och ersätt den med en ny.

⚠ **Varning:** *Se till att det övre fjädersätet inte är utsatt för något fjädertryck innan du tar bort fästmuttern.*

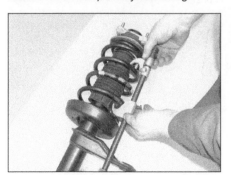

2.15 Tryck ihop den främre spiralfjädern med en specialtillverkad fjäderspännare

2.16a Lossa fjäderbenets övre mutter medan du håller fast staget med en hylsnyckel

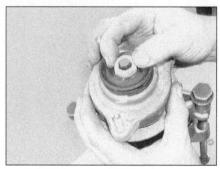

2.16b Skruva loss fjäderbenets övre mutter

2.17a Ta bort den kupade brickan . . .

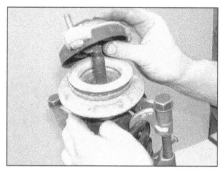

2.17b . . . och sedan det övre fästet och trycklagret . . .

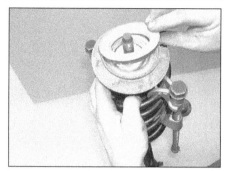

2.17c . . . packningen . . .

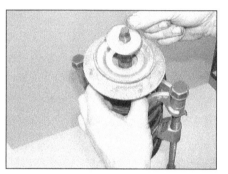

2.17d . . . gummikudden . . .

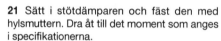

2.17e . . . och det övre fjädersätet . . .

17 Ta bort den kupade brickan, det övre fästet, trycklagret, packningen, gummikudden och det övre fjädersätet **(se bilder)**.
18 Ta bort spiralfjädern (se till att fjäderspännaren sitter fast ordentligt på den) och stoppklacken **(se bilder)**.
19 Ta bort stötdämparen genom att skruva loss hylsmuttern. Eftersom muttern är ganska stor kan det vara enklare att sätta fast den i ett skruvstäd och skruva loss fjäderbenet/hjulspindeln från den. Markera mutterns läge i förhållande till fjäderbenet innan du lossar den, så får du en grov uppskattning av mutterns åtdragningsmoment inför ditsättningen. När muttern är demonterad, lyft ut stötdämparen.
20 Rengör komponenterna och kontrollera om de är slitna eller skadade. Byt ut komponenterna om det behövs. Kontrollera att de övre fästets lager rör sig mjukt genom att vrida det för hand. Byte av navlager beskrivs i avsnitt 6.

21 Sätt i stötdämparen och fäst den med hylsmuttern. Dra åt till det moment som anges i specifikationerna.
22 Placera spiralfjäderns nedre ände i fjäderbenet. Se till att änden ligger an mot stoppet.
23 Placera stoppklacken på kolvstången.
24 Montera det övre fjädersätet ovanpå fjädern. Se till att änden ligger an mot fjädern.
25 Montera gummikudden, packningen (med artikelnumret nedåt), trycklagret, det övre fästet och den kupade brickan.
26 Montera den nya muttern på ovansidan av stötdämparkolvens stag och dra åt den till angivet moment medan du håller fast staget med en nyckel på sexkanten.
27 Lossa försiktigt fjäderspännaren och kontrollera samtidigt att fjäderändarna är korrekt placerade i de övre och undre fjädersätena. Ta bort fjäderspännaren.

Montering

28 Placera fjäderbenet/hjulspindeln under framskärmen och lyft den i läge medan du styr fästbultarna genom hålen i innerskärmen. Montera muttrarna och dra åt dem stegvis till angivet moment.
29 Dra ut fjäderbenets nedre del, koppla sedan ihop navet med drivaxelns spårning och för på navet tills det går att skruva på den nya navmuttern några varv.
30 Placera den nedre delen av fjäderbenet/hjulspindeln på kulledsbulten och montera den nya muttern. Dra åt muttern till angivet moment.
31 Montera krängningshämmarens länk på länkarmen tillsammans med gummibussningarna och packningarna. Montera muttern och dra åt den till angivet moment.
32 Återanslut styrstagsänden till styrarmen på fjäderbenet och dra åt muttern till angivet moment enligt beskrivningen i avsnitt 19.
33 Montera stänkskyddet och dra åt bultarna ordentligt.
34 Rengör fogytorna och montera sedan tillbaka bromsskivorna och dra åt skruven.
35 Montera bromsoket och bromsklossarna över skivan och dra åt fästbultarna till angivet moment (se kapitel 9). Se till att hydrauslangen inte är vriden.
36 Montera ABS-givaren vid fjäderbensfästet och dra åt skruven ordentligt.
37 Dra på det här stadiet åt navmuttern något.
38 Montera hjulet och sänk ner bilen.
39 Dra åt navmuttern till angivet moment (se kapitel 8).
40 Dra åt hjulbultarna till angivet moment.
41 Montera navkapseln och tryck sedan ner bromspedalen flera gånger så att bromsklossarna flyttas till sitt normala läge.

3 Framfjädringens länkarm – demontering, översyn och montering

Demontering

1 Dra åt handbromsen, lyft sedan upp framvagnen och ställ den på pallbockar (se *Lyftning och stödpunkter*). Demontera hjulet.

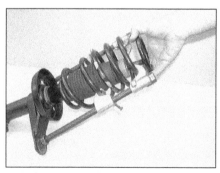

2.18a . . . den främre spiralfjädern . . .

2.18b . . . och stoppklacken

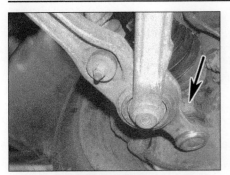

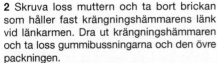

3.3a Framfjädringens länkarm och kulledsmutter

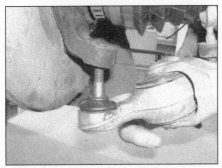

3.3b Ta bort länkarmen från fjäderbenet/ hjulspindeln

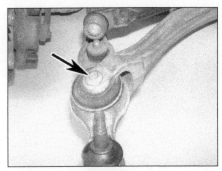

3.4 Bult som håller fast svängarmen vid länkarmen

2 Skruva loss muttern och ta bort brickan som håller fast krängningshämmarens länk vid länkarmen. Dra ut krängningshämmaren och ta loss gummibussningarna och den övre packningen.

3 Skruva loss muttern från den nedre kulleden och använd en avdragare för att skilja länkarmen från fjäderbenet/hjulspindeln **(se bilder)**. Kasta muttern eftersom den är självlåsande och måste bytas.

4 Använd en torxnyckel för att skruva loss bulten som håller fast svängarmen vid länkarmen, vrid sedan loss svängarmen från länkarmen **(se bild)**.

5 Skruva loss den inre styrbulten från kryssrambalkens framsida, lossa länkarmen något och ta bort den från bilens undersida **(se bild)**. På höger sida måste man ta bort en kåpa för att komma åt bulten.

Renovering

6 Det går inte att byta den nedre kulleden separat från länkarmen, även om kulledens gummidamask kan köpas separat. Om den nedre kulleden är väldigt sliten måste hela länkarmen bytas.

7 Inte heller den inre pivåbussningen kan bytas separat från armen.

8 Om svängarmens styrhylsa i länkarmen är sliten kan den tas bort med en press och en ny kan sättas dit.

9 Kontrollera om länkarmen är skadad och byt ut den om det behövs.

Montering

10 Placera länkarmen i kryssrambalken och sätt i styrbulten framifrån. Dra på det här

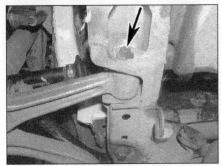

3.5 Den inre styrbulten i framfjädringens länkarm

stadiet åt bulten med handkraft eftersom den sedan måste dras åt helt med fordonets vikt på framfjädringen.

11 Tryck på svängarmen på länkarmen, se till att hålen kommer i linje och för in bulten. Dra åt bulten till angivet moment.

12 Placera den nedre kulledsbulten längst ner på fjäderbenet/hjulspindeln och montera sedan den nya muttern och dra åt till angivet moment.

13 Montera krängningshämmarens länk på länkarmen tillsammans med gummi-bussningarna och packningarna. Montera muttern och dra åt den till angivet moment.

14 Montera hjulet och sänk ner bilen.

15 Dra åt bulten som förbinder länkarmen och kryssrambalken.

4 Framfjädringens svängarm – demontering, översyn och montering

Demontering

1 Dra åt handbromsen, lyft sedan upp fram-vagnen och ställ den på pallbockar (se *Lyftning och stödpunkter*). Demontera hjulet.

2 Använd en garagedomkraft och höj länkarmen till dess normala läge.

3 Skruva loss bulten som håller fast svängarmen vid länkarmen och bänd sedan loss svängarmen från länkarmen.

4 Skruva loss bulten som håller fast svängarmen vid kryssrambalken, lossa sedan svängarmen och ta bort den från bilens undersida **(se bild)**.

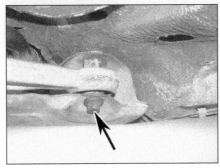

4.4 Bult som håller fast svängarmen vid kryssrambalken

Renovering

5 Kontrollera om den inre gummibussningen är sliten eller skadad. Byt den om det behövs med hjälp av en press. Tvinga ut den gamla bussningen och sätt i den nya.

6 Kontrollera svängarmens styrhylsa i länk-armen och byt den om det behövs genom att skruva loss länkarmen enligt beskrivningen i avsnitt 3.

7 Kontrollera om svängarmen är skadad och byt den om det behövs.

Montering

8 Placera svängarmens inre ände i kryssrambalken. Se till att den konkava sidan är riktad utåt. Sätt dit bulten och dra åt den med handkraft på det här stadiet.

9 Placera den armens yttre ände på länkarmen och sätt dit bulten och muttern. Dra åt den inre och den yttre bulten till angivet moment.

10 Montera hjulet och sänk ner bilen.

5 Främre krängnings-hämmare – demontering, översyn och montering

Demontering

1 Dra åt handbromsen, lyft sedan upp framvagnen och ställ den på pallbockar (se *Lyftning och stödpunkter*). Ta bort båda hjulen.

2 Motorenheten måste stödjas när kryss-rambalken tas bort. Använd en lämplig motorhiss eller en lyftbalk som monteras tvärs över motorrummet. Lyft motorn något så att den stöds av hissen/lyftbalken.

3 Skruva loss klämbultarna som fäster det främre avgasröret vid mellandelen. Lossa sedan den främre delen, sänk ner och häng upp den i underredet med en vajer eller ett snöre.

4 Stöd kryssrambalken med en garage-domkraft.

5 Lossa kryssrambalkens främre fästbultar men ta inte bort dem.

6 Arbeta vid kryssrambalkens baksida: Skruva loss de fyra fästbultarna och de två fästmuttrarna. Sänk ner kryssrambalken så långt som möjligt.

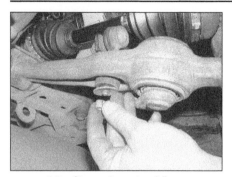

5.7a Skruva loss den främre krängningshämmarens muttrar . . .

5.7b . . . och ta loss den nedre brickan och gummipackningen

5.11 Muttrar till den främre krängningshämmarens länk

7 Skruva loss muttrarna som håller fast krängningshämmarens länkar vid länkarmen och ta loss den nedre brickan och gummipackningen **(se bilder).**
8 Skruva loss bultarna och haka loss fästklamrarna.
9 Lyft upp krängningshämmaren och ta bort den från ena sidan. Ta loss länkens övre brickor och gummipackningar.
10 Ta bort den delade klämmans gummifästen från krängningshämmaren.

Renovering

11 Kontrollera om krängningshämmaren och fästena visar tecken på slitage eller skador. Om det behövs kan man lossa muttrarna, ta bort sidolänkarna, sätta dit nya och dra åt muttrarna **(se bild).**
12 Kontrollera den delade klämmans gummifästen och byt dem om det behövs.

Montering

13 Doppa den delade klämmans gummi-fästen i tvålvatten och placera dem på krängningshämmaren.
14 Sätt dit de övre brickorna och gummi-packningarna på länkarna.
15 Kontrollera att gummipackningarna och brickorna sitter på plats på länkarna. Sätt sedan dit krängningshämmaren på kryssrambalken och placera länkarna i länkarmen.
16 Sätt dit den delade klämmans gummi-fästen

och montera klämmorna. Dra åt klämmans fästbultar med handkraft på det här stadiet.
17 Montera de nedre gummipackningarna och brickorna på krängningshämmarens länkar. Dra sedan åt muttrarna till angivet moment.
18 Dra åt klämmans fästbultar till angivet moment.
19 Lyft upp kryssrambalken och sätt dit de fyra bakre fästbultarna och de två muttrarna. Observera att brickorna på de bakre bultarna måste komma i kontakt med underredet. Dra åt kryssrambalkens fästbultar och muttrar till angivet moment.
20 Återanslut det främre avgasröret till mellandelen och montera klämman. Dra åt klämbultarna ordentligt.
21 Ta bort motorhissen eller lyftbalken.
22 Montera hjulen och sänk ner bilen.

6 Främre navlager – byte

Observera: *När man pressar ut navet kan man skada lagret. Därför bör man inte återanvända borttagna lager.*
1 Ta bort det främre fjäderbenet/hjulspindeln enligt beskrivningen i avsnitt 2, men ta inte isär spiralfjädern etc.
2 Stöd navhållarens yttre punkt bakom navflänsen. Det bästa är att använda en

hydraulisk press. Tryck eller driv ut navet från lagren med ett metallrör eller en stor hylsa på navets innerkant.
3 Använd en låsringstång och ta bort låsringarna från navlagrets sidor **(se bild).**
4 Stöd navhållarens yttre punkt igen och tryck eller driv ut lagret med ett metallrör eller en stor hylsa på det yttre lagerspåret.
5 Rengör navet och insidan av navhållaren.
6 Använd låsringstången och montera den yttre låsringen i dess spår i hjulspindeln. Placera låsringens öppning längst ner.
7 Smörj lite fett på lagrets utsida och i navhållaren.
8 Stöd navhållarens yttre punkt och tryck eller driv in lagret tills det kommer i kontakt med den yttre låsringen, använd ett metallrör eller en stor hylsa på det yttre lagerspåret.
9 Använd låsringstången och montera den inre låsringen i dess spår i hjulspindeln. Placera låsringens öppning längst ner.
10 Stöd lagrets inre ände med ett metallrör eller en stor hylsa på det inre spåret, tryck eller driv sedan in navet utifrån.
11 Montera framfjädringens fjäderben/navhållare enligt beskrivningen i avsnitt 2.

7 Bakre stötdämpare – demontering och montering

Observera: *För att försäkra jämna köregenskaper måste de båda bakre stötdämparna bytas samtidigt.*

Demontering

1 Placera bakvagnen över en smörjgrop eller på en ramp. Alternativt kan bakvagnen lyftas och stödjas (se *Lyftning och stödpunkter*). Ta sedan bort hjulet och stöd bakaxeln med pallbockar eller en garagedomkraft på den aktuella sidan.
2 Öppna bakluckan så att du kommer åt den bakre stötdämparens fjäderbenslager. Använd en vass kniv och skär upp en flik i klädseln **(se bild).**
3 Skruva loss den bakre stötdämparens övre fästmutter och ta loss packningen och gummibussningen.

6.3 Inre låsring som håller fast det främre navlagret i det främre fjäderbenet/navet

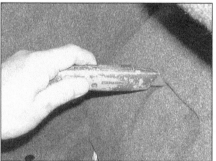

7.2 Man kommer åt stötdämparens övre fästmutter genom att skära upp en flik i det bakre bagageutrymmets klädsel

Fjädring och styrning 10•7

7.4 Den bakre stötdämparens nedre fästbult

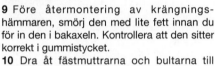
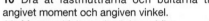
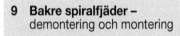

8.2 Fästbultar för yttre krängningshämmare bak

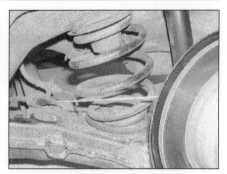

9.5 Bakre spiralfjäder

4 Arbeta under bilen. Skruva loss den nedre fästbulten **(se bild)**.

5 Ta bort den bakre stötdämparen och ta bort den återstående gummibussningen från stötdämparens överdel.

6 Undersök om gummibussningarna är slitna eller skadade och byt ut dem om det behövs. Observera att den nedre bussningen kan pressas ut ur stötdämparen och en ny kan sättas dit. Doppa den nya bussningen i tvålvatten innan du pressar den i läge.

Montering

7 Monteringen utförs i omvänd ordningsföljd mot demonteringen, men dra åt fästbulten och muttern till angivet moment.

8 Bakre krängningshämmare – demontering och montering

Yttre krängningshämmare

Demontering

1 Klossa framhjulen, hissa sedan upp bakvagnen och stöd den på pallbockar som placerats ur vägen för den bakre krängningshämmaren (se *Lyftning och stödpunkter*). Ta bort båda bakhjulen.

2 Skruva loss fästbultarna och sänk ner krängningshämmaren från bakaxeln **(se bild)**.

3 Ta bort mutterns låsplatta från bakaxelns fläns.

4 Kontrollera om krängningshämmaren är skadad eller deformerad och byt den om det behövs.

Montering

5 Monteringen utförs i omvänd ordningsföljd mot demonteringen, men dra åt fästbultarna till angivet moment.

Inre krängningshämmare

Demontering

6 Klossa framhjulen, lyft upp bakvagnen med hjälp av en domkraft och stöd den på pallbockar (se *Lyftning och stödpunkter*). Ta bort båda bakhjulen.

7 Skruva loss krängningshämmarens fästmuttrar och bultar från bakaxelns yttre flänsar.

8 Ta bort krängningshämmaren från ena sidan av bakaxeln. Dra den genom en av fästöppningarna. Lossa den samtidigt från det mittersta gummistycket.

Montering

9 Före återmontering av krängningshämmaren, smörj den med lite fett innan du för in den i bakaxeln. Kontrollera att den sitter korrekt i gummistycket.

10 Dra åt fästmuttrarna och bultarna till angivet moment och angiven vinkel.

11 Montera hjulen och sänk ner bilen.

9 Bakre spiralfjäder – demontering och montering

Observera: *För att chassits höjd över marken ska bli lika på bilens båda sidor måste de båda bakre spiralfjädrarna bytas samtidigt.*

Demontering

1 Klossa framhjulen, lyft upp bilens bakvagn med hjälp av en domkraft och stöd den på pallbockar (se *Lyftning och stödpunkter*). Demontera hjulet.

2 Placera en garagedomkraft under länkarmen och höj den något.

3 Skruva loss den bakre stötdämparens nedre fästbult.

4 Sänk länkarmen så långt som möjligt och ta bort garagedomkraften.

5 Kontrollera om det finns några markeringar på spiralfjäderns baksida. Om det inte finns några markeringar, stryk på lite färg så att fjädern kan återmonteras åt samma håll **(se bild)**.

6 Sätt i en lämplig hävarm i stötdämparens nedre fäste och bänd ner länkarmen så långt att spiralfjädern kan tas bort.

7 Ta loss det övre fjädersätet, stoppklacken och det nedre fjädersätet.

8 Rengör fjädersätets infästningar på bakaxeln och underredet.

Montering

9 Sätt dit det nedre fjädersätet på bakaxeln.

10 Placera det övre fjädersätet i spiralfjädern.

11 För ner länkarmen och montera sedan tillbaka spiralfjädern och det övre sätet. Se till att markeringen är riktad bakåt.

12 Höj länkarmen med garagedomkraften tills stötdämparen kan placeras i det nedre fästet. Montera bulten och dra åt till angivet moment.

13 Ta bort garagedomkraften, montera hjulet och sänk ner bilen.

10 Bakaxel – demontering, översyn och montering

Demontering

1 Klossa framhjulen, lyft upp bakvagnen med hjälp av en domkraft och stöd den på pallbockar (se *Lyftning och stödpunkter*). Ta bort båda bakhjulen.

2 Koppla loss kablaget från ABS-givarna på båda sidorna och lossa kablaget från länkarmarna.

3 Haka loss handbromsvajerns returfjädrar från hålen i bromsskölderna och från vajerns ändbeslag.

4 Arbeta på båda sidor. Pressa bort handbromsvajerns styrhylsor från fästbyglarna på bakaxeln och lossa vajrarna från handbromsspaken på de bakre bromsskölderna.

5 Ta bort avgassystemets bakre ljuddämpare och det bakre avgasröret enligt beskrivningen i kapitel 4A eller 4B.

6 Ta bort den yttre krängningshämmare enligt beskrivningen i avsnitt 8.

7 Innan du kopplar ifrån hydraulröret, minimera eventuellt oljespill genom att först skruva av huvudcylinderbehållarens lock och sedan skruva på det igen över en bit plastfolie, så att det blir lufttätt. Alternativt kan du fästa en bromsslangklämma på slangen som går från karossen till bromsledningen på bakaxeln.

8 Rengör området runt hydraulrörets anslutningsmuttrar, skruva sedan loss muttrarna från de bakre bromsoken och slangen och ta bort hydraulrören. Tejpa över eller plugga igen slang- och bromsoksöppningarna för att hindra smuts och damm från att tränga in.

9 Dra ut fästklämmorna och ta bort hydraulslangarna från fästena.

10 Använd en garagedomkraft för att höja upp länkarmen på ena sidan av bakaxeln, skruva sedan loss och ta bort den bakre

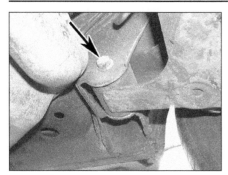

10.14 Bakaxelns sidofästbult

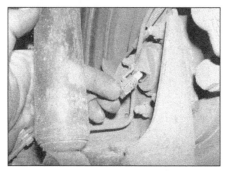

11.2 Koppla loss kablaget från ABS-givaren

stötdämparens nedre fästbult och pressa ut stötdämparen ur fästet.

11 Använd en hävarm för att pressa ner länkarmen och ta bort spiralfjädern och sätet.

12 Stöd det bakre bromsoket, skivan och navenheten, skruva sedan loss och ta bort navets fästmuttrar från länkarmens insida och lyft av enheten tillsammans med mellanläggsbrickan. Lägg enheten åt sidan. Kassera muttrarna då nya måste användas vid ihopsättningen.

13 Ta bort navenheten på den andra sidan genom att upprepa förfarandet som beskrivs i punkt 10 – 12.

14 Stöd mitten av bakaxeln med garagedomkraften, skruva sedan loss och ta bort fästbultarna på sidan **(se bild)**.

15 Ta bort bakaxeln från underredet och ta bort den från bilens undersida.

16 Ta bort den inre krängningshämmaren och mittstycket enligt beskrivningen i avsnitt 8.

17 Skruva loss bromsslangen och handbromsvajerns stödfäste. Skruva även loss fästbygeln.

Renovering

18 Kontrollera att bakaxelns bussningar inte är slitna eller skadade. Om det behövs kan man pressa ut de gamla bussningarna med lämpliga metallrör, en lång bult, muttrar och brickor.

19 Pressa in de nya bussningarna på samma sätt. Observera att de måste monteras med kompressionshålen vågrätt.

Montering

20 Montera bromsslangen och handbromsvajerns stödfäste och fästbygeln. Dra åt bultarna ordentligt.

21 Montera den bakre inre krängningshämmaren och mittstycket enligt beskrivningen i avsnitt 8.

22 Placera bakaxeln på en garagedomkraft under bakvagnen och höj upp den på fästena. Dra åt fästbultarna med handkraft på det här stadiet.

23 Använde garagedomkraften för att höja upp en av länkarmarna tills avståndet mellan hjulhusets kant och navcentrums övre kant är 37 cm. Dra åt bakaxelns fästbultar på denna sida av bakaxeln till angivet moment.

24 Sätt dit det nedre fjädersätet på bakaxeln.

25 Placera det övre fjädersätet i spiralfjädern.

26 För ner länkarmen och montera sedan tillbaka spiralfjädern och det övre sätet. Se till att markeringen är riktad bakåt (se avsnitt 9 om det behövs).

27 Höj länkarmen med garagedomkraften tills stötdämparen kan placeras i det nedre fästet. Montera bulten och dra åt till angivet moment.

28 Upprepa förfarandet på andra sidan enligt anvisningarna i punkt 23 – 27.

29 Sätt dit de bakre navenheterna tillsammans med bromsoken och skivorna på länkarmarna med nya muttrar och dra åt till angivet moment. Se till att mellanläggsbrickorna sitter på plats mellan naven och länkarmarna.

30 Montera hydraulslangarna på fästena och fäst dem med fästklämmor.

31 Montera hydraulrören på båda sidor och dra åt anslutningsmuttrarna ordentligt. Ta bort slangklamrarna eller plastfolien.

32 Montera den bakre yttre krängningshämmaren enligt beskrivningen i avsnitt 8 och dra åt fästbultarna till angivet moment.

33 Montera avgassystemets bakre ljuddämpare och bakre avgasrör enligt beskrivningen i kapitel 4A eller 4B.

34 Arbeta på vardera sidan. Placera handbromsvajrarna i fästbyglarna och anslut ändbeslagen på de bakre bromssköldarnas armar. Montera även utjämnaren på den enkla handbromsvajern.

35 Återanslut returfjädern i hålen i bromssköldarna och vajrarnas ändbeslag.

36 Återanslut ABS-givarens kablage och fäst den med klämmor.

37 Lufta bromsarnas hydraulsystem enligt beskrivningen i kapitel 9.

38 Montera bakhjulen och sänk ner bilen.

11 Bakre nav – demontering och montering

Demontering

1 Ta bort den bakre bromsskivan enligt beskrivningen i kapitel 9. Se till att inte böja bromsledningen för mycket. Ledningen kan kopplas loss enligt beskrivningen i kapitel 9 för demontering av bromsok.

2 Koppla loss kablaget från ABS-givaren **(se bild)**.

3 Haka loss handbromsvajerns returfjäder från hålet i bromssköldarna och från vajerns ändbeslag.

4 Lossa handbromsvajern från armen på den bakre bromsskölden. Haka sedan loss vajerns ändbeslag.

5 Stöd nav- och bromssköldsenheten, skruva sedan loss och ta bort navets fästmuttrar från länkarmens insida och lyft av enheten tillsammans med mellanläggsbrickan. Lägg enheten åt sidan. Kassera muttrarna då nya måste användas vid ihopsättningen.

6 Skilj navet från bromsskölden.

Montering

7 Rengör kontaktytorna på navet, fästplattan, distansbrickan och länkarmen.

8 Placera fästplattan och sedan distansbrickan på navets pinnbultar, montera sedan enheten på länkarmen och dra åt de nya muttrarna ordentligt. Se till att distansbrickan sitter på plats mellan navet och länkarmen.

9 Återanslut handbromsvajerns ändbeslag på bromssköldsarmen och återanslut sedan returfjädern.

10 Återanslut kablarna till ABS-givaren.

11 Montera den bakre bromsskivan enligt beskrivningen i kapitel 9. Om bromsoket har tagits bort, sätt dit det och stryk på låsvätska på fästbultarnas gängor innan du drar åt dem.

12 Om bromsoket har tagits bort, lufta hydraulsystemet enligt beskrivningen i kapitel 9.

12 Ratt – demontering och montering

Demontering

1 Lossa batteriets jordledning (minuspolen) (se *Koppla ifrån batteriet*).

2 Vrid framhjulen så de pekar rakt fram.

3 Ta bort krockkuddsmodulen på förarplatsen från ratten enligt beskrivningen i kapitel 11.
Varning: Följ säkerhetsanvisningarna mycket noggrant.

4 Koppla loss signalhornets kablage från ratten **(se bild)**.

12.4 Koppla loss signalhornets kablage

12.5a Använd ett långt förlängningsskaft för att lossa rattens fästmutter

12.5b Skruva loss rattens fästmutter och bricka

12.6 Skruva loss ratten samtidigt som du för signalhornets och krockkuddens kablage genom hålet

5 Skruva loss rattens fästmutter och bricka **(se bilder)**. Märk ut rattens läge i förhållande till rattstången med en färgmarkering.
6 Ta försiktigt bort ratten från stångens spår medan du för ut signalhornets och krockkuddens kablage genom hålet **(se bild)**.
Varning: Använd inte en hammare eller klubba för att knacka bort ratten från spåren eftersom det kan skada den hopfällbara inre stången. Var också noggrann med att inte skada kontaktrullen som sitter över stångens överdel.
7 Tejpa fast kontaktens fjäderenhet i mittläget.

Montering

8 Ta bort tejpen från kontaktens fjäderenhet. Om fjäderenheten inte längre befinner sig i mittläget, kontrollera att alla fyra hjulen pekar framåt och vrid sedan enheten ett helt varv medurs. Vrid tillbaka enheten exakt 2,5 varv.
9 Placera ratten på stångens spår, med markeringarna i linje, medan du för in krockkuddens och signalhornets kablage genom hålet.
10 Montera brickan och fästmuttern och dra åt muttern till angivet moment.
11 Återanslut kablarna till signalhornet.
12 Montera förarkrockkuddsmodulen enligt beskrivningen i kapitel 11.
13 Återanslut batteriets minusledning (jord).

14 Låt en Saab-verkstad kontrollera eventuella felkoder i bilens elektroniska styrsystem.

13 Rattstång – demontering och montering

Demontering

1 Demontera ratten enligt beskrivning i avsnitt 12.
2 Skruva loss tvärstyckets skruvar och ta bort de övre och nedre kåporna från rattstången.
3 Skruva loss skruvarna, koppla loss kablaget och ta sedan bort kontaktfjäderenheten. Håll den på plats i mitten med tejp.
4 Ta bort kombinationsbrytaren från rattstången enligt beskrivningen i kapitel 12, avsnitt 4. Ta bort spakarna och vajern från lagerhuset.
5 Ta bort instrumentbrädans nedre klädselpanel och luftkanalen **(se bild)**.
6 Skruva loss bultarna och ta bort knäskyddspanelen under rattstången.
7 Vid rattstångens nederdel, skruva bort klämbulten och ta bort universalknuten från styrväxeldrevets axel **(se bild)**. Märk axeln och rattstången om det behövs för att garantera korrekt återmontering.
8 Skruva loss stångens nedre fästbult som sitter över ventilationskanalen **(se bild)**.

9 Skruva loss de övre fästmuttrarna som sitter under instrumentpanelen. Ta sedan bort rattstången från mellanväggens fästbygel.

Montering

10 Placera rattstången på mellanväggens fästtappar och skruva dit muttrarna löst på det här stadiet.
11 Haka fast kardanknuten längst ner på stången i styrväxeldrevets axel, se till att bulthålet är i linje med skåran i axeln och att inställningsmärkena är i linje med varandra. Dra åt klämbulten ordentligt.
12 Sätt dit och dra åt stångens nedre fästbult och dra sedan åt de övre fästmuttrarna helt.
13 Montera knäskyddet under rattstången.
14 Sätt tillbaka instrumentbrädans nedre klädselpanel.
15 Montera kombinationsbrytaren vid rattstång enligt beskrivningen i kapitel 12. Montera även spakarna och vajern vid lagerhuset.
16 Ta bort tejpen från kontaktens fjäderenhet. Om fjäderenheten inte längre befinner sig i mittläget, kontrollera att alla fyra hjulen pekar framåt och vrid sedan enheten ett helt varv medurs. Vrid tillbaka enheten exakt 2,5 varv. Dra åt fästskruvarna och återanslut sedan kablaget.
17 Montera de övre och nedre kåporna och montera sedan tillbaka ratten enligt beskrivningen i avsnitt 12.

13.5 Skruva loss luftkanalen underifrån instrumentbrädans högra sida

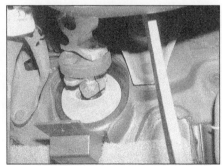

13.7 Rattstångens nedre klämbult

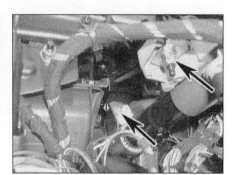

13.8 Rattstångens övre och nedre fästbultar

14 Rattstångens övre lager – byte

1 Demontera ratten enligt beskrivning i avsnitt 12.
2 Skruva loss tvärstyckets skruvar och ta bort de övre och nedre kåporna från rattstången.
3 Skruva loss skruvarna, koppla loss kablaget och ta sedan bort kontaktfjäderenheten. Håll den på plats i mitten med tejp.
4 Ta bort låsringen från stångens överdel. Kasta ringen eftersom en ny måste användas vid återmonteringen.
5 Skruva loss lagerhuset och ta bort plastringen i förekommande fall.
6 Montera den nya plastringen i förekommande fall och sätt dit det nya lagerhuset över stångens överdel och fäst det med fästbulten.
7 Montera den nya låsringen.
8 Ta bort tejpen från kontaktens fjäderenhet. Om fjäderenheten inte längre befinner sig i mittläget, kontrollera att alla fyra hjulen pekar framåt och vrid sedan enheten ett helt varv medurs. Vrid tillbaka enheten exakt 2,5 varv. Dra åt fästskruvarna och återanslut sedan kablaget.
9 Montera det övre och nedre höljet och dra åt skruvarna.
10 Montera ratten enligt beskrivningen i avsnitt 12.

15 Styrservons hydraulsystem – avtappning, påfyllning och luftning

Observera: *Styrservons hydraulsystem måste luftas om någon del av systemet har demonterats.*

Avtappning

1 När hela hydraulsystemet ska tömmas, placera en behållare (som rymmer minst en liter) under servopumpen till höger om motorn. Lossa klammern och koppla loss returslangen från pumpen. Låt oljan från returslangen rinna ner i behållaren.
2 Placera behållaren säkert i motorrummet, på avstånd från rörliga komponenter och direkta värmekällor. Starta motorn och låt hydrauloljan pumpas ner i behållaren. Vrid ratten till fullt utslag från sida till sida flera gånger för att tvinga ut oljan från kuggstången. När vätskeflödet sinar måste du stänga av motorn direkt. Servostyrningspumpen får **inte** torrköras någon längre stund.
3 Återanslut returslangen och dra åt klammern.

Påfyllning

4 Ta bort vätskebehållarens påfyllningslock och fyll på med vätska av rätt typ och kvalitet till den högsta nivåmarkeringen. Se kapitel 1A eller 1B för mer information.

Luftning

5 Parkera bilen på ett plant underlag och dra åt handbromsen.
6 Med motorn avstängd, vrid ratten långsamt till fullt utslag åt båda hållen flera gånger så att all luft tvingas ut, fyll sedan på oljebehållaren. Upprepa proceduren tills vätskenivån i behållaren inte längre sjunker.
7 Starta motorn, vrid sedan ratten till fullt utslag åt båda hållen flera gånger för att tvinga ut eventuell kvarvarande luft ur systemet. Upprepa proceduren tills det inte längre finns några bubblor i vätskebehållaren.
8 Om onormala ljud hörs från pumpen eller oljerören när ratten vrids är det ett tecken på att det fortfarande finns luft i systemet. Kontrollera detta genom att vrida hjulen rakt fram och sedan stänga av motorn. Om oljenivån i behållaren stiger finns det luft i systemet och det behöver luftas ytterligare. Upprepa proceduren ovan om det behövs.
9 När all luft har tvingats ut ur servostyrningens hydraulsystem, stanna motorn och låt systemet svalna. Avsluta med att kontrollera att oljenivån går upp till maxmarkeringen på behållaren, och fyll på mer olja om det behövs.

16 Styrväxel – demontering och montering

Demontering

1 Dra åt handbromsen, lyft sedan upp framvagnen och ställ den på pallbockar (se *Lyftning och stödpunkter*). Demontera båda framhjulen.
2 Tappa ut hydrauloljan ur servosystemet enligt beskrivningen i avsnitt 15 och vrid sedan ratten så att hjulen riktas rakt fram.
3 Lossa batteriets jordledning (minuspolen) (se *Koppla ifrån batteriet*).
4 Ta bort luftintagsresonatorn (se kapitel 4A eller 4B).
5 Skruva loss staget mellan det främre fjäderbenet i motorrummet.
6 På högerstyrda modeller, utför följande:
a) *På dieselmodeller, ta bort luftrenarens kåpa helt med massluftflödesmätaren och slangarna.*
b) *På dieselmodeller ska man även i förekommande fall skruva loss motorvärmarens avgasrör och föra den åt sidan. Sedan ska man koppla loss kablaget och ta bort styrningsventilen från mellanväggen. Fäst värmeenheten vid mellanväggens ena sida.*
c) *På alla modeller, ta bort torkarlänkaget enligt beskrivningen i kapitel 12, bänd sedan ut gummipluggarna och skruva loss bromsservons bultar.*
7 På vänsterstyrda modeller, utför följande:
a) *Ta bort huvudsäkringsdosan från det vänstra bakre hörnet av motorrummet*

så att du kommer åt servostyrningens vätskerör.
b) *På dieselmodeller, ta bort luftrenarens kåpa helt med massluftflödesmätaren och slangarna. Skruva loss pedalens lägesgivare och värmeenheten, och för dem åt sidan.*
8 Ta bort instrumentbrädans nedre klädselpanel.
9 Vid rattstångens nederdel, skruva bort klämbulten och dra bort kardanknuten från styrväxeldrevets axel. Märk axeln och rattstången om det behövs för att garantera korrekt återmontering.
Varning: Hindra ratten från att vridas genom att fästa tejp vid instrumentbrädan. Om man inte gör det finns det risk för att fjädern i kontaktfjäderenheten går sönder.
10 Bänd i förekommande fall bort låsplattan från bultarna som håller fast de inre ändarna av styrstagen vid styrväxeln **(se bild)**.
11 Skruva loss bultarna och ta bort styrstagen från styrväxeln. För dem åt sidan och ta loss fästplattan och brickorna.
12 Skruva loss muttern från styrstagsänden på höger sida (högerstyrda modeller) eller vänster sida (vänsterstyrda modeller) och skilj sedan styrstagsänden från styrstag styrarmen på hjulspindeln med en avdragare. Ta bort styrstaget från bilen.
13 Placera en behållare under styrväxeln för att fånga upp oljespill. Märk de hydrauliska tillförsel- och returrören för att underlätta återplaceringen, skruva sedan bort anslutningsmuttrarna och lägg försiktigt rören på ena sidan. Ta loss O-ringstätningarna. Tejpa över eller plugga igen rörändarna och styrväxelns öppningar för att hindra damm och smuts från att tränga in.
14 Skruva loss anslutningsmuttrarna och koppla loss de inre rören från ventilhuset. Ta loss O-ringstätningarna. Tejpa över eller plugga igen rören och öppningarna för att hindra damm och smuts från att tränga in.
15 Stöd styrväxeln, skruva sedan loss fästmuttrarna och bultarna, och ta bort klämmorna. Observera vajerfästets placering. Ta bort styrväxeln uppåt från motorrummet.
16 Undersök om fästgummina är slitna eller skadade och byt ut dem om det behövs. Om en ny styrväxel ska monteras, flytta över de inre rören från den gamla enheten

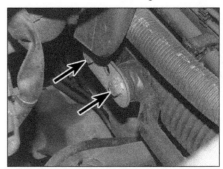

16.10 Bultar som håller fast styrstagets innerände vid styrväxeln

och montera nya O-ringstätningar. Dra åt anslutningsmuttrarna ordentligt. Kontrollera torpedväggens gummidamask och byt ut den om det behövs.

Montering

17 Monteringen utförs i omvänd ordningsföljd mot demonteringen, men observera även följande.

a) Smörj mellanväggens gummi med lite vaselin.

b) Montera nya O-ringstätningar om det behövs.

c) Dra åt alla muttrar och bultar till angivet moment, om det är tillämpligt.

d) Montera de inre styrstagsändarna vid styrväxeln tillsammans med fästplattan och brickorna. Fästplattan måste placeras bredvid bultskallarna och brickorna måste placeras mellan styrstagen och kuggstången.

e) Haka fast universalknuten längst ner på stången i styrväxeldrevets axel. Se till att bulthålet är i linje med skåran i axeln och att inställningsmarkeringarna är i linje med varandra.

f) Fyll servostyrningssystemet med rekommenderad hydraulvätska och lufta systemet enligt beskrivningen i avsnitt 15.

g) Låt kontrollera framhjulsinställningen så snart som möjligt (se avsnitt 20).

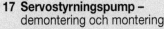

17 Servostyrningspump – demontering och montering

Demontering

1 Tappa ut hydrauloljan ur servostyrningssystemet enligt beskrivningen i avsnitt 15 och vrid sedan ratten så att hjulen riktas rakt fram. Man kan även montera en slangklämma vid vätskematningsslangen istället för att tömma systemet helt.

Bensinmodeller

2 Ta bort luftrenaren från det högra främre hörnet i motorrummet (se kapitel 4A).

3 På högerstyrda Viggen-modeller, skruva loss staget mellan de främre fjäderbenstornen.

17.7a Skruva loss fästbultarna från servostyrningspumpen

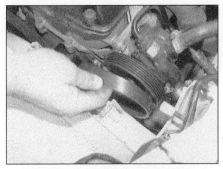

17.4 Skruva loss drivremmen från servostyrningspumpens remskiva

4 Ta bort drivremmen från servostyrningspumpens remskiva enligt beskrivningen i kapitel 1A. För att kunna göra detta, vrid den automatiska spännaren medurs tills ett stift eller en borrbit kan föras genom hålen för att hålla fast spännaren (se bild).

5 Skruva loss anslutningsmuttern som håller fast matningsröret vid pumpen.

6 Lossa klämman och koppla loss returslangen från pumpen.

7 Skruva loss fästbultarna. Notera att en av dem håller fast matningsrörets stödfäste. Man kommer åt bulten i remskivan genom ett hål i remskivan (se bilder). Observera att Viggen-modeller har en genomgående bult och mutter.

8 Ta bort pumpen från motorn (se bild). Vira in den i tygtrasor för att förhindra att olja droppar på bilens lackerade ytor.

Dieselmodeller

9 Dra åt handbromsen, lyft sedan upp framvagnen och ställ den på pallbockar (se Lyftning och stödpunkter). Ta bort höger framhjul, motorns undre och övre kåpa, höger spoiler och hjulhusfodret.

10 Ta bort drivremmen från servostyrningspumpens remskiva enligt beskrivningen i kapitel 1B. Vrid spännaren moturs för att slacka remmen.

11 Skruva loss remskivan från pumpen, vrid sedan motorn något åt vänster och ta bort remskivan.

12 Ta bort luftfilterenheten (se kapitel 4B).

13 Skruva loss tryckrörets fästbult. Notera att den även fäster oljestickans rör.

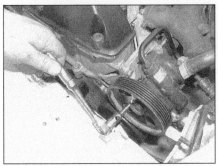

17.7b En av fästbultarna går att komma åt via servostyrningspumpens remskiva

14 Skruva loss anslutningsbulten och koppla loss tryckröret från pumpen.

15 Skruva loss fästbultarna och ta bort pumpen från fästbygeln på motorn. Se till att hålla ihop pumpens delar. Vira in den i tygtrasor för att förhindra att olja droppar på bilens lackerade ytor. Ta bort tätningsringarna och kasta dem. Nya ringar måste användas vid återmonteringen. För att kunna ta bort fästbygeln från motorn måste man ta bort höger motorfäste (se kapitel 2B). Skruva sedan loss AC-kompressorn och häng fast den åt sidan. Fästbygeln kan sedan skruvas loss.

Montering

16 Monteringen utförs i omvänd ordningsföljd mot demonteringen, men observera även följande:

a) Dra åt alla muttrar och bultar till angivet moment, om det är tillämpligt.

b) Om en ny pump monteras, skruva loss genomföringsenheten och ta bort genomföringens tätningsringar.

c) På dieselmodeller, stryk på silikonfett för att täta tätningsringarna och sätt dit dem på pumpen. Se till att pumpens bakre kåpa sitter korrekt i styrsprinten och hålls fast av fasthållningsringen. Montera pumpen vid fästbygeln och dra stegvis åt bultarna, först med handkraft och sedan till angivet moment.

d) Fyll på hydraulsystemet och lufta det enligt beskrivningen i avsnitt 15.

18 Kuggstångens gummidamask – byte

1 Ta bort styrväxeln enligt beskrivningen i avsnitt 16.

2 Skruva loss anslutningsmuttrarna och ta bort de inre hydraulrören från styrväxeln. Ta loss O-ringstätningarna.

3 Ta bort det yttre gummifästet från styrväxelhusets ände mitt emot kugghjulet.

4 Lossa klämmorna och ta bort gummidamasken från husets ände.

5 Torka rent huset och montera den nya damasken och placera den i spåren. Montera och dra åt fästklamrarna.

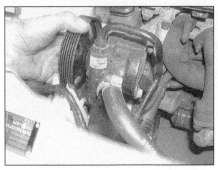

17.8 Skruva loss servostyrningspumpen från motorn

19.3 Skruva loss styrstagsändens fästmutter . . .

19.4a . . . använd sedan en avdragare för att lossa styrstagsänden . . .

19.4b . . . och ta bort styrstagsänden från styrarmen

6 Placera det yttre gummifästet på styrväxelhuset.
7 Montera de inre hydraulrören på styrväxeln med nya O-ringstätningar. Se till att rören är korrekt linjerade och dra sedan åt anslutningsmuttrarna. Observera att ändarna i ventilhuset inte ska monteras på det här stadiet.
8 Montera styrväxeln enligt beskrivningen i avsnitt 16.

19 Styrstagsände – demontering och montering

Demontering

1 Dra åt handbromsen, lyft sedan upp framvagnen och ställ den på pallbockar (se *Lyftning och stödpunkter*). Demontera hjulet.
2 Lossa klämbulten som håller fast styrstagsänden vid justeringsskruven något (två eller tre varv). Lossa inte klämbulten på styrstaget.
3 Skruva loss muttern som håller fast styrstagsänden vid styrarmen på hjulspindeln **(se bild)**.
4 Använd en avdragare för att koppla loss styrstagsänden från styrarmen **(se bilder)**.
5 Använd en stållinjal eller ett skjutmått och mät längden på den del av gängan som syns på justeringsskruvens yttre ände. Detta är nödvändigt för att styrstagsänden ska kunna monteras i exakt samma läge.
6 Håll fast justeringsskruven med en nyckel på de platta delarna. Skruva loss styrstagsänden medan du räknar antalet varv.

Montering

7 Skruva fast styrstagsänden med det exakta antalet varv som noterades vid demonteringen. Kontrollera att den del av gängan som syns är lika lång som förut.
8 Placera styrstagsänden i styrarmen och dra åt bultarna till angivet moment.
9 Kontrollera att styrstagsändens kulledshus är parallell med styrarmen, dra åt klämbulten till angivet moment.
10 Montera hjulet och sänk ner bilen.
11 Låt kontrollera framhjulsinställningen så snart som möjligt (se avsnitt 20).

20 Framvagnsinställning och hjulvinkel – allmän information

Framhjulsinställning

1 Det är mycket viktigt att framhjulsinställning är korrekt för att styrningen ska fungera och däcken ska slitas jämnt. Innan styrningsvinklarna undersöks, kontrollera att däcken har tillräckligt med luft, att framhjulen inte är buckliga eller hjullagren slitna och att styrleden är i gott skick utan slakhet eller slitage i lederna. Bränsletanken måste vara full och inga passagerare får befinna sig i bilen.
2 Hjulinställningen består av fyra faktorer **(se bild):**
Cambervinkeln är hjulvinkeln i vertikalled sett framifrån eller bakifrån. Positiv cambervinkel är den vinkel (i grader) som hjulens överkant vinklas utåt från den vertikala linjen. Vinkeln kallas negativ camber om hjulen lutar inåt upptill. Denna vinkel går inte att ställa in.
Castervinkel är vinkeln mellan styraxeln och en vertikal linje sett från sidan av bilen. Positiv castervinkel är när styraxelns övre del lutar mot bilens bakre del. Denna vinkel går inte att ställa in.
Lutning av styraxel (styraxellutning eller spindelbultslutning) är vinkeln mellan vertikallinjen och en tänkt linje mellan det övre och nedre fjäderbensfästet fram, sett från framifrån eller bakifrån. Denna vinkel går inte att ställa in.
Toe anger hur mycket som skiljer avståndet mellan fälgarnas främre och bakre innerkanter. Om avståndet mellan framkanterna är mindre än avståndet mellan bakkanterna kallas det toe-in. Om avståndet mellan framkanterna är större än mellan bakkanterna kallas det toe-ut.
3 Eftersom det krävs precisionsmätare för att mäta de små vinklarna i styrinställningar och fjädring måste kontrollen av cambervinklar, castervinklar och styraxelns lutning överlåtas till en verkstad med nödvändig utrustning. Alla avvikelser från den angivna vinkeln beror på skador genom olycka eller allvarligt slitage i fjädringsfästena.
4 När du ska kontrollera framhjulsinställningen, se först till att båda parallellstagen är lika långa när hjulen är rakställda. Mät avståndet

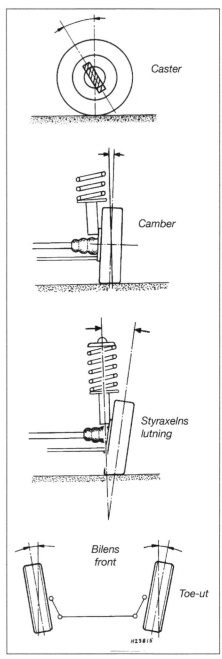

20.2 Hjulinställning och styrvinklar

Caster

Camber

Styraxelns lutning

Bilens front

Toe-ut

H23815

mellan styrstagsänden och styrstaget på båda sidorna. Måttet får inte vara större än 52,0 mm och måste vara lika stort på båda sidor. De platta delarna på justeringsskruven måste placeras mitt mellan styrstaget och styrstagsänden. Skillnaden mellan mått B och C får maximalt vara 3,0 mm (se bild). Klämbultarna måste lossas innan man vrider på justeringsskruven.

5 Skaffa en hjulinställningsmätare. Det finns olika typer att köpa i tillbehörsaffärer. Annars kan man tillverka en av en bit stålrör som kröks för att komma förbi sumpen och växellådan, med en inställningsskruv och en låsmutter i ena änden.

6 Använd mätaren för att mäta avståndet mellan fälgarnas insidor (i höjd med navet) baktill på fälgarna. Skjut bilen framåt så att hjulen roterar 180° (ett halvt varv) och mät avståndet mellan fälgarnas insidor i navhöjd framtill på fälgarna. Det sista måttet ska skilja sig från det första enligt det toe-in-värde som

anges i specifikationerna. Bilen måste stå plant.

7 Om toe-in-värdet inte stämmer, lossa klämbultarna och vrid justeringsskruvarna lika mycket och åt samma håll. Vrid dem endast ett kvarts varv i taget innan du kontrollerar inställning på nytt. Vrid justeringsskruven med en nyckel på de platta delarna och när du har gjort en justering. Se till att styrstagsändens kulledshus är parallellt med styrarmen. Det är viktigt att styrstagen inte blir olika långa vid justeringen, annars kan rattinställningen bli felaktig och däcken drar i kurvor.

8 Avsluta med att dra åt klämbultarna utan att ändra inställningen. Kontrollera att kullederna är mitt i cirkelns centrum.

Bakhjulsinställning

9 Bakhjulets toe- och camberinställningar anges endast som referens eftersom de inte går att ändra.

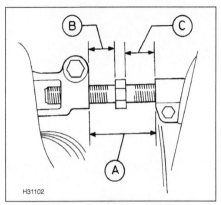

20.4 Mått hos justeringsskruven för hjulinställning

A Får inte överstiga 52,0 mm på någon av sidorna.
Skillnaden mellan dimension B och C får inte överstiga 3,0 mm.

Kapitel 11
Kaross och detaljer

Innehåll

Svårighetsgrad

Enkelt, passar novisen med lite erfarenhet	Ganska enkelt, passar nybörjaren med viss erfarenhet	Ganska svårt, passar kompetent hemmamekaniker	Svårt, passar hemmamekaniker med erfarenhet	Mycket svårt, för professionell mekaniker

Specifikationer

Åtdragningsmoment	Nm
Fast sidoruta (tredörrarsmodeller)	3
Fram- och bakdörrar	47
Främre stötfångare.	39
Framsäte	24
Främre säkerhetsbälte:	
Haspel	45
Höjdjusterare	24
Spänne.	45
Skena (tredörrars).	45
Passagerarkrockkudde.	9
Passagerarkrockkuddens säkerhetsrembult	9
Bakre stötfångare.	39
Litet sidofönster längst bak (femdörrarsmodell)	3
Bakre säkerhetsbälte:	
Haspel	38
Golvförankring	45
Sufflettkåpans inre kåpa.	14
Sufflettens fästmuttrar	28

1 Allmän information

Bilens kaross är konstruerad av pressade stålsektioner som antingen är punktsvetsade eller sömsvetsade ihop. Karossens stelhet förstärks med förstärkningsbalkar som är inbyggda i karosspanelerna, stålflänsar i fönster- och dörröppningarna och fästmedel i fasta glasskarvar.

Den främre kryssrambalkenheten skapar fästpunkter för motor- och växellådsenheten och framfjädringen. Styrväxeln är fäst med bultar på mellanväggen. Framskärmarna är även fastbultade, inte svetsade, för att underlätta reparationer efter olyckor.

Bilens underrede är täckt med en underredsbehandling av polyester och ett rostskyddsmedel. Behandlingen skyddar mot väder och vind och fungerar samtidigt som ett effektivt ljudisolerande lager. Kupén, bagageutrymmet och motorrummet är också fodrade med bituminös filt och andra ljudisolerande material för ytterligare ljuddämpning.

Alla modeller är utrustade med elektriska fönsterhissar fram och bak. Fönsterglasen höjs och sänks av en elektrisk motor som styr en fönsterhiss med saxverkan.

Centrallås finns på alla modeller och styrs ut från förar- eller passagerardörrens lås. Det fungerar i låsen i alla fyra dörrar, bakluckan och tanklocket. Låsmekanismen aktiveras av servomotorn och systemet styrs av en elektronisk styrenhet (ECU).

Alla modeller har krockkudde på förarsidan, placerad i mitten av ratten. Krockkuddar på passagerarsidan är tillval. De främre säkerhetsbältena har automatiska sträckare som aktiveras vid en frontalkrock. Krockkuddarna utgör en del av bilens SRS-system (Supplementary Restraint System) som styrs av den elektroniska styrenheten (ECU). Givare inbyggda i styrenhetens hölje och i motorrummets främre del aktiveras vid en frontalkrock och tvingar styrenheten att aktivera krockkuddarna och bältessträckarna.

Varning: Avsnitt 30 innehåller de särskilda föreskrifter som måste följjas när man arbetar med en bil med krockkuddar.

2 Underhåll – kaross och underrede

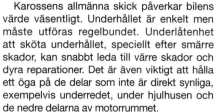

Karossens allmänna skick påverkar bilens värde väsentligt. Underhållet är enkelt men måste utföras regelbundet. Underlåtenhet att sköta underhållet, speciellt efter smärre skador, kan snabbt leda till värre skador och dyra reparationer. Det är även viktigt att hålla ett öga på de delar som inte är direkt synliga, exempelvis underredet, under hjulhusen och de nedre delarna av motorrummet.

Tvättning utgör grundläggande underhåll av karossen – helst med stora mängder vatten från en slang. Detta tar bort all lös smuts som har fastnat på bilen. Det är viktigt att spola bort smutsen på ett sätt som förhindrar att lacken skadas. Hjulhusen och underredet måste tvättas rena från lera på samma sätt. Fukten som binds i leran kan annars leda till rostangrepp. Paradoxalt nog är det bäst att tvätta av underredet och hjulhuset när det regnar eftersom leran då är blöt och mjuk. Vid körning i mycket våt väderlek spolas vanligen underredet av automatiskt vilket ger ett tillfälle för kontroll.

Med undantag för bilar med vaxade underreden är det bra att regelbundet rengöra hela undersidan av bilen, inklusive motorrummet, med ångtvätt så att en grundlig kontroll kan utföras för att se vilka åtgärder och mindre reparationer som behövs. Ångtvättar finns att få tag på hos bensinstationer och verkstäder och behövs när man ska ta bort de ansamlingar av oljeblandad smuts som ibland lägger sig tjockt i vissa utrymmen. Om det inte finns tillgång till ångtvätt finns ett par utmärkta fettlösningsmedel som penslas på. Sedan kan smutsen helt enkelt spolas bort. Observera att ingen av ovanstående metoder ska användas på bilar med vaxade underreden, eftersom de tar bort vaxet. Bilar med vaxade underreden ska kontrolleras årligen, helst på senhösten. Underredet ska då tvättas av så att skador i vaxbestrykningen kan hittas och åtgärdas. Helst ska ett helt nytt lager vax läggas på. Överväg även att spruta in vaxbaserat skydd i dörrpaneler, trösklar, balkar och liknande som ett extra rostskydd där tillverkaren inte redan åtgärdat den saken.

Torka av lacken med sämskskinn efter tvätten så att den får en fin yta. Ett lager med genomskinligt skyddsvax ger förbättrat skydd mot kemiska föroreningar i luften. Om lacken mattats eller oxiderats kan ett kombinerat rengörings-/polermedel återställa glansen. Detta kräver lite arbete, men sådan mattning orsakas vanligen av slarv med regelbundenheten i tvättningen. Metalliclacker kräver extra försiktighet och speciella slipmedelsfria rengörings-/polermedel krävs för att inte skada ytan. Kontrollera alltid att dräneringshål och rör i dörrar och ventilation är öppna så att vatten kan rinna ut. Kromade ytor ska behandlas på samma sätt som lackerade. Fönster och vindrutor ska hållas fria från fett och smuts med hjälp av fönsterputs. Vax eller andra medel för polering av lack eller krom ska inte användas på glas.

3 Underhåll – klädsel och mattor

Mattorna ska borstas eller dammsugas med jämna mellanrum så att de hålls rena. Om de är svårt nedsmutsade kan de tas ut ur bilen och skrubbas. Se i så fall till att de är helt torra innan de läggs tillbaka i bilen. Säten och klädselpaneler kan torkas rena med fuktig trasa. Om de smutsas ner (vilket ofta syns tydligare på ljus inredning) kan lite flytande tvättmedel och en mjuk nagelborste användas för att skrubba ut smutsen ur materialet. Glöm inte takets insida, håll det rent på samma sätt som klädseln. När flytande rengöringsmedel används inne i en bil får de tvättade ytorna inte överfuktas. För mycket fukt kan tränga in i sömmar och stoppning och framkalla fläckar, störande lukter och till och med röta. Om insidan av bilen blir mycket blöt är det mödan värt att torka ur den ordentligt, speciellt mattorna. *Lämna inte olje- eller eldrivna värmare i bilen för att den ska torka snabbare.*

4 Mindre karosskador – reparation

Mindre repor

Om en repa är mycket ytlig och inte har trängt ner till karossmetallen är reparationen mycket enkel att utföra. Gnugga det skadade området helt lätt med lackrenoveringsmedel eller en mycket finkornig slippasta så att lös lack tas bort från repan och det omgivande området befrias från vax. Skölj med rent vatten.

Applicera förbättringslack på repan med en tunn målarpensel. Fortsätt att lägga på tunna lager färg tills färgytan i repan är i nivå med den omgivande lacken. Låt den nya lacken härda i minst två veckor och jämna sedan ut den mot omgivande lack genom att gnugga hela området kring repan med lackrenoveringsmedel eller en mycket finkornig slippasta. Avsluta med en vaxpolering.

Om repan har gått ner till karossmetallen och denna har börjat rosta krävs en annan teknik. Ta bort lös rost från botten av repan med ett vasst föremål och lägg sedan på rostskyddsfärg så att framtida rostbildning förhindras. Använd sedan en spackel av gummi eller nylon och fyll upp repan med spackelmassa. Vid behov kan spacklet tunnas ut med thinner så att det blir mycket tunt vilket är idealiskt för smala repor. Innan spacklet härdar, linda ett stycke mjuk bomullstrasa runt en fingertopp. Doppa fingret i cellulosaförtunning och stryk snabbt över fyllningen i repan. Det gör att ytan blir något urholkad. Lacka sedan över repan enligt tidigare anvisningar.

Bucklor

När en djup buckla har uppstått i bilens kaross blir den första uppgiften att räta ut den så att karossen i det närmaste återfår ursprungsformen. Det finns ingen anledning att försöka återställa formen helt eftersom metallen i det skadade området sträckt sig vid skadans uppkomst och aldrig helt kommer att återta sin gamla form. Det är bättre att försöka ta bucklans nivå upp till ca 3 mm under den omgivande karossens nivå. I de fall bucklan är mycket grund är det inte värt besväret att räta ut den. Om undersidan av bucklan är åtkomlig kan den knackas ut med en träklubba eller plasthammare. När detta görs ska mothåll användas på plåtens utsida så att inte större delar knackas ut.

Skulle bucklan finnas i en del av karossen som har dubbel plåt, eller om den av någon annan anledning är oåtkomlig från insidan, krävs en annan teknik. Borra ett flertal små hål genom metallen i bucklan – speciellt i de djupare delarna. Skruva sedan in långa plåtskruvar precis så långt att de får ett fast grepp i metallen. Dra sedan ut bucklan genom att dra i skruvskallarna med en tång.

Nästa steg är att ta bort lacken från det skadade området och ca 3 cm av den omgivande oskadade plåten. Detta görs enklast med stålborste eller slipskiva monterad på borrmaskin, men kan även göras för hand med slippapper. Fullborda underarbetet genom att repa den nakna plåten med en skruvmejsel eller filspets, eller genom att borra små hål i det område som ska spacklas. Detta gör att spacklet fäster bättre.

Se avsnittet om spackling och sprutning för att avsluta reparationen.

Rosthål eller revor

Ta bort lacken från det drabbade området och ca 30 mm av den omgivande oskadade plåten med en sliptrissa eller stålborste monterad i en borrmaskin. Om detta inte finns tillgängligt kan några ark slippapper göra jobbet lika effektivt. När lacken är borttagen kan rostskadans omfattning uppskattas mer exakt och därmed kan man avgöra om hela plåten (om möjligt) ska bytas ut eller om rostskadan ska repareras. Nya plåtdelar är inte så dyra som de flesta tror och det går ofta snabbare och ger bättre resultat med plåtbyte än att försöka reparera större rostskador.

Ta bort alla detaljer från det skadade området, utom dem som styr plåtens ursprungliga form, exempelvis lyktsarger. Ta sedan bort lös eller rostig metall med plåtsax eller bågfil. Knacka kanterna något inåt så att du får en grop för spacklingsmassan.

Borsta av det skadade området med en stålborste så att rostdamm tas bort från ytan av kvarvarande metall. Måla området med rostskyddsfärg. Behandla också det skadade områdets baksida, om den är åtkomlig.

Före spacklingen måste hålet täckas på något sätt. Detta kan göras med nät av plast eller aluminium eller med aluminiumtejp.

Nät av plast eller aluminium eller glasfiberväv är antagligen det bästa materialet för ett stort hål. Skär ut en bit som är ungefär lika stor som det hål som ska fyllas, placera den i hålet så att kanterna är under nivån för den omgivande plåten. Ett antal klickar spackelmassa runt hålet fäster materialet.

Aluminiumtejp bör användas till små eller mycket smala hål. Dra av en bit tejp från rullen och klipp till den storlek och form som behövs. Dra bort eventuellt skyddspapper och fäst tejpen över hålet. Tejpen kan överlappas om en bit inte räcker. Tryck ner tejpkanterna med ett skruvmejselhandtag eller liknande så att tejpen fäster ordentligt på metallen.

Spackling och sprutning

Se tidigare anvisningar beträffande reparation av bucklor, repor, rosthål och andra hål innan beskrivningarna i det här avsnittet följs.

Det finns många typer av spackelmassa. Generellt sett är de som består av grundmassa och härdare bäst vid den här typen av reparationer. En bred och följsam spackel av nylon eller gummi är ett ovärderligt verktyg för att skapa en väl formad spackling med fin yta.

Blanda lite massa och härdare på en skiva av exempelvis kartong eller masonit. Följ tillverkarens instruktioner och mät ut härdaren noga, i annat fall härdar spacklingen för snabbt eller för långsamt. Använd applikatorn och bred ut massan på den preparerade ytan. Dra applikatorn över massans yta för att forma den och göra den jämn. Så snart massan har antagit en någorlunda korrekt form bör arbetet avbrytas. Om man håller på för länge blir massan kletig och börjar fastna på spackeln. Fortsätt lägga på tunna lager med ca 20 minuters mellanrum till dess att massan är något högre än den omgivande plåten.

När massan härdat kan överskottet tas bort med hyvel eller fil. Börja med nr 40 och avsluta med nr 400 våt- och torrpapper. Linda alltid papperet runt en slipkloss, i annat fall blir inte den slipade ytan plan. Vid slutpoleringen med torr- och våtpapper ska detta då och då sköljas med vatten. Detta skapar en mycket slät yta på massan i slutskedet.

I det här stadiet bör bucklan vara omgiven av en ring med ren plåt som i sin tur omges av en lätt ruggad kant av den oskadade lacken. Skölj av reparationsområdet med rent vatten till dess att allt slipdamm försvunnit.

Spruta ett tunt lager grundfärg på hela reparationsområdet. Då avslöjas mindre ytfel i spacklingen. Laga dessa med ny spackelmassa eller filler och slipa av ytan igen. Massa kan tunnas ut med thinner så att den blir mer lämpad för riktigt små gropar. Upprepa denna sprutning och reparation till dess att du är nöjd med spackelytan och den ruggade lacken. Rengör reparationsytan med rent vatten och låt den torka helt.

Reparationsytan är nu klar för lackering. Färgsprutning måste utföras i ett varmt, torrt, drag- och dammfritt utrymme. Detta kan åstadkommas inomhus om det finns tillgång till ett större arbetsområde, men om arbetet måste äga rum utomhus är valet av dag av stor betydelse. Om arbetet utförs inomhus kan golvet spolas av med vatten eftersom detta binder damm som annars skulle finnas i luften. Om ytan som ska åtgärdas endast omfattar en panel ska de omgivande panelerna maskeras av. Då kommer inte mindre nyansskillnader i lacken att synas lika tydligt. Dekorer och detaljer (kromlister, handtag med mera) ska även de maskeras av. Använd riktig maskeringstejp och flera lager tidningspapper till detta.

Före sprutning, skaka burken ordentligt och spruta på en provbit, exempelvis en konservburk, tills du behärskar tekniken. Täck reparationsytan med ett tjockt lager grundfärg. Tjockleken ska byggas upp med flera tunna färglager, inte ett enda tjockt lager. Polera sedan grundfärgsytan med nr 400 våt- och torrpapper, till dess att den är helt slät. Medan detta utförs ska ytan hållas våt och pappret ska periodvis sköljas i vatten. Låt torka innan mer färg läggs på.

Spruta på färglagret och bygg upp tjockleken med flera tunna lager färg. Börja spruta i ena kanten och arbeta med sidledes rörelser nedåt till dess att hela reparationsytan och ca 5 cm av den omgivande lackeringen täckts. Ta bort maskeringen 10–15 minuter efter det att det sista färglagret sprutades på.

Låt den nya lacken härda i minst två veckor innan den nya lackens kanter jämnas ut mot den gamla med en lackrenoverare eller mycket fin slippasta. Avsluta med en vaxpolering.

Plastdetaljer

Biltillverkarna gör allt fler karossdelar av plast (t.ex. stötfångare, spoilers och i vissa fall även större karosspaneler), och allvarligare fel på sådana komponenter kan endast åtgärdas genom att reparationsarbetet överlåts till en specialist, eller genom att hela komponenten byts ut. Sådana skador lönar sig inte att reparera själv på grund av kostnaden för den specialutrustning och de speciella material som krävs. Principen för dessa reparationer är dock att en skåra tas upp längs med skadan med en roterande rasp i en borrmaskin. Den skadade delen svetsas sedan ihop med en varmluftspistol och en plaststav i skåran. Plastöverskott tas bort och ytan slipas ner. Det är viktigt att rätt typ av plastlod används – plasttypen i karossdelar kan variera, exempelvis PCB, ABS eller PPP.

Mindre allvarliga skador (skrapningar, små sprickor etc.) kan lagas av en hemmamekaniker med hjälp av en tvåkomponents epoxymassa. Den blandas i lika delar och används sedan på ungefär samma sätt som spackelmassa på plåt. Epoxyn härdar i regel inom 30 minuter och kan sedan slipas och målas.

Om ägaren har bytt en komponent på egen hand eller reparerat med epoxymassa, återstår svårigheten att hitta en färg som lämpar sig för den aktuella plasten. En gång i tiden kunde inte någon universalfärg användas på grund av det breda utbudet av plaster i karossdelar. Generellt sett fastnar inte standardfärger på plast och gummi, men det finns färger och kompletta färgsatser för plast- och gummilackering och att köpa. Numera finns det dock satser för plastlackering att köpa. Dessa består i princip av förprimer, grundfärg och färglager. Kompletta instruktioner finns i satserna, men grundmetoden är att först lägga på förprimern på den aktuella delen och låta den torka i 30 minuter. Sedan ska grundfärgen läggas på och lämnas att torka i ungefär en timme innan det färgade ytlacket läggs på. Resultatet blir en korrekt färgad del där lacken kan röra sig med materialet, något de flesta standardfärger inte klarar.

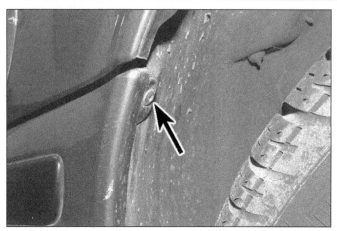

6.3 Koppla loss hjulhusfodret från den främre stötfångarens bakre ändar

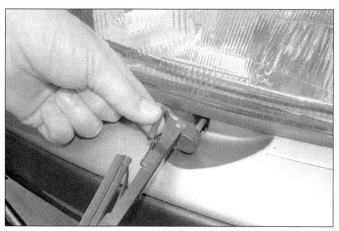

6.5 Lyft upp torkararmarna från strålkastarna och lossa spolarslangarna

5 Större karosskador – reparation

Om helt nya paneler måste svetsas fast på grund av större skador eller bristande underhåll, bör arbetet överlåtas till professionella mekaniker. Om det är frågan om en allvarlig krockskada måste hela karossens inställning kontrolleras och det kan endast utföras av en verkstad med tillgång till uppriktningsriggar. En felbalanserad kaross är för det första farlig, eftersom bilen inte reagerar på rätt sätt, och för det andra så kan det leda till att styrningen, fjädringen och ibland kraftöverföringen belastas ojämnt med ökat slitage eller helt trasiga komponenter som följd. Särskilt däcken är utsatta.

6 Främre stötfångare – demontering och montering

Demontering

1 Dra åt handbromsen, lyft fordonets främre del och ställ framvagnen på pallbockar (se *Lyftning och stödpunkter*).
2 Skruva loss skvalppläten under var ände av den främre stötfångaren.
3 Skruva loss skruvarna och lossa hjulhusfodren från stötfångarens bakre ändar **(se bild)**.

4 Öppna motorhuven, ta bort kylargrillen enligt beskrivningen i avsnitt 8.
5 Lyft upp torkararmarna från strålkastarna och lossa spolarslangen från stötfångarens bakre kant **(se bild)**. Ta bort torkarmotorerna i förekommande fall.
6 Ta bort strålkastarna och färdriktnings-visarlamporna från båda sidorna av bilen, enligt beskrivningen i kapitel 12, avsnitt 6.
7 Skruva loss bultarna som fäster stötfångaren i karossen. Bultarna sitter i strålkastaröppningarna.
8 Koppla ifrån kablaget från dimljusen och lossa buntbanden.
9 Arbeta under stötfångarens mittersta del och koppla ifrån kablaget från yttertemperaturgivaren **(se bild)**. Ta bort tejpen som fäster kablaget.
10 Ta hjälp av en medhjälpare och lyft upp den främre stötfångaren och dra den framåt från fästbyglarna på framskärmarna.
11 Om du sätter dit en ny stötfångare, flytta över registreringsskylten, panelinsatsen, spoilern och skvalppläterna till den nya enheten.

Montering

12 Lyft stötfångaren på plats och passa in den på fästbyglarna. Montera fästbultarna och dra åt dem till angivet moment.
13 Anslut kablaget på temperaturgivaren och fäst kablaget på stötfångarens undersida med tejp.

14 Återanslut kablaget på dimljusen och fäst kablaget med nya buntband.
15 Montera strålkastarna och körriktnings-visarna enligt beskrivningen i kapitel 12.
16 Fäst spolarslangen med clips på stötfångarens bakre kant. Sänk ner torkararmarna på strålkastarna. Sätt dit torkarmotorerna i förekommande fall.
17 Montera kylargrillen enligt beskrivningen i avsnitt 8.
18 Sätt tillbaka hjulhusfodren på stötfångarens bakre kants insida och fäst den med skruvar.
19 Sätt tillbaka skvalppläterna under stötfångarens båda ändar.
20 Sänk ner bilen. Justera strålkastar-inställningen vid behov (se kapitel 12).

7 Bakre stötfångare – demontering och montering

Demontering

1 Med bakluckan öppen, lossa gummi-tätningsremsan från den bakre listen och den inre panelen. Ta inte bort den helt.
2 Skruva loss de båda lastsäkringsöglorna på båda sidor av bagageutrymmet **(se bild)**.
3 Vik bagagerumsmattan framåt och lossa sedan plastmuttrarna och lossa panelens bakre list från placeringen ovanför bakluckans låskolv **(se bild)**.

6.9 Koppla loss kablaget från yttertemperaturgivaren

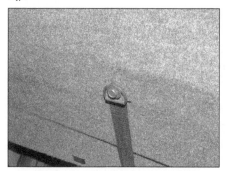

7.2 Fästöglor för last i bagageutrymmet

7.3 Ta bort klädselpanelen från bakkanten

4 Skruva loss och ta bort den bakre stöt-fångarens fästmuttrar **(se bild)**.

5 På stötfångarens främre ändar, lossa fodringarna från hjulhusen **(se bild)**. På vissa modeller fäster två skruvar fodringarna, men om nitar har använts kan fodringarna dras framåt och lossas från hjulhusen. Borra ur nitarna vid behov.

6 Ta hjälp av en annan person och dra stöt-fångaren bakåt samtidigt som den lossas från sidofästena. Var noga med att inte repa lacken.

Montering

7 Lyft stötfångaren på plats och skjut den framåt. Se till att stötfångaren hakar i sidobyglarna ordentligt genom att din medhjälpare trycker stötfångarens sidor inåt samtidigt som den trycks framåt. Kontrollera under stötfångaren att den har placerats korrekt.

8 Montera och dra åt fästmuttrarna till angivet moment.

9 Sätt tillbaka fodringarna på hjulhusen, använd nya nitar vid behov.

10 Sätt tillbaka klädselpanelen och dra åt muttrarna, vik sedan över mattan igen.

11 Sätt tillbaka lastens båda fästöglor och dra åt bultarna.

12 Sätt tillbaka gummitätningsremsan och stäng bakluckan.

---

8 Motorhuv, fjäderben och främre grill – demontering och montering

Motorhuv

⚠ **Varning: Det är mycket viktigt att du tar hjälp av någon för den här åtgärden.**

Demontering

1 Öppna motorhuven och placera trasor eller kartongbitar mellan motorhuvens bakkant och vindrutekanten.

2 Koppla ifrån spolarslangen från adaptern på mellanväggens kåpa.

3 Be medhjälparen att hålla motorhuven öppen.

4 Koppla ifrån fjäderbenen från motorhuven genom att bända ut fästklämmorna med en skruvmejsel, dra sedan av fjäderbenen **(se bild)**. Sänk ner fjäderbenen på framskärmarna.

7.4 Den bakre stötfångarens fästmuttrar

5 Använd en penna och märk gångjärnens placering på motorhuven.

6 När din medhjälpare håller upp huven, skruva los och ta bort gångjärnsbultarna med en torxnyckel **(se bild)**. Lyft försiktigt bort motorhuven från bilen och placera den på en säker plats. Var försiktig så att inte lacken skadas.

7 Ta bort torkararmarna och mellanväggens kåpa vid behov, skruva sedan loss och ta bort gångjärnen från karossen. Om du ska montera en ny motorhuv, flytta över ljudisoleringen och tätningslisten till den nya huven.

Montering

8 Monteringen utförs i omvänd ordningsföljd mot demonteringen. Sänk ner motorhuven försiktigt första gången den stängs, och kontrollera att låstungan är i linje med låset. Kontrollera också att motorhuven är placerad mitt emellan framskärmarna. Om det behövs, lossa bultarna och flytta motorhuven innan den stängs. Avsluta med att dra åt bultarna. Kontrollera att huvens främre del är i nivå med framskärmarna och skruva vid behov i eller loss gummistoppen i motorrummets främre hörn.

Fjäderben

Demontering

9 Öppna motorhuven. Om bara ett fjäderben ska demonteras kommer det återstående fjäderbenet att hålla upp motorhuven, men om båda ska demonteras måste en medhjälpare hålla upp huven. Alternativt, använd en träkloss för att hålla upp motorhuven.

10 Med en skruvmejsel bänder du bort

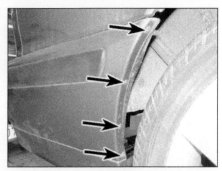

7.5 Den bakre stötfångarens främre fäste

fjäderklämman från fjäderbenets topp och lossar fjäderbenet.

11 Koppla ifrån fjäderbenets nedre del genom att bända ut fjäderklämman.

Montering

12 Monteringen utförs i omvänd ordningsföljd mot demonteringen.

Främre grill

Demontering

13 Med huven öppen, tryck ner fästkläm-morna och lossa den främre grillen från motorrummets främre tvärbalk **(se bild)**.

14 Lyft grillen uppåt från de båda posi-tioneringshålen **(se bild)**.

Montering

15 Monteringen utförs i omvänd ordningsföljd mot demonteringen.

8.4 Benets fäste på motorhuven

8.6 Bultar som fäster motorhuven på gångjärnen

8.13 Lossa fästklämmorna . . .

8.14 . . . och lyft gallret uppåt från de båda styrhålen

9.5 Motorhuvens låsspak sitter under instrumentbrädans högra sida

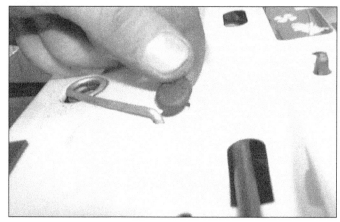

10.1a Ta bort gummipluggen . . .

9 Motorhuvslåsvajer och arm – demontering och montering

Demontering

1 Med motorhuven öppen, skruva loss skruven och ta bort klämman som fäster låsvajern på motorrummets främre tvärbalk.

2 Bänd ut den lilla gummipluggen, lossa sedan motorhuvens låsfjäder från tvärbalken med hjälp av en tång. När fjädern är lös kopplar du bort vajern från den.

3 Ta bort vajern från klämman i motorrummet.

4 Arbeta inuti bilen på förarsidan och ta bort säkringsdosans kåpa, den nedre klädselpanelen och värmekanalen. Ta sedan bort elektronikmodulen och reläerna. Skruva loss säkringsdosan och lägg den åt sidan.

5 Vik bort mattan och ta sedan bort motorhuvens arm med hjälp av två skruvmejslar som du använder för att bända loss den övre och nedre låsfliken **(se bild)**.

6 Bind en bit snöre runt vajerns inre del för att underlätta återmonteringen av den. Dra bort armen och vajern genom mellanväggen och ta bort dem från bilen. Lossa snöret och låt det gå igenom mellanväggen.

Montering

7 Bind fast snöret i vajern och linda tejp runt

10.1b . . . och koppla ifrån motorhuvens låsfjäder

vajeränden för att enklare kunna dra den genom mellanväggen. Dra vajern genom motorrummet och lossa snöret.

8 Tryck armen ordentligt på plats inuti bilen och lägg tillbaka mattan.

9 Sätt i och dra åt säkringsdosans skruvar.

10 Sätt tillbaka elektronikmodulen och reläerna, värmekanalen, den nedre klädselpanelen och säkringsdosans kåpa.

11 Sätt dit vajern på klämman i motorrummet.

12 Anslut vajern på motorhuvens låsfjäder och sätt sedan tillbaka fjädern och haka fast den i hålet. Montera gummipluggen.

13 Placera vajerhöljet så att det inte finns något fritt spel, sätt sedan tillbaka klämman och dra åt skruven.

14 Stäng motorhuven och kontrollera att vajern styr låsfjädern korrekt.

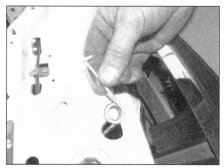

10.3 Ta bort motorhuvens låsfjäder från tvärbalken

10 Motorhuvlåsfjäder – demontering och montering

Demontering

1 Med motorhuven öppen, bänd ut den lilla gummipluggen och lossa sedan motorhuvens låsfjäder från motorrummets tvärbalk med hjälp av en tång **(se bilder)**.

2 När fjädern är lös, koppla loss vajern från tvärbalkens undersida.

3 Dra bort fjädern från tvärbalken **(se bild)**.

Montering

4 Monteringen utförs i omvänd ordningsföljd mot demonteringen, men stryk på lite fett på den del av fjädern som kommer i kontakt med motorhuvens låskolv.

11 Dörrar – demontering, montering och justering

Framdörr
Demontering

1 Öppna dörren och koppla ifrån kablaget genom att trycka ner och vrida kontakten och uttaget mellan dörren och A-stolpen **(se bild)**.

2 Skruva loss dörrstängningsremsan från A-stolpen **(se bild)**.

11.1 Koppla ifrån framdörrens kablage

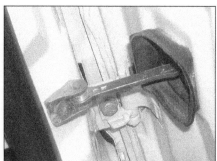

11.2 Framdörrens dörrstängningsremsa

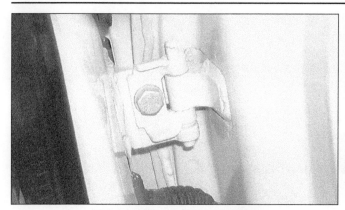

11.3 Framdörrrens övre gångjärn

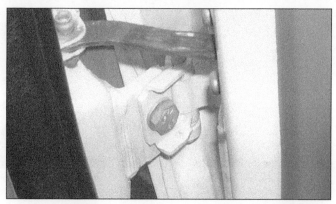

11.8 Bakdörrens nedre gångjärn och dörrstängningsremsa

3 Markera placeringen av gångjärnens plattor på A-stolpens fästbyglar i förhållande till varandra **(se bild)**.
4 Ta hjälp av en medhjälpare för att skruva loss fästbultarna och lyfta bort dörren från bilen. Var noga med att inte skada lacken.

Montering och justering

5 Montering utförs i omvänd arbetsordning, men dra åt fästbultarna till angivet moment. Kontrollera att dörrlåset linjeras korrekt i förhållande till låskolven på B-stolpen och att avståndet mellan dörren och den omgivande karossen är lika stort när dörren är stängd. Om det behövs kan du justera låskolven genom att lossa den. Avsluta med att dra åt den. Om du ska justera dörrens vertikala läge, lossa gångjärnsbultarna. Om den behöver justeras mera nedåt, slipa av den nedre gångjärnstappen till max. 4,0 mm. Justeringen bakåt görs med hjälp av mellanlägg som placeras mellan gångjärnet och stolpen.

Bakdörr

Demontering

6 Öppna fram- och bakdörrarna på den aktuella sidan.
7 Vik bort överdraget så att du kommer åt kontakten och uttaget och koppla ifrån kablaget.
8 Använd en lämplig dorn och slå ut dörrens bussning underifrån **(se bild)**.

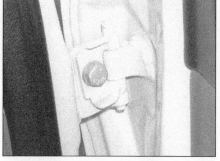

11.9 Bakdörrens övre gångjärn

9 Markera placeringen av gångjärnens plattor på B-stolpens fästbyglar i förhållande till varandra **(se bild)**.
10 Ta hjälp av en medhjälpare för att skruva loss fästbultarna och lyfta bort dörren från bilen. Var noga med att inte skada lacken.

Montering och justering

11 Montering utförs i omvänd arbetsordning, men dra åt fästbultarna till angivet moment. Kontrollera att dörrlåset linjeras korrekt i förhållande till låskolven på C-stolpen och att avståndet mellan dörren och den omgivande karossen är lika stort när dörren är stängd. Om det behövs kan du justera låskolven något genom att lossa den **(se bild)**. Avsluta med att dra åt den. Om du ska justera dörrens vertikala läge, lossa gångjärnsbultarna. Om den behöver

11.11 Bakdörrens låskolv

justeras mera nedåt, slipa av den nedre gångjärnstappen till max. 4,0 mm. Justeringen bakåt görs med hjälp av mellanlägg som placeras mellan gångjärnet och stolpen.

12 Dörrens inre klädselpanel – demontering och montering

Framdörr

Demontering

1 Bänd försiktigt loss bakluckans öppningsknapp från dörrens inre klädselpanel med hjälp av en liten skruvmejsel och koppla loss kablaget **(se bilder)**.

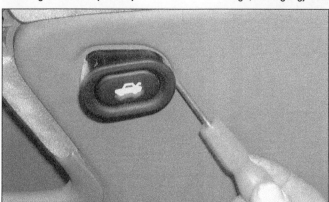

12.1a Bänd ut bakluckans öppningsknapp . . .

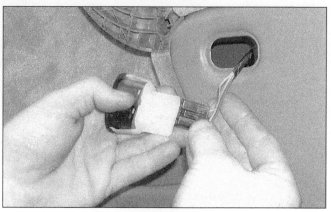

12.1b . . . och koppla ifrån kablaget

12.2a Bänd bort plastkåpan . . .

12.2b . . . skruva sedan loss skruven . . .

12.2c . . . och koppla bort handtaget från manöverstången

12.2d Manöverstången i "viloläge"

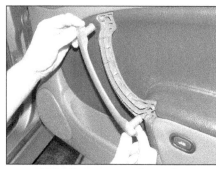

12.4a Ta bort plastkåpan från dörrhandtaget . . .

2 Bänd bort plastkåpan från det inre dörrhandtaget, skruva sedan loss skruven och ta bort öppningshandtaget från stången **(se bilder)**.
3 Med en skruvmejsel instucken framför den yttre backspegelns inre klädselpanel, bänd försiktigt ut panelen och koppla loss kablaget från styromkopplaren.
4 Bänd loss plastkåpan från dörrhandtaget och lossa skruvarna **(se bilder)**.
5 Skruva loss skruvarna som fäster panelens nedre del på dörrpanelen **(se bild)**.
6 Ta bort klämman från klädselpanelens bakre kant genom att trycka ner centrumsprinten **(se bild)**. På cabrioletmodeller lossar du klämman från panelens främre del genom att trycka ner centrumsprinten.
7 Med en bred spårskruvmejsel bänder du försiktigt ut klämmorna som fäster klädselpanelen i dörren. Var noga med att inte skada klädselpanelen eller ha sönder klamrarna, bänd så nära klamrarnas placeringar som möjligt.
8 När klamrarna är borttagna, lyft klädselpanelen uppåt över låsknappen.
9 Om det behövs tar du försiktigt bort membranen från dörrens innerpanel **(se bild)**.

Montering

10 Monteringen utförs i omvänd ordningsföljd mot demonteringen. Observera att när du monterar en ny klädselpanel på en cabriolet måste du skära av det främre övre hörnet med en bågfil eftersom panelen även är avsedd för coupémodeller. Bestäm hur mycket som ska kapas genom att jämföra med originalpanelen.

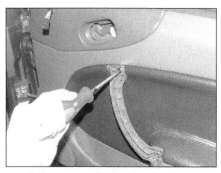

12.4b . . . och skruva loss skruvarna

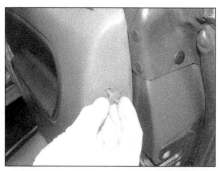

12.5 Ta bort de nedre skruvarna från framdörrens klädselpanel

12.6 Ta bort klämman från dörrklädselns bakre kant

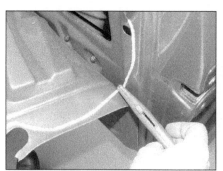

12.9a Ta bort framdörrens huvudmembran . . .

12.9b . . . och det nedre membranet

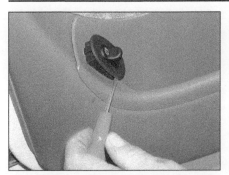

12.11 Ta bort elfönsterhissens brytare från bakdörrens klädsel

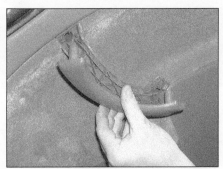

12.12a Bänd bort plastkåpan från dörrhandtaget . . .

12.12b . . . skruva sedan loss fästskruvarna

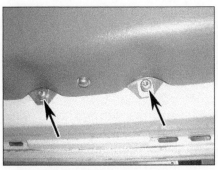

12.13 Skruva loss de båda fästskruvarna som är märkta med pilar

12.14a Bänd bort kåpan . . .

12.14b . . . skruva sedan loss skruven . . .

Bakdörr

Demontering

11 Bänd försiktig lossa elfönsterhissens brytare från dörrens inre klädselpanel med hjälp av en liten skruvmejsel och koppla ifrån kablaget **(se bild)**.

12 Bänd loss plastkåpan från dörrhandtaget och skruva sedan loss klädselpanelens fästskruvar som nu är synliga **(se bilder)**.

13 Lossa de båda fästskruvarna på klädselpanelens kant. Skruva inte loss mittskruven eftersom den fäster förvaringsutrymmet på klädselpanelen **(se bild)**.

14 Bänd bort plastkåpan från det inre dörrhandtaget, skruva sedan loss skruven

och ta bort öppningshandtaget från stången **(se bilder)**.

15 Med en bred spårskruvmejsel bänder du försiktigt ut klämmorna som fäster klädselpanelen i dörren. Var noga med att inte skada klädselpanelen eller ha sönder klamrarna, bänd så nära klamrarnas placeringar som möjligt.

16 När klamrarna är borttagna, lyft klädselpanelen uppåt över låsknappen.

17 Om det behövs drar du försiktigt bort membranen från dörrens innerpanel **(se bilder)**.

Montering

18 Monteringen utförs i omvänd ordningsföljd mot demonteringen.

13 Dörrhandtag och låskomponenter – demontering och montering

Inre dörrhandtag

Demontering

1 Bänd bort plastkåpan från det inre dörrhandtaget, skruva sedan loss skruven och ta loss öppningshandtaget från stången.

Montering

2 Monteringen utförs i omvänd ordningsföljd mot demonteringen.

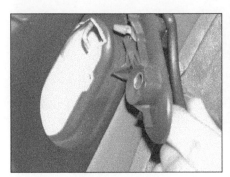

12.14c . . . och lossa handtaget från manöverstången

12.17a Ta bort bakdörrens huvudmembran . . .

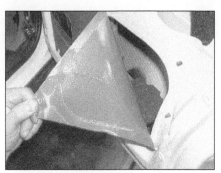

12.17b . . . och det nedre membranet

13.7 Koppla ifrån centrallåsets kablage

13.8 Dörrlåsets fästskruvar

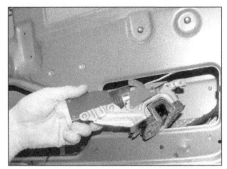

13.9a Ta bort dörrlåset och centrallåsmotorn . . .

13.9b . . . samtidigt som du styr låsknoppen genom hålet

Framdörrens lås

Demontering

3 Med fönstret stängt, ta bort dörrklädseln och membranen (se avsnitt 12).
4 Sträck in handen inuti dörren och koppla ifrån det inre handtagets manöverstång från låset. detta gör du genom att trycka upp plasthållaren och sedan lossa stången.
5 Skruva loss den nedre bulten till fönstrets bakre styrningskanal.
6 Koppla ifrån låscylinderns manöverstång från låset genom att trycka upp plasthållaren.
7 Koppla loss centrallåsets kablar från låset **(se bild)**.
8 Skruva loss skruvarna som fäster låset

på dörrens bakre kant och ta bort plattan i förekommande fall **(se bild)**.
9 Ta bort dörrlåset tillsammans med central-låsmotorn genom öppningen i dörren. Samtidigt som du tar bort låsenheten matar du ner låsknoppen genom hålet i dörren **(se bilder)**.
10 Om det behövs lossar du skruvarna och tar bort centrallåsmotorn från låset.

Montering

11 Monteringen utförs i omvänd ordningsföljd mot demonteringen. Men innan du sätter tillbaka dörrklädseln måste du se till att låset fungerar som det ska.

Bakdörrens lås

Demontering

12 Med fönstret stängt, ta bort dörrklädseln och membranen (se avsnitt 12). Ta också bort fyllningen från dörrens insida.
13 Sträck in handen inuti dörren och koppla ifrån det inre handtagets manöverstång från låset. detta gör du genom att trycka upp plasthållaren och sedan lossa stången.
14 Koppla ifrån låsknoppen stång från låset genom att trycka upp plasthållaren. Om det behövs kan hela stången tas bort genom att du tar bort veven.
15 Skruva loss den nedre bulten till fönstrets bakre styrningskanal.
16 Koppla loss centrallåskablaget från låset.

17 Skruva loss skruvarna som fäster låset på dörrens bakre kant.
18 Ta bort dörrlåset tillsammans med central-låsmotorn genom öppningen i dörren.
19 Om det behövs lossar du skruvarna och tar bort centrallåsmotorn från låset.

Montering

20 Monteringen utförs i omvänd ordningsföljd mot demonteringen.

Framdörrens ytterhandtag

Demontering

21 Med fönstret stängt, ta bort dörrklädseln och membranen (se avsnitt 12).
22 Sträck in handen inuti dörren och koppla ifrån det inre handtagets manöverstång från låset. Detta gör du genom att trycka upp plasthållaren och sedan lossa stången.
23 Skruva loss den nedre bulten till fönstrets bakre styrkanal och ta bort den **(se bild)**. På femdörrarsmodellerna flyttar du kanalen något utåt, men koppla inte ifrån kanalens övre del. På tredörrarsmodeller drar du kanalen nedåt något och drar sedan ut den från det övre spåret och tar bort den.
24 Sträck in handen i dörren och lossa klämman som fäster mikrokontakten på bak-sidan av dörrens ytterhandtag. Flytta brytaren åt sidan.
25 Om du arbetar med förardörren, koppla ifrån låscylinderns manöverstång från låset.

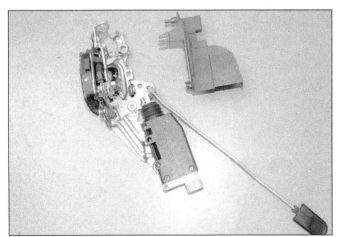

13.9c Dörrlåset och centrallåsmotorn borttagen från dörren

13.23 Skruva loss den nedre bulten till fönstrets bakre styrkanal

26 Håll fast dörren ytterhandtag från utsidan och lossa sedan muttern från insidan och ta bort fästplattan **(se bilder).**

27 Koppla loss manöverstången till dörrens ytterhandtag från låset.

28 Om du behöver komma åt bättre, ta bort locket helt enligt anvisningarna tidigare i det här avsnittet.

29 Ta försiktigt bort dörrens ytterhandtag från utsidan, var försiktig så att du inte skadar lacken **(se bilder).**

Montering

30 Monteringen utförs i omvänd ordningsföljd mot demonteringen.

Bakdörrens ytterhandtag

Demontering

31 Med fönstret helt öppet, ta bort dörr-klädseln och membranen (se avsnitt 12).

32 Sträck in handen inuti dörren och koppla ifrån det inre handtagets manöverstång från låset. Detta gör du genom att trycka upp plasthållaren och sedan lossa stången.

33 Ta bort den bakre trekantiga klädsel-panelen, lossa den från den bakre kanten först.

34 Ta bort dörrens inre glasfodring.

35 Skruva loss den nedre bulten till fönstrets bakre styrningskanal, vrid sedan kanalen uppåt, ut från fönsterramen.

36 Höj upp fönstret och lossa sedan muttern och ta bort fästplattan från dörrhandtagets baksida. Om du behöver komma åt bättre, ta bort locket helt enligt anvisningarna tidigare i det här avsnittet.

37 Koppla loss manöverstången till dörrens ytterhandtag från låset.

38 Ta försiktigt bort dörrens ytterhandtag från utsidan, var försiktig så att du inte skadar lacken.

Låscylinder (förardörr)

Demontering

39 Ta bort framdörrens ytterhandtag enligt beskrivningen tidigare i detta avsnitt.

40 Med handtaget borta, ta bort mikro-kontakten genom att bända ut klämman och lyfta bort den från spåret.

41 Ta bort låsringen som fäster spaken på låscylindern.

42 Ta bort låsfästet, se till att rullen förblir i fästet. Med fästet borttaget, ta bort rullen och lägg undan den.

13.26a Skruva loss muttern . . .

13.26b . . . och ta bort fästplattan

13.29a Ta bort framdörrens yttre handtag

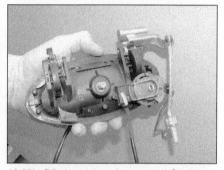

13.29b Dörrhandtaget borttaget från dörren

43 Ta bort packningen från dörrhandtaget.

44 Använd en skruvmejsel och bänd långsamt ut låsringen som håller fast låscylindern i handtaget. När låsringens ände syns i avrinningshålet, bänd ut den och dra ut ringen med en tång, var försiktig så att du inte skadar handtaget. Observera vilket spår låsringen sitter i.

45 Tryck ut låscylindern och ta loss de båda rullarna. Förvara dem på en säker plats.

Montering

46 Sätt dit en ny låsring i spåret på lås-cylindern.

47 Stryk på lite fett på låscylindern och sätt sedan dit de båda rullarna i spåren.

48 För in låscylindern i handtaget, se till att låsringens ändgap är placerat över avrinningshålet.

49 Sätt tillbaka dörrhandtagets packning.

50 Montera den återstående rullen i låsspaken och montera sedan tillbaka spaken på låscylindern och fäst med låsringen.

51 Sätt tillbaka mikrokontakten och fäst den med klämman. Klämmans platta del ska vara vänd uppåt.

52 Sätt tillbaka handtaget enligt beskrivningen tidigare i detta avsnitt.

14 Dörr-/sidoruta – demontering och montering

Framdörr

Demontering

1 Sänk ner rutan helt och ta sedan bort den dörrens inre klädselpanel och membran enligt beskrivningen i avsnitt 12, notera hur kablaget är draget.

2 På dörrens bakre kant trycker du ut den yttre tätningslisten, lyft sedan bort den från dörrens utsida.

3 Bänd ut hållarna och ta sedan bort kåpan och den inre tätningslisten från dörren **(se bilder).**

14.3a Bänd ut fästena . . .

14.3b . . . och ta sedan bort kåpan . . .

14.3c . . . och den inre tätningslisten från dörren

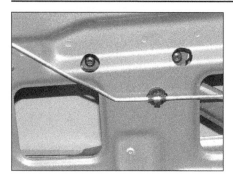

14.5 Nedre fästskruvar till fönsterglas

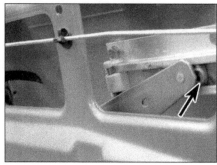

14.6a Ta bort klämmorna . . .

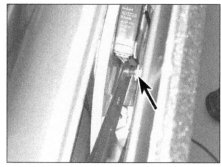

14.6b . . . bänd sedan bort hisstiften från rullarna

4 Skruva loss den nedre bulten till fönstrets bakre styrningskanal.
5 Återanslut brytaren tillfälligt till elfönstermotorn och höj upp rutan något tills du ser rutans underkant genom öppningarna i dörrpanelen. På cabrioletmodeller placerar du rutan så att dess nedre fästskruvar syns genom öppningarna i dörrpanelen **(se bild)**.
6 Ta bort fästklämmorna från kanalrullarna, och bänd sedan försiktigt ut hisstiften från rullarna samtidigt som du håller uppe rutan **(se bilder)**. Stiften passar precis i rullarna, så var noga med att inte trycka för hårt på glaset.
7 Lyft försiktigt upp rutan i dess bakre del och ta bort den från utsidan av dörren **(se bild)**. På cabrioletmodeller kan styrningskanalerna försvåra borttagningen av rutan, skruva loss den bakre kanalen från glaset först.
8 Ta bort kanalrullarna från fönsterglaset.

Montering

9 Smörj in fönsterglasets nedre kanal med fett, placera sedan rullar i den.
10 Sänk ner glaset på plats och passa in det på de främre och bakre styrningskanalerna.
11 Tryck in hisstiften i rullarna och sätt sedan tillbaka klämmorna.
12 Sätt dit och dra åt den nedre bulten till rutans bakre styrningskanal.
13 Anslut elfönsterhissmotorns brytare tillfälligt, lossa sedan hissens bakersta justeringsmutter och höj upp rutan så långt det går. Sänk sedan ner rutan tills den är 3,0 cm från stängt läge och tryck sedan rutan så långt bakåt det går. Rutans övre kant ska vara parallell med dörrpanelen. Dra åt den bakersta justeringsmuttern.
14 Tryck dit dörrens inre tätningslist.

15 Sätt tillbaka den yttre tätningslisten och tryck in styrstiftet i hålen.
16 Sätt tillbaka dörrens inre klädselpanel och membran (se avsnitt 12).

Bakdörr

Demontering

17 Sänk ner fönstret helt och ta sedan bort dörrens inre klädselpanel och membran enligt beskrivningen i avsnitt 12.
18 Använd en skruvmejsel, bänd försiktigt bort den triangelformade kåpan från dörren och ta bort fyllningsmaterialet **(se bild)**.
19 Bänd upp den inre tätningslisten från dörren, börja bakifrån **(se bild)**.
20 Bänd bort den yttre tätningslisten från dörren **(se bild)**.
21 Ta bort gummitätningen från den bakre styrningskanalen **(se bild)**.

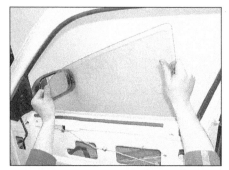

14.7a Ta bort fönsterglaset från framdörren – kombikupé och coupé

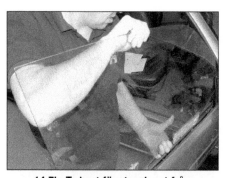

14.7b Ta bort fönsterglaset från framdörren – cabriolet

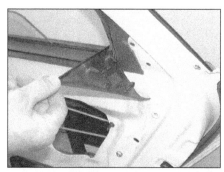

14.18 Ta bort den trekantiga panelkåpan

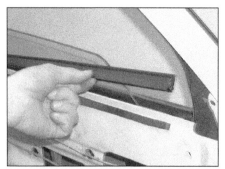

14.19 Ta bort den inte tätningslisten från bakdörren

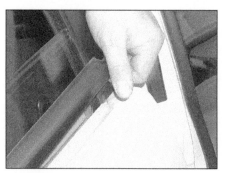

14.20 Ta bort den yttre tätningslisten

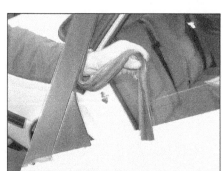

14.21 Ta bort gummitätningen från den bakre styrkanalen

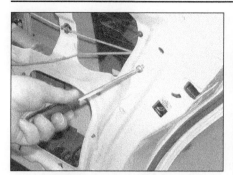

14.23a Ta bort styrkanalens nedre skruv . . .

14.23b . . . ta sedan bort den trekantiga panelen . . .

14.23c . . . och ta bort fönstrets bakre styrkanal

22 Koppla ifrån dörrens innerhandtags manöverstång från låset genom att trycka plasthållaren uppåt.
23 Skruva loss den nedre skruven till fönstrets bakre styrningskanal. Ta bort den yttre trekantiga panelen, koppla sedan loss kanalen övre ände och vrid tills den kan tas bort **(se bilder)**.
24 Höj försiktigt upp rutans bakre del och lossa den nedre kanalen från fönsterhissen. Passa in glaset horisontellt och lyft det sedan uppåt och ta bort det från dörrens insida **(se bilder)**.

Montering

25 Smörj in fönsterglasets nedre kanal med fett.

26 Sänk ner rutan på plats och haka i den nedre kanalen med fönsterhissen.
27 Placera glaset i den främre styrnings-kanalen och montera sedan tillbaka den bakre styrningskanalen och fäst den med den nedre bulten. Se till att kanalens övre del är korrekt placerad.
28 Koppla in dörrens innerhandtags manöver-stång på låset och fäst den med plasthållaren.
29 Smörj på lite vaselin på gummitätningen och passa sedan in den i den bakre styrnings-kanalen.
30 Sätt tillbaka de inre och yttre tätningslisterna, se till att de trycks ner ordentligt.
31 Sätt tillbaka sidofönstrets panel och packning, tryck dem ordentligt på plats.

32 Sätt tillbaka dörrens inre klädselpanel och membran enligt beskrivningen i avsnitt 12.
33 Höj upp fönstret och kontrollera att det fungerar som det ska.

Sidofönster (cabriolet)

Demontering

34 Ta bort den bakre sidopanelen enligt beskrivningen i avsnitt 26.
35 Markera placeringen av panelbultarna till sidofönstrets inre tätningslist, skruva sedan loss bultarna och ta bort panelen **(se bilder)**.
36 Ta bort sidofönstrets yttre tätningslist genom att försiktigt bända upp den **(se bild)**.
37 Ta bort högtalaren (se kapitel 12).
38 Höj upp sidofönstret så långt det går.

14.24a Lossa den nedre kanalen från hissen . . .

14.24b . . . ta sedan bort fönstret från bakdörren

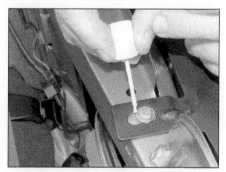

14.35a Markera bultarnas placering . . .

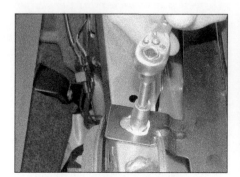

14.35b . . . ta sedan bort dem . . .

14.35c . . . och ta bort tätningslistens inre panel

14.36 Ta bort sidorutans yttre tätningslist

14.39 Ta bort sidorutan på cabrioletmodeller

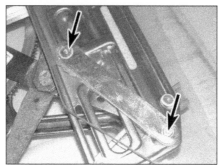

14.40 Bultar som fäster fönsterglaset på hissen på cabrioletmodeller

14.41 Plastskruvarna används för att justera sidorutans höjd

39 Lossa endast de muttrar som fäster sidofönstermekanismen på karossen, lyft sedan upp sidofönstret och koppla ifrån kablaget **(se bild)**.
40 Markera bultarnas placering, skruva sedan loss dem och ta bort fönsterglaset från mekanismen **(se bild)**.

Montering

41 Monteringen utförs i omvänd ordningsföljd mot demonteringen. Kontrollera att fönstrets övre kant är cirka 1,0 till 2,0 mm lägre än det främre fönstrets övre kant, när det är stängt. Spelet mellan det främre fönstret och sidofönstrets glas ska vara cirka 8,0 mm. Plastskruvarna **(se bild)** används för att justera höjdinställningen och pinnbultarna för att justera lutningen.

15 Dörr-/sidofönsterhiss – demontering och montering

Framdörr

Demontering

1 Ta bort dörrens inre panelklädsel och membran enligt beskrivningen i avsnitt 12.
2 Koppla tillfälligt in fönstrets brytare och sänk sedan ner rutan cirka 10 cm och bibehåll läget med hjälp av tejp. Ändarna på fönstrets nedre kanal och hissarm ska nu vara synliga genom öppningarna i dörrens inre panel.
3 Bänd ut fästklämmorna från kanalernas

rullar, och bänd sedan försiktigt ut hisstiften från rullarna samtidigt som du håller uppe rutan. Stiften passar precis i rullarna, så var noga med att inte trycka för hårt på glaset.
4 Koppla tillfälligt in fönstrets brytare och använd motorn tills hissarmarna är horisontella. På så sätt är det enklare att ta bort hissen genom dörröppningen.
5 Stöd upp hissen och borra sedan ut huvudena från nitarna som fäster hissen på dörrpanelen **(se bild)**. Knacka ut nitarna med en liten körnare.
6 Koppla loss kablarna från elmotorn **(se bild)**.
7 Markera justeringskanalens placering och skruva sedan loss fästmuttrarna.
8 Ta bort hissen och motorn från dörrens insida **(se bild)**.

9 Om det behövs skruvar du loss motorn från hissen **(se bild)**. Om någon av fästbultarna döljs av hissen måste du ta bort statorn för att komma åt armaturen, vrid sedan armaturen samtidigt som du trycker ner segmentet så att du kommer åt bulten.

Montering

10 Montera vid behov motorn på hissen och dra åt bultarna.
11 Montera hissen och motorn på dörrens insida och sätt sedan dit justeringskanalen på den plats som du har märkt ut tidigare och dra åt muttrarna.
12 Återanslut kablaget till elmotorn.
13 Återanslut brytaren tillfälligt och höj sedan upp hissarmarna något.
14 Passa in hissen i dörren och fäst med nya nitar **(se bild)**.

15.5 Borra ut nitarna som fäster hissen på framdörren

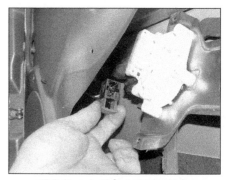

15.6 Koppla ifrån kablaget från framdörrens fönsterhiss

15.8 Ta bort framdörrens fönsterhiss

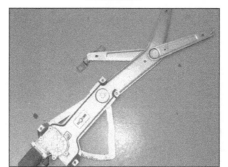

15.9 Framdörr och fönsterhissen borttagen från dörren på cabrioletmodeller

15.14 Fäst fönsterhissen med nya nitar

15.31 Sidofönsterhiss på cabrioletmodeller

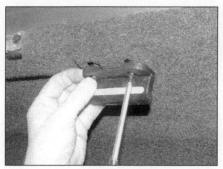

16.4 Ta bort handtaget

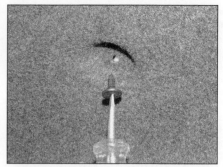

16.5 Ta bort klädselpanelens fästskruvar

15 Haka i hissens stift i fönsterkanalens rullar och sätt tillbaka klämmorna.
16 Med justeringsmuttrarna lossade, höj upp fönstret helt. Sänk sedan ner rutan tills den är 3,0 cm från stängt läge och tryck sedan rutan så långt bakåt det går. Rutans övre kant ska vara parallell med dörrpanelen. Dra åt justeringsmuttrarna.
17 Sätt tillbaka dörrens inre klädselpanel enligt beskrivningen i avsnitt 12.

Bakdörr

Demontering

18 Ta bort dörrens inre panelklädsel och membran enligt beskrivningen i avsnitt 12.
19 Bänd ut den yttre tätningslisten från dörren, börja bakifrån.
20 Skruva loss den nedre bulten till fönstrets bakre styrningskanal.
21 Koppla tillfälligt in fönstrets brytare och sänk sedan ner rutan cirka 10 cm och bibehåll läget med hjälp av tejp. Ändarna på fönstrets nedre kanal och hissarm ska nu vara synliga genom öppningarna i dörrens inre panel.
22 Koppla loss kablaget från elmotorn.
23 Stöd upp hissen och borra sedan ut huvudena från nitarna som fäster hissen på dörrpanelen. Knacka ut nitarna med en liten körnare.
24 Lossa hissarmarna från fönstrets nedre kanal, dra sedan försiktigt bort hissen och motorn genom öppningen i dörrpanelen.
Observera: Motorn och regulatorn kan inte tas isär.

Montering

25 Sätt dit hissen inuti dörrpanelen och haka i armarna med fönstrets nedre kanal.
26 Passa in hissen och fäst den med nya nitar.
27 Återanslut elmotorns kablage.
28 Sätt dit och dra åt den nedre bulten till rutans bakre styrningskanal.
29 Sätt tillbaka den yttre tätningslisten på dörren.
30 Sätt tillbaka dörrens inre klädselpanel enligt beskrivningen i avsnitt 12.

Sidoruta

31 Borttagningen av sidofönstrets hiss är en del av borttagningen av fönsterglas som beskrivs i avsnitt 14 **(se bild)**.

16 Baklucka och stödben – demontering och montering

Baklucka

Demontering

1 Koppla ifrån batteriets jordledning (minuspolen) (se Koppla ifrån batteriet).
2 Öppna bakluckan och placera några tygtrasor mellan bakluckan och karossen som skydd mot skador.
3 Ta bort den bakre bagagehyllan.
4 Använd en torxnyckel och lossa skruvarna,

ta bort stängningshandtaget från bakluckan **(se bild)**.
5 Använd en skruvmejsel och lossa skruvarna och ta bort huvudklädselpanelen från bakluckans insida **(se bild)**. Bänd också försiktigt bort plastklädselpanelen från bakluckans sidor med hjälp av en skruvmejsel.
6 Skruva loss centrallåsmotorns fästbultar och koppla sedan bort armen och kablaget och ta bort motorn.
7 Observera hur det återstående kablaget är placerat på bakluckan, koppla sedan loss det och ta bort det från buntbanden **(se bild)**.
8 På bakluckans övre del bänder du ut kablageskyddet från det inre hålet **(se bild)**, stoppa sedan en skruvmejsel genom hålet för att lossa den övre och de båda nedre hakarna som fäster kabelgenomföringen.
9 Dra försiktigt bort kablaget genom bakluckans övre del.
10 Vrid spolarmunstycket 90° och dra ut det från bakluckan, koppla sedan ifrån slangarna.
11 Ta bort gummistoppet och ta bort spolarslagarna.
12 Samtidigt som en medhjälpare håller uppe bakluckans vikt kopplar du ifrån fjäderbenen genom att bända ut fjäderklämmorna **(se bild)**. Passa in fjäderbenen på karossens bakre del.
13 Ta bort låsringen från gångjärnssprintarna, använd sedan en lämplig dorn för att få ut dem.
14 Lyft bakluckan från karossens bakre del och lägg den på en säker plats, på tygtrasor eller kartong för att skydda lacken.

16.7 Koppla ifrån kablaget

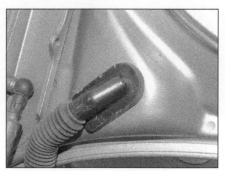

16.8 Bänd ut kabelskyddet

16.12 Koppla loss benen

Montering

15 Lyft bakluckan på plats med hjälp av en medhjälpare. Smörj lätt in gångjärnssprintarna, sätt sedan tillbaka dem och fäst med låsringarna.

16 Återanslut fjäderbenen och sätt tillbaka fjäderklämmorna.

17 Sätt i spolarslangen och gummistoppet och återanslut sedan slangen på munstycket. För in munstycket och vrid det 90° för att spärra det.

18 Mata in kablaget i bakluckan och sätt tillbaka genomföringen, se till att hakarna hakar i ordentligt. Sätt tillbaka kablageskyddet.

19 Sätt dit kablaget enligt tidigare markeringar och fäst det med buntband.

20 Sätt tillbaka centrallåsmotorn och återanslut armen och kablaget. Sätt i bultarna och dra åt dem.

21 Sätt tillbaka klädselpanelerna och dra åt skruvarna.

22 Sätt tillbaka stängningshandtaget och dra åt skruvarna.

23 Sätt tillbaka bagagehyllan.

24 Återanslut batteriets minusledare.

25 Kontrollera att bakluckan stängs ordentligt och att den är placerad mitt på öppningen. Du kan justera den genom att sänka den inre takklädseln och lossa gångjärnsbultarna. Kontrollera att bakluckan vilar på gummi-kudden på var sida, justera vid behov kuddarna genom att ta bort panelen och lossa muttrarna. Kontrollera att låskolven hamnar mitt i locket och lossa vid behov låskolvens skruvar för att justera dess läge.

Baklucka

Demontering

26 Utför åtgärderna som beskrivs i avsnitt 1 till 9, men bortse från hänvisningarna till den bakre bagagehyllan.

27 Samtidigt som en medhjälpare håller uppe bakluckans vikt kopplar du ifrån fjäderbenen genom att bända ut fjäderklämmorna. Passa in fjäderbenen på karossens bakre del.

28 I bagageutrymmet viker du ner panelen nära vänster baklius och kopplar loss bakluckans kablage.

29 Ta bort kablagets genomföring från sidopanelen **(se bild)**. Ta även bort benets kulled nära sidopanelen.

16.29 Kabelnätets genomföring i sidopanelen

30 Markera bakluckans placering på gångjärnen, ta sedan hjälp av en medhjälpare och skruva loss muttrarna och ta bort bakluckan **(se bild)**.

Montering

31 Monteringen utförs i omvänd ordnings-följd mot demonteringen.

17 Bakluckans låskomponenter – demontering och montering

Bakluckans lås

Demontering

1 Ta bort den bakre bagagehyllan på kombikupé- och coupémodeller.

2 Använd en torxnyckel och lossa skruvarna, ta bort stängningshandtaget från bakluckan

3 Använd en skruvmejsel och lossa skruvarna och ta bort huvudklädselpanelen från bak-luckans insida.

4 Koppla ifrån manöverstången från veven nära centrallåsmotorn. Det gör du genom att trycka bort plastklämman.

5 Skruva loss fästbultarna och ta bort låset tillsammans med manöverstången från hålet i bakluckan **(se bild)**.

6 Koppla loss manöverstången.

Montering

7 Monteringen utförs i omvänd ordningsföljd mot demonteringen.

Bakluckans låscylinder

Demontering

8 Ta bort den bakre bagagehyllan på kombikupé- och coupémodeller.

16.30 Bakluckans gångjärn

9 Använd en torxnyckel och lossa skruvarna, ta bort stängningshandtaget från bakluckan

10 Använd en skruvmejsel och lossa skruvarna och ta bort huvudklädselpanelen från bakluckans insida.

11 Tryck bort plastklämman och koppla loss manöverstången från låscylindern **(se bild)**.

12 Bänd vid behov bort klämman och ta bort mikrokontakten. Koppla i annat fall helt enkelt bort kablaget.

13 Skruva loss fästmuttrarna och ta bort låscylindern från bakluckan.

14 Sätt i startnyckeln i låscylindern, ta sedan bort låsringen, armen och fjädern.

15 Tryck ut cylindern.

16 Kontrollera O-ringen och byt den vid behov.

Montering

17 Monteringen utförs i omvänd ordningsföljd mot demonteringen. Se till att låscylindern monteras med avrinningshålet nedåt.

Bakluckans handtag

Demontering

18 Ta bort den bakre bagagehyllan på kombikupé- och coupémodeller.

19 Använd en torxnyckel och lossa skruvarna, ta bort stängningshandtaget från bakluckan

20 Använd en skruvmejsel och lossa skruvarna och ta bort huvudklädselpanelen från bakluckans insida.

21 Skruva loss handtagets båda fästmuttrar som är placerade bredvid centrallåsenheten **(se bild)**.

22 Skruva loss den bakre registrerings-skyltsbelysningens panel.

23 Skruva loss muttrarna och ta bort vänster baklius. Koppla loss kablaget.

17.5 Bakluckans lås och fästbultar

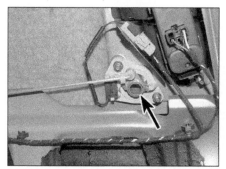

17.11 Bakluckans låscylinder

17.21 Bakluckans handtag/kåpa och centrallåsenhet

18.5 Bakluckans centrallåsmotor

24 Ta bort vänster klämma och dra bakluckans handtagsenhet åt vänster tills den glider ut från den högra klämman. Ta bort enheten från bakluckan.

Montering

25 Monteringen utförs i omvänd ordningsföljd mot demonteringen.

Spoiler

Demontering

26 Ta bort den bakre bagagehyllan.
27 Använd en torxnyckel och lossa skruvarna, ta bort stängningshandtaget från bakluckan.
28 Använd en skruvmejsel och lossa skruvarna och ta bort huvudklädselpanelen från bakluckans insida.
29 Ta bort bakluckans torkarmotor enligt beskrivningen i kapitel 12.
30 Lossa fästmuttrarna och ta bort spoilern från bakluckan.

Montering

31 Monteringen utförs i omvänd ordningsföljd mot demonteringen.

18 Centrallåsmotorer – demontering och montering

Bakluckans motorer

Demontering

1 Ta bort den bakre bagagehyllan på kombikupé- och coupémodeller.
2 Använd en torxnyckel och lossa skruvarna, ta bort stängningshandtaget från bakluckan
3 Använd en skruvmejsel och lossa skruvarna och ta bort huvudklädselpanelen från bakluckans insida. Bänd också försiktigt bort plastklädselpanelen från bakluckans sidor med hjälp av en skruvmejsel.
4 Skruva loss centrallåsmotorns fästbultar, ta sedan bort expanderniten som fäster plasttapparna på bakluckan.
5 Ta bort motorn och lossa den från plastgångjärnet **(se bild)**. Koppla loss kablaget.

Montering

6 Monteringen utförs i omvänd ordningsföljd mot demonteringen.

Dörrmotorer

Demontering och montering

7 Demontering och montering av dörrmotorer ingår i låsproceduren i avsnitt 13.

19 Elfönsterhissmotor – demontering och montering

Demonteringen och monteringen av framdörrens elfönsterhissmotor beskrivs i avsnitt 15. Du kan inte separera bakdörrens elfönsterhissmotor från hissen.

20 Yttre backspeglar och spegelglas – demontering och montering

Spegel

Demontering

1 På kombikupé- och coupémodeller öppnar du framdörren och bänder bort den trekantiga kåpan genom att placera en skruvmejsel under den främre kanten och sedan ta bort packningen **(se bild)**. På cabrioletmodeller trycker du igenom fästenas genom att trycka på deras mittpartier och ta bort den trekantiga panelkåpan på framdörrens övre främre hörn **(se bild)**.
2 Koppla ifrån kablaget från spegelns brytare och från spegeln **(se bilder)**.
3 Skruva loss fästskruvarna och ta bort spegeln från dörrens utsida **(se bilder)**.

Montering

4 Monteringen utförs i omvänd ordningsföljd mot demonteringen.

20.1a Ta bort den trekantiga panelen (kombikupé och coupé)

20.1b Ta bort den trekantiga panelen (cabriolet)

20.2a Koppla loss kablaget från styrbrytaren . . .

20.2b . . . och från spegeln

20.3a Lossa fästskruvarna . . .

20.3b . . . och ta bort spegeln från dörren

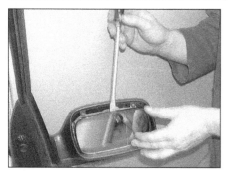

20.5 Bänd ut ytterbackspegelns glas

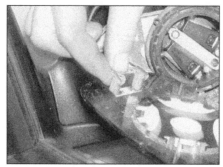

20.6 Koppla ifrån värmeenhetens kablage från den yttre backspegeln

Spegelglas

Demontering

5 Använd en bred skruvmejsel och bänd ut spegelns övre del tills den lossnar från klämman **(se bild)**.
6 Koppla loss värmekablaget **(se bild)**.

Montering

7 Återanslut kablarna.
8 Använd en tygtrasa och tryck spegeln på plats tills klämman hakar i.

21 Vindruta, bakruta och fasta fönster – allmän information

Vindruta och bakruta

1 Glaset till vindrutan och bakfönstret hålls på plats med ett särskilt fästmedel. Det är svårt, besvärligt och tidsödande att byta sådana fasta fönster och arbetet lämpar sig därför inte för hemmamekaniker. Utan lång erfarenhet är det svårt att få en säker och vattentät fog. Dessutom är det stor risk att glaset spricker. Detta gäller särskilt lamellbyggda vindrutor. Vi rekommenderar alltså starkt att du låter en Saab-verkstad eller specialist utföra allt arbete av denna typ.

Fast sidoruta (tredörrarsmodell)

Observera: *Den fasta sidorutan har tätats mot karossen med butyltejp och arbeten med den anses därför inte passa den genomsnittliga hemmamekanikern. Nedanstående information ges för de som ändå vill utföra arbetet själva.*

Demontering

2 Med dörren öppen drar du bort gummitätningsremsan från dörröppningen i närheten av den fasta sidorutan.
3 Med en bred spårskruvmejsel bänder du försiktigt ut panelkåpan från B-stolpens övre inre del. Sänk ner panelen över säkerhetsbältet till golvet.
4 Bänd försiktigt bort sparkplåten från dörröppningens nedre del.
5 Vik baksätets sittdyna framåt och vik sedan baksätets ryggstöd framåt. Skruva loss fästena från sidopanelens baksida.
6 Vid ryggstödet bakåt, ta sedan bort fästena och sidopanelen.

7 Med bakluckan öppen drar du bort gummitätningsremsan från öppningen i närheten av den fasta sidorutan.
8 Bänd försiktigt loss klädselpanelen från C-stolpen.
9 Dra ner den inre takklädseln och skruva loss de övre muttrarna som fäster sidofönstret på karossen.
10 Skruva loss de återstående muttrarna och be sedan en medhjälpare att hålla uppe fönstret medan du skär loss butyltejpen med en lämplig kniv. Dra bort fönstret.

Montering

11 Ta bort alla rester av den gamla tejpen och sätt sedan dit ny butyltejp runt insidan av den fasta sidorutan, se samtidigt till att den är placerad på utsidan av pinnbultarna.
12 Placera fönstret på karossen och dra åt fästmuttrarna till angivet moment.
13 Sätt tillbaka den inre takklädseln, klädselpanelen och gummitätningsremsorna.

Litet sidofönster längst bak (femdörrarsmodell)

Observera: *Det lilla sidofönstret har tätats mot karossen med butyltejp och arbeten med den anses därför inte passa den genomsnittliga hemmamekanikern. Nedanstående information ges för de som ändå vill utföra arbetet själva.*

Demontering

14 Med dörren och bakluckan öppen drar du bort gummitätningsremsorna från karossöppningarna i närheten av den fasta sidorutan.
15 Bänd försiktigt loss klädselpanelen från C-stolpen med hjälp av en bred skruvmejsel.
16 Skruva loss muttrarna som fäster det lilla sidofönstret på karossen.
17 Låt en medhjälpare hålla uppe rutan samtidigt som du skär av butyltejpen med en lämplig kniv. Ta bort det lilla sidofönstret.

Montering

18 Ta bort alla rester av gammal tejp och sätt sedan dit ny butyltejp runt insidan av det lilla sidofönstrets längst bak, se till att den är placerad utanför pinnbultarna.
19 Placera det lilla sidofönstret på karossen och dra åt fästmuttrarna till angivet moment.
20 Sätt tillbaka klädselpanelen och gummitätningsremsorna.

22 Taklucka – demontering och montering

1 På grund av komplexiteten i soltakets mekanism krävs avsevärd expertis för att reparera, byta eller justera soltakets delar. När du ska ta bort takluckan måste du först ta bort den inre takklädseln vilket är krångligt, underskatta inte svårighetsgraden (se avsnitt 26). Därför innehåller det här avsnittet endast en beskrivning av drivmotorns demontering och montering, och vi rekommenderar att eventuella övriga problem med soltaket överlåts till en Saab-mekaniker.

Drivmotor

Observera: *Om drivmotorn är defekt går det att öppna och stänga soltaket med hjälp av en skruvmejsel. Dra bort kåpan från kontrollpanelen i taket och vrid runt motoraxeln med skruvmejseln.*

Demontering

2 Ta bort innerbelysningen enligt beskrivningen i kapitel 12, avsnitt 5.
3 Skruva loss skruvarna och sänk ner omkopplingspanelen från den inre takklädseln.
4 Koppla ifrån motorns jordkabel.
5 Skruva loss fästskruvarna och sänk ner drivmotorn från taket.

Montering

6 Monteringen utförs i omvänd ordningsföljd mot demonteringen.

23 Karossens yttre detaljer – demontering och montering

Märken och skärmar

Demontering

1 Sidoklädselpaneler, gummiremsor, emblem på motorhuv och baklucka är alla fästa med tejp eller muttrar.
2 När du ska ta bort detaljerna från karossen, välj ett hävarmsverktyg som inte skadar lacken, t.ex. en plaststekspade eller en spatel inlindad i PVC-tejp. För delar som är fästa med tejp hjälper det om du värmer delen med en värmepistol.
3 Sätt in hävarmen mellan beslagets övre kant och karossen och bänd sedan försiktigt bort det.
4 Dra stegvis bort beslagets nedre kant från karossen, skala av tejpen.
5 Rengör karossytan, ta bort all smuts och eventuella tejprester.

Montering

6 Skala av det nya beslagets skyddsfilm. Sätt det på plats, med den övre kanten först och tryck in bultarna i hålen. Stryk beslagets nedre kant på plats, tryck sedan fast det ordentligt för att tejpen ska fästa längs med hela delen.

Hjulhuspaneler

Demontering

7 Demonteringen utförs genom att du skruvar loss flänsmuttrarna från de bultar som sticker ut på hjulhusets insida. Dra bort panelen från hjulhuset, styr in bultarnas gängor genom fästhålen.

Montering

8 Rengör hjulhusets yta innan du sätter tillbaka panelen och borsta bort eventuell smuts runt fästhålen, inuti hjulhuset.

Framhjulens husfoder

Demontering

9 Framhjulens husfoder är fästa med skruvar, muttrar och klämmor. Dra åt handbromsen, hissa upp framvagnen och stöd den på pallbockar (se *Lyftning och stödpunkter*). Ta bort framhjulet.
10 Skruva loss skruvarna och muttern och ta bort stänkskyddet från fodringens bakre del.
11 Lossa de återstående skruvarna och ta bort klämmorna genom att trycka ut deras centrumsprintar. Observera skruvarna som är placerade på spoilern och stötfångaren.
12 Ta bort hjulhusfodret från skärmens undre del.

Montering

13 Monteringen utförs i omvänd ordningsföljd mot demonteringen.

24 Säten – demontering och montering

Framsäte

Observera: *Om höjdinställningsmotorn inte fungerar eller om du måste ta bort ett säte för att ta bort TCS-styrenheterna måste sätet tas bort tillsammans med golvfästena.*

Demontering

1 Höj upp sätet så långt det går.
2 På femdörrarsmodeller kopplar du loss säkerhetsbältet från sätet enligt anvisningarna i avsnitt 25.
3 Skjut sätet framåt så långt det går och skruva sedan loss och ta bort de bakre fästbultarna **(se bild)**.
4 Skjut sätet så långt bakåt det går och skruva sedan loss och ta bort de främre fästbultarna.
5 I förekommande fall kapar du plastbuntbanden som fäster kablaget under sätet och kopplar sedan ifrån kablaget från uttaget.
6 Lyft bort sätet från bilen.

Montering

7 Monteringen utförs i omvänd ordningsföljd mot demonteringen. Dra åt fästbultarna till angivet moment. Den inre bulten ska dras åt först både fram och bak.

24.3 Skruva loss framsätets bakre fästbultar

Baksätets dyna

Demontering

8 Fäll fram baksätets dyna.
9 Ta bort låsringarna från gångjärnssprintarna, driv sedan ut dem med hjälp av en lämplig dorn **(se bild)**.
10 Lyft bort sätesdynan från bilen.

Montering

11 Monteringen utförs i omvänd ordningsföljd mot demonteringen. Alla gångjärnsstift måste monteras från höger till vänster.

Baksätets ryggstöd (40 %-sektionen)

Demontering

12 Flytta säkerhetsbältet till ena sidan och vik ryggstödet framåt (lämna tvärstaget på plats).
13 Skruva loss muttrarna från fästbyglarna mitt på ryggstödet **(se bild)**.
14 Ta bort tappen från den yttre fästbygeln och lyft ut ryggstödet från bilen.

Montering

15 Monteringen utförs i omvänd ordningsföljd mot demonteringen.

Baksätets ryggstöd (60 %-sektionen)

Demontering

16 Ta bort 40 %-sektionen av ryggstödet enligt beskrivningen ovan.
17 Flytta säkerhetsbältet till ena sidan och vik ryggstödet framåt (lämna tvärstaget på plats).
18 Skruva loss muttrarna och ta bort mittbältets bältesförankring.

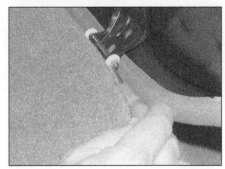

24.9 Ta bort låsringarna från baksätets sittdyna

19 Skruva loss muttrarna och ta bort den högra fästbygeln.
20 Ta bort tappen från den yttre fästbygeln, lossa sedan tygspännaren och lyft ut ryggstödet från bilen.

Montering

21 Monteringen utförs i omvänd ordningsföljd mot demonteringen.

25 Säkerhetsbälten – demontering och montering

⚠️ **Varning: Om bilen har varit inblandad i en olycka där bältessträckaren aktiverades måste hela säkerhetsbältet bytas ut.**

Främre säkerhetsbälte (tredörrars)

Demontering

1 Skruva loss den främre bulten som fäster glidskenan på den inre tröskelpanelen och låt bältet glida av.
2 Använd en bred skruvmejsel och bänd bort sparkplåten från dörröppningen.
3 Dra ut luftmunstycket, skruva sedan loss skruven som fäster den inre panelen på den yttre panelen. Bänd försiktigt bort den övre och den nedre klädselpanelen.
4 Vik baksätets sittdyna framåt och vik sedan baksätets ryggstöd framåt. Skruva loss fästena från sidopanelens baksida.
5 Vid ryggstödet bakåt, ta sedan bort fästena och sidopanelen.
6 Spärra sträckaren på säkerhetsbältets haspel genom att haka i den röda plastarmen i säkerhetshaken.
7 Borra ut niten som fäster klämman på bältessträckarens rör.
8 Skruva loss säkerhetsbältets styrning från B-stolpen, skruva sedan loss den övre bulten som håller fast säkerhetsbältets höjdjusterare på B-stolpen och ta bort justeraren.
9 Skruva loss glidskenans bakre bult och ta bort skenan och haspeln.
10 När du ska ta bort spännet måste framsätet tas bort enligt beskrivningen i avsnitt 24 och sedan skruvar du loss fästbulten.

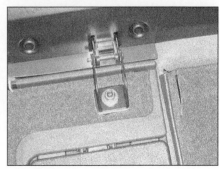

24.13 Mittersta fästbygeln till baksätets ryggstöd

25.14 Styrning till det främre säkerhetsbältet på B-stolpen

25.15 Höjdjusterare till det främre säkerhetsbältet på B-stolpen

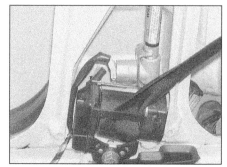

25.16 Haspel och bältessträckare till det främre säkerhetsbältet

Montering

11 Montering utförs i omvänd arbetsordning, men dra åt fästbultarna till angivet moment. Se till att den röda plastarmen är lossad så att bältessträckaren kan lösa ut vid en eventuell olycka.

Främre säkerhetsbälte (femdörrars)

Demontering

12 Ta försiktigt bort klädselpanelen från B-stolpen med hjälp av en bred skruvmejsel.
13 Spärra sträckaren på säkerhetsbältets haspel genom att haka i den röda plastarmen i säkerhetshaken. Borra ur niten som fäster klämman på bältessträckarens rör.
14 Skruva loss säkerhetsbältets styrning från B-stolpen **(se bild)**.
15 Skruva loss den övre bulten som håller fast säkerhetsbältets höjdjusterare på B-stolpen, ta sedan bort justeraren **(se bild)**.
16 Skruva loss bulten och ta bort säkerhetsbältets haspel och bältessträckaren från B-stolpen **(se bild)**.
17 Lossa säkerhetsbältets främre del från sätet genom att föra in en skruvmejsel mellan panelen och trycka ner den fjäderspända haken. Du kan även ta bort ryggstödets justervred och panelen först **(se bilder)**.
18 När du ska ta bort spännet måste framsätet tas bort enligt beskrivningen i avsnitt 24 och sedan skruvar du loss fästbulten.

Montering

19 Montering utförs i omvänd arbetsordning,

25.17a Ta bort ryggstödets justervred och panelen . . .

men dra åt fästbultarna till angivet moment. Se till att den röda plastarmen är lossad så att bältessträckaren kan lösa ut vid en eventuell olycka.

Främre säkerhetsbälte (cabriolet)

Demontering

20 Det främre säkerhetsbältets hasplar sitter i B-stolpen. Ta först bort baksätesdynan.
21 Arbeta i det bakre passagerarutrymmet och utför följande:
a) *Skruva loss bulten som fäster det främre säkerhetsbältet i golvet och lägg bältet åt sidan.*
b) *Bänd försiktigt bort dörröppningens hasplåt.*
c) *Bänd loss B-stolpens kåpa, bänd sedan ut kåpan och skruva loss skruven som fäster sidopanelen på B-stolpen.*

25.17b . . . tryck sedan ihop spärren och koppla loss säkerhetsbältet från framsätet

d) *Bänd ut fästena från sidopanelens nedre del, vik sedan ryggstödet framåt och skruva loss bulten och bänd ut fästet från sidopanelens bakre kant.*
e) *Dra upp sidopanelen i dess övre bakre hörn och lossa den från klämman. För att se till att klämman inte lossnar från panelen, tryck på klämmans nedre del.*
f) *Ta bort sidopanelen samtidigt som du matar det bakre säkerhetsbältet genom styrningen. Koppla bort kablaget från den bakre innerbelysningen. Ta bort lampan helt från sidopanelen om det behövs.*
22 Koppla bort kablaget från haspeln på B-stolpens nedre del.
23 Skruva loss bältets övre styrning från B-stolpens övre del **(se bild)**.
24 Skruva loss bulten och ta bort säkerhetsbältets haspel från B-stolpen, samtidigt som du matar den genom styrningen **(se bilder)**.

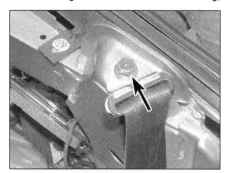

25.23 Övre styrningsbult till det främre säkerhetsbältet

25.24a Haspel och fästbult till det främre säkerhetsbältet

25.24b Styrning till det främre säkerhetsbältet på B-stolpen

25.25 Det främre säkerhetsbältets spänne

25.28 Ta bort bakdörrens sparkplåt

25 När du ska ta bort spännet måste framsätet tas bort enligt beskrivningen i avsnitt 24, sedan kan du skruva loss fästbulten **(se bild)**.

Montering

26 Montering utförs i omvänd arbetsordning, men dra åt fästbultarna till angivet moment.

Bakre säkerhetsbälte (kombikupé och coupé)

Demontering

27 De bakre säkerhetsbältenas hasplar sitter i tvärbalken. Fäll först baksätets sittdynor framåt.

28 På femdörrarsmodeller bänder du försiktigt upp sparkplåtarna från de bakre dörröppningarna **(se bild)**.

29 Skruva loss säkerhetsbältets nedre fästbult, notera fästbygelns placering **(se bild)**.

30 Använd en torxnyckel och skruva lossa den mittre bältesförankringsbulten **(se bild)**.

31 Lyft ut de bakre nackstöden och ta sedan bort nackstöden från tvärbalken. Tryck ihop plastflikarna med en skruvmejsel, använd sedan en hammare för att slå upp insatserna från tvärbalken **(se bilder)**.

32 Bänd ut den mittersta plastkåpan.

33 Dra ut låshandtaget från höger (40 %) sida, ta sedan bort kåpan och koppla ifrån vajerns ändbeslag från spaken **(se bilder)**.

25.29 Nedre förankringsbult till det bakre säkerhetsbältet

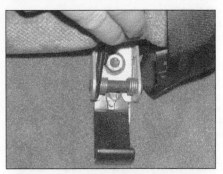

25.30 Mittersta förankring och bult till det bakre säkerhetsbältet

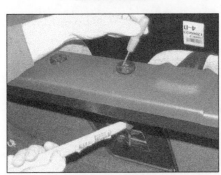

25.31a Tryck ner plastflikarna och knacka upp nackstödets insats . . .

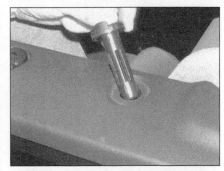

25.31b . . . ta sedan bort insatsen från tvärbalken

25.33a Dra ut låshandtaget . . .

25.33b . . . ta bort kåpan . . .

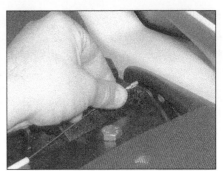

25.33c . . . koppla sedan loss vajerns ändbeslag från spaken

25.34a Lossa skruvarna . . .

25.34b . . . och koppla bort vajern från
låshandtaget . . .

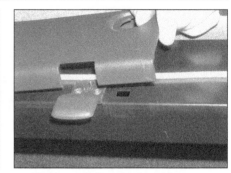

25.34c . . . lyft sedan bort kåpan . . .

34 På tvärbalkens vänstra sida skruvar du loss skruvarna som fäster låshandtaget, lyft sedan upp det något och koppla ifrån den inre vajern, observera hur den är placerad på de båda spakarna. Ta bort kåpan och haka loss vajerns ändbeslag (se bilder).

35 Ta bort säkerhetsbältets kåpa och skruva sedan loss haspelns fästbultar och ta bort haspeln (se bild).

Montering

36 Montering utförs i omvänd arbetsordning, men dra åt fästbultarna till angivet moment. När du sätter tillbaka låshandtaget måste du se till att den inre vajern inte fastnar mellan handtaget och tvärbalken.

Bakre säkerhetsbälte (cabriolet)

Demontering

37 De bakre säkerhetsbältenas hasplar sitter i baksätets ryggstöd. Ta först bort baksätesdynan.

38 Arbeta i det bakre passagerarutrymmet och utför följande:

a) Skruva loss bulten som fäster det främre säkerhetsbältet i golvet och lägg bältet åt sidan.

b) Bänd försiktigt bort dörröppningens hasplåt.

c) Bänd loss B-stolpens kåpa, bänd sedan ut kåpan och skruva loss skruven som fäster sidopanelen på B-stolpen.

d) Bänd ut fästena från sidopanelens nedre del, vik sedan ryggstödet framåt och

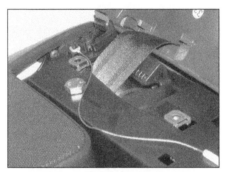

25.34d . . . och koppla loss vajerns
ändbeslag från spaken

skruva loss bulten och bänd ut fästet från sidopanelens bakre kant.

e) Dra upp sidopanelen i dess övre bakre hörn och lossa den från klämman. För att se till att klämman inte lossnar från panelen, tryck på klämmans nedre del.

f) Ta bort sidopanelen samtidigt som du matar det bakre säkerhetsbältet genom styrningen. Koppla bort kablaget från den bakre innerbelysningen. Ta bort lampan helt från sidopanelen om det behövs.

39 Skruva loss bulten som fäster säkerhetsbältet i golvet (se bild).

40 Skruva loss torxbulten som håller fast säkerhetsbältets styrning på ryggstödets övre del (se bild).

41 Lossa panelen från den bakre tvärbalken.

42 På ryggstödets övre del, flytta panelen

25.35 Fästbult till det bakre
säkerhetsbältets haspel

åt sidan och skruva loss haspelns fästbult. Ta bort säkerhetsbältet.

43 När du ska ta bort spännen skruvar du loss den från mittunneln (se bild).

Montering

44 Montering utförs i omvänd arbetsordning, men dra åt fästbultarna till angivet moment.

26 Inre klädselpaneler – demontering och montering

A-stolpens klädsel

1 Öppna den aktuella framdörren och dra bort tätningsremsan av gummi från dörröppningen vid A-stolpen.

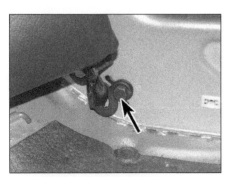

25.39 Golvfäste till det bakre
säkerhetsbältet

25.40 Styrning till det bakre
säkerhetsbältet ovanpå ryggstödet

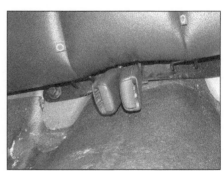

25.43 Spännen till bakre säkerhetsbälten

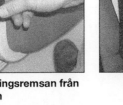

26.10 Ta bort gummitätningsremsan från B-stolpen

26.12a Ta bort luftkanalen . . .

26.12b . . . och använd sedan en skruvmejsel för att bända bort . . .

2 Arbeta från takklädseln och ner, ta ett fast tag i panelen och dra långsamt bort den från stolpen så att pinnbultarna under lossnar en i taget.

3 Vid monteringen placerar du panelen på rätt ställe och trycker på varje bult tills den hakar i. Tryck dörröppningens tätningsremsa på plats igen.

B-stolpens klädsel

Modeller med tre dörrar

4 Flytta framsätet så långt framåt det går, skruva sedan loss glidskenans främre bult och låt säkerhetsbältet glida av.

5 Dra ut luftmunstycket, skruva sedan loss skruven som fäster den inre klädselpanelen på den yttre panelen.

6 Bänd försiktigt bort klädselpanelen. Skruva loss bulten och ta bort höjdjusteraren.

7 Lossa den yttre klädselpanelen.

8 Monteringen utförs i omvänd ordningsföljd mot demonteringen.

Modeller med fem dörrar

9 Flytta framsätet så långt fram det går, använd sedan en bred skruvmejsel för att bända bort sparkplåtarna från fram- och bakdörrarnas öppningar.

10 Dra bort gummitätningsremsan från var sida av B-stolpen **(se bild)**.

11 Lossa säkerhetsbältets främre del från sätet genom att föra in en skruvmejsel mellan panelen och trycka ner den fjäderspända haken.

12 Bänd ut luftmunstycket från den övre

klädselpanelen, bänd sedan försiktigt bort den övre och nedre klädselpanelen. Mata det främre säkerhetsbältet genom hålet i den inre panelen **(se bilder)**.

13 Använd en skruvmejsel och bänd bort den nedre klädselpanelen från B-stolpen **(se bild)**.

14 Skruva loss den övre bulten och haka sedan loss höjdjusteraren från B-stolpen.

15 Monteringen utförs i omvänd ordningsföljd mot demonteringen.

C-stolpens klädsel

16 Ta bort bagagehyllan och vik baksätena framåt, tillsammans med tvärbalken.

17 På tredörrarsmodeller bänder du försiktigt ut högtalargallret med en skruvmejsel, skruva sedan loss skruvarna och ta bort högtalar-ramen.

18 Dra bort tätningsremsan från bakluckans öppning, nära C-stolpen.

19 På femdörrarsmodeller drar du bort bakdörrens tätningsremsa från dörröppningen, nära C-stolpen.

20 Bänd försiktigt loss klädselpanelen från C-stolpen med hjälp av en bred skruvmejsel.

21 Ta bort panelen från bilen.

22 Monteringen utförs i omvänd ordningsföljd mot demonteringen.

Bakre sidoklädselpanel på cabriolet

23 Öppna suffletten helt nere i förvarings-utrymmet. Höj sedan upp kåpan så att den är vertikalt.

24 Ta bort baksätets sittdyna.

25 Skruva loss bulten som fäster det bakre säkerhetsbältet i golvet och lägg bältet åt sidan.

26 Bänd försiktigt bort dörröppningens hasplåt.

27 Bänd loss B-stolpens kåpa, bänd sedan ut kåpan och skruva loss skruven som fäster sidopanelen på B-stolpen.

28 Bänd ut fästena från sidopanelens nedre del, vik sedan ryggstödet framåt och skruva loss bulten och bänd ut fästet från sidopanelens bakre kant.

29 Dra upp sidopanelen i dess övre bakre hörn och lossa den från klämman. För att se till att klämman inte lossnar från panelen, tryck på klämmans nedre del.

30 Ta bort sidopanelen samtidigt som du matar det bakre säkerhetsbältet genom styrningen. Koppla bort kablaget från den bakre innerbelysningen. Ta bort lampan helt från sidopanelen om det behövs.

Bagageutrymmets sidoklädselpanel

31 Med bakluckan öppen tar du bort bagagehyllan och viker baksätena framåt.

32 Lossa de främre klämmorna och ta bort mattan från bagageutrymmet.

33 Skruva loss öglorna på bagageutrymmets båda sidor om det behövs.

34 Ta bort klämmorna från mitten av den bakre listpanelen genom att trycka på centrumsprintarna.

35 Dra loss den bakre listpanelen och ta bort den.

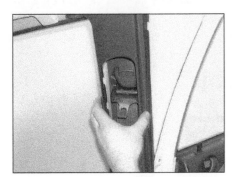

26.12c . . . den övre klädselpanelen . . .

26.12d . . . ta bort den inre klädselpanelen . . .

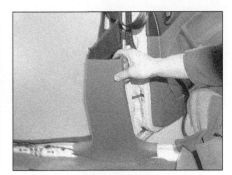

26.13 . . . och bänd bort den nedre klädselpanelen

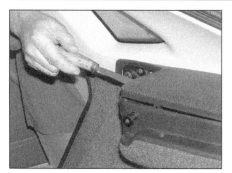

26.37a Bänd ut högtalargallret . . .

26.37b . . . skruva sedan loss bultarna . . .

26.37c . . . och ta bort högtalarramen

26.43a Ta bort kåpan . . .

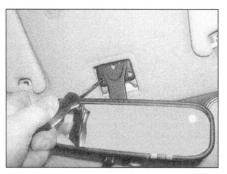

26.43b . . . skruva sedan bort skruvarna och ta bort backspegeln

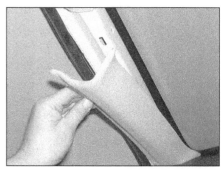

26.46 Ta bort A-stolpens klädselpaneler

36 Ta bort klämmorna som håller fast bagage-utrymmets sidoklädselpanel på karossens bakre del.

37 Bänd försiktigt ut det bakre högtalargallret, skruva sedan loss högtalarramen **(se bilder)**.

38 Ta bort aktuell baksäteskudde och ryggstödet enligt beskrivningen i avsnitt 24.

39 Bänd upp ryggstödets panelspännarbygel, ta sedan bort sidoklädselpanelen från bilen.

40 Monteringen utförs i omvänd ordningsföljd mot demonteringen.

Inre takklädsel

Observera: *I det här underavsnittet ingår inte borttagningen av den inre takklädseln på cabrioletmodeller, eftersom detta anses vara för svårt för hemmamekanikern.*

41 Öppna bakluckan och ta bort bagage-hyllan.

42 Skruva loss skruvarna och ta bort sol-skydden från den inre takklädselns främre del.

43 Bänd loss kåpan från bakspegeln, lossa

sedan skruvarna och ta bort spegeln **(se bilder)**.

44 Ta bort kupélamporna enligt beskrivningen i kapitel 12, avsnitt 5. Skruva sedan loss skruvarna och ta bort lampsargarna.

45 På modeller med tacklucka, bänd försiktigt ut sargen från tackluckan och koppla bort kablaget från tackluckans motor.

46 Dra bort gummitätningsremsan från A-stolparna, nära vindrutan, bänd sedan bort A-stolparnas klädselpaneler **(se bild)**.

47 Bänd upp kåporna från kurvhandtagen och skruva sedan loss skruvarna och ta bort handtagen **(se bild)**.

48 Ta bort klädselpanelen från B-stolparna och C-stolparna enligt beskrivningen tidigare i detta avsnitt.

49 Lossa klämmorna från den inre tak-klädselns bakre kant genom att vrida den 90°.

50 Dra bort gummitätningsremsan från bakluckans övre öppning och dra försiktigt ner den inre takklädseln.

51 Lossa tejpen som fäster kablaget på den inre takklädseln.

52 Ta bort den inre takklädseln genom bakluckans öppning.

53 Monteringen utförs i omvänd ordningsföljd mot demonteringen.

27 Mittkonsol – demontering och montering

Demontering

1 Koppla ifrån batteriets jordledning (minuspolen) (se *Koppla ifrån batteriet*). Med handbromsspaken åtdragen, lägg i backen eller läget P (efter tillämplighet) och ta bort startnyckeln.

2 Ta bort tändningslåsets antenn-/startspärrs-system genom att vrida det lite medurs och sedan lyfta bort det samtidigt som du vrider det moturs för att lossa de inre flikarna från

26.47 Ta bort kurvhandtagen

27.2a Vrid tändningslåsets antenn/ startspärr något medurs . . .

27.2b . . . och sedan moturs för att ta bort det

27.3 Ta bort tändningslåsets skyddsplåt

27.4a Ta bort den bakre askkoppen . . .

27.4b . . . skruva loss skruven . . .

bajonettfattningen **(se bilder). Försök inte** att vrida moturs först eftersom de inre flikarna då går sönder.

3 Använd en skruvmejsel och bänd försiktigt bort tändningslåsets kåpa. För in skruvmejseln i den bakre kanten först, koppla sedan loss den främre kanten **(se bild).**

4 Ta bort den bakre askkoppen eller kåpan och skruva loss den skruv som nu syns, skruva sedan loss de övre skruvarna från förvaringsfackets insida och ta bort huset från den bakre delen **(se bild).**

5 Bänd ut elfönsterhissens brytarmodul och koppla loss kablaget **(se bilder).** I förekommande fall kopplar du även loss kablaget från baksätesvärmaren.

6 På cabrioletmodeller bänder du ut innerbelysningens brytare och kopplar ifrån kablaget **(se bilder).**

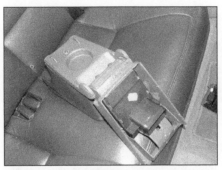

27.4c . . . och ta bort huset från konsolens baksida

7 Skruva loss skruvarna från framsidan av mittkonsolens bakre del **(se bild).**
8 Ta bort fjärrkontrollens mottagare (TRW),

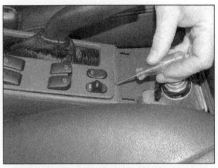

27.5a Bänd upp den främre kanten av elfönsterhissens brytarmodul . . .

skruva sedan loss de bakre muttrarna och dra den bakre delen något bakåt **(se bild).**
9 Lyft ut mittkonsolens bakre del över

27.5b . . . flytta den framåt för att ta bort den . . .

27.5c . . . och ta loss kablarna

27.6a Bänd ut innerbelysningens brytare . . .

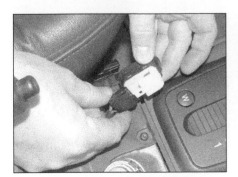

27.6b . . . och koppla ifrån kablaget

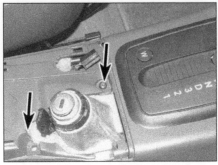

27.7 Fästskruvar på mittkonsolens bakre del

27.8 Ta bort fjärrkontrollens (TRW) mottagare

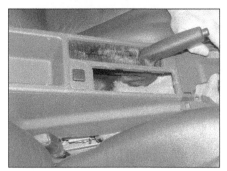

27.9 Ta bort mittkonsolens bakre del

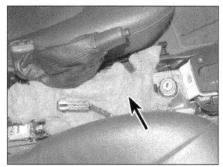

27.10a Ta bort det ljudisolerande materialet . . .

27.10b . . . och ta bort den bakre luftkanalen

handbromsspaken och ta bort den från bilen **(se bild)**.

10 Ta bort det ljudisolerande materialet och koppla ifrån den bakre luftkanalen från den främre kanalen **(se bilder)**.

11 Skruva loss skruvarna och ta bort de främre klädselpanelerna från mittkonsolens båda sidor **(se bild)**.

Modeller med manuell växellåda

12 Bänd ut växelspakens damask.

Modeller med automatisk växellåda

13 Bänd ut växelspakens indikatorpanel, ta sedan bort sargen från spakens övre del **(se bild)**. Låt indikatorpanelen sitta kvar.

Modeller med luftkonditionering

14 Tryck ut AC-modulen och koppla ifrån kablaget **(se bilder)**.

Modeller utan luftkonditionering

15 Tryck ut värmereglagepanelen bakifrån, ta sedan bort luftkonditioneringstrumman.

16 Koppla ifrån kablaget för luftspridningens kontrollbelysning, fläkthastighet, uppvärmd bakruta och luftåtercirkulering.

17 Lossa hållaren och ta bort värmereglagets kablage från kontrollmodulen.

18 Ta bort värmereglagepanelen från bilen.

Alla modeller

19 Koppla ifrån allt kablage från mittkonsolen, observera deras placeringar **(se bild)**.

20 Lossa klämmorna som fäster mittkonsolen på instrumentbrädans panel genom att trycka in centrumsprintarna **(se bild)**.

21 Ta bort mittkonsolen över växelspaken/ växelväljarspaken och ta ut den ur bilen **(se bild)**.

27.11 Ta bort de främre klädselpanelerna

Montering

22 Monteringen utförs i omvänd ordningsföljd mot demonteringen. När du sätter tillbaka

27.13 Ta bort växelspakens sarg

27.14a Tryck ut luftkonditionerings-/ klimatanläggningsmodulen . . .

27.14b . . . och koppla ifrån kablaget

27.19 Koppla loss kablaget från mittkonsolens baksida

27.20 Mittkonsolens fästklämmor

27.21 Ta bort mittkonsolen

28.7a Skruva loss de övre skruvarna . . .

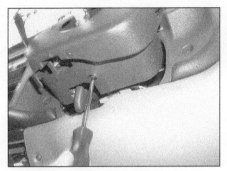

28.7b . . . och den nedre skruven . . .

28.7c . . . och ta bort rattstångens kåpor

antennen/startspärrenheten, tryck ner den direkt till rätt läge, tills de inre flikarna "klickar" på plats i bajonettfattningen.

28 Instrumentbräda –
demontering och montering

⚠️ *Varning: Observera säkerhets-anvisningarna i avsnitt 30 vid arbete med eller i närheten av krockkuddarna.*

Demontering

1 Koppla ifrån batteriets jordledning (minus-polen) (se *Koppla ifrån batteriet*).
2 Justera ratten till helt utdraget läge.
3 Skruva loss skruvarna på rattens båda sidor och ta bort krockkuddsmodulen så att kontaktdonet kan kopplas ifrån. Placera modulen med den övre ytan vänd uppåt i ett säkert läge, se till att den inte kan manipuleras eller skadas.
4 Koppla loss kablarna från signalhornet.
5 Med framhjulen riktade rakt framåt, skruva loss rattens fästmutter. Markera rattens nav i förhållande till rattstången, rucka sedan ratten ordentligt från sida till sida tills den har lossnat från spåren.
6 Ta bort ratten samtidigt som du matar kontaktdonen genom hålet.
7 Skruva loss skruvarna och ta bort rattstångens höljen **(se bilder)**.
8 Koppla ifrån kablaget från kombinations-brytarna på var sida om rattstången, ta sedan

bort brytarna genom att trycka ner plastflikarna på brytarnas övre och nedre del.
9 Skruva loss skruvarna och ta bort diagnos-uttaget från instrumentbrädans nedre del, på förarsidan **(se bild)**.
10 Skruva loss skruvarna och lossa kläm-morna, ta sedan bort den nedre klädselpanelen **(se bilder)**.
11 Ta bort radion enligt beskrivningen i kapitel 12.
12 Böj flikarna bakåt och ta bort radions monteringslåda.
13 Lossa i förekommande fall de övre kläm-morna och dra ut förvaringsfacket **(se bild)**.
14 Placera två M3-skruvar i de särskilda hålen och dra ut panelen till informationsdisplayen (SID).

15 Bänd ut ljusbrytaren och strålkastar-brytaren.
16 Ta bort instrumentpanelen enligt beskriv-ningen i kapitel 12.
17 Med handskfacket öppet, bänd upp kåporna och skruva loss fästskruvarna och bulten **(se bild)**. Lossa om det behövs klämmorna på den främre kanten och ta bort spärren.
18 Bänd ut handskfacksbelysningen och koppla loss kablarna.
19 Dra bort handskfacket från instrument-brädan (se avsnitt 29).
20 Dra bort gummitätningsremsan från A-stolparna på var sida om instrumentbrädan.
21 Bänd försiktigt loss klädselpanelen från A-stolparna.

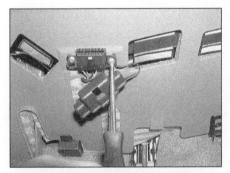

28.9 Ta bort diagnosuttaget från instrumentpanelens undre del

28.10a Lossa skruvarna . . .

28.10b . . . och ta bort den nedre klädselpanelen

28.13 Ta bort förvaringsutrymmet

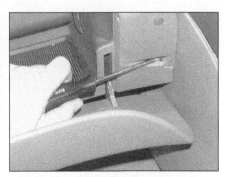

28.17 Skruva loss fästskruvarna och ta bort handskfacket

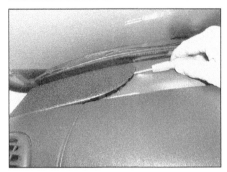

28.22 Bänd ut högtalargallren

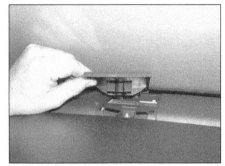

28.23 Ta bort solsensorn från instrumentbrädans ovansida

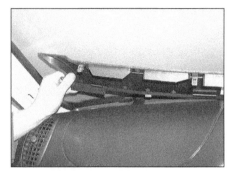

28.25 Ta bort defrosterpanelen

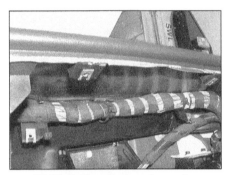

28.26 Kablagets placering under instrumentbrädan

28.27 Ta bort luftkanalen på vänster sida

28.28 Skruva loss säkringsdosans skruvar från instrumentpanelens högra sida

28.29 Skruva loss instrumentbrädans bultar från A-stolparna

22 Använd en skruvmejsel och bänd bort högtalargallren på var sida om instrumentbrädan (se bild).

23 Låt solsensorns sarg glida något bakåt och lyft bort den (se bild).

24 På modeller med luftkonditionering och/eller larm kopplar du ifrån kablaget från solsensorn eller larmet.

25 Skruva loss muttrarna från instrumentbrädans övre mittersta del, lyft sedan upp defrosterpanelens bakre kant, flytta den i sidled och ta bort den (se bild).

26 Notera hur kablaget på instrumentbrädans undersida är draget och gör vid behov markeringar för att säkerställa korrekt återmontering. Lossa buntbanden (se bild).

27 Koppla loss golvluftkanalen på vänster sida (se bild).

28 Skruva loss skruvarna och ta bort säkringsdosan från instrumentbrädans högra sida (se bild). Lägg den åt sidan men koppla inte ifrån kablaget.

29 Skruva loss och ta bort instrumentbrädans fästbultar på A-stolparna (se bild).

30 Ta bort mittkonsolen enligt beskrivningen i avsnitt 27.

31 På modeller med krockkudde på passagerarsidan kopplar du ifrån kablaget från krockkudden och skruvar bort muttern från staget.

32 Koppla loss och ta bort luftmunstyckets kanal på båda sidorna.

33 Koppla loss kablaget från högtalarna på instrumentbrädans båda sidor och lossa buntbanden.

34 Skruva loss instrumentbrädans fästbultar som är placerade nära de övre högtalarna (se bild).

35 Ta hjälp av en medhjälpare och ta försiktigt bort instrumentbrädan från mellanväggen och ta bort instrumentbrädan från bilen (se bild).

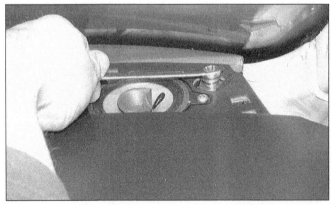

28.34 Skruva loss instrumentbrädans bultar nära de övre högtalarna

28.35 Ta bort instrumentbrädan från mellanväggen

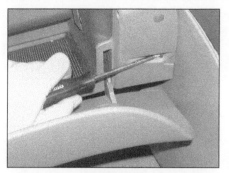

29.1a Skruva loss handskfackets nedre högra . . .

29.1b . . . och nedre vänstra fästskruvar

29.2 Ta bort handskfackets fästklämmor

Montering

36 Monteringen utförs i omvänd ordningsföljd mot demonteringen. Se beskrivningen i avsnitt 30 om hur man återmonterar krockkuddarna. Var särskilt noga med att följa föreskrifterna.

29 Handskfack - demontering och montering

Demontering

1 Med handskfacket öppet, skruva loss fästskruvarna **(se bilder)**.
2 Lossa klämmorna från handskfackets främre kant genom att trycka ihop centrumsprintarna **(se bild)**.
3 Ta bort handskfackets belysning eller koppla ifrån kablaget **(se bild)**.
4 Dra bort handskfacket från instrumentbrädan **(se bild)**.
5 Vid behov kan locket tas bort genom att du skruvar loss dämparskruven och trycker ut stiften.
6 När du ska ta bort låset borrar du en cirkel med hål med diametern 2 mm inuti den präglade cirkeln på lockets baksida. Skär sedan försiktigt ut cirkeln. Var försiktig så att du inte

borrar djupare än plasten är tjock. Böj flikarna bakåt och ta bort låset från handskfacket. Bänd bort låshållaren.

Montering

7 Monteringen utförs i omvänd ordningsföljd mot demonteringen. Om du ska montera ett nytt lås, placera pluggen som följer med det nya låset över den utskurna cirkeln.

30 SRS-systemets delar – demontering och montering

Allmän information

SRS styrs av en elektronisk styrenhet (ECU). När bilens startnyckel vrids om, utför ECU-enheten ett självtest av systemets komponenter. Om ett fel upptäcks sparas det i ECU-enhetens minne som en "felflagga". Sedan tänds SRS-varningslampan i instrumentpanelen. Om det händer ska bilen lämnas in till en Saab-verkstad för att undersökas. Det krävs specialutrustning för att kunna tyda felkoden från SRS-systemets styrenhet, dels för att avgöra felets natur och orsak, dels för att nollställa felkoden och på så sätt hindra

att varningslampan fortsätter lysa fast att felet åtgärdats.

Av säkerhetsskäl avråds bilägare å det bestämdaste att försöka diagnostisera fel på SRS-systemet med vanlig verkstadsutrustning. Informationen i det här avsnittet är därför begränsade till de komponenter i SRS-systemet som ibland måste demonteras för att man ska komma åt bilens andra komponenter.

⚠️ *Varning: Följande säkerhets-anvisningar måste observeras vid arbete med bilens krockkuddar/ SRS-system:*

• *Se alltid till att tändningslåset är i läget OFF innan du börjar ta bort SRS-delar.*
• *Försök inte att skarva några av elkablarna i SRS-systemets kabelnät.*
• *Undvik att hamra på eller kraftigt skaka bilens främre del, särskilt i motorrummet, eftersom det kan utlösa krockgivarna och aktivera SRS-systemet.*
• *Använd inte ohmmätare eller annan utrustning som kan leda ström till någon av SRS-systemets komponenter eftersom det kan orsaka att systemet utlöses av misstag.*
• *Krockkuddar (och bältessträckare) är klassade som pyrotekniska (explosiva) och måste lagras och hanteras i enlighet med*

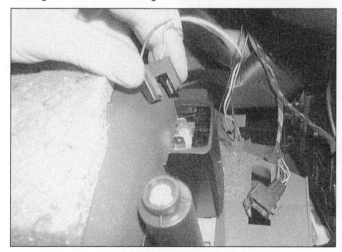

29.3 Koppla loss kablaget från handskfackets lampa

29.4 Ta bort handskfacket från instrumentbrädan

30.2a Bänd ut pluggarna . . .

30.2b . . . skruva sedan loss skruvarna på båda sidor om ratten

30.3a Lyft försiktigt bort krockkudden från ratten . . .

relevanta lagar i respektive land. Låt inte dessa komponenter vara bortkopplade från elsystemet längre än nödvändigt. När de är bortkopplade är de instabila, och de riskerar att oväntat lösa ut. Lägg en frånkopplad krockkudde med metall-fästet nedåt, på avstånd från brännbara material – lämna aldrig en krockkudde utan uppsikt.

Förarsidans krockkudde

Demontering

1 Se till att tändningslåset är i läget OFF.
2 Bänd ut pluggarna och skruva sedan loss skruvarna som fäster krockkudden vid ratten. Skruvarna är placerade på båda sidor av ratten **(se bilder)**.
3 Lyft försiktigt bort krockkudden från ratten, tillräckligt långt för att kablaget ska kunna koppla loss **(se bilder)**.
4 Lägg krockkudden på ett säkert ställe med metallfästet nedåt.

Montering

5 Placera krockkudden över ratten och återanslut kabeln, se till att den sitter säkert på kabelfästet.
6 Sänk ner krockkudden i ratten, montera sedan fästskruvarna och dra åt dem. Montera gummipluggarna.
7 Slå på tändningen, vänta minst 10 sekunder och kontrollera att SRS-varningslampan slocknar. Om varningslampan inte slocknar, har styrenheten antagligen en felkod lagrad i sig och måste lämnas in till en Saab-verkstad för kontroll.

Passagerarsidans krockkudde

Demontering

8 Se till att tändningslåset är i läget OFF.
9 Ta bort handskfacket enligt beskrivningen i avsnitt 29.
10 Skruva loss skruven och ta bort värme-enhetens sidopanel.
11 Ta bort knäskyddet, golvluftkanalen och sidoluftkanalen.
12 Sträck upp handen under instrumentbrädan och koppla ifrån passagerarkrockkuddens kablage **(se bild)**.
13 Skruva loss bulten som fäster säkerhets-bandet på rattstångens fästbygel.
14 Skruva loss krockkuddens fästmuttrar och lyft bort den från instrumentbrädan **(se bild)**.
15 Lägg krockkudden på ett säkert ställe med metallfästet nedåt.

Montering

16 Placera krockkudden på instrumentbrädan och dra åt muttrarna till angivet moment. Se till att det inte finns några lösa föremål mellan instrumentbrädan och krockkudden.
17 Sätt tillbaka bulten som fäster säkerhets-bandet och dra åt det till angivet moment, se till att det hakar i originalgängorna. I annat fall försämras dess grepp.
18 Resten av återmonteringen utförs i omvänd ordningsföljd mot demonteringen.
19 Slå på tändningen och kontrollera att SRS-systemets varningslampa slocknar. Om varningslampan inte slocknar, har styrenheten antagligen en felkod lagrad i sig och måste lämnas in till en Saab-verkstad för kontroll.

Rattens kontaktrulle

Demontering

20 Se till att tändningslåset är i läget OFF.
21 Ta bort ratten enligt beskrivningen i kapitel 10.
22 För att förhindra att kontaktrullen skadas, använd tejp för att hålla den på plats i mittenläget.
23 Skruva loss skruvarna och ta bort ratt-stångens kåpor.
24 Koppla ifrån kontaktrullens kablage vid de båda kontakterna som är placerade under rattstången.
25 Skruva loss skruvarna och lyft försiktigt kontaktrullen över rattstångens övre del.

Montering

26 För att förhindra att kontaktrullen skadas när den återmonteras, använd tejp för att hålla den på plats.
27 Passa in kontaktrullen över rattstångens övre del och återanslut de båda anslutnings-kontakterna.
28 Sätt i fästskruvarna och dra åt.
29 Sätt tillbaka rattstångens kåpor och dra åt skruvarna.
30 Kontrollera att kontaktrullen är centralt placerad enligt följande. Med framhjulen riktade rakt framåt roterar du kontaktrullen helt medurs. Vrid sedan tillbaka kontaktrullen 2 1/2 varv.
31 Sätt tillbaka ratten enligt beskrivningen i kapitel 10.
32 Slå på tändningen och kontrollera att SRS-systemets varningslampa slocknar. Om varningslampan inte slocknar, har styrenheten

30.3b . . . och koppla ifrån kablaget

30.12 Koppla ifrån kablaget från krockkudden på passagerarsidan

30.14 Krockkudden på passagerarsidan sedd från instrumentbrädans undersida

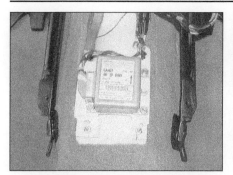

30.36 SRS:ns elektroniska styrmodul
under mittkonsolens bakre del

32.2 Ta bort baksätets sittdyna

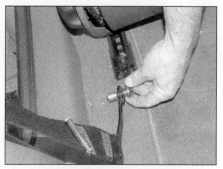

32.3a Skruva loss baksätets
bältesförankring . . .

antagligen en felkod lagrad i sig och måste lämnas in till en Saab-verkstad för kontroll.

Elektronisk styrenhet (ECU)

Observera: *Om du monterar en ny elektronisk styrenhet måste den programmeras av en Saab-återförsäljare.*

Demontering

33 Se till att tändningslåset är i läget OFF.
34 Ta bort mittkonsolens bakre del enligt beskrivningen i avsnitt 27.
35 Koppla loss kablarna från styrenheten.
36 Skruva loss muttrarna och ta bort den elektroniska styrenheten från bilen **(se bild)**. Observera hur den elektroniska styrenheten är monterad eftersom den måste sättas tillbaka på samma sätt för att fungera.

Montering

37 Monteringen utförs i omvänd ordningsföljd mot demonteringen.

31 Sufflett – allmänt

En cabriolets sufflett sänks och höjs med en elstyrd hydraulenhet, tillsammans med fem hydraulcylindrar. Systemet styrs av en modul som övervakar aktiviteterna i steg, med hjälp av mikrokontakter och som godkänner efterföljande aktiviteter i hydraulenheten. Den bakre delen av suffletten är fäst med spärrar som låser den femte bågen i kåpan, och kåpan låses på plats med spärrar i sidomekanismen, som styrs med

en vajer från hydraulcylindrarna. En eventuell funktionsstörning i suffletten skapar en felkod och ett motsvarande meddelande visas på SID-displayen på instrumentpanelen.

Modulen styr även sidorutorna i dörrarna och bakpanelen. Innan suffletten öppnas, öppnas fönstren en aning. När taket har stängts återtar fönstren sina vanliga stängda lägen. På så sätt ser systemet till att fönstrens övre kanter är placerade innanför suffletten för att förhindra att regn tränger in.

Om suffletten inte fungerar ska bilen tas till en Saab-verkstad som använder ett särskilt felsökningsverktyg för att identifiera problemet. Om suffletten fungerar normalt fram till en viss punkt och sedan stannar är det troligtvis fel på någon av mikrokontakterna. Fel i hydraulsystemet kan bero på för låg vätskenivå eller fel i hydraulenhetens motor.

32 Sufflett – demontering och montering

Demontering

1 Sänk ner suffletten i förvaringsutrymmet och placera kåpan vertikalt.
2 Ta bort baksätets sittdyna **(se bild)**.
3 Arbeta på en av bilens sidor i taget och utför följande:
a) Skruva loss bulten som fäster det främre säkerhetsbältet i golvet och lägg bältet åt sidan (se bild).

b) Skruva loss skruvarna och bänd försiktigt bort dörröppningens hasplåt (se bild).
c) Bänd bort tätningsremsan från B-stolpen, bänd sedan ut kåpan och lossa skruven som fäster sidopanelen på B-stolpen (se bild).
d) Bänd ut fästena från sidopanelens nedre del (se bild), vik sedan ryggstödet framåt och skruva loss bulten och bänd ut fästet från sidopanelens bakre kant.
e) Dra upp sidopanelen i dess övre bakre hörn och lossa den från klämman. För att se till att klämman inte lossnar från panelen, tryck på klämmans nedre del.
f) Ta bort sidopanelen samtidigt som du matar det bakre säkerhetsbältet genom styrningen (se bild). Koppla bort kablaget från den bakre innerbelysningen. Ta bort lampan helt från sidopanelen om det behövs.

32.3b . . . ta bort dörröppningens hasplåt . . .

32.3c . . . ta bort tätningsremsan . . .

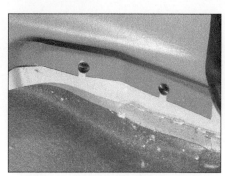

32.3d . . . ta bort sidopanelens nedre fästen . . .

32.3f . . . ta bort sidopanelen och mata det bakre säkerhetsbältet genom styrningen

32.6 Ta bort cylinderns övre klämmor

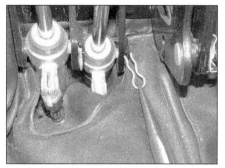

32.7a Ta bort låsringarna . . .

32.7b . . . och ta bort stiften

4 Skruva loss skruvarna och lossa relähållarna från karossen på båda sidor. Koppla inte ifrån kablaget men lägg hållarna åt sidan.
5 Stäng suffletten så att dess kåpa och den femte bågen är vertikala.
6 Arbeta på en sida i taget och ta bort klämmorna som fäster den övre delen av de vertikala cylindertryckstängerna på armarna **(se bild)**.
7 Arbeta på en sida i taget och ta bort låsringarna som fäster sprintarna på de horisontella armarna, ta sedan bort sprintarna från armarna **(se bilder)**. Placera cylindrarna i sufflettens förvaringsutrymme.
8 Ta hjälp av en medhjälpare och täck över cylindrarna med tygtrasor **(se bild)**, sänk sedan ner hela suffletten i förvaringsutrymmet. Var försiktig så att du inte skadar tryckstängerna.

9 Koppla loss kablaget till sufflettkåpan på båda sidorna **(se bild)**.
10 Innan du tar bort suffletten, placera ut skydd i förvaringsutrymmet eftersom det lätt går hål i vinylen. Styv kartong fungerar utmärkt som skydd **(se bild)**.
11 Låt en medhjälpare hålla uppe suffletten och skruva själv loss sufflettens fästmuttrar på båda sidorna. Det finns en övre mutter och två nedre mutter. Observera att det sitter mellanlägg mellan mekanismen och karossen och att det är viktigt att du noterar hur många mellanlägg det finns för att kunna passa in suffletten rätt vid återmonteringen **(se bild)**.
12 Helst ska man vara tre personer när man lyfter bort suffletten från bilen eftersom kablaget måste matas igenom hålen i karossen på båda sidor, och eftersom enheten är tung.

Notera noggrant antalet mellanlägg och deras placering när de tas bort **(se bilder)**. När suffletten har tagits bort placerar du den på en ren plats.

Montering

13 Monteringen utförs i omvänd ordningsföljd mot demonteringen. Tänk på följande:
a) *Vrid inte tryckstängerna i cylindrarna eftersom du då kan skada ändlägenas mikrobrytare.*
b) *Dra åt fästmuttrarna till angivet moment.*
c) *Om bilens sufflett behöver justeras måste bilen tas till en Saab-verkstad som har de jiggar som behövs för att utföra arbetet.*
d) *Om systemets displayenhet anger felkoder för suffletten måste en Saab-verkstad radera dem med hjälp av ett felsökningsverktyg.*

32.8 Täck cylindrarna med trasor innan du sänker ner suffletten i förvaringsutrymmet

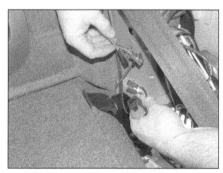

32.9 Koppla ifrån sufflettens kablage

32.10 Placera styv kartong i förvarings-utrymmet innan du tar bort suffletten

32.11 Skruva loss fästmuttrarna . . .

32.12a . . . lyft bort suffletten från förvaringsutrymmet . . .

32.12b . . . och ta hand om mellanläggen

33 Sufflettöverdrag – demontering och montering

Observera: *Du måste vara extra försiktig när du utför följande för att förhindra att överdraget skadas när det sätts tillbaka. Demontering och montering av den uppvärmda bakrutan är ett avancerat arbete som helst ska överlåtas till en Saab-verkstad eller en möbelhantverkare.*

Demontering

1 Öppna sufflettten halvvägs så att dess bakkant är i det högsta läget, slå sedan av tändningen. Bakkanten måste nu stödjas av en lämplig metallstång eller träbit så att sufflettten inte ramlar ner när det hydrauliska trycket försvinner. Saab-tekniker använder en särskild metallstång, men man kan enkelt tillverka ett eget verktyg.

2 På sufflettens nedre främre del skruvar du loss skruvarna och tar bort de bakre tätningarna och deras hållare.

3 Lossa skruvarna och ta bort hållarremsan från den första bågens främre kant.

4 Ta bort låshandtaget med en liten skruvmejsel, lyft upp klädseln bredvid handtaget och dra sedan bort stiften från spåren.

5 Ta bort de främre kåporna från den främre skenan genom att bända ut de båda plastklämmorna. Se till att lyftbalken behåller sitt läge.

6 Skruva loss den ensamma skruven på var sida och haka sedan loss den inte takklädseln från den första bågen. Lossa även sidogummibanden.

7 Vik upp sufflettöverdraget från den första bågen.

8 Borra ut de tre popnitarna som fäster sidovajrarna på var sida och ta bort resterna.

9 Ta bort sufflettens lyftbalk och balansera enheten.

10 Bänd ut klämmorna och ta bort plasthållaren från den andra bågen.

11 Ta bort skruvarna och ta bort platshållarna från den tredje bågen.

12 Borra ut nitarna som fäster gummibanden på sidoskenorna och ta bort resterna.

13 Skruva loss skruvarna och ta bort klämman som fäster den inre takklädseln på den bakre skenan.

14 Ta bort tätningen från den bakre skenan och ta sedan bort vajern.

15 Ta bort sufflettens överdrag från den andra och tredje bågen.

16 Borra ut nitarna som fäster gummibanden på den fjärde bågen och ta bort resterna.

17 Lyft upp sufflettens främre del och dra ut vajrarna.

18 Lyft upp den femte bågen och ta bort gummibanden från låstapparna.

19 Från den femte bågens bakre kant lossar du de tre skruvarna som fäster den inre takklädseln. Ta sedan bort den inre takklädselns stag.

20 Ta bort kabelhållaren och bakrutans eluppvärmningsanslutning, ta sedan bort fönsterstyrningen och gummibandet.

21 Använd en penna och markera den femte bågens mittenläge på tätningen. Skruva sedan loss skruvarna och ta bort tätningen. Var noga med att inte skada tätningen.

22 På modeller med en VIN-kod till och med X7020925, borra ut popnitarna från den femte

bågens hörn och lossa sufflettöverdraget från den femte bågen och den bakre skenan.

23 Ta bort bakrutans fäste från låstapparna och lyft sedan bort sufflettöverdraget och den inre takklädseln, tillsammans med en uppvärmda bakrutan, bort från ramen.

Montering

24 Monteringen utförs i omvänd ordningsföljd mot demonteringen, använd nya nitar och klämmor. **Montera inte** nya nitar på den femte bågens hörn på modeller med VIN-kod till och med X7020925. Du kan justera vajerbyglarna med en fjädervåg – applicera ett tryck på 6 kg på vajern och dra sedan åt vajerbygeln. Observera att skruvar eller nitar kan användas för att fästa plasthållaren på den tredje bågen.

34 Sufflettkåpan – demontering och montering

Demontering

1 Aktivera sufflettten så att kåpan är öppen och vertikal.

2 Skruva loss skruvarna och ta bort klämmorna, ta sedan bort den inre kåpan **(se bilder)**.

3 Skruva loss skruvarna och ta bort säkerhetsvajrarna **(se bild)**.

4 Markera spärrkolvarna på kåpan, skruva sedan loss skruvarna och ta bort dem **(se bild)**.

5 På kåpans främre förlängning skruvar du loss skruvarna som fäster åtkomstflikarna **(se bild)**.

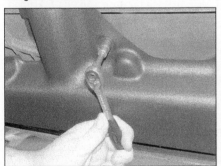
34.2a Lossa skruvarna . . .

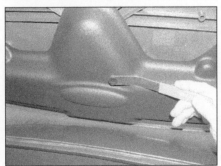
34.2b . . . ta bort klämmorna . . .

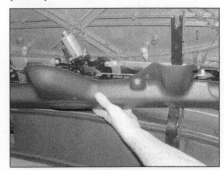
34.2c . . . och ta sedan bort kåpan

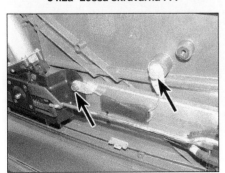
34.3 Säkerhetsvajer och fästskruvar

34.4 Spärrkolv till sufflettens kåpa

34.5 Klaffens fästskruvar

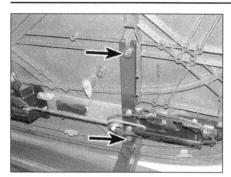

34.6 Gångjärn och fästmuttrar till sufflettens kåpa

34.7 Låsmotor och stag till sufflettens kåpa

34.8a Lyftfjäder och bygel till sufflettens kåpa

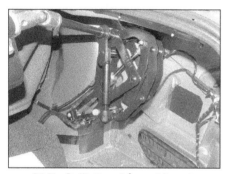

34.8b Sufflettens kåpas drivaxel-förbindelse till huvudmekanismen

35.2 Använd startnyckeln för att låsa upp baksätets ryggstöd och vik den framåt

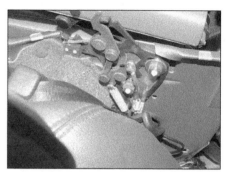

35.5 Regel till sufflettens kåpa

6 Markera var fästskruvarna till sufflettens kåpa är placerade på gångjärnen, skruva sedan loss dem och lyft bort kåpan **(se bild)**.
7 Om det behövs tar du bort låsmotorn och stagen **(se bild)**.
8 För att komma åt kåpans lyftfjäder och lyftmekanism, ta bort panelen från bagage-utrymmet **(se bilder)**.

Montering

9 Monteringen utförs i omvänd ordningsföljd mot demonteringen.

35 Sufflettkåpans spärr – demontering och montering

Demontering

1 Följ stycke 1 till 3 i avsnitt 32 och ta bort den bakre sidopanelen från den aktuella sidan.
2 Vik baksätets ryggstöd framåt **(se bild)**, notera sedan placeringen av styrvajerns justering innan du skruvar loss justeringsmuttern.
3 Lossa vajerändbeslaget från armen och ta bort vajern från spärren.
4 Skruva loss skruvarna och ta bort mikro-kontakten.
5 Markera spärrens placering på karossen och skruva sedan loss muttrarna och ta bort den **(se bild)**.

Montering

6 Monteringen utförs i omvänd ordningsföljd mot demonteringen.
7 Om suffletten behöver justeras måste bilen tas till en Saab-verkstad som har de jiggar som behövs för att utföra arbetet.

36 Sufflettens hydraulsystem – kontrollera oljenivån

Varning: Använd endast Saabs artikel-nummer (16) 30 32 356. Använd inte den olja som anges för Saab 900.
1 Öppna suffletten helt ner i förvarings-utrymmet.

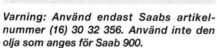

36.5a Ta bort hållarna . . .

2 Öppna bakluckan och ta bort klämmorna som fäster mattan på den främre nedre tvärbalken i bagageutrymmet.
3 Med mattan upplyft, använd en ficklampa för att kontrollera hydraulvätskenivån, titta genom de båda åtkomsthålen. Vätskenivån ska ligga mellan MIN- och MAX-markeringarna. **Observera:** *Vätskenivån kan kontrolleras med stängd sufflett. I det fallet får nivån ligga några millimeter under MIN-markeringen.*
4 När du ska fylla på vätskenivån, stäng först suffletten.
5 Vik baksätets ryggstöd framåt, ta sedan bort fästena och ta bort kåpan från hydraulenheten **(se bilder)**.
6 Skruva loss fästbultarna och lyft bort

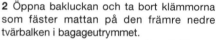

36.5b . . . och ta bort kåpan

hydraulenheten och fästplattan från tvärbalken **(se bilder).**

7 Skruva loss påfyllningspluggen och fyll på vätska med hjälp av en tratt. Systemet innehåller totalt 0,55 liter och volymen mellan MIN- och MAX-markeringarna är 65 ml.

8 När du har fyllt på vätska, sätt tillbaka och dra åt påfyllningspluggen. Sätt sedan tillbaka hydraulenheten och dra åt fästbultarna ordentligt.

9 Kontrollera vätskenivån igen, sätt sedan tillbaka kåpan och fäst mattan i bagage-utrymmet.

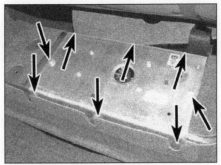

36.6a Skruva loss fästbultarna . . .

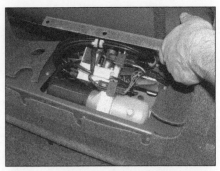

36.6b . . . och ta bort hydraulenheten och fästplattan från tvärbalken

37 Sufflettens hydraulsystem – luftning

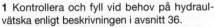

1 Kontrollera och fyll vid behov på hydraul-vätska enligt beskrivningen i avsnitt 36.

2 Aktivera suffletten så att *kåpan* och den femte bågen är höjda. Om det inte går att använda suffletten på grund av ett elektriskt eller hydrauliskt fel utför du följande åtgärder. Men helst ska man då använda Saabs felsökningsverktyg som hemmamekanikern inte har tillgång till. Alternativet är lämna in bilen till en Saab-verkstad:

a) *Vik baksätets ryggstöd framåt.*

b) *Bänd ut kåpan och öppna nödventilen cirka ett halvt varv* **(se bild).**

c) *Lås upp sufflettens främre del och använd sedan felsökningsverktyget för att lossa den femte bågen från dess spärrar. Höj sedan upp den femte bågen så långt det går. Om du inte har tillgång till verktyget, ta bort panelen från bagageutrymmet och lossa spärrarna manuellt.*

d) *På bagageutrymmets högra sida sätter du in fälgkorset (från verktygssatsen) genom hålet i panelen och in i drivmekanismens länkarm* **(se bild).** *Dra fälgkorset bakåt tills suffletten lyfts upp tillräckligt för att en medhjälpare ska kunna hålla den uppe, ta sedan bort fälgkorset och lyft den femte bågen vertikalt.*

e) *Stäng bakluckan och öppna sufflettkåpan helt.*

3 På vänster sida placerar du tygtrasor runt den övre delen av den femte bågens cylinder,

skruva sedan loss slangen och kontrollera om hydraulvätska, utan luftbubblor, rinner ut. Om så är fallet, återanslut och dra åt slangen och fortsätt med punkt 8. Om så inte är fallet, låt slangen vara bortkopplad i 5 minuter för att släppa in luft i systemet och återanslut sedan slangen och dra åt den.

4 Ta hjälp av en medhjälpare och öppna suffletten helt manuellt och stäng den sedan igen.

5 Kontrollera att slangen inte läcker och vänta en minut för att luften ska separeras ut i vätskebehållaren.

6 Ta hjälp av en medhjälpare och öppna suffletten helt manuellt på nytt och stäng den sedan igen.

7 Suffletten ska nu lämnas öppen minst två timmar, men du kan köra bilen om du behöver. **Använd inte** suffletten under den här tiden. Efter två timmar fortsätter du med punkt 8.

8 Aktivera suffletten i två fullständiga cykler samtidigt som du lyssnar efter ovanliga ljud eller tvekan som kan tyda på att det fortfarande finns luft i systemet.

9 Om suffletten fortfarande inte fungerar som den ska, höj den femte bågen manuellt och stäng *sufflettkåpan* utan att låsa den.

10 Med bakluckan öppen tar du bort den bakre hasplåtskåpan, bagageutrymmets högra panel **(se bild)** samt höger bakljusarmatur (se kapitel 12, avsnitt 6).

11 Ta bort cylindern till *sufflettkåpan* från mekanismen genom att ta bort klämmorna och stiften, men koppla inte bort hydraul-slangen. Det krävs nu två personer för att lufta *sufflettkåpans* cylinder. För först in en

handlampa genom armaturöppningen och stäng sedan bakluckan. En person ska nu styra suffletten så att kolvstången till sufflettkåpans cylinder rör sig in och ut. Den andra personen håller cylindern genom armaturöppningen och ser till att kolvstångsänden är överst när kolven trycks ut och nederst när kolven dras tillbaka. Detta ska upprepas i minst 10 cykler.

12 Sätt tillbaka cylindern och kontrollera vätskenivån igen, styr sedan ut suffletten manuellt i fem fullständiga cykler med hjälp av fälgkorset.

13 Kontrollera vätskenivån igen och sätt tillbaka bagageutrymmets panel.

38 Sufflettens hydraulenhet – demontering och montering

Demontering

1 Aktivera suffletten så att kåpan är upphöjd och den femte bågen horisontell.

2 Vik baksätets ryggstöd framåt och ta sedan bort kåpan från hydraulenheten.

3 Skruva loss fästbultarna och lyft bort hydraulenheten. Notera vätskenivån som en hjälp vid påfyllning av behållaren.

4 Placera tygtrasor under hydraulenheten och koppla sedan ifrån kablaget.

5 Identifiera slanglägena, skruva loss fäst-bultarna och koppla bort dem. Eftersom det finns tio slangar rekommenderar vi att du gör en teckning för att vara säker på att du sätter tillbaka slangarna på rätt ställen.

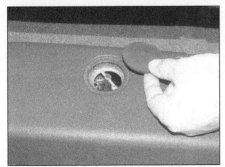

37.2a Hydraulenhetens säkerhetsventil sitter under en kåpa

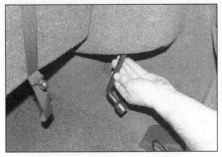

37.2b För in fälgkorset i sufflettens mekanism för att styra ut suffletten manuellt

37.10 Ta bort panelen från bagageutrymmet

39.4 Sufflettens styrmodul sitter under den bakre vänstra sidopanelen

40.1 Sufflettens reläer sitter bakom baksätets sidoklädselpanel

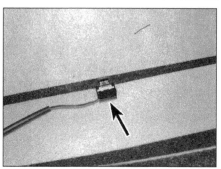

42.1 Mikrobrytare till sufflettens förvaringspåse

6 Lossa slangarnas buntband och ta bort hydraulenheten från bilen.

Montering

7 Monteringen utförs i omvänd ordningsföljd mot demonteringen. Tänk på följande:
- a) *Observera att slangarna inte får böjas till en radie mindre än 40 mm.*
- b) *Fyll vätskebehållaren till den nivå som antecknades vid borttagningen.*
- c) *Styr ut suffletten i fem cykler och kontrollera att den fungerar som den ska. Lufta systemet vid behov enligt beskrivningen i avsnitt 37.*
- d) *Om systemets displayenhet anger felkoder för suffletten måste en Saab-verkstad radera dem med hjälp av ett felsökningsverktyg.*

39 Sufflettens styrmodul – demontering och montering

Demontering

1 Sänk ner suffletten i förvaringsutrymmet och placera kåpan vertikalt.
2 Ta bort baksätets sittdyna.
3 Arbeta på bilens vänstra sida och utför följande:
- a) *Skruva loss bulten som fäster det främre säkerhetsbältet i golvet och lägg bältet åt sidan.*
- b) *Bänd försiktigt bort dörröppningens hasplåt.*
- c) *Bänd loss B-stolpens kåpa, bänd sedan ut kåpan och skruva loss skruven som fäster sidopanelen på B-stolpen.*
- d) *Bänd ut fästena från sidopanelens nedre del, vik sedan ryggstödet framåt och skruva loss bulten och bänd ut fästet från sidopanelens bakre kant.*
- e) *Dra upp sidopanelen i dess övre bakre hörn och lossa den från klämman. För att se till att klämman inte lossnar från panelen, tryck på klämmans nedre del.*
- f) *Ta bort sidopanelen samtidigt som du matar det bakre säkerhetsbältet genom styrningen. Koppla bort kablaget från den bakre innerbelysningen. Ta bort lampan helt från sidopanelen om det behövs.*

4 Skruva loss fästmuttrarna och ta bort styrmodulen **(se bild)**, koppla sedan loss kablaget. Precis innan du kopplar ifrån

kablaget ska du emellertid jorda dig själv genom att röra en metalldel av karossen. Detta gör du eftersom modulen är känslig för statisk elektricitet som kan skada inre kretsar och komponenter.

Montering

5 Monteringen utförs i omvänd ordningsföljd mot demonteringen. Om systemets display-enhet anger felkoder för suffletten måste en Saab-verkstad radera dem med hjälp av ett felsökningsverktyg.

40 Sufflettens relä – demontering och montering

Demontering

1 Sufflettens reläer sitter bakom baksätets sidoklädselpanel **(se bild)**. Sänk först ner suffletten i förvaringsutrymmet och placera kåpan vertikalt.
2 Ta bort baksätets sittdyna.
3 Arbeta på aktuell sida av bilen och utför följande:
- a) *Skruva loss bulten som fäster det främre säkerhetsbältet i golvet och lägg bältet åt sidan.*
- b) *Bänd försiktigt bort dörröppningens hasplåt.*
- c) *Bänd loss B-stolpens kåpa, bänd sedan ut kåpan och skruva loss skruven som fäster sidopanelen på B-stolpen.*
- d) *Bänd ut fästena från sidopanelens nedre del, vik sedan ryggstödet framåt och skruva loss bulten och bänd ut fästet från sidopanelens bakre kant.*
- e) *Dra upp sidopanelen i dess övre bakre hörn och lossa den från klämman. För att se till att klämman inte lossnar från panelen, tryck på klämmans nedre del.*
- f) *Ta bort sidopanelen samtidigt som du matar det bakre säkerhetsbältet genom styrningen. Koppla bort kablaget från den bakre innerbelysningen. Ta bort lampan helt från sidopanelen om det behövs.*

4 Ta bort relähållaren och dra sedan ut reläet. Det finns tre reläer på varje sida. På vänster sida styr det bakre reläet vänster främre fönsterhiss, det mittersta reläet styr pumpreläet och det främre reläet styr vänster bakre fönsterhiss. På vänster sida styr det främre reläet höger bakre

fönsterhiss, det mittersta reläet styr den femte bågen och det bakre reläet styr höger främre fönsterhiss.

Montering

5 Monteringen utförs i omvänd ordningsföljd mot demonteringen. Om systemets display-enhet anger felkoder för suffletten måste en Saab-verkstad radera dem med hjälp av ett felsökningsverktyg.

41 Sufflettens hydraulenhets-relä – demontering och montering

Demontering

1 Sufflettens hydraulrelä sitter ovanpå hydraulenheten. Aktivera först suffletten så att kåpan är upphöjd och den femte bågen horisontell.
2 Vik baksätets ryggstöd framåt och ta sedan bort kåpan från hydraulenheten.
3 Skruva loss fästbultarna och lyft bort hydraulenheten.
4 Koppla loss kablaget.
5 Ta bort fästena genom att trycka ut centrumsprintarna, ta sedan bort relähållaren och dra ut reläet.

Montering

6 Monteringen utförs i omvänd ordningsföljd mot demonteringen. Om systemets display-enhet anger felkoder för suffletten måste en Saab-verkstad radera dem med hjälp av ett felsökningsverktyg.

42 Sufflettens förvaringspåse, mikrobrytare – demontering och montering

Demontering

1 Det finns två mikrokontakter i sufflettens förvaringspåse. I bagageutrymmet lossar du klämmorna och lyfter ner panelen för att komma åt brytarna **(se bild)**.
2 Lossa klämman, koppla loss brytaren från panelen och koppla ifrån kablaget.

Montering

3 Montering utförs i omvänd ordningsföljd.

Kapitel 12
Karossens elsystem

Innehåll

Svårighetsgrad

| **Enkelt**, passar novisen med lite erfarenhet | **Ganska enkelt**, passar nybörjaren med viss erfarenhet | **Ganska svårt**, passar kompetent hemmamekaniker | **Svårt**, passar hemmamekaniker med erfarenhet | **Mycket svårt**, för professionell mekaniker |

Specifikationer

Systemtyp ... 12 volt, negativ jord

Glödlampor, styrka — Watt

	Watt
Främre och bakre körriktningsvisare	21
Främre dimljus	55
Strålkastare	60/55
Belysning för askkopp, cigarrettändare och säkerhetsbältesvarning	1,2
Belysning för huvens insida, bagageutrymme och handskfack	10
Bakre dimljus och backljus	21
Bakre läslampor	5
Körriktningsvisarbelysning, registreringsskyltsbelysning, främre läslampor och parkeringsljus	5
Stoppljus/bakljus	21/5

1 Allmän information och föreskrifter

Allmän information

Elsystemet är ett 12-voltssystem med negativ jord och består av ett 12-voltsbatteri, en växelströmsgenerator med inre spännings-regulator, en startmotor och tillhörande elektriska komponenter och kablar.

Elektroniska styrmoduler/enheter till följande system (se avsnitt 20):

a) Motorstyrning.
b) Dieselbränslepump.
c) Automatväxellåda.
d) Instrumentbräda med inbyggd elektronik (DICE).
e) Instrumentpanel.
f) Saab informationsdisplay (SID).
g) Inbrottslarm och inbyggd styrenhet (TWICE).
h) Farthållare.
i) Låsningsfria bromsar (ABS).
j) SRS-krockkudde.
k) Cabriolet med sufflettstyrning (STC).
l) Automatisk klimatanläggning (ACC).
m) Elektriskt justerbara sidospeglar med minne (PMM).
n) Elektriskt justerbar förarstol med minne (PSM).

På de flesta modeller finns det ett stöldskyddssystem som består av sensorer på dörrarna, bakluckan och motorhuven. Det finns även en glaskrossensor som sitter i innerbelysningen på den främre delen av den inre takklädseln. Systemet styrs av en elektronisk styrenhet som styr signalhornet.

Även om vissa reparationer beskrivs är det normala tillvägagångssättet att byta defekta komponenter. Ägare som är intresserade av mer än enbart komponentbyte rekommenderas boken Bilens elektriska och elektroniska system från detta förlag.

Föreskrifter

Det är nödvändigt att iakttaga extra försiktighet vid arbete med elsystemet för att undvika skador på halvledarenheter (dioder och transistorer) och personskador. Det finns särskilda procedurer att följa när man tar bort SRS-komponenter. Se kapitel 11 för ytterligare information. Utöver föreskrifterna i Säkerheten främst! i början av den här handboken. Observera följande när du arbetar med systemet

a) Ta alltid av ringar, klockor och liknande före arbete med elsystemet. En urladdning kan inträffa, även med batteriet urkopplat, om en komponents strömstift jordas genom ett metallföremål. Detta kan ge stötar och allvarliga brännskador.
b) Kasta inte om batteripolerna. Komponenter som generatorer, elektroniska styrmoduler för bränsleinsprutning/tändsystem och andra komponenter med halvledarkretsar

kan totalförstöras så att de inte går att reparera.
c) Låt inte motorn driva generatorn om inte generatorn är inkopplad.
d) Kontrollera alltid att batteriets negativa anslutning är bortkopplad vid arbete i det elektriska systemet.
e) Innan du använder elektrisk bågsvets-utrustning på bilen ska du koppla ifrån batteriet, generatorn och komponenter som elektroniska styrmoduler för bränsleinsprutning/tändsystem för att skydda dem.

2 Felsökning av elsystemet – allmän information

Observera: Se föreskrifterna i Säkerheten främst! och i avsnitt 1 i detta kapitel innan arbetet påbörjas. Följande test gäller huvudkretsen och ska inte användas för att testa känsliga elektroniska kretsar (exempelvis system för låsningsfria bromsar), speciellt inte där en elektronisk styrenhet (ECU) används.

Allmänt

1 En typisk elkrets består av en elektrisk komponent, alla brytare, reläer, motorer, säkringar, smältsäkringar eller kretsbrytare för den aktuella komponenten, samt kablage och kontaktdon som förbinder komponenten med batteriet och karossen. För att underlätta felsökningen i elkretsarna finns kopplingsscheman i slutet av det här kapitlet.
2 Studera relevant kopplingsschema för att bättre förstå den aktuella kretsens olika komponenter, innan du försöker diagnosticera ett elfel. De möjliga felkällorna kan reduceras genom att man kontrollerar om andra komponenter i kretsen fungerar som de ska. Om flera komponenter eller kretsar slutar fungera samtidigt är möjligheten stor att felet beror på en gemensam säkring eller jordanslutning.
3 Elektriska problem har ofta enkla orsaker, som lösa eller korroderade anslutningar, defekta jordanslutningar, trasiga säkringar, smälta smältsäkringar eller defekta reläer (i avsnitt 3 finns information om hur man testar reläer). Se över skicket på alla säkringar, kablar och anslutningar i en felaktig krets innan komponenterna kontrolleras. Använd kopplingsscheman för att se vilken terminalkoppling som behöver kontrolleras för att komma åt felet.
4 Basverktygen som krävs för felsökning av elsystemet inkluderar: en kretsprovare eller voltmätare (en 12-volts glödlampa med en uppsättning kablar kan också användas för vissa tester), en kontinuitetsmätare, en ohmmätare (för att mäta motstånd), ett batteri samt en uppsättning testkablar och en förbindelsekabel, helst försedd med en kretskontakt eller säkring som kan användas till att koppla förbi misstänkta komponenter eller kablar. Innan ansträngningar görs för att hitta ett fel med hjälp av testinstrument,

använd kopplingsschemat för att bestämma var anslutningarna ska göras.
5 För att hitta källan till ett regelbundet återkommande kabelfel (vanligtvis på grund av en dålig eller smutsig anslutning eller skadad kabelisolering), kan man göra ett integritetstest på kablaget, vilket innebär att man måste flytta kablarna för hand för att se om felet uppstår när man rör dem. Det ska därmed vara möjligt att härleda felet till en speciell del av kabeln. Denna testmetod kan användas tillsammans med vilken annan testmetod som helst i de följande underavsnitten.
6 Förutom problem som uppstår på grund av dåliga anslutningar kan två typer av fel uppstå i en elkrets – kretsavbrott eller kortslutning.
7 Kretsavbrott orsakas av ett brott någonstans i kretsen, vilket hindrar strömflödet. Ett kretsbrott medför att komponenten inte fungerar men utlöser inte säkringen.
8 Kortslutningar orsakas av att ledarna går ihop någonstans i kretsen, vilket medför att strömmen tar en alternativ, lättare väg (med mindre resistans), vanligtvis till jord. Kortslutning orsakas oftast av att isoleringen nöts så att en ledare kan komma åt en annan ledare eller jordningen, t.ex. karossen. En kortslutning bränner i regel kretsens säkring. **Observera:** En kortslutning som uppstår i kablaget mellan kretsens batterimatning och säkring medför inte att säkringen går i just den kretsen. Den här delen av kretsen är oskyddad – kom ihåg det när du felsöker bilens elsystem.

Hitta ett kretsbrott

9 Koppla ena ledaren på en kretsprovare eller voltmätare till antingen batteriets negativa pol eller en annan känd jordanslutning för att kontrollera om en krets är bruten.
10 Koppla den andra ledaren till en anslutning i den krets som ska provas, helst närmast batteriet eller säkringen.
11 Slå på kretsen, men tänk på att vissa kretsar bara är strömförande med tändningslåset i ett visst läge.
12 Om ström ligger på (visas antingen genom att testlampan lyser eller genom ett utslag från voltmätaren, beroende på vilket verktyg som används), betyder det att delen mellan kontakten och batteriet är felfri.
13 Kontrollera resten av kretsen på samma sätt.
14 Om en punkt där det inte finns någon ström upptäcks ligger felet mellan den punkten och den föregående testpunkten med ström. De flesta fel kan härledas till en trasig, korroderad eller lös anslutning.

Hitta en kortslutning

15 Koppla först bort strömförbrukarna från kretsen när du ska leta efter en eventuell kortslutning (strömförbrukare är delar som drar ström i en krets, t.ex. lampor, motorer och värmeelement).
16 Ta bort den aktuella säkringen från kretsen och anslut en kretsprovare eller voltmätare till säkringens anslutningar.

3.3a Instrumentbrädans säkringsdosa

3.3b Säkringsdosan sitter i den bakre vänstra delen av motorrummet

17 Slå på kretsen, men tänk på att vissa kretsar bara är strömförande med tändningslåset i ett visst läge.

18 Om det finns spänning (visas genom att testlampan lyser eller att voltmätaren ger utslag) betyder det att kretsen är kortsluten.

19 Om det inte finns någon ström, men säkringarna fortsätter att gå sönder när strömförbrukarna är påkopplade är det ett tecken på ett internt fel i någon av strömförbrukarna.

Hitta ett jordfel

20 Batteriets minuspol är kopplad till "jord" – metallen på motorn/växellådan och karossen – och de flesta system är dragna så att de bara har en positiv källa, strömmen som leds tillbaka genom metallen i karossen. Det innebär att komponentfästet och karossen utgör en del av kretsen. Lösa eller korroderade fästen kan därför orsaka flera olika elfel, allt från totalt haveri till svårupptäckta detaljfel. Vanligast är att lampor lyser svagt (särskilt när en annan krets som delar samma jordpunkt är i funktion) och att motorer (t.ex. torkarmotorerna eller kylarens fläktmotor) går långsamt. En krets kan påverka en annan, till synes orelaterad, krets. Observera att på många fordon används särskilda jordningsband mellan vissa komponenter, t.ex. motorn/växellådan och karossen, vanligtvis där det inte finns någon direkt metallkontakt mellan komponenterna på grund av gummiupphängningar eller liknande.

21 Koppla bort batteriet och koppla den ena ledaren på en ohmmätare till en känd jord för att kontrollera om en komponent är korrekt jordad. Koppla den andra ledningen till den kabel eller jordanslutning som ska kontrolleras. Resistansen ska vara noll. Om så inte är fallet ska anslutningen kontrolleras enligt följande.

22 Om en jordanslutning misstänks vara felaktig, ta isär anslutningen och putsa upp metallen på både ytterkarossen och kabelfästet eller komponentens jordanslutnings fogyta. Se till att ta bort alla spår av rost och smuts och skrapa sedan bort lacken med en kniv för att få fram en ren metallyta. Dra åt fogfästena ordentligt vid ihopsättningen. Om en kabelanslutning återmonteras ska taggbrickor användas mellan anslutningen och karossen för att garantera en ren och säker anslutning. När kopplingen återansluts, rostskydda ytorna

med ett lager vaselin, silikonfett eller genom att regelbundet spraya på fuktdrivande aerosol eller vattenavstötande smörjmedel.

3 Säkringar och reläer –
allmän information

Säkringar

1 Säkringar är utformade för att bryta en elektrisk krets när en given spänning uppnås, för att skydda komponenter och kablar som kan skadas av för höga spänningar. För hög strömstyrka beror på fel i kretsen, ofta på kortslutning (se avsnitt 2).

2 Säkringarna är placerade antingen i säkringsdosan till höger på instrumentbrädan eller i säkringsdosan i motorrummets vänstra bakre del. Motorrummets säkringsdosa inkluderar även huvudreläerna.

3 Man kommer åt instrumentbrädans säkringsdosa genom att öppna den högra framdörren och ta loss plastkåpan. Motorrummets säkringsdosa öppnas genom att man öppnar motorhuven och lyfter på plastkåpan **(se bilder)**.

4 Ta bort säkringen genom att dra loss den från sockeln med hjälp av plastverktyget i säkringsdosan **(se bild)**.

5 Undersök säkringen från sidan, genom det genomskinliga plasthöljet, en trasig säkring har en smält eller trasig ledning.

6 Det finns reservsäkringar i de blanka fästena i säkringsdosan. **Observera:** Från och med

årsmodell 2000 aktiverar säkring 15 varselljusen (parkering och halvljus). Om varselljus inte behövs tar du bara bort säkring 15.

7 Innan du byter en trasig säkring ska du spåra och fastställa orsaken, och alltid använda en säkring med rätt kapacitet.

Varning: Byt aldrig ut en säkring mot en med högre kapacitet och gör aldrig tillfälliga lösningar med ståltråd eller metallfolie. Det kan leda till allvarligare skador eller bränder.

8 Observera att säkringarna är färgkodade enligt beskrivningen nedan – se kopplingsscheman för mer information om säkringskapacitet och skyddade kretsar.

Färg	Kapacitet
Brun	5 A
Röd	10 A
Blå	15 A
Gul	20 A
Genomskinlig	25 A
Grön	30 A

9 Utöver systemsäkringarna sitter det även smältsäkringar bredvid batteriet **(se bild)** och i säkringsdosan i den bakre delen av motorrummet. Det finns fyra smältsäkringar på varje plats, och deras syfte är att skydda vissa delar av bilens kablage. Varje smältsäkring inkluderar mer än en elektrisk komponent. De kommer inte att sluta fungera om det blir fel på en enskild komponent. De har följande kapacitet:

Färg	Kapacitet
Orange	40 A (maximalt)
Blå	60 A (maximalt)

3.4 Ta bort en säkring med det medföljande plastverktyget

3.9 Smältsäkringarna sitter bredvid batteriet

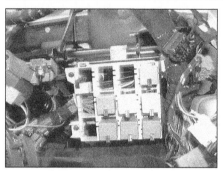

3.11 Extra reläer sitter under den högra sidan av instrumentbrädan

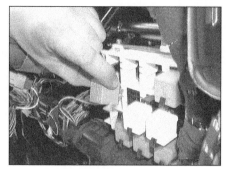

3.13 Skruva loss ett relä

Reläer

10 Ett relä är en elektromekanisk brytare, som används av följande skäl:

a) *Ett relä kan ställa om kraftig ström på avstånd från kretsen där strömmen finns, vilket innebär att man kan använda tunnare ledningar och brytare.*

b) *Ett relä kan ta emot mer än en styrning, till skillnad från en brytare som drivs mekaniskt.*

c) *Ett relä kan ha en timerfunktion, men på Saabmodellerna i den här handboken utförs denna funktion av ICE-styrmodulen.*

11 Huvudreläerna sitter i säkringsdosan i motorrummets bakre vänstra hörn. Lyft bort kåpan för att komma åt reläerna.

Extra reläer sitter under den högra sidan av instrumentbrädan **(se bild)**.

12 Om det uppstår ett fel eller om reläets prestanda försämras i en krets eller ett system som styrs av ett relä, koppla på det aktuella systemet. *I allmänhet ska det höras ett klick när reläet får ström, om det fungerar. Om så är fallet är det troligtvis fel på systemets komponenter eller kablage. Om det inte hörs att reläet aktiveras får det antingen ingen ström eller också kommer inte ställströmmen fram. Det kan också hända att själva reläet är defekt. En kontroll kan utföras med en enhet som man vet fungerar, men var försiktig – vissa reläer har samma utseende och funktion, medan andra ser likadana ut men har olika

funktioner – så se till att ersättningsreläet är av precis samma typ.

13 När du ska ta bort ett relä måste du först se till att den aktuella kretsen är avslagen. Reläet kan då helt enkelt dras ut ur hylsan och skjutas tillbaka på plats **(se bild)**.

4 Kontakter och kontroller – demontering och montering

Tändningskontakt och lås

Demontering

1 På modeller med manuell växellåda, se kapitel 7A, avsnitt 4, och skruva loss växelväljarkåpan från golvplattan. Skruva loss skruvarna och koppla loss låsplattans hållare och spärrfjädern från växelväljarkåpans undersida. Bänd ut låsplattans tapp med hjälp av en skruvmejsel, ta sedan bort stopplattan.

2 På modeller med automatväxellåda, ta bort växelväljarspaksenheten från golvplattan enligt beskrivningen i kapitel 7B.

3 Koppla loss kablarna från tändningslåsets bas, ta sedan bort brytarens fästskruvar (5) och avlägsna enheten från tändningslåsets bas **(se bild)**. Vid behov, ta bort fästskruven (4) och avlägsna låset från växelväljarkåpan.

Montering

4 Placera tändningslåset i kåpan, sätt i och dra åt fästskruven. Montera tändningslåset, sätt sedan i och dra åt fästskruvarna. Återanslut kablarna på tändningslåsets baksida.

5 På modeller med manuell växellåda, tryck stopplattan på plats i spakhuset, se till att svängtapparna snäpper på plats i respektive spår och att bussningarna är korrekt placerade. Montera låsplattehållaren, smörj sedan in fästskruvarnas gängor med låsvätska och sätt dit dem. Montera låsplattans fjäder, justera sedan låsplattans läge genom att vrida på låsplattehållarens fästskruv så att plattans kant är i nivå med hälen i spakens hus. Se till att stoppet inte kommer i kontakt med låsplattan (se kapitel 7A).

6 På modeller med automatväxellåda, kontrollera inställningen av parkeringslåsmekanismen enligt beskrivningen i kapitel 7B, avsnitt 5.

7 Se eventuellt kapitel 7A eller 7B för mer information om återmontering av växelväljarspakens enhet.

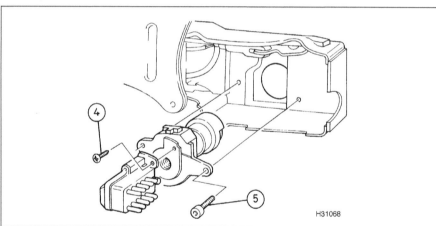

4.3 Ta bort brytarens fästskruvar och ta bort enheten från botten av tändningslåset (se texten till 4 och 5)

Brytare till rattstången

Demontering

8 Ta bort rattens kontaktrulle enligt beskrivningen i kapitel 11, avsnitt 30.

9 Ta bort den aktuella brytaren genom att trycka ner de övre och nedre plastflikarna, koppla sedan loss kablaget **(se bilder)**.

Montering

10 Monteringen utförs i omvänd ordningsföljd mot demonteringen.

4.9a Tryck ner flikarna för att ta bort kombinationsbrytaren . . .

4.9b . . . och ta loss kablarna

Elektrisk fönsterstyrning

Demontering

11 Använd en skruvmejsel och bänd brytarens framsida uppåt från mittkonsolens bakre del **(se bild)**.

12 Koppla loss kablarna **(se bild)**.

Montering

13 Monteringen utförs i omvänd ordningsföljd mot demonteringen.

Inställning av strålkastarnas höjd

Demontering

14 Bänd försiktigt bort motståndet från instrumentbrädan med hjälp av en skruvmejsel. Om den sitter för hårt, ta bort den nedre klädselpanelen och tryck ut brytaren bakifrån **(se bild)**.

15 Koppla loss kablarna **(se bild)**.

Montering

16 Monteringen utförs i omvänd ordningsföljd mot demonteringen.

4.14 Tryck ut strålkastarens höjdomställare . . .

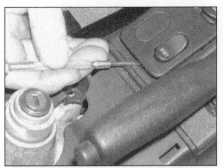

4.11 Bänd ut reglaget till den elektriska fönsterhissen med en skruvmejsel . . .

Styrning av innerbelysning

Demontering

17 Använd en skruvmejsel och bänd försiktigt bort brytaren från mittkonsolens bakre del. Om den är hårt åtdragen, för den bakre delen något bakåt och tryck ut brytaren underifrån **(se bild)**.

18 Koppla loss kablarna **(se bild)**.

Montering

19 Monteringen utförs i omvänd ordningsföljd mot demonteringen.

Reostat för instrumentbelysning

Demontering

20 Bänd försiktigt bort motståndet från instrumentbrädan med hjälp av en skruvmejsel. Om den sitter för hårt, ta bort den nedre klädselpanelen och tryck ut brytaren bakifrån **(se bild)**.

21 Koppla loss kablaget.

4.12 . . . och ta loss kablarna

Montering

22 Monteringen utförs i omvänd ordningsföljd mot demonteringen.

Bakre dimljusbrytare

Demontering

23 Bänd försiktigt bort motståndet från instrumentbrädan med hjälp av en skruvmejsel. Om det sitter för hårt, ta bort den nedre klädselpanelen och tryck ut brytaren bakifrån **(se bild)**.

24 Koppla loss kablarna.

Montering

25 Monteringen utförs i omvänd ordningsföljd mot demonteringen.

Ljusbrytare

Demontering

26 Bänd försiktigt loss brytaren från instrumentbrädan med en skruvmejsel **(se bild)**.

4.15 . . . och koppla loss kablaget

4.17 Ta bort reglaget till innerbelysningen . . .

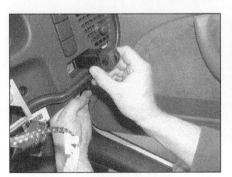

4.18 . . . och koppla loss kablaget

4.20 Ta bort reostat för instrumentbelysning

4.23 Ta bort brytaren till det bakre dimljuset

4.26 Ta bort ljusreglaget . . .

27 Koppla loss kablarna (se bild).

Montering

28 Monteringen utförs i omvänd ordningsföljd mot demonteringen.

Bromsljuskontakt

Demontering och montering

29 Se kapitel 9 (se bild).

Varningsblinkers, brytare

Demontering

30 Bänd försiktigt loss brytaren från instrumentbrädan med en skruvmejsel.
31 Koppla loss kablaget.

Montering

32 Monteringen utförs i omvänd ordningsföljd mot demonteringen.

Kontakt till den elektriska sidobackspegeln

Demontering

33 Bänd försiktigt loss brytaren från den trekantiga kåpan på framdörren.
34 Koppla loss kablaget.

Montering

35 Monteringen utförs i omvänd ordningsföljd mot demonteringen.

Kupébelysningens brytare i dörren

Demontering

36 Med dörren öppen, skruva loss skruven och ta bort brytaren från dörrstolpen (se bilder).
37 Koppla ifrån kablaget och se till att det inte åker tillbaka in i karossen.

4.27 ... och koppla loss kablaget

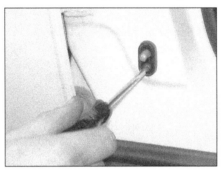

4.36a Skruva loss skruven ...

 HAYNES TiPS *Tejpa fast kablaget på dörren så att det inte faller tillbaka ner i dörrstolpen. Alternativt kan du knyta ett snöre runt kablaget för att hålla upp det.*

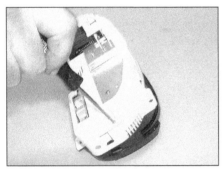

5.2a Skruva loss skruvarna och sätt tillbaka panelen ...

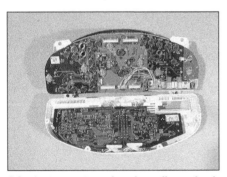

5.2c Instrumentpanelens huvudkonsol och bakre panel

5.2b ... och koppla sedan loss anslutningskontakterna

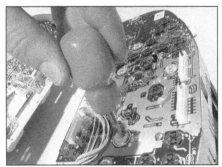

5.3a Skruva loss lamphållaren ...

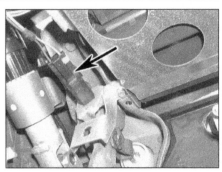

4.29 Bromsljuskontakt

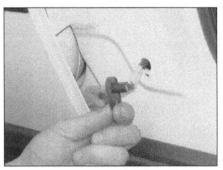

4.36b ... och ta bort kupébelysningens brytare i dörren

Montering

38 Monteringen utförs i omvänd ordningsföljd mot demonteringen.

5 Innerbelysningens glödlampor – byte

Instrumentpanelen

1 Ta bort instrumentpanelen enligt beskrivningen i avsnitt 9.
2 Skruva loss skruvarna (notera var de korta och långa skruvarna sitter) och lossa den bakre panelen och modulen från instrumentpanelen. Koppla försiktigt ifrån anslutningskontakterna (se bilder).
3 Skruva loss den aktuella lamphållaren från instrumentpanelen med en skruvmejsel (se bilder).
4 Montera den nya glödlampan i omvänd ordningsföljd.

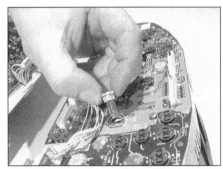

5.3b ... och ta bort den från instrumentpanelen

5.6a Skruva loss lamphållaren . . .

5.6b . . . och ta bort den från klock/SID-modulen

5.8 Ta bort innerbelysningen från bagageutrymmets sidodekor

Klock-/SID-modul

5 Ta bort klock-/SID-modulen enligt beskrivningen i avsnitt 10.
6 Vrid den aktuella lamphållaren och ta bort lampan med en skruvmejsel eller böjd tång **(se bilder)**.
7 Montera den nya glödlampan i omvänd ordningsföljd.

Innerbelysning

8 Bänd försiktigt loss innerbelysningen från den inre takklädseln eller sidopanelen med en skruvmejsel, om det är tillämpligt **(se bild)**.
9 Ta bort festonglödlampan från polerna. På

modeller med cabriolet sitter innerbelysningen för baksätespassagerarna i sidopanelen, och glödlampan har insticksfäste – ta bort lamphållaren från lampan och ta sedan bort glödlampan **(se bild)**.
10 Montera den nya glödlampan i omvänd ordningsföljd mot demonteringen.

Belysning till brytaren för den elektriska fönsterhissen

11 Ta bort reglaget till den elektriska fönsterhissen enligt beskrivningen i avsnitt 4.
12 Vrid lamphållaren moturs med en skruvmejsel för att ta bort den **(se bild)**.

13 Montera den nya glödlampan i omvänd ordningsföljd mot demonteringen.

Belysning för luftkonditionering/klimatanläggning

14 Skruva loss skruvarna och ta bort de främre klädselpanelerna från mittkonsolens båda sidor.
15 Tryck ut luftkonditionerings-/klimatanläggningsmodulen och koppla ifrån kablaget.
16 Skruva loss den aktuella lamphållaren från baksidan av modulen, dra sedan ut glödlampan med insticksfäste **(se bilder)**.
17 Montera den nya glödlampan i omvänd ordningsföljd.

6 Yttre armatur – demontering och montering

Strålkastare

Demontering

1 Öppna motorhuven och ta bort kylargrillen enligt beskrivningen i kapitel 11.
2 Lyft torkararmarna från strålkastarna, i förekommande fall.
3 Genom öppningen på baksidan av strålkastaren ska du endast lossa på bulten

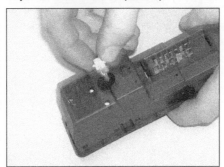

5.9 Ta bort innerbelysningens hållare för glödlampan på cabrioletmodeller

5.12 Ta bort belysningens lamphållare från den elektriska fönsterhissen

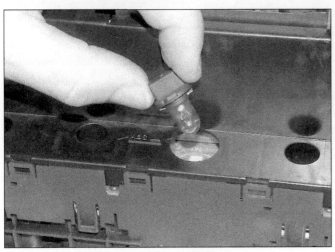

5.16a Skruva loss lamphållaren . . .

5.16b . . . och dra ut den kilformade glödlampan

6.3 Lossa körriktningsvisarens fästskruv . . .

6.4a . . . dra sedan ut enheten . . .

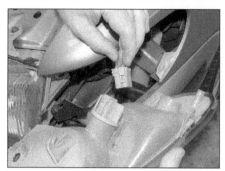

6.4b . . . och koppla loss kablaget

som håller fast körriktningsvisarenheten vid strålkastaren **(se bild)**. Bulten behöver inte tas bort helt.

4 Avlägsna körriktningsvisarenheten och koppla ifrån anslutningskontakten **(se bilder)**.

5 Skruva loss strålkastarnas fästskruvar **(se bilder)**.

6 Lyft försiktigt strålkastarenheten från framvagnen och koppla ifrån kablaget från helljus- och parkeringsljuslamporna **(se bilder)**.

Montering

7 Monteringen utförs i omvänd ordningsföljd mot demonteringen.

Främre körriktningsvisare

Demontering

8 Med motorhuven öppen, använd en hylsa för att genom öppningen på baksidan av strålkastaren endast lossa på bulten som håller

fast körriktningsvisarenheten vid strålkastaren. Bulten behöver inte tas bort helt.

9 Ta bort körriktningsvisarenheten.

10 Koppla ifrån glödlampans anslutningskontakt.

11 Om det behövs, ta bort lamphållaren och glödlampan.

Montering

12 Monteringen utförs i omvänd ordningsföljd mot demonteringen.

Sidokörriktningsvisare

Demontering

13 Tryck försiktigt lampan framåt mot plastklammerns spänne, lossa sedan lampans bakre del från framskärmen.

14 Vrid lamphållaren och ta bort armaturen.

Montering

15 Monteringen utförs i omvänd ordningsföljd mot demonteringen.

Bakljus

Demontering

16 Ta bort den bakre listen och bagageutrymmets panel enligt beskrivningen i kapitel 11, avsnitt 26, för att komma åt den aktuella bakljusarmaturen.

17 Koppla loss kablarna från lamphållaren.

18 Skruva loss muttrarna och dra ut armaturen **(se bild)**.

Montering

19 Monteringen utförs i omvänd ordningsföljd mot demonteringen.

Främre dimljus

Demontering

20 Stick in handen bakom den främre stötfångaren och koppla ifrån kablaget till det främre dimljuset.

21 Skruva loss de två nedre fästbultarna och den enkla övre muttern, och ta bort dimljuset från den främre stötfångaren.

Montering

22 Monteringen utförs i omvänd ordningsföljd mot demonteringen.

Nummerplåtsbelysning

Demontering

23 Skruva loss skruvarna och ta bort glaset från registreringsskyltsbelysningen, bänd sedan loss armaturen från bakluckan.

24 Koppla loss kablarna.

Montering

25 Monteringen utförs i omvänd ordningsföljd mot demonteringen.

6.5a Skruva loss de övre fästskruvarna . . .

6.5b . . . och sänk ner den nedre fästskruven

6.6a Ta bort strålkastaren från bilen . . .

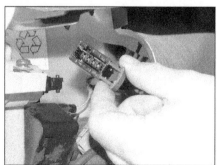

6.6b . . . och koppla loss kablaget

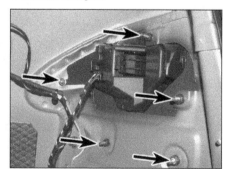

6.18 Fästmuttrar för bakljusarmaturen

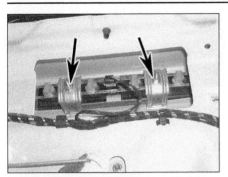

6.27 Fästmuttrar och klämmor för högt bromsljus

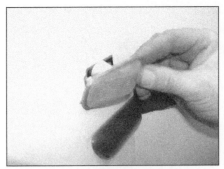

7.14 Ta bort körrikningsvisarljuset . . .

7.15a . . . vrid lamphållaren för att ta bort den från glaset

Högt bromsljus

Demontering

26 Med bakluckan öppen, ta bort panelen för att komma åt fästmuttrarna till det höga bromsljuset.
27 Bänd ut gummipluggarna i förekommande fall, skruva sedan loss ljusets fästmuttrar, och ta loss klämmorna **(se bild)**.
28 Koppla ifrån kablaget i bakluckan.
29 Tryck bort kåpan, använd sedan en skruvmejsel med brett blad eller något liknande verktyg för att bända ut ljuset från sidoklämmorna. Bänd först på höger sida av bakrutans spolarmunstycke, bänd sedan ut vänster sida. Var noga med att inte skada lacken.

Montering

30 Monteringen utförs i omvänd ordningsföljd mot demonteringen.

7 Yttre glödlampor – byte

1 Tänk på följande när en glödlampa ska bytas:
  a) *Kom ihåg att lampan kan vara mycket varm om lyset nyss varit på.*
  b) *Rör inte vid glödlampans glas med fingrarna, eftersom detta kan leda till att den snart går sönder eller reflekterar för dåligt.*

  c) *Kontrollera alltid lampans sockel och kontaktytor. Se till att kontaktytorna mellan lampan och ledaren och lampan och jorden är rena. Avlägsna korrosion och smuts innan en ny lampa sätts i.*
  d) *Se till att den nya glödlampan har rätt styrka.*

Strålkastare helljus

2 Öppna motorhuven och skruva bort plastkåpan från strålkastarens baksida.
3 Koppla ifrån kablaget från helljuslampan.
4 Lossa fjäderklämman och ta bort glödlampan. Använd en pappersnäsduk eller en ren trasa för att undvika att vidröra glödlampan.
5 Montera den nya glödlampan i omvänd ordningsföljd, men se till att glödlampans styrtappar hakar i strålkastarens baksida ordentligt.

Främre sidolykta

6 Den främre sidolyktans glödlampa sitter på helljusstrålkastarnas enhet. Skruva först loss plastkåpan från baksidan av strålkastararmaturen.
7 Koppla ifrån kablaget från den främre sidolyktans lamphållare.
8 Dra lamphållaren från strålkastaren, dra sedan glödlampan från lamphållaren.
9 Montera den nya glödlampan i omvänd ordningsföljd.

Främre körriktningsvisare

10 Med motorhuven öppen, använd en hylsa för att genom öppningen på baksidan av strålkastaren endast lossa på bulten som håller fast körriktningsvisarenheten vid strålkastaren. Bulten behöver inte tas bort helt.
11 Ta bort körriktningsvisarenheten.
12 Vrid lamphållaren moturs och ta bort den, tryck sedan ner glödlampan och vrid den för att ta bort den från lamphållaren.
13 Montera den nya glödlampan i omvänd ordningsföljd mot demonteringen.

Sidokörriktningsvisare

14 Tryck försiktigt lampan framåt mot plastklammerns spänne, lossa sedan lampans bakre del från framskärmen **(se bild)**.
15 Vrid lamphållaren och ta bort glaset, dra sedan ut den kilformiga glödlampan **(se bilder)**. Låt inte kablarna falla ner i utrymmet bakom skärmen.
16 Montera den nya glödlampan i omvänd ordningsföljd.

Bakljus

17 Med bakluckan öppen, skruva loss muttern och öppna mattklaffen bakom bakljusarmaturen.
18 Kläm ihop låsflikarna och ta bort lamphållaren från armaturen **(se bilder)**.

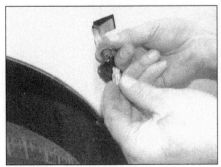

7.15b . . . och dra ut den kilformade glödlampan

7.18a Kläm ihop låsflikarna . . .

7.18b . . . och ta bort lamphållaren

7.19 Tryck ner och vrid den aktuella glödlampan för att ta bort den

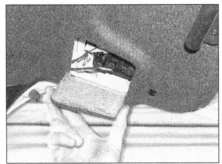

7.21 Bänd loss mattklaffen . . .

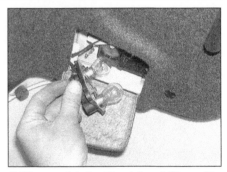

7.22 . . . och ta bort back lamphållaren för bakre dimljus och backljus . . .

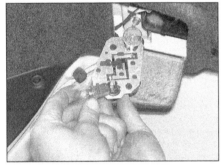

7.23 . . . ta sedan bort aktuell glödlampa

7.29a Lossa skruvarna . . .

7.29b . . . ta bort glaset . . .

19 Tryck ner och vrid relevant glödlampa och ta bort den från lamphållaren **(se bild)**.
20 Montera den nya glödlampan i omvänd ordningsföljd.

Backning och bakre dimljus

21 Med bakluckan öppen, bänd upp mattklaffen från backen och de bakre dimljusen **(se bild)**.
22 Lossa klämman och dra lamphållaren från lampan **(se bild)**.
23 Tryck ner och vrid relevant glödlampa och ta bort den från lamphållaren **(se bild)**.
24 Montera den nya glödlampan i omvänd ordningsföljd.

Främre dimljus

25 Om det behövs, skruva loss skruvarna och ta bort kåpan från den nedre delen av det främre dimljuset. Ta loss tätningen.

26 För att ta bort dimljusets glödlampa, vrid lamphållaren 45° moturs, dra sedan ut glödlampan. Om den ska sättas tillbaka, rör inte glaset med fingrarna.
27 På vissa modeller har en extra standardlampa monterats på dimljuset. För att ta bort den här glödlampan, vrid lamphållaren moturs från dimljuset, tryck sedan ner glödlampan och vrid den för att ta bort den.
28 Montera den nya glödlampan i omvänd ordningsföljd.

Nummerplåtsbelysning

29 Skruva loss skruvarna och ta bort glaset från registreringsskyltsbelysningen **(se bilder)**.
30 Dra ut glödlampan med insticksfäste **(se bild)**.
31 Montera den nya glödlampan i omvänd ordningsföljd.

Högt bromsljus

32 Ta bort panelen genom att först ta bort handtaget och sedan försiktigt bända ut klämmorna.
33 Vrid den aktuella lamphållaren moturs och dra sedan ut glödlampan med instickfäste **(se bilder)**.
34 Montera den nya glödlampan i omvänd ordningsföljd.

8 Strålkastarinställning – allmän information

1 Korrekt inställning av strålkastarna kan endast utföras med optisk utrustning och ska därför överlåtas till en Saab-verkstad eller en annan lämpligt utrustad verkstad. I nödfall går

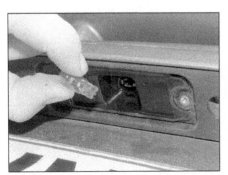

7.30 . . . och dra ut den kilformade glödlampan

7.33a Vrid ut lamphållaren . . .

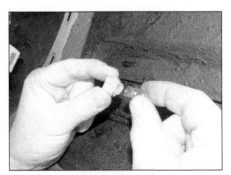

7.33b . . . och dra ut den kilformade glödlampan

8.1 Reglage för strålkastare på baksidan av strålkastaren

det att justera strålkastarna genom att vrida vreden på strålkastarbaksidorna **(se bild)**.

2 De flesta modeller har ett reglage för strålkastarinställning så att strålkastarna kan justeras efter variationer i bilens last om det behövs. Strålkastarnas riktning ändras med hjälp av ett reglage på instrumentbrädan som styr de elektriska justermotorerna i strålkastarnas bakre delar. Reglaget ska vara ställt enligt följande, beroende på bilens last:

Brytarläge	Fordonsläge
0	*Upp till 3 personer, inklusive föraren (max en i baksätet), inget bagage.*
1	*Upp till 3 passagerare i baksätet, upp till 30 kg bagage.*
2	*Upp till 3 passagerare i baksätet, upp till 80 bagage.*
3	*Upp till 5 personer, inklusive föraren, fullt bagageutrymme – eller upp till 5 personer, fullt bagageutrymme samt släp.*

9 Instrumentpanel – demontering och montering

Observera: *Om du monterar en ny instrumentpanel måste den programmeras av en Saabåterförsäljare.*

Demontering

1 Skruva loss skruvarna och ta bort rattstångens kåpor.
2 Ta bort rattstången kombinationsbrytare

9.7 Lossa skruvarna . . .

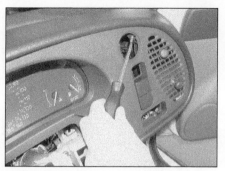

9.5a Lossa skruvarna . . .

enligt beskrivningen i avsnitt 4. Du behöver dock inte ta bort ratten.
3 Ta bort radion/kassettbandspelare och SID-modulen enligt beskrivningen i avsnitt 16 och 10.
4 Se avsnitt 4 och ta bort alla brytare från instrumentpanelens sarg.
5 Skruva loss skruvarna och ta bort sargen. Allt som allt behöver du skruva loss 9 skruvar **(se bilder)**.
6 I förekommande fall, koppla loss kablaget från den lilla informationsdisplayen ovanför sargen **(se bild)**.
7 Skruva loss instrumentpanelens fästskruvar **(se bild)**.
8 Dra tillbaka instrumentpanelen tillräckligt långt för att kunna koppla loss kablaget **(se bilder)**.

Montering

9 Monteringen utförs i omvänd ordningsföljd mot demonteringen.

10 Klock/SID-modul – demontering och montering

Observera: *Om du monterar dit en ny modul måste den programmeras av en Saabåterförsäljare.*

Demontering

1 SID-modulen (Saab Information Display) och klockan är placerade mitt på instrumentbrädan, ovanför radion. Lossa först batteriets jordledning (minuspolen) (se *Koppla ifrån batteriet*).

9.8a . . . ta sedan bort instrumentpanelen . . .

9.5b . . . och ta bort instrumentpanelens sarg

9.6 Koppla loss kablaget från den lilla informationsdisplayen

2 Ta bort radion/kassettbandspelaren enligt beskrivningen i avsnitt 16.
3 Tryck ut modulen bakifrån genom radio-öppningen.
4 Koppla loss kablaget och ta bort modulen.

Montering

5 Monteringen utförs i omvänd ordningsföljd mot demonteringen.

11 Cigarrettändare – demontering och montering

Demontering

1 Ta bort mittkonsolen enligt beskrivningen i kapitel 11.
2 Skruva loss skruvarna och ta bort de främre klädselpanelerna från mittkonsolens sida.

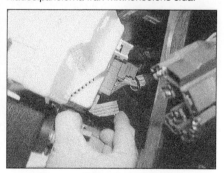

9.8b . . . och koppla loss kablaget

11.3 Koppla loss kablaget från cigarrettändaren

12.2 Signalhorn och kontaktdon

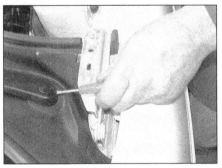

13.2a Sätt i en skruvmejsel . . .

3 Koppla loss kablaget från baksidan av cigarrettändaren **(se bild)**.
4 Ta bort belysningsringen och ta sedan bort cigarrettändaren från mittkonsolen.

Montering

5 Monteringen utförs i omvänd ordningsföljd mot demonteringen.

12 Signalhorn – demontering och montering

Demontering

1 Ta bort den kylargrillen enligt beskrivningen i kapitel 11.

2 Koppla loss kablarna från signalhornet **(se bild)**.
3 Skruva loss fästbygelbulten och lyft upp signalhornet från den främre tvärbalken.

Montering

4 Monteringen utförs i omvänd ordningsföljd mot demonteringen.

13 Torkararmar till vindruta, bakruta och strålkastare – demontering och montering

Vindrutans torkararm

Demontering

1 Se till att vindrutetorkarna är i viloläge.

Markera vindrutetorkarens placering med en bit tejp.
2 Med en skruvmejsel bänder du upp kåpan från torkarmen **(se bilder)**.
3 Skruva loss muttern som fäster torkararmen vid axeln **(se bild)**.
4 Ta bort armen från axeln genom att försiktigt vicka den från sida till sida **(se bild)**.

Montering

5 Monteringen utförs i omvänd ordningsföljd mot demonteringen.

Bakrutans torkararm

Demontering

6 Se till att torkaren står i viloläget. Markera vindrutetorkarens placering med en bit tejp.
7 Lyft upp kåpan längst ner på bakrutans torkararm.
8 Skruva loss muttern som fäster torkararmen vid axeln **(se bild)**.
9 Ta bort armen från axeln genom att försiktigt vicka den från sida till sida **(se bild)**.

Montering

10 Monteringen utförs i omvänd ordningsföljd mot demonteringen.

Strålkastarnas torkararmar

Demontering

11 Observera torkararmarnas viloläge. Markera vindrutetorkarens placering på strålkastaren med en bit tejp.
12 Bänd loss kåpan från armen med en skruvmejsel.

13.2b . . . och lyft av kåpan från torkararmen på vindrutan

13.3 Skruva loss muttern . . .

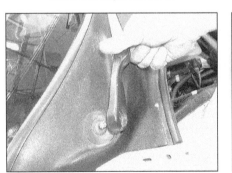

13.4 . . . och ta försiktigt bort torkararmen från axeln

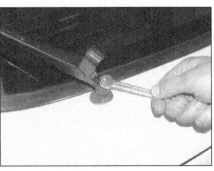

13.8 Skruva loss muttern . . .

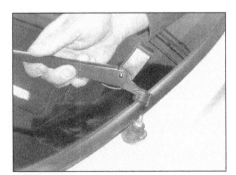

13.9 . . . och ta försiktigt bort torkararmen från axeln

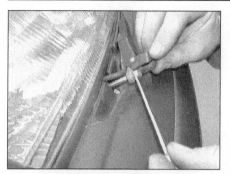

13.13 Skruva loss muttern . . .

13.14a . . . ta sedan försiktigt bort armen
från axeln . . .

13.14b . . . och koppla loss spolarslangen

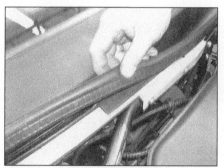

14.5 Dra upp tätningsremsan från
torpedväggen . . .

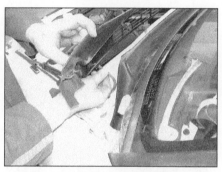

14.6 . . . och lyft sedan upp kåpan och
koppla loss spolarslangen . . .

14.7 . . . ta loss kablarna . . .

13 Skruva loss muttern som fäster torkar-armen vid axeln **(se bild)**.
14 Ta loss armen från axeln genom att vicka armen fram och tillbaka, koppla sedan loss spolarröret. Ta bort armen **(se bilder)**.

Montering

15 Monteringen utförs i omvänd ordningsföljd mot demonteringen.

14 Vindrute-, baklucke-, strål-kastartorkare, länkar – demontering och montering

Vindrutetorkarens motor

Demontering

1 Se till att vindrutetorkarna är i viloläge.

Markera vindrutetorkarens placering med en bit tejp.
2 Bänd loss kåpan från torkararmen med en skruvmejsel.
3 Skruva loss muttern som fäster torkararmen vid axeln.
4 Ta bort armen från axeln genom att försiktigt vicka den fram och tillbaka.
5 Dra bort tätningsremsan från mellanväggen **(se bild)**.
6 Lyft upp mellanväggens kåpa och koppla loss spolarslangen från adaptern **(se bild)**.
7 Koppla loss kablaget från torkarmotorn **(se bild)**.
8 Skruva loss fästbultarna och lyft bort torkar-motorn och länksystemet från torpedväggen **(se bild)**.

Montering

9 Monteringen utförs i omvänd ordningsföljd mot demonteringen.

Bakluckans torkarmotor

Demontering

10 Öppna först bakluckan och använd sedan en torxnyckel för att skruva loss skruvarna och ta till sist bort handtaget från bakluckan.
11 Använd en skruvmejsel, lossa skruvarna och ta bort huvudklädselpanelen från bakluckans insida.
12 Ta bort torkararmen (se avsnitt 13).
13 Koppla loss kablaget från torkarmotorn **(se bild)**.
14 Skruva loss fästbultarna och ta ner torkarmotorn från bakluckan medan du för

14.8 . . . och skruva loss torkarmotor och länksystem

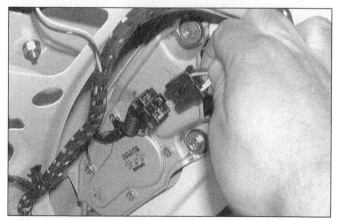

14.13 Koppla loss kablaget från torkarmotorn på bakluckan . . .

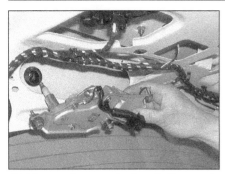

14.14a . . . skruva sedan loss bultarna och ta ner torkarmotorn från bakluckan

14.14b Torkarmotorn borttagen från bakluckan

14.19 Koppla loss kablaget från strålkastarens torkarmotor

axeln genom gummigenomföringen (se bilder).

15 Ta bort genomföringen om det behövs.

Montering

16 Monteringen utförs i omvänd ordningsföljd mot demonteringen.

Strålkastartorkarmotor

Demontering

17 Demontera strålkastararmaturen enligt beskrivningen i avsnitt 6.

18 Demontera torkararmen enligt beskrivningen i avsnitt 13.

19 Koppla loss kablaget från motorn (se bild).

20 Skruva loss fästmuttrarna och ta bort torkarmotorn från den främre listen.

Montering

21 Monteringen utförs i omvänd ordningsföljd mot demonteringen.

16.1 På denna typ av radio sätter du in buntband med två olika längder för att lossa den

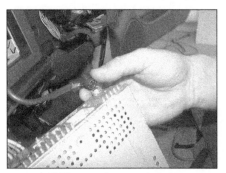

16.3b . . . och antennkabeln

15 Spolarsystem till vindruta, baklucka och strålkastare – demontering och montering

Demontering

1 Spolarvätskebehållaren och pumpen sitter under den främre vänstra skärmen. För att komma åt dem måste du demontera hjulhusfodren och, om det behövs, den främre stötfångaren.

2 Placera en behållare under spolarvätskebehållaren, koppla sedan loss pumpkablarna och spolarrören och låt vätskan rinna ut. Dra ut pumpen ur behållaren, ta sedan bort bussningen.

3 Pumpen måste tas bort innan spolarvätskebehållaren kan demonteras. Skruva loss muttern och koppla loss den övre påfyllningsröret från

16.3a Koppla loss kablaget . . .

16.4 Ta bort radions monteringslåda

behållaren, skruva sedan loss fästbultarna och ta bort spolarvätskebehållaren.

Montering

4 Monteringen utförs i omvänd ordningsföljd mot demonteringen.

16 Radio/kassettbandspelare – demontering och montering

Observera: *Radion/kassettbandspelaren är kodskyddad.Om batteriet har kopplats från, går det inte att aktivera enheten innan rätt säkerhetskod har angivits. Ta in bort enheten om du inte kan den rätta koden.*

Demontering

1 Standardradion sitter fast med DIN-fästen och det behövs två DIN-demonteringsverktyg för att ta loss fästklamrarna. Verktygen kan köpas i biltillbehörsbutiker och sticks in genom hålen på sidorna av radion tills de hakar i fästklamrarna. Radioapparater som inte är av standardtyp kan sitta fast på andra sätt, men demonteringsmetoden är liknande för alla radioapparater. På projektbilen stack vi ner två buntband av olika längd i hålen på radions översida för att lossa på fästklämmorna (se bild).

2 Dra försiktigt bort radion från instrumentbrädan när klamrarna är lossade.

3 Koppla loss kablaget och antennkabeln från baksidan av radion (se bilder).

4 Om det är nödvändigt kan radions monteringslåda tas bort från instrumentbrädan genom att bända upp fästflikarna (se bild).

Montering

5 Monteringen utförs i omvänd ordningsföljd mot demonteringen.

17 Högtalare – demontering och montering

Högtalare på instrumentbrädan

1 Bänd försiktigt bort gallret från aktuell högtalare.

17.2 Högtalare på instrumentbrädan

17.21 Bakre högtalare på cabrioletmodeller

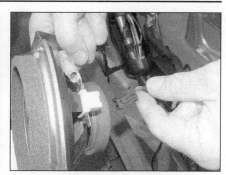

17.22 Koppla loss kablaget

2 Med en torxnyckel skruvar du loss skruvarna som håller fast högtalaren i instrumentbrädan. Lyft sedan försiktigt ut högtalaren **(se bild)**.
3 Koppla loss kablaget och tejpa fast det på instrumentbrädan så att de inte ramlar ner i hålet.
4 Monteringen utförs i omvänd ordningsföljd mot demonteringen.

Högtalare i framdörren

5 Ta bort dörrklädseln enligt beskrivningen i kapitel 11.
6 Skruva loss fästskruvarna, dra bort högtalaren och koppla bort kablarna.
7 Monteringen utförs i omvänd ordningsföljd mot demonteringen.

Bakre högtalare

Kombikupé och coupé

8 Öppna först bakluckan och ta sedan bort bagagehyllan.
9 Bänd försiktigt bort högtalarens galler med skruvmejsel.
10 Skruva loss skruvarna och ta bort högtalarramen.
11 Skruva loss skruvarna, lyft ut högtalaren och koppla loss kablarna.
12 Monteringen utförs i omvänd ordningsföljd mot demonteringen.

Cabriolet

13 Öppna suffletten helt och se till att den är nere i förvaringsutrymmet. Höj sedan upp kåpan så att den är vertikal.
14 Ta bort baksätets sittdyna.
15 Skruva loss bulten som fäster det bakre säkerhetsbältet i golvet och lägg bältet åt sidan.
16 Bänd försiktigt bort dörröppningens hasplåt.
17 Bänd loss B-stolpens kåpa, bänd sedan ut kåpan och skruva loss skruven som fäster sidopanelen på B-stolpen.
18 Bänd ut fästena från sidopanelens nedre del, vik sedan ryggstödet framåt och skruva loss bulten och bänd ut fästet från sidopanelens bakre kant.
19 Dra upp sidopanelen i dess övre bakre hörn och lossa den från klämman. För att se till att klämman inte lossnar från panelen, tryck på klämmans nedre del.
20 Ta bort sidopanelen samtidigt som du matar det bakre säkerhetsbältet genom

styrningen. Koppla bort kablaget från den bakre innerbelysningen. Ta bort lampan helt från sidopanelen om det behövs.
21 Skruva loss fästskruvarna och lossa högtalaren från karossen (se bild).
22 Koppla loss kablaget och ta bort högtalaren (se bild).
23 Monteringen utförs i omvänd ordningsföljd mot demonteringen.

18 Antenn – demontering och montering

Demontering

1 Öppna först bakluckan. Lossa sedan på bagageutrymmets inre vänstra dekor och böj den åt sidan. Observera att du måste skruva loss fästskruvarna till den bakre högtalarens galler.
2 För att kunna ta bort antennen måste du först koppla loss antennkabeln och sedan skruva loss den nedre fästbulten. På antennens överdel skruvar du loss kragen och tar bort adaptern. Ta sedan bort antennen genom att dra ner den inifrån bagageutrymmet.
3 Skruva loss fästmuttern och de två nedre fästskruvarna för att ta bort antennen. På antennens övre del skruvar du loss kragen och tar bort adaptern. Därefter drar du ner antennen och fästbygeln i bagageutrymmet och kopplar loss kabeln. Om det behövs kan motorn tas bort från fästet.

Montering

4 Monteringen utförs i omvänd ordningsföljd mot demonteringen.

19 Komponenter till uppvärmt framsäte – allmän information

Vissa modeller har termostatreglerad uppvärmning för framsätena. Sätena har separata reglage med tre inställningar där värmen kan justeras eller stängas av.
Varje säte har två värmeelement – ett i ryggstödet och ett i sätesdynan. Man kommer åt värmeelementen genom att ta bort stoppningen från sätet – något som bör överlåtas till en Saab-verkstad.

20 Elektroniska styrmoduler/ enheter – allmän information

1 Styrmodulerna för de olika elektroniska systemen sitter på följande platser:
Motorstyrning
• Till höger om den främre högra fotbrunnen under A-stolpen.
Dieselpump
• På dieselpumpen (till höger om motorn).
Automatväxellåda
• Bakom handskfacket.
Instrumentbräda med inbyggd elektronik (DICE)
• Bakom (på högerstyrda modeller) eller ovanför (på vänsterstyrda modeller) instrumentbrädans relähållare.
Instrumentpanelen
• På baksidan av instrumentpanelen.
Saab Information Display (SID)
• I mitten av mittkonsol, bredvid varningslampans brytare.
Inbrottslarm och inbyggd styrenhet (TWICE)
• Under det vänstra sätet.
Farthållare
• Motorrummets högra hörn.
Låsningsfria bromsar (ABS)
• Motorrummets vänstra hörn.
SRS krockkudde
• Mellan framsätena, under mittkonsolen.
Cabriolet med sufflettstyrning (STC)
• Vid vänster högtalare i baksätet.
Automatisk klimatanläggning (ACC)
• Under radion på instrumentbrädan.
Elektriskt justerbara sidospeglar med minne (PMM)
• I förardörren.
Elektriskt justerbar förarstol med minne (PSM)
• Under förarsätet.

21 Komponenter till stöld-skyddssystem – demontering och montering

Elektronisk styrmodul (ECM)

Demontering

1 Ta bort vänster framsäte enligt beskrivningen i kapitel 11.
2 Lyft upp mattan som ligger precis framför B-stolpen för att komma åt den elektroniska styrmodulen. På modeller med tre dörrar skruvar du först loss och tar bort ankarbulten till säkerhetsbältet från golvet.
3 Koppla loss kablarna från styrmodulen.
4 Skruva muttern och ta bort modulen från bilen.

Montering

5 Monteringen utförs i omvänd ordningsföljd mot demonteringen.

Glaskrossgivare

Demontering

6 Ta bort innerbelysningen från framsidan på den inre takklädseln enligt beskrivningen i avsnitt 5.
7 Koppla loss kablaget på baksidan av armaturen.

Montering

8 Monteringen utförs i omvänd ordningsföljd mot demonteringen.

Varningsljus ovanpå instrumentbrädan

Demontering

9 Skjut varningsljuset bakåt och lyft upp det från instrumentbrädan.
10 Koppla loss kablarna och ta bort varningsljuset.

Montering

11 Monteringen utförs i omvänd ordningsföljd mot demonteringen.

Motorhuvsbrytare

Demontering

12 Öppna motorhuven och dra bort motorhuvsbrytaren från sin placering på säkringsdosan i motorrummets vänstra bakre del.
13 Koppla loss kablaget.

Montering

14 Montering utförs i omvänd ordningsföljd mot demonteringen.

Signalhorn

Demontering

15 Lossa batteriets jordledning (minuspolen) (se *Koppla ifrån batteriet*).
16 Arbeta under det främre vänstra hjulhuset och ta bort hjulhusfodrets bakre del.
17 Skruva loss fästmuttrar och koppla sedan loss kablaget.

Montering

18 Monteringen utförs i omvänd ordningsföljd mot demonteringen.

Saab 9-3 kopplingsscheman | Kopplingsschema 1

Förklaringar till symboler

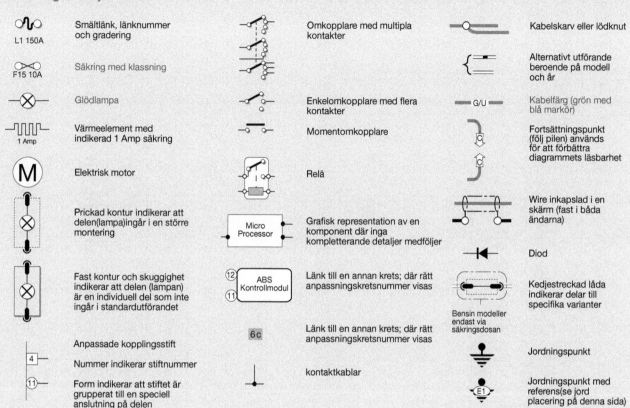

Smältlänk, länknummer och gradering
L1 150A

Säkring med klassning
F15 10A

Glödlampa

Värmeelement med indikerad 1 Amp säkring
1 Amp

Elektrisk motor
M

Prickad kontur indikerar att delen(lampa)ingår i en större montering

Fast kontur och skuggighet indikerar att delen (lampan) är en individuell del som inte ingår i standardutförandet

Anpassade kopplingsstift
4 — Nummer indikerar stiftnummer
11 — Form indikerar att stiftet är grupperat till en speciell anslutning på delen

Omkopplare med multipla kontakter

Enkelomkopplare med flera kontakter

Momentomkopplare

Relä

Micro Processor — Grafisk representation av en komponent där inga kompletterande detaljer medföljer

12 ABS Kontrollmodul 11 — Länk till en annan krets; där rätt anpassningskretsnummer visas

6c — Länk till en annan krets; där rätt anpassningskretsnummer visas

kontaktkablar

Kabelskarv eller lödknut

Alternativt utförande beroende på modell och år

G/U — Kabelfärg (grön med blå markör)

C C — Fortsättningspunkt (följ pilen) används för att förbättra diagrammets läsbarhet

Wire inkapslad i en skärm (fast i båda ändarna)

Diod

Kedjestreckad låda indikerar delar till specifika varianter
Bensin modeller endast via säkringsdosan

Jordningspunkt

E1 — Jordningspunkt med referens(se jord placering på denna sida)

Kretsar

Kopplingsschema 1 Information om kopplingsscheman.

Kopplingsschema 2 Kraftkällefördelning.

Kopplingsschema 3 Start och laddning, bromssystem vakuumpump, kylfläkt.

Kopplingsschema 4 Halvljus och helljus, sidoljus.

Kopplingsschema 5 Främre dimljus och bakre dimljus, bromsljus, backljus.

Kopplingsschema 6 Körriktningsvisare, strålkastarjustering, ljuskontakt, signal.

Kopplingsschema 7 Vindrutetorkare, bakrutetorkare, strålkastartorkare, spolningssystem.

Kopplingsschema 8 Centrallås, motoriserade dörrbackspeglar, motoriserade fönsterhissar.

Kopplingsschema 9 Soltak, cigarettändare, förkopplad telefonanslutning, dragkroks elanslutning, bus schematisk och diagnostisk kontakt.

Kopplingsschema 10 Låsningsfria bromssystem, värme och ventilationkontroller.

Kopplingsschema 11 Kupé och bagagerumsbelysning, ljudanläggning.

Kopplingsschema 12 Instrument.

Kopplingsschema 13 Motor och kupé säkringslåda detaljer.

Jord placering

E5 Balkprofil vänster fram i hjulhus

E1 Batteri jord, vänster balkprofil

E8 Anslutningsfäste under vänster A-stolpe

E9 Sidoväggen bakom anslutningsfästet under A-stolpen

E10 På golvet till bakre del av passagerarsätet

E11 På konsoll för motorantenn

E7 Bagagerums golvet under ljusklump

E6 Balkprofil höger fram i hjulhus

E3 Insugningsrörets sida till cylinder nr.4

E2 Under högra a-stolpen

E4 Bakre delen på golvet under förarsätet

Färgkoder

B	Svart	P	Violett
G	Grön	R	Röd
K	Rosa	S	Grå
Lg	Ljusgrön	U	Blå
N	Brun	W	Vit
O	Orange	Y	Gul

Komponentförteckning

1 Batteri
2 Säkringsdosa i motorfack (501)
3 Säkringsdosa i motorfack (342a)
4 Säkringslåda i instrumentbrädan (22a)
5 Tändningsomkopplare
6 Tändningsomkopplarrelä (22b-E)
8 Bränslepumprelä [bensin modell] (22b-I)

10 Huvudrelä [motorstyrning] (22b-L)

Kopplingsschema 2

H33578

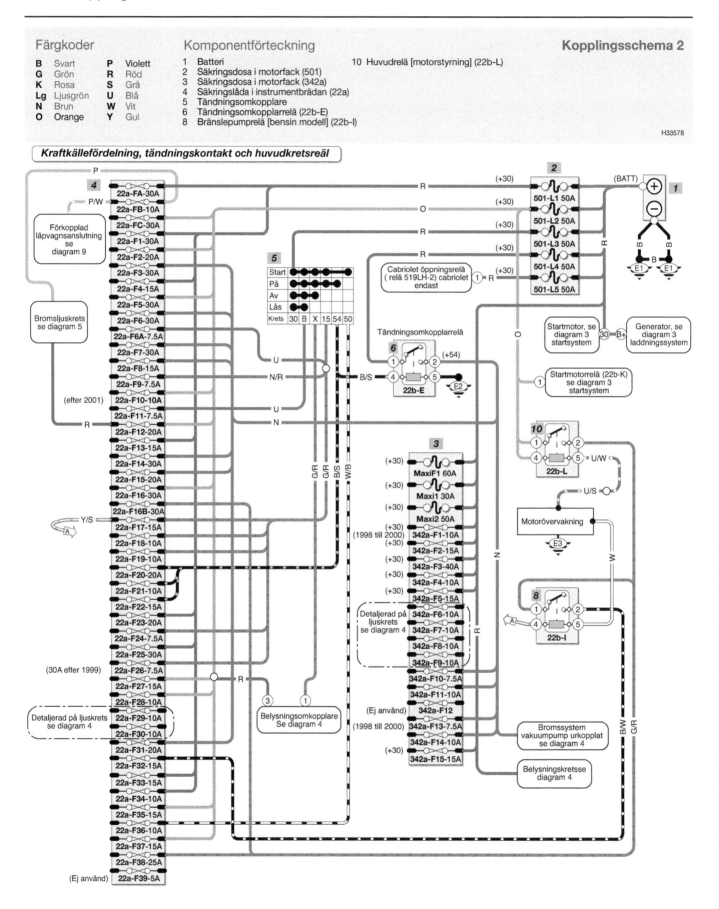

Kraftkällefördelning, tändningskontakt och huvudkretsreäl

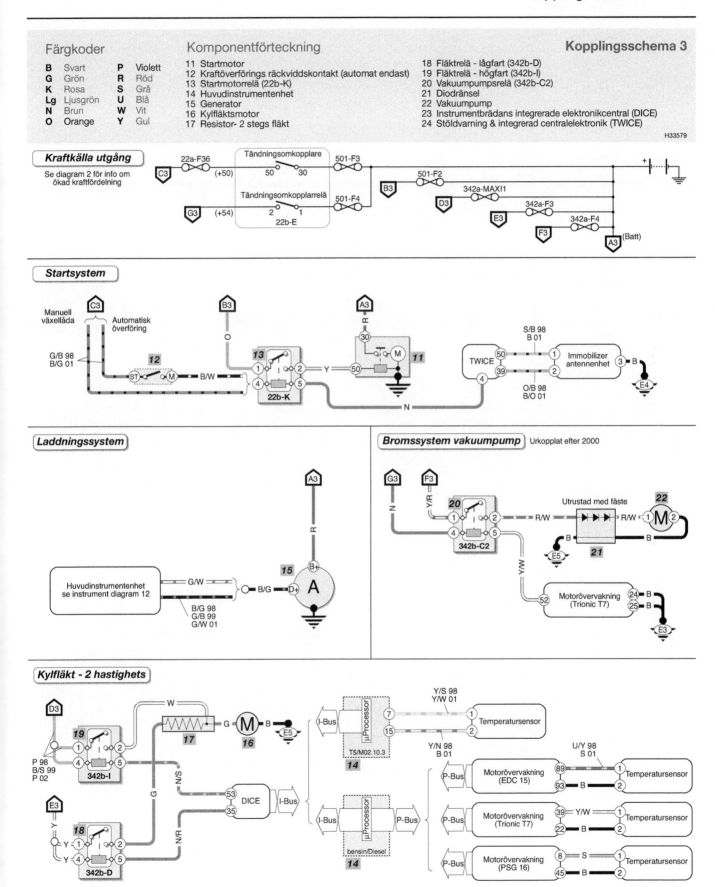

Färgkoder

B	Svart	P	Violett
G	Grön	R	Röd
K	Rosa	S	Grå
Lg	Ljusgrön	U	Blå
N	Brun	W	Vit
O	Orange	Y	Gul

Komponentförteckning

11 Startmotor
12 Kraftöverförings räckviddskontakt (automat endast)
13 Startmotorrelä (22b-K)
14 Huvudinstrumentenhet
15 Generator
16 Kylfläktsmotor
17 Resistor- 2 stegs fläkt
18 Fläktrelä - lågfart (342b-D)
19 Fläktrelä - högfart (342b-I)
20 Vakuumpumpsrelä (342b-C2)
21 Diodränsel
22 Vakuumpump
23 Instrumentbrädans integrerade elektronikcentral (DICE)
24 Stöldvarning & integrerad centralelektronik (TWICE)

Kopplingsschema 3

H33579

Färgkoder

B	Svart	P	Violett
G	Grön	R	Röd
K	Rosa	S	Grå
Lg	Ljusgrön	U	Blå
N	Brun	W	Vit
O	Orange	Y	Gul

Komponentförteckning

3 Säkringsdosa i motorfack (342a)
4 Säkringslåda i instrumentbrädan (22a)
7 Belysningsomkopplare 3 stegs
23 Instrumentbrädans integrerade elektronikcentral (DICE)
24 Stöldvarning & integrerad centralelektronik (TWICE)
25 Saab Information Display (SID)

26 Doppkontakt
27 Strålkastarrelä (342b-A)
28 Doppkontakt relä (342b-B)
29 Glödtråds kontrollindikator
30 Höger helljus
 a = doppglödtråd
 b = helljus
 c = sidoljus

31 Vänster helljus
 a = doppglödtråd
 b = helljus
 c = sidoljus
32 Bakljuskontaktdon höger
 a = sidoljus
33 Bakljuskontaktdon vänster
 a = sidoljus

Kopplingsschema 4

H33580

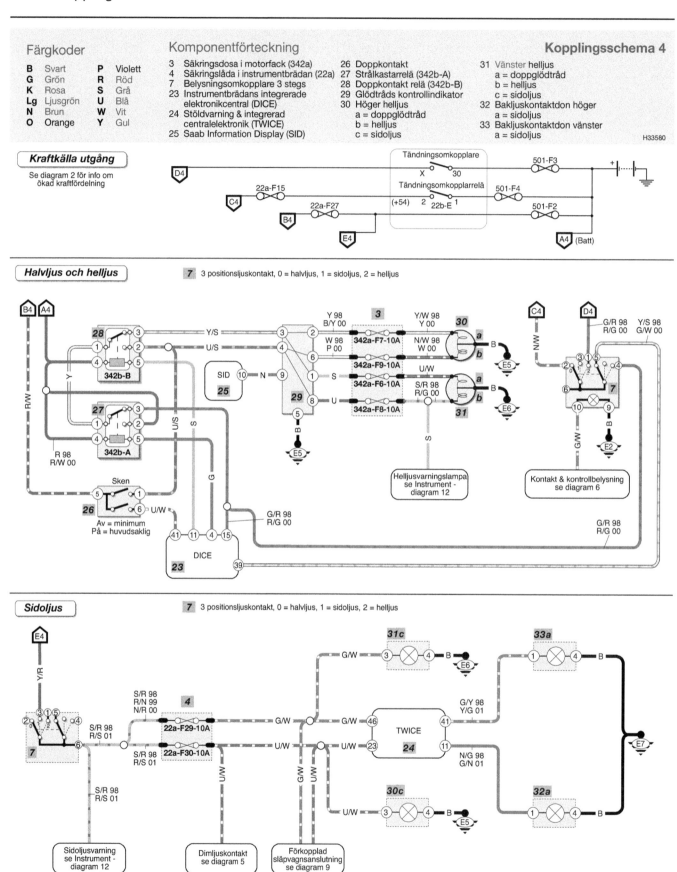

Kraftkälla utgång

Se diagram 2 för info om ökad kraftfördelning

Halvljus och helljus

7 3 positionsljuskontakt, 0 = halvljus, 1 = sidoljus, 2 = helljus

Sidoljus

7 3 positionsljuskontakt, 0 = halvljus, 1 = sidoljus, 2 = helljus

Färgkoder

B	Svart	P	Violett
G	Grön	R	Röd
K	Rosa	S	Grå
Lg	Ljusgrön	U	Blå
N	Brun	W	Vit
O	Orange	Y	Gul

Komponentförteckning

9 Bromsljuskontakt
12 Kraftöverförings räckviddskontakt
23 Instrumentbrädans integrerade
   elektronikcentral (DICE)
24 Stöldvarning & integrerad
   centralelektronik (TWICE)
32 Bakljuskontaktdon höger
   b = bromsljus

33 Bakljuskontaktdon vänster
   b = bromsljus
34 Bromsljus övre
35 Främre dimljuskontakt
36 Bakre dimljuskontakt
37 Främre dimljusrelä (342b-G2)
38 Höger främre dimljus
39 Vänster främre dimljus

Kopplingsschema 5

40 Bakre höger dimljus
41 Bakre vänster dimljus
44 Backljuskontakt (manuell växellåda)
45 Backljus höger
46 Backljus vänster

H33581

Kraftkälla utgång

Se diagram 2 för info om
ökad kraftfördelning

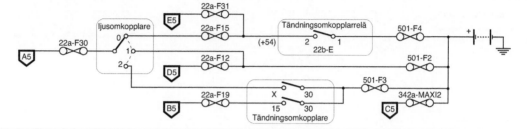

Främre dimljus

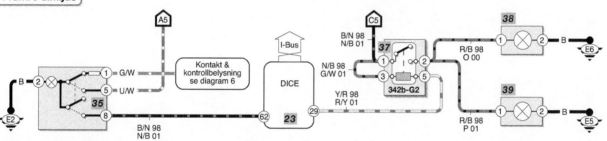

Bakre dimljus (båda)

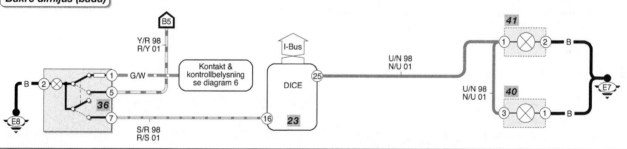

Bromsljus

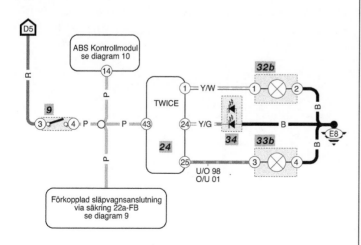

Backljus (båda)

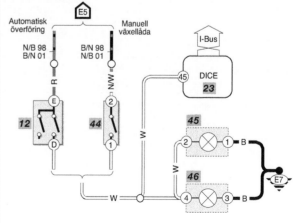

Färgkoder

B	Svart	P	Violett
G	Grön	R	Röd
K	Rosa	S	Grå
Lg	Ljusgrön	U	Blå
N	Brun	W	Vit
O	Orange	Y	Gul

Komponentförteckning

23 Instrumentbrädans integrerade elektronikcentral (DICE)
25 Saab Information Display (SID)
32 Bakljuskontaktdon höger
   c = körriktningsvisar ljus
33 Bakljuskontaktdon vänster
   c = körriktningsvisar ljus
48 Körriktningsvisar intervall höger
49 Körriktningsvisar intervall vänster
50 Körriktningsvisar höger
51 Körriktningsvisar vänster
52 Körriktningsvisarkontakt
53 Omkopplare för varningsblinkers
55 Strålkastarjusteromkopplare
56 Strålkastarjustermotor höger
57 Strålkastarjustermotor vänster
60 Signal
61 Signalrelä
62 Signalknapp
63 Ratt med radiokontroller
64 Flex och vibrationskoppling (rattstång)
66 Ljuskontakt reostart

Kopplingsschema 6

H33582

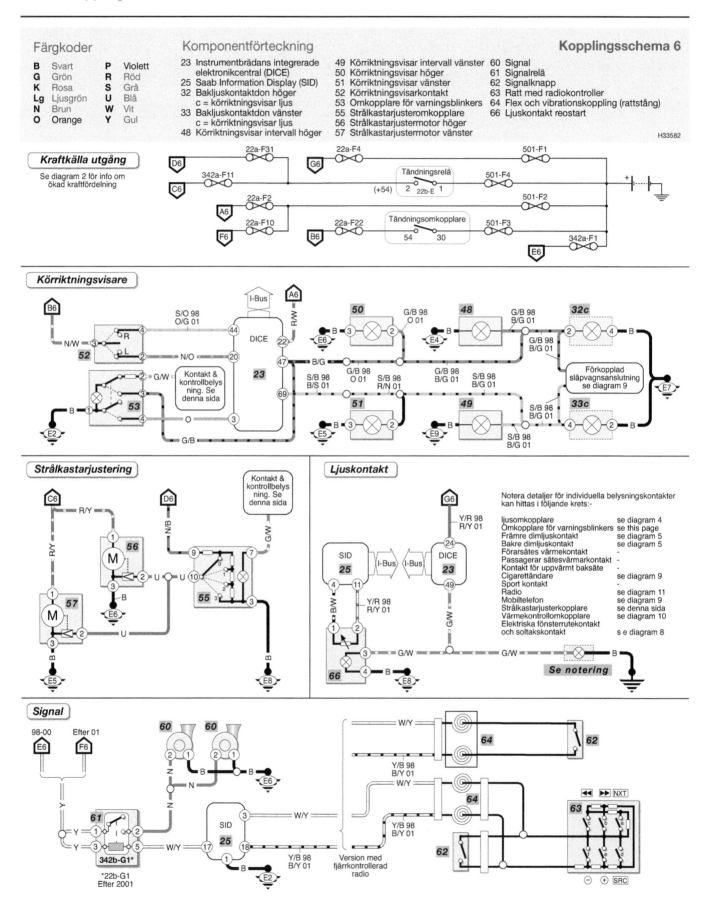

Färgkoder

B	Svart	P	Violett
G	Grön	R	Röd
K	Rosa	S	Grå
Lg	Ljusgrön	U	Blå
N	Brun	W	Vit
O	Orange	Y	Gul

Komponentförteckning

23 Instrumentbrädans integrerade elektronikcentral (DICE)
68 Vindrutetorkarkontakt, 4 positions
69 Periodiskt torkarrelä (22b-G)
70 Torkarmotor
71 Bakrutetorkarkontakt
72 Periodiskt relä för bakrutetorkare (22b-D1)
73 Periodiskt relä för bakrutetorkare
74 Spolarpumpsrelä (22b-D2)
75 Spolarpumpsmotor
76 Strålkastartorkarerelä (342b-G1)
77 Strålkastartorkarmotor höger
78 Strålkastartorkarmotor vänster

Kopplingsschema 7

H33583

Kraftkälla utgång

Se diagram 2 för info om ökad kraftfördelning

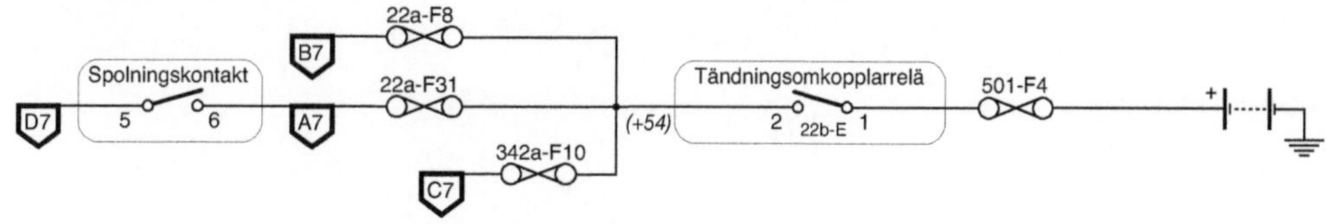

Vindrutetorkare

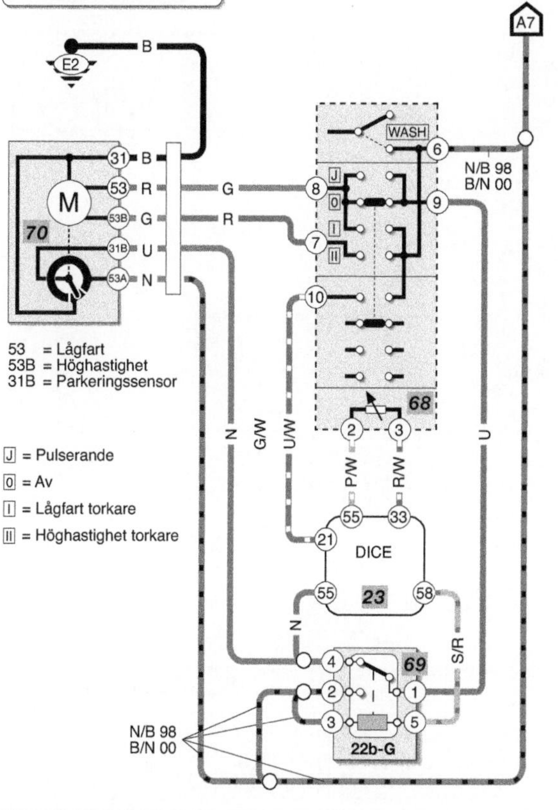

53 = Lågfart
53B = Höghastighet
31B = Parkeringssensor

J = Pulserande
0 = Av
I = Lågfart torkare
II = Höghastighet torkare

Spolningssystem

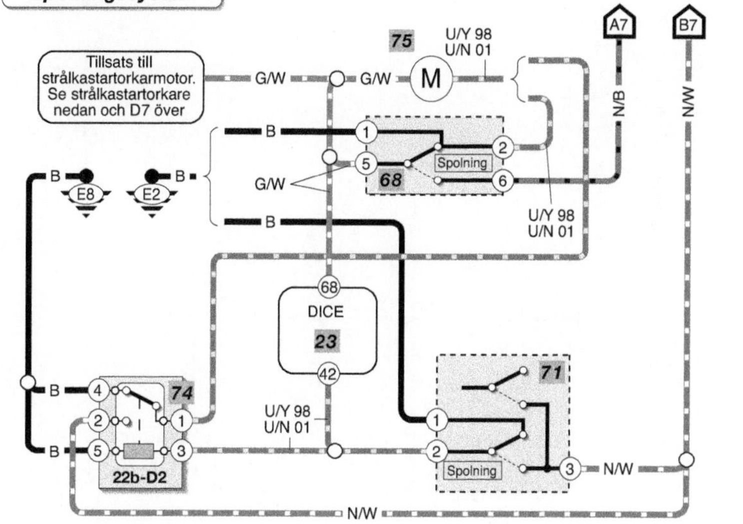

Tillsats till strålkastartorkarmotor. Se strålkastartorkare nedan och D7 över

Strålkastartorkare

Från spolarkontakt   98-00   Efter 2001

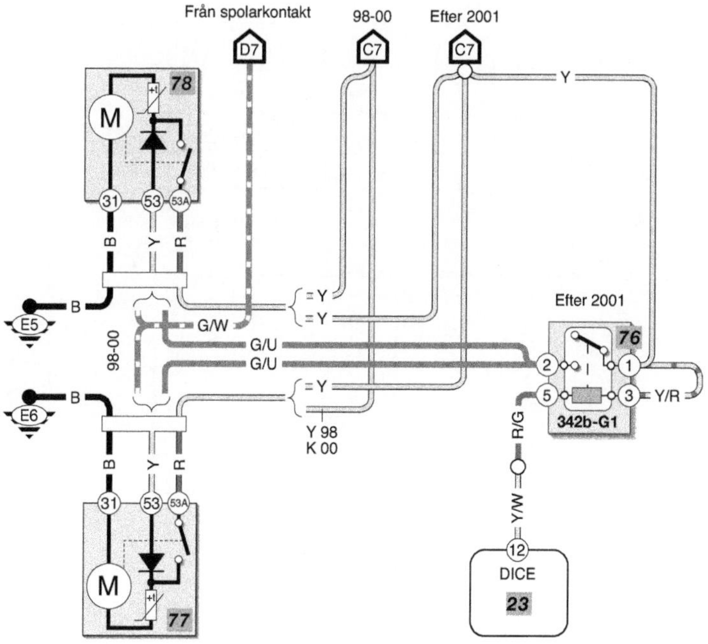

Bakrutetorkare

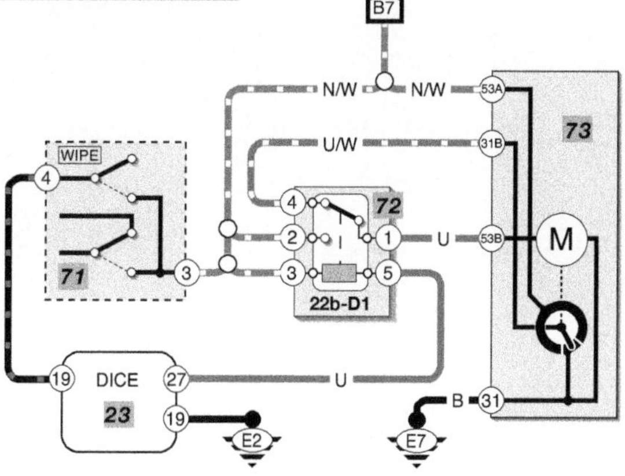

Färgkoder

B	Svart	P	Violett
G	Grön	R	Röd
K	Rosa	S	Grå
Lg	Ljusgrön	U	Blå
N	Brun	W	Vit
O	Orange	Y	Gul

Komponentförteckning

24 Stöldvarning & integrerad centralelektronik (TWICE)
77 Förardörr centrallåsmotor
78 Förardörr microkontakt
79 Passagerardörrmotor
80 Motor höger bakdörr
81 Motor vänster bakdörr
82 Lås för tanklock
83 Microomkopplare för passagerardörr
84 Fjärrkontroll antenn
85 Fönster / dörrkontaktkonsoll
 a = förardörr sidorutekontakt
 b = passagerardörr sidorutekontakt
 c = höger bakdörrsfönster
 d = vänster bakdörrsfönster
 e = bakrutekontakt
 f = centrallåskontakt (samtliga dörrar)
86 Elektrisk dörrspegelkontakt (1998-2000)
87 Elektrisk dörrspegelkontakt (efter 2000)
88 Förardörr backspegel
89 Passagerardörr backspegel
90 Förardörr hissmotor
91 Passagerardörrmotor sidoruta
92 Höger bakre fönsterhissmotor
93 Vänster bakre fönsterhissmotor
94 Höger bakre fönsterhisskontakt
95 Vänster bakre fönsterhisskontakt

Kopplingsschema 8

H33584

Kraftkälla utgång
Se diagram 2 för info om ökad kraftfördelning

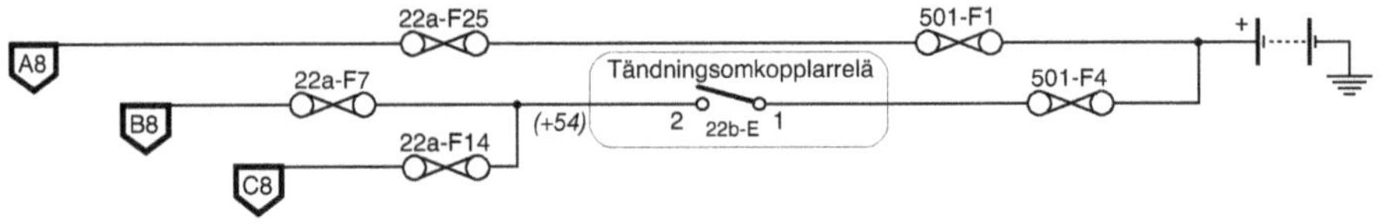

Normal centrallåsning

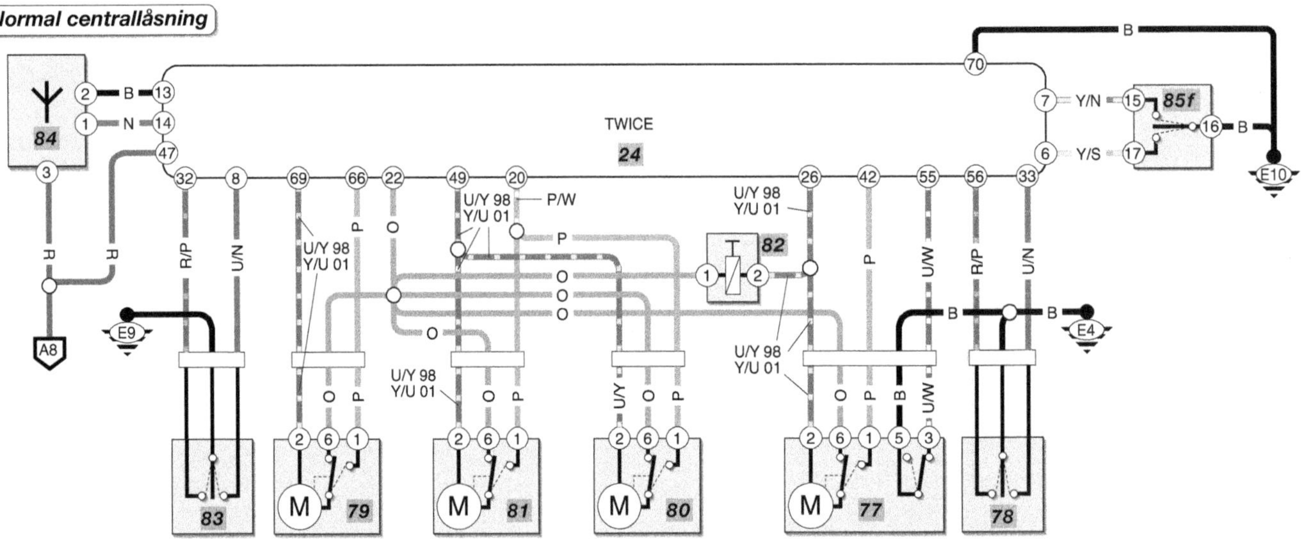

Motoriserade dörrbackspeglar

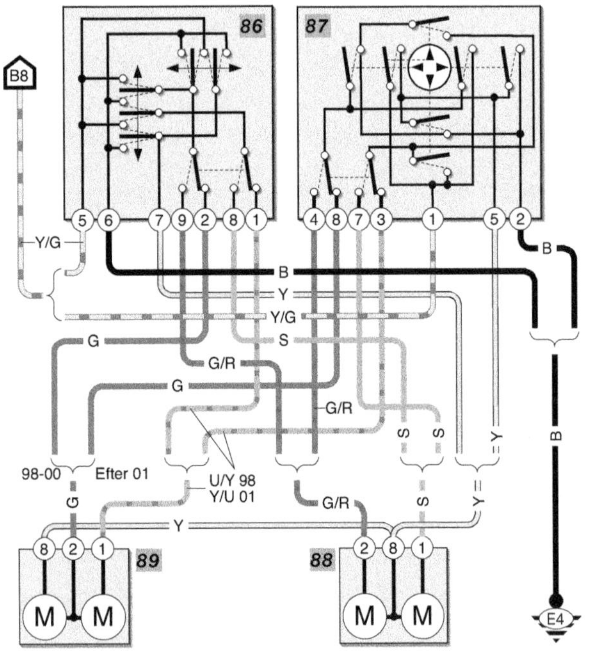

Motoriserade fönsterhissar

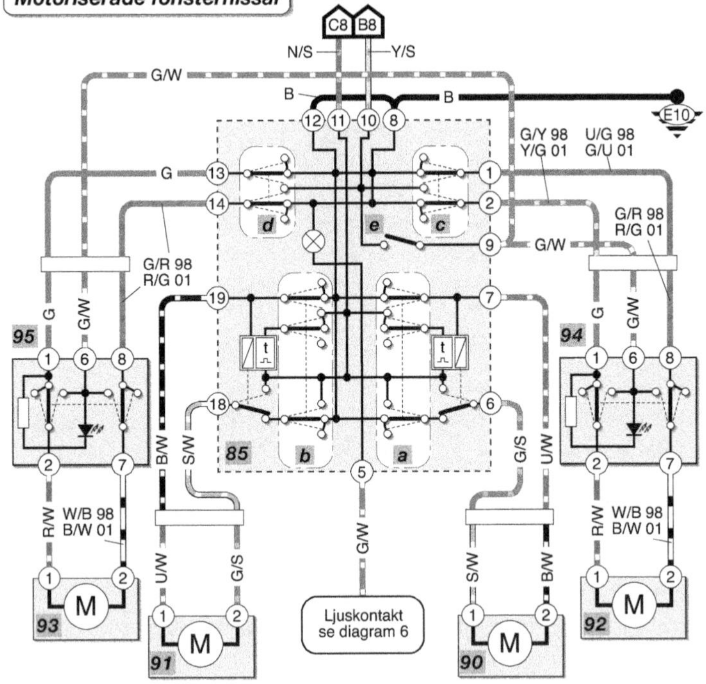

Färgkoder

B	Svart	P	Violett
G	Grön	R	Röd
K	Rosa	S	Grå
Lg	Ljusgrön	U	Blå
N	Brun	W	Vit
O	Orange	Y	Gul

Komponentförteckning

8 Bränslepumprelä (22b-L)
14 Huvudinstrumentenhet
23 Instrumentbrädans integrerade elektronikcentral (DICE)
24 Stöldvarning & integrerad centralelektronik (TWICE)
25 Saab Information Display (SID)

85 Fönster/dörrkontaktkonsoll
 g = soltakskontakt
96 Soltaksmotor
97 Cigarettändare
98 Instrument bus (I-Bus) (CAN)
99 Kraftsamlad bus (P-Bus) (CAN)
100 EDC 15 motorstyrning ECU

Kopplingsschema 9

101 Trionoc motorstyrning ECU
102 Motronic motorstyrning ECU
103 Extra krympningssystem
104 Diagnostik datalink anslutning

H33585

Kraftkälla utgång

Se diagram 2 för info om ökad kraftfördelning

Elektriskt soltak

Cigarettändare

Kontakt & kontrollbelysning se diagram 6

Förkopplad telefonanslutning

Typ TEL1 (mobiltelefon) anslutning, placerad bakom sidopanelen på mittenkonsollen.

1998-99

1	R	+12V Telefon tillgång från säkring 22a-23
2	Y/G	+12V Telefon tillgång från säkring 22a-17
3	Y	Mikrofonjord
	B	Skärmkabel för mikrofon
4	B	Fordon jordning (E2)
5	R/N	Radiosignal (låg aktiv)
6	G/W	<= +12V Instrumentbelysning
7	O	Telefonlinje ut
8	N/B	Telefonlinje ut (jord)
9		
10	B	Mikrofonsignal

2000 on

1	B	Fordon jordning (E2)
4	R/N	Radiosignal (låg aktiv)
7	N/B	Radiosignal (låg aktiv)
8		I-Bus
9	Y	Mikrofonjord
10	Y/S	+12V Telefon tillgång från säkring 22a-17
11	R	+12V Telefon tillgång från säkring 22a-23

16	B/N	Telephone line out
17		I-Bus
18	B	Microphone signal

Förkopplad släpvagnsanslutning

Under vänster baklykta i bagageluckan

1	P/W		+12V Bromsljus (från säkring 22a-FB, se diagram 2)
2	G/W		+12V Parkeringsljus (höger)/ nummerplåtsbelysning
3	G/B	B/G 2001	+12V Körriktningsvisar höger
4	S/B	B/S 2001	+12V Körriktningsvisar vänster
5	U/N	N/U 2001	+12V Bakre dimljus
6	U/W		+12V Parkeringsljus (vänster)
7	U/N—N/U 2001		
8	U/N	N/U 2001	+12V Bakre dimljus

Bus schematisk och diagnostisk kontakt

Ansluten för bensin modeller upp till år 2000, efter 2000 används diagnostik kontakten via I-Bus genom DICE

Förklaringar till spänning
□ = +15
○ = +30
■ = +50
● = +54
◨ = +B
▨ = Batt

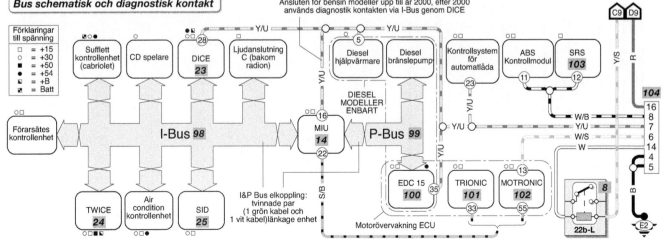

Färgkoder

B	Svart	P	Violett
G	Grön	R	Röd
K	Rosa	S	Grå
Lg	Ljusgrön	U	Blå
N	Brun	W	Vit
O	Orange	Y	Gul

Komponentförteckning

23 Instrumentbrädans integrerade elektronikcentral (DICE)
88 Förardörr backspegel
  b = värmeelement
89 Passagerar backspegel
  b = värmeelement
105 Låsningsfria bromssystem
106 Hjulsensor, höger fram

107 Hjulsensor, vänster fram
108 Hjulsensor, höger bak
109 Hjulsensor, vänster bak
110 Värme och ventilationkontroller
  a = cirkulationskontakt
  b = omkopplare för uppvärmd bakruta
  c = air condition kontakt
  d = fläktfarts väljare

111 Cirkulations klaffmotor
112 Ventilationsfläkt
113 Bakrutevärmare & uppvärmda speglar (22b-H)
114 Värmeelement bakruta

Kopplingsschema 10

H33586

Kraftkälla utgång

Se diagram 2 för info om ökad kraftfördelning

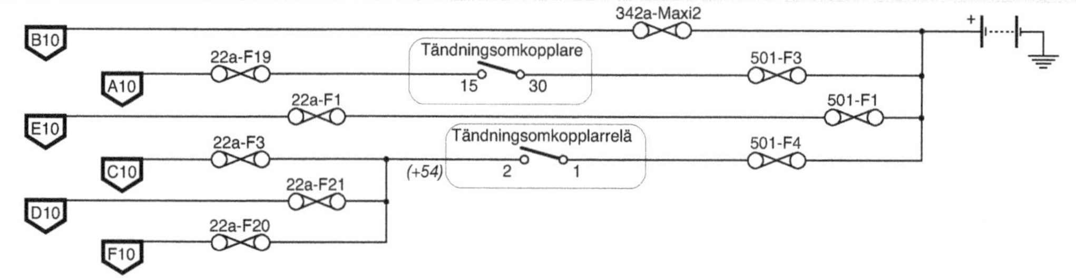

Låsningsfria bromssystem

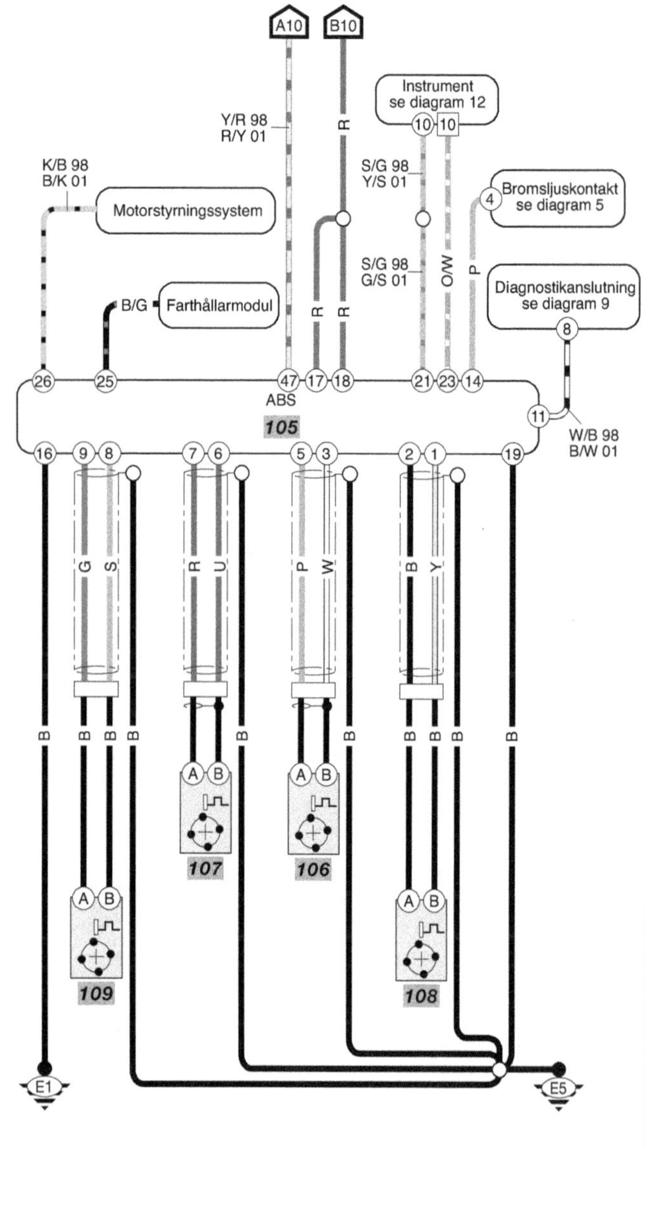

Värme och ventilationkontroller

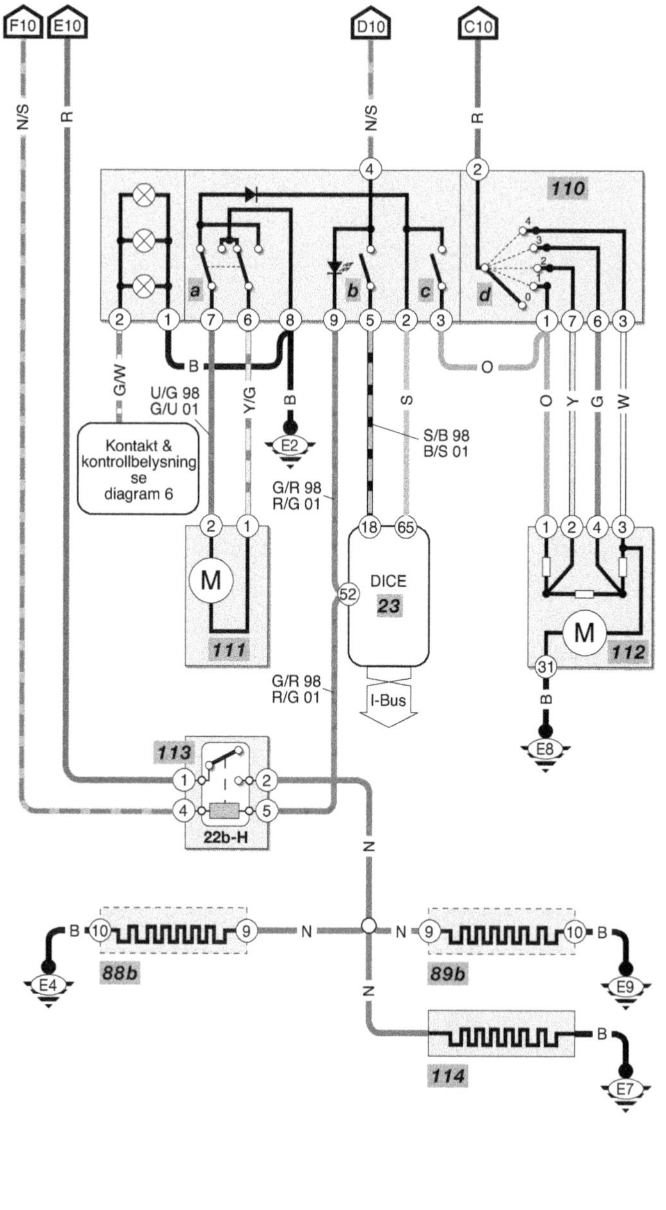

Färgkoder

B	Svart	**P**	Violett
G	Grön	**R**	Röd
K	Rosa	**S**	Grå
Lg	Ljusgrön	**U**	Blå
N	Brun	**W**	Vit
O	Orange	**Y**	Gul

Komponentförteckning

23 Instrumentbrädans integrerade elektronikcentral (DICE)
24 Stöldvarning & integrerad centralelektronik (TWICE)
116 Stöldvarning & integrerad centralelektronik
117 Bagageutrymmesljuskontakt
118 Kupé belysningskontakt
119 Ljus (främre takbelysning)

120 Ljus (mitten takbelysning)
121 Make-up spegelljus höger
122 Make-up spegel vänster
123 Handskfack ljus/omkopplare
125 Huvudljudenhet
126 Förstärkare (bakom mitten på instrumentbrädan) (bara Saab audio system III)
127 CD växlare

Kopplingsschema 11

128 Motoriserad radioantenn
129 Främre högtalare (instrumentbräda)
   a = höger, b = vänster
130 Bakre högtalare (hatthylla)
   a = höger, b = vänster
131 Dörrhögtalare
   a = höger, b = vänster

H33587

Kraftkälla utgång

Se diagram 2 för info om ökad kraftfördelning

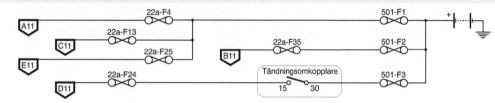

Kupé och bagagerumsbelysning

Normal audiosystem

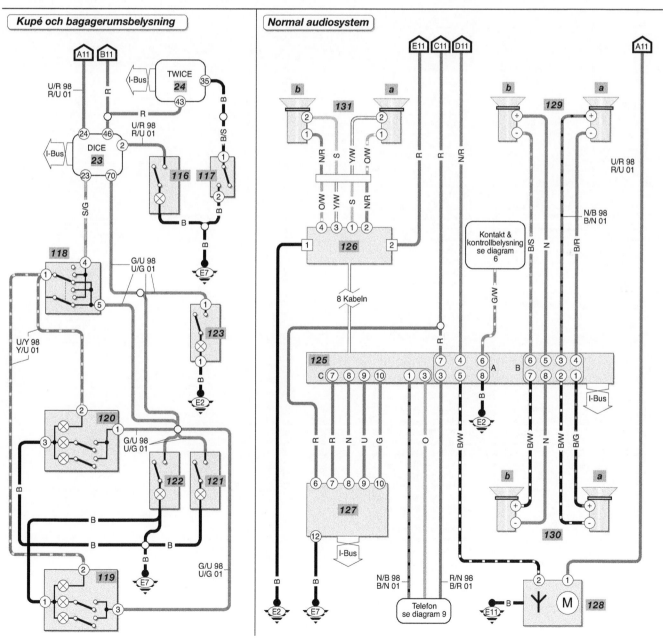

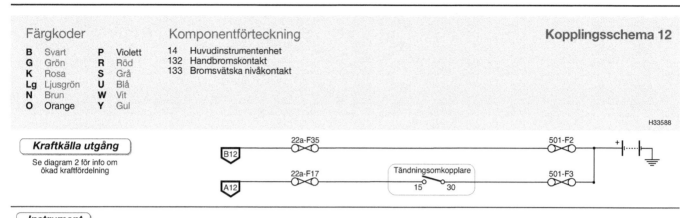

Färgkoder

B	Svart	**P**	Violett
G	Grön	**R**	Röd
K	Rosa	**S**	Grå
Lg	Ljusgrön	**U**	Blå
N	Brun	**W**	Vit
O	Orange	**Y**	Gul

Komponentförteckning

14   Huvudinstrumentenhet
132 Handbromskontakt
133 Bromsvätska nivåkontakt

Kopplingsschema 12

H33588

Kraftkälla utgång

Se diagram 2 för info om
ökad kraftfördelning

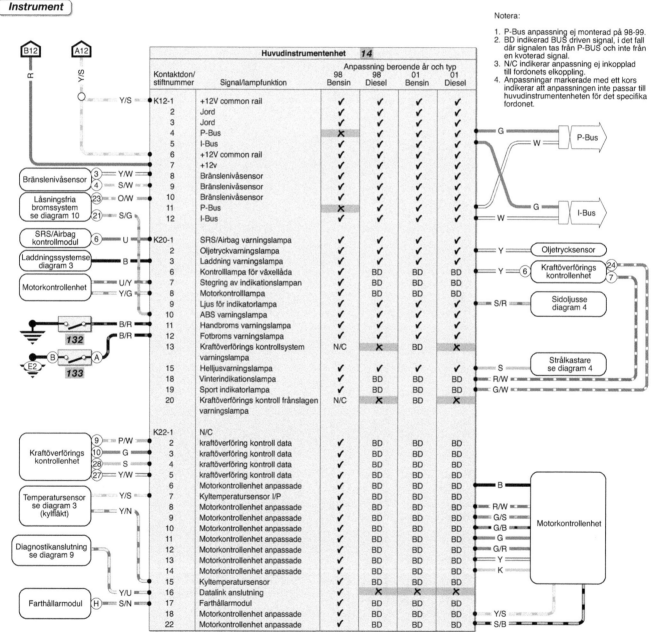

Instrument

Notera:

1. P-Bus anpassning ej monterad på 98-99.
2. BD indikerad BUS driven signal, i det fall där signalen tas från P-BUS och inte från en kvoterad signal.
3. N/C indikerar anpassning ej inkopplad till fordonets elkoppling.
4. Anpassningar markerade med ett kors indikerar att anpassningen inte passar till huvudinstrumentenheten för det specifika fordonet.

Kontaktdon/ stiftnummer	Signal/lampfunktion	98 Bensin	98 Diesel	01 Bensin	01 Diesel
Huvudinstrumentenhet		**14**			
		Anpassning beroende år och typ			
K12-1	+12V common rail	✓	✓	✓	✓
2	Jord	✓	✓	✓	✓
3	Jord	✓	✓	✓	✓
4	P-Bus	✗	✓	✓	✓
5	I-Bus	✓	✓	✓	✓
6	+12V common rail	✓	✓	✓	✓
7	+12v	✓	✓	✓	✓
8	Bränslenivåsensor	✓	✓	✓	✓
9	Bränslenivåsensor	✓	✓	✓	✓
10	Bränslenivåsensor	✓	✓	✓	✓
11	P-Bus	✗	✓	✓	✓
12	I-Bus	✓	✓	✓	✓
K20-1	SRS/Airbag varningslampa	✓	✓	✓	✓
2	Oljetryckvarningslampa	✓	✓	✓	✓
3	Laddning varningslampa	✓	✓	✓	✓
6	Kontrolllampa för växellåda	✓	BD	BD	BD
7	Stegring av indikationslampan	✓	BD	BD	BD
8	Motorkontrolllampa	✓	BD	BD	BD
9	Ljus för indikatorlampa	✓	✓	✓	✓
10	ABS varningslampa	✓	✓	✓	✓
11	Handbroms varningslampa	✓	✓	✓	✓
12	Fotbroms varningslampa	✓	✓	✓	✓
13	Kraftöverförings kontrollsystem varningslampa	N/C	✗	BD	✗
15	Helljusvarningslampa	✓	✓	✓	✓
18	Vinterindikationslampa	✓	BD	BD	BD
19	Sport indikatorlampa	✓	BD	BD	BD
20	Kraftöverförings kontroll frånslagen varningslampa	N/C	✗	BD	✗
K22-1	N/C				
2	kraftöverföring kontroll data	✓	BD	BD	BD
3	kraftöverföring kontroll data	✓	BD	BD	BD
4	kraftöverföring kontroll data	✓	BD	BD	BD
5	kraftöverföring kontroll data	✓	BD	BD	BD
6	Motorkontrollenhet anpassade	✓	BD	BD	BD
7	Kyltemperatursensor I/P	✓	BD	BD	BD
8	Motorkontrollenhet anpassade	✓	BD	BD	BD
9	Motorkontrollenhet anpassade	✓	BD	BD	BD
10	Motorkontrollenhet anpassade	✓	BD	BD	BD
11	Motorkontrollenhet anpassade	✓	BD	BD	BD
12	Motorkontrollenhet anpassade	✓	BD	BD	BD
13	Motorkontrollenhet anpassade	✓	BD	BD	BD
14	Motorkontrollenhet anpassade	✓	BD	BD	BD
15	Kyltemperatursensor	✓	BD	BD	BD
16	Datalink anslutning	✓	✗	✗	✗
17	Farthållarmodul	✓	BD	BD	BD
18	Motorkontrollenhet anpassade	✓	BD	BD	BD
22	Motorkontrollenhet anpassade	✓	BD	BD	BD

Säkringsbox i passagerarutrymme (22a) 4

Säkring	Klassning	Skyddad krets
FA	30A	Dragkroks elanslutning
FB	10A	Bromsljus släpvagnskontakt
FC	30A	Ventilationsfläkt automatisk klimatkontroll
F1	30A	Uppvärmd bakruta och dörrbackspeglar
F2	20A	DICE, körriktningsvisare
F3	30A	Ventilationsfläkt (manuell)
F4	15A	Kupé belysning, motoriserad antenn
F5	30A	Elektriskt justerbara säten höger
F6	30A	Cigarettändare
F6A	7.5A	Kontrollsystem för automatlåda
F7	30A	Elektriska fönsterhissar, bakre soltak, dörrspeglar
F8	15A	Bakrutetorkare
F9	7.5A	Automatisk klimatkontroll
F10	10A	1998 - Ej använd
		2001 - Signal
F11	7.5A	DICE/TWICE
F12	20A	Bromsljus, DICE, dimljus
F13	15A	Radio, datalinkanslutning
F14	30A	Elektriska fönsterhissar, främre solenoid ventiler, sufflett
F15	20A	Halvljus
F16	30A	Elektriskt justerbara säten
F16B	30A	1998 - Motorstyrningssystem
		2001 - Samma 98 + (Bensin) bränslespridarna, luftmassesensor (Diesel) glödstift, luftmassesensor
F17	15A	1998 - Motorstyrningssystem, instrument, DICE/TWICE, minne för elektriskt justerbart säte
		2001 - Samma 98 + SID, pedalkontakt, farthållarmodul
F18	10A	Airbag sekundära kylkrympningssystemet
F19	10A	ABS, bakre dimljus, air condition
F20	20A	Elektriskt uppvärmda säten
F21	10A	Manuell airkondition för sufflett
F22	15A	1998 - Farthållare, DICE, körriktningsvisare
		2001 - Samma 98 + Farthållare
F23	20A	Cabriolet, telefon anslutning
F24	7.5A	Radio
F25	30A	Centrallås, Tank hatch solenoid
F26	7.5A	1998 - Uppvärmt baksäte
	30A	1999 - Trionic T7
F27	15A	Helljusstråle; klimatkontrollsystem
F28	10A	1998 - Motorstyrningssystem
		2001 - Trionic T7
F29	10A	Parkeringsljus (höger)/ nummerplåtsbelysning
F30	10A	Parkeringsljus (vänster)
F31	20A	Vindrutetorkare, backljus, strålkastarjustering
F32	15A	Bränslepump (bensin)
F33	15A	Elektriskt uppvärmda säten
F34	10A	SID, kontrollsystem för automatlåda
F35	15A	Instrument, Make-up spegelljus, DICE/TWICE
F36	10A	Startmotorrelä
F37	15A	1998 - Diesel bränslefiltervärmare
		1999 -Samma 98 + Linka-hem-solenoid
F38	25A	1998 - Syresensor
	15A	1999 - Samma 98 + Diesel bränslepump
		2001 - Samma 99 + Mass air flow sensor, kontrollventilenhet, EGR

Kopplingsschema 13

Säkringsdosa i motorfack (342a) 3

Säkring	Klassning	Skyddad krets
F1	10A	1998 - Signal
		2001 - Ej använd
F2	15A	Dimljus
F3	40A	Kylfläkt, låghastighet
F4	10A	1998 - Vakuumpump
		2001 - Ej använd
F5	15A	Air condition kompressor
F6	10A	Vänster helljusjustering
F7	10A	Höger helljusjustering
F8	10A	Vänster helljusstrålkastare
F9	10A	Höger helljusstrålkastare
F10	7.5A	Strålkastartorkare
F11	10A	Strålkastarjustering
F12	-	(Punktbelysning)
F13	7.5A	1998 - APC
		2001 - Ej använd
F14	10A	Diesel parkeringsvärmar anslutning
F15	15A	Diesel hjälpvärmare
Maxi1	30A	Kylfläkt, höghastighet
Maxi2	50A	Låsningsfria bromssystem
MaxiF1	60A	Diesel glödstift
MaxiF2	-	Ej använd

Säkringsdosa i motorfack (501) 2

Säkring	Klassning	Skyddad krets
F1	60A	+30 Säkringskrets, spänningskälla för säkringsbox 22aF1
	60A	+30 Säkringskrets, spänningskälla för säkringsbox 22a
F1	60A	+50/+54/+15/+X/+B Säkringskrets, spänningskälla för tändningskontakt
F1	60A	+54 Säkringskrets, spänningskälla via tändningsrelä
F1	60A	Cabriolet hydrauliskt öppningssystem

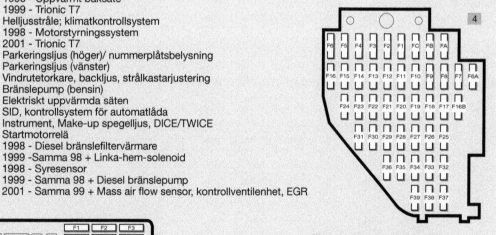

Placering: instrumentbrädan på höger sida vid förardörren

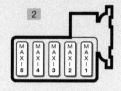

Placering: motorfack

Placering: i instrumentbrädan till rattaxeln

H33589

Mått och vikter

Observera: *Alla siffror är ungefärliga och kan variera med modell. Se tillverkarens uppgifter för exakta mått.*

Dimensioner

Total längd (inklusive stötfångare	4 629 till 4 639 mm
Total bredd (inklusive sidobackspeglar)	1 936 mm
Total höjd:	
Kombikupé och coupé	1 428 mm
Cabriolet*	2 200 mm
*Maximalt utrymme som krävs när suffletten används.	
Axelavstånd	2 605 mm
Spårbredd:	
Fram	1 452 till 1 466 mm
Bak	1 442 till 1 456 mm
Höjd över marken (med max.vikt)	100 mm
Vändcirkeldiameter:	
Vägg till vägg	11,1 m
Vägkant till vägkant	10,5 m

Vikter

Tjänstevikt	1 325 till 1 510 kg
Maximal axelbelastning, fram	1 045 kg
Maximal axelbelastning, bak	875 kg
Maximal taklast	100 kg
Max bogseringsvikt:	
Obromsad släpvagn	750 kg
Släpvagn med bromsar	1 600 kg

Reservdelar finns att köpa på flera ställen, t.ex. hos tillverkarens verkstäder, tillbehörsbutiker och motorspecialister. För att säkert få rätt del krävs ibland att bilens chassinummer uppges. Ta om möjligt med den gamla delen för säker identifiering. Många delar, t.ex. startmotor och generator, finns att få som fabriksrenoverade utbytesdelar – delar som returneras ska alltid vara rena.

Vi rekommenderar följande källor för inköp av reservdelar.

Auktoriserade Saab-verkstäder

Det här är det bästa stället för reservdelar som är specifika för bilen och som inte finns att få tag på på andra ställen (t.ex. märkesbeteckningar, invändig dekor, vissa karosspaneler etc). Det är även det enda ställe där man kan få reservdelar om bilens garanti fortfarande gäller.

Tillbehörsbutiker

Tillbehörsbutiker är ofta bra ställen för inköp av underhållsmaterial (olje-, luft- och bränsle- filter, glödlampor, drivremmar, fett, broms-klossar, påbättringslack etc.). Tillbehör av detta slag som säljs av välkända butiker håller samma standard som de som används av biltillverkaren.

Förutom delar säljer dessa butiker även verktyg och allmänna tillbehör. De har ofta bekväma öppettider och är billiga, och det brukar aldrig vara långt till en sådan butik. Vissa tillbehörsbutiker har reservdelsdiskar där så gott som alla typer av komponenter kan köpas eller beställas.

Motorspecialister

Bra motorspecialister har alla viktigare komponenter som slits snabbt i lager och kan ibland tillhandahålla enskilda komponenter till renoveringar av större enheter (t.ex. bromstätningar och hydrauldelar, lagerskålar, kolvar och ventiler). I vissa fall kan de ta hand om arbeten som omborrning av motorblocket, omslipning av vevaxlar etc.

Specialister på däck och avgassystem

Dessa kan vara oberoende återförsäljare eller ingå i större kedjor. De har ofta bra priser jämfört med märkesverkstäder, men det är lönt att jämföra priser hos flera handlare. Kontrollera även vad som ingår vid priskontrollen – ofta ingår t.ex. inte ventiler och balansering vid köp av ett nytt hjul.

Andra inköpsställen

Var misstänksam när det gäller delar som säljs på lågprisförsäljningar och i andra hand. De är inte alltid av usel kvalitet, men det finns mycket liten chans att reklamera köpet om de är otillfredsställande. Köper man komponenter som är avgörande för säkerheten, som bromsklossar, på ett sådant ställe riskerar man inte bara sina pengar utan även sin egen och andras säkerhet.

Begagnade delar eller delar från en bildemontering kan vara prisvärda i vissa fall, men sådana inköp bör endast göras av en erfaren hemmamekaniker.

Identifikationsnummer

Inom biltillverkningen modifieras modellerna fortlöpande och det är endast de större modelländringarna som offentliggörs. Reservdelskataloger och listor är vanligen organiserade i nummerordning, så bilens chassinummer är nödvändigt för att få rätt reservdel.

Lämna alltid så mycket information som möjligt vid beställning av reservdelar. Ange årsmodell, chassinummer och motornummer när det behövs.

Bilens *identifikationsnummer* eller *chassinummer* finns på flera platser på bilen:
a) *Instansat på en metallplatta som sitter fastnitad på tvärbalken i motorrummets främre högra sida (se bild)*
b) *Instansat på torpedväggen i motorrummets bakre del*
c) *Tryck på en platta som är fäst på instrumentbrädans övre del, bakom vindrutan*

Motornumret är instansat på motorblockets främre vänstra sida.

Växellådans nummer är tryckt på en plåt på växelhusets främre övre del.

Karossnumret är instansat på en metallplatta som sitter fastnitad på tvärbalken i motorrummets främre vänstra sida.

Lackkoderna är tryckta på en etikett på passagerardörrens kant, bredvid däcktrycks-uppställningen.

Tecken 1
B   Bensinmotor
D   Dieselmotor
Tecken 2 & 3
20   1985 cc
22   2171 cc
23   2290 cc
Tecken 4
3   4 cylindrar, rakt motorblock med 2 balansaxlar, enkel överliggande kamaxel med 4 ventiler per cylinder
4   4 cylindrar, rakt motorblock med 2 balansaxlar och dubbla överliggande kamaxlar med 4 ventiler per cylinder
5   4 cylindrar, rakt motorblock med 2 balansaxlar och dubbla överliggande kamaxlar med 4 ventiler per cylinder, lågfriktionsmotor
Tecken 5
i   Bränsleinsprutningsmotor utan turbo
E   Lågtrycksturbomotor med laddluftkylare
L   Turbomotor med laddluftkylare – steg 1
R   Turbomotor med laddluftkylare – steg 2

Tecken 6
D   Saab 9-3
1   Saab 9-3 med avgasrening ECE-R15/04
3, 5 och 7
   Saab 9-3 med avgasrening enligt europeisk, svensk och amerikansk (USA) standard
Tecken 7
A   Automatväxellåda
M   Manuell växellåda
Tecken 8 & 9
00   Vanlig motor
18   Motor som anpassats för automatik
19   Motor med oljekylare
20   Motor med diagnossystem OBD II
Tecken 10
W   1998
X   1999
Y   2000
1   2001
2   2002
Tecken 11 till 16
Serienummer

Bilens identifikationsnummer (VIN) präglat på en platta som är fastnitad på motorrummets främre tvärbalk

När service, reparationer och renoveringar utförs på en bil eller bildel bör följande beskrivningar och instruktioner följas. Detta för att reparationen ska utföras så effektivt och fackmannamässigt som möjligt.

Tätningsytor och packningar

Vid isärtagande av delar vid deras tätningsytor ska dessa aldrig bändas isär med skruvmejsel eller liknande. Detta kan orsaka allvarliga skador som resulterar i oljeläckage, kylvätskeläckage etc. efter montering. Delarna tas vanligen isär genom att man knackar längs fogen med en mjuk klubba. Lägg dock märke till att denna metod kanske inte är lämplig i de fall styrstift används för exakt placering av delar.

Där en packning används mellan två ytor måste den bytas vid ihopsättning. Såvida inte annat anges i den aktuella arbetsbeskrivningen ska den monteras torr. Se till att tätningsytorna är rena och torra och att alla spår av den gamla packningen är borttagna. Vid rengöring av en tätningsyta ska sådana verktyg användas som inte skadar den. Små grader och repor tas bort med bryne eller en finskuren fil.

Rensa gängade hål med piprensare och håll dem fria från tätningsmedel då sådant används, såvida inte annat direkt specificeras. Se till att alla öppningar, hål och kanaler är rena och blås ur dem, helst med tryckluft.

Oljetätningar

Oljetätningar kan tas ut genom att de bänds ut med en bred spårskruvmejsel eller liknande. Alternativt kan ett antal självgängande skruvar dras in i tätningen och användas som dragpunkter för en tång, så att den kan dras rakt ut.

När en oljetätning tas bort från sin plats, ensam eller som en del av en enhet, ska den alltid kasseras och bytas ut mot en ny. Tätningsläpparna är tunna och skadas lätt och de tätar inte annat än om kontaktytan är fullständigt ren och oskadad. Om den ursprungliga tätningsytan på delen inte kan återställas till perfekt skick och tillverkaren inte gett utrymme för en viss omplacering av tätningen på kontaktytan, måste delen i fråga bytas ut. Tätningarna bör alltid bytas ut när de har demonterats.

Skydda tätningsläpparna från ytor som kan skada dem under monteringen. Använd tejp eller konisk hylsa där så är möjligt. Smörj läpparna med olja innan montering. Om oljetätningen har dubbla läppar ska utrymmet mellan dessa fyllas med fett.

Såvida inte annat anges ska oljetätningar monteras med tätningsläpparna mot det smörjmedel som de ska täta för.

Använd en rörformad dorn eller en träbit i lämplig storlek till att knacka tätningarna på plats. Om sätet är försedd med skuldra, driv tätningen mot den. Om sätet saknar skuldra bör tätningen monteras så att den går jäms med sätets yta (såvida inte annat uttryckligen anges).

Skruvgängor och infästningar

Muttrar, bultar och skruvar som kärvar är ett vanligt förekommande problem när en komponent har börjat rosta. Bruk av rostupplösningsolja och andra krypsmörjmedel löser ofta detta om man dränker in delen som kärvar en stund innan man försöker lossa den. Slagskruvmejsel kan ibland lossa envist fastsittande infästningar när de används tillsammans med rätt mejselhuvud eller hylsa. Om inget av detta fungerar kan försiktig värmning eller i värsta fall bågfil eller mutterspräckare användas.

Pinnbultar tas vanligen ut genom att två muttrar låses vid varandra på den gängade delen och att en blocknyckel sedan vrider den undre muttern så att pinnbulten kan skruvas ut. Bultar som brutits av under fästytan kan ibland avlägsnas med en lämplig bultutdragare. Se alltid till att gängade bottenhål är helt fria från olja, fett, vatten eller andra vätskor innan bulten monteras. Underlåtenhet att göra detta kan spräcka den del som skruven dras in i, tack vare det hydrauliska tryck som uppstår när en bult dras in i ett vätskefyllt hål

Vid åtdragning av en kronmutter där en saxsprint ska monteras ska muttern dras till specificerat moment om sådant anges, och därefter dras till nästa sprinthål. Lossa inte muttern för att passa in saxsprinten, såvida inte detta förfarande särskilt anges i anvisningarna.

Vid kontroll eller omdragning av mutter eller bult till ett specificerat åtdragningsmoment, ska muttern eller bulten lossas ett kvarts varv och sedan dras åt till angivet moment. Detta ska dock inte göras när vinkelåtdragning använts.

För vissa gängade infästningar, speciellt topplocksbultar/muttrar anges inte åtdragningsmoment för de sista stegen. Istället anges en vinkel för åtdragning. Vanligtvis anges ett relativt lågt åtdragningsmoment för bultar/muttrar som dras i specificerad turordning. Detta följs sedan av ett eller flera steg åtdragning med specificerade vinklar.

Låsmuttrar, låsbleck och brickor

Varje infästning som kommer att rotera mot en komponent eller en kåpa under åtdragningen ska alltid ha en bricka mellan åtdragningsdelen och kontaktytan.

Fjäderbrickor ska alltid bytas ut när de använts till att låsa viktiga delar som

exempelvis lageröverfall. Låsbleck som viks över för att låsa bult eller mutter ska alltid bytas ut vid ihopsättning.

Självlåsande muttrar kan återanvändas på mindre viktiga detaljer, under förutsättning att motstånd känns vid dragning över gängen. Kom dock ihåg att självlåsande muttrar förlorar låseffekt med tiden och därför alltid bör bytas ut som en rutinåtgärd.

Saxsprintar ska alltid bytas mot nya i rätt storlek för hålet.

När gänglåsmedel påträffas på gängor på en komponent som ska återanvändas bör man göra ren den med en stålborste och lösningsmedel. Applicera nytt gänglåsningsmedel vid montering.

Specialverktyg

Vissa arbeten i denna handbok förutsätter användning av specialverktyg som pressar, avdragare, fjäderkompressorer med mera. Där så är möjligt beskrivs lämpliga lättillgängliga alternativ till tillverkarens specialverktyg och hur dessa används. I vissa fall, där inga alternativ finns, har det varit nödvändigt att använda tillverkarens specialverktyg. Detta har gjorts av säkerhetsskäl, likväl som för att reparationerna ska utföras så effektivt och bra som möjligt. Såvida du inte är mycket kunnig och har stora kunskaper om det arbetsmoment som beskrivs, ska du aldrig försöka använda annat än specialverktyg när sådana anges i anvisningarna. Det föreligger inte bara stor risk för personskador, utan kostbara skador kan också uppstå på komponenterna.

Miljöhänsyn

Vid sluthantering av förbrukad motorolja, bromsvätska, frostskydd etc. ska all vederbörlig hänsyn tas för att skydda miljön. Ingen av ovan nämnda vätskor får hällas ut i avloppet eller direkt på marken. Kommunernas avfallshantering har kapacitet för hantering av miljöfarligt avfall liksom vissa verkstäder. Om inga av dessa finns tillgängliga i din närhet, fråga hälsoskyddskontoret i din kommun om råd.

I och med de allt strängare miljöskyddslagarna beträffande utsläpp av miljöfarliga ämnen från motorfordon har alltfler bilar numera justersäkringar monterade på de mest avgörande justeringspunkterna för bränslesystemet. Dessa är i första hand avsedda att förhindra okvalificerade personer från att justera bränsle/luftblandningen och därmed riskerar en ökning av giftiga utsläpp. Om sådana justersäkringar påträffas under service eller reparationsarbete ska de, närhelst möjligt, bytas eller sättas tillbaka i enlighet med tillverkarens rekommendationer eller aktuell lagstiftning.

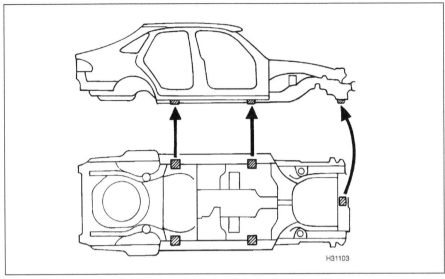

Stödpunkter för hydraulisk domkraft (se pil)

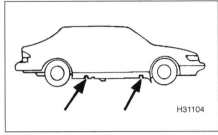

Stödpunkter för hjulbyte (se pil)

Domkraften som följer med bilens verktygslåda bör endast användas för att byta hjul – se *Hjulbyte* i början av den här handboken. Vid alla andra arbeten ska bilen lyftas med en hydraulisk garagedomkraft, som alltid ska åtföljas av pallbockar under bilens stödpunkter.

Använder du en garagedomkraft eller pallbockar, ska du alltid ställa domkraftens eller pallbockens huvud under, eller alldeles intill, den relevanta stödpunkten under tröskeln. Placera en träbit mellan domkraften eller pall-

bockarna och tröskeln – träbiten ska ha ett spår inskuret, där placerar tröskelns svetsade fläns passar in **(se bilder)**.

Försök **inte** hissa upp bilen med domkraften under bakaxeln, fotrummet, motorns sump, automatväxelns sump eller någon av fjädringens komponenter.

Den domkraft som följer med bilen passar in i stödpunkterna under karmunderstyckena – se *Hjulbyte* i början av den här handboken. Se till att domkraftens lyftsadel sitter korrekt innan du börjar lyfta bilen.

Arbeta **aldrig** under, runt eller i närheten av en lyft bil om den inte har ordentligt stöd på minst två punkter.

Koppla ifrån batteriet

Observera: *Om någon annan ljudanläggning än den standardmonterade används ska du anteckna säkerhetskoden innan du kopplar bort batteriet.*

 Varning: Koppla aldrig bort batteriet när motorn är igång.

1 Batteriet sitter framme till vänster i motorrummet.
2 Lyft bort batteriets värmeskydd/låda, lossa kabeln från batteriets minuspol (-) och ta bort den från batteristolpen. Koppla alltid loss batteriets minuspol först.

3 Lossa batteriets pluskabel (+) på samma sätt och ta bort den från batteristolpen.
4 När du ansluter batterikablarna igen ska du alltid avsluta med att ansluta till minuspolen.

Stöldskyddssystem för radio/kassettbandspelare – föreskrifter

Radio-/kassettbandspelaren kan ha en inbyggd säkerhetskod som stöldskydd. Om strömmen till anläggningen bryts aktiveras stöldskyddet. Även om strömmen omedelbart

återställs kommer enheten inte att fungera förrän korrekt kod angetts. Om du inte känner till koden för ljudanläggningen ska du därför **inte** lossa batteriets jordledning eller ta ut enheten ur bilen.

Rådfråga en Saab-verkstad om säkerhetskoden glömts bort eller på något sätt gått förlorad. Vid uppvisande av ägarbevis kan du få en ny säkerhetskod.

Inledning

En uppsättning bra verktyg är ett grundläggande krav för var och en som överväger att underhålla och reparera ett motorfordon. För de ägare som saknar sådana kan inköpet av dessa bli en märkbar utgift, som dock uppvägs till en viss del av de besparingar som görs i och med det egna arbetet. Om de anskaffade verktygen uppfyller grundläggande säkerhets- och kvalitetskrav kommer de att hålla i många år och visa sig vara en värdefull investering.

För att hjälpa bilägaren att avgöra vilka verktyg som behövs för att utföra de arbeten som beskrivs i denna handbok har vi sammanställt tre listor med följande rubriker: *Underhåll och mindre reparationer, Reparation och renovering* samt *Specialverktyg*. Nybörjaren bör starta med det första sortimentet och begränsa sig till enklare arbeten på fordonet. Allt eftersom erfarenhet och självförtroende växer kan man sedan prova svårare uppgifter och köpa fler verktyg när och om det behövs. På detta sätt kan den grundläggande verktygssatsen med tiden utvidgas till en reparations- och renoveringssats utan några större enskilda kontantutlägg. Den erfarne hemmamekanikern har redan en verktygssats som räcker till de flesta reparationer och renoveringar och kommer att välja verktyg från specialkategorin när han känner att utgiften är berättigad för den användning verktyget kan ha.

Underhåll och mindre reparationer

Verktygen i den här listan ska betraktas som ett minimum av vad som behövs för rutinmässigt underhåll, service och mindre reparationsarbeten. Vi rekommenderar att man köper blocknycklar (ring i ena änden och öppen i den andra), även om de är dyrare än de med öppen ände, eftersom man får båda sorternas fördelar.

- [ ] *Blocknycklar - 8, 9, 10, 11, 12, 13, 14, 15, 17 och 19 mm*
- [ ] *Skiftnyckel - 35 mm gap (ca.)*
- [ ] *Tändstiftsnyckel (med gummifoder)*
- [ ] *Verktyg för justering av tändstiftens elektrodavstånd*
- [ ] *Sats med bladmått*
- [ ] *Nyckel för avluftning av bromsar*
- [ ] *Skruvmejslar:*
  Spårmejsel - 100 mm lång x 6 mm diameter
  Stjärnmejsel - 100 mm lång x 6 mm diameter
- [ ] *Kombinationstång*
- [ ] *Bågfil (liten)*
- [ ] *Däckpump*
- [ ] *Däcktrycksmätare*
- [ ] *Oljekanna*
- [ ] *Verktyg för demontering av oljefilter*
- [ ] *Fin slipduk*
- [ ] *Stålborste (liten)*
- [ ] *Tratt (medelstor)*

Reparation och renovering

Dessa verktyg är ovärderliga för alla som utför större reparationer på ett motorfordon och tillkommer till de som angivits för *Underhåll och mindre reparationer*. I denna lista ingår en grundläggande sats hylsor. Även om dessa är dyra, är de oumbärliga i och med sin mångsidighet - speciellt om satsen innehåller olika typer av drivenheter. Vi rekommenderar 1/2-tums fattning på hylsorna eftersom de flesta momentnycklar har denna fattning.

Verktygen i denna lista kan ibland behöva kompletteras med verktyg från listan för *Specialverktyg*.

- [ ] *Hylsor, dimensioner enligt föregående lista*
- [ ] *Spärrskaft med vändbar riktning (för användning med hylsor)* **(se bild)**
- [ ] *Förlängare, 250 mm (för användning med hylsor)*
- [ ] *Universalknut (för användning med hylsor)*
- [ ] *Momentnyckel (för användning med hylsor)*
- [ ] *Självlåsande tänger*
- [ ] *Kulhammare*
- [ ] *Mjuk klubba (plast/aluminium eller gummi)*
- [ ] *Skruvmejslar:*
  Spårmejsel - en lång och kraftig, en kort (knubbig) och en smal (elektrikertyp)
  Stjärnmejsel - en lång och kraftig och en kort (knubbig)
- [ ] *Tänger:*
  Spetsnostång/plattång
  Sidavbitare (elektrikertyp)
  Låsringstång (inre och yttre)
- [ ] *Huggmejsel - 25 mm*
- [ ] *Ritspets*
- [ ] *Skrapa*
- [ ] *Körnare*
- [ ] *Purr*
- [ ] *Bågfil*
- [ ] *Bromsslangklämma*
- [ ] *Avluftningssats för bromsar/koppling*
- [ ] *Urval av borrar*
- [ ] *Stållinjal*
- [ ] *Insexnycklar (inkl Torxtyp/med splines)* **(se bild)**

Sats med filar / Stor stålborste / ...

- [ ] *Sats med filar*
- [ ] *Stor stålborste*
- [ ] *Pallbockar*
- [ ] *Domkraft (garagedomkraft eller stabil pelarmodell)*
- [ ] *Arbetslampa med förlängningssladd*

Specialverktyg

Verktygen i denna lista är de som inte används regelbundet, är dyra i inköp eller som måste användas enligt tillverkarens anvisningar. Det är bara om du relativt ofta kommer att utföra tämligen svåra jobb som många av dessa verktyg är lönsamma att köpa. Du kan också överväga att gå samman med någon vän (eller gå med i en motorklubb) och göra ett gemensamt inköp, hyra eller låna verktyg om så är möjligt.

Följande lista upptar endast verktyg och instrument som är allmänt tillgängliga och inte sådana som framställs av biltillverkaren speciellt för auktoriserade verkstäder. Ibland nämns dock sådana verktyg i texten. I allmänhet anges en alternativ metod att utföra arbetet utan specialverktyg. Ibland finns emellertid inget alternativ till tillverkarens specialverktyg. När så är fallet och relevant verktyg inte kan köpas, hyras eller lånas har du inget annat val än att lämna bilen till en auktoriserad verkstad.

- [ ] *Ventilfjäderkompressor* **(se bild)**
- [ ] *Ventilslipningsverktyg*
- [ ] *Kolvringskompressor* **(se bild)**
- [ ] *Verktyg för demontering/montering av kolvringar* **(se bild)**
- [ ] *Honingsverktyg* **(se bild)**
- [ ] *Kulledsavdragare*
- [ ] *Spiralfjäderkompressor (där tillämplig)*
- [ ] *Nav/lageravdragare, två/tre ben* **(se bild)**
- [ ] *Slagskruvmejsel*
- [ ] *Mikrometer och/eller skjutmått* **(se bilder)**
- [ ] *Indikatorklocka* **(se bild)**
- [ ] *Stroboskoplampa*
- [ ] *Kamvinkelmätare/varvräknare*
- [ ] *Multimeter*

Hylsor och spärrskaft

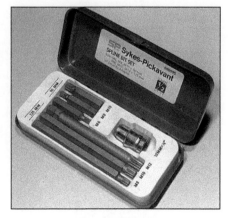

Bits med splines

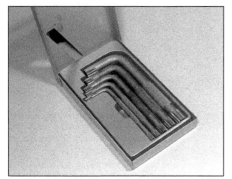

Nycklar med splines

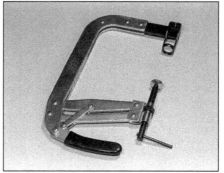

Ventilfjäderkompressor (ventilbåge)

Kolvringskompressor

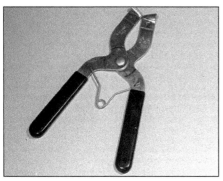

Verktyg för demontering och montering av kolvringar

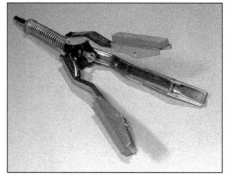

Honingsverktyg

Trebent avdragare för nav och lager

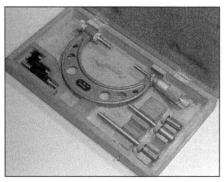

Mikrometerset

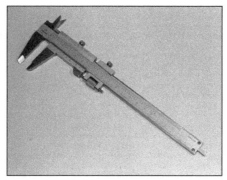

Skjutmått

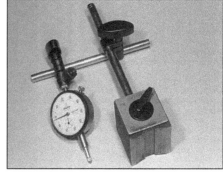

Indikatorklocka med magnetstativ

Kompressionsmätare

Centreringsverktyg för koppling

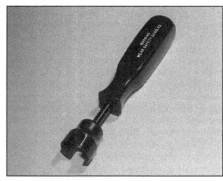

Demonteringsverktyg för bromsbackarnas

☐ *Kompressionsmätare (se bild)*
☐ *Handmanövrerad vakuumpump och mätare*
☐ *Centreringsverktyg för koppling (se bild)*
☐ *Verktyg för demontering av*
   bromsbackarnas fjäderskålar (se bild)
☐ *Sats för montering/demontering av*
   bussningar och lager (se bild)
☐ *Bultutdragare (se bild)*
☐ *Gängverktygssats (se bild)*
☐ *Lyftblock*
☐ *Garagedomkraft*

Inköp av verktyg

När det gäller inköp av verktyg är det i regel bättre att vända sig till en specialist som har ett större sortiment än t ex tillbehörsbutiker och bensinmackar. Tillbehörsbutiker och andra försöljningsställen kan dock erbjuda utmärkta verktyg till låga priser, så det kan löna sig att söka.

Det finns gott om bra verktyg till låga priser, men se till att verktygen uppfyller grundläggande krav på funktion och säkerhet. Fråga gärna någon kunnig person om råd före inköpet.

Vård och underhåll av verktyg

Efter inköp av ett antal verktyg är det nödvändigt att hålla verktygen rena och i fullgott skick. Efter användning, rengör alltid verktygen innan de läggs undan. Låt dem inte ligga framme sedan de använts. En enkel upphängningsanordning på väggen för t ex skruvmejslar och tänger är en bra idé. Nycklar och hylsor bör förvaras i metalllådor. Mätinstrument av skilda slag ska förvaras på platser där de inte kan komma till skada eller börja rosta.

Lägg ner lite omsorg på de verktyg som används. Hammarhuvuden får märken och skruvmejslar slits i spetsen med tiden. Lite polering med slippapper eller en fil återställer snabbt sådana verktyg till gott skick igen.

Arbetsutrymmen

När man diskuterar verktyg får man inte glömma själva arbetsplatsen. Om mer än rutinunderhåll ska utföras bör man skaffa en lämplig arbetsplats.

Vi är medvetna om att många ägare/mekaniker av omständigheterna tvingas att lyfta ur motor eller liknande utan tillgång till garage eller verkstad. Men när detta är gjort ska fortsättningen av arbetet göras inomhus.

Närhelst möjligt ska isärtagning ske på en ren, plan arbetsbänk eller ett bord med passande arbetshöjd.

En arbetsbänk behöver ett skruvstycke. En käftöppning om 100 mm räcker väl till för de flesta arbeten. Som tidigare sagts, ett rent och torrt förvaringsutrymme krävs för verktyg liksom för smörjmedel, rengöringsmedel, bättringslack (som också måste förvaras frostfritt) och liknande.

Ett annat verktyg som kan behövas och som har en mycket bred användning är en elektrisk borrmaskin med en chuckstorlek om minst 8 mm. Denna, tillsammans med en sats spiralborrar, är i praktiken oumbärlig för montering av tillbehör.

Sist, men inte minst, ha alltid ett förråd med gamla tidningar och rena luddfria trasor tillgängliga och håll arbetsplatsen så ren som möjligt.

Sats för demontering och montering av lager och bussningar

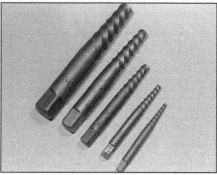

Bultutdragare

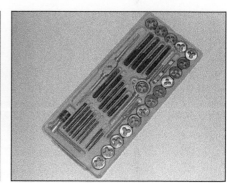

Gängverktygssats

Det här avsnittet är till för att hjälpa dig att klara bilbesiktningen. Det är naturligtvis inte möjligt att undersöka ditt fordon lika grundligt som en professionell besiktare, men genom att göra följande kontroller kan du identifiera problemområden och ha en möjlighet att korrigera eventuella fel innan du lämnar bilen till besiktning. Om bilen underhålls och servas regelbundet borde besiktningen inte innebära några större problem.

I besiktningsprogrammet ingår kontroll av nio huvudsystem – stommen, hjulsystemet, drivsystemet, bromssystemet, styrsystemet, karosseriet, kommunikationssystemet, instrumentering och slutligen övriga anordningar (släpvagnskoppling etc).

Kontrollerna som här beskrivs har baserats på Svensk Bilprovnings krav aktuella vid tiden för tryckning. Kraven ändras dock kontinuerligt och särskilt miljöbestämmelserna blir allt strängare.

Kontrollerna har delats in under följande fem rubriker:

1 Kontroller som utförs från förarsätet

2 Kontroller som utförs med bilen på marken

3 Kontroller som utförs med bilen upphissad och med fria hjul

4 Kontroller på bilens avgassystem

5 Körtest

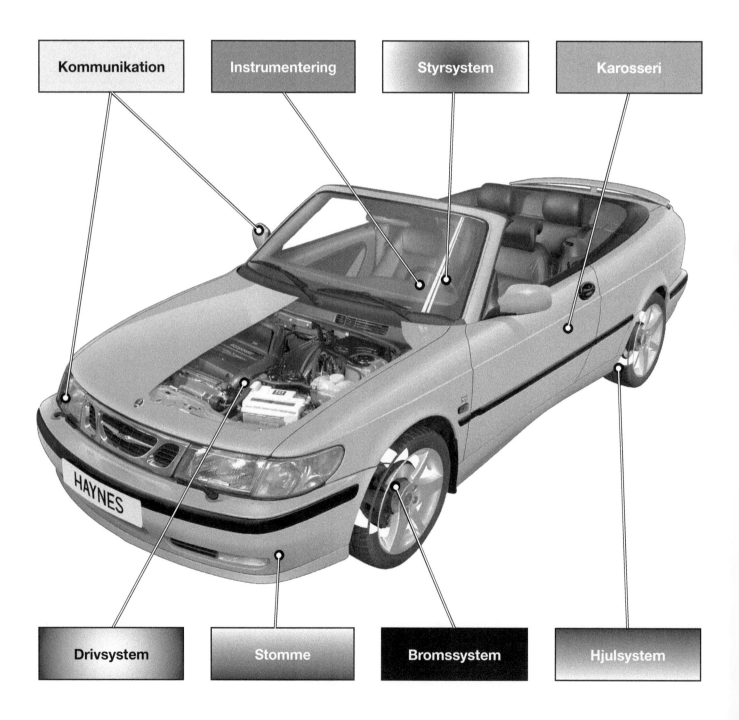

Besiktningsprogrammet

Vanliga personbilar kontrollbesiktigas första gången efter tre år, andra gången två år senare och därefter varje år. Åldern på bilen räknas från det att den tas i bruk, oberoende av årsmodell, och den måste genomgå besiktning inom fem månader.

Tiden på året då fordonet kallas till besiktning bestäms av sista siffran i registreringsnumret, enligt tabellen nedan.

Slutsiffra	Besiktningsperiod
1	*november t.o.m. mars*
2	*december t.o.m. april*
3	*januari t.o.m. maj*
4	*februari t.o.m. juni*
5	*maj t.o.m. september*
6	*juni t.o.m. oktober*
7	*juli t.o.m. november*
8	*augusti t.o.m. december*
9	*september t.o.m. januari*
0	*oktober t.o.m. februari*

Om fordonet har ändrats, byggts om eller om särskild utrustning har monterats eller demonterats, måste du som fordonsägare göra en registreringsbesiktning inom en månad. I vissa fall räcker det med en begränsad registreringsbesiktning, t.ex. för draganordning, taklucka, taxiutrustning etc.

Efter besiktningen

Nedan visas de system och komponenter som kontrolleras och bedöms av besiktaren på Svensk Bilprovning. Efter besiktningen erhåller du ett protokoll där eventuella anmärkningar noterats.

Har du fått en 2x i protokollet (man kan ha max 3 st 2x) behöver du inte ombesiktiga bilen, men är skyldig att själv åtgärda felet snarast möjligt. Om du inte åtgärdar felen utan återkommer till Svensk Bilprovning året därpå med samma fel, blir dessa automatiskt 2:or som då måste ombesiktigas. Har du en eller flera 2x som ej är åtgärdade och du blir intagen i en flygande besiktning av polisen, blir dessa automatiskt 2:or som måste ombesiktigas. I detta läge får du även böta.

Om du har fått en tvåa i protokollet är fordonet alltså inte godkänt. Felet ska åtgärdas och bilen ombesiktigas inom en månad.

En trea innebär att fordonet har så stora brister att det anses mycket trafikfarligt. Körförbud inträder omedelbart.

Kommunikation

- **Vindrutetorkare**
- **Vindrutespolare**
- **Backspegel**
- **Strålkastarinställning**
- **Strålkastare**
- **Signalhorn**
- **Sidoblinkers**
- **Parkeringsljus fram
  bak**

- **Blinkers**
- **Bromsljus**
- **Reflex**
- **Nummerplåts-
  belysning**
- **Övrigt**

Vanliga anmärkningar:
Felaktig ljusbild
Skadad strålkastare
Ej fungerande parkeringsljus
Ej fungerande bromsljus

Drivsystem

- **Avgasrening, EGR-
  system (-88)**
- **Avgasrening**
- **Bränslesystem**
- **Avgassystem**
- **Avgaser (CO, HC)**
- **Kraftöverföring**
- **Drivknut**
- **Elförsörjning**
- **Batteri**
- **Övrigt**

Vanliga anmärkningar:
Höga halter av CO
Höga halter av HC
Läckage i avgassystemet
Ej fungerande EGR-ventil
Skadade drivknutsdamasker
Löst batteri

Styrsystem

- **Styrled**
- **Styrväxel**
- **Hjälpstyrarm**
- **Övrigt**

Vanliga anmärkningar:
Glapp i styrleder
Skadade styrväxeldamasker

Instrumentering

- **Hastighetsmätare**
- **Taxameter**
- **Varningslampor**
- **Övrigt**

Karosseri

- **Dörr**
- **Skärm**
- **Vindruta**
- **Säkerhetsbälten**
- **Lastutrymme**
- **Övrigt**

Vanliga anmärkningar:
Skadad vindruta
Vassa kanter
Glappa gångjärn

Stomme

- **Sidobalk**
- **Tvärbalk**
- **Golv**
- **Hjulhus**
- **Övrigt**

Vanliga anmärkningar:
*Rostskador i sidobalkar, golv
och hjulhus*

Hjulsystem

- **Däck**
- **Stötdämpare**
- **Hjullager**
- **Spindelleder**
- **Länkarm fram
  bak**
- **Fjäder**
- **Fjädersäte**
- **Övrigt**

Vanliga anmärkningar:
Glapp i spindelleder
Utslitna däck
Dåliga stötdämpare
Rostskadade fjädersäten
Brustna fjädrar
*Rostskadade länkarms-
infästningar*

Bromssystem

- **Fotbroms fram
  bak
  rörelseres.**
- **Bromsrör**
- **Bromsslang**
- **Handbroms**
- **Övrigt**

Vanliga anmärkningar:
*Otillräcklig bromsverkan på
handbromsen*
*Ojämn bromsverkan på
fotbromsen*
*Anliggande bromsar på
fotbromsen*
Rostskadade bromsrör
Skadade bromsslangar

1 Kontroller som utförs från förarsätet

Handbroms

☐ Kontrollera att handbromsen fungerar ordentligt utan för stort spel i spaken. För stort spel tyder på att bromsen eller bromsvajern är felaktigt justerad.

☐ Kontrollera att handbromsen inte kan läggas ur genom att spaken förs åt sidan. Kontrollera även att handbromsspaken är ordentligt monterad.

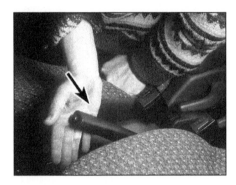

Fotbroms

☐ Tryck ner bromspedalen och håll den nedtryckt i ca 30 sek. Kontrollera att den inte sjunker ner mot golvet, vilket tyder på fel på huvudcylindern. Släpp pedalen, vänta ett par sekunder och tryck sedan ner den igen. Om pedalen tar långt ner måste broms-arna justeras eller repareras. Om pedalens rörelse känns "svampig" finns det luft i bromssystemet som då måste luftas.

☐ Kontrollera att bromspedalen sitter fast ordentligt och att den är i bra skick. Kontrollera även om det finns tecken på oljeläckage på bromspedalen, golvet eller mattan eftersom det kan betyda att packningen i huvudcylindern är trasig.

☐ Om bilen har bromsservo kontrolleras denna genom att man upprepade gånger trycker ner bromspedalen och sedan startar motorn med pedalen nertryckt. När motorn startar skall pedalen sjunka något. Om inte kan vakuumslangen eller själva servoenheten vara trasig.

Ratt och rattstäng

☐ Känn efter att ratten sitter fast. Undersök om det finns några sprickor i ratten eller om några delar på den sitter löst.

☐ Rör på ratten uppåt, nedåt och i sidled. Fortsätt att röra på ratten samtidigt som du vrider lite på den från vänster till höger.

☐ Kontrollera att ratten sitter fast ordentligt på rattstången, vilket annars kan tyda på slitage eller att fästmuttern sitter löst. Om ratten går att röra onaturligt kan det tyda på att rattstångens bärlager eller kopplingar är slitna.

Rutor och backspeglar

☐ Vindrutan måste vara fri från sprickor och andra skador som kan vara irriterande eller hindra sikten i förarens synfält. Sikten får inte heller hindras av t.ex. ett färgat eller reflekterande skikt. Samma regler gäller även för de främre sidorutorna.

☐ Backspeglarna måste sitta fast ordentligt och vara hela och ställbara.

Säkerhetsbälten och säten

Observera: *Kom ihåg att alla säkerhetsbälten måste kontrolleras - både fram och bak.*

☐ Kontrollera att säkerhetsbältena inte är slitna, fransiga eller trasiga i väven och att alla låsmekanismer och rullmekanismer fungerar obehindrat. Se även till att alla infästningar till säkerhetsbältena sitter säkert.

☐ Framsätena måste vara ordentligt fastsatta och om de är fällbara måste de vara låsbara i uppfällt läge.

Dörrar

☐ Framdörrarna måste gå att öppna och stänga från både ut- och insidan och de måste gå ordentligt i lås när de är stängda. Gångjärnen ska sitta säkert och inte glappa eller kärva onormalt.

2 Kontroller som utförs med bilen på marken

Registreringsskyltar

☐ Registreringsskyltarna måste vara väl synliga och lätta att läsa av, d v s om bilen är mycket smutsig kan det ge en anmärkning.

Elektrisk utrustning

☐ Slå på tändningen och kontrollera att signalhornet fungerar och att det avger en jämn ton.

☐ Kontrollera vindrutetorkarna och vindrutespolningen. Svephastigheten får inte vara extremt låg, svepytan får inte vara för liten och torkarnas viloläge ska inte vara inom förarens synfält. Byt ut gamla och skadade torkarblad.

☐ Kontrollera att strålkastarna fungerar och att de är rätt inställda. Reflektorerna får inte vara skadade, lampglasen måste vara hela och lamporna måste vara ordentligt fastsatta. Kontrollera även att bromsljusen fungerar och att det inte krävs högt pedaltryck för att tända dem. (Om du inte har någon medhjälpare kan du kontrollera bromsljusen genom att backa upp bilen mot en garageport, vägg eller liknande reflekterande yta.)

☐ Kontrollera att blinkers och varningsblinkers fungerar och att de blinkar i normal hastighet. Parkeringsljus och bromsljus får inte påverkas av blinkers. Om de påverkas beror detta oftast på jordfel. Se också till att alla övriga lampor på bilen är hela och fungerar som de ska och att t.ex. extraljus inte är placerade så att de skymmer föreskriven belysning.

☐ Se även till att batteri, elledningar, reläer och liknande sitter fast ordentligt och att det inte föreligger någon risk för kortslutning

Fotbroms

☐ Undersök huvudbromscylindern, bromsrören och servoenheten. Leta efter läckage, rost och andra skador.

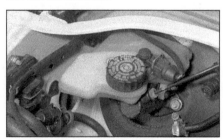

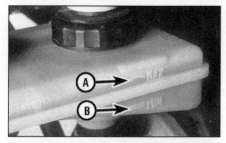

☐ Bromsvätskebehållaren måste sitta fast ordentligt och vätskenivån skall vara mellan max- (A) och min- (B) markeringarna.

☐ Undersök båda främre bromsslangarna efter sprickor och förslitningar. Vrid på ratten till fullt rattutslag och se till att broms-slangarna inte tar i någon del av styrningen eller upphängningen. Tryck sedan ner broms-pedalen och se till att det inte finns några läckor eller blåsor på slangarna under tryck.

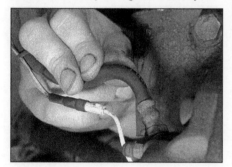

Styrning

☐ Be någon vrida på ratten så att hjulen vrids något. Kontrollera att det inte är för stort spel mellan rattutslaget och styrväxeln vilket kan tyda på att rattstångslederna, kopplingen mellan rattstången och styrväxeln eller själva styrväxeln är sliten eller glappar.

☐ Vrid sedan ratten kraftfullt åt båda hållen så att hjulen vrids något. Undersök då alla damasker, styrleder, länksystem, rörkopp-lingar och anslutningar/fästen. Byt ut alla delar som verkar utslitna eller skadade. På bilar med servostyrning skall servopumpen, driv-remmen och slangarna kontrolleras.

Stötdämpare

☐ Tryck ned hörnen på bilen i tur och ordning och släpp upp. Bilen skall gunga upp och sedan gå tillbaka till ursprungsläget. Om bilen

fortsätter att gunga är stötdämparna dåliga. Stötdämpare som kärvar påtagligt gör också att bilen inte klarar besiktningen. (Observera att stötdämpare kan saknas på vissa fjäder-system.)

☐ Kontrollera också att bilen står rakt och ungefär i rätt höjd.

Avgassystem

☐ Starta motorn medan någon håller en trasa över avgasröret och kontrollera sedan att avgassystemet inte läcker. Reparera eller byt ut de delar som läcker.

Kaross

☐ Skador eller korrosion/rost som utgörs av vassa eller i övrigt farliga kanter med risk för personskada medför vanligtvis att bilen måste repareras och ombesiktas. Det får inte heller finnas delar som sitter påtagligt löst.

☐ Det är inte tillåtet att ha utskjutande detaljer och anordningar med olämplig utformning eller placering (prydnadsföremål, antenn-fästen, viltfångare och liknande).

☐ Kontrollera att huvlås och säkerhetsspärr fungerar och att gångjärnen inte sitter löst eller på något vis är skadade.

☐ Se också till att stänkskydden täcker hela däckets bredd.

3 Kontroller som utförs med bilen upphissad och med fria hjul

Lyft upp både fram- och bakvagnen och ställ bilen på pallbockar. Placera pall-bockarna så att de inte tar i fjäder-upphängningen. Se till att hjulen inte tar i marken och att de går att vrida till fullt rattutslag. Om du har begränsad utrust-ning går det naturligtvis bra att lyfta upp en ände i taget.

Styrsystem

☐ Be någon vrida på ratten till fullt rattutslag. Kontrollera att alla delar i styrningen går mjukt och att ingen del av styrsystemet tar i någonstans.

☐ Undersök kuggstångsdamaskerna så att de inte är skadade eller att metallklämmorna glappar. Om bilen är utrustad med servo-styrning ska slangar, rör och kopplingar kontrolleras så att de inte är skadade eller

läcker. Kontrollera också att styrningen inte är onormalt trög eller kärvar. Undersök länk-armar, krängningshämmare, styrstag och styrleder och leta efter glapp och rost.

☐ Se även till att ingen saxpinne eller liknande låsmekanism saknas och att det inte finns gravrost i närheten av någon av styrmeka-nismens fästpunkter.

Upphängning och hjullager

☐ Börja vid höger framhjul. Ta tag på sidorna av hjulet och skaka det kraftigt. Se till att det inte glappar vid hjullager, spindelleder eller vid upphängningens infästningar och leder.

☐ Ta nu tag upptill och nedtill på hjulet och upprepa ovanstående. Snurra på hjulet och undersök hjullagret angående missljud och glapp.

☐ Om du misstänker att det är för stort spel vid en komponents led kan man kontrollera detta genom att använda en stor skruvmejsel eller liknande och bända mellan infästningen och komponentens fäste. Detta visar om det är bussningen, fästskruven eller själva infäst-ningen som är sliten (bulthålen kan ofta bli uttänjda).

☐ Kontrollera alla fyra hjulen.

Fjädrar och stötdämpare

☐ Undersök fjäderbenen (där så är tillämpligt) angående större läckor, korrosion eller skador i godset. Kontrollera också att fästena sitter säkert.

☐ Om bilen har spiralfjädrar, kontrollera att dessa sitter korrekt i fjädersätena och att de inte är utmattade, rostiga, spruckna eller av.

☐ Om bilen har bladfjädrar, kontrollera att alla bladen är hela, att axeln är ordentligt fastsatt mot fjädrarna och att fjäderöglorna, bussningarna och upphängningarna inte är slitna.

☐ Liknande kontroll utförs på bilar som har annan typ av upphängning såsom torsionfjädrar, hydraulisk fjädring etc. Se till att alla infästningar och anslutningar är säkra och inte utslitna, rostiga eller skadade och att den hydrauliska fjädringen inte läcker olja eller på annat sätt är skadad.

☐ Kontrollera att stötdämparna inte läcker och att de är hela och oskadade i övrigt samt se till att bussningar och fästen inte är utslitna.

Drivning

☐ Snurra på varje hjul i tur och ordning. Kontrollera att driv-/kardanknutar inte är lösa, glappa, spruckna eller skadade. Kontrollera också att skyddsbälgarna är intakta och att driv-/kardanaxlar är ordentligt fastsatta, raka och oskadade. Se även till att inga andra detaljer i kraftöverföringen är glappa, lösa, skadade eller slitna.

Bromssystem

☐ Om det är möjligt utan isärtagning, kontrollera hur bromsklossar och bromsskivor ser ut. Se till att friktionsmaterialet på bromsbeläggen (A) inte är slitet under 2 mm och att bromsskivorna (B) inte är spruckna, gropiga, repiga eller utslitna.

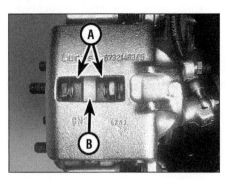

☐ Undersök alla bromsrör under bilen och bromsslangarna bak. Leta efter rost, skavning och övriga skador på ledningarna och efter tecken på blåsor under tryck, skavning, sprickor och förslitning på slangarna. (Det kan vara enklare att upptäcka eventuella sprickor på en slang om den böjs något.)

☐ Leta efter tecken på läckage vid bromsoken och på bromssköldarna. Reparera eller byt ut delar som läcker.

☐ Snurra sakta på varje hjul medan någon trycker ned och släpper upp bromspedalen. Se till att bromsen fungerar och inte ligger an när pedalen inte är nedtryckt.

☐ Undersök handbromsmekanismen och kontrollera att vajern inte har fransat sig, är av eller väldigt rostig eller att länksystemet är utslitet eller glappar. Se till att handbromsen fungerar på båda hjulen och inte ligger an när den läggs ur.

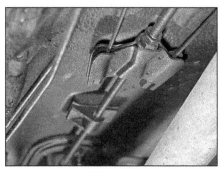

☐ Det är inte möjligt att prova bromsverkan utan specialutrustning, men man kan göra ett körtest och prova att bilen inte drar åt något håll vid en kraftig inbromsning.

Bränsle- och avgassystem

☐ Undersök bränsletanken (inklusive tanklock och påfyllningshals), fastsättning, bränsleledningar, slangar och anslutningar. Alla delar måste sitta fast ordentligt och får inte läcka.

☐ Granska avgassystemet i hela dess längd beträffande skadade, avbrutna eller saknade upphängningar. Kontrollera systemets skick beträffande rost och se till att rörklämmorna är säkert monterade. Svarta sotavlagringar på avgassystemet tyder på ett annalkande läckage.

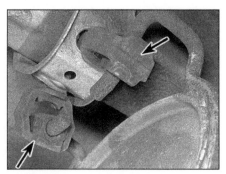

Hjul och däck

☐ Undersök i tur och ordning däcksidorna och slitbanorna på alla däcken. Kontrollera att det inte finns några skärskador, revor eller bulor och att korden inte syns p g a utslitning eller skador. Kontrollera att däcket är korrekt monterat på fälgen och att hjulet inte är deformerat eller skadat.

☐ Se till att det är rätt storlek på däcken för bilen, att det är samma storlek och däcktyp på samma axel och att det är rätt lufttryck i däcken. Se också till att inte ha dubbade och odubbade däck blandat. (Dubbade däck får användas under vinterhalvåret, från 1 oktober till första måndagen efter påsk.)

☐ Kontrollera mönsterdjupet på däcken – minsta tillåtna mönsterdjup är 1,6 mm. Onormalt däckslitage kan tyda på felaktig framhjulsinställning.

Korrosion

☐ Undersök alla bilens bärande delar efter rost. (Bärande delar innefattar underrede, tröskellådor, tvärbalkar, stolpar och all upphängning, styrsystemet, bromssystemet samt bältesinfästningarna.) Rost som avsevärt har reducerat tjockleken på en bärande yta medför troligtvis en tvåa i besiktningsprotokollet. Sådana skador kan ofta vara svåra att reparera själv.

☐ Var extra noga med att kontrollera att inte rost har gjort det möjligt för avgaser att tränga in i kupén. Om så är fallet kommer fordonet ovillkorligen inte att klara besiktningen och dessutom utgör det en stor trafik- och hälsofara för dig och dina passagerare.

4 Kontroller som utförs på bilens avgassystem

Bensindrivna modeller

☐ Starta motorn och låt den bli varm. Se till att tändningen är rätt inställd, att luftfiltret är rent och att motorn går bra i övrigt.

☐ Varva först upp motorn till ca 2500 varv/min och håll den där i ca 20 sekunder. Låt den sedan gå ner till tomgång och iaktta avgasutsläppen från avgasröret. Om tomgången är

Kontroller inför bilbesiktningen REF•13

onaturligt hög eller om tät blå eller klart synlig svart rök kommer ut med avgaserna i mer än 5 sekunder så kommer bilen antagligen inte att klara besiktningen. I regel tyder blå rök på att motorn är sliten och förbränner olja medan svart rök tyder på att motorn inte förbränner bränslet ordentligt (smutsigt luftfilter eller annat förgasar- eller bränslesystemfel).

☐ Vad som då behövs är ett instrument som kan mäta koloxid (CO) och kolväten (HC). Om du inte har möjlighet att låna eller hyra ett dylikt instrument kan du få hjälp med det på en verkstad för en mindre kostnad.

CO- och HC-utsläpp

☐ För närvarande är högsta tillåtna gränsvärde för CO- och HC-utsläpp för bilar av årsmodell 1989 och senare (d v s bilar med katalysator enligt lag) 0,5% CO och 100 ppm HC.

På tidigare årsmodeller testas endast CO-halten och följande gränsvärden gäller:

årsmodell 1985-88	3,5% CO
årsmodell 1971-84	4,5% CO
årsmodell -1970	5,5% CO.

Bilar av årsmodell 1987-88 med frivilligt monterad katalysator bedöms enligt 1989 års komponentkrav men 1985 års utsläppskrav.

☐ Om CO-halten inte kan reduceras tillräckligt för att klara besiktningen (och bränsle- och

tändningssystemet är i bra skick i övrigt) ligger problemet antagligen hos förgasaren/bränsleinsprutningsystemet eller katalysatorn (om monterad).

☐ Höga halter av HC kan orsakas av att motorn förbränner olja men troligare är att motorn inte förbränner bränslet ordentligt.

Dieseldrivna modeller

☐ Det enda testet för avgasutsläpp på dieseldrivna bilar är att man mäter röktätheten. Testet innebär att man varvar motorn kraftigt upprepade gånger.

Observera: *Det är oerhört viktigt att motorn är rätt inställd innan provet genomförs.*

☐ Mycket rök kan orsakas av ett smutsigt luftfilter. Om luftfiltret inte är smutsigt men bilen ändå avger mycket rök kan det vara nödvändigt att söka experthjälp för att hitta orsaken.

5 Körtest

☐ Slutligen, provkör bilen. Var extra uppmärksam på eventuella missljud, vibrationer och liknande.

☐ Om bilen har automatväxellåda, kontrollera att den endast går att starta i lägena P och N. Om bilen går att starta i andra växellägen måste växelväljarmekanismen justeras.

☐ Kontrollera också att hastighetsmätaren fungerar och inte är missvisande.

☐ Se till att ingen extrautrustning i kupén, t ex biltelefon och liknande, är placerad så att den vid en eventuell kollision innebär ökad risk för personskada.

☐ Bilen får inte dra åt något håll vid normal körning. Gör också en hastig inbromsning och kontrollera att bilen inte då drar åt något håll. Om kraftiga vibrationer känns vid inbromsning kan det tyda på att bromsskivorna är skeva och bör bytas eller fräsas om. (Inte att förväxlas med de låsningsfria bromsarnas karakteristiska vibrationer.)

☐ Om vibrationer känns vid acceleration, hastighetsminskning, vid vissa hastigheter eller hela tiden, kan det tyda på att drivknutar eller drivaxlar är slitna eller defekta, att hjulen eller däcken är felaktiga eller skadade, att hjulen är obalanserade eller att styrleder, upphängningens leder, bussningar eller andra komponenter är slitna.

Motor

- [ ] Motorn går inte runt vid startförsök
- [ ] Motorn går runt, men startar inte
- [ ] Motorn är svårstartad när den är kall
- [ ] Motorn är svårstartad när den är varm
- [ ] Startmotorn ger i från sig oljud eller kärvar
- [ ] Motorn startar, men stannar omedelbart
- [ ] Ojämn tomgång
- [ ] Motorn feltänder vid tomgång
- [ ] Motorn feltänder vid alla varvtal
- [ ] Långsam acceleration
- [ ] Överstegring av motorn
- [ ] Låg motorkapacitet
- [ ] Motorn misständer
- [ ] Varningslampan för oljetryck lyser när motorn är igång
- [ ] Glödtändning
- [ ] Motorljud

Kylsystem

- [ ] Överhettning
- [ ] Alltför stark avkylning
- [ ] Yttre kylvätskeläckage
- [ ] Inre kylvätskeläckage
- [ ] Korrosion

Bränsle- och avgassystem

- [ ] Överdriven bränsleförbrukning
- [ ] Bränsleläckage och/eller bränslelukt
- [ ] Störande oljud eller för mycket avgaser från avgassystemet

Koppling

- [ ] Pedalen går i golvet – inget tryck eller mycket lite motstånd
- [ ] Kopplingen tar inte (det går inte att lägga i växlar)
- [ ] Kopplingen slirar (motorvarvtalet ökar utan att hastigheten ökar)
- [ ] Skakningar vid frikoppling
- [ ] Missljud när kopplingspedalen trycks ner eller släpps upp

Manuell växellåda

- [ ] Missljud i friläge när motorn går
- [ ] Missljud när en speciell växel ligger i
- [ ] Svårt att lägga i växlar
- [ ] Växeln hoppar ur
- [ ] Vibrationer
- [ ] Smörjmedelsläckage

Automatväxellåda

- [ ] Oljeläckage
- [ ] Växellådsoljan är brun eller luktar bränt
- [ ] Motorn startar inte på någon växel, eller startar på andra växlar än Park eller Neutral
- [ ] Allmänna problem med växlingen
- [ ] Växellådan växlar inte ner (kickdown) när gaspedalen är helt nedtryckt
- [ ] Växellådan slirar, växlar trögt, låter illa eller är utan drift i framväxlarna eller backen

Drivaxlar

- [ ] Vibrationer vid acceleration eller inbromsning
- [ ] Klickande eller knackande ljud vid svängar (i låg fart med fullt rattutslag)

Bromssystem

- [ ] Bilen drar åt ena sidan vid inbromsning
- [ ] Oljud (slipljud eller högt gnisslande) vid inbromsning
- [ ] Överdriven pedalväg
- [ ] Bromspedalen känns svampig vid nedtryckning
- [ ] Överdriven pedalkraft krävs för att stanna bilen
- [ ] Skakningar i bromspedal eller ratt vid inbromsning
- [ ] Pedalen rycker när man bromsar hårt
- [ ] Bromsarna kärvar
- [ ] Bakhjulen låser sig vid normal inbromsning

Styrning och fjädring

- [ ] Bilen drar åt ena sidan
- [ ] Hjulen vinglar och skakar
- [ ] Kraftiga nigningar och/eller krängningar runt hörn eller vid inbromsning
- [ ] Vandrande eller allmän instabilitet
- [ ] Överdrivet stel styrning
- [ ] Överdrivet spel i styrningen
- [ ] Bristande servoeffekt
- [ ] Betydande däckslitage

Elsystem

- [ ] Batteriet laddar ur på bara ett par dagar
- [ ] Tändningslampan fortsätter lysa när motorn går
- [ ] Tändningslampan tänds inte
- [ ] Ljusen fungerar inte
- [ ] Instrumentavläsningarna missvisande eller ryckiga
- [ ] Signalhornet fungerar dåligt eller inte alls
- [ ] Vindrute-/bakrutetorkarna fungerar dåligt eller inte alls
- [ ] Vindrute-/bakrutespolarna fungerar dåligt eller inte alls
- [ ] De elektriska fönsterhissarna fungerar dåligt eller inte alls
- [ ] Centrallåset fungerar dåligt eller inte alls

Inledning

De fordonsägare som underhåller sina bilar med rekommenderad regelbundenhet kommer inte att behöva använda den här delen av handboken ofta. Moderna komponenter går mycket sällan sönder om de underhålls och byts ut med rekommenderad regelbundenhet. Fel uppstår vanligen inte plötsligt, de utvecklas med tiden. Speciellt större mekaniska haverier föregås vanligen av karakteristiska symptom under hundratals eller tusentals kilometer. De komponenter som ibland havererar utan föregående varning är i regel små och lätta att ha med i bilen.

Vid all felsökning är det första steget att bestämma var man ska börja söka. Ibland är detta uppenbart, men ibland behövs lite detektivarbete. En ägare som gör ett halvdussin slumpmässiga justeringar eller komponentbyten kanske lyckas åtgärda felet (eller undanröja symptomen), men om felet uppstår igen vet hon eller han ändå inte var felet sitter och måste spendera mer tid och pengar än vad som är nödvändigt för att åtgärda det. Ett lugnt och metodiskt tillvägagångssätt är bättre i det långa loppet. Ta alltid hänsyn till varningstecken eller ovanligheter som uppmärksammats före haveriet – kraftförlust, höga/låga mätaravläsningar, ovanliga lukter – och kom ihåg att haverier i säkringar och tändstift kanske bara är symptom på ett underliggande fel.

Följande sidor fungerar som en enkel guide till de vanligaste problemen som kan uppstå med bilen. Problemen och deras möjliga orsaker grupperas under rubriker för olika komponenter eller system som Motorn, Kylsystemet etc.

Avsnitt som tar upp detta problem visas inom parentes. Läs aktuellt avsnitt för systemspecifik information. Oavsett fel finns vissa grundläggande principer. Dessa är:

Bekräfta felet. Detta handlar helt enkelt om att du ska vara säker på vilka symptomen är innan du påbörjar arbetet. Det här är extra viktigt om du undersöker ett fel åt någon annan, som kanske inte har beskrivit problemet korrekt.

Förbise inte det självklara. Om bilen t.ex. inte startar, finns det verkligen bensin i tanken? (Ta inte någon annans ord för givet på denna punkt och lita inte heller på bränslemätaren!) Om ett elektriskt fel misstänks föreligga, leta efter lösa kontakter och brutna ledningar innan du plockar fram testutrustningen.

Bota sjukdomen, inte symptomen. Att byta ett urladdat batteri mot ett fulladdat tar dig från vägkanten, men om orsaken inte åtgärdas kommer även det nya batteriet snart att vara urladdat. Samma sak om nedoljade tändstift byts ut mot nya – bilen rullar, men orsaken till nedsmutsningen måste fortfarande fastställas och åtgärdas (om den inte berodde att tändstiften hade fel värmetal).

Ta inte någonting för givet. Glöm inte att även "nya" delar kan vara defekta (särskilt om de skakat runt i bagageutrymmet månader i sträck). Utelämna inte några komponenter vid en felsökning bara för att de är nya eller nymonterade. När felet slutligen upptäcks inser du antagligen att det fanns tecken på felet från början.

Motor

Motorn går inte runt vid startförsök

☐ Batterianslutningarna sitter löst eller är korroderade (se Veckokontroller).
☐ Batteriet urladdat eller defekt (kapitel 5A).
☐ Brutna, lösa eller urkopplade ledningar i startmotorkretsen (kapitel 5A).
☐ Defekt solenoid eller brytare (kapitel 5A).
☐ Defekt startmotor (kapitel 5A).
☐ Lösa eller skadade kuggar på startdrevet eller svänghjulets krondrev (kapitel 2A, 2B och 5A).
☐ Motorns jordfläta trasig eller losskopplad (kapitel 5A).

Motorn drar runt, men startar inte

☐ Bränsletanken tom.
☐ Batteriet urladdat (motorn roterar långsamt) (kapitel 5A).
☐ Batterianslutningarna sitter löst eller är korroderade (se Veckokontroller).
☐ Tändningskomponenterna fuktiga eller skadade – bensinmodeller (kapitel 1A och 5B).
☐ Trasiga, lösa eller urkopplade kablar i tändningskretsen – bensinmodeller (kapitel 1A och 5B).
☐ Utslitna, defekta eller felaktigt inställda tändstift – bensinmodeller (kapitel 1A).
☐ Fel på förvärmningssystemet – dieselmodeller (kapitel 5C).
☐ Fel på bränsleinsprutningssystemet – bensinmodeller (kapitel 4A).
☐ Fel på stoppsolenoid – dieselmodeller (kapitel 4B).
☐ Luft i bränslesystemet – dieselmodeller (kapitel 4B).
☐ Större mekaniskt fel (t.ex. kamaxeldrev) (kapitel 2).

Motorn är svårstartad när den är kall

☐ Batteriet urladdat (kapitel 5A).
☐ Batterianslutningarna sitter löst eller är korroderade (se Veckokontroller).
☐ Utslitna, defekta eller felaktigt inställda tändstift – bensinmodeller (kapitel 1A).
☐ Fel på förvärmningssystemet – dieselmodeller (kapitel 5C).
☐ Fel på bränsleinsprutningssystemet – bensinmodeller (kapitel 4A).
☐ Annat fel i tändsystemet – bensinmodeller (kapitel 1A och 5B).
☐ Låg cylinderkompression (kapitel 2A eller 2B).

Motorn är svårstartad när den är varm

☐ Smutsigt eller igensatt luftfilter (kapitel 1A eller 1B).
☐ Fel på bränsleinsprutningssystemet – bensinmodeller (kapitel 4A).
☐ Låg cylinderkompression (kapitel 2).

Startmotorn ger ifrån sig oljud eller kärvar

☐ Lösa eller skadade kuggar på startdrevet eller svänghjulets krondrev (kapitel 2A, 2B och 5A).
☐ Startmotorns fästbultar lösa (kapitel 5A).
☐ Startmotorns inre delar slitna eller skadade (kapitel 5A).

Motorn startar, men stannar omedelbart

☐ Löda eller trasiga elektriska anslutningar i tändningskretsen – bensinmodeller (kapitel 1A och 5B).
☐ Vakuumläckage i gasspjällshuset eller insugsgrenröret – bensinmodeller (kapitel 4A).
☐ Igensatt insprutningsventil/bränsleinsprutningssystemet defekt – bensinmodeller (kapitel 4A).

Ojämn tomgång

☐ Igensatt luftfilter (kapitel 1A eller 1B).
☐ Vakuumläckage i gasspjällshuset, insugsgrenröret eller tillhörande slangar – bensinmodeller (kapitel 4A).
☐ Utslitna, defekta eller felaktigt inställda tändstift – bensinmodeller (kapitel 1A).
☐ Ojämn eller låg cylinderkompression (kapitel 2).
☐ Kamloberna slitna (kapitel 2A eller 2B).
☐ Kamkedjan felaktigt monterad (kapitel 2A eller 2B).
☐ Igensatt insprutningsventil/bränsleinsprutningssystemet defekt – bensinmodeller (kapitel 4A).
☐ Fel på insprutningsventil(er) – dieselmodeller (kapitel 4B).

Feltändning vid tomgångshastighet

☐ Utslitna, defekta eller felaktigt inställda tändstift – bensinmodeller (kapitel 1A).
☐ Defekta tändkablar – bensinmodellerer (kapitel 1A).
☐ Vakuumläckage i gasspjällshuset, insugsgrenröret eller tillhörande slangar – bensinmodeller (kapitel 4A).
☐ Igensatt insprutningsventil/bränsleinsprutningssystemet defekt – ensinmodeller (kapitel 4A).
☐ Fel på insprutningsventil(er) – dieselmodeller (kapitel 4B).
☐ Ojämn eller låg cylinderkompression (kapitel 2A eller 2B).
☐ Lösa, läckande eller trasiga slangar i vevhusventilationen (kapitel 4C).

Feltändning vid alla varvtal

☐ Igensatt bränslefilter (kapitel 1A eller 1B).
☐ Defekt bränslepump eller lågt tillförseltryck – bensinmodeller (kapitel 4A).
☐ Blockerad bensintanksventil eller delvis igentäppta bränslerör (kapitel 4A eller 4B).
☐ Vakuumläckage i gasspjällshuset, insugsgrenröret eller tillhörande slangar – bensinmodeller (kapitel 4A).
☐ Utslitna, defekta eller felaktigt inställda tändstift – bensinmodeller (kapitel 1A).
☐ Defekta tändkablar – bensinmodellerer (kapitel 1A).
☐ Fel på insprutningsventil(er) – dieselmodeller (kapitel 4B).
☐ Defekt tändspole – bensinmodeller (kapitel 5B).
☐ Ojämn eller låg cylinderkompression (kapitel 2A eller 2B).
☐ Igensatt insprutningsventil/bränsleinsprutningssystemet defekt – bensinmodeller (kapitel 4A).

Motor (forts.)

Långsam acceleration

- [ ] Utslitna, defekta eller felaktigt inställda tändstift – bensinmodeller (kapitel 1A).
- [ ] Vakuumläckage i gasspjällshuset, insugsgrenröret eller tillhörande slangar – bensinmodeller (kapitel 4A).
- [ ] Igensatt insprutningsventil/bränsleinsprutningssystemet defekt – bensinmodeller (kapitel 4A).
- [ ] Fel på insprutningsventil(er) – dieselmodeller (kapitel 4B).

Överstegring av motorn

- [ ] Vakuumläckage i gasspjällshuset, insugsgrenröret eller tillhörande slangar – bensinmodeller (kapitel 4A).
- [ ] Igensatt bränslefilter (kapitel 1A eller 1B).
- [ ] Defekt bränslepump eller lågt tillförseltryck – bensinmodeller (kapitel 4A).
- [ ] Blockerad bensintanksventil eller delvis igentäppta bränslerör (kapitel 4A eller 4B).
- [ ] Igensatt insprutningsventil/bränsleinsprutningssystemet defekt – bensinmodeller (kapitel 4A).
- [ ] Fel på insprutningsventil(er) – dieselmodeller (kapitel 4B).

Låg motorkapacitet

- [ ] Kamkedjan felaktigt monterad eller spänd (kapitel 2A eller 2B).
- [ ] Igensatt bränslefilter (kapitel 1A eller 1B).
- [ ] Defekt bränslepump eller lågt tillförseltryck – bensinmodeller (kapitel 4A).
- [ ] Ojämn eller låg cylinderkompression (kapitel 2A eller 2B).
- [ ] Utslitna, defekta eller felaktigt inställda tändstift – bensinmodeller (kapitel 1A).
- [ ] Vakuumläckage i gasspjällshuset, insugsgrenröret eller tillhörande slangar – bensinmodeller (kapitel 4A).
- [ ] Igensatt insprutningsventil/bränsleinsprutningssystemet defekt – bensinmodeller (kapitel 4A).
- [ ] Fel på insprutningsventil(er) – dieselmodeller (kapitel 4B).
- [ ] Insprutningspumpens synkronisering felaktig – dieselmodeller (kapitel 4B).
- [ ] Bromsarna kärvar (kapitel 1A, 1B och 9).
- [ ] Kopplingen slirar (kapitel 6).

Motorn misständer

- [ ] Kamkedjan felaktigt monterad eller spänd (kapitel 2A eller 2B).
- [ ] Vakuumläckage i gasspjällshuset, insugsgrenröret eller tillhörande slangar – bensinmodeller (kapitel 4A).
- [ ] Igensatt insprutningsventil/bränsleinsprutningssystemet defekt – bensinmodeller (kapitel 4A).

Varningslampan för oljetryck lyser när motorn är igång

- [ ] Låg oljenivå eller felaktig oljekvalitet (Veckokontroller).
- [ ] Defekt oljetrycksgivare (kapitel 5A).
- [ ] Slitna motorlager och/eller sliten oljepump (kapitel 2C).
- [ ] Motorns arbetstemperatur hög (kapitel 3).
- [ ] Defekt oljetrycksventil (kapitel 2C).
- [ ] Oljeupptagarens sil igensatt (kapitel 2A eller 2B).

Glödtändning

- [ ] För mycket sotavlagringar i motorn (kapitel 2C).
- [ ] Motorns arbetstemperatur hög (kapitel 3).
- [ ] Fel på bränsleinsprutningssystemet – bensinmodeller (kapitel 4A).
- [ ] Fel på stoppsolenoid – dieselmodeller (kapitel 4B).

Motorljud

Förtändning (spikning) eller knackning under acceleration eller belastning

- [ ] Tändningsinställningen felaktig eller tändsystemet defekt – bensinmodeller (kapitel 1A och 5B).
- [ ] Felaktigt värmetal för tändstiften – bensinmodeller (kapitel 1A).
- [ ] Fel bränslekvalitet (kapitel 4A eller 4B).
- [ ] Vakuumläckage i gasspjällshuset, insugsgrenröret eller tillhörande slangar – bensinmodeller (kapitel 4A).
- [ ] För mycket sotavlagringar i motorn (kapitel 2C).
- [ ] Igensatt insprutningsventil/bränsleinsprutningssystemet defekt – bensinmodeller (kapitel 4A).

Visslande eller väsande ljud

- [ ] Läckage i insugsgrenrörets eller gasspjällshusets packning – bensinmodeller (kapitel 4A).
- [ ] Läckande avgasgrenrörspackning eller skarv mellan rör och grenrör (kapitel 4A eller 4B).
- [ ] Läckande vakuumslang (kapitel 4A, 4B, 5 och 9).
- [ ] Läckande topplockspackning (kapitel 2A eller 2B).

Knackande eller skallrande ljud

- [ ] Sliten ventilreglering eller sliten kamaxel (kapitel 2C).
- [ ] Defekt hjälpaggregat (kylvätskepump, växelströmsgenerator, etc.) (kapitel 3, 5A, etc.).

Knackande ljud eller slag

- [ ] Slitna vevstakslager (regelbundna hårda knackningar som eventuellt minskar vid belastning) (kapitel 2C).
- [ ] Slitna ramlager (buller och knackningar som eventuellt tilltar vid belastning) (kapitel 2C).
- [ ] Kolvslammer (hörs mest vid kyla) (kapitel 2C).
- [ ] Defekt hjälpaggregat (kylvätskepump, växelströmsgenerator, etc.) (kapitel 3, 5A, etc.).

Kylsystem

Överhettning

- [ ] För lite kylvätska i systemet (Veckokontroller).
- [ ] Defekt termostat (kapitel 3).
- [ ] Igensatt kylare eller grill (kapitel 3).
- [ ] Defekt elektrisk kylfläkt eller termostatbrytare (kapitel 3).
- [ ] Defekt temperaturmätare/givare (kapitel 3).
- [ ] Luftbubbla i kylsystemet (kapitel 3).
- [ ] Defekt expansionskärlslock (kapitel 3).

För stark avkylning

- [ ] Defekt termostat (kapitel 3).
- [ ] Defekt temperaturmätare/givare (kapitel 3).

Yttre kylvätskeläckage

- [ ] Åldrade eller skadade slangar eller slangklämmor (kapitel 1A eller 1B).

- [ ] Läckage i kylare eller värmepaket (kapitel 3).
- [ ] Defekt trycklock (kapitel 3).
- [ ] Kylvätskepumpens inre tätning läcker (kapitel 3).
- [ ] Kylvätskepumpens tätning mot motorblocket tätning läcker (kapitel 3).
- [ ] Kokning på grund av överhettning (kapitel 3).
- [ ] Kylarens hylsplugg läcker (kapitel 2C).

Inre kylvätskeläckage

- [ ] Läckande topplockspackning (kapitel 2A eller 2B).
- [ ] Sprucket topplock eller motorblock (kapitel 2A eller 2B eller 2C).

Korrosion

- [ ] Bristfällig avtappning och spolning (kapitel 1A eller 1B).
- [ ] Felaktig kylvätskeblandning eller fel typ av kylvätska (se Veckokontroller).

Bränsle- och avgassystem

Överdriven bränsleförbrukning

☐ Smutsigt eller igensatt luftfilter (kapitel 1A eller 1B).
☐ Fel på bränsleinsprutningssystemet – bensinmodeller (kapitel 4A).
☐ Fel på insprutningsventil(er) – dieselmodeller (kapitel 4B).
☐ Tändningsinställningen felaktig eller tändsystemet defekt–bensinmodeller (kapitel 1A och 5B).
☐ För lite luft i däcken (se Veckokontroller).

Bränsleläckage och/eller bränslelukt

☐ Bränsletank, -rör eller -anslutningar skadade eller korroderade (kapitel 4A eller 4B).

Störande oljud eller för mycket avgaser från avgassystemet

☐ Läckande avgassystem eller grenrörsskarvar (kapitel 1A, 1B och 4).
☐ Läckande, korroderad eller skadad ljuddämpare eller ledning (kapitel 1A, 1B och 4).
☐ Kontakt med karossen eller fjädringen på grund av trasiga fästen (kapitel 4A eller 4B).

Koppling

Pedalen går i golvet – inget tryck eller mycket lite motstånd

☐ Luft i hydraulsystemet/defekt huvud- eller slavcylinder (kapitel 6).
☐ Det hydrauliska urkopplingssystemet är defekt (kapitel 6).
☐ Defekt urtrampningslager eller kopplingsarm (kapitel 6).
☐ Trasig tallriksfjäder i kopplingens tryckplatta (kapitel 6).

Frikopplar inte (går ej att lägga i växlar)

☐ Luft i hydraulsystemet/defekt huvud- eller slavcylinder (kapitel 6).
☐ Det hydrauliska urkopplingssystemet är defekt (kapitel 6).
☐ Lamellen har fastnat på räfflorna på växellådans ingående axel (kapitel 6).
☐ Lamellen fastnar på svänghjul eller tryckplatta (kapitel 6).
☐ Defekt tryckplatta (kapitel 6).
☐ Urkopplingsmekanismen sliten eller felaktigt ihopsatt (kapitel 6).

Kopplingen slirar (motorns varvtal ökar men inte bilens hastighet)

☐ Det hydrauliska urkopplingssystemet är defekt (kapitel 6).
☐ Lamellbeläggen är mycket slitna (kapitel 6).

☐ Lamellbeläggen förorenade med olja eller fett (kapitel 6).
☐ Defekt tryckplatta eller svag tallriksfjäder (kapitel 6).

Skakningar vid frikoppling

☐ Lamellbeläggen förorenade med olja eller fett (kapitel 6).
☐ Lamellbeläggen är mycket slitna (kapitel 6).
☐ Defekt eller skev tryckplatta eller tallriksfjäder (kapitel 6).
☐ Slitna eller lösa fästen till motor eller växellåda (kapitel 2A eller 2B).
☐ Slitage på lamellnavet eller räfflorna på växellådans ingående axel (kapitel 6).

Missljud när kopplingspedalen trycks ner eller släpps upp

☐ Slitet urkopplingslager (kapitel 6).
☐ Sliten eller torr pedaltapp (kapitel 6).
☐ Defekt tryckplatta (kapitel 6).
☐ Tryckplattans tallriksfjäder trasig (kapitel 6).
☐ Trasiga fjädrar i kopplingens lameller (kapitel 6).

Manuell växellåda

Missljud i friläge när motorn går

☐ Slitage i ingående axelns lager (missljud med uppsläppt men inte med nedtryckt kopplingspedal) (kapitel 7A).*
☐ Slitet urkopplingslager (missljud med nedtryckt pedal som möjligen minskar när pedalen släpps upp) (kapitel 6).

Missljud när en specifik växel ligger i

☐ Slitna eller skadade kuggar på växellådsdreven (kapitel 7A).*

Svårt att lägga i växlar

☐ Defekt koppling (kapitel 6).
☐ Slitet eller skadat växellänkage (kapitel 7A).
☐ Slitna synkroniseringsenheter (kapitel 7A).*

Växeln hoppar ur

☐ Slitet eller skadat växellänkage (kapitel 7A).

☐ Slitna synkroniseringsenheter (kapitel 7A).*
☐ Slitna väljargafflar (kapitel 7A).*

Vibrationer

☐ För lite olja (kapitel 1A eller 1B).
☐ Slitna lager (kapitel 7A).*

Smörjmedelsläckage

☐ Läckande oljetätning (kapitel 7A).
☐ Läckande husfog (kapitel 7A).*
☐ Läckage i ingående axelns oljetätning (kapitel 7A).*

Även om nödvändiga åtgärder för beskrivna symptom är svårare än vad en hemmamekaniker klarar av är informationen ovan en hjälp att spåra felkällan, så att den tydligt kan beskrivas för en yrkesmekaniker.

Automatväxellåda

Observera: *På grund av automatväxelns komplicerade sammansättning är det svårt för hemmamekanikerna att ställa riktiga diagnoser och serva enheten. Om andra problem än följande uppstår ska bilen tas till en verkstad eller till en specialist på växellådor. Var inte för snabb med att ta bort växellådan om ett fel misstänks. De flesta kontroller ska utföras med växellådan monterad.*

Oljeläckage

☐ Automatväxellådans olja är ofta mörk till färgen. Oljeläckage från växellådan ska inte blandas ihop med motorolja, som lätt kan stänka på växellådan av luftflödet.

☐ För att hitta läckan, använd avfettningsmedel eller en ångtvätt och rengör växelhuset och områdena runt omkring från smuts och avlagringar. Kör bilen långsamt så att inte luftflödet blåser den läckande oljan långt från källan. Hissa upp bilen och stöd den på pallbockar, och fastställ varifrån läckan kommer. Läckage uppstår ofta i följande områden:
a) Oljetråg (kapitel 1A, 1B och 7B).
b) Oljestickans rör (kapitel 1A, 1B och 7B).
c) Oljerören/anslutningarna mellan växellådan och oljekylaren (kapitel 7B).

Växeloljan är brun eller luktar bränt

☐ Växellådans vätskenivå är låg, eller behöver bytas ut (kapitel 1A, 1B och 7B).

Motorn startar inte i någon växel, eller startar i andra växlar än Park eller Neutral

☐ Startspärrens kontakt felaktigt inställd (kapitel 7B).
☐ Felaktig inställning av växelvajer (kapitel 7B).

Allmänna problem med att växla

☐ I kapitel 7B behandlas kontroll och justering av växelvajern på automatväxellådor. Följande problem är vanliga och kan orsakas av en felaktigt inställd vajer:
a) Motorn startar i andra växlar än Park eller Neutral.
b) Indikatorpanelen anger en annan växel än den som används.
c) Bilen rör sig när växlarna Park eller Neutral ligger i.
d) Dålig eller felaktig utväxling.
☐ Se kapitel 7B för anvisningar om hur du justerar växelvajern.

Växellådan växlar inte ner (kickdown) när gaspedalen är helt nedtryckt

☐ Låg växellådsoljenivå (kapitel 1A eller 1B).
☐ Felaktig inställning av växelvajer (kapitel 7B).

Växellådan slirar, växlar trögt, låter illa eller är utan drift i framväxlarna eller backen

☐ Ovanstående fel kan ha flera möjliga orsaker, men hemmamekanikern bör endast bry sig om en av de möjliga orsakerna – felaktig växeloljenivå. Innan du lämnar in bilen till en verkstad eller en växellådsspecialist, kontrollera vätskenivån och vätskans skick enligt beskrivningen i kapitel 1A, 1B eller 7B, efter tillämplighet. Korrigera vätskenivån om det behövs. Byt vätskan och filtret vid behov. Om problemet kvarstår behövs professionell hjälp.

Drivaxlar

Vibrationer vid acceleration eller inbromsning

☐ Sliten inre drivknut (kapitel 8).
☐ Böjd eller skev drivaxel (kapitel 8).
☐ Slitet mellanlager – i förekommande fall (kapitel 8).

Klickande eller knackande ljud vid svängar (i låg fart med fullt rattutslag)

☐ Sliten yttre drivknut (kapitel 8).
☐ Bristfällig smörjning i knuten, eventuellt på grund av defekt damask (kapitel 8).

Bromssystem

Observera: *Kontrollera däckens skick och lufttryck, framvagnens inställning samt att bilen inte är ojämnt belastad innan bromsarna antas vara defekta. Alla åtgärder i ABS-systemet, utom kontroll av rör- och slanganslutningar, ska utföras av en Saab-verkstad.*

Bilen drar åt ena sidan vid inbromsning

- ☐ Slitna, defekta, skadade eller förorenade bromsklossar/-backar på en sida (kapitel 1A, 1B och 9).
- ☐ Helt eller delvis fastkärvad främre eller bakre bromsokskolv/ hjulcylinder (kapitel 9).
- ☐ Friktionsmaterial från bromsbeläggen/-backarna har fastnat mellan sidorna (kapitel 9).
- ☐ Bromsok eller bakre bromssköldens fästbultar lösa (kapitel 9).
- ☐ Slitna eller skadade komponenter i styrning eller fjädring (kapitel 1A, 1B och 10).

Oljud (skrapljud eller högljutt gnissel) vid inbromsning

- ☐ Bromsklossarnas/-backarnas friktionsmaterial nedslitet till stödplattan (kapitel 1A, 1B och 9).
- ☐ Betydande korrosion på bromsskiva eller bromstrumma – kan framträda när bilen stått ett tag (kapitel 1A, 1B och 9).
- ☐ Främmande föremål (grus etc.) fastklämt mellan bromsskiva och bromssköld (kapitel 1A, 1B eller 9).

Överdriven pedalväg

- ☐ Bakre trumbromsens självjusteringsmekanism defekt (kapitel 9).
- ☐ Defekt huvudcylinder (kapitel 9).
- ☐ Luft i hydraulsystemet (kapitel 9).
- ☐ Defekt vakuumservo (kapitel 9).
- ☐ Defekt vakuumpump – dieselmodeller (kapitel 9).

Bromspedalen känns svampig vid nedtryckning

- ☐ Luft i hydraulsystemet (kapitel 9).
- ☐ Åldrade bromsslangar (kapitel 1A, 1B och 9).
- ☐ Huvudcylinderns fästen lösa (kapitel 9).
- ☐ Defekt huvudcylinder (kapitel 9).

Överdriven pedalkraft krävs för att stanna bilen

- ☐ Defekt vakuumservo (kapitel 9).
- ☐ Bromsservons vakuumslang urkopplad, skadad eller lös (kapitel 1A, 1B och 9).
- ☐ Defekt vakuumpump – dieselmodeller (kapitel 9).
- ☐ Defekt primär- eller sekundärkrets (kapitel 9).
- ☐ Anfrätta bromsokskolvar eller hjulcylinderkolvar (kapitel 9).
- ☐ Bromsbeläggen/-backarna felmonterade (kapitel 9).
- ☐ Fel typ av bromsbelägg/-backar monterade (kapitel 9).
- ☐ Förorenat friktionsmaterial på bromsbelägg/-backar (kapitel 9).

Skakningar i bromspedal eller ratt vid inbromsning

- ☐ Påtagligt skev bromsskiva eller bromstrumma (kapitel 9).
- ☐ Bromskloss-/bromsbacksbelägg slitna (kapitel 1A, 1B och 9).
- ☐ Bromsok eller bakre bromssköldens fästbultar lösa (kapitel 9).
- ☐ Slitna komponenter eller fästen i fjädring eller styrning (kapitel 1A, 1B och 10).

Pedalen rycker när man bromsar hårt

- ☐ Normalt med ABS-system – inget fel.

Bromsarna kärvar

- ☐ Anfrätta bromsokskolvar eller hjulcylinderkolvar (kapitel 9).
- ☐ Feljusterad handbromsmekanism (kapitel 9).
- ☐ Defekt huvudcylinder (kapitel 9).

Bakhjulen låser sig vid normal inbromsning

- ☐ Bakre bromskloss-/bromsbacksbelägg förorenade (kapitel 1A, 1B och 9).
- ☐ Bakre bromsskivor-/trummor skeva (kapitel 1A, 1B och 9).

Styrning och fjädring

Observera: *Kontrollera att felet inte beror på fel lufttryck i däcken, blandade däcktyper eller kärvande bromsar innan fjädringen eller styrningen diagnostiseras som defekta.*

Bilen drar åt ena sidan

- [ ] Defekt däck (se Veckokontroller).
- [ ] Mycket slitna komponenter i fjädring eller styrning (kapitel 1A, 1B och 10).
- [ ] Felaktig framhjulsinställning (kapitel 10).
- [ ] Krockskador på komponenter i styrningen eller fjädringen (kapitel 1A, 1B och 10).

Hjulen vinglar och skakar

- [ ] Framhjulen obalanserade (vibration känns huvudsakligen i ratten) (kapitel 10).
- [ ] Bakhjulen obalanserade (vibration känns i hela bilen) (kapitel 10).
- [ ] Skadade eller åldrade hjul (kapitel 10).
- [ ] Defekt eller skadat däck (Veckokontroller).
- [ ] Slitage i styrning eller fjädring (kapitel 1A, 1B och 10).
- [ ] Lösa hjulbultar (kapitel 1A, 1B och 10).

Kraftiga nigningar och/eller krängningar runt hörn eller vid inbromsning

- [ ] Defekta stötdämpare (kapitel 1A, 1B och 10).
- [ ] Trasig eller svag spiralfjäder och/eller fjädringskomponent (kapitel 1A, 1B och 10).
- [ ] Slitage eller skada på krängningshämmare eller fästen (kapitel 10).

Vandrande eller allmän instabilitet

- [ ] Felaktig framhjulsinställning (kapitel 10).
- [ ] Slitage i styrning eller fjädring (kapitel 1A, 1B och 10).
- [ ] Hjulen obalanserade (kapitel 10).
- [ ] Defekt eller skadat däck (Veckokontroller).
- [ ] Lösa hjulbultar (kapitel 10).
- [ ] Defekta stötdämpare (kapitel 1A, 1B och 10).

Överdrivet stel styrning

- [ ] Styrstagsändens eller fjädringens spindelled anfrätt (kapitel 1A, 1B och 10).
- [ ] Trasig eller felaktigt justerad drivrem (kapitel 1A eller 1B).

- [ ] Felaktig framhjulsinställning (kapitel 10).
- [ ] Styrväxeln skadad (kapitel 10).

Överdrivet spel i styrningen

- [ ] Slitage i rattstångens kardanknutar (kapitel 10).
- [ ] Styrstagsändens kulleder slitna (kapitel 1A, 1B och 10).
- [ ] Sliten styrväxel (kapitel 10).
- [ ] Slitage i styrning eller fjädring (kapitel 1A, 1B och 10).

Bristande servoeffekt

- [ ] Trasig eller felaktigt justerad drivrem (kapitel 1A eller 1B).
- [ ] För hög eller låg nivå av styrservoolja (Veckokontroller).
- [ ] Styrservons oljeslangar igensatta (kapitel 10).
- [ ] Defekt servostyrningspump (kapitel 10).
- [ ] Defekt styrväxel (kapitel 10).

Överdrivet däckslitage

Däcken slitna på inner- eller ytterkanten

- [ ] För lite luft i däcken (slitage på båda kanterna) (Veckokontroller).
- [ ] Felaktiga camber- eller castorvinklar (slitage på en kant) (kapitel 10).
- [ ] Slitage i styrning eller fjädring (kapitel 1A, 1B och 10).
- [ ] Alltför hård kurvtagning.
- [ ] Skada efter olycka.

Däckmönster har fransiga kanter

- [ ] Felaktig toe-inställning (kapitel 10).

Slitage i mitten av däckmönstret

- [ ] För mycket luft i däcken (Veckokontroller).

Däcken slitna på inner- och ytterkanten

- [ ] För lite luft i däcken (Veckokontroller).
- [ ] Slitna stötdämpare (kapitel 10).

Ojämnt däckslitage

- [ ] Obalanserade hjul (se Veckokontroller)
- [ ] Stort kast i hjul eller däck (kapitel 10).
- [ ] Slitna stötdämpare (kapitel 1A, 1B och 10).
- [ ] Defekt däck (Veckokontroller).

Elsystem

Observera: *Vid problem med start, se felen under Motor tidigare i detta avsnitt.*

Batteriet laddar ur på bara ett par dagar

- [ ] Batteriet defekt invändigt (kapitel 5A).
- [ ] Batteriets elektrolytnivå låg – i förekommande fall (Veckokontroller).
- [ ] Batterianslutningarna sitter löst eller är korroderade (Veckokontroller).
- [ ] Sliten drivrem – eller felaktigt justerad, efter tillämplighet (kapitel 1A eller 1B).
- [ ] Generatorn laddar inte vid korrekt effekt (kapitel 5A).
- [ ] Generatorn eller spänningsregulatorn defekt (kapitel 5A).
- [ ] Kortslutning orsakar kontinuerlig urladdning av batteriet (kapitel 5A och 12).

Tändningens varningslampa fortsätter att lysa när motorn går

- [ ] Drivremmen trasig, sliten eller felaktigt justerad (kapitel 1A eller 1B).
- [ ] Internt fel i generatorn eller spänningsregulatorn (kapitel 5A).
- [ ] Trasigt, urkopplat eller löst kablage i laddningskretsen (kapitel 5A).

Tändningslampan tänds inte

- [ ] Varningslampans glödlampa trasig (kapitel 12).
- [ ] Trasigt, urkopplat eller löst kablage i varningslampans krets (kapitel 12).
- [ ] Defekt generator (kapitel 5A).

Elsystem (forts.)

Ljusen fungerar inte

- [ ] Trasig glödlampa (kapitel 12).
- [ ] Korrosion på glödlampa eller sockel (kapitel 12).
- [ ] Trasig säkring (kapitel 12).
- [ ] Defekt relä (kapitel 12).
- [ ] Trasigt, löst eller urkopplat kablage (kapitel 12).
- [ ] Defekt brytare (kapitel 12).

Instrumentavläsningarna missvisande eller ryckiga

Instrumentavläsningarna stiger med motorvarvtalet

- [ ] Defekt spänningsregulator (kapitel 12).

Bränsle- eller temperaturmätaren ger inget utslag

- [ ] Defekt givarenhet (kapitel 3 samt 4A eller 4B).
- [ ] Kretsavbrott (kapitel 12).
- [ ] Defekt mätare (kapitel 12).

Bränsle- eller temperaturmätaren ger kontinuerligt maximalt utslag

- [ ] Defekt givarenhet (kapitel 3 samt 4A eller 4B).
- [ ] Kortslutning (kapitel 12).
- [ ] Defekt mätare (kapitel 12).

Signalhornet fungerar dåligt eller inte alls

Signalhornet tjuter hela tiden

- [ ] Signalhornets kontakter är kortslutna eller tryckplattan har fastnat (kapitel 12).

Signalhornet fungerar inte

- [ ] Trasig säkring (kapitel 12).
- [ ] Vajer eller vajeranslutningar lösa, trasiga eller urkopplade (kapitel 12).
- [ ] Defekt signalhorn (kapitel 12).

Signalhornet avger ryckigt eller otillfredsställande ljud

- [ ] Lösa vajeranslutningar (kapitel 12).
- [ ] Signalhornets fästen sitter löst (kapitel 12).
- [ ] Defekt signalhorn (kapitel 12).

Vindrute-/bakrutetorkarna fungerar dåligt eller inte alls

Torkarna fungerar inte eller går mycket långsamt

- [ ] Torkarbladen fastnar vid rutan eller också är länksystemet anfrätt eller kärvar (Veckokontroller och kapitel 12).
- [ ] Trasig säkring (kapitel 12).
- [ ] Vajer eller vajeranslutningar lösa, trasiga eller urkopplade (kapitel 12).
- [ ] Defekt relä (kapitel 12).
- [ ] Defekt torkarmotor (kapitel 12).

Torkarbladen sveper över för stort/litet område av rutan

- [ ] Torkararmarna felaktigt placerade i spindlarna (kapitel 12).
- [ ] Påtagligt slitage i torkarnas länksystem (kapitel 12).
- [ ] Torkarmotorns eller länksystemets fästen sitter löst (kapitel 12).

Torkarbladen rengör inte rutan effektivt

- [ ] Torkarbladens gummi slitet eller saknas (Veckokontroller).
- [ ] Torkararmens fjäder trasig eller armtapparna har skurit (kapitel 12).
- [ ] Spolarvätskan har för låg koncentration för att beläggningen ska kunna tvättas bort (Veckokontroller).

Vindrute-/bakrutespolarna fungerar dåligt eller inte alls

Ett eller flera spolarmunstycken sprutar inte

- [ ] Igentäppt spolarmunstycke (kapitel 12).
- [ ] Urkopplad, veckad eller igensatt spolarslang (kapitel 12).
- [ ] För lite spolarvätska i spolarvätskebehållaren (Veckokontroller).

Spolarpumpen fungerar inte

- [ ] Trasiga eller lösa kablar eller anslutningar (kapitel 12).
- [ ] Trasig säkring (kapitel 12).
- [ ] Defekt spolarbrytare (kapitel 12).
- [ ] Defekt spolarpump (kapitel 12).

Spolarpumpen går ett tag innan det kommer någon spolarvätska

- [ ] Defekt envägsventil i vätskematarslangen (kapitel 12).

De elektriska fönsterhissarna fungerar dåligt eller inte alls

Fönsterrutan rör sig bara i en riktning

- [ ] Defekt brytare (kapitel 12).

Fönsterrutan rör sig långsamt

- [ ] Fönsterhissen skuren, skadad eller i behov av smörjning (kapitel 11).
- [ ] Dörrens inre komponenter eller klädsel hindrar fönsterhissen (kapitel 11).
- [ ] Defekt motor (kapitel 11).

Fönsterrutan rör sig inte

- [ ] Trasig säkring (kapitel 12).
- [ ] Defekt relä (kapitel 12).
- [ ] Trasiga eller lösa kablar eller anslutningar (kapitel 12).
- [ ] Defekt motor (kapitel 12).

Centrallåset fungerar dåligt eller inte alls

Totalt systemhaveri

- [ ] Trasig säkring (kapitel 12).
- [ ] Defekt relä (kapitel 12).
- [ ] Trasiga eller lösa kablar eller anslutningar (kapitel 12).
- [ ] Defekt motor (kapitel 11).

Regeln låser men låser inte upp, eller låser upp men låser inte

- [ ] Defekt brytare (kapitel 12).
- [ ] Regelns reglagespakar eller reglagestag är trasiga eller losskopplade (kapitel 11).
- [ ] Defekt relä (kapitel 12).
- [ ] Defekt motor (kapitel 11).

En solenoid/motor fungerar inte

- [ ] Trasiga eller lösa kablar eller anslutningar (kapitel 12).
- [ ] Defekt motor (kapitel 11).
- [ ] Regelns reglagespakar eller reglagestag kärvar, är trasiga eller urkopplade (kapitel 11).
- [ ] Defekt dörrlås (kapitel 11).

A

ABS (Anti-lock brake system) Låsningsfria bromsar. Ett system, vanligen elektroniskt styrt, som känner av påbörjande låsning av hjul vid inbromsning och lättar på hydraultrycket på hjul som ska till att låsa.

Air bag (krockkudde) En uppblåsbar kudde dold i ratten (på förarsidan) eller instrumentbrädan eller handskfacket (på passagerarsidan) Vid kollision blåses kuddarna upp vilket hindrar att förare och framsätespassagerare kastas in i ratt eller vindruta.

Ampere (A) En måttenhet för elektrisk ström. 1 A är den ström som produceras av 1 volt gående genom ett motstånd om 1 ohm.

Anaerobisk tätning En massa som används som gänglås. Anaerobisk innebär att den inte kräver syre för att fungera.

Antikärvningsmedel En pasta som minskar risk för kärvning i infästningar som utsätts för höga temperaturer, som t.ex. skruvar och muttrar till avgasrenrör. Kallas även gängskydd.

Antikärvningsmedel

Asbest Ett naturligt fibröst material med stor värmetolerans som vanligen används i bromsbelägg. Asbest är en hälsorisk och damm som alstras i bromsar ska aldrig inandas eller sväljas.

Avgasgrenrör En del med flera passager genom vilka avgaserna lämnar förbränningskamrarna och går in i avgasröret.

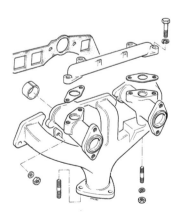

Avgasgrenrör

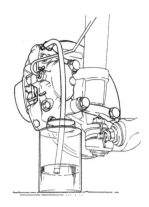

Avluftning av bromsarna

Avluftning av bromsar Avlägsnande av luft från hydrauliskt bromssystem.

Avluftningsnippel En ventil på ett bromsok, hydraulcylinder eller annan hydraulisk del som öppnas för att tappa ur luften i systemet.

Axel En stång som ett hjul roterar på, eller som roterar inuti ett hjul. Även en massiv balk som håller samman två hjul i bilens ena ände. En axel som även överför kraft till hjul kallas drivaxel.

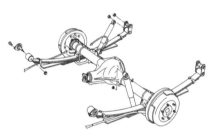

Axel

Axialspel Rörelse i längdled mellan två delar. För vevaxeln är det den distans den kan röra sig framåt och bakåt i motorblocket.

B

Belastningskänslig fördelningsventil En styrventil i bromshydrauliken som fördelar bromseffekten, med hänsyn till bakaxelbelastningen.

Bladmått Ett tunt blad av härdat stål, slipat till exakt tjocklek, som används till att mäta spel mellan delar.

Bladmått

Bromsback Halvmåneformad hållare med fastsatt bromsbelägg som tvingar ut beläggen i kontakt med den roterande bromstrumman under inbromsning.

Bromsbelägg Det friktionsmaterial som kommer i kontakt med bromsskiva eller bromstrumma för att minska bilens hastighet. Beläggen är limmade eller nitade på bromsklossar eller bromsbackar.

Bromsklossar Utbytbara friktionsklossar som nyper i bromsskivan när pedalen trycks ned. Bromsklossar består av bromsbelägg som limmats eller nitats på en styv bottenplatta.

Bromsok Den icke roterande delen av en skivbromsanordning. Det grenslar skivan och håller bromsklossarna. Oket innehåller även de hydrauliska delar som tvingar klossarna att nypa skivan när pedalen trycks ned.

Bromsskiva Den del i en skivbromsanordning som roterar med hjulet.

Bromstrumma Den del i en trumbromsanordning som roterar med hjulet.

C

Caster I samband med hjulinställning, lutningen framåt eller bakåt av styrningens axialled. Caster är positiv när styrningens axialled lutar bakåt i överkanten.

CV-knut En typ av universalknut som upphäver vibrationer orsakade av att drivkraft förmedlas genom en vinkel.

D

Diagnostikkod Kodsiffror som kan tas fram genom att gå till diagnosläget i motorstyrningens centralenhet. Koden kan användas till att bestämma i vilken del av systemet en felfunktion kan förekomma.

Draghammare Ett speciellt verktyg som skruvas in i eller på annat sätt fästs vid den del som ska dras ut, exempelvis en axel. Ett tungt glidande handtag dras utmed verktygsaxeln mot ett stopp i änden vilket rycker avsedd del fri.

Drivaxel En roterande axel på endera sidan differentialen som ger kraft från slutväxeln till drivhjulen. Även varje axel som används att överföra rörelse.

Drivaxel

Drivrem(mar) Rem(mar) som används till att driva tillbehörsutrustning som generator, vattenpump, servostyrning, luftkonditioneringskompressor mm, från vevaxelns remskiva.

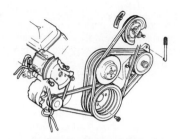

Drivremmar till extrautrustning

Dubbla överliggande kamaxlar (DOHC) En motor försedd med två överliggande kamaxlar, vanligen en för insugsventilerna och en för avgasventilerna.

E

EGR-ventil Avgasåtercirkulationsventil. En ventil som för in avgaser i insugsluften.

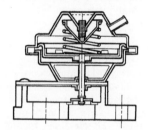

Ventil för avgasåtercirkulation (EGR)

Elektrodavstånd Den distans en gnista har att överbrygga från centrumelektroden till sidoelektroden i ett tändstift.

Justering av elektrodavståndet

Elektronisk bränsleinsprutning (EFI) Ett datorstyrt system som fördelar bränsle till förbränningskamrarna via insprutare i varje insugsport i motorn.

Elektronisk styrenhet En dator som exempelvis styr tändning, bränsleinsprutning eller låsningsfria bromsar.

F

Finjustering En process där noggranna justeringar och byten av delar optimerar en motors prestanda.

Fjäderben Se MacPherson-ben.

Fläktkoppling En viskös drivkoppling som medger variabel kylarfläkthastighet i förhållande till motorhastigheten.

Frostplugg En skiv- eller koppformad metallbricka som monterats i ett hål i en gjutning där kärnan avlägsnats.

Frostskydd Ett ämne, vanligen etylenglykol, som blandas med vatten och fylls i bilens kylsystem för att förhindra att kylvätskan fryser vintertid. Frostskyddet innehåller även kemikalier som förhindrar korrosion och rost och andra avlagringar som skulle kunna blockera kylare och kylkanaler och därmed minska effektiviteten.

Fördelningsventil En hydraulisk styrventil som begränsar trycket till bakbromsarna vid panikbromsning så att hjulen inte låser sig.

Förgasare En enhet som blandar bränsle med luft till korrekta proportioner för önskad effekt från en gnistantänd förbränningsmotor.

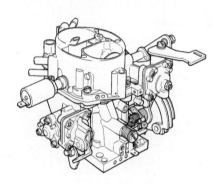

Förgasare

G

Generator En del i det elektriska systemet som förvandlar mekanisk energi från drivremmen till elektrisk energi som laddar batteriet, som i sin tur driver startsystem, tändning och elektrisk utrustning.

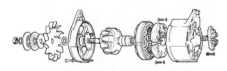

Generator (genomskärning)

Glidlager Den krökta ytan på en axel eller i ett lopp, eller den del monterad i endera, som medger rörelse mellan dem med ett minimum av slitage och friktion.

Gängskydd Ett täckmedel som minskar risken för gängskärning i bultförband som utsätts för stor hetta, exempelvis grenrörets bultar och muttrar. Kallas även antikärvningsmedel.

H

Handbroms Ett bromssystem som är oberoende av huvudbromsarnas hydraulikkrets. Kan användas till att stoppa bilen om huvudbromsarna slås ut, eller till att hålla bilen stilla utan att bromspedalen trycks ned. Den består vanligen av en spak som aktiverar främre eller bakre bromsar mekaniskt via vajrar och länkar. Kallas även parkeringsbroms.

Harmonibalanserare En enhet avsedd att minska fjädring eller vridande vibrationer i vevaxeln. Kan vara integrerad i vevaxelns remskiva. Även kallad vibrationsdämpare.

Hjälpstart Start av motorn på en bil med urladdat eller svagt batteri genom koppling av startkablar mellan det svaga batteriet och ett laddat hjälpbatteri.

Honare Ett slipverktyg för korrigering av smärre ojämnheter eller diameterskillnader i ett cylinderlopp.

Hydraulisk ventiltryckare En mekanism som använder hydrauliskt tryck från motorns smörjsystem till att upprätthålla noll ventilspel (konstant kontakt med både kamlob och ventilskaft). Justeras automatiskt för variation i ventilskaftslängder. Minskar även ventilljudet.

I

Insexnyckel En sexkantig nyckel som passar i ett försänkt sexkantigt hål.

Insugsrör Rör eller kåpa med kanaler genom vilka bränsle/luftblandningen leds till insugsportarna.

K

Kamaxel En roterande axel på vilken en serie lober trycker ned ventilerna. En kamaxel kan drivas med drev, kedja eller tandrem med kugghjul.

Kamkedja En kedja som driver kamaxeln.

Kamrem En tandrem som driver kamaxeln. Allvarliga motorskador kan uppstå om kamremmen brister vid körning.

Kanister En behållare i avdunstningsbegränsningen, innehåller aktivt kol för att fånga upp bensinångor från bränslesystemet.

Kanister

Kardanaxel Ett långt rör med universalknutar i bägge ändar som överför kraft från växellådan till differentialen på bilar med motorn fram och drivande bakhjul.

Kast Hur mycket ett hjul eller drev slår i sidled vid rotering. Det spel en axel roterar med. Orundhet i en roterande del.

Katalysator En ljuddämparliknande enhet i avgassystemet som omvandlar vissa föroreningar till mindre hälsovådliga substanser.

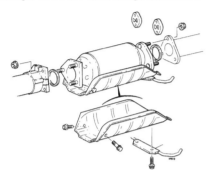

Katalysator

Kompression Minskning i volym och ökning av tryck och värme hos en gas, orsakas av att den kläms in i ett mindre utrymme.

Kompressionsförhållande Skillnaden i cylinderns volymer mellan kolvens ändlägen.

Kopplingsschema En ritning över komponenter och ledningar i ett fordons elsystem som använder standardiserade symboler.

Krockkudde (Airbag) En uppblåsbar kudde dold i ratten (på förarsidan) eller instrumentbrädan eller handskfacket (på passagerarsidan) Vid kollision blåses kuddarna upp vilket hindrar att förare och framsätespassagerare kastas in i ratt eller vindruta.

Krokodilklämma Ett långkäftat fjäderbelastat clips med ingreppande tänder som används till tillfälliga elektriska kopplingar.

Kronmutter En mutter som vagt liknar kreneleringen på en slottsmur. Används tillsammans med saxsprint för att låsa bultförband extra väl.

Kronmutter

Krysskruv Se Phillips-skruv
Kugghjul Ett hjul med tänder eller utskott på omkretsen, formade för att greppa in i en kedja eller rem.

Kuggstångsstyrning Ett styrsystem där en pinjong i rattstångens ände går i ingrepp med en kuggstång. När ratten vrids, vrids även pinjongen vilket flyttar kuggstången till höger eller vänster. Denna rörelse överförs via styrstagen till hjulets styrleder.

Kullager Ett friktionsmotverkande lager som består av härdade inner- och ytterbanor och har härdade stålkulor mellan banorna.

Kylare En värmeväxlare som använder flytande kylmedium, kylt av fartvinden/fläkten till att minska temperaturen på kylvätskan i en förbränningsmotors kylsystem.

Kylmedia Varje substans som används till värmeöverföring i en anläggning för luftkonditionering. R-12 har länge varit det huvudsakliga kylmediet men tillverkare har nyligen börjat använda R-134a, en CFC-fri substans som anses vara mindre skadlig för ozonet i den övre atmosfären.

L

Lager Den böjda ytan på en axel eller i ett lopp, eller den del som monterad i någon av dessa tillåter rörelse mellan dem med minimal slitage och friktion.

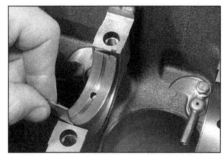

Lager

Lambdasond En enhet i motorns grenrör som känner av syrehalten i avgaserna och omvandlar denna information till elektricitet som bär information till styrelektroniken. Även kallad syresensor.

Luftfilter Filtret i luftrenaren, vanligen tillverkat av veckat papper. Kräver byte med regelbundna intervaller.

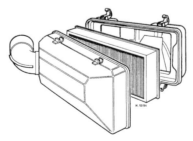

Luftfilter

Luftrenare En kåpa av plast eller metall, innehållande ett filter som tar undan damm och smuts från luft som sugs in i motorn.

Låsbricka En typ av bricka konstruerad för att förhindra att en ansluten mutter lossnar.

Låsmutter En mutter som låser en justermutter, eller annan gängad del, på plats. Exempelvis används låsmutter till att hålla justermuttern på vipparmen i läge.

Låsring Ett ringformat clips som förhindrar längsgående rörelser av cylindriska delar och axlar. En invändig låsring monteras i en skåra i ett hölje, en yttre låsring monteras i en utvändig skåra på en cylindrisk del som exempelvis en axel eller tapp.

M

MacPherson-ben Ett system för framhjulsfjädring uppfunnet av Earle MacPherson vid Ford i England. I sin ursprungliga version skapas den nedre bärarmen av en enkel lateral länk till krängningshämmaren. Ett fjäderben - en integrerad spiralfjäder och stötdämpare - finns monterad mellan karossen och styrknogen. Många moderna MacPherson-ben använder en vanlig nedre A-arm och inte krängningshämmaren som nedre fäste.

Markör En remsa med en andra färg i en ledningsisolering för att skilja ledningar åt.

Motor med överliggande kamaxel (OHC) En motor där kamaxeln finns i topplocket.

Motorstyrning Ett datorstyrt system som integrerat styr bränsle och tändning.

Multimätare Ett elektriskt testinstrument som mäter spänning, strömstyrka och motstånd. Även kallad multimeter.

Mätare En instrumentpanelvisare som används till att ange motortillstånd. En mätare med en rörlig pekare på en tavla eller skala är analog. En mätare som visar siffror är digital.

N

NOx Kväveoxider. En vanlig giftig förorening utsläppt av förbränningsmotorer vid högre temperaturer.

O

O-ring En typ av tätningsring gjord av ett speciellt gummiliknande material. O-ringen fungerar så att den trycks ihop i en skåra och därmed utgör tätningen.

O-ring

Ohm Enhet för elektriskt motstånd. 1 volt genom ett motstånd av 1 ohm ger en strömstyrka om 1 ampere.

Ohmmätare Ett instrument för uppmätning av elektriskt motstånd.

P

Packning Mjukt material - vanligen kork, papp, asbest eller mjuk metall - som monteras mellan två metallytor för att erhålla god tätning. Exempelvis tätar topplockspackningen fogen mellan motorblocket och topplocket.

Packning

Phillips-skruv En typ av skruv med ett korsspår istället för ett rakt, för motsvarande skruvmejsel. Vanligen kallad krysskruv.

Plastigage En tunn plasttråd, tillgänglig i olika storlekar, som används till att mäta toleranser. Exempelvis så läggs en remsa Plastigage tvärs över en lagertapp. Delarna sätts ihop och tas isär. Bredden på den klämda remsan anger spelrummet mellan lager och tapp.

Plastigage

R

Rotor I en fördelare, den roterande enhet inuti fördelardosan som kopplar samman mittelektroden med de yttre kontakterna vartefter den roterar, så att högspänningen från tändspolens sekundärlindning leds till rätt tändstift. Även den del av generatorn som roterar inuti statorn. Även de roterande delarna av ett turboaggregat, inkluderande kompressorhjulet, axeln och turbinhjulet.

S

Sealed-beam strålkastare En äldre typ av strålkastare som integrerar reflektor, lins och glödtrådar till en hermetiskt försluten enhet. När glödtråden går av eller linsen spricker byts hela enheten.

Shims Tunn distansbricka, vanligen använd till

att justera inbördes lägen mellan två delar. Exempelvis sticks shims in i eller under ventiltryckarhylsor för att justera ventilspelet. Spelet justeras genom byte till shims av annan tjocklek.

Skivbroms En bromskonstruktion med en roterande skiva som kläms mellan bromsklossar. Den friktion som uppstår omvandlar bilens rörelseenergi till värme.

Skjutmått Ett precisionsmätinstrument som mäter inre och yttre dimensioner. Inte riktigt lika exakt som en mikrometer men lättare att använda.

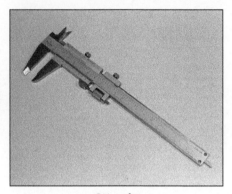

Skjutmått

Smältsäkring Ett kretsskydd som består av en ledare omgiven av värmetålig isolering. Ledaren är tunnare än den ledning den skyddar och är därmed den svagaste länken i kretsen. Till skillnad från en bränd säkring måste vanligen en smältsäkring skäras bort från ledningen vid byte.

Spel Den sträcka en del färdas innan något inträffar. "Luften" i ett länksystem eller ett montage mellan första ansatsen av kraft och verklig rörelse. Exempelvis den sträcka bromspedalen färdas innan kolvarna i huvudcylindern rör på sig. Även utrymmet mellan två delar, till exempel kolv och cylinderlopp.

Spiralfjäder En spiral av elastiskt stål som förekommer i olika storlekar på många platser i en bil, bland annat i fjädringen och ventilerna i topplocket.

Startspärr På bilar med automatväxellåda förhindrar denna kontakt att motorn startas annat än om växelväljaren är i N eller P.

Storändslager Lagret i den ände av vevstaken som är kopplad till vevaxeln.

Svetsning Olika processer som används för att sammanfoga metallföremål genom att hetta upp dem till smältning och sammanföra dem.

Svänghjul Ett tungt roterande hjul vars energi tas upp och sparas via moment. På bilar finns svänghjulet monterat på vevaxeln för att utjämna kraftpulserna från arbetstakterna.

Syresensor En enhet i motorns grenrör som känner av syrehalten i avgaserna och omvandlar denna information till elektricitet som bär information till styrelektroniken. Även kalla Lambdasond.

Säkring En elektrisk enhet som skyddar en krets mot överbelastning. En typisk säkring

innehåller en mjuk metallbit kalibrerad att smälta vid en förbestämd strömstyrka, angiven i ampere, och därmed bryta kretsen.

T

Termostat En värmestyrd ventil som reglerar kylvätskans flöde mellan blocket och kylaren vilket håller motorn vid optimal arbetstemperatur. En termostat används även i vissa luftrenare där temperaturen är reglerad.

Toe-in Den distans som framhjulens framkanter är närmare varandra än bakkanterna. På bakhjulsdrivna bilar specificeras vanligen ett litet toe-in för att hålla framhjulen parallella på vägen, genom att motverka de krafter som annars tenderar att vilja dra isär framhjulen.

Toe-ut Den distans som framhjulens bakkanter är närmare varandra än framkanterna. På bilar med framhjulsdrift specificeras vanligen ett litet toe-ut.

Toppventilsmotor (OHV) En motortyp där ventilerna finns i topplocket medan kamaxeln finns i motorblocket.

Torpedplåten Den isolerade avbalkningen mellan motorn och passagerarutrymmet.

Trumbroms En bromsanordning där en trumformad metallcylinder monteras inuti ett hjul. När bromspedalen trycks ned pressas böjda bromsbackar försedda med bromsbelägg mot trummans insida så att bilen saktar in eller stannar.

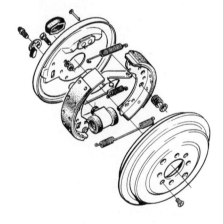

Trumbroms, montage

Turboaggregat En roterande enhet, driven av avgastrycket, som komprimerar insugsluften. Används vanligen till att öka motoreffekten från en given cylindervolym, men kan även primäranvändas till att minska avgasutsläpp.

Tändföljd Turordning i vilken cylindrarnas arbetstakter sker, börjar med nr 1.

Tändläge Det ögonblick då tändstiftet ger gnista. Anges vanligen som antalet vevaxelgrader för kolvens övre dödpunkt.

Tätningsmassa Vätska eller pasta som används att täta fogar. Används ibland tillsammans med en packning.

U

Universalknut En koppling med dubbla pivåer som överför kraft från en drivande till en driven axel genom en vinkel. En universalknut består av två Y-formade ok och en korsformig del kallad spindeln.

Urtrampningslager Det lager i kopplingen som flyttas inåt till frigöringsarmen när kopplingspedalen trycks ned för frikoppling.

V

Ventil En enhet som startar, stoppar eller styr ett flöde av vätska, gas, vakuum eller löst material via en rörlig del som öppnas, stängs eller delvis maskerar en eller flera portar eller kanaler. En ventil är även den rörliga delen av en sådan anordning.

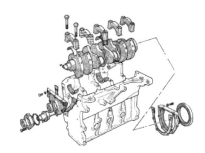

Vevaxel, montage

Ventilspel Spelet mellan ventilskaftets övre ände och ventiltryckaren. Spelet mäts med stängd ventil.

Ventiltryckare En cylindrisk del som överför rörelsen från kammen till ventilskaftet, antingen direkt eller via stötstång och vipparm. Även kallad kamsläpa eller kamföljare.

Vevaxel Den roterande axel som går längs med vevhuset och är försedd med utstickande vevtappar på vilka vevstakarna är monterade.

Vevhus Den nedre delen av ett motorblock där vevaxeln roterar.

Vibrationsdämpare En enhet som är avsedd att minska fjädring eller vridande vibrationer i vevaxeln. Enheten kan vara integrerad i vevaxelns remskiva. Kallas även harmonibalanserare.

Vipparm En arm som gungar på en axel eller tapp. I en toppventilsmotor överför vipparmen stötstångens uppåtgående rörelse till en nedåtgående rörelse som öppnar ventilen.

Viskositet Tjockleken av en vätska eller dess flödesmotstånd.

Volt Enhet för elektrisk spänning i en krets 1 volt genom ett motstånd av 1 ohm ger en strömstyrka om 1 ampere.

Observera: Hänvisningarna i registret är i formen **"Kapitelnummer"** • **"Sidnummer"**. *T.ex. hänvisar 2A•15 till sidan 15 i kapitel 2A.*